GENESIS

Analytical Key to the Old Testament

GENESIS

JOHN JOSEPH OWENS

1817

Published in San Francisco by

HARPER & ROW, PUBLISHERS

New York, Hagerstown, San Francisco, London

 For information address Harper & Row, Publishers, Inc., 10 East 53rd Street, New York, N.Y. 10022. Published simultaneously in Canada by Fitzhenry & Whiteside Limited, Toronto.

FIRST EDITION

ISBN: 0-06-066406-1

LIBRARY OF CONGRESS CATALOG CARD NUMBER: 77-7852

78 79 80 81 82 10 9 8 7 6 5 4 3 2 1

Preface

The *Analytical Key to the Old Testament* identifies grammatically and lexicographically each form of the Hebrew text. It has been compiled to enable you to make ready use of your lexicon for every word in context. The grammatical information and the dictionary page number for each word provide you with a basis for an interpretation of the text of the Old Testament.

Verbs are analyzed by a specific explanation of each element. This gives the basis for you to define the various shades of meaning included in the writers' selection of verbs. Nouns are clearly explained as to usage and relationship. The presence of articles, prepositions, and conjunctions is noted. A key to the abbreviations used is found at the back of this volume.

Also provided for each word is the page number of the standard Hebrew-English dictionary [Francis Brown, S. R. Driver, and Charles A. Briggs, *A Hebrew and English Lexicon of the Old Testament* (Oxford: Clarendon Press, 1975)] on which it can be found. This enables you to pursue easily the word that you wish to understand. This volume treats every word of the text and parses each word as used in the specific verse without omissions. Thus, you can interpret more accurately the nuances which the writer expressed within the thought pattern of his time and language.

Best use can be made of the *Analytical Key to the Old Testament* by following an established method of study. Most students examine a particular verse, pericope, or chapter at a time. Each verse can be readily found in this book from the headings at the tops of the pages.

When you locate the verse or passage to be studied, you can pursue the material in accord with your facility in Hebrew. You can translate the Hebrew words by reading the left-hand side of the column. If you have not obtained or retained confidence in your Hebrew reading, you will be able to isolate any specific word or words by reading the English translation, which generally follows the Revised Standard Version, provided at the right-hand side of the column. When you find the desired word you will find the abbreviated explanations that provide the needed grammatical tools. At this point you can turn to the page of the Hebrew dictionary to find the shades of meaning which that word may convey.

The Hebrew text is the best complete Ben Asher text available [Rudolf Kittel, ed., *Biblia Hebraica*, 7th ed., by Alt, Eissfeldt, and Kahle (Stuttgart: Württembergische Bibelanstalt, 1951)]. When there is an insoluble difficulty in the text, a variant reading has been provided from the best translations or grammars.

A quite literal translation has been given for some words since the goal is to discover what the Hebrew text means. Oftentimes, the English Bible translations give such a free rendering or a loose paraphrase that one cannot be sure what the Hebrew text really said.

I want to express a special word of gratitude to my colleague, Dr. Page H. Kelley, who has assisted and encouraged me continuously. His invaluable suggestions in format and content are incorporated throughout the series. My appreciation also goes to my graduate fellow, Gerald Keown, and to my students, Kandy Queen Sutherland, Kathe Brown, and Gary Light, who have typed much of the material. Also, I want to thank Mr. Allan Farson of the Church Press, Glendale, California, who invented the process by which this material has been put into printed form.

JOHN JOSEPH OWENS

Explanation of a sample entry

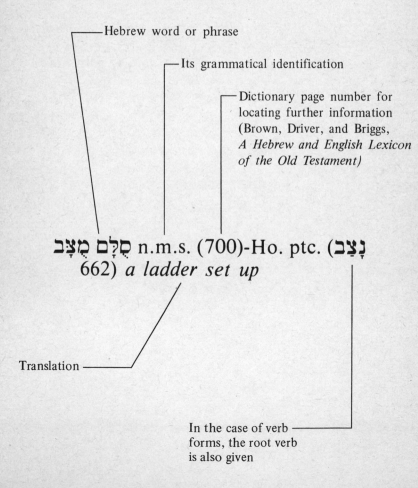

Hebrew word or phrase

Its grammatical identification

Dictionary page number for locating further information (Brown, Driver, and Briggs, *A Hebrew and English Lexicon of the Old Testament)*

סֻלָּם מֻצָּב n.m.s. (700)-Ho. ptc. (**נָצַב** 662) *a ladder set up*

Translation

In the case of verb forms, the root verb is also given

Genesis 1:1

בְּרֵאשִׁית prep.-n.f.s. cstr. (912) *In the beginning*

בָּרָא Qal pf. 3 m.s. (135) *created*

אֱלֹהִים n.m.p. (43) *God*

אֵת הַשָּׁמַיִם dir.obj.-def.art.-n.m. du. (1029) *the heavens*

וְאֵת הָאָרֶץ conj.-dir.obj.-def.art.-n.f.s. (75) *and the earth*

1:2

וְהָאָרֶץ conj.-def.art.-n.f.s. (75) *The earth*

הָיְתָה Qal pf. 3 f.s. (הָיָה 224) *was*

תֹהוּ n.m.s. (1062) *without form*

וָבֹהוּ conj.-n.m.s. (96) *and void*

וְחֹשֶׁךְ conj.-n.m.s. (365) *and darkness*

עַל־פְּנֵי prep.-n.m.p. cstr. (815) *upon the face of*

תְהוֹם n.f.s. (1062) *the deep*

וְרוּחַ conj.-n.f.s. cstr. (924) *and the spirit of*

אֱלֹהִים n.m.p. (43) *God*

מְרַחֶפֶת Pi. ptc. f.s. (רָחַף 934) *was moving*

עַל־פְּנֵי v. supra *over the face of*

הַמָּיִם def.art.-n.m.p. (565) *the waters*

1:3

וַיֹּאמֶר consec.-Qal impf. 3 m.s. (55) *And ... said*

אֱלֹהִים n.m.p. (43) *God*

יְהִי Qal impf. 3 m.s. apoc.vol. (הָיָה 224) *Let there be*

אוֹר n.m.s. (21) *light*

וַיְהִי־ consec.-Qal impf. 3 m.s. (הָיָה 224) *and there was*

אוֹר v. supra *light*

1:4

וַיַּרְא consec.-Qal impf. 3 m.s. (רָאָה 906) *And ... saw*

אֱלֹהִים n.m.p. (43) *God*

אֶת־הָאוֹר dir.obj.-def.art.-n.m.s. (21) *the light*

כִּי־טוֹב conj.-Qal pf. 3 m.s. or adj. m.s. (טוֹב 373) *that ... was good*

וַיַּבְדֵּל consec.-Hi. impf. 3 m.s. (95) *and ... separated*

אֱלֹהִים n.m.p. (43) *God*

בֵּין הָאוֹר prep. (107) - def.art.-n.m.s. (21) *(between) the light*

וּבֵין הַחֹשֶׁךְ conj.-prep.-def.art.-n.m.s. (365) *from the darkness*

1:5

וַיִּקְרָא consec.-Qal impf. 3 m.s. (894) *called*

אֱלֹהִים n.m.p. (43) *God*

לָאוֹר prep.-def.art.-n.m.s. (21) *the light*

יוֹם n.m.s. (398) *Day*

וְלַחֹשֶׁךְ conj.-prep.-def.art.-n.m.s. (365) *and the darkness*

קָרָא Qal pf. 3 m.s. (894) *he called*

לָיְלָה n.m.s. paus. (538) *night*

וַיְהִי־עֶרֶב consec.-Qal impf. 3 m.s. (הָיָה 224) - n.m.s. (787) *and there was evening*

וַיְהִי־בֹקֶר v. supra - n.m.s. (133) *and there was morning*

יוֹם n.m.s. (398) *day*

אֶחָד adj. num. m.s. (25) *one*

1:6

וַיֹּאמֶר consec.-Qal impf. 3 m.s. (55) *and ... said*

אֱלֹהִים n.m.p. (43) *God*

יְהִי Qal impf. 3 m.s. vol. (הָיָה 224) *let there be*

רָקִיעַ n.m.s. (956) *a firmament*

בְּתוֹךְ prep.-n.m.s. cstr. (1063) *in the midst of*

הַמָּיִם def.art.-n.m.p. (565) *the waters*

וִיהִי conj.-Qal impf. 3 m.s. vol. (הָיָה 224) *and let it*

מַבְדִּיל Hi. ptc. (95) *separate*

בֵּין מַיִם prep.-n.m.p. (565) *the waters*

לָמָיִם prep.-n.m.p. (565) *from the waters*

1:7

וַיַּעַשׂ consec.-Qal impf. 3 m.s. (עָשָׂה I 793) *and ... made*

אֱלֹהִים n.m.p. (43) *God*

אֶת־הָרָקִיעַ dir.obj.-def.art.-n.m.s. (956) *the firmament*

וַיַּבְדֵּל consec.-Hi. impf. 3 m.s. (95) *and separated*

בֵּין הַמַּיִם prep.-def.art.-n.m.p. (565) *the waters*

אֲשֶׁר מִתַּחַת rel.-prep.-adv.accus. (1065) *which were under*

לָרָקִיעַ prep.-def.art.-n.m.s. (956) *the firmament*

וּבֵין הַמַּיִם conj.-prep.-def.art.-n.m.p. (565) *from the waters*

אֲשֶׁר מֵעַל rel.-prep.-prep. *which were above*

לָרָקִיעַ prep.-def.art.-n.m.s. (956) *the firmament*

וַיְהִי־כֵן consec.-Qal impf. 3 m.s. (224) - adv. (485) *and it was so*

1:8

וַיִּקְרָא consec.-Qal impf. 3 m.s. (894) *And ... called*

אֱלֹהִים n.m.p. (43) *God*

לָרָקִיעַ prep.-def.art.-n.m.s. (956) *the firmament*

שָׁמָיִם n.m. du. paus. (1029) *Heaven*

וַיְהִי־ cf.1:5 consec.-Qal impf. 3 m.s. (הָיָה 224) *and there was*

עֶרֶב n.m.s. (787) *evening*

וַיְהִי־בֹקֶר v. supra - n.m.s. (133) *and there was morning*

יוֹם n.m.s. (398) *day*

שֵׁנִי adj. m. num. ord. (1041) *a second*

1:9

וַיֹּאמֶר consec.-Qal impf. 3 m.s. (55) *And ... said*

אֱלֹהִים n.m.p. (43) *God*

יִקָּווּ Ni. impf. 3 m.p. (קָוָה II 876) *let ... be gathered together*

הַמַּיִם def.art.-n.m.p. (565) *the waters*

מִתַּחַת prep.-prep. *under*

הַשָּׁמַיִם def.art.-n.m. du. (1029) *the heavens*

אֶל־מָקוֹם prep.-n.m.s. (879) *into ... place*

אֶחָד adj. num. m.s. (25) *one*

וְתֵרָאֶה conj.-Ni. impf. 3 f.s. (apoc.-vol. he) (רָאָה 906) *and let appear*

הַיַּבָּשָׁה def.art.-n.f.s. (387) *the dry land*

וַיְהִי־כֵן cf. 1:7 *and it was so*

1:10

וַיִּקְרָא consec.-Qal impf. 3 m.s. (894) *called*

אֱלֹהִים n.m.p. (43) *God*

לַיַּבָּשָׁה prep.-def.art.-n.f.s. (387) *the dry land*

אֶרֶץ n.f.s. (75) *Earth*

וּלְמִקְוֵה conj.-prep.-n.m.s. cstr. (II 876) *and ... that were gathered together*

הַמַּיִם def.art.-n.m.p. (565) *the waters*

קָרָא Qal pf. 3 m.s. (894) *he called*

יַמִּים n.m.p. (410) *Seas*

וַיַּרְא consec.-Qal impf. 3 m.s. (רָאָה 906) *And ... saw*

אֱלֹהִים n.m.p. (43) *God*

כִּי־טוֹב conj.-Qal pf. 3 m.s. or adj. m.s. (373) *that it was good*

1:11

וַיֹּאמֶר consec.-Qal impf. 3 m.s. (55) *and ... said*

אֱלֹהִים n.m.p. (43) *God*

תַּדְשֵׁא Hi. impf. 3 f.s. vol. (דָּשָׁא 205) *let ... put forth*

הָאָרֶץ def.art.-n.f.s. (75) *the earth*

דֶּשֶׁא n.m.s. (206) *vegetation*

עֵשֶׂב n.m.s. (793) *plants*

מַזְרִיעַ זֶרַע Hi. ptc. (281) - n.m.s. (282) *yielding seed*

עֵץ פְּרִי n.m.s. (781) - n.m.s. (826) *fruit trees*

עֹשֶׂה Qal act. ptc. (I 793) *bearing*

פְּרִי n.m.s. (826) *fruit*

לְמִינוֹ prep.-n.m.s.-3 m.s. sf. (568) *each according to its kind*

אֲשֶׁר rel. *in which*

זַרְעוֹ־בוֹ n.m.s. - 3 m.s. sf. (282) - prep.-3 m.s. sf. *is their seed*

עַל־הָאָרֶץ prep.-def.art.-n.f.s. (75) *upon the earth*

וַיְהִי־כֵן cf. 1:7,9 *And it was so*

1:12

וַתּוֹצֵא consec.-Hi. impf. 3 f.s. (יָצָא 422) *brought forth*

הָאָרֶץ def.art.-n.f.s. (75) *the earth*

דֶּשֶׁא n.m.s. (206) *vegetation*

עֵשֶׂב n.m.s. (793) *plants*

מַזְרִיעַ זֶרַע Hi. ptc. (205) - n.m.s. (28) *yielding seed*

לְמִינֵהוּ prep.-n.m.s.-3 m.s. sf. (568) *according to their own kinds*

וְעֵץ conj.-n.m.s. (781) *and trees*

עֹשֶׂה פְּרִי Qal act. ptc. (I 793) - n.m.s. (826) *bearing fruit*

אֲשֶׁר rel. *which*

זַרְעוֹ־בוֹ n.m.s.-3 m.s. sf. (282) - prep.-3 m.s. sf. *in ... is their seed*

לְמִינֵהוּ v.supra *each according to its kind*

וַיַּרְא consec.-Qal impf. 3 m.s. (רָאָה 906) *and ... saw*

אֱלֹהִים n.m.p. (43) *God*

כִּי־טוֹב cf. 1:10 *that it was good*

1:13

וַיְהִי־עֶרֶב cf. 1:5, 8 consec.-Qal impf. 3 m.s. (הָיָה 224) - n.m.s. (787) *And there was evening*

וַיְהִי־בֹקֶר cf. 1:5, 8 consec.-Qal impf. 3 m.s. (הָיָה 224) - n.m.s. (133) *and there was morning*

יוֹם n.m.s. (398) *a day*

שְׁלִישִׁי adj. m.s. num. ord. (1026) *third*

1:14

וַיֹּאמֶר consec.-Qal impf. 3 m.s. (55) *And ... said*

אֱלֹהִים n.m.p. (43) *God*

יְהִי Qal impf. 3 m.s. vol. (הָיָה 224) *let there be*

מְאֹרֹת n.m.p. (22) *lights*

בִּרְקִיעַ prep.-n.m.s. cstr. (956) *in the firmament of*

הַשָּׁמַיִם def.art.-n.m. du. (1029) *the heavens*

לְהַבְדִּיל prep.-Hi. inf. cstr. (95) *to separate*

בֵּין הַיּוֹם prep.-def.art.-n.m.s. (398) *the day*

וּבֵין הַלָּיְלָה conj.-prep.-def.art.-n.m.s. (538) *from the night*

וְהָיוּ conj.-Qal pf. 3 c.p. (הָיָה 224) *and let them be*

לְאֹתֹת prep.-n.m.p. (16) *for signs*

וּלְמוֹעֲדִים conj.-prep.-n.m.p. (417) *and for seasons*

וּלְיָמִים conj.-prep.-n.m.p. (398) *and for days*

וְשָׁנִים conj.-n.f.p. (1040) *and years*

1:15

וְהָיוּ conj.-Qal pf. 3 c.p. (הָיָה 224) *and let them be*

לִמְאוֹרֹת prep.-n.m.p. (22) *lights*

בִּרְקִיעַ prep.-n.m.s. cstr. (956) *in the firmament of*

הַשָּׁמַיִם def.art.-n.m. du. (1029) *the heavens*

לְהָאִיר prep.-Hi. inf. cstr. (אוֹר 21) *to give light*

עַל־הָאָרֶץ prep.-def.art.-n.f.s. (75) *upon the earth*

וַיְהִי־כֵן cf. 1:9, 11 consec.-Qal impf. 3 m.s. (הָיָה 224) - adv. (485) *and it was so*

1:16

וַיַּעַשׂ consec.-Qal impf. 3 m.s. (עָשָׂה I 793) *And ... made*

אֱלֹהִים n.m.p. (43) *God*

אֶת־שְׁנֵי dir.obj.-n.m.p. cstr. (1040) *the two*

הַמְּאֹרֹת def.art.-n.m.p. (22) *lights*

הַגְּדֹלִים def.art. - adj. m.p. (152) *great*

אֶת־הַמָּאוֹר dir.obj.-def.art.-n.m.s. (22) *the light*

הַגָּדֹל def.art.-adj.m.s. (152) *greater*

לְמֶמְשֶׁלֶת prep.-n.f.s. cstr. (606) *to rule*

הַיּוֹם def.art.-n.m.s. (398) *the day*

וְאֶת־הַמָּאוֹר conj.-dir.obj.-def.art.-n.m.s. (22) *and the ... light*

הַקָּטֹן def.art.-adj. m.s. (882) *lesser*

לְמֶמְשֶׁלֶת v. supra *to rule*

הַלַּיְלָה def.art.-n.f.s. (538) *the night*

וְאֵת הַכּוֹכָבִים conj.-dir.obj.-def.art.-n.m.p. (456) *the stars also*

1:17

וַיִּתֵּן אֹתָם consec.-Qal impf. 3 m.s. (נָתַן 678)-dir.obj.-3 m.p. sf. *and ... set them*

אֱלֹהִים n.m.p. (43) *God*

בִּרְקִיעַ prep.-n.m.s. cstr. (956) *in the firmament of*

הַשָּׁמָיִם .n.m. du. paus. (1029) *the heavens*

לְהָאִיר prep.-Hi. inf. cstr. (אוֹר 21) *to give light*

עַל־הָאָרֶץ prep.-def.art.-n.f.s. (75) *upon the earth*

1:18

וְלִמְשֹׁל conj.-prep.-Qal inf. cstr. (מָשַׁל 605) *to rule*

בַּיּוֹם prep.-def.art.-n.m.s. (398) *over the day*

וּבַלַּיְלָה conj.-prep.-def.art.-n.m.s. (538) *and over the night*

וּלֲהַבְדִּיל conj.-prep.-Hi. inf. cstr. (95) *and to separate*

בֵּין הָאוֹר prep.-def.art.-n.m.s. (21) *the light*

וּבֵין הַחֹשֶׁךְ conj.-prep.-def.art.-n.m.s. (365) *from the darkness*

וַיַּרְא אֱלֹהִים consec.-Qal impf. 3 m.s. (רָאָה 906)-n.m.p. (43) *And God saw*

כִּי־טוֹב cf.1:10,12 conj.-Qal pf. 3 m.s. or adj. m.s. (373) *that it was good*

1:19

וַיְהִי־עֶרֶב cf.1:5,8,13 consec.-Qal impf. 3 m.s. (הָיָה 224)-n.m.s. (787) *and there was evening*

וַיְהִי־בֹקֶר consec.-Qal impf. 3 m.s. (הָיָה 224)-n.m.s. (133) *and there was morning*

יוֹם n.m.s. (398) *a day*

רְבִיעִי adj. m.s. num. ord. (917) *fourth*

1:20

וַיֹּאמֶר consec.-Qal impf. 3 m.s. (55) *And ... said*

אֱלֹהִים n.m.p. (43) *God*

יִשְׁרְצוּ Qal impf. 3 m.p. vol. (1056) *let ... bring forth*

הַמַּיִם def.art.-n.m.p. (565) *the waters*

שֶׁרֶץ n.m.s. (1056) (cstr.?) *swarms of*

נֶפֶשׁ חַיָּה n.f.s. (659) - adj. f.s. (311) *living creatures*

וְעוֹף conj.-n.m.s. (733) *and birds*

יְעוֹפֵף Polel impf. 3 m.s. (עוּף 733) *let fly*

עַל־הָאָרֶץ prep.-def.art.-n.f.s. (75) *above the earth*

עַל־פְּנֵי prep.-n.m.p. cstr. (815) *across*

רְקִיעַ n.m.s. cstr. (956) *the firmament of*

הַשָּׁמָיִם def.art.-n.m. du. paus. (1029) *the heavens*

1:21

וַיִּבְרָא consec.-Qal impf. 3 m.s. (בָּרָא 135) *So ... created*

אֱלֹהִים n.m.p. (43) *God*

אֶת־הַתַּנִּינִם dir.obj.-n.m.p. (1072) *the sea monsters*

הַגְּדֹלִים def.art.-adj. m.p. (152) *great*

וְאֵת כָּל־ conj.-dir.obj.-n.m.s. cstr. (481) *and every*

נֶפֶשׁ n.f.s. cstr. (659) *creature*

הַחַיָּה def.art.-n.f.s. (312) *living*

הָרֹמֶשֶׂת def.art.-Qal act. ptc. f.s. (רָמַשׂ 942) *that moves*

אֲשֶׁר שָׁרְצוּ rel.-Qal pf. 3 c.p. (1056) *with which ... swarm*

הַמַּיִם def.art.-n.m.p. (565) *the waters*

לְמִינֵהֶם prep.-n.m.s.-3 m.p. sf. (568) *according to their kinds*

וְאֵת כָּל־ conj.-dir.obj.-n.m.s. cstr. (481) *and every*

עוֹף כָּנָף n.m.s. cstr. (733) - n.f.s. (489) *winged bird*

לְמִינֵהוּ prep.-n.m.s.-3 m.s. sf. (568) *according to its kind*

וַיַּרְא אֱלֹהִים cf. 1:18 consec.-Qal impf. 3 m.s. (רָאָה 906) - n.m.p. (43) *and God saw*

כִּי־טוֹב conj.-Qal pf. 3 m.s. or adj. m.s. (373) *that it was good*

1:22

וַיְבָרֶךְ consec.-Pi. impf. 3 m.s. (בָּרַךְ 138) *And ... blessed*

אֹתָם dir.obj.-3 m.p. sf. *them*

אֱלֹהִים n.m.p. (43) *God*

לֵאמֹר prep.-Qal inf. cstr. (55) *saying*

פְּרוּ Qal impv. 2 m.p. (פָּרָה 826) *Be fruitful*

וּרְבוּ conj.-Qal impv. 2 m.p. (רָבָה I 915) *and multiply*

וּמִלְאוּ conj.-Qal impv. 2 m.p. (מָלֵא 569) *and fill*

אֶת־הַמַּיִם dir.obj.-def.art.-n.m.p. (565) *the waters*

בַּיַּמִּים prep.-def.art.-n.m.p. (410) *in the seas*

וְהָעוֹף conj.-def.art.-n.m.s. (733) *and birds*

יִרֶב Qal impf. 3 m.s. vol. (רָבָה I 915) *let ... multiply*

בָּאָרֶץ prep.-def.art.-n.f.s. (75) *on the earth*

1:23

וַיְהִי־עֶרֶב cf. 1:5, 8, 13, 19 consec.-Qal impf. 3 m.s. (הָיָה 224) - n.m.s. (787) *And there was evening*

וַיְהִי־בֹקֶר consec.-Qal impf. 3 m.s. (הָיָה 224) - n.m.s. (133) *and there was morning*

יוֹם n.m.s. (398) *a day*

חֲמִישִׁי adj. m.s. num. ord. (332) *fifth*

1:24

וַיֹּאמֶר consec.-Qal impf. 3 m.s. (55) *And ... said*

אֱלֹהִים n.m.p. (43) *God*

תּוֹצֵא Hi. impf. 3 f.s. vol. (יָצָא 422) *let ... bring forth*

הָאָרֶץ def.art.-n.f.s. (75) *the earth*

נֶפֶשׁ חַיָּה n.f.s. (659) - adj. f.s. (311) *living creatures*

לְמִינָהּ prep.-n.m.s.-3 f.s. sf. (568) *according to their kinds*

בְּהֵמָה n.f.s. (96) *cattle*

וָרֶמֶשׂ conj.-n.m.s. coll. (943) *and creeping things*

וְחַיְתוֹ־אֶרֶץ conj.-n.f.s. cstr. with old case ending (312) - n.f.s. (75) *beasts of the earth*

לְמִינָהּ prep.-n.m.s.-3 f.s. sf. (568) *according to their kinds*

וַיְהִי־כֵן consec.-Qal impf. 3 m.s. (הָיָה 224) - adv. (485) cf. 1:9, 11, 15 *And it was so*

1:25

וַיַּעַשׂ consec.-Qal impf. 3 m.s. (עָשָׂה I 793) *And ... made*

אֱלֹהִים n.m.p. (43) *God*

אֶת־חַיַּת dir.obj.-n.f.s. cstr. (312) *the beasts of*

הָאָרֶץ def.art.-n.f.s. (75) *the earth*

לְמִינָהּ prep.-n.m.s.-3 f.s. sf. (568) *according to their kinds*

וְאֶת־הַבְּהֵמָה conj.-dir.obj.-def.art.-n.f.s. (96) *and the cattle*

לְמִינָהּ v.supra *according to their kinds*

וְאֵת כָּל־ conj.-dir.obj.- n.m.s. cstr. (481) *and everything*

רֶמֶשׂ n.m.s. cstr. (943) *that creeps*

הָאֲדָמָה def.art.-n.f.s. (9) *upon the ground*

לְמִינֵהוּ prep.-n.m.s.-3 m.s. sf. (568) *according to its kind*

וַיַּרְא cf. 1:18, 21 consec.-Qal impf. 3 m.s. (רָאָה 906) *and ... saw*

אֱלֹהִים n.m.p. (43) *God*

כִּי־טוֹב conj.-Qal pf. 3 m.s. or adj. m.s. (373) *that it was good*

1:26

וַיֹּאמֶר consec.-Qal impf. 3 m.s. (55) *Then ... said*

אֱלֹהִים n.m.p. (43) *God*

נַעֲשֶׂה Qal impf. 1 c.p.-coh. he, vol. (עָשָׂה I 793) *let us make*

אָדָם n.m.s. (9) *man*

בְּצַלְמֵנוּ prep.-n.m.s.-1 c.p. sf. (853) *in our image*

כִּדְמוּתֵנוּ prep.-n.f.s.-1 c.p. sf. (198) *after our likeness*

וְיִרְדּוּ conj.-Qal impf. 3 m.p. vol. (רָדָה I 9 1) *and let them have dominion*

בִדְגַת prep.-n.f.s. cstr. (185) *over the fish of*

הַיָּם def.art.-n.m.s. (410) *the sea*

וּבְעוֹף conj.-prep.-n.m.s. cstr. (733) *and over the birds of*

הַשָּׁמַיִם def.art.-n.m. du. (1029) *the air*

וּבַבְּהֵמָה conj.-prep.-def.art.-n.f.s. (96) *and over the cattle*

וּבְכָל־הָאָרֶץ conj.-prep.-n.m.s. cstr. (481) - def.art.-n.f.s. (75) *and over all the earth*

וּבְכָל־ conj.-prep.-n.m.s. cstr. (481) *and over every*

הָרֶמֶשׂ def.art.-n.m.s. (943) *creeping thing*

הָרֹמֵשׂ def.art.-Qal act. ptc. (רָמַשׂ 942) *that creeps*

עַל־הָאָרֶץ prep.-def.art.-n.f.s. (75) *upon the earth*

1:27

וַיִּבְרָא consec.-Qal impf. 3 m.s. (135) *So ... created*

אֱלֹהִים n.m.p. (43) *God*

אֶת־הָאָדָם dir.obj.-def.art.-n.m.s. (9) *man*

בְּצַלְמוֹ prep.-n.m.s.-3 m.s. sf. (853) *in his own image*

בְּצֶלֶם prep.-n.m.s. cstr. (853) *in the image of*

אֱלֹהִים n.m.p. (43) *God*

בָּרָא אֹתוֹ Qal pf. 3 m.s. (135) - dir. obj.-3 m.s. sf. *he created him*

זָכָר n.m.s. (271) *male*

וּנְקֵבָה conj.-n.f.s. (666) *and female*

בָּרָא אֹתָם Qal pf. 3 m.s. (135) - dir.obj.-3 m.p. sf. *he created them*

1:28

וַיְבָרֶךְ consec.-Pi. impf. 3 m.s. (בָּרַךְ 138) *and ... blessed*

אֹתָם dir.obj.-3 m.p. sf. *them*

אֱלֹהִים n.m.p. (43) *God*

וַיֹּאמֶר לָהֶם consec.-Qal impf. 3 m.s. (55) - prep.-3 m.p. sf. *and ... said to them*

אֱלֹהִים n.m.p. (43) *God*

פְּרוּ cf. 1:22 Qal impv. 2 m.p. (פָּרָה 826) *Be fruitful*

וּרְבוּ conj.-Qal impv. 2 m.p. (רָבָה I 915) *and multiply*

וּמִלְאוּ conj.-Qal impv.2 m.p. (מָלֵא 569) *and fill*

אֶת־הָאָרֶץ dir.obj.-def.art.-n.f.s. (75) *the earth*

וְכִבְשֻׁהָ conj.-Qal impv. 2 m.p. - 3 f.s. sf. (כָּבַשׁ 461) *and subdue it*

וּרְדוּ conj.-Qal impv. 2 m.p. (רָדָה 921) *and have dominion*

בִּדְגַת prep.-n.f.s. cstr. (185) *over the fish of*

הַיָּם def.art.-n.m.s. (410) *the sea*

וּבְעוֹף conj.-prep.-n.m.s. cstr. (733) *and over the birds of*

הַשָּׁמַיִם def.art.-n.m. du. (1029) *the air*

וּבְכָל־חַיָּה conj.-prep.-n.m.s. cstr. (481) - n.f.s. (312) *and over every living thing*

הָרֹמֶשֶׂת def.art.-Qal act. ptc. f.s. (רָמַשׂ 942) *that moves*

עַל־הָאָרֶץ prep.-def.art.-n.f.s. (75) *upon the earth*

1:29

וַיֹּאמֶר consec.-Qal impf. 3 m.s. (55) *and ... said*

אֱלֹהִים n.m.p. (43) *God*

הִנֵּה demons. part. (243) *Behold*

נָתַתִּי לָכֶם Qal pf. 1 c.s. (נָתַן 678) - prep.-2 m.p. sf. *I have given you*

אֶת־כָּל־עֵשֶׂב dir.obj.-n.m.s. cstr. (481) - n.m.s. (793) *every plant*

זֹרֵעַ זֶרַע Qal act. ptc. (281) - n.m.s. (282) *yielding seed*

אֲשֶׁר עַל־פְּנֵי rel.-prep.-n.m.p. cstr. (815) *which is upon the face of*

כָל־הָאָרֶץ n.m.s. cstr. (481) - def.art.-n.f.s. (75) *all the earth*

וְאֶת־כָּל־הָעֵץ conj.-dir.obj.-n.m.s. cstr. (481) - def.art.-n.m.s. (781) *and every tree*

אֲשֶׁר־בּוֹ rel.-prep.-3 m.s. sf. *with ... in its*

פְּרִי־עֵץ n.m.s. cstr. (826) - n.m.s. (781) *fruit*

זֹרֵעַ זָרַע Qal act. ptc. (281) - n.m. s. (282) *seed*

לָכֶם prep.-2 m.p. sf. *you*

יִהְיֶה Qal impf. 3 m.s. (הָיָה 224) *shall have them*

לְאָכְלָה prep.-n.f.s. (38) *for food*

1:30

וּלְכָל־חַיַּת conj.-prep.-n.m.s. cstr. (481) - n.f.s. cstr. (312) *and to every beast of*

הָאָרֶץ def.art.-n.f.s. (75) *the earth*

וּלְכָל־עוֹף v. supra - n.m.s. cstr. (733) *and to every bird of*

הַשָּׁמַיִם def.art.-n.m. du. (1029) *the air*

וּלְכֹל רוֹמֵשׂ conj.-prep.-n.m.s. cstr. (481) - Qal act. ptc. (942) *and to everything that creeps*

עַל־הָאָרֶץ prep.-def.art.-n.f.s. (75) *on the earth*

אֲשֶׁר־בּוֹ rel.-prep.-3 m.s. sf. *everything that has*

נֶפֶשׁ חַיָּה n.f.s. cstr. (659) - n.f.s. (312) *the breath of life*

אֶת־כָּל־יֶרֶק dir.obj.-n.m.s. cstr. (481) - n.m.s. cstr. (438) *every green*

עֵשֶׂב n.m.s. (793) *plant*

לְאָכְלָה prep.-n.f.s. (38) *for food*

וַיְהִי־כֵן consec.-Qal impf. 3 m.s. (הָיָה 224) - adv. (485) *and it was so*

1:31

וַיַּרְא consec.-Qal impf. 3 m.s. (רָאָה 906) *And ... saw*

אֱלֹהִים n.m.p. (43) *God*

אֶת־כָּל־אֲשֶׁר dir.obj.-n.m.s. cstr. (481) - rel. *everything that*

עָשָׂה Qal pf. 3 m.s. (I 793) *he had made*

וְהִנֵּה־ conj.-demons. part. (243) *and behold*

טוֹב מְאֹד adj. m.s. (373) - adv. (547) *it was very good*

וַיְהִי־עֶרֶב cf. 1:23 consec.-Qal impf. 3 m.s. (הָיָה 224) - n.m.s. (787) *And there was evening*

וַיְהִי־בֹקֶר consec.-Qal impf. 3 m.s. (הָיָה 224) - n.m.s. (133) *and there was morning*

יוֹם n.m.s. (393) *a day*

הַשִּׁשִּׁי def.art.-adj. m.s. num. ord. (995) *sixth*

Genesis 2:1

וַיְכֻלּוּ consec.-Pu. impf. 3 m.p. (כָּלָה 477) *Thus ... were finished*

הַשָּׁמַיִם def. art.-n.m. du. (1029) *the heavens*

וְהָאָרֶץ conj.-def. art.-n.f.s. (75) *and the earth*

וְכָל־צְבָאָם conj.-n.m.s. cstr. (481) - n.m.s.-3 m.p. sf. (838) *and all the host of them*

2:2

וַיְכַל consec.-Pi. impf. 3 m.s. (כָּלָה 477) *and ... finished*

אֱלֹהִים n.m.p. (43) *God*

בַּיּוֹם prep.-def.art.-n.m.s. (398) *on the day*

הַשְּׁבִיעִי def. art.-adj. m.s. num.ord. (988) *seventh*

מְלַאכְתּוֹ n.f.s.-3 m.s. sf. (521) *his work*

אֲשֶׁר עָשָׂה rel.-Qal pf. 3 m.s. (עָשָׂה I 793) *which he had done*

וַיִּשְׁבֹּת consec.-Qal impf. 3 m.s. (שָׁבַת 991) *and he rested*

בַּיּוֹם הַשְּׁבִיעִי v. supra *on the seventh day*

מִכָּל־ prep.-n.m.s. cstr. (481) *from all*

מְלַאכְתּוֹ v. supra *his work*

אֲשֶׁר עָשָׂה v. supra *which he had done*

2:3

וַיְבָרֶךְ consec.-Pi. impf. 3 m.s. (בָּרַךְ 138) *So ... blessed*

אֱלֹהִים n.m.p. (43) *God*

אֶת־יוֹם dir. obj.-n.m.s. cstr. (398) *the day*

הַשְּׁבִיעִי def. art.-n.m.s. num.ord. (988) *seventh*

וַיְקַדֵּשׁ אֹתוֹ consec.-Pi. impf. 3 m.s. (872) - dir. obj.- 3 m.s. sf. *and hallowed it*

כִּי בוֹ conj.-prep.-3 m.s. sf. *because on it*

שָׁבַת Qal pf. 3 m.s. (שָׁבַת 991) *(he) rested*

מִכָּל־מְלַאכְתּוֹ prep.-n.m.s. cstr. (481) - n.m.s. - 3 m.s. sf. (521) *from all his work*

אֲשֶׁר־בָּרָא rel.-Qal pf. 3 m.s. (בָּרָא 135) *which ... in creation*

אֱלֹהִים n.m.p. (43) *God*

לַעֲשׂוֹת prep.-Qal inf. cstr. (עָשָׂה I 793) *he had done*

2:4

אֵלֶּה demonstr. c.p. (41) *These are*

תוֹלְדוֹת n.f.p. cstr. (410) *the generations of*

הַשָּׁמַיִם def. art.-n.m. du. (1029) *the heavens*

וְהָאָרֶץ conj.-def. art.- n.f.s. (75) *and the earth*

בְּהִבָּרְאָם prep.-Ni. inf. cstr.- 3 m.p. sf. (בָּרָא 135) *when they were created*

בְּיוֹם prep.-n.m.s. cstr. (398) *In the day that*

עֲשׂוֹת Qal inf. cstr. (עָשָׂה I 793) *made*

יהוה אֱלֹהִים pr.n. *Yahweh God*

אֶרֶץ n.f.s. (75) *the earth*

וְשָׁמָיִם conj.-def. art.-n.m. du. paus. (1029) *and the heavens*

2:5

וְכֹל שִׂיחַ conj.-n.m.s. cstr. (481) - n.m.s. cstr. (II 967) *and (every) no plant of*

הַשָּׂדֶה def. art.-n.m.s. (961) *the field*

טֶרֶם יִהְיֶה adv. (382) - Qal impf. 3 m.s. (הָיָה 224) *was (not) yet*

בָאָרֶץ prep.-def. art.-n.f.s. (75) *in the earth*

וְכָל־עֵשֶׂב conj.-n.m.s. cstr. (481) - n.m.s. cstr. (793) *and no herb of*

הַשָּׂדֶה v. supra *the field*

טֶרֶם יִצְמָח v. supra-Qal impf. 3 m.s. (צָמַח 855) *had yet sprung up*

כִּי לֹא הִמְטִיר conj.-neg.-Hi. pf. 3 m.s. (מָטַר 565) *for ... had not caused it to rain*

יהוה אֱלֹהִים pr.n.(43; 217) *Yahweh God*

עַל־הָאָרֶץ prep.-def. art.-n.f.s. (75) *upon the earth*

וְאָדָם conj.-n.m.s. (9) *and man*

אַיִן subst. (II 34) *there was no*

לַעֲבֹד prep.-Qal inf. cstr. (עָבַד 712) *to till*

אֶת־הָאֲדָמָה dir. obj.-def. art.-n.f.s. (9) *the land (ground)*

2:6

וְאֵד conj.-n.m.s. (15) *but a mist*

יַעֲלֶה Qal impf. 3 m.s. (עָלָה 748) *went up*

מִן־הָאָרֶץ prep.-def. art.-n.f.s. (75) *from the earth*

וְהִשְׁקָה conj.-Hi. pf. 3 m.s. (שָׁקָה 1052) *and watered*

אֶת־כָּל־פְּנֵי־ dir.obj.-n.m.s. cstr. (481) - n.m.p. cstr. (815) *the whole face of*

הָאֲדָמָה def. art.-n.f.s. (9) *the ground*

2:7

וַיִּיצֶר consec.-Qal impf. 3 m.s. (יָצַר 427) *then ... formed*

יהוה אֱלֹהִים pr.n. (43; 217) *Yahweh God*

אֶת־הָאָדָם dir. obj.-def. art.-n.m.s. (9) *man*

עָפָר n.m.s. (779) *of dust*

מִן־הָאֲדָמָה prep.-def. art.-n.f.s. (9) *from the ground*

וַיִּפַּח consec.-Qal impf. 3 m.s. (נָפַח 655) *and breathed*

בְּאַפָּיו prep.-n.m.p.-3 m.s. sf. (I 60) *into his nostrils*

נִשְׁמַת חַיִּים n.f.s. cstr. (675) - n.m.p. (311) *the breath of life*

וַיְהִי consec.-Qal impf. 3 m.s. (הָיָה 224) *and ... became*

הָאָדָם def. art. - n.m.s. (9) *man*

לְנֶפֶשׁ חַיָּה prep.-n.f.s. (659) - adj. f.s. (311) *a living being*

2:8

וַיִּטַּע consec.-Qal impf. 3 m.s. (נָטַע 642) *And ... planted*

יהוה אֱלֹהִים pr. n. (43; 217) *Yahweh God*

גַּן־בְּעֵדֶן n.m.s. (171) - prep. - pr.n. (727) *a garden in Eden*

מִקֶּדֶם prep.-n.m.s. (869) *in the east*

וַיָּשֶׂם consec.-Qal impf. 3 m.s. (שׂוּם I 962) *and he put*

שָׁם adv. (1027) *there*

אֶת־הָאָדָם dir. obj.-def. art.-n.m.s. (9) *the man*

אֲשֶׁר יָצָר rel.-Qal pf. 3 m.s. paus. (יָצַר 427) *whom he had formed*

2:9

וַיַּצְמַח consec.-Hi. impf. 3 m.s. (צָמַח 855) *and ... made to grow*

יהוה אֱלֹהִים pr.n. (43; 217) *Yahweh God*

מִן־הָאֲדָמָה prep.-def. art.-n.f.s. (9) *out of the ground*

כָּל־עֵץ n.m.s. cstr. (481) - n.m.s. (781) *every tree*

נֶחְמָד Ni. ptc. (חָמַד 326) *that is pleasant*

לְמַרְאֶה prep.- n.m.s. (909) *to the sight*

וְטוֹב conj.-adj. m.s. (373) *and good*

לְמַאֲכָל prep.-n.m.s. (38) *for food*

וְעֵץ הַחַיִּים conj.-n.m.s. cstr. (781)-def. art.-n.m.p. (311) *the tree of life*

בְּתוֹךְ הַגָּן prep.-n.m.s. cstr. (1063) - def. art.-n.m.s. (171) *in the midst of the garden*

וְעֵץ הַדַּעַת conj.-n.m.s. cstr. (781) - def. art.-n.f.s. (395) *and the tree of the knowledge*

טוֹב וָרָע adj. m.s. (373) - conj. - adj. m.s. (948) *good and evil*

2:10

וְנָהָר conj.-n.m.s. (625) *A river*

יֹצֵא Qal act. ptc. (יָצָא 422) *flowed out*

מֵעֵדֶן prep.-pr. n.(III 727) *out of Eden*

לְהַשְׁקוֹת prep.-Hi. inf. cstr. (שָׁקָה 1052) *to water*

אֶת־הַגָּן dir. obj. - def. art.-n.m.s. (171) *the garden*

וּמִשָּׁם conj.-prep.-adv. (1027) *and there*

יִפָּרֵד Ni. impf. 3 m.s. (פָּרַד 825) *it divided*

וְהָיָה conj.-Qal pf. 3 m.s. (224) *and became*

לְאַרְבָּעָה prep.-adj. f.s. (916) *four*

רָאשִׁים n.m.p. (910) *rivers*

2:11

שֵׁם הָאֶחָד n.m.s. cstr. (1027) - def. art.-adj. m.s. (25) *The name of the first*

פִּישׁוֹן pr. n. (810) *Pishon*

הוּא pers. pr. 3 m.s. (214) *it is*

הַסֹּבֵב def. art.-Qal act. ptc. (סָבַב 685) *the one which flows around*

אֵת כָּל־אֶרֶץ dir. obj.-n.m.s. cstr. (481) - n.f.s. cstr. (75) *the whole land of*

הַחֲוִילָה def. art.-pr. n. (296) *Havilah*

אֲשֶׁר־שָׁם rel.-adv. (1027) *where there is*

הַזָּהָב def.art.-n.m.s. (262) *gold*

2:12

וּזֲהַב conj.-n.m.s. cstr. (262) *and the gold of*

הָאָרֶץ הִוא def. art.-n.f.s. (75) - def. art. - demons. adj. f.s. (214) *that land*

טוֹב adj. m.s. (373) *is good*

שָׁם adv. (1027) *are there*

הַבְּדֹלַח def. art. - n.m.s. (95) *bdellium*

וְאֶבֶן הַשֹּׁהַם conj. - n.f.s. cstr. (6) - def. art. - n.m.s. (995) *and onyx stone*

2:13

וְשֵׁם־ conj.-n.m.s. cstr. (1027) *The name of*

הַנָּהָר הַשֵּׁנִי def. art. - n.m.s. (625) - def. art. - adj. num. ord. (1041) *the second river*

גִּיחוֹן pr.n. (161) *Gihon*

הוּא cf. 1:11 pers. pr. (214) *it is*

הַסּוֹבֵב def. art. - Qal act. ptc. (סָבַב 685) *the one which flows around*

אֵת כָּל־אֶרֶץ dir. obj. - n.m.s. cstr. (481) - n.f.s. cstr. (75) *the whole land of*

כּוּשׁ pr. n. (468) *Cush*

2:14

וְשֵׁם conj.- n.m.s. cstr. (1027) *and the name of*

הַנָּהָר הַשְּׁלִישִׁי def. art. - n.m.s. (625) - def. art. - adj. num.ord. (1026) *the third river*

חִדֶּקֶל pr. n. (293) *Hiddekel*

הוּא pers. pr. 3 m.s. (214) *which*

הַהֹלֵךְ def. art. - Qal act. ptc. (הָלַךְ 229) *flows*

קִדְמַת אַשּׁוּר n.f.s. cstr. (870) - pr. n. (78) *east of Assyria*

וְהַנָּהָר conj.-def. art. - n.m.s. (625) *and the river*

הָרְבִיעִי def. art.-adj. num. ord. (917) *fourth*

הוּא פְרָת pers. pr. 3 m.s. (214) - pr. n. (832) *is the Euphrates*

2:15

וַיִּקַּח consec.-Qal impf. 3 m.s. (לָקַח 542) *took*

יהוה אֱלֹהִים pr. n. (43; 217) *Yahweh God*

אֶת־הָאָדָם dir.obj.-def.art.-n.m.s. (9) *the man*

וַיַּנִּחֵהוּ consec.-Hi. impf. 3 m.s. - 3 m.s. sf. (נוּחַ 628) *and put him*

בְגַן־עֵדֶן prep.- n.m.s. cstr. (171) - pr. n. *in the garden of Eden*

לְעָבְדָהּ prep.-Qal inf. cstr.-3 f.s. sf. (עָבַד 712) *to till it*

וּלְשָׁמְרָהּ conj.-prep.-Qal inf. cstr.-3 f.s. sf. (1036) *and keep it*

2:16

וַיְצַו consec.-Pi. impf. 3 m.s. (צָוָה 845) *And ... commanded*

יהוה אֱלֹהִים pr.n. (43; 217) *Yahweh God*

עַל־הָאָדָם prep.-def. art.- n.m.s. (9) *the man*

לֵאמֹר prep.-Qal inf. cstr. (אָמַר 55) *saying*

מִכֹּל prep.-n.m.s. cstr. (481) *of every*

עֵץ־הַגָּן n.m.s. cstr. (781) - def. art. - n.m.s. (171) *tree of the garden*

אָכֹל תֹּאכֵל Qal inf. abs. - Qal impf. 2 m.s. (אָכַל 37) *you may freely eat*

2:17

וּמֵעֵץ conj.-prep.-n.m.s. cstr. (781) *but of the tree of*

הַדַּעַת def. art.-n.f.s. (395) *the knowledge*

טוֹב וָרָע adj. m.s. (373) - conj. - adj. m.s. (948) *good and evil*

לֹא תֹאכַל neg.-Qal impf. 2 m.s. (37) *you shall not eat*

מִמֶּנּוּ prep.-3 m.s. sf. *(from it)*

כִּי בְּיוֹם conj.-prep.-n.m.s. cstr. (398) *for in the day that*

אֲכָלְךָ Qal inf. cstr.-2 m.s. sf. (37) *you eat*

מִמֶּנּוּ v. supra *of it*

מוֹת תָּמוּת Qal inf. abs. - Qal impf. 2 m.s. (מוּת 559)*you shall die*

2:18

וַיֹּאמֶר consec.-Qal impf. 3 m.s. (55) *Then ... said*

יהוה אֱלֹהִים pr.n. (43; 217) *Yahweh God*

לֹא־טוֹב neg.-adj. m.s. (373) *It is not good*

הֱיוֹת Qal inf. cstr. (הָיָה 224) *should be*

הָאָדָם def.art.-n.m.s. (9) *the man*

לְבַדּוֹ prep.-n.m.s.-3 m.s. sf. (II 94) *alone*

אֶעֱשֶׂה־לּוֹ Qal impf. 1 c.s. (?-coh. he) (עָשָׂה I 793) - prep.-3 m.s. sf. *I will make him*

עֵזֶר n.m.s. (I 740) *a helper*

כְּנֶגְדּוֹ prep.-prep.-3 m.s. sf. (617) *fit for him*

2:19

וַיִּצֶר consec.-Qal impf. 3 m.s. (יָצַר 427) *So ... formed*

יהוה אֱלֹהִים pr. n. (43; 217) *Yahweh God*

מִן־הָאֲדָמָה prep.-def. art.-n.f.s. (9) *out of the ground*

כָּל־חַיַּת n.m.s. cstr. (481) - n.f.s. cstr. (312) *every beast of*

הַשָּׂדֶה def. art.- n.m.s. (961) *the field*

וְאֵת כָּל־עוֹף conj.-dir. obj.-n.m.s. cstr. (481) - n.m.s. cstr. (733) *and every bird of*

הַשָּׁמַיִם def. art.-n.m. du. (1029) *the air*

וַיָּבֵא consec.-Hi. impf. 3 m.s. (בּוֹא 97) *and brought them*

אֶל־הָאָדָם prep.-def. art.-n.m.s. (9) *to the man*

לִרְאוֹת prep.-Qal inf. cstr. (רָאָה 906) *to see*

מַה־יִּקְרָא־לוֹ interr. (552) - Qal impf. 3 m.s. (קָרָא 894) - prep.-3 m.s. sf. *what he would call them*

וְכֹל אֲשֶׁר conj.- n.m.s. cstr. (481) - rel. *and whatever*

יִקְרָא־לוֹ v. supra *called*

הָאָדָם def. art.-n.m.s. (9) *the man*

נֶפֶשׁ חַיָּה n.f.s. (659) - adj. f.s. (311) *living creature*

הוּא שְׁמוֹ demons. m.s. (214) - n.m.s.-3 m.s. sf. (1027) *that was its name*

2:20

וַיִּקְרָא consec.-Qal impf. 3 m.s. (קָרָא 894) *gave*

הָאָדָם def. art.-n.m.s. (9) *the man*

שֵׁמוֹת n.m.p. (1027) *names*

לְכָל־הַבְּהֵמָה prep.-n.m.s. cstr. (481) - def. art.-n.f.s. (96) *to all cattle*

וּלְעוֹף הַשָּׁמַיִם conj.-prep.-n.m.s. cstr. (733) - def. art.-n.m. du. (1029) *and to the birds of the air*

וּלְכֹל conj.-prep.-n.m.s. cstr. (481) *and to every*

חַיַּת הַשָּׂדֶה n.f.s. cstr. (312) - def. art.-n.m.s. (961) *beast of the field*

וּלְאָדָם conj.-prep.-n.m.s. (9) *but for the man*

לֹא־מָצָא neg.-Qal pf. 3 m.s. (מָצָא 592) *there was not found*

עֵזֶר n.m.s. (I 740) *a helper*

כְּנֶגְדּוֹ prep.-prep.-3 m.s. sf. (617) *fit for him*

2:21

וַיַּפֵּל consec.-Hi. impf. 3 m.s. (נָפַל 656) *So ... caused to fall*

יהוה אֱלֹהִים pr. n. (43; 217) *Yahweh God*

תַּרְדֵּמָה n.f.s. (922) *a deep sleep*

עַל־הָאָדָם prep.-def. art.-n.m.s. (9) *upon the man*

וַיִּישָׁן consec.-Qal impf. 3 m.s. (יָשֵׁן 445) *and while he slept*

וַיִּקַּח consec.-Qal impf. 3 m.s. (לָקַח 542) *took*

אַחַת adj. f.s. (25) *one*

מִצַּלְעֹתָיו prep.-n.f.p.-3 m.s. sf. (854) *of his ribs*

וַיִּסְגֹּר consec.-Qal impf. 3 m.s. (סָגַר 688) *and closed up*

בָּשָׂר n.m.s. (142) *with flesh*

תַּחְתֶּנָּה prep.-3 f.s. sf. (1065) *its place*

2:22

וַיִּבֶן consec.-Qal impf. 3 m.s. (בָּנָה 124) *made*

יהוה אֱלֹהִים pr.n. (43; 217) *Yahweh God*

אֶת־הַצֵּלָע dir. obj.-def. art.-n.f.s. (854) *the rib*

אֲשֶׁר־לָקַח rel.-Qal impf. 3 m.s. (542) *which he had taken*

מִן־הָאָדָם prep.-def. art.-n.m.s. (9) *from the man*

לְאִשָּׁה prep.-n.f.s. (61) *into a woman*

וַיְבִאֶהָ consec.-Hi. impf. 3 m.s.-3 f.s. sf. (בּוֹא 97) *and brought her*

אֶל־הָאָדָם prep.-def. art.-n.m.s. (9) *to the man*

2:23

וַיֹּאמֶר consec.-Qal impf. 3 m.s. (55) *Then ... said*

הָאָדָם def. art.-n.m.s. (9) *the man*

זֹאת demons. adj. f.s. (260) *this*

הַפַּעַם def.art.-n.f.s. (821) *at last*

עֶצֶם n.f.s. (782) *bone*

מֵעֲצָמַי prep.-n.f.p.-l c.s. sf. (782) *of my bones*

וּבָשָׂר conj.-n.m.s. (142) *and flesh*

מִבְּשָׂרִי prep.-n.m.s.-l c.s. sf. (142) *of my flesh*

לְזֹאת prep.-v. supra *she (to this)*

יִקָּרֵא Ni. impf. 3 m.s. (894) *shall be called*

אִשָּׁה n.f.s. (61) *woman*

כִּי conj. *because*

מֵאִישׁ prep.-n.m.s. (35) *out of man*

לֻקְחָה־ Pu. pf. 3 f.s. (לָקַח 542) *was taken*

זֹאת v.supra *she (this)*

2:24

עַל־כֵּן prep.-adv. (485) *therefore*

יַעֲזָב־ Qal impf. 3 m.s. (עָזַב I 736) *leaves*

אִישׁ n.m.s. (35) *a man*

אֶת־אָבִיו dir. obj.-n.m.s.-3 m.s.sf. (3) *his father*

וְאֶת־אִמּוֹ conj.-dir. obj.-n.f.s. - 3 m.s. sf. (51) *and his mother*

וְדָבַק conj.-Qal pf. 3 m.s. (179) *and cleaves*

בְּאִשְׁתּוֹ prep.-n.f.s.-3 m.s. sf. (61) *to his wife*

וְהָיוּ conj.-Qal pf. 3 c.p. (הָיָה 224) *and they become*

לְבָשָׂר prep.-n.m.s. (142) *flesh*

אֶחָד num. adj. m.s. (25) *one*

2:25

וַיִּהְיוּ consec.-Qal impf. 3 m.p. (הָיָה 224) *and were*

שְׁנֵיהֶם num. m.p.-3 m.p. sf. (1040) *both (of them)*

עֲרוּמִּים adj. m.p. (736) *naked*

הָאָדָם def. art.-n.m.s. (9) *the man*

וְאִשְׁתּוֹ conj.-n.f.s.-3 m.s. sf. (61) *and his wife*

וְלֹא יִתְבֹּשָׁשׁוּ conj.-neg.-Hithpolel impf. 3 m.p. (בּוֹשׁ 101) *and were not ashamed*

3:1

וְהַנָּחָשׁ conj.-def. art.-n.m.s. (638) *Now the serpent*

הָיָה Qal pf. 3 m.s. (224) *was*

עָרוּם adj.m.s. (791) *(more) subtle*

מִכֹּל prep.-n.m.s. cstr. (481) *than any*

חַיַּת n.f.s. cstr. (חַיָּה I 312) *other creature*

הַשָּׂדֶה def.art.-n.m.s. (961) *(of the field) wild*

אֲשֶׁר עָשָׂה rel.-Qal pf. 3 m.s. (I 793) *that had made*

יהוה אֱלֹהִים pr. n.-pr. n. (43; 217) *Yahweh God*

וַיֹּאמֶר consec.-Qal impf. 3 m.s. (55) *He said*

אֶל־הָאִשָּׁה prep.-def. art.-n.f.s. (61) *to the woman*

אַף כִּי־אָמַר conj. (64) - conj.-Qal pf. 3 m.s. (55) *(indeed) Did ... say*

אֱלֹהִים n.m.s. (43) *God*

לֹא תֹאכְלוּ neg.-Qal impf. 2 m.p. (אָכַל 37) *You shall not eat*

מִכֹּל עֵץ v. supra - n.m.s. cstr. (781) *of any tree of*

הַגָּן def. art.-n.m.s. (171) *the garden*

3:2

וַתֹּאמֶר consec.-Qal impf. 3 f.s. (55) *And ... said*

הָאִשָּׁה def.art.-n.f.s. (61) *the woman*

אֶל־הַנָּחָשׁ prep.-def. art.-n.m.s. (638) *to the serpent*

מִפְּרִי prep.-n.m.s. cstr. (826) *of the fruit of*

עֵץ־הַגָּן n.m.s. cstr. (781) - def. art. - n.m.s. (171) *any tree of the garden*

נֹאכֵל Qal impf. 1 c.p. (אָכַל 37) *We may eat*

3:3

וּמִפְּרִי conj.-prep.-n.m.s. cstr. (826) *but ... of the fruit of*

הָעֵץ def. art.-n.m.s. (781) *the tree*

אֲשֶׁר rel. *which is*

בְּתוֹךְ־הַגָּן prep.-subst. m.s. cstr. (1063) - def. art.-n.m.s. paus. (171) *in the midst of the garden*

אָמַר Qal pf. 3 m.s. (55) *said*

אֱלֹהִים n.m.s. (43) *God*

לֹא תֹאכְלוּ neg.-Qal impf. 2 m.p. (37) *you shall not eat*

מִמֶּנּוּ prep.-3 m.s. sf. (577) *(from it)*

וְלֹא תִגְּעוּ conj.-neg. - Qal impf. 2 m.p. (619) *neither shall you touch*

בּוֹ prep. - 3 m.s. sf. *it*

פֶּן־תְּמֻתוּן conj. (814) - Qal impf. 2 m.p. (מוּת 559) *lest you die*

3:4

וַיֹּאמֶר consec.-Qal impf. 3 m.s. (55) *But ... said*

הַנָּחָשׁ def. art. - n.m.s. (638) *the serpent*

אֶל־הָאִשָּׁה prep. - def. art. - n.f.s. (61) *to the woman*

לֹא־מוֹת neg. - Qal inf. abs. (מוּת 559) *not (dying)*

תְּמֻתוּן Qal impf. 2 m.p. (מוּת 559) *you will ... die*

3:5

כִּי יֹדֵעַ conj.-Qal act. ptc. (יָדַע 393) *For ... knows*

אֱלֹהִים n.m.s. (43) *God*

כִּי בְּיוֹם conj.-prep.-n.m.s. cstr. (398) *that when (in the day of)*

אֲכָלְכֶם Qal inf. cstr.-2 m.p. sf. (אָכַל 37) *you eat*

מִמֶּנּוּ prep.-3 m.s. sf. (577) *of it*

וְנִפְקְחוּ conj.-Ni. pf. 3 c.p. (פָּקַח 824) *will be opened*

עֵינֵיכֶם n.f. du. - 2 m.p. sf. (744) *your eyes*

וִהְיִיתֶם conj. - Qal pf. 2 m.p. (הָיָה 224) *and you will be*

כֵּאלֹהִים prep. - n.m.p. (43) *like God*

יֹדְעֵי Qal act. ptc. m.p. cstr. (יָדַע 393) *knowing (knowers of)*

טוֹב וָרָע n.m.s. (373) - conj.-n.m.s. (948) *good and evil*

3:6

וַתֵּרֶא consec. - Qal impf. 3 f.s. (רָאָה 906) *So when ... saw*

הָאִשָּׁה def. art. - n.f.s. (61) *the woman*

כִּי טוֹב conj. - adj. m.s. as pred. (373) *that ... was good*

הָעֵץ def. art. - n.m.s. (781) *the tree*

לְמַאֲכָל prep. - n.m.s. (38) *for food*

וְכִי conj. - conj. *and that*

תַאֲוָה־הוּא n.f.s. (16) - demons. pr. m.s. (214) *it was a delight*

לָעֵינַיִם prep.-def.art.-n.f. du. (744) *to the eyes*

וְנֶחְמָד conj.-Ni. ptc. (חָמַד 326) *and that ... was to be desired*

הָעֵץ def. art. - n.m.s. (781) *the tree*

לְהַשְׂכִּיל prep. - Hi. inf. cstr. (שָׂכַל 968) *to make one wise*

וַתִּקַּח consec. - Qal impf. 3 f.s. (לָקַח 542) *she took*

מִפִּרְיוֹ prep.-n.m.s.-3 m.s. sf. (826) *of its fruit*

וַתֹּאכַל consec.-Qal impf. 3 f.s. (37) *and ate*

וַתִּתֵּן consec.-Qal impf. 3 f.s. (נָתַן 678) *and she ... gave*

גַּם־לְאִישָׁהּ adv. (168) - prep. - n.m.s.-3 f.s. sf. (35) *also to her husband*

עִמָּהּ prep.-3 f.s. sf. *(with her)*

וַיֹּאכַל consec. - Qal impf. 3 m.s. (37) *and he ate*

3:7

וַתִּפָּקַחְנָה consec. - Ni. impf. 3 f. p. (פָּקַח 824) *then were opened*

עֵינֵי שְׁנֵיהֶם n.f. du. cstr. (744) - n.m.p.-3 m.p. sf. (1040) *the eyes of both*

וַיֵּדְעוּ consec.-Qal impf. 3 m.p. (יָדַע 393) *and they knew*

כִּי עֵירֻמִּם conj.-adj. m.p. (735) *that ... were naked*

הֵם pers. pr. 3 m.p. (241) *they*

וַיִּתְפְּרוּ consec.-Qal impf. 3 m.p. (תָּפַר 1074) *and they sewed together*

עֲלֵה תְאֵנָה n.m.s. cstr. (750) - n.f.s. (1061) *fig leaves*

וַיַּעֲשׂוּ consec.-Qal impf. 3 m.p. (עָשָׂה I 793) *and they made*

לָהֶם prep. - 3 m.p. sf. *themselves*

חֲגֹרֹת n. f. p. (292) *aprons*

3:8

וַיִּשְׁמְעוּ consec. - Qal impf. 3 m.p. (שָׁמַע 1033) *And they heard*

אֶת־קוֹל dir. obj. - n.m.s. cstr. (876) *the sound of*

יהוה אֱלֹהִים pr.n.-pr.n. (43; 217) *Yahweh God*

מִתְהַלֵּךְ Hith. ptc. (הָלַךְ 229) *walking*

בַּגָּן prep.-def. art. - n.m.s. (171) *in the garden*

לְרוּחַ הַיּוֹם prep.-n.f.s. cstr. (924) - def.art.-n.m.s. (398) *in the cool of the day*

וַיִּתְחַבֵּא consec.-Hith. impf. 3 m.s. (חָבָא 285) *and ... hid themselves*

הָאָדָם def. art. - n.m.s. (9) *the man*

וְאִשְׁתּוֹ conj. - n.f.s. - 3 m.s. sf. (61) *and his wife*

מִפְּנֵי prep.-n.m.p. cstr. (815) *from the presence of*

יהוה אֱלֹהִים pr. n. - pr. n. (43; 217) *Yahweh God*

בְּתוֹךְ cf. 3:3 prep. - subst. m.s. cstr. (1063) *among*

עֵץ הַגָּן n.m.s. cstr. (781) - def. art. - n.m.s. paus. (171) *the trees of the garden*

3:9

וַיִּקְרָא consec. - Qal impf. 3 m.s. (894) *But ... called*

יהוה אֱלֹהִים pr. n. - pr. n. (43; 217) *Yahweh God*

אֶל־הָאָדָם prep.-def. art. - n.m.s. (9) *to the man*

וַיֹּאמֶר לוֹ consec.-Qal impf. 3 m.s. (55) - prep.-3 m.s. sf. *and said to him*

אַיֶּכָּה interr. adv.-2 m.s. sf. (32) *Where are you?*

3:10

וַיֹּאמֶר consec.-Qal impf. 3 m.s. (55) *And he said*

אֶת־קֹלְךָ dir. obj.-n.m.s.-2 m.s. sf. (876) *the sound of thee*

שָׁמַעְתִּי Qal pf. 1 c.s. (שָׁמַע 1033) *I heard*

בַּגָּן prep.-def. art. - n.m.s. paus. (171) *in the garden*

וָאִירָא consec.-Qal impf. 1 c.s. (יָרֵא 431) *and I was afraid*

כִּי־עֵירֹם caus. conj. - adj. m.s. (735) *because ... (was) naked*

אָנֹכִי pers. pr. 1 c.s. (58) *I*

וָאֵחָבֵא consec.-Ni. impf. 1 c.s. (חָבָא 285) *and I hid myself*

3:11

וַיֹּאמֶר consec.-Qal impf. 3 m.s. (55) *He said*

מִי interr. pr. (566) *Who*

הִגִּיד לְךָ Hi. pf. 3 m.s. (נָגַד 616) - prep.-2 m.s. sf. *told you*

כִּי עֵירֹם conj. - adj. m.s. (735) *that naked*

אָתָּה pers. pr. 2 m.s. paus. (61) *you (were)*

הֲמִן־הָעֵץ interr. part. - prep. - def. art. - n.m.s. (781) *of the tree?*

אֲשֶׁר rel. *of which*

צִוִּיתִיךָ Pi. pf. 1 c.s.-2 m.s. sf. (צָוָה 845) *I commanded you*

לְבִלְתִּי prep. - neg. (116) *not*

אֲכָל־מִמֶּנּוּ Qal inf. cstr. (אָכַל 37) - prep.-3 m.s. sf. *to eat (from it)*

אָכָלְתָּ Qal pf. 2 m.s. paus. (37) *Have you eaten*

3:12

וַיֹּאמֶר consec.-Qal impf. 3 m.s. (55) *(and) ... said*

הָאָדָם def. art. - n.m.s. (9) *the man*

הָאִשָּׁה def. art. - n.f.s. (61) *The woman*

אֲשֶׁר rel. *whom*

נָתַתָּה Qal pf. 2 m.s. (נָתַן 678) *thou gavest*

עִמָּדִי prep.-1 c.s. sf. (767) *(to be) with me*

הִוא pers. pr. 3 f.s. (214) *she*

נָתְנָה־לִּי Qal pf. 3 f.s. (נָתַן 678) - prep.-1 c.s. sf. *gave me*

מִן־הָעֵץ prep. - def. art. - n.m.s. (781) *of the tree*

וָאֹכֵל consec. - Qal impf. 1 c.s. (אָכַל 37) *and I ate*

3:13

וַיֹּאמֶר consec.-Qal impf. 3 m.s. (55) *Then ... said*

יהוה אֱלֹהִים pr. n. - pr. n. (43; 217) *Yahweh God*

לָאִשָּׁה prep.-def. art. - n.f.s. (61) *to the woman*

מַה־זֹּאת interr. pr. (552) - demons. adj. (260) *What is this*

עָשִׂית Qal pf. 2 f.s. (עָשָׂה 793) *that you have done*

וַתֹּאמֶר consec. - Qal impf. 3 f.s. (55) *(and) ... said*

הָאִשָּׁה def.art.-n.f.s. (61) *The woman*

הַנָּחָשׁ def.art.-n.m.s. (638) *the serpent*

הִשִּׁיאַנִי Hi. pf. 3 m.s. - 1 c.s. sf. (נָשָׁא II 674) *beguiled me*

וָאֹכֵל consec. - Qal impf. 1 c.s. (אָכַל 37) *and I ate*

3:14

וַיֹּאמֶר consec.-Qal impf. 3 m.s. (55) *(and) ... said*

יהוה אֱלֹהִים pr. n. - pr. n. (43; 217) *Yahweh God*

אֶל־הַנָּחָשׁ prep.-def. art.-n.m.s. (638) *to the serpent*

כִּי עָשִׂיתָ caus. conj. - Qal pf. 2 m.s. (עָשָׂה 793) *Because you have done*

זֹּאת demons. adj. f.s. (260) *this*

אָרוּר Qal pass. ptc. (אָרַר 76) *Cursed*

אַתָּה pers. pr. 2 m.s. (61) *are you*

מִכָּל־הַבְּהֵמָה prep. - n.m.s. cstr. (481) - def. art. - n.f.s. (96) *above all cattle*

וּמִכֹּל חַיַּת conj.-prep.-n.m.s. cstr. (481) - n.f.s. cstr. (312) *and above all animals of*

הַשָּׂדֶה def. art.-n.m.s. (961) *wild (lit., the field)*

עַל־גְּחֹנְךָ prep. - n.m.s.-2 m.s. sf. (161) *upon your belly*

תֵלֵךְ Qal impf. 2 m.s. (הָלַךְ 229) *you shall go*

וְעָפָר conj. - n.m.s. (779) *and dust*

תֹּאכַל Qal impf. 2 m.s. (אָכַל 37) *you shall eat*

כָּל־יְמֵי n.m.s. cstr. (481) - n.m.p. cstr. (398) *all the days of*

חַיֶּיךָ n.m.p. - 2 m.s. sf. (311) *your life*

3:15

וְאֵיבָה conj. - n.f.s. (33) *(and) enmity*

אָשִׁית Qal impf. 1 c.s. (שִׁית 1011) *I will put*

בֵּינְךָ prep. - 2 m.s. sf. *between you*

וּבֵין conj. - prep. *and (between)*

הָאִשָּׁה def. art.-n.f.s. (61) *the woman*

וּבֵין v. supra *and between*

זַרְעֲךָ n.m.s. - 2 m.s. sf. (282) *your seed*

וּבֵין v. supra *and (between)*

זַרְעָהּ n.m.s.-3 f.s. sf. (282) *her seed*

הוּא pers. pr. 3 m.s. (214) *he*

יְשׁוּפְךָ Qal impf. 3 m.s.-2 m.s. sf. (שׁוּף 1003) *shall bruise thee*

רֹאשׁ n.m.s. (910) *head*

וְאַתָּה conj.-pers. pr. 2 m.s. (61) *and you*

תְּשׁוּפֶנּוּ Qal impf. 2 m.s. - 3 m.s. sf. (שׁוּף 1003) *shall bruise him*

עָקֵב n.m.s. (784) *heel*

3:16

אֶל־הָאִשָּׁה prep.-def.art.-n.f.s. (61) *to the woman*

אָמַר Qal pf. 3 m.s. (55) *he said*

הַרְבָּה אַרְבֶּה Hi. inf. abs. (רָבָה 915) - Hi. impf. 1 c.s. (רָבָה 915) *I will greatly multiply*

עִצְּבוֹנֵךְ n.m.s. - 2 f.s. sf. (781) *your pain*

וְהֵרֹנֵךְ conj.-n.m.s.-2 f.s. sf. (248) *and your conception*

בְּעֶצֶב prep. - n.m.s. (780) *in pain*

תֵּלְדִי Qal impf. 2 f.s. (יָלַד 408) *you shall bring forth*

בָנִים n. m. p. (119) *children*

וְאֶל־אִישֵׁךְ conj. - prep. - n.m.s.-2 f.s. sf. (35) *yet ... for your husband*

תְּשׁוּקָתֵךְ n.f.s.-2 f.s. sf. (1003) *your desire*

וְהוּא conj.-pers. pr. 3 m.s. (214) *and he*

יִמְשָׁל־בָּךְ Qal impf. 3 m.s. (מָשַׁל 605) - prep.-2 f.s. sf. *shall rule over you*

3:17

וּלְאָדָם conj.-prep.-n.m.s. (9) *And to Adam*

אָמַר Qal pf. 3 m.s. (55) *he said*

כִּי שָׁמַעְתָּ conj.-Qal pf. 2 m.s. (1033) *because you have listened*

לְקוֹל prep. - n.m.s. cstr. (876) *to the voice of*

אִשְׁתֶּךָ n.f.s.-2 m.s. sf. (61) *your wife*

וַתֹּאכַל consec.-Qal impf. 2 m.s. (37) *and have eaten*

מִן־הָעֵץ prep.-def. art.-n.m.s. (781) *of the tree*

אֲשֶׁר צִוִּיתִיךָ rel.-Pi. pf. 1 c.s.-2 m.s. sf. (צָוָה 845) *of which I commanded you*

לֵאמֹר prep.-Qal inf. cstr. (אָמַר 55) *(saying)*

לֹא תֹאכַל neg.-Qal impf. 2 m.s. (אָכַל 37) *You shall not eat*

מִמֶּנּוּ prep.-3 m.s. sf. *of it*

אֲרוּרָה Qal pass. ptc. f.s. (אָרַר 76) *cursed is*

הָאֲדָמָה def. art.-n.f.s. (9) *the ground*

בַּעֲבוּרֶךָ prep.-prep. (II 721) - 2 m.s. sf. *because of you*

בְּעִצָּבוֹן prep.-n.m.s. (781) *in toil*

תֹּאכֲלֶנָּה Qal impf. 2 m.s. - 3 f.s. sf. (אָכַל 37) *you shall eat of it*

כֹּל יְמֵי n.m.s. cstr. (481) - n.m.p. cstr. (398) *all the days of*

חַיֶּיךָ n.m.p. - 2 m.s. sf. (311) *your life*

3:18

וְקוֹץ conj.-n.m.s. (881) *thorns*

וְדַרְדַּר conj.-n.m. coll. (205) *and thistles*

תַּצְמִיחַ Hi. impf. 3 f.s. (צָמַח 855) *it shall bring forth*

לָךְ prep.-2 m.s. sf. paus. *to you*

וְאָכַלְתָּ conj.-Qal pf. 2 m.s. (37) *and you shall eat*

אֶת־עֵשֶׂב dir.obj.-n.m.s. cstr. (793) *the plants of*

הַשָּׂדֶה def.art.-n.m.s. (961) *the field*

3:19

בְּזֵעַת prep.-n.f.s. cstr. (402) *In the sweat of*

אַפֶּיךָ n.m.p.-2 m.s. sf. (60) *your face*

תֹּאכַל Qal impf. 2 m.s. (37) *you shall eat*

לֶחֶם n.m.s. (536) *bread*

עַד שׁוּבְךָ adv.-Qal inf. cstr.-2 m.s. sf. (שׁוּב 996) *till you return*

אֶל־הָאֲדָמָה prep.-def.art.-n.f.s. (9) *to the ground*

כִּי מִמֶּנָּה conj.-prep.-3 f.s. sf. (577) *for out of it*

לֻקָּחְתָּ Pual pf. 2 m.s. (לָקַח 542) *you were taken*

כִּי־עָפָר conj.-n.m.s. (779) *(for) dust*

אַתָּה pers. pr. 2 m.s. (61) *you are*

וְאֶל־עָפָר conj.-prep.-n.m.s. (779) *and to dust*

תָּשׁוּב Qal impf. 2 m.s. (שׁוּב 996) *you shall return*

3:20

וַיִּקְרָא consec.-Qal impf. 3 m.s. (894) *called*

הָאָדָם def.art.-n.m.s. (9) *The man*

שֵׁם אִשְׁתּוֹ n.m.s. cstr. (1027)-n.f.s.-3 m.s. sf. (61) *his wife's name*

חַוָּה pr.n.f. (295) *Eve (life)*

כִּי הִוא conj.-pers. pr. 3 f.s. (214) *because she*

הָיְתָה Qal pf. 3 f.s. (הָיָה 224) *was*

אֵם n.f.s. cstr. (51) *the mother of*

כָּל־חָי n.m.s. cstr. (481)-adj. m.s. (311) *all living*

3:21

וַיַּעַשׂ consec.-Qal impf. 3 m.s. (עָשָׂה I 793) *and ... made*

יהוה אֱלֹהִים pr.n.-n.m.p. (43; 217) *Yahweh God*

לְאָדָם prep.-n.m.s. (9) *for Adam*

וּלְאִשְׁתּוֹ conj.-prep.-n.f.s.-3 m.s. sf. (61) *and for his wife*

כָּתְנוֹת n.f.p. cstr. (509) *garments of*

עוֹר n.m.s. (736) *skins*

וַיַּלְבִּשֵׁם consec.-Hi. impf. 3 m.s.-3 m.p. sf. (לָבַשׁ 527) *and clothed them*

3:22

וַיֹּאמֶר consec.-Qal impf. 3 m.s. (55) *then ... said*

יהוה אֱלֹהִים pr.n. (217)-n.m.p. (43) *Yahweh God*

הֵן demons. adv. (243) *Behold*

הָאָדָם def.art.-n.m.s. (9) *the man*

הָיָה Qal pf. 3 m.s. (224) *has become*

כְּאַחַד prep.-adj. num. cstr. (25) *like one of*

מִמֶּנּוּ prep.-1 c.p. sf. or 3 m.s. sf. *us (them)*

לָדַעַת prep.-Qal inf. cstr. (יָדַע 393) *knowing*

טוֹב וָרָע adj. m.s. (373)-conj.-adj. (948) *good and evil*

וְעַתָּה conj.-adv. *and now*

פֶּן־יִשְׁלַח conj. (814)-Qal impf. 3 m.s. (שָׁלַח 1018) *lest he put forth*

יָדוֹ n.f.s.-3 m.s. sf. (388) *his hand*

וְלָקַח conj.-Qal pf. 3 m.s. (542) *and take*

גַּם מֵעֵץ adv. (168)-prep.-n.m.s. cstr. (781) *also of the tree of*

הַחַיִּים def.art.-n.m.p. (311) *life*

וְאָכַל conj.-Qal pf. 3 m.s. (37) *and eat*

וָחַי conj.-Qal pf. 3 m.s. (חָיָה 310) *and live*

לְעֹלָם prep.-n.m.s. (761) *for ever*

3:23

וַיְשַׁלְּחֵהוּ consec.-Pi. impf. 3 m.s.-3 m.s. sf. (שָׁלַח 1018) *therefore ... sent him forth*

יהוה אֱלֹהִים pr.n. (217)-n.m.p. (43) *Yahweh God*

מִגַּן־ prep.-n.m.s. cstr. (171) *from the garden of*

עֵדֶן pr.n. (727) or n.m.s. (726) *Eden (or delight)*

לַעֲבֹד prep.-Qal inf. cstr. (עָבַד 712) *to till*

אֶת־הָאֲדָמָה dir.obj.-def.art.-n.f.s. (9) *the ground*

אֲשֶׁר לֻקַּח rel.-Pu. pf. 3 m.s. (לָקַח 542) *which he was taken*

מִשָּׁם prep.-adv. (1027) *from there*

3:24

וַיְגָרֶשׁ consec.-Pi. impf. 3 m.s. (גָּרַשׁ 176) *he drove out*

אֶת־הָאָדָם dir.obj.-def.art.-n.m.s. (9) *the man*

וַיַּשְׁכֵּן consec.-Hi. impf. 3 m.s. (שָׁכַן 1014) *and ... he placed*

מִקֶּדֶם prep.-n.m.s. (869) *at the east*

לְגַן־ prep.-n.m.s. cstr. (171) *of the garden of*

עֵדֶן v. supra *Eden*

אֶת־הַכְּרֻבִים dir.obj.-def.art.-n.m.p. (500) *the cherubim*

וְאֵת לַהַט conj.-dir.obj.-n.m.s. cstr. (529) *and the flame of*

הַחֶרֶב def.art.-n.f.s. (352) *the sword*

הַמִּתְהַפֶּכֶת def.art.-Hith. ptc. f.s. (הָפַךְ 245) *which turned every way*

לִשְׁמֹר prep.-Qal inf. cstr. (שָׁמַר 1036) *to guard*

אֶת־דֶּרֶךְ dir.obj.-n.m.s. cstr. (202) *the way to*

עֵץ n.m.s. cstr. (781) *the tree of*

הַחַיִּים def.art.-n.m.p. (311) *life*

4:1

וְהָאָדָם conj.-def.art.-n.m.s. (9) *now Adam*

יָדַע Qal pf. 3 m.s. (393) *knew*

אֶת־חַוָּה dir. obj. - pr. n. (I 295) *Eve*

אִשְׁתּוֹ n.f.s. - 3 m.s. sf. (61) *his wife*

וַתַּהַר consec.-Qal impf. 3 f.s. (הָרָה I 247) *and she conceived*

וַתֵּלֶד consec.-Qal impf. 3 f.s. (יָלַד 408) *and bore*

אֶת־קַיִן dir. obj. - pr. n. (III 884) *Cain*

וַתֹּאמֶר consec.-Qal impf. 3 f.s. (55) *saying*

קָנִיתִי Qal pf. 1 c.s. (קָנָה 888) *I have gotten*

אִישׁ n.m.s. (35) *a man*

אֶת־יהוה prep.(85) - pr. n. (217) *with the help of Yahweh*

4:2

וַתֹּסֶף consec.-Hi. impf. 3 f.s. (יָסַף 414) *And again she*

לָלֶדֶת prep.-Qal inf. cstr. (יָלַד 408) *bore*

אֶת־אָחִיו dir. obj.- n.m.s.-3 m.s. sf. (26) *his brother*

אֶת־הָבֶל dir. obj. - pr. n. paus. (II 211) *Abel*

וַיְהִי־הֶבֶל consec. - Qal impf. 3 m.s. (הָיָה 224) - pr.n. (II 211) *Now Abel was*

רֹעֵה Qal act. ptc. m.s. cstr. (רָעָה I 944) *a keeper of*

צֹאן n. f. s. (838) *sheep*

וְקַיִן conj. - pr. n. (III 884) *and Cain*

הָיָה Qal pf. 3 m.s. (224) *was*

עֹבֵד Qal act. ptc. m.s. cstr. (עָבַד 712) *a tiller of*

אֲדָמָה n. f. s. (9) *the ground*

4:3

וַיְהִי consec. - Qal impf. 3 m.s. (הָיָה 224) *(and it was)*

מִקֵּץ יָמִים prep. - n.m.s. cstr. (893) - n.m.p. (398) *In the course of time*

וַיָּבֵא קַיִן consec. - Hi. impf. 3 m.s. (בּוֹא 97) - pr. n. *Cain brought*

מִפְּרִי prep. - n.m.s. cstr. (826) *of the fruit of*

הָאֲדָמָה def. art. - n.f.s. (9) *the ground*

מִנְחָה n. f. s. (585) *an offering*

ליהוה prep. - pr. n. (217) *to Yahweh*

4:4

וְהֶבֶל הֵבִיא conj.-pr. n. (II 211) - Hi. pf. 3 m.s. (בּוֹא 97) *and Abel brought*

גַם־הוּא adv. (168) - pers. pr. 3 m.s. (214) *(also he)*

מִבְּכֹרוֹת prep.-n.f.p. cstr. (114) *of the firstlings of*

צֹאנוֹ n.f.s.-3 m.s. sf. (838) *his flock*

וּמֵחֶלְבֵהֶן conj.-prep.-n.m.s.-3 f.p. sf. (316) *and of their fat portions*

וַיִּשַׁע יהוה consec.-Qal impf. 3 m.s. (שָׁעָה 1043) - pr.n. (217) *and Yahweh had regard*

אֶל־הֶבֶל prep.-pr.n. (II 211) *for Abel*

וְאֶל־מִנְחָתוֹ conj. - prep. - n.f.s. - 3 m.s. sf. (585) *and his offering*

4:5

וְאֶל־קַיִן conj.-prep.-pr. n. (III 884) *but for Cain*

וְאֶל־מִנְחָתוֹ conj.-prep.-n.f.s.-3 m.s. sf. (585) *and his offering*

לֹא שָׁעָה neg.-Qal pf. 3 m.s. (1043) *he had no regard*

וַיִּחַר consec.-Qal impf. 3 m.s. (חָרָה 354) *So was angry*

לְקַיִן prep. - pr. n. (III 884) *Cain*

מְאֹד adv. (547) *very*

וַיִּפְּלוּ consec.-Qal impf. 3 m.p. (נָפַל 656) *and ... fell*

פָּנָיו n.m.p.-3 m.s. sf. (815) *his countenance*

4:6

וַיֹּאמֶר יהוה consec.-Qal impf. 3 m.s. (55) - pr.n. (217) *Yahweh said*

אֶל־קָיִן prep. - pr. n. (III 884) *to Cain*

לָמָּה interr. (552) *why*

חָרָה לָךְ Qal pf. 3 m.s. (354) - prep.-2 m.s. sf. paus. *are you angry*

וְלָמָּה conj. - interr. (552) *and why*

נָפְלוּ Qal pf. 3 c.p. (656) *has fallen*

פָנֶיךָ n.m.p.-2 m.s. sf. (815) *your countenance*

4:7

הֲלוֹא interr. part. - neg.

אִם־תֵּיטִיב hypoth. part. (49) - Qal impf. 2 m.s. (יָטַב 405) *If you do well*

שְׂאֵת Qal inf. cstr. (נָשָׂא 669) *will you not be accepted*

וְאִם conj. - hypoth. part. (49) *and if*

לֹא תֵיטִיב neg.-Qal impf. 2 m.s. (יָטַב 405) *you do not do well*

לַפֶּתַח prep.-def. art.-n. m. s. (835) *at the door*

חַטָּאת n. f. s. (308) *sin*

רֹבֵץ Qal act. ptc. (918) *is couching*

וְאֵלֶיךָ conj.-prep.-2 m.s. sf. *unto you*

תְּשׁוּקָתוֹ n.f.s.-3 m.s. sf. (1003) *its desire is*

וְאַתָּה conj. - pers. pr.2 m.s. (61) *but you*

תִּמְשָׁל־בּוֹ Qal impf. 2 m.s. (מָשַׁל 605) - prep.-3 m.s. sf. *must master it*

4:8

וַיֹּאמֶר קַיִן consec.-Qal impf. 3 m.s. (55) - pr. n. (III 884) *Cain said*

אֶל־הֶבֶל prep. - pr. n. (II 211) *to Abel*

אָחִיו n.m.s.-3 m.s. sf. (26) *his brother*

וַיְהִי consec.-Qal impf. 3 m.s. (הָיָה 224) *and*

בִּהְיוֹתָם prep.-Qal inf. cstr.-3 m.p. sf. (הָיָה 224) *when they were*

בַּשָּׂדֶה prep.-def. art.-n.m.s. (961) *in the field*

וַיָּקָם קַיִן consec.-Qal impf. 3 m.s. (קוּם 877) - pr. n. (III 884) *Cain rose up*

אֶל־הֶבֶל prep. - pr. n. (II 211) *against Abel*

אָחִיו n.m.s.-3 m.s. sf. (26) *his brother*

וַיַּהַרְגֵהוּ consec.-Qal impf. 3 m.s.-3 m.s. sf. (הָרַג 246) *and killed him*

4:9

וַיֹּאמֶר יהוה consec.-Qal impf. 3 m.s. (55) - pr. n. (217) *Then Yahweh said*

אֶל־קַיִן prep. - pr. n. (III 884) *to Cain*

אֵי הֶבֶל interr. adv. (32) - pr.n. (II 211) *where is Abel*

אָחִיךָ n.m.s.-2 m.s. sf. (26) *your brother*

וַיֹּאמֶר consec.-Qal impf. 3 m.s. (55) *He said*

לֹא יָדַעְתִּי neg.-Qal pf. 1 c.s. (יָדַע 393) *I do not know*

הֲשֹׁמֵר interr.part.-Qal act. ptc. cstr. (שָׁמַר 1036) *a keeper of*

אָחִי n.m.s.-1 c.s. sf. (26) *my brother*

אָנֹכִי pers. pr. 1 c.s. (58) *Am I*

4:10

וַיֹּאמֶר consec.-Qal impf. 3 m.s. (55) *and (he) said*

מֶה עָשִׂיתָ interr. (552) - Qal pf. 2 m.s. (עָשָׂה I 793) *what have you done?*

קוֹל n.m.s. cstr. (876) *the voice of*

דְּמֵי אָחִיךָ n.m.p. cstr. (196) - n.m.s.-2 m.s. sf. (26) *your brother's blood*

צֹעֲקִים Qal act. ptc. m.p. (צָעַק 858) *is crying*

אֵלַי prep. - 1 c.s. sf. *to me*

מִן־הָאֲדָמָה prep.-def. art.-n.f.s. (9) *from the ground*

4:11

וְעַתָּה conj.-adv. (773) *and now*

אָרוּר אָתָּה Qal pass. ptc. (אָרַר 76)-pers. pr. 2 m.s. (61) *you are cursed*

מִן־הָאֲדָמָה prep.-def.art.-n.f.s. (9) *from the ground*

אֲשֶׁר פָּצְתָה rel.-Qal pf. 3 f.s. (פָּצָה 822) *which has opened*

אֶת־פִּיהָ dir.obj.-n.m.s.-3 f.s. sf. (804) *its mouth*

לָקַחַת prep.-Qal inf. cstr. (לָקַח 542) *to receive*

אֶת־דְּמֵי dir.obj.-n.m.p. cstr. (196) *the blood of*

אָחִיךָ n.m.s.-2 m.s. sf. (26) *your brother*

מִיָּדֶךָ prep.-n.f.p.-2 m.s. sf. (388) *from your hand*

4:12

כִּי תַעֲבֹד conj.-Qal impf. 2 m.s. (עָבַד 712) *when you till*

אֶת־הָאֲדָמָה dir.obj.-def.art.-n.f.s. (9) *the ground*

לֹא־תֹסֵף neg.-Hi. impf. 2 m.s. (יָסַף 414) *it shall no longer*

תֵּת־כֹּחָהּ Qal inf. cstr. (נָתַן 678)-n.m.s.-3 f.s. sf. (470) *yield its strength*

לָךְ prep.-2 m.s. sf. paus. *to you*

נָע וָנָד Qal act. ptc. (נוּעַ 631)-conj.-Qal act. ptc. (נוּד 626) *a fugitive and a wanderer*

תִּהְיֶה Qal impf. 2 m.s. (הָיָה 224) *you shall be*

בָאָרֶץ prep.-def.art.-n.f.s. (75) *on the earth*

4:13

וַיֹּאמֶר קַיִן consec.-Qal impf. 3 m.s. (55)-pr.n. (III 884) *Cain said*

אֶל־יהוה prep.-pr.n. (217) *to Yahweh*

גָּדוֹל adj. m.s. (152) *is greater*

עֲוֺנִי n.m.s.-1 c.s. sf. (730) *my punishment*

מִנְּשֹׂא prep.-Qal inf. cstr. (נָשָׂא 669) *than I can bear*

4:14

הֵן interj. (243) *Behold*

גֵּרַשְׁתָּ Pi. pf. 2 m.s. (גָּרַשׁ 176) *thou hast driven*

אֹתִי dir.obj.-1 c.s. sf. *me*

הַיּוֹם def.art.-n.m.s. (398) *this day*

מֵעַל פְּנֵי prep.-prep.-n.m.p. cstr. (815) *away from*

הָאֲדָמָה def.art.-n.f.s. (9) *the ground*

וּמִפָּנֶיךָ conj.-prep.-n.m.p.-2 m.s. sf. (815) *and from thy face*

אֶסָּתֵר Ni. impf. 1 c.s. (סָתַר 711) *I shall be hidden*

וְהָיִיתִי conj.-Qal pf. 1 c.s. (הָיָה 224) *and I shall be*

נָע וָנָד Qal act. ptc. (נוּעַ 631)-conj.-Qal act. ptc. (נוּד 626) *a fugitive and a wanderer*

בָאָרֶץ prep.-def.art.-n.f.s. (75) *on the earth*

וְהָיָה conj.-Qal pf. 3 m.s. (224) *and*

כָל־מֹצְאִי n.m.s. cstr. (481)-Qal act. ptc.-1 c.s. sf. (מָצָא 592) *and whoever finds me*

יַהַרְגֵנִי Qal impf. 3 m.s.-1 c.s. sf. (הָרַג 246) *will slay me*

4:15

וַיֹּאמֶר לוֹ consec.-Qal impf. 3 m.s. (55)-prep.-3 m.s. sf. *then said to him*

יהוה pr.n. (217) *Yahweh*

לָכֵן prep.-adv. (485) (rd.prb. לֹא כֵן) *not so*

כָּל־הֹרֵג n.m.s. cstr. (481)-Qal act. ptc. (הָרַג 246) *If any one slays*

קַיִן pr.n. (III 884) *Cain*

שִׁבְעָתַיִם n.f. du. (988) *sevenfold*

יֻקָּם Ho. impf. 3 m.s. (נָקַם 667) *vengeance shall be taken*

וַיָּשֶׂם יהוה consec.-Qal impf. 3 m.s. (שִׂים 962) - pr.n. (217) *and Yahweh put*

לְקַיִן prep.-pr.n. (III 884) *on Cain*

אוֹת n.m.s. (16) *a mark*

לְבִלְתִּי prep.-part. of neg. (116) *lest*

הַכּוֹת־אֹתוֹ Hi. inf. cstr. (נָכָה 645)-dir.obj.-3 m.s. sf. *should kill him*

כָּל־מֹצְאוֹ n.m.s. cstr. (481)-Qal act. ptc.-3 m.s. sf. (מָצָא 592) *any who came upon him*

4:16

וַיֵּצֵא קַיִן consec.-Qal impf. 3 m.s. (יָצָא 422) - pr. n. (III 884) *Then Cain went away*

מִלִּפְנֵי prep.-prep.-n.m.p. cstr. (815) *from the presence of*

יהוה pr. n. (217) *Yahweh*

וַיֵּשֶׁב consec.-Qal impf. 3 m.s. (יָשַׁב 442) *and dwelt*

בְּאֶרֶץ־נוֹד prep.-n.f.s. cstr. (75) - pr.n. (II 627) *in the land of Nod*

קִדְמַת־עֵדֶן n.f.s. cstr. (870) - pr.n.(III 727) *east of Eden*

4:17

וַיֵּדַע קַיִן consec.-Qal impf. 3 m.s. (יָדַע 393) - pr. n. (III 884) *Cain knew*

אֶת־אִשְׁתּוֹ dir. obj.-n.f.s.-3 m.s. sf. (61) *his wife*

וַתַּהַר consec.-Qal impf. 3 f.s. (הָרָה 247) *and she conceived*

וַתֵּלֶד consec.-Qal impf. 3 f.s. (יָלַד 408) *and bore*

אֶת־חֲנוֹךְ dir. obj. - pr. n. (335) *Enoch*

וַיְהִי בֹּנֶה consec.-Qal impf. 3 m.s. (הָיָה 224) - Qal act. ptc. (124) *and he built*

עִיר n.f.s. (746) *a city*

וַיִּקְרָא consec.-Qal impf. 3 m.s. (894) *and called*

שֵׁם הָעִיר n.m.s. cstr. (1027) - def. art.-n.f.s. (746) *the name of the city*

כְּשֵׁם בְּנוֹ prep.-n.m.s. cstr. (1027) - n.m.s.-3 m.s. sf. (119) *after the name of his son*

חֲנוֹךְ pr. n. (335) *Enoch*

4:18

וַיִּוָּלֵד consec.-Ni. impf. 3 m.s. (יָלַד 48) *was born*

לַחֲנוֹךְ prep.-pr. n. (335) *to Enoch*

אֶת־עִירָד dir. obj. - pr. n. (747) *Irad*

וְעִירָד conj. - pr. n. (747) *and Irad*

יָלַד Qal pf. 3 m.s. (408) *was the father of*

אֶת־מְחוּיָאֵל dir.obj.-pr.n. (562) *Mehujael*

וּמְחִיָּיאֵל conj.-pr.n. (562) *and Mehujael*

יָלַד v. supra *the father of*

אֶת־מְתוּשָׁאֵל dir. obj. - pr. n. (607) *Methushael*

וּמְתוּשָׁאֵל conj. - pr. n. (607) *and Methushael*

יָלַד v. supra *the father of*

אֶת־לָמֶךְ dir. obj. - pr. n. (541) *Lamech*

4:19

וַיִּקַּח־לוֹ consec.-Qal impf. 3 m.s. (לָקַח 542) - prep.-3 m.s. sf. *and ... took*

לֶמֶךְ pr. n. (541) *Lamech*

שְׁתֵּי נָשִׁים n.f.s. cstr. (1040) - n.f.p. (61) *two wives*

שֵׁם הָאַחַת n.m.s. cstr. (1027) - def. art.-adj. f.s. (25) *the name of the one*

עָדָה pr. n. (725) *Adah*

וְשֵׁם הַשֵּׁנִית conj. - n.m.s. cstr. (1027) - def. art.-adj. f.s. num. ord.(1041) *and the name of the other*

צִלָּה pr. n. (853) *Zillah*

4:20

וַתֵּלֶד consec.-Qal impf. 3 f.s. (יָלַד 408) *bore*

עָדָה pr. n. (725) *Adah*

אֶת־יָבָל dir. obj.-pr. n. (II 385) *Jabal*

הוּא הָיָה pers. pr. 3 m.s. (214) - Qal pf. 3 m.s. (224) *he was*

אֲבִי יֹשֵׁב n.m.s. cstr. (3) - Qal act. ptc. (יָשַׁב 442) *father of those who dwell*

אֹהֶל n.m.s. (13) *in tents*

וּמִקְנֶה conj. - n.m.s. (889) *and have cattle*

4:21

וְשֵׁם אָחִיו conj.-n.m.s. cstr. (1027) - n.m.s. - 3 m.s. sf. (26) *His brother's name*

יוּבָל pr. n. (II 385) *Jubal*

הוּא הָיָה cf.4:20 pers. pr. 3 m.s. (214) - Qal pf. 3 m.s. (224) *he was*

אֲבִי n.m.s. cstr. (3) *the father of*

כָּל־תֹּפֵשׂ n.m.s. cstr. (481) - Qal act. ptc. (תָּפַשׂ 1074) *all those who play*

כִּנּוֹר n.m.s. (490) *the lyre*

וְעוּגָב conj. - n.m.s. (721) *and pipe*

4:22

וְצִלָּה conj. - pr. n. (853) *Zillah*

גַם־הִוא adv. (168) - pers. pr. 3 f.s. (214)

יָלְדָה Qal pf. 3 f.s. (יָלַד 408) *bore*

אֶת־תּוּבַל קַיִן dir. obj. - pr. n. (1063) *Tubal-cain*

לֹטֵשׁ Qal act. ptc. cstr. (לָטַשׁ 538) *he was the forger of*

כָּל־חֹרֵשׁ n.m.s. cstr. (481) - Qal act. ptc. cstr. (חָרַשׁ 360) *all instruments of*

נְחֹשֶׁת n.f.s. (638) *bronze*

וּבַרְזֶל conj.-n.m.s. (137) *and iron*

וַאֲחוֹת conj.-n.f.s. cstr. (27) *The sister of*

תּוּבַל־קַיִן pr. n. (1063) *Tubal-cain*

נַעֲמָה pr. n. (I 653) *Naamah*

4:23

וַיֹּאמֶר לֶמֶךְ consec.-Qal impf. 3 m.s. (55) - pr. n. (541) *Lamech said*

לְנָשָׁיו prep.-n.f.p.-3 m.s. sf. (61) *to his wives*

עָדָה וְצִלָּה pr.n. (725) - conj.-pr. n. (853) *Adah and Zillah*

שְׁמַעַן Qal impv. f.p. (שָׁמַע 1033) *Hear*

קוֹלִי n.m.s. - 1 c.s. sf. (876) *my voice*

נְשֵׁי לֶמֶךְ n.f.p. cstr. (61) - pr. n. (541) *you wives of Lamech*

הַאְזֵנָּה Hi. impv. 2 f.p. (אָזַן 24) *hearken*

אִמְרָתִי n.f.s. - 1 c.s. sf. (57) *to what I say*

כִּי אִישׁ conj.-n.m.s. (35) *a man*

הָרַגְתִּי Qal pf. 1 c.s. (הָרַג 246) *I have slain*

לְפִצְעִי prep.-n.m.s.-1 c.s. sf. (822) *for wounding me*

וְיֶלֶד conj.-n.m.s. (409) *a young man*

לְחַבֻּרָתִי prep.-n.f.s.-1 c.s. sf. (289) *for striking me*

4:24

כִּי שִׁבְעָתַיִם conj.-n.f. du. (988) *If ... sevenfold*

יֻקַּם־קָיִן Ho. impf. 3 m.s. (נָקַם 668) - pr. n. *Cain is avenged*

וְלֶמֶךְ conj. - pr. n. (541) *truly Lamech*

שִׁבְעִים n.m.p.(988) *seventy*

וְשִׁבְעָה conj. - n.f.s. (987) *sevenfold*

4:25

וַיֵּדַע אָדָם consec. - Qal impf. 3 m.s. (יָדַע 393) - n.m.s. (9) *and Adam knew*

עוֹד אֶת־אִשְׁתּוֹ adv. (728) - dir. obj. - n.f.s.-3 m.s. sf. (61) *his wife again*

וַתֵּלֶד consec.-Qal impf. 3 f.s. (יָלַד 408) *and she bore*

בֵּן n. m. s. (119) *a son*

וַתִּקְרָא consec.-Qal impf. 3 f.s. (894) *and called*

אֶת־שְׁמוֹ dir. obj. - n.m.s.-3 m.s. sf. (1027) *his name*

שֵׁת pr.n. (I 1011) *Seth*

כִּי שָׁת־לִי conj.-Qal pf. 3 m.s. (שִׁית 1011) - prep.-l c.s.sf. *has appointed for me*

אֱלֹהִים n.m.p. (43) *God*

זֶרַע אַחֵר n.m.s. (282) - adj. m.s. (29) *another child*

תַּחַת הֶבֶל prep. (1065) - pr. n. (II 211) *instead of Abel*

כִּי הֲרָגוֹ conj.-Qal pf. 3 m.s.-3 m.s. sf. (246) *for ... slew him*

קָיִן pr. n. paus. (III 884) *Cain*

4:26

וּלְשֵׁת conj. - prep. - pr. n. (I 1011) *To Seth*

גַּם־הוּא adv. (168) - pers. pr. 3 m.s. (214) *also*

יֻלַּד־בֵּן Pu. pf. 3 m.s. (יָלַד 408) - n.m.s. (119) *a son was born*

וַיִּקְרָא consec.-Qal impf. 3 m.s. (894) *and he called*

אֶת־שְׁמוֹ dir. obj. - n.m.s.-3 m.s. sf.(1027) *his name*

אֱנוֹשׁ pr. n. (60) *Enosh*

אָז adv. (23) *At that time*

הוּחַל Ho. pf. 3 m.s. (חָלַל 320) *began (men)*

לִקְרֹא prep.-Qal inf. cstr. (894) *to call*

בְּשֵׁם יהוה prep.-n.m.s. cstr. (1027) - pr.n. (217) *upon the name of Yahweh*

5:1

זֶה סֵפֶר demons. m.s. (260) - n.m.s. cstr. (706) *This is the book of*

תּוֹלְדֹת n.f.p. cstr. (410) *the generations of*

אָדָם n.m.s. (9) *Adam*

בְּיוֹם prep. - n.m.s. cstr. (398) *when*

בְּרֹא אֱלֹהִים Qal inf. cstr. (בָּרָא 135) - n.m.p. (43) *God created*

אָדָם n.m.s. (9) *man*

בִּדְמוּת prep.-n.f.s. cstr. (198) *in the likeness of*

אֱלֹהִים n.m.p. (43) *God*

עָשָׂה אֹתוֹ Qal pf. 3 m.s. (I 793) - dir. obj.-3 m.s. sf. *he made him*

5:2

זָכָר n.m.s. (271) *male*

וּנְקֵבָה conj.-n.f.s. (666) *and female*

בְּרָאָם Qal pf. 3 m.s.-3 m.p. sf. (בָּרָא 135) *he created them*

וַיְבָרֶךְ consec.-Pi. impf. 3 m.s. (בָּרַךְ 138) *and he blessed*

אֹתָם dir. obj.-3 m.p. sf. *them*

וַיִּקְרָא consec.-Qal impf. 3 m.s. (קָרָא 894) *and (called)*

אֶת־שְׁמָם dir. obj. - n.m.s.-3 m.p. sf. (1027) *named them*

אָדָם n.m.s. (9) *man*

בְּיוֹם prep.-n.m.s. cstr. (398) *when*

הִבָּרְאָם Ni. inf. cstr.-3 m.p. sf. (בָּרָא 135) *they were created*

5:3

וַיְחִי consec.-Qal impf. 3 m.s. (חָיָה 310) *When ... had lived*

אָדָם n.m.s. (9) *Adam*

שְׁלֹשִׁים n.indecl. (1026) *thirty*

וּמְאַת שָׁנָה conj. - n.f.s. cstr. (547) - n.f.s. (1040) *a hundred years*

וַיּוֹלֶד consec.-Hi. impf. 3 m.s. (יָלַד 408) *he became the father of a son*

בִּדְמוּתוֹ prep. - n.f.s.-3 m.s. sf. (198) *in his own likeness*

כְּצַלְמוֹ prep. - n.m.s.-3 m.s. sf. (853) *after his image*

וַיִּקְרָא consec. - Qal impf. 3 m.s. sf. (894) *and (called)*

אֶת־שְׁמוֹ dir. obj. - n.m.s.-3 m.s. sf. (1027) *named him*

שֵׁת pr. n. (1011) *Seth*

5:4

וַיִּהְיוּ consec.-Qal impf. 3 m.p. (הָיָה 224) *and were*

יְמֵי־אָדָם n.m.p. cstr. (398)-n.m.s. (9) *the days of Adam*

אַחֲרֵי הוֹלִידוֹ subst. p. cstr. as prep. (30)-Hi. inf. cstr.-3 m.s. sf. (יָלַד 408) *after he became the father of*

אֶת־שֵׁת dir.obj.-pr.n. (1011) *Seth*

שְׁמֹנֶה מֵאֹת n.m.s. (1032)-n.f.p. (547) *eight hundred*

שָׁנָה n.f.s. (1040) *years*

וַיּוֹלֶד consec.-Hi. impf. 3 m.s. (יָלַד 408) *and he had other*

בָּנִים n.m.p. (119) *sons*

וּבָנוֹת conj.-n.f.p. (123) *and daughters*

5:5

וַיִּהְיוּ consec.-Qal impf. 3 m.p. (הָיָה 224) *thus ... were*

כָּל־יְמֵי אָדָם n.m.s. cstr. (481)-n.m.p. cstr. (398)-n.m.s. (9) *all the days that Adam*

אֲשֶׁר־חַי rel.-adj. m.s. (311) *lived*

תְּשַׁע מֵאוֹת שָׁנָה n.m.s. (1077)-n.f.p. (547)-n.f.s. (1040) *nine hundred (years)*

וּשְׁלשִׁים שָׁנָה conj.-indecl. p. (1026)-v. supra *and thirty years*

וַיָּמֹת consec.-Qal impf. 3 m.s. (מוּת 559) *and he died*

5:6

וַיְחִי־ consec.-Qal impf. 3 m.s. (חָיָה 310) *when ... had lived*

שֵׁת pr.n. (1011) *Seth*

חָמֵשׁ שָׁנִים n.m.s. (331)-n.f.p. (1040) *five years*

וּמְאַת שָׁנָה conj.-n.f.s. cstr. (547)-n.f.s. (1040) *a hundred years*

וַיּוֹלֶד consec.-Hi. impf. 3 m.s. (יָלַד 408) *he became the father of*

אֶת־אֱנוֹשׁ dir.obj.-pr.n. (60) *Enosh*

5:7

וַיְחִי־שֵׁת consec.-Qal impf. 3 m.s. (חָיָה 310)-pr.n. (1011) *Seth lived*

אַחֲרֵי הוֹלִידוֹ prep. (29)-Hi. inf. cstr.-3 m.s. sf. (יָלַד 408) *after the birth of*

אֶת־אֱנוֹשׁ dir.obj.-pr.n. (60) *Enosh*

שֶׁבַע שָׁנִים n.m.s. (988)-n.f.p. (1040) *seven years*

וּשְׁמֹנֶה מֵאוֹת conj.-n.m.s. (1032)-n.f.p. (547) *eight hundred*

שָׁנָה n.f.s. (1040) *years*

וַיּוֹלֶד consec.-Hi. impf. 3 m.s. (יָלַד 408) *and had other*

בָּנִים n.m.p. (119) *sons*

וּבָנוֹת conj.-n.f.p. (I 123) *and daughters*

5:8

וַיִּהְיוּ consec.-Qal impf. 3 m.p. (הָיָה 224) *Thus ... were*

כָּל־יְמֵי־שֵׁת n.m.s. cstr. (481) - n.m.p. cstr. (398) - pr. n. (1011) *all the days of Seth*

שְׁתֵּים עֶשְׂרֵה n.m.s. (1040) - n.f.s. (797) *twelve*

שָׁנָה n.f.s. (1040) *(years)*

וּתְשַׁע מֵאוֹת conj. - n.m.s. (1077) - n.f.p. (547) *nine hundred*

שָׁנָה n.f.s. (1040) *years*

וַיָּמֹת consec.-Qal impf. 3 m.s. (מוּת 559) *and he died*

5:9

וַיְחִי consec.-Qal impf. 3 m.s. (חָיָה 310) *when ... had lived*

אֱנוֹשׁ pr.n. (60) *Enosh*

תִּשְׁעִים n. indecl. (1077) *ninety*

שָׁנָה n.f.s. (1040) *years*

וַיּוֹלֶד consec.-Hi. impf. 3 m.s. (408) *he became the father of*

אֶת־קֵינָן dir.obj.-pr.n. (884) *Kenan*

5:10

וַיְחִי אֱנוֹשׁ consec.-Qal impf. 3 m.s. (310)-pr.n. (60) *Enosh lived*

אַחֲרֵי הוֹלִידוֹ prep.-Hi. inf. cstr. (408)-3 m.s. sf. *after the birth of*

אֶת־קֵינָן dir.obj.-pr.n. (884) *Kenan*

חָמֵשׁ עֶשְׂרֵה n.m.s. (331)-n.f.s. (797) *fifteen*

שָׁנָה n.f.s. (1040) *(years)*

וּשְׁמֹנֶה מֵאוֹת conj.-n.m.s. (1032)-n.f.p. (547) *eight hundred*

שָׁנָה n.f.s. (1040) *years*

וַיּוֹלֶד consec.-Hi. impf. 3 m.s. (יָלַד 408) *and had other*

בָּנִים n.m.p. (119) *sons*

וּבָנוֹת conj.-n.f.p. (I 123) *and daughters*

5:11

וַיִּהְיוּ consec.-Qal impf. 3 m.p. (הָיָה 224) *Thus ... were*

כָּל־יְמֵי n.m.s. cstr. (481) - n.m.p. cstr. (398) *all the days of*

אֱנוֹשׁ pr. n. (60) *Enosh*

חָמֵשׁ שָׁנִים n.m.s. (331) - n.f.p. (1040) *five (years)*

וּתְשַׁע מֵאוֹת conj.-n.m.s. (1077) - n.f.p. (547) *nine hundred*

שָׁנָה n.f.s. (1040) *years*

וַיָּמֹת consec.-Qal impf. 3 m.s. (מוּת 559) *and he died*

5:12

וַיְחִי consec.-Qal impf. 3 m.s. (חָיָה 310) *When ... had lived*

קֵינָן pr. n. (884) *Kenan*

שִׁבְעִים num.p. (988) *seventy*

שָׁנָה n.f.s. (1040) *years*

וַיּוֹלֶד consec.-Hi. impf. 3 m.s. (יָלַד 408) *he became the father of*

אֶת־מַהֲלַלְאֵל dir. obj. - pr. n. (239) *Mahalalel*

5:13

וַיְחִי consec.-Qal impf. 3 m.s. (חָיָה 310) *lived*

קֵינָן pr. n. (884) *Kenan*

אַחֲרֵי הוֹלִידוֹ prep. - Hi. inf. cstr.-3 m.s. sf. (יָלַד408) *after the birth of*

אֶת־מַהֲלַלְאֵל pr.n. (239) *Mahalalel*

אַרְבָּעִים num.p.(917) *forty*

שָׁנָה n.f.s. (1040) *years*

וּשְׁמֹנֶה conj. - n.m.s. (1032) *eight*

מֵאוֹת שָׁנָה n.f.p. (547) - n.f.s. (1040) *hundred years*

וַיּוֹלֶד consec.-Hi. impf. 3 m.s. (יָלַד 408) *and had other*

בָּנִים n.m.p. (119) *sons*

וּבָנוֹת conj.-n.f.p. (I 123) *and daughters*

5:14

וַיִּהְיוּ consec.-Qal impf. 3 m.p. (הָיָה 224) *Thus ... were*

כָּל־יְמֵי n.m.s. cstr. (481) - n.m.p. cstr. (398) *all the days of*

קֵינָן pr. n. (884) *Kenan*

עֶשֶׂר שָׁנִים n.m.s. (796) - n.f.p. (1040) *ten (years)*

וּתְשַׁע מֵאוֹת conj. - n.m.s. (1077) - n.f.p. 9547) *nine hundred*

שָׁנָה n.f.s. (1040) *years*

וַיָּמֹת consec.-Qal impf. 3 m.s. (מוּת 559) *and he died*

5:15

וַיְחִי consec.-Qal impf. 3 m.s. (חָיָה 310) *When ... had lived*

מַהֲלַלְאֵל pr. n. (239) *Mahalalel*

חָמֵשׁ שָׁנִים n.m.s. (331) - n.f.p. (1040) *five (years)*

וְשִׁשִּׁים conj. - num.p. (995) *sixty*

שָׁנָה n.f.s. (1040) *years*

וַיּוֹלֶד consec.-Hi. impf. 3 m.s. (יָלַד 408) *and he became the father of*

אֶת־יָרֶד dir. obj. - pr. n. (434) *Jared*

5:16

וַיְחִי consec.-Qal impf. 3 m.s. (חָיָה 310) *lived*

מַהֲלַלְאֵל pr. n. (239) *Mahalalel*

אַחֲרֵי הוֹלִידוֹ prep.-Hi. inf. cstr.-3 m.s. sf. (יָלַד 408) *after the birth of*

אֶת־יֶרֶד dir. obj. - pr. n. (434) *Jared*

שְׁלֹשִׁים שָׁנָה num.p.(1026) - n.f.s. (1040) *thirty (years)*

וּשְׁמֹנֶה מֵאוֹת conj.-n.m.s. (1032) - n.f.p. (547) *eight hundred*

שָׁנָה n.f.s. (1040) *years*

וַיּוֹלֶד consec.-Hi. impf. 3 m.s. (יָלַד 408) *and had other*

בָּנִים n.m.p. (119) *sons*

וּבָנוֹת conj. - n.f.p. (123) *and daughters*

5:17

וַיִּהְיוּ consec.-Qal impf. 3 m.p. (הָיָה 224) *Thus ... were*

כָּל־יְמֵי n.m.s. cstr. (481) - n.m.p. cstr. (398) *all the days of*

מַהֲלַלְאֵל pr. n. (239) *Mahalalel*

חָמֵשׁ n.m.s. (331) *five*

וְתִשְׁעִים שָׁנָה conj.-num. p. (1077) - n.f.s. (1040) *ninety years*

וּשְׁמֹנֶה מֵאוֹת conj.-n.m.s. (1032) - n.f.p. (547) *and eight hundred*

שָׁנָה n.f.s. (1040) *years*

וַיָּמֹת consec.-Qal impf. 3 m.s. (מוּת 559) *and he died*

5:18

וַיְחִי־ consec.-Qal impf. 3 m.s. (חָיָה 310) *When ... had lived*

יֶרֶד pr. n. (434) *Jared*

שְׁתַּיִם n.f. du. (1040) *two*

וְשִׁשִּׁים שָׁנָה conj.-num. p. (995) - n.f.s. (1040) *sixty years*

וּמְאַת שָׁנָה conj.-n.f.s. cstr. (547) - n.f.s. (1040) *a hundred years*

וַיּוֹלֶד consec.-Hi. impf. 3 m.s. (יָלַד 408) *he became the father of*

אֶת־חֲנוֹךְ dir. obj. - pr.n. (335) *Enoch*

5:19

וַיְחִי־יֶרֶד consec.-Qal impf. 3 m.s. (310) - pr.n. (434) *Jared lived*

אַחֲרֵי הוֹלִידוֹ prep.-Hi. inf. cstr.-3 m.s. sf.(יָלַד 408) *after the birth of*

אֶת־חֲנוֹךְ dir. obj. - pr. n. (335) *Enoch*

שְׁמֹנֶה מֵאוֹת n.m.s. (1032) - n.f.p. (547) *eight hundred*

שָׁנָה n.f.s. (1040) *years*

וַיּוֹלֶד consec.-Hi. impf. 3 m.s. (יָלַד 408) *and had other*

בָּנִים n. m. p. (119) *sons*

וּבָנוֹת conj.-n.f.p. (I 123) *and daughters*

5:20

וַיִּהְיוּ consec.-Qal impf. 3 m.p. (הָיָה 224) *Thus ... were*

כָּל־יְמֵי־ n.m.s. cstr. (481) - n.m.p. cstr. (398) *all the days of*

יֶרֶד pr. n. (434) *Jared*

שְׁתַּיִם וְשִׁשִּׁים n.f. du. (1040) - conj.-n.m.p. (995) *sixty-two*

שָׁנָה n.f.s. (1040)

וּתְשַׁע מֵאוֹת conj.-n.m.s. (1077) - n.f.p. (547) *nine hundred*

שָׁנָה n.f.s. (1040) *years*

וַיָּמֹת consec.-Qal impf. 3 m.s. (מוּת 559) *and he died*

5:21

וַיְחִי חֲנוֹךְ consec.-Qal impf. 3 m.s. (310) - pr. n. (335) *When Enoch had lived*

חָמֵשׁ וְשִׁשִּׁים n.m.s. (331) - conj. - n.m.p. (995) *sixty-five*

שָׁנָה n.f.s. (1040) *years*

וַיּוֹלֶד consec.-Hi. impf. 3 m.s. (יָלַד 408) *he became the father of*

אֶת־מְתוּשָׁלַח dir. obj. - pr.n. paus. (607) *Methuselah*

5:22

וַיִּתְהַלֵּךְ consec.-Hith. impf. 3 m.s. (הָלַךְ 229) *walked*

חֲנוֹךְ pr. n. (335) *Enoch*

אֶת־הָאֱלֹהִים prep.- def. art.-n.m.p. (43) *with God*

אַחֲרֵי הוֹלִידוֹ prep.-Hi. inf. cstr.-3 m.s. sf. (יָלַד 408) *after the birth of*

אֶת־מְתוּשֶׁלַח dir. obj. - pr. n. (607) *Methuselah*

שְׁלֹשׁ מֵאוֹת n.m.s. (1025) - n.f.p. (547) *three hundred*

שָׁנָה n.f.s. (1040) *years*

וַיּוֹלֶד consec.-Hi. impf. 3 m.s. (יָלַד 408) *and had other*

בָּנִים n.m.p. (119) *sons*

וּבָנוֹת conj.-n.f.p. (123) *and daughters*

5:23

וַיְהִי consec.-Qal impf. 3 m.s. (הָיָה 224) *Thus ... were*

כָּל־יְמֵי n.m.s. cstr. (481) - n.m.p. cstr. (398) *all the days of*

חֲנוֹךְ pr. n. (335) *Enoch*

חָמֵשׁ וְשִׁשִּׁים n.m.s. (331) - conj.-n.m.p. (995) *sixty-five*

שָׁנָה n.f.s. (1040)

וּשְׁלֹשׁ מֵאוֹת conj.-n.m.s. (1025) - n.f.p. (547) *three hundred*

שָׁנָה n.f.s. (1040) *years*

5:24

וַיִּתְהַלֵּךְ consec.-Hith. impf. 3 m.s. (הָלַךְ 229) *walked*

חֲנוֹךְ pr. n. (335) *Enoch*

אֶת־הָאֱלֹהִים prep.-def. art. - n.m.p. (43) *with God*

וְאֵינֶנּוּ conj.-subst. (II 34) - 3 m.s. sf. *and he was not*

כִּי־לָקַח אֹתוֹ conj.-Qal pf. 3 m.s. (542) - dir. obj.-3 m.s. sf. *for ... took him*

אֱלֹהִים n.m.p. (43) *God*

5:25

וַיְחִי consec.-Qal impf. 3 m.s. (חָיָה 310) *when ... had lived*

מְתוּשֶׁלַח pr.n. (607) *Methuselah*

שֶׁבַע n.m.s. (988) *seven*

וּשְׁמֹנִים conj.-n.m.p. (1033) *eighty*

שָׁנָה n.f.s. (1040) *(years)*

וּמְאַת conj.-n.f.s. cstr. (547) *hundred*

שָׁנָה n.f.s. (1040) *years*

וַיּוֹלֶד consec.-Hi. impf. 3 m.s. (יָלַד 408) *he became the father of*

אֶת־לָמֶךְ dir.obj.-pr.n. paus. (541) *Lamech*

5:26

וַיְחִי consec.-Qal impf. 3 m.s. (חָיָה 310) *lived*

מְתוּשֶׁלַח pr.n. (607) *Methuselah*

אַחֲרֵי הוֹלִידוֹ prep.-Hi. inf. cstr.-3 m.s. sf. (408) *after the birth of*

אֶת־לֶמֶךְ pr.n. (541) *Lamech*

שְׁתַּיִם n.f. du. (1040) *two*

וּשְׁמוֹנִים conj.-n.m.p. (1033) *eighty*

שָׁנָה n.f.s. (1040) *(years)*

וּשְׁבַע מֵאוֹת conj.-n.m.s. (988)-n.f.p. (547) *seven hundred*

שָׁנָה n.f.s. (1040) *years*

וַיּוֹלֶד consec.-Hi. impf. 3 m.s. (יָלַד 408) *and had other*

בָּנִים n.m.p. (119) *sons*

וּבָנוֹת conj.-n.f.p. (I 123) *and daughters*

5:27

וַיִּהְיוּ consec.-Qal impf. 3 m.p. (הָיָה 224) *thus ... were*

כָּל־יְמֵי n.m.s. cstr. (481)-n.m.p. cstr. (398) *all the days of*

מְתוּשֶׁלַח pr.n. (607) *Methuselah*

תֵּשַׁע וְשִׁשִּׁים n.m.s. (1077) - conj.-num. p. (995) *sixty-nine*

שָׁנָה n.f.s. (1040) *(years)*

וּתְשַׁע מֵאוֹת conj.-n.m.s. (1077)-n.f.p. (547) *nine hundred*

שָׁנָה n.f.s. (1040) *years*

וַיָּמֹת consec.-Qal impf. 3 m.s. (מוּת 559) *and he died*

5:28

וַיְחִי־ consec.-Qal impf. 3 m.s. (310) *when ... had lived*

לֶמֶךְ pr.n. (541) *Lamech*

שְׁתַּיִם וּשְׁמֹנִים n.f. du. (1040)-conj.-n.p. (1033) *eighty-two*

שָׁנָה n.f.s. (1040) *(years)*

וּמְאַת שָׁנָה conj.-n.f.s. cstr. (547)-n.f.s. (1040) *and a hundred years*

וַיּוֹלֶד consec.-Hi. impf. 3 m.s. (יָלַד 408) *he became the father of*

בֵּן n.m.s. (119) *a son*

5:29

וַיִּקְרָא consec.-Qal impf. 3 m.s. (894) *and called*

אֶת־שְׁמוֹ dir.obj.-n.m.s.-3 m.s. sf. (1027) *his name*

נֹחַ pr.n. (629) *Noah*

לֵאמֹר prep.-Qal inf. cstr. (55) *saying*

זֶה demons. m.s. (260) *This one*

יְנַחֲמֵנוּ Pi. impf. 3 m.s.-1 c.p. sf. (נָחַם 636) *shall bring us relief*

מִמַּעֲשֵׂנוּ prep.-n.m.p.-1 c.p. sf. (795) *from our work*

וּמֵעִצְּבוֹן conj.-prep.-n.m.s. cstr. (781) *and from the toil of*

יָדֵינוּ n.f.p.-1 c.p. sf. (388) *our hands*

מִן־הָאֲדָמָה prep.-def.art.-n.f.s. (9) *out of the ground*

אֲשֶׁר אֵרְרָהּ rel.-Pi. pf. 3 m.s.-3 f.s. sf. (76) *which ... has cursed*

יהוה pr.n. (217) *Yahweh*

5:30

וַיְחִי־לֶמֶךְ consec.-Qal impf. 3 m.s. (חָיָה 310)-pr.n. (541) *Lamech lived*

אַחֲרֵי הוֹלִידוֹ prep.-Hi. inf. cstr.-3 m.s. sf. (יָלַד 408) *after the birth of*

אֶת־נֹחַ dir.obj.-pr.n. (629) *Noah*

חָמֵשׁ n.m.s. (331) *five*

וְתִשְׁעִים שָׁנָה conj.-n.p. (1077)-n.f.s. (1040) *ninety (years)*

וַחֲמֵשׁ מֵאוֹת conj.-n.m.s. (331)-n.f.p. (547) *five hundred*

שָׁנָה n.f.s. (1040) *years*

וַיּוֹלֶד consec.-Hi. impf. 3 m.s. (יָלַד 408) *and had other*

בָּנִים n.m.p. (119) *sons*

וּבָנוֹת conj.-n.f.p. (I 123) *and daughters*

5:31

וַיְהִי consec.-Qal impf. 3 m.s. (הָיָה 224) *thus ... were*

כָּל־יְמֵי־ n.m.s. cstr. (481)-n.m.p. cstr. (398) *all the days of*

לֶמֶךְ pr.n. (541) *Lamech*

שֶׁבַע n.m.s. (987) *seven*

וְשִׁבְעִים שָׁנָה conj.-n.p. (988)-n.f.s. (1040) *seventy (years)*

וּשְׁבַע מֵאוֹת conj.-n.m.s. cstr. (987)-n.f.p. (547) *seven hundred*

שָׁנָה n.f.s. (1040) *years*

וַיָּמֹת consec.-Qal impf. 3 m.s. (מוּת 559) *and he died*

5:32

וַיְהִי־נֹחַ consec.-Qal impf. 3 m.s. (224)-pr.n. (629) *after Noah was*

בֶּן־חֲמֵשׁ n.m.s. cstr. (119)-n.m.s. cstr. (331) *five*

מֵאוֹת שָׁנָה n.f.p. (547)-n.f.s. (1040) *hundred years old*

וַיּוֹלֶד consec.-Hi. impf. 3 m.s. (יָלַד 408) *became the father of*

נֹחַ pr.n. (629) *Noah*

אֶת־שֵׁם dir.obj.-pr.n. (1028) *Shem*

אֶת־חָם dir.obj.-pr.n. (325) *Ham*

וְאֶת־יָפֶת conj.-dir.obj.-pr.n. (834) *and Japheth*

6:1

וַיְהִי consec.-Qal impf. 3 m.s. (הָיָה 224) *when*

כִּי־הֵחֵל conj.-Hi. pf. 3 m.s. (חָלַל 320) *began*

הָאָדָם def. art.-n.m.s. (9) *men*

לָרֹב prep.-Qal inf. cstr. (רָבַב 912) *to multiply*

עַל־פְּנֵי prep.-n.m.p. cstr. (815) *on the face of*

הָאֲדָמָה def. art.-n.f.s. (9) *the ground*

וּבָנוֹת conj.-n.f.p. (123) *and daughters*

יֻלְּדוּ לָהֶם Pu. pf. 3 c.p. (יָלַד 408) - prep.-3 m.p. sf. *were born to them*

6:2

וַיִּרְאוּ consec.-Qal impf. 3 m.p. (רָאָה 906) *saw*

בְנֵי־הָאֱלֹהִים n.m.p. cstr. (119) - def. art.-n.m.p. (43) *the sons of God*

אֶת־בְּנוֹת dir. obj. - n.f.p. cstr. (123) *the daughters of*

הָאָדָם def. art. - n.m.s. (9) *men*

כִּי טֹבֹת conj.-adj. f.p. (373) *were fair*

הֵנָּה pers. pr. 3 f.p. (241) *(they)*

וַיִּקְחוּ לָהֶם consec.-Qal impf. 3 m.p. (לָקַח 542) - prep.-3 m.p. sf. *and they took*

נָשִׁים n.f.p. (61) *to wife*

מִכֹּל אֲשֶׁר prep.-n.m.s. (481) - rel. *such of them as*

בָּחָרוּ Qal pf. 3 c.p. paus. (בָּחַר 103) *they chose*

6:3

וַיֹּאמֶר יהוה consec.-Qal impf. 3 m.s. (55) - pr.n. (217) *Then Yahweh said*

לֹא־יָדוֹן neg.-Qal impf. 3 m.s. (דִּין 192 v.note) *shall not abide (judge)*

רוּחִי n.f.s.-1 c.s. sf. (924) *my spirit*

בָאָדָם prep.-def. art.-n.m.s. (9) *in man*

לְעֹלָם prep.-n.m.s. (761) *for ever*

בְּשַׁגַּם prep.-rel.-adv. *for (in which also)*

הוּא בָשָׂר pers.pr. 3 m.s. - n.m.s. (142) *he is flesh*

וְהָיוּ יָמָיו conj.-Qal pf. 3 c.p. (הָיָה 224) - n.m.p.-3 m.s. sf. (398) *but his days shall be*

מֵאָה וְעֶשְׂרִים n.f.s. (547) - conj.-n.p. (797) *a hundred and twenty*

שָׁנָה n.f.s. (1040) *years*

6:4

הַנְּפִלִים def. art. - n.m.p. (658) *The Nephilim (fallen ones)*

הָיוּ Qal pf. 3 c.p. (הָיָה 224) *were*

בָאָרֶץ prep.-def. art.-n.f.s. (75) *on the earth*

בַּיָּמִים הָהֵם prep.-def. art.-n.m.p. (398) - def. art. - demons. m.p. (241) *in those days*

וְגַם conj. - adv. *and also*

אַחֲרֵי־כֵן prep. - adv. (485) *afterward*

אֲשֶׁר יָבֹאוּ rel.-Qal impf. 3 m.p. (בּוֹא 97) *when ... came*

בְּנֵי הָאֱלֹהִים n.m.p. cstr. (119) - def. art.-n.m.p. (43) *the sons of God*

אֶל־בְּנוֹת הָאָדָם prep. - n.f.p. cstr. (123) - def. art.-n.m.s. (9) *in to the daughters of men*

וְיָלְדוּ conj.-Qal pf. 3 c.p. (יָלַד 408) *and bore*

לָהֶם prep.-3 m.p. sf. *to them*

הֵמָּה pers. pr. 3 m.p. (241) *These were*

הַגִּבֹּרִים def. art.-n.m.p. (150) *the mighty men*

אֲשֶׁר מֵעוֹלָם rel.-prep.-n.m.s. (761) *that were of old*

אַנְשֵׁי n.m.p. cstr. (60) *the men of*

הַשֵּׁם def. art. - n.m.s. (1027) *renown*

6:5

וַיַּרְא יהוה consec.-Qal impf. 3 m.s. (רָאָה 906) - pr.n. (217) *Yahweh saw*

כִּי רַבָּה conj.-adj.f.s. (912) *was great*

רָעַת הָאָדָם n.f.s. cstr. (948) - def. art.-n.m.s. (9) *the wickedness of man*

בָּאָרֶץ prep.-def. art.-n.f.s. (75) *in the earth*

וְכָל־יֵצֶר conj.-n.m.s. cstr. (481) - n.m.s. cstr. (428) *and that every imagination of*

מַחְשְׁבֹת n.f.p. cstr. (364) *the thoughts of*

לִבּוֹ n.m.s.-3 m.s. sf. (523) *his heart*

רַק רַע adv. (956) - adj. m.s. (948) *only evil*

כָּל־הַיּוֹם n.m.s. cstr. (481) - def. art.-n.m.s. (398) *continually*

6:6

וַיִּנָּחֶם יהוה consec.-Ni. impf. 3 m.s. (נָחַם 636) - pr.n. (217) *And Yahweh was sorry*

כִּי־עָשָׂה conj.-Qal pf. 3 m.s. (793) *that he had made*

אֶת־הָאָדָם dir. obj. - def. art.-n.m.s. (9) *man*

בָּאָרֶץ prep.-def. art.-n.f.s. (75) *on the earth*

וַיִּתְעַצֵּב consec.-Hith. impf. 3 m.s. (עָצַב 780) *and it grieved him*

אֶל־לִבּוֹ prep.-n.m.s.-3 m.s. sf. (523) *to his heart*

6:7

וַיֹּאמֶר יהוה consec.-Qal impf. 3 m.s. (55) - pr.n. (217) *So Yahweh said*

אֶמְחֶה Qal impf. 1 c.s. (מָחָה 562) *I will blot out*

אֶת־הָאָדָם v.supra *man*

אֲשֶׁר־בָּרָאתִי rel.-Qal pf. 1 c.s. (בָּרָא 135) *whom I have created*

מֵעַל פְּנֵי prep.-prep.-n.m.p. cstr. (815) *from the face of*

הָאֲדָמָה def. art.-n.f.s. (9) *the ground*

מֵאָדָם prep.-n.m.s. (9) *man*

עַד־בְּהֵמָה prep. (III 723) - n.f.s. (96) *and beast*

עַד־רֶמֶשׂ prep.-n.m.s. (943) *and creeping things*

וְעַד־עוֹף conj.-prep.-n.m.s. cstr. (733) *and birds of*

הַשָּׁמָיִם def.art.-n.m. du. (1029) *the air*

כִּי נִחַמְתִּי conj.-Ni. pf. 1 c.s. (נָחַם 636) *for I am sorry*

כִּי עֲשִׂיתִם conj.-Qal pf. 1 c.s.-3 m.p. sf. (עָשָׂה I 793) *that I have made them*

6:8

וְנֹחַ conj.-pr.n. (629) *But Noah*

מָצָא חֵן Qal pf. 3 m.s. (592) - n.m.s. (336) *found favor*

בְּעֵינֵי יהוה prep.-n.f. du. cstr. (744) - pr.n. (217) *in the eyes of Yahweh*

6:9

אֵלֶּה demons.p. (41) *These are*

תּוֹלְדֹת n.f.p. cstr. (410) *the generations of*

נֹחַ pr.n. (629) *Noah*

נֹחַ pr.n. (629) *Noah was*

אִישׁ צַדִּיק n.m.s. (35) - adj. m.s. (843) *a righteous man*

תָּמִים n.m.p. (1070) *blameless*

הָיָה Qal pf. 3 m.s. (224) *was*

בְּדֹרֹתָיו prep.-n.m.p.-3 m.s. sf. (189) *in his generation*

אֶת־הָאֱלֹהִים prep. (II 85) - def. art.-n.m.p. (43) *with God*

הִתְהַלֶּךְ־ Hith. pf. 3 m.s. (הָלַךְ 229) *walked*

נֹחַ pr. n. (629) *Noah*

6:10

וַיּוֹלֶד נֹחַ consec.-Hi. impf. 3 m.s. (יָלַד 408) - pr.n. (629) *and Noah had*

שְׁלֹשָׁה בָנִים n.f.s. (1025) - n.m.p. (119) *three sons*

אֶת־שֵׁם dir. obj. - pr.n. (1028) *Shem*

אֶת־חָם dir. obj. - pr.n. (325) *Ham*

וְאֶת־יָפֶת conj.-dir. obj. - pr.n. paus. (834) *and Japheth*

6:11

וַתִּשָּׁחֵת consec.-Ni. impf. 3 f.s. (שָׁחַת 1007) *Now ... was corrupt*

הָאָרֶץ def. art. - n.f.s. (75) *the earth*

לִפְנֵי prep.-n.m.p. cstr. (815) *in the sight of*

הָאֱלֹהִים def. art.-n.m.p. (43) *God*

וַתִּמָּלֵא consec.-Ni. impf. 3 f.s. (מָלֵא 569) *and ... was filled*

הָאָרֶץ def. art. - n.f.s. (75) *the earth*

חָמָס n.m.s. (329) *with violence*

6:12

וַיַּרְא אֱלֹהִים consec.-Qal impf. 3 m.s. (רָאָה 906) - n.m.p. (43) *And God saw*

אֶת־הָאָרֶץ dir. obj.-def. art.-n.f.s. (75) *the earth*

וְהִנֵּה conj.-demons. part. (243) *and behold*

נִשְׁחָתָה Ni. pf. 3 f.s. (שָׁחַת 1007) *it was corrupt*

כִּי־הִשְׁחִית conj.-Hi. pf. 3 m.s. (שָׁחַת 1007) *for ... had corrupted*

כָּל־בָּשָׂר n.m.s. cstr. (481) - n.m.s. (142) *all flesh*

אֶת־דַּרְכּוֹ dir.obj.-n.m.s.-3 m.s. sf. (202) *their way*

עַל־הָאָרֶץ prep.-def. art.-n.f.s. (75) *upon the earth*

6:13

וַיֹּאמֶר אֱלֹהִים consec.-Qal impf. 3 m.s. (55) - n.m.p. (43) *And God said*

לְנֹחַ prep. - pr.n. (629) *to Noah*

קֵץ n.m.s. cstr. (893) *an end of*

כָּל־בָּשָׂר n.m.s. cstr. (481) - n.m.s. (142) *all flesh*

בָּא Qal act. ptc. (בּוֹא 97) *to make (coming)*

לְפָנַי prep.-n.m.p.-1 c.s. sf. (815) *I have determined (before me)*

כִּי־מָלְאָה conj.-Qal pf. 3 f.s. (מָלֵא 569) *for ... is filled*

הָאָרֶץ def. art.-n.f.s. (75) *the earth*

חָמָס n.m.s. (329) *with violence*

מִפְּנֵיהֶם prep.-n.m.p.-3 m.p. sf. (815) *through them*

וְהִנְנִי conj.-demons. part.-1 c.s. sf. (243) *behold, I*

מַשְׁחִיתָם Hi. ptc. (שָׁחַת 1007) - 3 m.p. sf. *will destroy them*

אֶת־הָאָרֶץ prep.-def. art.-n.f.s. (75) *with the earth*

6:14

עֲשֵׂה Qal impv. 2 m.s. (עָשָׂה I 793) *Make*

לְךָ prep.-2 m.s. sf. *yourself*

תֵּבַת n.f.s. cstr. (1061) *an ark of*

עֲצֵי־גֹפֶר n.m.p. cstr. (781) - n.m.s. (172) *gopher wood*

קִנִּים N.M.P. (

קִנִּים n.m.p. (890) *rooms*

תַּעֲשֶׂה Qal impf. 2 m.s. (עָשָׂה I 793) *make*

אֶת־הַתֵּבָה dir. obj.-def. art.-n.f.s. (1061) *in the ark*

וְכָפַרְתָּ conj.-Qal pf. 2 m.s. (כָּפַר 497) *and cover*

אֹתָהּ dir. obj.-3 f.s. sf. *it*

מִבַּיִת adv.(110) *inside*

וּמִחוּץ conj.-prep.-n.m.s. (299) *and out*

בַּכֹּפֶר prep.-def. art.-n.m.s. (II 498) *with pitch*

6:15

וְזֶה conj.-demons.m.s. (260) *This is*

אֲשֶׁר rel. *how*

תַּעֲשֶׂה Qal impf. 2 m.s. (עָשָׂה I 793) *you are to make*

אֹתָהּ dir. obj.-3 f.s. sf. *it*

שְׁלֹשׁ מֵאוֹת n.m.s. cstr. (1025) - n.f.p. (547) *three hundred*

אַמָּה n.f.s. (52) *cubits*

אֹרֶךְ הַתֵּבָה n.m.s. cstr. (73) - def. art.-n.f.s. (1061) *the length of the ark*

חֲמִשִּׁים num.p. (332) *fifty*

אַמָּה n.f.s. (52) *cubits*

רָחְבָּהּ n.m.s.-3 f.s. sf. (931) *its breadth*

וּשְׁלֹשִׁים conj.-num.p. (1026) *and thirty*

אַמָּה n.f.s. (52) *cubits*

קוֹמָתָהּ n.f.s.-3 f.s. sf. (879) *its height*

6:16

צֹהַר n.f.s. (II 844) *a roof*

תַּעֲשֶׂה Qal impf. 2 m.s. (עָשָׂה I 793) *Make*

לַתֵּבָה prep.-def. art.-n.f.s. (1061) *for the ark*

וְאֶל־אַמָּה conj.-prep.-n.f.s. (52) *and to a cubit*

תְּכַלֶּנָּה Pi. impf. 2 m.s.-3 f.s. sf. (כָּלָה 477) *finish it*

מִלְמַעְלָה prep.-prep.-subst. loc. he (751) *above*

וּפֶתַח הַתֵּבָה conj.-n.m.s. cstr. (835) - def. art.-n.f.s. (1061) *and the door of the ark*

בְּצִדָּהּ prep.-n.m.s.-3 f.s. sf. (841) *in its side*

תָּשִׂים Qal impf. 2 m.s. (שִׂים 962) *set*

תַּחְתִּיִּם adj. m.p. (1066) *with lower*

שְׁנִיִּם adj. m.p. (1041) *second*

וּשְׁלִשִׁים conj.-adj. m.p. (1026) *and third decks*

6:17

וַאֲנִי conj.-pers. pr.1 c.s. (58) *I*

הִנְנִי demons. part.-1 c.s. sf. (243) *behold*

מֵבִיא Hi. ptc. (בּוֹא 97) *will bring*

אֶת־הַמַּבּוּל dir. obj.-def. art.-n.m.s. cstr. (550) *a flood of*

מַיִם n.m.p. (565) *waters*

עַל־הָאָרֶץ prep.-def. art.-n.f.s. (75) *upon the earth*

לְשַׁחֵת prep.-Pi. inf. cstr. (שָׁחַת 1007) *to destroy*

כָּל־בָּשָׂר n.m.s. cstr. (481) - n.m.s. (142) *all flesh*

אֲשֶׁר־בּוֹ rel.-prep.-3 m.s. sf. *in which*

רוּחַ חַיִּים n.f.s. cstr. (924) - n.m.p. (311) *is the breath of life*

מִתַּחַת הַשָּׁמָיִם prep.-prep.-def. art.-n.m. du. (1029) *from under heaven*

כֹּל n.m.s. (481) *everything*

אֲשֶׁר־בָּאָרֶץ rel.-prep.-def. art.-n.f.s. (75) *that is on the earth*

יִגְוָע Qal impf. 3 m.s. (גָּוַע 157) *shall die*

6:18

וַהֲקִמֹתִי conj.-Hi. pf. 1 c.s. (קוּם 877) *But I will establish*

אֶת־בְּרִיתִי dir. obj.-n.f.s.-1 c.s. sf. (136) *my covenant*

אִתָּךְ prep. (II 85)-2 m.s. sf. paus. *with you*

וּבָאתָ conj.-Qal pf. 2 m.s. (בּוֹא 97) *and you shall come*

אֶל־הַתֵּבָה prep.-def.art.-n.f.s. (1061) *into the ark*

אַתָּה pers. pr. 2 m.s. (61) *you*

וּבָנֶיךָ conj.-n.m.p.-2 m.s. sf. (119) *your sons*

וְאִשְׁתְּךָ conj.-n.f.s.-2 m.s. sf. (61) *your wife*

וּנְשֵׁי־בָנֶיךָ conj.-n.f.p. cstr. (60) - n.m.p.-2 m.s. sf. (119) *and your sons' wives*

אִתָּךְ prep.-2 m.s. sf. paus. (II85) *with you*

6:19

וּמִכָּל־הָחַי conj.-prep.-n.m.s. cstr. (481) - def. art.-n.m.s. (311) *And of every living thing*

מִכָּל־בָּשָׂר prep.-n.m.s. cstr. (481) - n.m.s. (142) *of all flesh*

שְׁנַיִם n.m. du. (1040) *two*

מִכֹּל prep.-n.m.s. (481) *of every sort*

תָּבִיא Hi. impf. 2 m.s. (בּוֹא 97) *you shall bring*

אֶל־הַתֵּבָה prep.-def. art.-n.f.s. (1061) *into the ark*

לְהַחֲיֹת prep.-Hi. inf. cstr. (חָיָה 310) *to keep them alive*

אִתָּךְ prep. (II 85) - 2 m.s. sf. paus. *with you*

זָכָר n.m.s. (271) *male*

וּנְקֵבָה conj.-n.f.s. (666) *and female*

יִהְיוּ Qal impf. 3 m.p. (הָיָה 224) *they shall be*

6:20

מֵהָעוֹף prep.-def. art.-n.m.s. (733) *Of the birds*

לְמִינֵהוּ prep.-n.m.s.-3 m.s. sf. (568) *according to their kinds*

וּמִן־הַבְּהֵמָה conj.-prep.-def. art.-n.f.s. (96) *and of the animals*

לְמִינָהּ prep.-n.m.s.-3 f.s. sf. (568) *according to their kinds*

מִכֹּל prep.-n.m.s. cstr. (481) *of every*

רֶמֶשׂ n.m.s. cstr. (943) *creeping thing of*

הָאֲדָמָה def.art.-n.f.s. (9) *the ground*

לְמִינֵהוּ v. supra *according to their kinds*

שְׁנַיִם n.m. du. (1040) *two*

מִכֹּל prep.-n.m.s. (481) *of every sort*

יָבֹאוּ Qal impf. 3 m.p. (בּוֹא 97) *shall come*

אֵלֶיךָ prep. - 2 m.s. sf. *to you*

לְהַחֲיוֹת prep.-Hi. inf. cstr. (חָיָה 310) *to keep them alive*

6:21

וְאַתָּה conj.-pers. pr. 2 m.s. (61) *Also*

קַח־לְךָ Qal impv. 2 m.s. (לָקַח 542) - prep.-2 m.s. sf. *take with you*

מִכָּל־ prep.-n.m.s. cstr. (481) *every sort of*

מַאֲכָל n.m.s. (38) *food*

אֲשֶׁר יֵאָכֵל rel.-Ni. impf. 3 m.s. (אָכַל 37) *that is eaten*

וְאָסַפְתָּ conj.-Qal pf. 2 m.s. (אָסַף 62) *and store it up*

אֵלֶיךָ prep.-2 m.s. sf. *(for yourself)*

וְהָיָה conj.-Qal pf. 3 m.s. (224) *and it shall serve*

לְךָ וְלָהֶם prep.-2 m.s. sf. - conj. - prep.-3 m.p. sf. *for you and for them*

לְאָכְלָה prep.-n.f.s. (38) *as food*

6:22

וַיַּעַשׂ consec.-Qal impf. 3 m.s. (עָשָׂה I 793) *did*

נֹחַ pr. n. (629) *Noah*

כָּל־בָּשָׂר n.m.s. cstr. (481) - n.m.s. (142) *all flesh*

אֲשֶׁר־בּוֹ rel.-prep.-3 m.s. sf. *in which*

אֹתוֹ dir.obj.-3 m.s. sf. *him*

אֱלֹהִים n.m.p. (43) *God*

כֵּן עָשָׂה adv. (485) - Qal pf. 3 m.s. (עָשָׂה I 793) *he did*

7:1

וַיֹּאמֶר consec.-Qal impf. 3 m.s. (55) *Then ... said*

יהוה pr. n. (217) *Yahweh*

לְנֹחַ prep. - pr.n. (629) *to Noah*

בֹּא־ Qal impv. 2 m.s. (בּוֹא 97) *Go*

אַתָּה pers. pr. 2 m.s. (61) *you*

וְכָל־בֵּיתְךָ conj.-n.m.s. cstr. (481) - n.m.s.-2 m.s. sf. (108) *and all your household*

אֶל־הַתֵּבָה prep.-def. art.-n.f.s. (1061) *into the ark*

כִּי־אֹתְךָ conj.-dir. obj.-2 m.s. sf. *that you*

רָאִיתִי Qal pf. 1 c.s. (רָאָה 906) *I have seen*

צַדִּיק adj. m.s. (843) *are righteous*

לְפָנַי prep.-n.m.p.-1 c.s. sf. (815) *before me*

בַּדּוֹר הַזֶּה prep.-def.art.-n.m.s. (189) - def.art.-demons. m.s. (260) *in this generation*

7:2

מִכֹּל prep.-n.m.s. cstr. (481) *of all*

הַבְּהֵמָה def. art.-n.f.s. (96) *animals*

הַטְּהוֹרָה def. art.-adj. f.s. (373) *clean*

תִּקַּח־לְךָ Qal impf. 2 m.s. (לָקַח 542) - prep.-2 m.s. sf. *Take with you*

שִׁבְעָה שִׁבְעָה n.f.s. (987) - n.f.s. (987) *seven pairs*

אִישׁ n.m.s. (35) *the male*

וְאִשְׁתּוֹ conj.-n.f.s.-3 m.s. sf. (61) *and his mate*

וּמִן־הַבְּהֵמָה conj.-prep.-def. art.-n.f.s. (96) *of the animals*

אֲשֶׁר rel. *that*

לֹא טְהֹרָה הִוא neg.-adj. f.s. (373) - pers. pr. 3 f.s. (214) *are not clean*

שְׁנַיִם n.m. du. (1040) *a pair*

אִישׁ וְאִשְׁתּוֹ v. supra *the male and his mate*

7:3

גַּם מֵעוֹף adv. (18) - prep.-n.m.s. cstr. (733) *and of the birds of*

הַשָּׁמַיִם def. art.-n.m. du. (1029) *the air*

שִׁבְעָה שִׁבְעָה n.f.s. (987) - n.f.s. (987) *seven pairs*

זָכָר n.m.s. (271) *the male*

וּנְקֵבָה conj.-n.f.s. (666) *and female*

לְחַיּוֹת prep.-Pi. inf. cstr. (חָיָה 310) *to keep alive*

זֶרַע n.m.s. (282) *their kind (seed)*

עַל־פְּנֵי prep.-n.m.p. cstr. (815) *upon the face of*

כָל־הָאָרֶץ n.m.s. cstr. (481) - def. art.-n.f.s. (75) *all the earth*

7:4

כִּי לְיָמִים conj.-prep.-n.m.p. (398) *For in days*

עוֹד שִׁבְעָה adv. (728) - n.f.s. (987) *yet seven*

אָנֹכִי pers. pr. 1 c.s. (58) *I*

מַמְטִיר Hi. ptc. (מָטַר 565) *will send rain*

עַל־הָאָרֶץ prep.-def. art.-n.f.s. (75) *upon the earth*

אַרְבָּעִים יוֹם num. p. (917) - n.m.s. (398) *forty days*

וְאַרְבָּעִים conj. - v. supra *and forty*

לָיְלָה n.m.s. (538) *nights*

וּמָחִיתִי conj.-Qal pf. 1 c.s. (מָחָה 562) *and I will blot out*

אֶת־כָּל־ dir. obj.-n.m.s. cstr. (481) *every*

הַיְקוּם def. art.-n.m.s. (879) *living thing*

אֲשֶׁר עָשִׂיתִי rel.-Qal pf. 1 c.s. (עָשָׂה 793) *that I have made*

מֵעַל פְּנֵי prep.-prep.-n.m.p. cstr. (815) *from the face of*

הָאֲדָמָה def. art.-n.f.s. (9) *the ground*

7:5

וַיַּעַשׂ נֹחַ consec.-Qal impf. 3 m.s. (עָשָׂה 793) - pr.n. (629) *And Noah did*

כְּכֹל prep.-n.m.s. (481) *all*

אֲשֶׁר־צִוָּהוּ rel.-Pi. pf. 3 m.s.-3 m.s. sf. (צָוָה 845) *had commanded him*

יהוה pr. n. (217) *Yahweh*

7:6

וְנֹחַ conj.-pr.n. (629) *Noah*

בֶּן־ n.m.s. cstr. (119) *(son of)*

שֵׁשׁ מֵאוֹת n.m.s. (995) - n.f.p. (547) *six hundred*

שָׁנָה n.f.s. (1040) *years*

וְהַמַּבּוּל conj.-def. art.-n.m.s. (550) *when the flood*

הָיָה Qal pf. 3 m.s. (224) *came upon*

מַיִם n.m.p. (565) *(waters)*

עַל־הָאָרֶץ prep.-def. art.-n.f.s. (75) *upon the earth*

7:7

וַיָּבֹא נֹחַ consec.-Qal impf. 3 m.s. (בּוֹא 97) - pr.n. (629) *And Noah went*

וּבָנָיו conj.-n.m.p.-3 m.s. sf. (119) *and his sons*

וְאִשְׁתּוֹ conj.-n.f.s.-3 m.s. sf. (61) *his wife*

וּנְשֵׁי־בָנָיו conj.-n.f.p. cstr. (61) - v. supra *and his sons' wives*

אִתּוֹ prep. (II 85)-3 m.s. sf. *with him*

אֶל־הַתֵּבָה prep.-def. art.-n.f.s. (1061) *into the ark*

מִפְּנֵי prep.-n.m.p. cstr. (815) *to escape (from before)*

מֵי הַמַּבּוּל n.m.p. cstr. (565) - def. art.-n.m.s. (550) *the waters of the flood*

7:8

מִן־הַבְּהֵמָה prep.-def. art.-n.f.s. (96) *Of animals*

הַטְּהוֹרָה def. art.-adj. f.s. (373) *clean*

וּמִן־הַבְּהֵמָה conj.-prep.-def.art.-n.f.s. (96) *and of animals*

אֲשֶׁר אֵינֶנָּה rel.-subst.-3 f.s. sf. (34) *that are not*

טְהֹרָה v. supra *clean*

וּמִן־הָעוֹף conj.-prep.-def. art.-n.m.s. (733) *and of birds*

וְכֹל conj.-n.m.s. (481) *and of everything*

אֲשֶׁר־רֹמֵשׂ rel.-Qal act. ptc. (רָמַשׂ 942) *that creeps*

עַל־הָאֲדָמָה prep.-def. art.-n.f.s. (9) *on the ground*

7:9

שְׁנַיִם שְׁנַיִם n.m. du. (1040) - n.m. du. (1040) *two and two*

בָּאוּ Qal pf. 3 c.p. (בּוֹא 97) *went*

אֶל־נֹחַ prep. - pr.n. (629) *with Noah*

אֶל־הַתֵּבָה prep.-def. art.-n.f.s. (1061) *into the ark*

זָכָר n.m.s. (271) *male*

וּנְקֵבָה conj.-n.f.s. (666) *and female*

כַּאֲשֶׁר prep.-rel. *as*

צִוָּה Pi. pf. 3 m.s. (צָוָה 845) *commanded*

אֱלֹהִים n.m.p. (43) *God*

אֶת־נֹחַ dir. obj.-pr.n. (629) *Noah*

7:10

וַיְהִי consec.-Qal impf. 3 m.s. (הָיָה 224) *And (it proceeded to be)*

לְשִׁבְעַת prep.-n.f.s. cstr. (987) *after seven*

הַיָּמִים def. art.-n.m.p. (398) *days*

וּמֵי conj.-n.m.p. cstr. (565) *the waters of*

הַמַּבּוּל def. art.-n.m.s. (550) *the flood*

הָיוּ Qal pf. 3 c.p. (הָיָה 224) *came*

עַל־הָאָרֶץ prep.-def. art.-n.f.s. (75) *upon the earth*

7:11

בִּשְׁנַת prep.-n.f.s. cstr. (1040) *in the year (of)*

שֵׁשׁ־מֵאוֹת n.m.s. (995) - n.f.p. (547) *six hundred*

שָׁנָה n.f.s. (1040) *(year)*

לְחַיֵּי־נֹחַ prep.-n.m.p. cstr. (311) - pr.n. (629) *Noah's life*

בַּחֹדֶשׁ prep.-def. art.-n.m.s. (294) *in the month*

הַשֵּׁנִי def. art.-adj. m.s. (1041) *second*

בְּשִׁבְעָה־עָשָׂר prep.-n.f.s. (987) - n.m.s. (797) *on the seventeenth*

יוֹם לַחֹדֶשׁ n.m.s. (398) - prep.-def.art.-v. supra *day of the month*

בַּיּוֹם הַזֶּה prep.-def. art.-n.m.s. (398) - def. art.-demons. m.s. (260) *on that day*

נִבְקְעוּ Ni. pf. 3 c.p. (בָּקַע 131) *burst forth*

כָּל־מַעְיְנֹת n.m.s. cstr. (481) - n.m.p. cstr. (745) *all the fountains of*

תְּהוֹם רַבָּה n.f.s. (1062) - adj. f.s. (912) *the great deep*

וַאֲרֻבֹּת conj.-n.f.p. cstr. (70) *and the windows of*

הַשָּׁמַיִם def. art.- n.m. du. (1029) *the heavens*

נִפְתָּחוּ Ni. pf. 3 c.p. (פָּתַח 834) *were opened*

7:12

וַיְהִי consec.-Qal impf.3 m.s. (הָיָה 224) *And ... fell*

הַגֶּשֶׁם def.art.-n.m.s. (177) *rain*

עַל־הָאָרֶץ prep.-def. art.-n.f.s. (75) *upon the earth*

אַרְבָּעִים num.p. (917) *forty*

יוֹם n.m.s. (398) *days*

וְאַרְבָּעִים conj.-v. supra *and forty*

לָיְלָה n.m.s. (538) *nights*

7:13

בְּעֶצֶם prep.-n.f.s. cstr. (782) *very same*

הַיּוֹם הַזֶּה def. art.-n.m.s. (398) - def. art.-demons. m.s. (260) *On the day*

בָּא Qal pf. 3 m.s. (בּוֹא 97) *entered*

נֹחַ pr. n. (629) *Noah*

וְשֵׁם־וְחָם conj.-pr.n. (II 1028) - pr.n. (I 325) *Shem and Ham*

וָיֶפֶת conj.-pr.n. (834) *and Japheth*

בְּנֵי־נֹחַ n.m.p. cstr. (119) - pr.n. (629) *sons (of Noah)*

וְאֵשֶׁת נֹחַ conj.-n.f.s. cstr. (61) - pr.n. (629) *and Noah's wife*

וּשְׁלֹשֶׁת conj.-n.f.s. cstr. (1025) *and the three*

נְשֵׁי־בָנָיו n.f.p. cstr. (61) - n.m.p.-3 m.s. sf. (119) *wives of his sons*

אִתָּם prep. (II 85)-3 m.p. sf. *with them*

אֶל־הַתֵּבָה prep.-def.art.-n.f.s. (1061) *the ark*

7:14

הֵמָּה pers. pr. 3 m.p. (241) *they*

וְכָל־ conj. - n.m.s. cstr. (481) *and every*

הַחַיָּה def. art.-n.f.s. (312) *beast*

לְמִינָהּ prep.-n.m.s.-3 f.s. sf. (568) *according to its kind*

וְכָל־הַבְּהֵמָה conj.-n.m.s. cstr. (481) - def. art.-n.f.s. (96) *and all the cattle*

לְמִינָהּ v. supra *according to their kinds*

וְכָל־הָרֶמֶשׂ conj.-n.m.s. cstr. (481) - def. art.-n.m.s. (943) *and every creeping thing*

הָרֹמֵשׂ def. art.-Qal act. ptc. (רָמַשׂ 942) *that creeps*

עַל־הָאָרֶץ prep.-def. art.-n.f.s. (75) *on the earth*

לְמִינֵהוּ prep.-n.m.s.-3 m.s. sf. (568) *according to its kind*

וְכָל־הָעוֹף conj.-n.m.s. cstr. (481) - def. art.-n.m.s. (733) *and every bird*

לְמִינֵהוּ v. supra *according to its kind*

כֹּל צִפּוֹר n.m.s. cstr. (481) - n.f.s. (861) *every bird*

כָּל־כָּנָף n.m.s. cstr. (481) - n.f.s. (489) *of every sort*

7:15

וַיָּבֹאוּ consec.-Qal impf. 3 m.p. (בּוֹא 97) *They went*

אֶל־נֹחַ prep.- pr.n. (629) *with Noah*

אֶל־הַתֵּבָה prep.-def. art.-n.f.s. (1061) *into the ark*

שְׁנַיִם שְׁנַיִם n.m. du. (1040) - n.m. du. (1040) *two and two*

מִכָּל־הַבָּשָׂר prep.-n.m.s. cstr. (481) - def. art.-n.m.s. (142) *of all flesh*

אֲשֶׁר־בּוֹ rel.-prep.-3 m.s. sf. *in which*

רוּחַ חַיִּים n.f.s. cstr. (924) - n.m.p. (311) *the breath of life*

7:16

וְהַבָּאִים conj.-def. art.-Qal act. ptc. m.p. (בּוֹא 97) *and they that entered*

זָכָר n.m.s. (271) *male*

וּנְקֵבָה conj.-n.f.s. (666) *and female*

מִכָּל־בָּשָׂר prep.-n.m.s. cstr. (481) - n.m.s. (142) *of all flesh*

בָּאוּ Qal pf. 3 c.p. (בּוֹא 97) *went in*

כַּאֲשֶׁר prep.-rel. *as*

צִוָּה אֹתוֹ Pi. pf. 3 m.s. (צָוָה 845) - dir. obj.-3 m.s. sf. *had commanded him*

אֱלֹהִים n.m.p. (43) *God*

וַיִּסְגֹּר consec.-Qal impf. 3 m.s. (סָגַר 688) *and ... shut in*

יהוה pr. n. (217) *Yahweh*

בַּעֲדוֹ prep. (126) - 3 m.s. sf. *him*

7:17

וַיְהִי consec.-Qal impf. 3 m.s. (הָיָה 224) *continued*

הַמַּבּוּל def. art.-n.m.s. (550) *the flood*

אַרְבָּעִים num.p. (917) *forty*

יוֹם n.m.s. (398) *days*

עַל־הָאָרֶץ prep.-def. art.-n.f.s. (75) *upon the earth*

וַיִּרְבּוּ consec.-Qal impf. 3 m.p. (רָבָה 915) *and ... increased*

הַמַּיִם def.art.-n.m.p. (565) *the waters*

וַיִּשְׂאוּ consec.-Qal impf. 3 m.p. (נָשָׂא 669) *and bore up*

אֶת־הַתֵּבָה dir. obj.-def. art.-n.f.s. (1061) *the ark*

וַתָּרָם consec.-Qal impf. 3 f.s. (רוּם 926) *and it rose high*

מֵעַל הָאָרֶץ prep.-prep.-def. art.-n.f.s. (75) *above the earth*

7:18

וַיִּגְבְּרוּ consec.-Qal impf. 3 m.p. (גָּבַר 149) *prevailed*

הַמַּיִם def. art.-n.m.p. (565) *the waters*

וַיִּרְבּוּ consec.-Qal impf. 3 m.p. (רָבָה 915) *and increased*

מְאֹד adv.(547) *greatly*

עַל־הָאָרֶץ prep.-def. art.-n.f.s. (75) *upon the earth*

וַתֵּלֶךְ consec.-Qal impf. 3 f.s. (הָלַךְ 229) *and ... floated*

הַתֵּבָה def. art.-n.f.s. (1061) *the ark*

עַל־פְּנֵי prep.-n.m.p. cstr. (815) *on the face of*

הַמָּיִם def. art.-n.m.p. (565) *the waters*

7:19

וְהַמַּיִם conj.-def. art.-n.m.p. (565) *and the waters*

גָּבְרוּ Qal pf. 3 c.p. (גָּבַר 149) *prevailed*

מְאֹד מְאֹד adv.-adv.(547) *so mightily*

עַל־הָאָרֶץ prep.-def. art.-n.f.s. (75) *upon the earth*

וַיְכֻסּוּ consec.-Pu. impf. 3 m.p. (כָּסָה 491) *that ... were covered*

כָּל־הֶהָרִים n.m.s. cstr. (481) - def. art.-n.m.p. (249) *all the mountains*

הַגְּבֹהִים def. art.- adj. m.p. (147) *high*

אֲשֶׁר־תַּחַת rel.-prep. (1065) *under*

כָּל־הַשָּׁמָיִם n.m.s. cstr. (481) - def. art.-n.m. du. paus. (1029) *the whole heaven*

7:20

חֲמֵשׁ עֶשְׂרֵה n.m.s. (331) - n.f.s. (797) *fifteen*

אַמָּה n.f.s. (52) *cubits*

מִלְמַעְלָה prep.-prep.-adv.loc. he (751) *deep*

גָּבְרוּ Qal pf. 3 c.p. (גָּבַר 149) *prevailed*

הַמָּיִם def. art.-n.m.p. (565) *the waters*

וַיְכֻסּוּ consec.-Pu. impf. 3 m.p. (כָּסָה 491) *above (and were covered)*

הֶהָרִים def. art.-n.m.p. (249) *the mountains*

7:21

וַיִּגְוַע consec.-Qal impf. 3 m.s. (גָּוַע 157) *died*

כָּל־בָּשָׂר n.m.s. cstr. (481) - n.m.s. (142) *all flesh*

הָרֹמֵשׂ def.art.-Qal act. ptc. (רָמַשׂ 942) *that moved*

עַל־הָאָרֶץ prep.-def. art.-n.f.s. (75) *upon the earth*

בָּעוֹף prep.-def. art.-n.m.s. (733) *birds*

וּבַבְּהֵמָה conj.-prep.-def. art.-n.f.s. (96) *cattle*

וּבַחַיָּה conj.-prep.-def. art.-n.f.s. (312) *beasts*

וּבְכָל־הַשֶּׁרֶץ conj.-prep.-n.m.s. cstr. (481) - def. art.-n.m.s. (1056) *all swarming creatures*

הַשֹּׁרֵץ def. art.-Qal act. ptc. (שָׁרַץ 1056) *that swarm*

עַל־הָאָרֶץ prep.-def. art.-n.f.s. (75) *upon the earth*

וְכֹל הָאָדָם conj.-n.m.s. cstr. (481) - def. art.-n.m.s. (9) *and every man*

7:22

כֹּל n.m.s. (481) *everything*

אֲשֶׁר rel. *(which)*

נִשְׁמַת־רוּחַ n.f.s. cstr. (675) - n.f.s. cstr. (924) *the breath of*

חַיִּים n.m.p. (313) *life*

בְּאַפָּיו prep.-n.m. du. - 3 m.s. sf. (60) *in whose nostrils*

מִכֹּל אֲשֶׁר prep.-n.m.s. (481) - rel. *(of all which)*

בֶּחָרָבָה prep.-def. art.-n.f.s. (351) *on the dry land*

מֵתוּ Qal pf. 3 c.p. (מוּת 559) *died*

7:23

וַיִּמַח consec.-Qal impf. 3 m.s. (מָחָה 562) *He blotted out*

אֶת־כָּל־ dir. obj.-n.m.s. cstr. (481) *every*

הַיְקוּם def. art.-n.m.s. (879) *living thing*

אֲשֶׁר עַל־פְּנֵי rel.-prep.-n.m.p. cstr. (815) *that was upon the face of*

הָאֲדָמָה def. art.-n.f.s. (9) *the ground*

מֵאָדָם prep.-n.m.s. (9) *man*

עַד־בְּהֵמָה prep.-n.f.s. (96) *and animals*

עַד־רֶמֶשׂ prep.-n.m.s. (943) *and creeping things*

וְעַד־עוֹף conj.-prep.-n.m.s. cstr. (733) *and birds of*

הַשָּׁמַיִם def. art.-n.m. du. (1029) *the air*

וַיִּמָּחוּ consec.-Hi. impf. 3 m.p. (מָחָה 562) *they were blotted out*

מִן־הָאָרֶץ prep.-def. art.-n.f.s. (75) *from the earth*

וַיִּשָּׁאֶר consec.-Ni. impf. 3 m.s. (שָׁאַר 983) *was left*

אַךְ־נֹחַ adv. (36) - pr.n. (629) *only Noah*

וַאֲשֶׁר conj.-rel. *and those that were*

אִתּוֹ prep. (II 85)-3 m.s. sf. *with him*

בַּתֵּבָה prep.-def. art.-n.f.s. (1061) *in the ark*

7:24

וַיִּגְבְּרוּ consec.-Qal impf. 3 m.p. (גָּבַר 149) *and ... prevailed*

הַמַּיִם def. art.-n.m.p. (565) *the waters*

עַל־הָאָרֶץ prep.-def. art.-n.f.s. (75) *upon the earth*

חֲמִשִּׁים num.p. (332) *fifty*

וּמְאַת conj.-n.f.s. cstr. (547) *a hundred*

יוֹם n.m.s. (398) *days*

8:1

וַיִּזְכֹּר consec.-Qal impf. 3 m.s. (זָכַר 269) *but ... remembered*

אֱלֹהִים n.m.p. (43) *God*

אֶת־נֹחַ dir. obj. - pr.n. (629) *Noah*

וְאֵת כָּל־הַחַיָּה conj.-dir. obj. - n.m.s. cstr. (481) - def. art. - n.f.s. (312) *and all the beasts*

וְאֶת־כָּל־הַבְּהֵמָה conj.-dir. obj.-v. supra - def. art. - n.f.s. (96) *and all the cattle*

אֲשֶׁר אִתּוֹ rel.-prep. (II 85) - 3 m.s. sf. *that were with him*

בַּתֵּבָה prep.-def. art. - n.f.s. (1061) *in the ark*

וַיַּעֲבֵר consec.-Hi. impf. 3 m.s. (עָבַר 716) *and ... made ... blow over*

אֱלֹהִים n.m.p. (43) *God*

רוּחַ n.f.s. (924) *a wind*

עַל־הָאָרֶץ prep.-def. art.-n.f.s. (75) *over the earth*

וַיָּשֹׁכּוּ consec.-Qal impf. 3 m.p. (שָׁכַךְ 1013) *and ... subsided*

הַמָּיִם def. art.-n.m.p. (565) *the waters*

8:2

וַיִּסָּכְרוּ consec.-Ni. impf. 3 m.p. (סָכַר 698) *and ... were closed*

מַעְיְנֹת תְּהוֹם n.m.p. cstr. (745) - n.f.s. (1062) *the fountains of the deep*

וַאֲרֻבֹּת הַשָּׁמָיִם conj.-n.f.p. cstr. (70) - def. art.-n.m. du. (1029) *and the windows of the heavens*

וַיִּכָּלֵא consec.-Ni. impf. 3 m.s. (כָּלָא 476) *was restrained*

הַגֶּשֶׁם def. art.-n.m.s. (177) *the rain*

מִן־הַשָּׁמָיִם prep.-def. art.-n.m. du. (1029) *from the heavens*

8:3

וַיָּשֻׁבוּ consec.-Qal impf. 3 m.p. (שׁוּב 996) *and ... receded*

הַמַּיִם def. art.-n.m.p. (565) *the waters*

מֵעַל הָאָרֶץ prep.-prep.-def.art.-n.f.s. (75) *from the earth*

הָלוֹךְ וָשׁוֹב Qal inf. abs. (הָלַךְ 229) - conj.-Qal inf. abs. (שׁוּב 996) *continually*

וַיַּחְסְרוּ consec. - Qal impf. 3 m. p. (חָסֵר 341) *had abated*

הַמַּיִם def. art.-n.m.p. (565) *the waters*

מִקְצֵה prep.-n.m.s. cstr. (892) *at the end of*

חֲמִשִּׁים num. p. (332) *fifty*

וּמְאַת conj.-n.f.s. cstr. (547) *a hundred*

יוֹם n.m.s. (398) *days*

8:4

וַתָּנַח consec.-Qal impf. 3 f.s. (נוּחַ 628) *came to rest*

הַתֵּבָה def. art. - n.f.s. (1061) *the ark*

בַּחֹדֶשׁ prep.-def. art. - n.m.s. (294) *in the month*

הַשְּׁבִיעִי def. art.-adj. num. m.s. (988) *seventh*

בְּשִׁבְעָה־עָשָׂר prep.-n.f.s. (987) - n.m.s. (797) *on the seventeenth*

יוֹם n.m.s. (398) *day*

לַחֹדֶשׁ prep.-def. art.-n.m.s. (294) *of the month*

עַל הָרֵי prep.-n.m.p. cstr. (249) *upon the mountains of*

אֲרָרָט pr. n. (76) *Ararat*

8:5

וְהַמַּיִם conj.-def. art.-n.m.p. (565) *and the waters*

הָיוּ הָלוֹךְ Qal pf. 3 c.p. (הָיָה 224) - Qal inf. abs. (הָלַךְ 229) *continued*

וְחָסוֹר conj.-Qal inf. abs. (חָסֵר 341) *to abate*

עַד הַחֹדֶשׁ prep.-def. art.-n.m.s. (294) *until the month*

הָעֲשִׂירִי def. art.-adj.num. m.s. (798) *tenth*

בָּעֲשִׂירִי prep.-def. art.-adj. num. m.s. (798) *in the tenth month*

בְּאֶחָד prep.-n.m.s. (25) *on the first day*

לַחֹדֶשׁ prep.-def. art.-n.m.s. (294) *of the month*

נִרְאוּ Ni. pf. 3 c.p. (רָאָה 906) *were seen*

רָאשֵׁי הֶהָרִים n.m.p. cstr. (910) - def. art.-n.m.p. (249) *the tops of the mountains*

8:6

וַיְהִי consec.-Qal impf. 3 m.s. (הָיָה 224)*(and it proceeded to be)*

מִקֵּץ prep.-n.m.s. cstr. (893) *at the end of*

אַרְבָּעִים num.p. (917) *forty*

יוֹם n.m.s. (398) *days*

וַיִּפְתַּח consec. - Qal impf. 3 m. s. (פָּתַח 834) *opened*

נֹחַ pr. n. (629) *Noah*

אֶת־חַלּוֹן dir.obj.-n.m.s.cstr. (319) *the window of*

הַתֵּבָה def.art.-n.f.s. (1061) *the ark*

אֲשֶׁר עָשָׂה rel.-Qal pf. 3 m.s. (793) *which he had made*

8:7

וַיְשַׁלַּח consec.-Pi. impf. 3 m.s. (שָׁלַח 1018) *and sent forth*

אֶת־הָעֹרֵב dir.obj.-def.art.-n.m.s. (788) *a raven*

וַיֵּצֵא consec.-Qal impf. 3 m.s. (יָצָא 422) *and it went*

יָצוֹא וָשׁוֹב Qal inf. abs. (יָצָא 422) - conj.-Qal inf. abs. (שׁוּב 996) *to and fro*

עַד־יְבֹשֶׁת prep.-Qal inf. cstr. (יָבֵשׁ 386) *until ... were dried up*

הַמַּיִם def. art.-n.m.p. (565) *the waters*

מֵעַל הָאָרֶץ prep.-prep.-def.art.-n.f.s. (75) *from the earth*

8:8

וַיְשַׁלַּח consec.-Pi. impf. 3 m.s. (שָׁלַח 1018) *Then he sent forth*

אֶת־הַיּוֹנָה dir.obj.-def.art.-n.f.s. (401) *a dove*

מֵאִתּוֹ prep.-prep. (II 85) - 3 m.s. sf. *from him*

לִרְאוֹת prep.-Qal inf. cstr. (רָאָה 906) *to see*

הֲקַלּוּ interr.-Qal pf. 3 c.p. (קָלַל 886) *if ... had subsided*

הַמַּיִם def.art.-n.m.p. (565) *the waters*

מֵעַל פְּנֵי prep.-prep.-n.m.p. cstr. (815) *from the face of*

הָאֲדָמָה def.art.-n.f.s. (9) *the ground*

8:9

וְלֹא־מָצְאָה conj.-neg.-Qal pf. 3 f.s. (מָצָא 592) *but ... found no*

הַיּוֹנָה def.art.-n.f.s. (401) *the dove*

מָנוֹחַ n.m.s. (629) *place*

לְכַף־רַגְלָהּ prep.-n.f.s. cstr. (496) - n.f.s.-3 f.s. sf. (919) *to set her foot*

וַתָּשָׁב consec.-Qal impf. 3 f.s. (שׁוּב 996) *and she returned*

אֵלָיו prep.-3 m.s. sf. *to him*

אֶל־הַתֵּבָה prep.-def.art.-n.f.s. (1061) *to the ark*

כִּי־מַיִם conj.-n.m.p. (565) *for the waters were still*

עַל־פְּנֵי prep.-n.m.p. cstr. (815) *on the face of*

כָל־הָאָרֶץ n.m.s. cstr. (481) - def.art.-n.f.s. (75) *the whole earth*

וַיִּשְׁלַח consec. - Qal impf. 3 m. s. (שָׁלַח 1018) *so he put forth*

יָדוֹ n.f.s.-3 m.s. sf. (388) *his hand*

וַיִּקָּחֶהָ consec.-Qal impf. 3 m.s. - 3 f.s. sf. (לָקַח 542) *and took her*

וַיָּבֵא consec.-Hi. impf. 3 m.s. (בּוֹא 97) *and brought*

אֹתָהּ אֵלָיו dir.obj.-3 f.s. sf. - prep.-3 m.s. sf. *her with him*

אֶל־הַתֵּבָה prep.-def.art.-n.f.s. (1061) *into the ark*

8:10

וַיָּחֶל consec.-Qal impf. 3 m.s. (חוּל 296) (rd. prb. וַיְיַחֵל 403) *he waited (he writhed)*

עוֹד שִׁבְעַת adv.-n.f.s. cstr. (987) *(yet) seven*

יָמִים n.m.p. (398) *days*

אֲחֵרִים adj. m.p. (29) *another*

וַיֹּסֶף שַׁלַּח consec.-Hi. impf. 3 m.s. (יָסַף 414) - Pi. inf. cstr. (שָׁלַח 1018) *and again he sent forth*

אֶת־הַיּוֹנָה dir.obj.-def.art.-n.f.s. (401) *the dove*

מִן־הַתֵּבָה prep.-def.art.-n.f.s. (1061) *out of the ark*

8:11

וַתָּבֹא consec.-Qal impf. 3 m.s. (בּוֹא 97) *and ... came back*

אֵלָיו prep.-3 m.s. sf. *to him*

הַיּוֹנָה def.art.-n.f.s. (401) *the dove*

לְעֵת עֶרֶב prep.-n.f.s. cstr. (773) - n.m.s. (787) *in the evening*

וְהִנֵּה conj.-demons. part. (243) *and lo*

עֲלֵה־זַיִת n.m.s. cstr. (750) - n.m.s. (268) *olive leaf*

טָרָף adj. m.s. (383) *freshly plucked*

בְּפִיהָ prep.-n.m.s.-3 f.s. sf. (804) *in her mouth*

וַיֵּדַע נֹחַ consec.-Qal impf. 3 m.s. (יָדַע 393) - pr.n. (629) *so Noah knew*

כִּי־קַלּוּ conj.-Qal pf. 3 c.p. (קָלַל 886) *that ... had subsided*

הַמַּיִם def.art.-n.m.p. (565) *the waters*

מֵעַל הָאָרֶץ prep.-prep.-def.art.-n.f.s. (75) *from the earth*

8:12

וַיִּיָּחֶל consec.-Ni. impf. 3 m.s. (יָחַל 403) *Then he waited*

עוֹד adv. (728) *(yet)*

שִׁבְעַת יָמִים n.f.s. cstr. (987) - n.m.p. (398) *seven days*

אֲחֵרִים adj. m.p. (29) *another*

וַיְשַׁלַּח consec.-Pi. impf. 3 m.s. (שָׁלַח 1018) *and sent forth*

אֶת־הַיּוֹנָה dir.obj.-def.art.-n.f.s. (401) *the dove*

וְלֹא־יָסְפָה שׁוּב־ conj.-neg.-Qal pf. 3 f.s. (יָסַף 414) - Qal inf. cstr. (שׁוּב 996) *and she did not return*

אֵלָיו עוֹד prep.-3 m.s. sf. - adv. (728) *to him any more*

8:13

וַיְהִי consec.-Qal impf. 3 m.s. (הָיָה 224) *(and it proceeded to be)*

בְּאַחַת prep.-adj. num. f.s. (25) *in the first*

וְשֵׁשׁ־מֵאוֹת conj.-n.m.s. (995) - n.f.p. (547) *six hundred*

שָׁנָה n.f.s. (1040) *year*

בָּרִאשׁוֹן prep.-def.art.-adj. m.s. (911) *in the first month*

בְּאֶחָד prep.-adj. num. m.s. (25) *the first day*

לַחֹדֶשׁ prep.-def. art.-n.m.s. (294) *of the month*

חָרְבוּ Qal pf. 3 c.p. (חָרֵב 351) *were dried*

הַמַּיִם def.art.-n.m.p. (565) *the waters*

מֵעַל הָאָרֶץ prep.-prep.-def. art.-n.f.s. (75) *from off the earth*

וַיָּסַר consec.-Qal impf. 3 m.s. (סוּר 693) *and ... removed*

נֹחַ pr. n. (629) *Noah*

אֶת־מִכְסֵה dir.obj.-n.m.s. cstr. (492) *the covering of*

הַתֵּבָה def.art.-n.f.s. (1061) *the ark*

וַיַּרְא consec.-Qal impf. 3 m.s. (רָאָה 906) *and looked*

וְהִנֵּה conj.-demons. part. (243) *and behold*

חָרְבוּ Qal pf. 3 c.p. (חָרֵב 351) *was dry*

פְּנֵי הָאֲדָמָה n.m.p. cstr. (815) - def.art.-n.f.s. (9) *the face of the ground*

8:14

וּבַחֹדֶשׁ conj.-prep.-def. art.-n.m.s. (294) *in the month*

הַשֵּׁנִי def.art.-adj. m.s. (1041) *second*

בְּשִׁבְעָה prep.-n.f.s. (987) *on the seven*

וְעֶשְׂרִים conj.-num.p. (797) *and twenty*

יוֹם לַחֹדֶשׁ n.m.s. (398) - prep.-def. art.-n.m.s. (294) *day of the month*

יָבְשָׁה Qal pf. 3 f.s. (יָבֵשׁ 386) *was dry*

הָאָרֶץ def.art.-n.f.s. (75) *the earth*

8:15

וַיְדַבֵּר consec.-Pi. impf. 3 m.s. (דָּבַר 180) *Then ... said*

אֱלֹהִים n.m.p. (43) *God*

אֶל־נֹחַ prep.-pr.n. (629) *to Noah*

לֵאמֹר prep.-Qal inf. cstr. (אָמַר 55) *(saying)*

8:16

צֵא Qal impv. 2 m.s. (יָצָא 422) *Go forth*

מִן־הַתֵּבָה prep.-def. art. - n.f.s. (1061) *from the ark*

אַתָּה pers.pr. 2 m.s. (61) *you*

וְאִשְׁתְּךָ conj.-n.f.s.-2 m.s. sf. (61) *and your wife*

וּבָנֶיךָ conj.-n.m.p.-2 m.s. sf. (119) *and your sons*

וּנְשֵׁי־בָנֶיךָ conj.-n.f.p. cstr. (61) - n.m.p.-2 m.s. sf. (119) *and your sons' wives*

אִתָּךְ prep. (II 85) - 2 m.s. sf. paus. *with you*

8:17

כָּל־הַחַיָּה n.m.s. cstr. (481) - def.art.-n.f.s. (312) *every living thing*

אֲשֶׁר־אִתְּךָ rel.-prep. (II 85) - 2 m.s. sf. *that is with you*

מִכָּל־בָּשָׂר prep.-n.m.s. cstr. (481) - n.m.s. (142) *of all flesh*

בָּעוֹף prep.-def. art.-n.m.s. (733) *birds*

וּבַבְּהֵמָה conj.-prep.-def.art.-n.f.s. (96) *and animals*

וּבְכָל־הָרֶמֶשׂ conj.-prep.-n.m.s. cstr. (481) - def.art.-n.m.s. (943) *and every creeping thing*

הָרֹמֵשׂ def.art.-Qal act. ptc. (רָמַשׂ 942) *that creeps*

עַל־הָאָרֶץ prep.-def.art.-n.f.s. (75) *on the earth*

הַוְצֵא Hi. impv. 2 m.s. (יָצָא 422) *Bring forth*

אִתָּךְ prep. (II 85) - 2 m.s. sf. *with you*

וְשָׁרְצוּ conj.-Qal pf. 3 c.p. (שָׁרַץ 1056) *that they may breed abundantly*

בָאָרֶץ prep.-def.art.-n.f.s. (75) *on the earth*

וּפָרוּ conj.-Qal pf. 3 c.p. (פָּרָה 826) *and be fruitful*

וְרָבוּ conj.-Qal pf. 3 c.p. (רָבָה 915) *and multiply*

עַל־הָאָרֶץ prep.-def.art.-n.f.s. (75) *upon the earth*

8:18

וַיֵּצֵא־נֹחַ consec.-Qal impf. 3 m.s. (יָצָא 422) - pr.n.(629) *So Noah went forth*

וּבָנָיו conj.-n.m.p.-3 m.s. sf. (119) *and his sons*

וְאִשְׁתּוֹ conj.-n.f.s.-3 m.s. sf. (61) *and his wife*

וּנְשֵׁי־בָנָיו conj.-n.f.p. cstr. (61) - n.m.p.-3 m.s. sf. (119) *and his sons' wives*

אִתּוֹ prep. (II 85) - 3 m.s. sf. *with him*

8:19

כָּל־הַחַיָּה n.m.s. cstr. (481) - def.art.-n.f.s. (312) *and every beast*

כָּל־הָרֶמֶשׂ v.supra - def.art.-n.m.s. (943) *every creeping thing*

וְכָל־הָעוֹף conj.-v.supra - def.art.-n.m.s. (733) *and every bird*

כֹּל רוֹמֵשׂ n.m.s. (481) - Qal act.ptc. (רָמַשׂ 942) *everything that moves*

עַל־הָאָרֶץ prep.-def.art.-n.f.s. (75) *upon the earth*

לְמִשְׁפְּחֹתֵיהֶם prep.-n.f.p.-3 m.p. sf. (1046) *by families*

יָצְאוּ Qal pf. 3 c.p. (יָצָא 422) *went forth*

מִן־הַתֵּבָה prep.-def. art.-n.f.s. (1061) *out of the ark*

8:20

וַיִּבֶן נֹחַ consec.-Qal impf. 3 m.s. (בָּנָה 124) - pr.n. (629) *Then Noah built*

מִזְבֵּחַ n.m.s. (258) *an altar*

ליהוה prep.-pr.n. (217) *to Yahweh*

וַיִּקַּח consec.-Qal impf. 3 m.s. (לָקַח 542) *and took*

מִכֹּל prep.-n.m.s. cstr. (481) *of every*

הַבְּהֵמָה def.art.-n.f.s. (96) *animal*

הַטְּהוֹרָה def.art.-adj. f.s. (373) *clean*

וּמִכֹּל conj.-prep.-v. supra *and of every*

הָעוֹף הַטָּהֹר def.art.-n.m.s. (733) - def.art.-adj. m.s. (373) *clean bird*

וַיַּעַל consec.-Hi. impf. 3 m.s. (עָלָה 748) *and offered*

עֹלֹת n.f.p. (750) *burnt offerings*

בַּמִּזְבֵּחַ prep.-def.art.-n.m.s. (258) *on the altar*

8:21

וַיָּרַח consec.-Hi.(?) impf. 3 m.s. (רִיחַ 926) *and when ... smelled*

יהוה pr.n. (217) *Yahweh*

אֶת־רֵיחַ dir.obj.-n.m.s. cstr. (926) *the odor*

הַנִּיחֹחַ def.art.-n.m.s. (629) *pleasing*

וַיֹּאמֶר יהוה consec.-Qal impf. 3 m.s. (55) - pr.n. (217) *Yahweh said*

אֶל־לִבּוֹ prep.-n.m.s.-3 m.s. sf. (523) *in his heart*

לֹא־אֹסִף neg.-Hi. impf. 1 c.s. (אָסַף 414) *I will never again*

לְקַלֵּל prep.-Pi. inf. cstr. (קָלַל 886) *curse*

עוֹד adv. (728) *again*

אֶת־הָאֲדָמָה dir.obj.-def.art.-n.f.s. (9) *the ground*

בַּעֲבוּר prep.-prep. (721) *because of*

הָאָדָם def.art.-n.m.s. (9) *man*

כִּי יֵצֶר conj.-n.m.s. cstr. (428) *the imagination of*

לֵב הָאָדָם n.m.s. cstr. (523) - def.art.-n.m.s. (9) *man's heart*

רַע n.m.s. (948) *is evil*

מִנְּעֻרָיו prep.-n.m.p.-3 m.s. sf. (654) *from his youth*

וְלֹא־אֹסִף conj.-v. supra *neither will I*

עוֹד adv. (728) *ever again*

לְהַכּוֹת prep.-Hi. inf. cstr. (נָכָה 645) *destroy*

אֶת־כָּל־ dir.obj.-n.m.s. cstr. (481) *every*

חַי n.m.s. (311) *living creature*

כַּאֲשֶׁר prep.-rel. *as*

עָשִׂיתִי Qal pf. 1 c.s. (עָשָׂה 793) *I have done*

8:22

עֹד adv. (728) *while*

כָּל־יְמֵי n.m.s. cstr. (481) - n.m.p. cstr. (398) *remains (all the days)*

הָאָרֶץ def.art.-n.f.s. (75) *the earth*

זֶרַע n.m.s. (282) *seedtime*

וְקָצִיר conj.-n.m.s. (894) *and harvest*

וְקֹר conj.-n.m.s. (903) *cold*

וָחֹם conj.-n.m.s. (328) *and heat*

וְקַיִץ conj.-n.m.s. (884) *summer*

וָחֹרֶף conj.-n.m.s. (358) *and winter*

וְיוֹם conj.-n.m.s. (398) *day*

וָלַיְלָה conj.-n.m.s. (538) *and night*

לֹא יִשְׁבֹּתוּ neg.-Qal impf. 3 m.p. (991) *shall not cease*

9:1

וַיְבָרֶךְ consec.-Pi. impf. 3 m.s. (בָּרַךְ 138) *and ... blessed*

אֱלֹהִים n.m.p. (43) *God*

אֶת־נֹחַ dir.obj. - pr.n.(629) *Noah*

וְאֶת־בָּנָיו conj.-dir.obj.-n.m.p.-3 m.s. sf. (119) *and his sons*

וַיֹּאמֶר consec.-Qal impf. 3 m.s. (55) *and said*

לָהֶם prep.-3 m.p. sf. *to them*

פְּרוּ Qal impv. 2 m.p. (פָּרָה 826) *Be fruitful*

וּרְבוּ conj.-Qal impv. 2 m.p. (רָבָה 915) *and multiply*

וּמִלְאוּ conj.-Qal impv. 2 m.p. (מָלֵא 569) *and fill*

אֶת־הָאָרֶץ dir.obj.-def.art.-n.f.s. (75) *the earth*

9:2

וּמוֹרַאֲכֶם conj.-n.m.s.-2 m.p. sf. (432) *The fear of you*

וְחִתְּכֶם conj.-n.m.s.-2 m.p. sf. (369) *and the dread of you*

יִהְיֶה Qal impf. 3 m.s. (הָיָה 224) *shall be*

עַל כָּל־ prep.-n.m.s. cstr. (481) *upon every*

חַיַּת הָאָרֶץ n.f.s. cstr. (312) - def.art.-n.f.s. (75) *beast of the earth*

וְעַל כָּל־ conj.-v. supra *and upon every*

עוֹף הַשָּׁמָיִם n.m.s. cstr. (733) - def.art.-n.m. du. paus. (1029) *bird of the air*

בְּכֹל אֲשֶׁר prep.-n.m.s. cstr. (481) - rel. *upon everything that*

תִּרְמֹשׂ Qal impf. 3 f.s. (רָמַשׂ 942) *creeps*

הָאֲדָמָה def.art.-n.f.s. (9) *on the ground*

וּבְכָל־ conj.-n.m.s. cstr. (481) *and all*

דְּגֵי הַיָּם n.m.p. cstr. (185) - def.art.-n.m.s. (410) *the fish of the sea*

בְּיֶדְכֶם prep.-n.f.s.-2 m.p. sf. (388) *into your hand*

נִתָּנוּ Ni. pf. 3 c.p. paus. (נָתַן 678) *they are delivered*

9:3

כָּל־רֶמֶשׂ n.m.s. cstr. (481) - n.m.s. (943) *Every moving thing*

אֲשֶׁר הוּא־חַי rel.-demons. pr. m.s. (214) - adj. m.s. (311) *that lives*

לָכֶם prep.-2 m.p. sf. *for you*

יִהְיֶה Qal impf. 3 m.s. (הָיָה 224) *shall be*

לְאָכְלָה prep.-n.f.s. (38) *food*

כְּיֶרֶק עֵשֶׂב prep.-n.m.s. (438) - n.m.s. (793) *the green plants*

נָתַתִּי Qal pf. 1 c.s. (נָתַן 678) *as I gave*

לָכֶם prep.-2 m.p. sf. *you*

אֶת־כֹּל dir.obj.-n.m.s. (481) *everything*

9:4

אַךְ־ adv. (36) *Only*

בָּשָׂר n.m.s. (142) *flesh*

בְּנַפְשׁוֹ prep.-n.f.s.-3 m.s. sf. (659) *with its life*

דָמוֹ n.m.s.-3 m.s. sf. (196) *its blood*

לֹא תֹאכֵלוּ neg.-Qal impf. 2 m.p. (אָכַל 37) *you shall not eat*

9:5

וְאַךְ conj.-adv. (36) *for surely*

אֶת־דִּמְכֶם dir.obj.-n.m.s.-2 m.p. sf. (196) *your ... blood*

לְנַפְשֹׁתֵיכֶם prep.-n.f.p.-2 m.p. sf. (659) *life*

אֶדְרֹשׁ Qal impf. 1 c.s. (דָּרַשׁ 205) *I will require a reckoning*

מִיַּד prep.-n.f.s. cstr. (388) *of (the hand of)*

כָּל־חַיָּה n.m.s. cstr. (481) - n.f.s. (312) *every beast*

אֶדְרְשֶׁנּוּ Qal impf. 1 c.s. - 3 m.s. sf. (דָּרַשׁ 205) *I will require it*

וּמִיַּד conj.-v. supra *and of*

הָאָדָם def.art.-n.m.s. (9) *man*

מִיַּד אִישׁ אָחִיו v. supra-n.m.s. (35) - n.m.s.-3 m.s. sf. (26) *of every man's brother*

אֶדְרֹשׁ Qal impf. 1 c.s. (דָּרַשׁ 205) *I will require*

אֶת־נֶפֶשׁ dir.obj.-n.f.s. cstr. (659) *the life of*

הָאָדָם def.art.-n.m.s. (9) *man*

9:6

שֹׁפֵךְ Qal act. ptc. (שָׁפַךְ 1049) *whoever sheds*

דַּם הָאָדָם n.m.s. cstr. (196) - def.art.-n.m.s. (9) *the blood of man*

בָּאָדָם prep.-def.art.-n.m.s. (9) *by man*

דָּמוֹ n.m.s.-3 m.s. sf . (196) *his blood*

יִשָּׁפֵךְ Ni. impf. 3 m.s. (שָׁפַךְ 1049) *shall be shed*

כִּי בְּצֶלֶם conj.-prep.-n.m.s. cstr. (853) *for in the image of*

אֱלֹהִים n.m.p. (43) *God*

עָשָׂה Qal pf. 3 m.s. (793) *made*

אֶת־הָאָדָם dir.obj.-def.art.-n.m.s. (9) *man*

9:7

וְאַתֶּם conj.-pers. pr. 2 m.p. (61) *and you*

פְּרוּ Qal impv. 2 m.p. (פָּרָה 826) *be fruitful*

וּרְבוּ conj.-Qal impv. 2 m.p. (רָבָה 915) *and multiply*

שִׁרְצוּ Qal impv. 2 m.p. (שָׁרַץ 1056) *bring forth abundantly*

בָאָרֶץ prep.-def.art.-n.f.s. (75) *on the earth*

וּרְבוּ־ conj.-Qal impv. 2 m.p. (רָבָה 915) *and multiply*

בָהּ prep. - 3 f.s. sf. *in it*

9:8

וַיֹּאמֶר consec.-Qal impf. 3 m.s. (אָמַר 55) *Then ... said*

אֱלֹהִים n.m.p. (43) *God*

אֶל־נֹחַ prep.-pr.n. (629) *to Noah*

וְאֶל־בָּנָיו conj.-prep.-n.m.p.-3 m.s. sf. (119) *and to his sons*

אִתּוֹ prep. (II 85)-3 m.s. sf. *with him*

לֵאמֹר prep.-Qal inf. cstr. (אָמַר 55) *(saying)*

9:9

וַאֲנִי הִנְנִי conj.-pers. pr. 1 c.s. (58) - interj.-1 c.s. sf. (243) *Behold, I*

מֵקִים Hi. ptc. m.s. (קוּם 877) *establish*

אֶת־בְּרִיתִי dir.obj.-n.f.s.-1 c.s. sf. (136) *my covenant*

אִתְּכֶם prep.-2 m.p. sf. (II 85) *with you*

וְאֶת־זַרְעֲכֶם conj.-prep.-n.m.s.-2 m.p. sf. (282) *and your descendants*

אַחֲרֵיכֶם prep.-2 m.p. sf. (29) *after you*

9:10

וְאֵת כָּל־ conj.-prep. (II 85) - n.m.s. cstr. (481) *and with every*

נֶפֶשׁ הַחַיָּה n.f.s. cstr. (659) - def.art.-n.f.s. (312) *living creature*

אֲשֶׁר אִתְּכֶם rel.-prep.-2 m.p. sf. (II 85) *that is with you*

בָּעוֹף prep.-def.art.-n.m.s. (733) *the birds*

בַּבְּהֵמָה prep.-def.art.-n.f.s. (96) *the cattle*

וּבְכָל־ conj.-prep.-n.m.s. cstr. (481) *and every*

חַיַּת הָאָרֶץ n.f.s. cstr. (312) - def.art.-n.f.s. (75) *beast of the earth*

אִתְּכֶם prep.-2 m.p. sf. (II 85) *with you*

מִכֹּל prep.-n.m.s. cstr. (481) *as many as*

יֹצְאֵי Qal act. ptc. m.p. cstr. (יָצָא 422) *came out of*

הַתֵּבָה def.art.-n.f.s. (1061) *the ark*

לְכֹל prep.-v. supra *(to every)*

חַיַּת הָאָרֶץ v. supra *(beast of the earth)*

9:11

וַהֲקִמֹתִי conj.-Hi. pf. 1 c.s. (קוּם 877) *I establish*

אֶת־בְּרִיתִי dir.obj.-n.f.s.-1 c.s. sf.(136) *my covenant*

אִתְּכֶם prep.-2 m.p. sf. (II 85) *with you*

וְלֹא־יִכָּרֵת conj.-neg.-Ni. impf. 3 m.s. (כָּרַת 503) *that never ... shall be cut off*

כָּל־בָּשָׂר n.m.s. cstr. (481) - n.m.s. (142) *all flesh*

עוֹד adv. (728) *again*

מִמֵּי prep.-n.m.p. cstr. (565) *by the waters of*

הַמַּבּוּל def.art.-n.m.s. (550) *a flood*

וְלֹא־יִהְיֶה conj.-neg.-Qal impf. 3 m.s. (הָיָה 224) *and never shall there be*

עוֹד adv.(728) *again*

מַבּוּל n.m.s. (550) *a flood*

לְשַׁחֵת prep.-Pi. inf. cstr. (1007) *to destroy*

הָאָרֶץ def.art.-n.f.s. (75) *the earth*

9:12

וַיֹּאמֶר consec.-Qal impf. 3 m.s. (אָמַר 55) *And ... said*

אֱלֹהִים n.m.p. (43) *God*

זֹאת demons. adj. f.s. (260) *This is*

אוֹת־ n.m.s. cstr. (16) *the sign of*

הַבְּרִית def. art. - n.f.s. (136) *the covenant*

אֲשֶׁר־אֲנִי נֹתֵן rel.-pers. pr. 1 c.s. (58) - Qal act. ptc. (נָתַן 678) *which I make*

בֵּינִי prep.-1 c.s. sf. (107) *between me*

וּבֵינֵיכֶם conj.-prep. (107) - 2 m.p. sf. *and you*

וּבֵין כָּל־ conj.-v.supra.-n.m.s. cstr. (481) *and every*

נֶפֶשׁ חַיָּה n.f.s. (659) - adj. f.s. (311) *living creature*

אֲשֶׁר אִתְּכֶם rel.-prep. (II 85) - 2 m.p. sf. *that is with you*

לְדֹרֹת עוֹלָם prep.-n.m.p. cstr. (189) - n.m.s. (761) *for all future generations*

9:13

אֶת־קַשְׁתִּי dir.obj.-n.f.s. - 1 c.s. sf. (905) *my bow*

נָתַתִּי Qal pf. 1 c.s. (נָתַן 678) *I set*

בֶּעָנָן prep.-def.art.-n.m.s. (777) *in the cloud*

וְהָיְתָה conj.-Qal pf. 3 f.s. (הָיָה 224) *and it shall be*

לְאוֹת prep.-n.m.s. cstr. (16) *a sign of*

בְּרִית n.f.s. (136) *covenant*

בֵּינִי prep.-1 c.s. sf. *between me*

וּבֵין הָאָרֶץ conj.-prep.-def.art.-n. f. s. (75) *and the earth*

9:14

וְהָיָה conj.-Qal pf. 3 m.s. (224) *(and it shall be)*

בְּעַנְנִי עָנָן prep.-Pi. inf. cstr.-1 c.s. sf. (עָנַן 778) - n.m.s. (777) *when I bring clouds*

עַל־הָאָרֶץ prep.-def.art.-n.f.s. (75) *over the earth*

וְנִרְאֲתָה conj.-Ni. pf. 3 f.s. (רָאָה 906) *and ... is seen*

הַקֶּשֶׁת def.art.-n.f.s. (905) *the bow*

בֶּעָנָן prep.-def.art.-n.m.s. (777) *in the clouds*

9:15

וְזָכַרְתִּי conj.-Qal pf. 1 c.s. (זָכַר 269) *I will remember*

אֶת־בְּרִיתִי dir.obj.-n.f.s.-1 c.s. sf. (136) *my covenant*

אֲשֶׁר בֵּינִי rel.-prep.-1 c.s. sf. *which is between me*

וּבֵינֵיכֶם conj.-prep.-2 m.p. sf. *and you*

וּבֵין כָּל־ conj.-prep.-n.m.s. cstr. (481) *and every*

נֶפֶשׁ חַיָּה n.f.s. (659) - adj. f.s. (311) *living creature*

בְּכָל־בָּשָׂר prep.-n.m.s. cstr. (481) - n.m.s. (142) *of all flesh*

וְלֹא־יִהְיֶה conj.-neg.-Qal impf. 3 m.s. (224) *shall never become*

עוֹד adv. (728) *again*

הַמַּיִם def.art.-n.m.p. (565) *the waters*

לְמַבּוּל prep.-n.m.s. (55) *a flood*

לְשַׁחֵת prep.-Pi. inf. cstr. (שָׁחַת 1007) *to destroy*

כָּל־בָּשָׂר n.m.s. cstr. (481) - n.m.s. (142) *all flesh*

9:16

וְהָיְתָה conj.-Qal pf. 3 f.s. (הָיָה 224) *when ... is*

הַקֶּשֶׁת def.art.-n.f.s. (905) *the bow*

בֶּעָנָן prep.-def.art.-n.m.s. (777) *in the clouds*

וּרְאִיתִיהָ conj.-Qal pf. 1 c.s.-3 f.s. sf. (רָאָה 906) *I will look upon it*

לִזְכֹּר prep.-Qal inf. cstr. (זָכַר 269) *and remember*

בְּרִית עוֹלָם n.f.s. (136) - n.m.s. (761) *the everlasting covenant*

בֵּין אֱלֹהִים prep.-n.m.p. (43) *between God*

וּבֵין כָּל־ conj.-prep.-n.m.s. cstr. (481) *and every*

נֶפֶשׁ חַיָּה n.f.s. (659) - adj. f.s. (311) *living creature*

בְּכָל־בָּשָׂר prep.-v.supra-n.m.s. (142) *of all flesh*

אֲשֶׁר עַל־הָאָרֶץ rel.-prep.-def.art.-n.f.s. (75) *that is upon the earth*

9:17

וַיֹּאמֶר consec.-Qal impf. 3 m.s. (אָמַר 55) *said*

אֱלֹהִים n.m.p. (43) *God*

אֶל־נֹחַ prep.-pr.n. (629) *to Noah*

זֹאת demons. f.s. (260) *this is*

אוֹת־הַבְּרִית n.m.s. cstr. (16) - def.art.-n.f.s. (136) *the sign of the covenant*

אֲשֶׁר הֲקִמֹתִי rel.-Hi. pf. 1 c.s. (קוּם 877) *which I have established*

בֵּינִי prep.-1 c.s. sf. *between me*

וּבֵין כָּל־ conj.-prep.-n.m.s. cstr. (481) *and all*

בָּשָׂר אֲשֶׁר n.m.s. (142) - rel. *flesh that*

עַל־הָאָרֶץ prep.-def.art.-n.f.s. (75) *is upon the earth*

9:18

וַיִּהְיוּ consec.-Qal impf. 3 m.p. (הָיָה 224) *were*

בְנֵי־נֹחַ n.m.p. cstr. (119) - pr.n. (629) *sons of Noah*

הַיֹּצְאִים def.art.-Qal act. ptc. m.p. (יָצָא 422) *who went forth*

מִן־הַתֵּבָה prep.-def.art.-n.f.s. (1061) *from the ark*

שֵׁם pr. n. (II 1028) *Shem*

וְחָם conj.-pr.n. (325) *Ham*

וָיָפֶת conj.-pr.n. paus. (834) *and Japheth*

וְחָם conj.-pr.n. (325) *Ham*

הוּא pers. pr. 3 m.s. (214) *(he) was*

אֲבִי n.m.s. cstr. (3) *the father of*

כְנָעַן pr.n.(488) *Canaan*

9:19

שְׁלֹשָׁה num. f.s. (1025) *three*

אֵלֶּה demons. m.p. (41) *these*

בְּנֵי־נֹחַ n.m.p. cstr. (119) - pr.n. (629) *the sons of Noah*

וּמֵאֵלֶּה conj.-prep.-v. supra *and from these*

נָפְצָה Qal pf 3 f.s. (נָפַץ II 659) *was peopled (were scattered)*

כָל־הָאָרֶץ n.m.s. cstr. (481) - def.art.-n.f.s. (75) *the whole earth*

9:20

וַיָּחֶל נֹחַ consec.-Hi. impf. 3 m.s. (III 320) - pr.n. (629) *Noah was the first (tiller)*

אִישׁ הָאֲדָמָה n.m.s. cstr. (35) - def.art.-n.f.s. (9) *(man) of the soil*

וַיִּטַּע consec.-Qal impf. 3 m.s. (נָטַע 642) *He planted*

כָּרֶם n.m.s. paus. (501) *a vineyard*

9:21

וַיֵּשְׁתְּ consec.-Qal impf. 3 m.s. (שָׁתָה 1059) *and he drank*

מִן־הַיַּיִן prep.-def.art.-n.m.s. (406) *of the wine*

וַיִּשְׁכָּר consec.-Qal impf. 3 m.s. (שָׁכַר I 1016) *and became drunk*

וַיִּתְגַּל consec.-Hith. impf. 3 m.s. (גָּלָה 162) *and lay uncovered*

בְּתוֹךְ prep.-n.m.s. cstr. (1063) *in*

אָהֳלֹה n.m.s. - 3 m.s. sf. (13) *his tent*

9:22

וַיַּרְא חָם consec.-Qal impf. 3 m.s. (רָאָה 906) - pr.n. (325) *And Ham saw*

אֲבִי כְנַעַן n.m.s. cstr. (3) - pr.n. (488) *the father of Canaan*

אֵת עֶרְוַת אָבִיו dir.obj.-n.f.s. cstr. (788) - n.m.s.-3 m.s. sf. (3) *the nakedness of his father*

וַיַּגֵּד consec.-Hi. impf. 3 m.s. (נָגַד 616) *and told*

לִשְׁנֵי־אֶחָיו prep.-num. m.p. cstr. (1040) - n.m.s.-3 m.s. sf. (26) *his two brothers*

בַּחוּץ prep.-def.art.-n.m.s. (299) *outside*

9:23

וַיִּקַּח consec.-Qal impf. 3 m.s. (לָקַח 542) *Then ... took*

שֵׁם וָיֶפֶת pr.n.(II 1028) - conj.-pr.n. (834) *Shem and Japheth*

אֶת־הַשִּׂמְלָה dir.obj.-def.art.-n.f.s. (971) *a garment*

וַיָּשִׂימוּ consec. - Qal impf. 3 m. p. (שִׂים I 962) *laid it*

עַל־שְׁכֶם שְׁנֵיהֶם prep.-n.m.s. cstr. (I 1014) - num. m.p.-3 m.p. sf. (1040) *upon both their shoulders*

וַיֵּלְכוּ consec.-Qal impf. 3 m.p. (הָלַךְ 229) *and walked*

אֲחֹרַנִּית adv.(30) *backward*

וַיְכַסּוּ consec.-Pi. impf. 3 m.p. (כָּסָה 491) *and covered*

אֵת עֶרְוַת dir.obj.-n.f.s. cstr. (788) *the nakedness of*

אֲבִיהֶם n.m.s.-3 m.p. sf. (3) *their father*

וּפְנֵיהֶם conj.-n.m.p.-3 m.p. sf. (815) *and their faces*

אֲחֹרַנִּית v. supra *were turned away (backward)*

וְעֶרְוַת conj.-v. supra *and ... nakedness of*
אֲבִיהֶם v. supra *their father*
לֹא רָאוּ neg.-Qal pf. 3 c.p. (רָאָה 906) *they did not see*

9:24

וַיִּיקֶץ נֹחַ consec.-Qal impf. 3 m.s. (יָקַץ 429) - pr.n. (629) *When Noah awoke*
מִיֵּינוֹ prep.-n.m.s.-3 m.s. sf. (406) *from his wine*
וַיֵּדַע consec.-Qal impf. 3 m.s. (יָדַע 393) *and knew*
אֵת אֲשֶׁר־ dir.obj.-rel. *what*
עָשָׂה־לוֹ Qal pf. 3 m.s. (793) - prep.-3 m.s. sf. *had done to him*
בְּנוֹ n.m.s.-3 m.s.sf. (119) *his son*
הַקָּטָן def.art.-adj. m.s. (881) *younger*

9:25

וַיֹּאמֶר consec.-Qal impf. 3 m.s. (55) *he said*
אָרוּר Qal pass. ptc. (76) *Cursed*
כְּנָעַן pr.n. (488) *Canaan*
עֶבֶד עֲבָדִים n.m.s. cstr. (712) - n.m.p. (712) *a slave of slaves*
יִהְיֶה Qal impf. 3 m.s. (הָיָה 224) *shall he be*
לְאֶחָיו prep.-n.m.s.-3 m.s. sf. (26) *to his brothers*

9:26

וַיֹּאמֶר consec.-Qal impf. 3 m.s. (55) *He also said*
בָּרוּךְ Qal pass. ptc. (138) *Blessed*
יהוה pr.n. (217) Yahweh
אֱלֹהֵי שֵׁם n.m.p. cstr. (43) - pr.n. (II 1028) *my God be Shem (the God of Shem)*
וִיהִי conj.-Qal impf. 3 m.s. juss. (הָיָה 224) *and let be*
כְּנַעַן pr. n. (488) *Canaan*
עֶבֶד לָמוֹ n.m.s. (712) - prep.-3 m.s. sf. *his slave*

9:27

יַפְתְּ Hi. impf. 3 m.s. juss. (פָּתָה 834) *enlarge*
אֱלֹהִים n.m.p. (43) *God*
לְיֶפֶת prep.-pr.n. (834) *Japheth*
וְיִשְׁכֹּן conj.-Qal impf. 3 m.s. (שָׁכַן 1014) *and let him dwell*
בְּאָהֳלֵי־שֵׁם prep.-n.m.p. cstr. (13) - pr.n. (II 1028) *in the tents of Shem*
וִיהִי conj.-Qal impf. 3 m.s. juss. (הָיָה 224) *and let be*
כְנַעַן pr.n. (488) *Canaan*
עֶבֶד לָמוֹ n.m.s. (712) - prep.-3 m.s. sf. *his slave*

9:28

וַיְחִי־נֹחַ consec.-Qal impf. 3 m.s. (310) - pr.n. (629) *Noah lived*
אַחַר prep. (29) *after*
הַמַּבּוּל def.art.-n.m.s. (550) *the flood*
שְׁלֹשׁ מֵאוֹת num. (1025) - n.f.p. (547) *three hundred*
שָׁנָה n.f.s. (1040) *(years)*
וַחֲמִשִּׁים conj.-num. p. (332) *and fifty*
שָׁנָה v. supra *years*

9:29

וַיִּהְיוּ consec.-Qal impf. 3 m.p. (הָיָה 224) *were*
כָּל־יְמֵי־נֹחַ n.m.s. cstr. (481) - n.m.p. cstr. (398) - pr.n. (629) *all the days of Noah*
תְּשַׁע מֵאוֹת num. (1077) - n.f.p. (547) *nine hundred*
שָׁנָה n.f.s. (1040) *(year)*
וַחֲמִשִּׁים conj.-num. p. (332) *and fifty*
שָׁנָה n.f.s. (1040) *years*
וַיָּמֹת consec.-Qal impf. 3 m.s. (מוּת 559) *and he died*

10:1

וְאֵלֶּה conj.-demons. m.p. (41) *These*
תּוֹלְדֹת n.f.p. cstr. (410) *the generations of*
בְּנֵי־נֹחַ n.m.p. cstr. (119) - pr.n. (629) *the sons of Noah*
שֵׁם חָם pr.n. (II 1028) - pr.n. (325) *Shem, Ham*
וָיָפֶת conj. - pr.n. (834) *and Japheth*
וַיִּוָּלְדוּ consec.-Ni. impf. 3 m.p. (יָלַד 408) *were born*

לָהֶם prep.-3 m.p. sf. *to them*

בָּנִים n.m.p. (119) *sons*

אַחַר הַמַּבּוּל prep. (29) - def.art.-n.m.s. (550) *after the flood*

10:2

בְּנֵי יֶפֶת n.m.p. cstr. (119) - pr.n. (834) *The sons of Japheth*

גֹּמֶר וּמָגוֹג pr.n. (170) - conj. - pr.n. (156) *Gomer, Magog*

וּמָדַי וְיָוָן conj.-pr.n. (552) - conj. - pr.n. (402) *Madai, Javan*

וְתֻבָל וּמֶשֶׁךְ conj.-pr.n. (1063) - conj.-pr.n. (604) *Tubal, Meshech*

וְתִירָס conj.-pr.n. (1066) *and Tiras*

10:3

וּבְנֵי גֹּמֶר conj.-n.m.p. cstr. (119) - pr.n. (170) *The sons of Gomer*

אַשְׁכְּנַז וְרִיפַת pr.n. (79) - conj.-pr.n. (937) *Ashkenaz, Riphath*

וְתֹגַרְמָה conj.-pr.n. (1062) *and Togarmah*

10:4

וּבְנֵי יָוָן conj.-n.m.p. cstr. (119) - pr.n. (402) *The sons of Javan*

אֱלִישָׁה pr.n. (47) *Elishah*

וְתַרְשִׁישׁ conj.-pr.n. (II 1076) *Tarshish*

כִּתִּים pr.n. (508) *Kittim*

וְדֹדָנִים conj.-pr.n. (187) *Dodanim*

10:5

מֵאֵלֶּה prep.-demons. m.p. (41) *From these*

נִפְרְדוּ Ni. pf. 3 c.p. (825) *spread*

אִיֵּי הַגּוֹיִם n.m.p. cstr. (15) - def. art.-n.m.p. (156) *the coastland peoples*

בְּאַרְצֹתָם prep.-n.f.p.-3 m.p. sf. (75) *in their lands*

אִישׁ לִלְשֹׁנוֹ n.m.s. (35) - prep.-n.m.s.-3 f.s. sf. (546) *each with his own language*

לְמִשְׁפְּחֹתָם prep.-n.f.p.-3 m.p. sf. (1046) *by their families*

בְּגוֹיֵהֶם prep.-n.m.p.-3 m.p. sf. (156) *in their nations*

10:6

וּבְנֵי חָם conj.-n.m.p. cstr. (119) - pr.n. (325) *The sons of Ham*

כּוּשׁ pr.n. (468) *Cush*

וּמִצְרַיִם conj.-pr.n. (595) *Egypt*

וּפוּט conj.-pr.n. (806) *Put (Libya)*

וּכְנָעַן conj.-pr.n. (488) *and Canaan*

10:7

וּבְנֵי כוּשׁ conj.-n.m.p. cstr. (119) - pr.n. (468) *The sons of Cush*

סְבָא pr.n. (685) *Seba*

וַחֲוִילָה conj.-pr.n. (296) *Havilah*

וְסַבְתָּה conj.-pr.n. (688) *Sabtah*

וְרַעְמָה conj.-pr.n. (947) *Raamah*

וְסַבְתְּכָא conj.-pr.n. (688) *Sabteca*

וּבְנֵי רַעְמָה conj.-n.m.p. cstr. (119) - pr.n. (947) *The sons of Raamah*

שְׁבָא pr.n. (985) *Sheba*

וּדְדָן conj.-pr.n. (186) *and Dedan*

10:8

וְכוּשׁ conj.-pr.n. (468) *Cush*

יָלַד Qal pf. 3 m.s. (408) *became the father*

אֶת־נִמְרֹד dir.obj.-pr.n. (650) *Nimrod*

הוּא pers. pr. 3 m.s. (214) *he*

הֵחֵל Hi. pf. 3 m.s. (חָלַל III 320) *was the first*

לִהְיוֹת prep.-Qal inf. cstr. (הָיָה 224) *to be*

גִּבֹּר n.m.s. (150) *a mighty man*

בָּאָרֶץ prep.-def.art.-n.f.s. (75) *on the earth*

10:9

הוּא־הָיָה pers.pr. 3 m.s. (214) - Qal pf. 3 m.s. (224) *he was*

גִּבֹּר־צַיִד adj. m.s. cstr. (150) - n.m.s. (844) *a mighty hunter*

לִפְנֵי prep.-n.m.p. cstr. (815) *before*

יהוה pr.n. (217) *Yahweh*

עַל־כֵּן prep.-adv. (487) *therefore*

יֵאָמַר Ni. impf.3 m.s. (55) *it is said*

כְּנִמְרֹד prep.-pr.n. (650) *like Nimrod*

גִּבּוֹר צַיִד v. supra *a mighty hunter*

לִפְנֵי יהוה v. supra *before Yahweh*

10:10

וַתְּהִי consec.-Qal impf. 3 f.s. (הָיָה 224) *was*

רֵאשִׁית n.f.s. cstr. (912) *the beginning of*

מַמְלַכְתּוֹ n.f.s.-3 m.s. sf. (575) *his kingdom*

בָּבֶל pr.n. (93) *Babel*

וְאֶרֶךְ conj.-pr.n. (74) *Erech*

וְאַכַּד conj.-pr.n. (37) *and Accad*

וְכַלְנֵה conj.-pr.n. (484) *and Calneh* (RSV- *all of them*)

בְּאֶרֶץ prep.-n.f.s. cstr. (75) *in the land of*

שִׁנְעָר pr.n. (1042) *Shinar*

10:11

מִן־הָאָרֶץ הַהִוא prep.-def.art.-n.f.s. (75) - def.art.-demons. f.s. (214) *From that land*

יָצָא Qal pf. 3 m.s. (422) *he went*

אַשּׁוּר pr.n. (78) *into Assyria*

וַיִּבֶן consec.-Qal impf. 3 m.s. (בָּנָה 124) *and built*

אֶת־נִינְוֵה dir.obj.-pr.n. (644) *Nineveh*

וְאֶת־רְחֹבֹת עִיר conj.-dir.obj.-pr.n. (932) *Rehoboth-Ir*

וְאֶת־כָּלַח conj.-dir.obj.-pr.n. paus. (II 480) *Calah*

10:12

וְאֶת־רֶסֶן conj.-dir.obj.-pr.n. (II 944) *and Resen*

בֵּין נִינְוֵה prep.-pr.n. (644) *between Nineveh*

וּבֵין כָּלַח conj.-prep.-pr.n. (II 4800 *and Calah*

הִוא demons. f.s. (214) *that is*

הָעִיר הַגְּדֹלָה def.art.-n.f.s. (746) - def.art.adj. f.s. (152) *the great city*

10:13

וּמִצְרַיִם conj.-pr.n. (595) *Egypt*

יָלַד Qal pf. 3 m.s. (408) *became the father of*

אֶת־לוּדִים dir.obj.-pr.n. (530) *Ludim*

וְאֶת־עֲנָמִים conj.-dir.obj.-pr.n. (777) *Anamim*

וְאֶת־לְהָבִים conj.-dir.obj.-pr.n. (529) *Lehabim*

וְאֶת־נַפְתֻּחִים conj.-dir.obj.-pr.n. (661) *Naphtuhim*

10:14

וְאֶת־פַּתְרֻסִים conj.-dir.obj.-pr.n. (837) *Pathrusim*

וְאֶת־כַּסְלֻחִים conj.-dir.obj.-pr.n. (493) *Casluhim*

אֲשֶׁר יָצְאוּ rel.-Qal pf. 3 c.p. (יָצָא 422) *whence came*

מִשָּׁם prep.-adv.(1027) *(from there)*

פְּלִשְׁתִּים pr.n. (814) *the Philistines*

וְאֶת־כַּפְתֹּרִים conj.-dir.obj.-pr.n. (499) *and Caphtorim*

10:15

וּכְנַעַן conj.-pr.n. (488) *Canaan*

יָלַד Qal pf. 3 m.s. (408) *became the father of*

אֶת־צִידֹן dir.obj.-pr.n. (850) *Sidon*

בְּכֹרוֹ n.m.s.-3 m.s. sf. (114) *his first-born*

וְאֶת־חֵת conj.-dir.obj.-pr.n. (366) *and Heth*

10:16

וְאֶת־הַיְבוּסִי conj.-dir.obj.-def.art.-pr.n. (101) *and the Jebusites*

וְאֶת־הָאֱמֹרִי conj.-dir.obj.-def.art.-pr.n. (57) *the Amorites*

וְאֵת הַגִּרְגָּשִׁי conj.-dir.obj.-def.art.-pr.n. (173) *the Girgashites*

10:17

וְאֶת־הַחִוִּי conj.-dir.obj.-def.art.-pr.n. (295) *the Hivites*

וְאֶת־הַעַרְקִי conj.-dir.obj.-def.art.-pr.n. (792) *the Arkites*

וְאֶת־הַסִּינִי conj.-dir.obj.-def.art.-pr.n. (696) *the Sinites*

10:18

וְאֶת־הָאַרְוָדִי conj.-dir.obj.-def.art.-pr.n.(71) *the Arvadites*

וְאֶת־הַצְּמָרִי conj.-dir.obj.-def.art.-pr.n. (856) *the Zemarites*

וְאֶת־הַחֲמָתִי conj.-dir.obj.-def.art.-pr.n. (333) *and the Hamathites*

וְאַחַר conj.-adv.(29) *Afterward*

נָפֹצוּ Ni. pf. 3 c.p. (פּוּץ 806) *spread abroad*

מִשְׁפְּחוֹת n.f.p. cstr. (1046) *the families of*

הַכְּנַעֲנִי def.art.-pr.n. (489) *the Canaanites*

10:19

וַיְהִי consec.-Qal impf. 3 m.s. (הָיָה 224) *and ... extended*

גְּבוּל הַכְּנַעֲנִי n.m.s. cstr. (147) - def.art.-pr.n. (489) *the territory of the Canaanites*

מִצִּידֹן prep.-pr.n. (850) *from Sidon*

בֹּאֲכָה Qal inf. cstr.-2 m.s. sf. (בּוֹא 97) *in the direction of (your going)*

גְּרָרָה pr.n.-dir. he (176) *Gerar*

עַד־עַזָּה prep.-pr.n. (738) *as far as Gaza*

בֹּאֲכָה v.supra *and in the direction of*

סְדֹמָה pr.n.-dir. he (690) *Sodom*

וַעֲמֹרָה conj.-pr.n. (771) *Gomorrah*

וְאַדְמָה conj.-pr.n. (10) *Admah*

וּצְבֹיִם conj.-pr.n. (840) *and Zeboiim*

עַד־לָשַׁע prep.-pr.n. paus. (546) *as far as Lasha*

10:20

אֵלֶּה demons. m.p. (41) *these are*

בְנֵי־חָם n.m.p. cstr. (119) - pr.n. (325) *the sons of Ham*

לְמִשְׁפְּחֹתָם prep.-n.f.p.-3 m.p. sf. (1046) *by their families*

לִלְשֹׁנֹתָם prep.-n.f.p.-3 m.p. sf. (546) *their languages*

בְּאַרְצֹתָם prep.-n.f.p.-3 m.p. sf. (75) *their lands*

בְּגוֹיֵהֶם prep.-n.m.p.-3 m.p. sf. (156) *their nations*

10:21

וּלְשֵׁם conj.-prep.-pr.n. (II 1028) *to Shem also*

יֻלַּד Pu. pf. 3 m.s. (יָלַד 408) *children were born*

גַּם־הוּא adv. (168) - pers. pr. 3 m.s. (214) *(he also was)*

אֲבִי n.m.s. cstr. (3) *the father of*

כָּל־בְּנֵי־עֵבֶר n.m.s. cstr. (481) - n.m.p. cstr. (119) - pr.n. (II 720) *all the children of Eber*

אֲחִי יֶפֶת n.m.s. cstr. (26) - pr.n. (834) *the ... brother of Japheth*

הַגָּדוֹל def. art.-adj. m.s. (152) *elder*

10:22

בְּנֵי שֵׁם n.m.p. cstr. (119) - pr.n. (II 1028) *The sons of Shem*

עֵילָם pr.n. (743) *Elam*

וְאַשּׁוּר conj.-pr.n. (78) *Asshur*

וְאַרְפַּכְשַׁד conj.-pr.n. (75) *Arpachshad*

וְלוּד conj.-pr.n. (530) *Lud*

וַאֲרָם conj.-pr.n. (74) *and Aram*

10:23

וּבְנֵי אֲרָם conj.-n.m.p. cstr. (119) - pr.n. (74) *The sons of Aram*

עוּץ pr.n. (734) *Uz*

וְחוּל conj.-pr.n. (299) *Hul*

וְגֶתֶר conj.-pr.n. (178) *Gether*

וָמַשׁ conj.-pr.n. (602) *and Mash*

10:24

וְאַרְפַּכְשַׁד conj.-pr.n. (75) *Arpachshad*

יָלַד Qal pf. 3 m.s. (408) *became the father*

אֶת־שָׁלַח dir.obj.-pr.n. paus. (II 1019) *of Shelah*

וְשֶׁלַח conj.-pr.n. (II 1019) *and Shelah*

יָלַד v. supra *became the father*

אֶת־עֵבֶר dir.obj.-pr.n. (II 720) *of Eber*

10:25

וּלְעֵבֶר conj.-prep.-pr.n. (II 720) *to Eber*

יֻלַּד Pu. pf. 3 m.s. (יָלַד 408) *were born*

שְׁנֵי בָנִים n.m.p. cstr. (1040)-n.m.p. (119) *two sons*

שֵׁם הָאֶחָד n.m.s. cstr. (1027)-def.art.-n.m.s. (25) *the name of the one was*

פֶּלֶג pr.n. (II 811) *Peleg*

כִּי בְיָמָיו conj.-prep.-n.m.p.-3 m.s. sf. (398) *for in his days*

נִפְלְגָה Ni. pf. 3 f.s. (פָּלַג 811) *was divided*

הָאָרֶץ def.art.-n.f.s. (75) *the earth*

וְשֵׁם אָחִיו conj.-n.m.s. cstr. (1027) - n.m.s.-3 m.s. sf. (26) *and his brother's name*

יָקְטָן pr.n. (429) *Joktan*

10:26

וְיָקְטָן conj.-pr.n. (429) *Joktan*

יָלַד Qal pf. 3 m.s. (408) *became the father*

אֶת־אַלְמוֹדָד dir.obj.-pr.n. (38) *of Almodad*

וְאֶת־שָׁלֶף conj.-dir.obj.-pr.n. paus. (1025) *Sheleph*

וְאֶת־חֲצַרְמָוֶת conj.-dir.obj.-pr.n. (348) *Hazarmaveth*

וְאֶת־יָרַח conj.-dir.obj.-pr.n. paus. (II 437) *Jerah*

10:27

וְאֶת־הֲדוֹרָם conj.-dir.obj.-pr.n. (213) *Hadoram*

וְאֶת־אוּזָל conj.-dir.obj.-pr.n. (23) *Uzal*

וְאֶת־דִּקְלָה conj.-dir.obj.-pr.n. (200) *Diklah*

10:28

וְאֶת־עוֹבָל conj.-dir.obj.-pr.n. (716) *Obal*

וְאֶת־אֲבִימָאֵל conj.-dir.obj.-pr.n. (4) *Abimael*

וְאֶת־שְׁבָא conj.-dir.obj.-pr.n. (985) *Sheba*

10:29

וְאֶת־אוֹפִר conj.-dir.obj.-pr.n. (20) *Ophir*

וְאֶת־חֲוִילָה conj.-dir.obj.-pr.n. (296) *Havilah*

וְאֶת־יוֹבָב conj.-dir.obj.-pr.n. (384) *and Jobab*

כָּל־אֵלֶּה n.m.s. cstr. (481) - demons. c.p. (41) *all these were*

בְּנֵי יָקְטָן n.m.p. cstr. (119) - pr.n. (429) *the sons of Joktan*

10:30

וַיְהִי consec.-Qal impf. 3 m.s. (הָיָה 224) *extended*

מוֹשָׁבָם n.m.s.-3 m.p. sf. (444) *the territory in which they lived*

מִמֵּשָׁא prep.-pr.n. (602) *from Mesha*

בֹּאֲכָה Qal inf. cstr.-2 m.s. sf. (בּוֹא 97) *in the direction of*

סְפָרָה pr.n.-dir. he (II 708) *Sephar*

הַר הַקֶּדֶם n.m.s. cstr. (249) - def.art.-n.m.s. (869) *to the hill country of the east*

10:31

אֵלֶּה demons. c.p. (41) *these are*

בְנֵי־שֵׁם n.m.p. cstr. (119) - pr.n. (II 1028) *the sons of Shem*

לְמִשְׁפְּחֹתָם prep.-n.f.p.-3 m.p. sf. (1046) *by their families*

לִלְשֹׁנֹתָם prep.-n.f.p.-3 m.p. sf. (546) *their languages*

בְּאַרְצֹתָם prep.-n.f.p.-3 m.p. sf. (75) *their lands*

לְגוֹיֵהֶם prep.-n.m.p.-3 m.p. sf. (156) *and their nations*

10:32

אֵלֶּה demons. c.p. (41) *these are*

מִשְׁפְּחֹת n.f.p. cstr. (1046) *the families of*

בְּנֵי־נֹחַ n.m.p. cstr. (119) - pr.n. (629) *the sons of Noah*

לְתוֹלְדֹתָם prep.-n.f.p.-3 m.p. sf. (410) *according to their genealogies*

בְּגוֹיֵהֶם prep.-n.m.p.-3 m.p. sf. (156) *in their nations*

וּמֵאֵלֶּה conj.-prep.-demons. c.p. (41) *and from these*

נִפְרְדוּ Ni. pf. 3 c.p. (פָּרַד 825) *spread abroad*

הַגּוֹיִם def.art.-n.m.p. (156) *the nations*

בָּאָרֶץ prep.-def.art.-n.f.s. (75) *on the earth*

אַחַר הַמַּבּוּל prep. (29) - def.art.-n.m.s. (550) *after the flood*

11:1

וַיְהִי consec.-Qal impf. 3 m.s. (הָיָה 224) *Now ... had*

כָל־הָאָרֶץ n.m.s. cstr. (481) - def.art. - n.f.s. (75) *the whole earth*

שָׂפָה אֶחָת n.f.s. (973) - adj. f.s. (25) *one language*

וּדְבָרִים conj.-n.m.p. (182) *and words*

אֲחָדִים adj. m.p. (25) *few*

11:2

וַיְהִי consec.-Qal impf. 3 m.s. (הָיָה 224) *and*

בְּנָסְעָם prep.-Qal inf. cstr. - 3 m.p. sf. (נָסַע 652) *as men migrated*

מִקֶּדֶם prep.-n.m.s. (869) *in east*

וַיִּמְצְאוּ consec.-Qal impf. 3 m.p. (מָצָא 592) *they found*

בִקְעָה n.f.s. (132) *a plain*

בְּאֶרֶץ prep.-n.f.s. cstr. (75) *in the land of*

שִׁנְעָר pr.n. (1042) *Shinar*

וַיֵּשְׁבוּ consec.-Qal impf. 3 m.p. (יָשַׁב 442) *and settled*

שָׁם adv. (1027) *there*

11:3

וַיֹּאמְרוּ consec. - Qal impf. 3 m. p. (אָמַר 55) *and they said*

אִישׁ n.m.s. (35) *one*

אֶל־רֵעֵהוּ prep.-n.m.s.-3 m.s. sf. (945) *to another (his friend)*

הָבָה Qal impv. 2 m.s. (יָהַב 396) *Come*

נִלְבְּנָה Qal impf. 1 c.p. - coh.he (לָבַן 527) *let us make bricks*

לְבֵנִים n.f.p. (527) *bricks*

וְנִשְׂרְפָה conj.-Qal impf. 1 c.p.-coh. he (שָׂרַף 976) *and burn them*

לִשְׂרֵפָה prep.-n.f.s. (977) *thoroughly*

וַתְּהִי לָהֶם consec.-Qal impf. 3 f. s. (הָיָה 224) - prep.-3 m.p. sf. *and they had*

הַלְּבֵנָה def.art.-n.f.s. (527) *brick*

לְאָבֶן prep.-n.f.s. paus. (6) *for stone*

וְהַחֵמָר conj.-def.art.-n.m.s. (330) *and bitumen*

הָיָה Qal pf. 3 m.s. (224) *was*

לָהֶם prep.-3 m.p. sf. *(to them)*

לַחֹמֶר prep.-def.art.-n.m.s. (I 330) *for mortar*

11:4

וַיֹּאמְרוּ consec.-Qal impf. 3 m.p. (55) *then they said*

הָבָה Qal impv. 2 m.s. (יָהַב 396) *Come*

נִבְנֶה־לָּנוּ Qal impf. 1 c.p. (בָּנָה 124) - prep.-l c.p. sf. *let us build ourselves*

עִיר n.f.s. (746) *a city*

וּמִגְדָּל conj.-n.m.s. (153) *and a tower*

וְרֹאשׁוֹ conj.-n.m.s.-3 m.s. sf. (910) *with its top*

בַשָּׁמַיִם prep.-def.art.-n.m. du. (1029) *in the heavens*

וְנַעֲשֶׂה־לָּנוּ conj.-Qal impf. 1 c.p.-prep.-l c.p. sf. (עָשָׂה 793) *and let us make ... for ourselves*

שֵׁם n.m.s. (1027) *a name*

פֶּן־נָפוּץ conj. (814)-Qal impf. 1 c.p. (פּוּץ 806) *lest we be scattered abroad*

עַל־פְּנֵי prep.-n.m.p. cstr. (815) *upon the face of*

כָל־הָאָרֶץ n.m.s. cstr. (481) - def.art.-n.f.s. (75) *the whole earth*

11:5

וַיֵּרֶד יהוה consec.-Qal impf. 3 m.s. (יָרַד 432) - pr.n. (217) *And Yahweh came down*

לִרְאֹת prep.-Qal inf. cstr. (רָאָה 906) *to see*

אֶת־הָעִיר dir.obj.-def.art.-n.f.s. (746) *the city*

וְאֶת־הַמִּגְדָּל conj.-dir.obj.-def.art.-n.m.s. (153) *and the tower*

אֲשֶׁר בָּנוּ rel.-Qal pf. 3 c.p. (בָּנָה 124) *which ... had built*

בְּנֵי הָאָדָם n.m.p. cstr. (119) - def.art.-n.m.s. (9) *the sons of men*

11:6

וַיֹּאמֶר יהוה consec.-Qal impf. 3 m.s. (אָמַר 55) - pr.n. (217) *and Yahweh said*

הֵן demons. part. (243) *Behold*

עַם אֶחָד n.m.s. (I 766) - adj. m.s. (25) *they are one people*

וְשָׂפָה אַחַת conj.-n.f.s. (973) - adj. f.s. (25) *and ... one language*

לְכֻלָּם prep.-n.m.s. - 3 m.p. sf. (481) *they have all*

וְזֶה הַחִלָּם conj.-demons. m.s. (260) - Hi. inf. cstr.-3 m.p. sf. (III 320) *and this is only the beginning*

לַעֲשׂוֹת prep.-Qal inf. cstr. (עָשָׂה 793) *of what they will do*

וְעַתָּה conj.-adv. (773) *and ... now*

לֹא־יִבָּצֵר neg.-Ni. impf. 3 m.s. (בָּצַר 130) *will be impossible*

מֵהֶם prep.-3 m.p. sf. *for them*

כֹּל אֲשֶׁר n.m.s. (481) - rel. *nothing that*

יָזְמוּ Qal impf. 3 m.p. (זָמַם 273) *they propose*

לַעֲשׂוֹת prep.-Qal inf. cstr. (עָשָׂה 793) *to do*

11:7

הָבָה Qal impv. 2 m.s. (יָהַב 396) *Come*

נֵרְדָה Qal impf. 1 c.p. - coh. he (יָרַד 432) *let us go down*

וְנָבְלָה conj.-Qal impf. 1 c.p. - coh.he (בָּלַל I 117) *and confuse*

שָׁם adv. (1027) *there*

שְׂפָתָם n.f.s. - 3 m.p. sf. (973) *their language*

אֲשֶׁר rel. *that*

לֹא יִשְׁמְעוּ neg.-Qal impf. 3 m.p. (שָׁמַע 1033) *they may not understand*

אִישׁ n.m.s. (35) *one*

שְׂפַת רֵעֵהוּ n.f.s. cstr. (973) - n.m.s.-3 m.s. sf. (945) *another's speech*

11:8

וַיָּפֶץ יהוה consec.-Hi. impf. 3 m.s. (פּוּץ 806) - pr.n. *so Yahweh scattered abroad*

אֹתָם dir.obj.-3 m.p. sf. *them*

מִשָּׁם prep.-adv. (1027) *from there*

עַל־פְּנֵי prep.-n.m.p. cstr. (815) *over the face of*

כָל־הָאָרֶץ n.m.s. cstr. (481) - def.art.-n.f.s. (75) *all the earth*

וַיַּחְדְּלוּ consec.-Qal impf. 3 m.p. (חָדַל 292) *and they left off*

לִבְנֹת prep.-Qal inf. cstr. (בָּנָה 124) *building*

הָעִיר def.art.-n.f.s. (746) *the city*

11:9

עַל־כֵּן prep.-adv. (485) *therefore*

קָרָא Qal pf. 3 m.s. (894) *was called*

שְׁמָהּ n.m.s.-3 f.s. sf. (1027) *its name*

בָּבֶל pr.n. (93) *Babel*

כִּי־שָׁם conj.-adv. (1027) *because there*

בָּלַל יהוה Qal pf. 3 m.s. (בָּלַל 117) - pr.n. (217) *Yahweh confused*

שְׂפַת n.f.s. cstr. (973) *the language of*

כָּל־הָאָרֶץ n.m.s. cstr. (481) - def.art.-n.f.s. (75) *all the earth*

וּמִשָּׁם conj.-prep.-adv. (1027) *and from there*

הֱפִיצָם יהוה Hi. pf. 3 m.s.-3 m.p. sf. (פּוּץ 806) - pr.n. (217) *Yahweh scattered them abroad*

עַל־פְּנֵי prep.-n.m.p. cstr. (815) *over the face of*

כָּל־הָאָרֶץ v. supra *all the earth*

11:10

אֵלֶּה demons. c.p. (41) *these are*

תּוֹלְדֹת n.f.p. cstr. (410) *the descendants of*

שֵׁם pr.n. (II 1028) *Shem*

שֵׁם pr.n. (II 1028) *when Shem was*

בֶּן־מְאַת n.m.s. cstr. (119) - n.f.s. cstr. (547) *a hundred*

שָׁנָה n.f.s. (1040) *years old*

וַיּוֹלֶד consec.-Hi. impf. 3 m.s. (יָלַד 408) *he became the father of*

אֶת־אַרְפַּכְשָׁד dir.obj.-pr.n. (75) *Arpachshad*

שְׁנָתַיִם n.f. du. (1040) *two years*

אַחַר הַמַּבּוּל prep. (29) - def.art.-n.m.s. (550) *after the flood*

11:11

וַיְחִי־שֵׁם consec.-Qal impf. 3 m.s. (חָיָה 310) - pr.n. (II 1028) *And Shem lived*

אַחֲרֵי הוֹלִידוֹ prep.-Hi. inf. cstr.-3 m.s. sf. (יָלַד 408) *after the birth of*

אֶת־אַרְפַּכְשָׁד dir.obj.-pr.n. (75) *Arpachshad*

חֲמֵשׁ מֵאוֹת num. (331) - n.f.p. (547) *five hundred*

שָׁנָה n.f.s. (1040) *years*

וַיּוֹלֶד consec.-Hi. impf. 3 m.s. (יָלַד 4080) *and had other*

בָּנִים וּבָנוֹת n.m.p. (119) - conj.-n.f.p. (123) *sons and daughters*

11:12

וְאַרְפַּכְשַׁד conj.-pr.n. (75) *When Arpachshad*

חַי adj. m.s. (311) *had lived*

חָמֵשׁ num. (331) *five*

וּשְׁלֹשִׁים conj.-num. p. (1026) *thirty*

שָׁנָה n.f.s. (1040) *years*

וַיּוֹלֶד consec.-Hi. impf. 3 m.s. (יָלַד 408) *he became the father of*

אֶת־שָׁלַח dir.obj.-pr.n. paus. (II 1019) *Shelah*

11:13

וַיְחִי consec.-Qal impf. 3 m.s. (חָיָה 310) *and ... lived*

אַרְפַּכְשַׁד pr.n. (75) *Arpachshad*

אַחֲרֵי הוֹלִידוֹ prep. (29) - Hi. inf. cstr.-3 m.s. sf. (יָלַד 408) *after the birth of*

אֶת־שֶׁלַח dir.obj.-pr.n. (II 1019) *Shelah*

שָׁלֹשׁ שָׁנִים num. (1025) - n.f.p. (1040) *three years*

וְאַרְבַּע מֵאוֹת conj.-num. (916) - n.fp. (547) *four hundred*

שָׁנָה n.f.s. (1040) *(years)*

וַיּוֹלֶד consec.-Hi. impf. 3 m.s. (יָלַד 408) *and had other*

בָּנִים וּבָנוֹת n.m.p. (119) - conj.-n.f.p. (123) *sons and daughters*

11:14

וְשֶׁלַח חַי conj.-pr.n. (II 1019) - adj. (311) *When Shelah had lived*

שְׁלֹשִׁים num. p. (1026) *thirty*

שָׁנָה n.f.s. (1040) *years*

וַיּוֹלֶד consec.-Hi. impf. 3 m.s. (יָלַד 408) *he became the father of*

אֶת־עֵבֶר dir.obj.-pr.n. (720) *Eber*

11:15

וַיְחִי־שֶׁלַח consec.-Qal impf. 3 m.s. (310) - pr.n. (II 1019) *and Shelah lived*

אַחֲרֵי הוֹלִידוֹ prep.-Hi. inf. cstr.-3 m.s. sf. (יָלַד 408) *after the birth of*

אֶת־עֵבֶר dir.obj.-pr.n. (720) *Eber*

שָׁלֹשׁ שָׁנִים num. (1025) - n.f.p. (1040) *three (years)*

וְאַרְבַּע מֵאוֹת conj.-num. (916) - n.f.p. (547) *four hundred*

שָׁנָה n.f.s. (1040) *years*

וַיּוֹלֶד consec.-Hi. impf. 3 m.s. (יָלַד 408) *and had other*

בָּנִים וּבָנוֹת n.m.p. (119) - conj.-n.f.p. (123) *sons and daughters*

11:16

וַיְחִי־עֵבֶר consec.-Qal impf. 3 m.s. (חָיָה 310) - pr.n. (720) *When Eber had lived*

אַרְבַּע num. (916) *four*

וּשְׁלֹשִׁים conj.-num. p. (1026) ***and thirty***

שָׁנָה n.f.s. (1040) *years*

וַיּוֹלֶד consec.-Hi. impf. 3 m.s. (יָלַד 408) *he became the father of*

אֶת־פָּלֶג dir.obj.-pr.n. paus. (II 811) *Peleg*

11:17

וַיְחִי־עֵבֶר consec.-Qal impf. 3 m.s. (310) - pr.n. (720) *And Eber lived*

אַחֲרֵי הוֹלִידוֹ prep.-Hi. inf. cstr.-3 m.s. sf. (יָלַד 408) *after the birth of*

אֶת־פֶּלֶג dir.obj.-pr.n. (II 811) *Peleg*

שְׁלֹשִׁים שָׁנָה num. p. (1026) - n.f.s. (1040) *thirty (years)*

וְאַרְבַּע מֵאוֹת conj.-num. (916) - n.f.p. (547) *and four hundred*

שָׁנָה n.f.s. (1040) *years*

וַיּוֹלֶד consec.-Hi. impf. 3 m.s. (יָלַד 408) *and had other*

בָּנִים וּבָנוֹת n.m.p. (119) - conj.-n.f.p. (123) *sons and daughters*

11:18

וַיְחִי־פֶלֶג consec.-Qal impf. 3 m.s. (חָיָה 310) - pr.n. (II 811) *When Peleg had lived*

שְׁלֹשִׁים שָׁנָה num. p. (1026) - n.f.s. (1040) *thirty years*

וַיּוֹלֶד consec.-Hi. impf. 3 m.s. (יָלַד 408) *he became the father of*

אֶת־רְעוּ dir.obj.-pr.n. (946) *Reu*

11:19

וַיְחִי־פֶלֶג consec.-Qal impf. 3 m.s. (310) - pr.n. (II 811) *and Peleg lived*

אַחֲרֵי הוֹלִידוֹ prep.-Hi. inf. cstr.-3 m.s. sf. (יָלַד 408) *after the birth of*

אֶת־רְעוּ dir.obj.-pr.n. (946) *Reu*

תֵּשַׁע שָׁנִים num. (1077) - n.f.p. (1040) *nine (years)*

וּמָאתַיִם שָׁנָה conj.-n.f. du. (547) - n.f.s. (1040) *two hundred years*

וַיּוֹלֶד consec.-Hi. impf. 3 m.s. (יָלַד 408) *and had other*

בָּנִים וּבָנוֹת n.m.p. (119) - conj.-n.f.p. (123) *sons and daughters*

11:20

וַיְחִי רְעוּ consec.-Qal impf. 3 m.s. (310) - pr.n. (946) *When Reu had lived*

שְׁתַּיִם n.f. du. (1040) *two*

וּשְׁלֹשִׁים conj.-num. p. (1026) *thirty*

שָׁנָה n.f.s. (1040) *years*

וַיּוֹלֶד consec.-Hi. impf. 3 m.s. (יָלַד 408) *he became the father of*

אֶת־שְׂרוּג dir.obj.-pr.n. (974) *Serug*

11:21

וַיְחִי רְעוּ consec.-Qal impf. 3 m.s. (חָיָה 310) - pr.n. (946) *and Reu lived*

אַחֲרֵי הוֹלִידוֹ prep.-Hi. inf. cstr.-3 m.s. sf. (יָלַד 408) *after the birth of*

אֶת־שְׂרוּג dir.obj.-pr.n. (974) *Serug*

שֶׁבַע שָׁנִים num. (987) - n.f.p. (1040) *seven (years)*

וּמָאתַיִם שָׁנָה conj.-n.f. du. (547) - n.f.s. (1040) *and two hundred years*

וַיּוֹלֶד consec.-Hi. impf. 3 m.s. (יָלַד 408) *and had other*

בָּנִים וּבָנוֹת n.m.p. (119) - conj.-n.f.p. (123) *sons and daughters*

11:22

וַיְחִי שְׂרוּג consec.-Qal impf. 3 m.s. (310) - pr.n. (974) *When Serug had lived*

שְׁלֹשִׁים שָׁנָה num. p. (1026) - n.f.s. (1040) *thirty years*

וַיּוֹלֶד consec.-Hi. impf. 3 m.s. (יָלַד 408) *he became the father of*

אֶת־נָחוֹר dir.obj.-pr.n. (637) *Nahor*

11:23

וַיְחִי שְׂרוּג consec.-Qal impf. 3 m.s. (310) - pr.n. (974) *and Serug lived*

אַחֲרֵי הוֹלִידוֹ prep.-Hi. inf. cstr.-3 m.s. sf. (יָלַד 408) *after the birth of*

אֶת־נָחוֹר dir.obj.-pr.n. (637) *Nahor*

מָאתַיִם n.f. du. (547) *two hundred*

שָׁנָה n.f.s. (1040) *years*

וַיּוֹלֶד consec.-Hi. impf. 3 m.s. (יָלַד 408) *and had other*

בָּנִים וּבָנוֹת n.m.p. (119) - conj.-n.f.p. (123) *sons and daughters*

11:24

וַיְחִי נָחוֹר consec.-Qal impf. 3 m.s. (חָיָה 310) - pr.n. (637) *When Nahor had lived*

תֵּשַׁע num. (1077) *nine*

וְעֶשְׂרִים conj.-num. p. (797) *and twenty*

שָׁנָה n.f.s. (1040) *years*

וַיּוֹלֶד consec.-Hi. impf. 3 m.s. (יָלַד 408) *he became the father of*

אֶת־תָּרַח dir.obj.-pr.n. paus. (1076) *Terah*

11:25

וַיְחִי נָחוֹר consec.-Qal impf. 3 m.s. (310) - pr.n. (637) *and Nahor lived*

אַחֲרֵי הוֹלִידוֹ prep.-Hi. inf. cstr.-3 m.s. sf. (יָלַד 408) *after the birth of*

אֶת־תֶּרַח dir.obj.-pr.n. (1076) *Terah*

תְּשַׁע־עֶשְׂרֵה num. (1077) - num. (797) *nineteen*

שָׁנָה n.f.s. (1040) *(years)*

וּמְאַת שָׁנָה conj.-n.f.s. cstr. (547) - n.f.s. (1040) *and a hundred years*

וַיּוֹלֶד consec.-Hi. impf. 3 m.s. (יָלַד 408) *and had other*

בָּנִים וּבָנוֹת n.m.p. (119) - conj.-n.f.p. (123) *sons and daughters*

11:26

וַיְחִי־תֶרַח consec.-Qal impf. 3 m.s. (310) - pr.n. (1076) *When Terah had lived*

שִׁבְעִים שָׁנָה num. p. (988) - n.f.s. (1040) *seventy years*

וַיּוֹלֶד consec.-Hi. impf. 3 m.s. (יָלַד 408) *he became the father of*

אֶת־אַבְרָם dir.obj.-pr.n. (4) *Abram*

אֶת־נָחוֹר dir.obj.-pr.n. (637) *Nahor*

וְאֶת־הָרָן conj.-dir.obj.-pr.n. (248) *and Haran*

11:27

וְאֵלֶּה conj.-demons. c.p. (41) *Now these*

תּוֹלְדֹת n.f.p. cstr. (410) *are the descendants of*

תֶּרַח pr.n. (1076) *Terah*

תֶּרַח הוֹלִיד pr.n. - Hi. pf. 3 m.s. (יָלַד 408) *Terah was the father of*

אֶת־אַבְרָם dir.obj.-pr.n. (4) *Abram*

אֶת־נָחוֹר dir.obj.-pr.n. (637) *Nahor*

וְאֶת־הָרָן conj.-dir.obj.-pr.n. (248) *and Haran*

וְהָרָן הוֹלִיד conj.-pr.n. (248) - Hi. pf. 3 m.s. (יָלַד 408) *and Haran was the father of*

אֶת־לוֹט dir.obj.-pr.n. (II 532) *Lot*

11:28

וַיָּמָת הָרָן consec.-Qal impf. 3 m.s. (מוּת 559) - pr.n. (248) *Haran died*

עַל־פְּנֵי prep.-n.m.p. cstr. (815) *before*

תֶּרַח אָבִיו pr.n. (1076) - n.m.s.-3 m.s. sf. (3) *his father Terah*

בְּאֶרֶץ prep.-n.f.s. cstr. (75) *in the land of*

מוֹלַדְתּוֹ n.f.s.-3 m.s. sf. (409) *his birth*

בְּאוּר כַּשְׂדִּים prep.-pr.n. (22) - pr.n. (505) *in Ur of the Chaldeans*

11:29

וַיִּקַּח consec.-Qal impf. 3 m.s. (לָקַח 542) *and ... took*

אַבְרָם וְנָחוֹר pr.n. (4) - conj.-pr.n. (637) *Abram and Nahor*

לָהֶם נָשִׁים prep.-3 m.p. sf. - n.f.p. (61) *wives (to themselves)*

שֵׁם אֵשֶׁת־ n.m.s. cstr. (1027) - n.f.s. cstr. (61) *the name of the wife of*

אַבְרָם pr.n. (4) *Abram*

שָׂרָי pr.n. (979) *was Sarai*

וְשֵׁם אֵשֶׁת־ conj.-v.supra *and the name of the wife of*

נָחוֹר pr.n. (637) *Nahor*

מִלְכָּה pr.n. (574) *was Milcah*

בַּת־הָרָן n.f.s. cstr. (123) - pr.n. (248) *the daughter of Haran*

אֲבִי־מִלְכָּה n.m.s. cstr. (3) - pr.n. (574) *the father of Milcah*

וַאֲבִי יִסְכָּה conj.-n.m.s. cstr. (3) - pr.n. (414) *and Iscah*

11:30

וַתְּהִי שָׂרַי consec.-Qal impf. 3 f.s. (הָיָה 224) - pr.n. (979) *Now Sarai was*

עֲקָרָה adj. f.s. (785) *barren*

אֵין לָהּ neg. cstr. (II 34) - prep.-3 f.s. sf. *she had no*

וָלָד n.m.s. paus. (rd.prob. יָלָד 409) *child*

11:31

וַיִּקַּח תֶּרַח consec.-Qal impf. 3 m.s. (542) - pr.n. (1076) *Terah took*

אֶת־אַבְרָם dir.obj.-pr.n. (4) *Abram*

בְּנוֹ n.m.s.-3 m.s. sf. (119) *his son*

וְאֶת־לוֹט conj.-dir.obj.-pr.n. (II 532) *and Lot*

בֶּן־הָרָן n.m.s. cstr. (119) - pr.n. (248) *the son of Haran*

בֶּן־בְּנוֹ n.m.s. cstr. (119) - n.m.s.-3 m.s.sf. (119) *his grandson*

וְאֵת שָׂרַי conj.-dir.obj.-pr.n. (979) *and Sarai*

כַּלָּתוֹ n.f.s.-3 m.s. sf. (483) *his daughter-in-law*

אֵשֶׁת אַבְרָם n.f.s. cstr. (61) - pr.n. (4) *wife of Abram*

בְּנוֹ n.m.s.-3 m.s. sf. (119) *his son*

וַיֵּצְאוּ consec.-Qal impf. 3 m.p. (יָצָא 422) *and they went forth*

אִתָּם prep.-3 m.p. sf. *together*

מֵאוּר כַּשְׂדִּים prep.-pr.n. (22) - pr.n. (505) *from Ur of the Chaldeans*

לָלֶכֶת prep.-Qal inf. cstr. (הָלַךְ 229) *to go*

אַרְצָה n.f.s.-dir. he (75) *into the (toward) the land of*

כְּנַעַן pr.n. (488) *Canaan*

וַיָּבֹאוּ consec.-Qal impf. 3 m.p. (בּוֹא 97) *but when they came*

עַד־חָרָן prep.-pr.n. (357) *to Haran*

וַיֵּשְׁבוּ consec.-Qal impf. 3 m.p. (יָשַׁב 442) *they settled*

שָׁם adv. (1027) *there*

11:32

וַיִּהְיוּ consec.-Qal impf. 3 m.p. (הָיָה 224) *were*

יְמֵי־תֶרַח n.m.p. cstr. (398) - pr.n. (1076) *the days of Terah*

חָמֵשׁ שָׁנִים num. (331) - n.f.p. (1040) *five (years)*

וּמָאתַיִם שָׁנָה conj.-n.f. du. (547) - n.f.s. (1040) *and two hundred years*

וַיָּמָת תֶּרַח consec.-Qal impf. 3 m.s. (559) - pr.n. (1076) *and Terah died*

בְּחָרָן prep.-pr.n. (357) *in Haran*

12:1

וַיֹּאמֶר יהוה consec.-Qal impf. 3 m.s. (55) - pr.n. (217) *Now Yahweh said*

אֶל־אַבְרָם prep.-pr.n. (4) *to Abram*

לֶךְ־לְךָ Qal impv. 2 m.s. (הָלַךְ 229) - prep.-2 m.s. sf. *Go*

מֵאַרְצְךָ prep.-n.f.s.-2 m.s. sf. (75) *from your country*

וּמִמּוֹלַדְתְּךָ conj.-prep.-n.f.s.-2 m.s. sf. (409) *and your kindred*

וּמִבֵּית אָבִיךָ conj.-prep.-n.m.s. cstr. (108) - n.m.s.-2 m.s. sf. (3) *and your father's house*

אֶל־הָאָרֶץ prep.-def.art.-n.f.s. (75) *to the land*

אֲשֶׁר אַרְאֶךָּ rel.-Hi. impf. 1 c.s.-2 m.s. sf. (רָאָה 906) *that I will show you*

12:2

וְאֶעֶשְׂךָ conj.-Qal impf. 1 c.s.-2 m.s. sf. (עָשָׂה 793) *and I will make of you*

לְגוֹי גָּדוֹל prep.-n.m.s. (156) - adj. m.s. (152) *a great nation*

וַאֲבָרֶכְךָ conj.-Pi. impf. 1 c.s.-2 m.s. sf. (בָּרַךְ 138) *and I will bless you*

וַאֲגַדְּלָה conj.-Pi. impf. 1 c.s.-coh. he (152) *and make great*

שְׁמֶךָ n.m.s.-2 m.s. sf. (1027) *your name*

וֶהְיֵה conj.-Qal impv. 2 m.s. (הָיָה 224) *so that you will be*

בְּרָכָה n.f.s. (139) *a blessing*

12:3

וַאֲבָרְכָה conj.-Pi. impf. 1 c.s.-coh. he (בָּרַךְ 138) *I will bless*

מְבָרְכֶיךָ Pi. ptc. m.p.-2 m.s. sf. (בָּרַךְ 138) *those who bless you*

וּמְקַלֶּלְךָ conj.-Pi. ptc.-2 m.s. sf. (קָלַל 886) *and him who curses you*

אָאֹר Qal impf. 1 c.s. (אָרַר 76) *I will curse*

וְנִבְרְכוּ בְךָ conj.-Ni. pf. 3 c.p. (בָּרַךְ 138) - prep.-2 m.s. sf. *and by you ... will bless themselves*

כֹּל מִשְׁפְּחֹת n.m.s. cstr. (481) - n.f.p. cstr. (1046) *all the families of*

הָאֲדָמָה def.art.-n.f.s. (9) *the earth*

12:4

וַיֵּלֶךְ אַבְרָם consec.-Qal impf. 3 m.s. (הָלַךְ 229) - pr.n. (4) *So Abram went*

כַּאֲשֶׁר prep.-rel. *as*

דִּבֶּר אֵלָיו Pi. pf. 3 m.s. (דָּבַר 180) - prep.-3 m.s. sf. *had told him*

יהוה pr.n. (217) *Yahweh*

וַיֵּלֶךְ v. supra *and ... went*

אִתּוֹ לוֹט prep.-3 m.s. sf. - pr.n. (II 532) *Lot ... with him*

וְאַבְרָם conj.-pr.n. (4) *Abram*

בֶּן־חָמֵשׁ n.m.s. cstr. (119) - num. (331) ***was five***

שָׁנִים n.f.p. (1040) *(years)*

וְשִׁבְעִים conj.-num. p. (988) *and seventy*

שָׁנָה n.f.s. (1040) *years*

בְּצֵאתוֹ prep.-Qal inf. cstr.-3 m.s. sf. (יָצָא 422) *when he departed*

מֵחָרָן prep.-pr.n. (357) *from Haran*

12:5

וַיִּקַּח אַבְרָם consec.-Qal impf. 3 m.s. (לָקַח 542) - pr.n. (4) *And Abram took*

אֶת־שָׂרַי dir.obj.-pr.n.(979) *Sarai*

אִשְׁתּוֹ n.f.s.-3 m.s. sf. (61) *his wife*

וְאֶת־לוֹט conj.-dir.obj.-pr.n. (II 532) *and Lot*

בֶּן־אָחִיו n.m.s. cstr. (119) - n.m.s.-3 m.s. sf. (26) *his brother's son*

וְאֶת־כָּל־ conj.-dir.obj.-n.m.s. cstr. (481) *and all*

רְכוּשָׁם n.m.s.-3 m.p. sf. (940) *their possessions*

אֲשֶׁר רָכָשׁוּ rel.-Qal pf. 3 c.p. (940) ***which they had gathered***

וְאֶת־הַנֶּפֶשׁ conj.-dir.obj.-def.art.-n.f.s. (659) *and the persons*

אֲשֶׁר־עָשׂוּ rel.-Qal pf. 3 c.p. (עָשָׂה 793) *that they had gotten*

בְּחָרָן prep.-pr.n. (357) *in Haran*

וַיֵּצְאוּ consec.-Qal impf. 3 m.p. (יָצָא 422) *and they set forth*

לָלֶכֶת prep.-Qal inf. cstr. (הָלַךְ 229) *to go*

אַרְצָה n.f.s. cstr.-dir. he (75) *to the land of*

כְּנַעַן pr.n. (488) *Canaan*

וַיָּבֹאוּ consec.-Qal impf. 3 c.p. (בּוֹא 97) *when they had come*

אַרְצָה v.supra *to the land of*

כְּנָעַן pr.n. paus. (488) *Canaan*

12:6

וַיַּעֲבֹר אַבְרָם consec.-Qal impf. 3 m.s. (עָבַר 716) - pr.n. (4) *Abram passed through*

בָּאָרֶץ prep.-def.art.-n.f.s. (75) *through the land*

עַד מְקוֹם prep.-n.m.s. cstr. (879) *to the place at*

שְׁכֶם pr.n. (1014) *Shechem*

עַד אֵלוֹן prep.-n.f.s. cstr. (18) *to the oak of*

מוֹרֶה n.m.s. (435) *Moreh (teacher)*

וְהַכְּנַעֲנִי conj.-def.art.-pr.n. (489) *the Canaanites*

אָז adv. (23) *at that time*

בָּאָרֶץ prep.-def.art.-n.f.s. (75) ***in the land***

12:7

וַיֵּרָא יהוה consec.-Ni. impf. 3 m.s. (רָאָה 906) - pr.n. (217) *Then Yahweh appeared*

אֶל־אַבְרָם prep.-pr.n. (4) *to Abram*

וַיֹּאמֶר consec.-Qal impf. 3 m.s. (55) ***and said***

לְזַרְעֲךָ prep.-n.m.s.-2 m.s.sf. (282) *to your descendants*

אֶתֵּן Qal impf. 1 c.s. (נָתַן 678) *I will give*

אֶת־הָאָרֶץ הַזֹּאת dir.obj.-def.art.-n.f.s. (75) - def.art.-demons. f.s. (260) *this land*

וַיִּבֶן שָׁם consec.-Qal impf. 3 m.s. (בָּנָה 124) - adv. (1027) *so he built there*

מִזְבֵּחַ n.m.s. (258) *an altar*

לַיהוה prep.-pr.n. (217) *to Yahweh*

הַנִּרְאֶה def.art.-Ni. ptc. (רָאָה 906) *who had appeared*

אֵלָיו prep.-3 m.s. sf. *to him*

12:8

וַיַּעְתֵּק consec.-Hi. impf. 3 m.s. (עָתַק 801) *he removed*

מִשָּׁם prep.-adv. (1027) *thence*

הָהָרָה def.art.-n.m.s.-dir. he (249) *to the mountain*

מִקֶּדֶם prep.-n.m.s. (869) *on the east*

לְבֵית־אֵל prep.-pr.n. (110) *of Bethel*

וַיֵּט consec.-Qal impf. 3 m.s. (נָטָה 639) *and pitched*

אָהֳלֹה n.m.s.-3 m.s. sf. (13) *his tent*

בֵּית־אֵל pr.n. (110) *Bethel*

מִיָּם prep.-n.m.s. (410) *on the west*

וְהָעַי conj.-def.art.-pr.n. (743) *and Ai*

מִקֶּדֶם v. supra *on the east*

וַיִּבֶן־שָׁם consec.-Qal impf. 3 m.s. (בָּנָה 124) - adv. (1027) *and there he built*

מִזְבֵּחַ n.m.s. (258) *an altar*

לַיהוה prep.-pr.n. (217) *to Yahweh*

וַיִּקְרָא consec.-Qal impf. 3 m.s. (קָרָא 894) *and called*

בְּשֵׁם יהוה prep.-n.m.s. cstr. (1027) - pr.n. (217) *on the name of Yahweh*

12:9

וַיִּסַּע אַבְרָם consec.-Qal impf. 3 m.s. (נָסַע 652) - pr.n. (4) *and Abram journeyed on*

הָלוֹךְ Qal inf. absol. (הָלַךְ 229) *going*

וְנָסוֹעַ conj.-Qal inf. absol. (נָסַע 652) *still (and journeying)*

הַנֶּגְבָּה def.art.-pr.n.-dir. he (616) *toward the Negeb*

12:10

וַיְהִי consec.-Qal impf. 3 m.s. (הָיָה 224) *Now there was*

רָעָב n.m.s. (944) *a famine*

בָּאָרֶץ prep.-def.art.-n.f.s. (75) *in the land*

וַיֵּרֶד consec.-Qal impf. 3 m.s. (יָרַד 432) *So ... went down*

אַבְרָם pr.n. (4) *Abram*

מִצְרַיְמָה pr.n.-dir. he (595) *to Egypt*

לָגוּר prep.-Qal inf. cstr. (גּוּר 157) *to sojourn*

שָׁם adv. (1027) *there*

כִּי־כָבֵד conj.-Qal pf. 3 m.s. (כָּבֵד 457) *for ... was severe*

הָרָעָב def.art.-n.m.s. (944) *the famine*

בָּאָרֶץ v. supra *in the land*

12:11

וַיְהִי כַּאֲשֶׁר consec.-Qal impf. 3 m.s. (הָיָה 224) - prep.-rel. *when he was*

הִקְרִיב Hi. pf. 3 m.s. (קָרַב 897) *about*

לָבוֹא prep.-Qal inf. cstr. (בּוֹא 97) *to enter*

מִצְרָיְמָה pr.n.-dir. he (595) *Egypt*

וַיֹּאמֶר consec.-Qal impf. 3 m.s. (55) *he said*

אֶל־שָׂרַי prep.-pr.n. (979) *to Sarai*

אִשְׁתּוֹ n.f.s.-3 m.s. sf. (61) *his wife*

הִנֵּה־נָא demons.part. (243) - part. of entreaty *(behold, please)*

יָדַעְתִּי Qal pf. 1 c.s. (יָדַע 393) *I know*

כִּי אִשָּׁה conj.-n.f.s. (61) *that ... a woman*

יְפַת־מַרְאֶה n.f.s. cstr. (421) - n.m.s. (909) *beautiful to behold*

אָתְּ pers. pr. 2 f.s. paus. (61) *you are*

12:12

וְהָיָה conj.-Qal pf. 3 m.s. (224) *and*

כִּי־יִרְאוּ conj.-Qal impf. 3 m.p. (רָאָה 906) *when ... see*

אֹתָךְ dir.obj.-2 f.s. sf. *you*

הַמִּצְרִים def.art.-pr.n. (595) *the Egyptians*

וְאָמְרוּ conj.-Qal pf. 3 c.p. (אָמַר 55) *they will say*

אִשְׁתּוֹ זֹאת n.f.s.-3 m.s. sf. (61) - demons. f.s. (260) *This is his wife*

וְהָרְגוּ conj.-Qal pf. 3 c.p. (הָרַג 246) *then they will kill*

אֹתִי dir.obj.-1 c.s. sf. *me*

וְאֹתָךְ conj.-dir.obj.-2 f.s. sf. *but you*

יְחַיּוּ Pi. impf. 3 m.p. (חָיָה 310) *they will let live*

12:13

אִמְרִי־נָא Qal impv. 2 f.s. (אָמַר 55) - part. of entreaty *Say*

אֲחֹתִי n.f.s.-1 c.s. sf. (27) *my sister*

אָתְּ pers. pr. 2 f.s. paus. (61) *you are*

לְמַעַן prep.-prep. (775) *that*

יִיטַב־לִי Qal impf. 3 m.s. (יָטַב 405) - prep.-1 c.s. sf. *it may be well with me*

בַעֲבוּרֵךְ prep.-prep. (721) - 2 f.s. sf. *because of you*

וְחָיְתָה conj.-Qal pf. 3 f.s. (חָיָה 310) *that ... may be spared*

נַפְשִׁי n.f.s.-1 c.s. sf. (659) *my life*

בִּגְלָלֵךְ prep.-n.m.s.-2 f.s. sf. (164) *on your account*

12:14

וַיְהִי consec.-Qal impf. 3 m.s. (הָיָה 224) *and*

כְּבוֹא אַבְרָם prep.-Qal inf. cstr. (בּוֹא 97) - pr.n. (4) *when Abram entered*

מִצְרָיְמָה pr.n.-dir. he (595) *Egypt*

וַיִּרְאוּ consec.-Qal impf. 3 m.p. (רָאָה 906) *saw*

הַמִּצְרִים def.art.-pr.n. (596) *the Egyptians*

אֶת־הָאִשָּׁה dir.obj.-def.art.-n.f.s. (61) *the woman*

כִּי־יָפָה conj.-adj. f.s. (421) *that ... beautiful*

הִוא מְאֹד pers. pr. 3 f.s. (214) - adv. (547) *(she) very*

12:15

וַיִּרְאוּ consec.-Qal impf. 3 m.p. (רָאָה 906) *when ... saw*

אֹתָהּ dir.obj.-3 f.s. sf. *her*

שָׂרֵי פַרְעֹה n.m.p. cstr. (978) - pr.n. (829) *the princes of Pharaoh*

וַיְהַלְלוּ consec.-Pi. impf. 3 m.p. (הָלַל II 237) *they praised*

אֹתָהּ v. supra *her*

אֶל־פַּרְעֹה prep.-pr.n. (829) *to Pharaoh*

וַתֻּקַּח consec.-Ho. impf. 3 f.s. (לָקַח 542) *was taken*

הָאִשָּׁה def.art.-n.f.s. (61) *the woman*

בֵּית פַּרְעֹה n.m.s. cstr. (108) - pr.n. (829) *into Pharaoh's house*

12:16

וּלְאַבְרָם conj.-prep.-pr.n. (4) *and ... with Abram*

הֵיטִיב Hi. pf. 3 m.s. (יָטַב 405) *he dealt well*

בַּעֲבוּרָהּ prep.-prep. (721) - 3 f.s. sf. *for her sake*

וַיְהִי־לוֹ consec.-Qal impf. 3 m.s. (הָיָה 224) - prep.-3 m.s. sf. *and he had*

צֹאן־וּבָקָר n.f.s. (838) - conj.-n.m.s. (133) *sheep, oxen*

וַחֲמֹרִים conj.-n.m.p. (331) *he-asses*

וַעֲבָדִים conj.-n.m.p. (712) *menservants*

וּשְׁפָחֹת conj.-n.f.p. (1046) *maidservants*

וַאֲתֹנֹת conj.-n.f.p. (87) *she-asses*

וּגְמַלִּים conj.-n.m.p. (168) *and camels*

12:17

וַיְנַגַּע יהוה consec.-Pi. impf. 3 m.s. (נָגַע 619) - pr.n. (217) *But Yahweh afflicted*

אֶת־פַּרְעֹה dir.obj.-pr.n. (829) *Pharaoh*

נְגָעִים גְּדֹלִים n.m.p. (619) - adj. m.p. (152) *with great plagues*

וְאֶת־בֵּיתוֹ conj.-dir.obj.-n.m.s.-3 m.s. sf. (108) *and his house*

עַל־דְּבַר prep.-n.m.s. cstr. (182) *because of*

שָׂרַי pr.n. (979) *Sarai*

אֵשֶׁת אַבְרָם n.f.s. cstr. (61) - pr.n. (4) *Abram's wife*

12:18

וַיִּקְרָא consec.-Qal impf. 3 m.s. (קָרָא 894) *So ... called*

פַּרְעֹה pr.n. (829) *Pharaoh*

לְאַבְרָם prep.-pr.n. (4) *Abram*

וַיֹּאמֶר consec.-Qal impf. 3 m.s. (55) *and said*

מַה־זֹּאת interr. (552) - demons. f.s. (260) *what is this*

עָשִׂיתָ לִּי Qal pf. 2 m.s. (עָשָׂה 793) - prep.-1 c.s. sf. *you have done to me*

לָמָּה prep.-interr. (552) *why*

לֹא־הִגַּדְתָּ לִּי neg.-Hi. pf. 2 m.s. (נָגַד 616) - prep.-1 c.s. sf. *did you not tell me*

כִּי אִשְׁתְּךָ conj.-n.f.s.-2 m.s. sf. (61) *that your wife*

הִוא pers. pr. 3 f.s. (214) *she was*

12:19

לָמָה prep.-interr.(552) *why*

אָמַרְתָּ Qal pf. 2 m.s. (55) *did you say*

אֲחֹתִי n.f.s.-1 c.s. sf. (27) *my sister*

הִוא pers. pr. 3 f.s. *she*

וָאֶקַּח consec.-Qal impf. 1 c.s. (לָקַח 542) *so that I took*

אֹתָהּ לִי dir.obj.-3 f.s. sf. - prep.-1 c.s. sf. *her (to me)*

לְאִשָּׁה prep.-n.f.s. (61) *for my wife*

וְעַתָּה conj.-adv.(773) *Now then*

הִנֵּה demons.part. (243) *here is*

אִשְׁתְּךָ n.f.s.-2 m.s. sf. (61) *your wife*

קַח Qal impv. 2 m.s. (לָקַח 542) *take her*

וָלֵךְ conj.-Qal impv. 2 m.s. (הָלַךְ 229) *and be gone*

12:20

וַיְצַו consec.-Pi. impf. 3 m.s. (צָוָה 845) *and gave orders*

עָלָיו prep.-3 m.s. sf. *concerning him*

פַּרְעֹה pr.n. (829) *Pharaoh*

אֲנָשִׁים n.m.p. (35) *men*

וַיְשַׁלְּחוּ consec.-Pi. impf. 3 m.p. (1018) *and they set ... on the way*

אֹתוֹ dir.obj.-3 m.s. sf. *him*

וְאֶת־אִשְׁתּוֹ conj.-dir.obj.-n.f.s.-3 m.s. sf. (61) *with his wife*

וְאֶת־כָּל־ conj.-dir.obj.-n.m.s. cstr. (481) *and all*

אֲשֶׁר־לוֹ rel.-prep.-3 m.s. sf. *that he had*

13:1

וַיַּעַל consec.-Qal impf. 3 m.s. (עָלָה 748) *so went up*

אַבְרָם pr.n. (4) *Abram*

מִמִּצְרַיִם prep.-pr.n. (595) *from Egypt*

הוּא pers. pr. 3 m.s. (214) *he*

וְאִשְׁתּוֹ conj.-n.f.s.-3 m.s. sf. (61) *and his wife*

וְכָל־אֲשֶׁר־לוֹ conj.-n.m.s. cstr. (481)-rel.-prep.-3 m.s. sf. *and all that he had*

וְלוֹט conj.-pr.n. (532) *and Lot*

עִמּוֹ prep.-3 m.s. sf. *with him*

הַנֶּגְבָּה def.art.-n.m.s.-dir. he (616) *into the Negeb*

13:2

וְאַבְרָם conj.-pr.n. (4) *now Abram*

כָּבֵד מְאֹד adj. m.s. (458)-adv. (547) *was very rich*

בַּמִּקְנֶה prep.-def.art.-n.m.s. (889) *in (the) cattle*

בַּכֶּסֶף prep.-def.art.-n.m.s. (494) *in (the) silver*

וּבַזָּהָב conj.-prep.-def.art.-n.m.s. (262) *and in (the) gold*

13:3

וַיֵּלֶךְ consec.-Qal impf. 3 m.s. (הָלַךְ 229) *and he went*

לְמַסָּעָיו prep.-n.m.p.-3 m.s. sf. (652) *according to his journeyings*

מִנֶּגֶב prep.-n.m.s. (616) *from the Negeb*

וְעַד־בֵּית־אֵל conj.-prep.-pr.n. (110) *as far as Bethel*

עַד־הַמָּקוֹם prep.-def. art.-n.m.s. (879) *to the place*

אֲשֶׁר־הָיָה rel.-Qal pf. 3 m.s. (224) *where ... had been*

שָׁם adv. (1027) *(there)*

אָהֳלֹה n.m.s.-3 m.s. sf. (18) *his tent*
בַּתְּחִלָּה prep.-def. art.-n.f.s. (321) *at the beginning*
בֵּין בֵּית־אֵל prep. (107)-pr.n. (110) *between Bethel*
וּבֵין הָעָי conj.-prep. (107)-def. art.-pr.n. (743) *and Ai*

13:4

אֶל־מְקוֹם prep.-n.m.s. cstr. (879) *to the place of*
הַמִּזְבֵּחַ def. art.-n.m.s. (258) *the altar*
אֲשֶׁר־עָשָׂה rel.-Qal pf. 3 m.s. (793) *which he had made*
שָׁם adv. (1027) *there*
בָּרִאשֹׁנָה prep.-def. art.-adj. f.s. (911) *at the first*
וַיִּקְרָא consec.-Qal impf. 3 m.s. (894) *and called*
שָׁם adv. (1027) *there*
אַבְרָם pr.n. (4) *Abram*
בְּשֵׁם יהוה prep.-n.m.s. cstr. (1027)-pr.n. *on the name of Yahweh*

13:5

וְגַם־ conj.-adv. (168) *And also*
לְלוֹט prep.-pr.n. (532) *(to) Lot*
הַהֹלֵךְ def. art.-Qal act. ptc. (229) *who went*
אֶת־אַבְרָם prep. (II 85)-pr.n. (4) *with Abram*
הָיָה Qal pf. 3 m.s. (224) *(was) had*
צֹאן n.f.s. (838) *flocks*
וּבָקָר conj.-n.m.s. (133) *and herds*
וְאֹהָלִים conj.-n.m.p. (13) *and tents*

13:6

וְלֹא נָשָׂא conj.-neg.-Qal pf. 3 m.s. (669) *so that ... could not support*
אֹתָם dir. obj.-3 m.p. sf. *them*
הָאָרֶץ def. art.-n.f.s. (75) *the land*
לָשֶׁבֶת prep.-Qal inf. cstr. (יָשַׁב 442) *dwelling*
יַחְדָּו adv. (403) *together*
כִּי־הָיָה conj.-Qal pf. 3 m.s. (224) *for were*
רְכוּשָׁם n.m.s.-3 m.p. sf. (940) *their possessions*
רָב adj. m.s. (I 912) *great*
וְלֹא יָכְלוּ conj.-neg.-Qal pf. 3 c.p. (יָכֹל 407) *that they could not*
לָשֶׁבֶת v. supra *dwell*
יַחְדָּו v. supra *together*

13:7

וַיְהִי־רִיב consec.-Qal impf. 3 m.s. (הָיָה 224) - n.m.s. (936) *and there was strife*
בֵּין רֹעֵי prep. (107) - Qal act. ptc. m.p. cstr. (רָעָה I 944) *between the herdsmen of*
מִקְנֵה־ n.m.s. cstr. (889) *the cattle of*
אַבְרָם pr.n. (4) *Abram*
וּבֵין רֹעֵי conj.-prep.-v. supra *and (between) the herdsmen of*
מִקְנֵה־ v. supra *the cattle of*
לוֹט pr.n. (532) *Lot*
וְהַכְּנַעֲנִי conj.-def. art.-pr.n. (489) *(and) the Canaanites*
וְהַפְּרִזִּי conj.-def. art.-pr.n. (827) *and the Perizzites*
אָז adv. (23) *at that time*
יֹשֵׁב Qal act. ptc. (יָשַׁב 442) *dwelt*
בָּאָרֶץ prep.-def. art.-n.f.s. (75) *in the land*

13:8

וַיֹּאמֶר consec.-Qal impf. 3 m.s. (55) *Then said*
אַבְרָם pr.n. (4) *Abram*
אֶל־לוֹט prep.-pr.n. (532) *to Lot*
אַל־נָא תְהִי neg.-part. of entreaty (609) - Qal impf. 3 f.s. (הָיָה 224) *let there be no*
מְרִיבָה n.f.s. (937) *strife*
בֵּינִי prep.-1 c.s. sf. (107) *between me*
וּבֵינֶךָ conj.-prep.-2 m.s. sf. (107) *and (between) you*
וּבֵין רֹעַי conj.-prep. (107)-Qal act. ptc. m.p.-1 c.s. sf. (רָעָה I 944) *and between my herdsmen*
וּבֵין רֹעֶיךָ v. supra-Qal act. ptc. m.p.-2 m.s. sf. (רָעָה I 944) *and (between) your herdsmen*
כִּי־אֲנָשִׁים conj.-n.m.p. (35) *for men*

אַחִים n.m.p. (26) *brothers*

אֲנָחְנוּ pers. pr. 1 c.p. (59) *we are*

13:9

הֲלֹא interr.-neg. *Is not?*

כָל־הָאָרֶץ n.m.s. cstr. (481) - def.art. - n.f.s. (75) *the whole land*

לְפָנֶיךָ prep.-n.m.p.-2 m.s. sf. (815) *before you*

הִפָּרֶד Ni. impv. 2 m.s. (פָּרַד 825) *separate yourself*

נָא part. of entreaty (609) *(I pray thee)*

מֵעָלָי prep.-prep.-1 c.s. sf. *from me*

אִם־הַשְּׂמֹאל hypoth.part. (49) - def.art.-n.m.s. (969) *if the left hand*

וְאֵימִנָה conj.-Hi. impf. 1 c.s. - coh. he (יָמַן 412) *then I will go to the right*

וְאִם־ conj.-hypoth. part. (49) *or if*

הַיָּמִין def.art.-n.f.s. (411) *the right hand*

וְאַשְׂמְאִילָה conj.-Hi. impf. 1 c.s. - coh. he (שְׂמְאֵל 970) *then I will go to the left*

13:10

וַיִּשָּׂא־לוֹט consec.-Qal impf. 3 m.s. (נָשָׂא 669)-pr.n. (532) *And Lot lifted up*

אֶת־עֵינָיו dir. obj.-n.f. du.-3 m.s. sf. (744) *his eyes*

וַיַּרְא consec.-Qal impf. 3 m.s. (רָאָה 906) *and saw*

אֶת־כָּל־כִּכַּר dir. obj.-n.m.s. cstr. (481)-n.f.s. cstr. (503) *all of the round (oval) of*

הַיַּרְדֵּן def. art.-pr.n. (434) *the Jordan*

כִּי כֻלָּהּ conj.-n.m.s.-3 f.s. sf. (481) *that everywhere (all of it)*

מַשְׁקֶה n.m.s. (II 1052) *well watered*

לִפְנֵי prep.-n.m.p. cstr. (815) *before*

שַׁחֵת Pi. inf. cstr. (שָׁחַת 1007) *destroyed*

יהוה pr.n. (217) *Yahweh*

אֶת־סְדֹם dir. obj.-pr.n. (690) *Sodom*

וְאֶת־עֲמֹרָה conj.-dir. obj.-pr.n. (771) *and Gomorrah*

כְּגַן־יהוה prep.-n.m.s. cstr. (171)-pr.n. (217) *like the garden of Yahweh*

כְּאֶרֶץ מִצְרַיִם prep.-n.f.s. cstr. (75)-pr.n. (595) *like the land of Egypt*

בֹּאֲכָה Qal inf. cstr.-2 m.s. sf. (בּוֹא 97) *in the direction of* (lit. *your coming*)

צֹעַר pr.n. (858) *Zoar*

13:11

וַיִּבְחַר־לוֹ consec.-Qal impf. 3 m.s. (בָּחַר 103)-prep.-3 m.s. sf. *So ... chose for himself*

לוֹט pr.n. (532) *Lot*

אֵת כָּל־כִּכַּר dir. obj.-n.m.s. cstr. (481)-n.f.s. cstr. (503) *all the valley of*

הַיַּרְדֵּן def. art.-pr.n. (434) *the Jordan*

וַיִּסַּע consec.-Qal impf. 3 m.s. (נָסַע 652) *and journeyed*

לוֹט pr.n. (532) *Lot*

מִקֶּדֶם prep.-n.m.s. (869) *east*

וַיִּפָּרְדוּ consec.-Ni. impf. 3 m.p. (פָּרַד I 825) *thus they separated*

אִישׁ n.m.s. (35) *each*

מֵעַל אָחִיו prep.-prep.-n.m.s.-3 m.s. sf. (26) *from other (his brother)*

13:12

אַבְרָם pr.n. (4) *Abram*

יָשַׁב Qal pf. 3 m.s. (442) *dwelt*

בְּאֶרֶץ prep.-n.f.s. cstr. (75) *in the land of*

כְּנָעַן pr.n. paus. (488) *Canaan*

וְלוֹט conj.-pr.n. (532) *while Lot*

יָשַׁב v. supra *dwelt*

בְּעָרֵי prep.-n.f.p. cstr. (746) *among the cities of*

הַכִּכָּר def. art.-n.f.s. (503) *the valley*

וַיֶּאֱהַל consec.-Qal impf. 3 m.s. (אָהַל 14) *and moved his tent*

עַד־סְדֹם prep.-pr.n. (690) *as far as Sodom*

13:13

וְאַנְשֵׁי conj.-n.m.p. cstr. (35) *Now the men of*

סְדֹם pr.n. (690) *Sodom*

רָעִים adj. m.p. (948) *were evil*

וְחַטָּאִים conj.-adj. m.p. (308) *and sinners*

לַיהוה prep.-pr.n. (217) *against Yahweh*

מְאֹד adv. (547) *great (exceedingly)*

13:14

וַיהוה conj.-pr.n. (217) *(and) Yahweh*

אָמַר Qal pf. 3 m.s. (55) *said*

אֶל־אַבְרָם prep.-pr.n. (4) *to Abram*

אַחֲרֵי prep. cstr. (29) *after*

הִפָּרֶד־ Ni. inf. cstr. (פָּרַד 825) *had separated*

לוֹט pr.n. (532) *Lot*

מֵעִמּוֹ prep.-prep.-3 m.s. sf. *from him*

שָׂא Qal impv. 2 m.s. (נָשָׂא 669) *Lift up*

נָא part. of entreaty (609) *(I pray)*

עֵינֶיךָ n.f. du.-2 m.s. sf. (I 744) *your eyes*

וּרְאֵה conj.-Qal impv. 2 m.s. (רָאָה 906) *and look*

מִן־הַמָּקוֹם prep.-def. art.-n.m.s. (879) *from the place*

אֲשֶׁר־אַתָּה rel.-pers. pr. 2 m.s. (61) *which you are*

שָׁם adv. (1027) *there*

צָפֹנָה n.f.s.-dir. he (860) *northward*

וָנֶגְבָּה conj.-n.m.s.-dir. he (616) *and southward*

וָקֵדְמָה conj.-adv.- dir. he (870) *and eastward*

וָיָמָּה conj.-n.m.s.-dir. he (410) *and westward*

13:15

כִּי אֶת־כָּל־ conj.-dir. obj.-n.m.s. cstr. (481) *for all*

הָאָרֶץ def. art.-n.f.s. (75) *the land*

אֲשֶׁר־אַתָּה rel.-pers. pr. 2 m.s. (61) *which you*

רֹאֶה Qal act. ptc. (רָאָה 906) *see*

לְךָ prep.-2 m.s. sf. *to you*

אֶתְּנֶנָּה Qal impf. 1 c.s.-3 f.s. sf. (נָתַן 678) *I will give (it)*

וּלְזַרְעֲךָ conj.-prep.-n.m.s. - 2 m.s. sf. (282) *and to your descendants*

עַד־עוֹלָם prep.-n.m.s. (761) *for ever*

13:16

וְשַׂמְתִּי conj.-Qal pf. 1 c.s. (שׂוּם I 962) *I will make*

וּלְזַרְעֲךָ conj.-prep.-n.m.s.-2 m.s. sf. (282) *and to your descendants*

כַּעֲפַר prep.-n.m.s. cstr. (779) *as the dust of*

הָאָרֶץ def. art.-n.f.s. (75) *the earth*

אֲשֶׁר אִם־ rel.-hypoth. part. (49) *so that if*

יוּכַל Qal impf. 3 m.s. (יָכֹל 407) *can (is able to)*

אִישׁ n.m.s. (35) *one*

לִמְנוֹת prep.-Qal inf. cstr. (מָנָה 584) *count*

אֶת־עֲפַר dir. obj.-v. supra *the dust of*

הָאָרֶץ v. supra *the earth*

גַּם־ adv. (168) *also*

זַרְעֲךָ n.m.s.-2 m.s. sf. (282) *your descendants*

יִמָּנֶה Ni. impf. 3 m.s. (מָנָה 584) *can be counted*

13:17

קוּם Qal impv. 2 m.s. (קוּם 877) *Arise*

הִתְהַלֵּךְ Hith. impv. 2 m.s. (הָלַךְ 229) *walk*

בָּאָרֶץ prep.-def.art.-n.f.s. (75) *in the land*

לְאָרְכָּהּ prep.-n.m.s.-3 f.s. sf. (73) *through its length*

וּלְרָחְבָּהּ conj.-prep.-n.m.s.-3 f.s. sf. (931) *and through its breadth*

כִּי לְךָ conj.-prep.-2 m.s. sf. *for to you*

אֶתְּנֶנָּה Qal impf. 1 c.s.-3 f.s. sf. (נָתַן 678) *I will give it*

13:18

וַיֶּאֱהַל consec.-Qal impf. 3 m.s. (14) *so moved his tent*

אַבְרָם pr.n. (4) *Abram*

וַיָּבֹא consec.-Qal impf. 3 m.s. (בּוֹא 97) *and came*

וַיֵּשֶׁב consec.-Qal impf. 3 m.s. (יָשַׁב 442) *and dwelt*

בְּאֵלֹנֵי prep.-n.f.p. cstr. (18) *by the oaks of*

מַמְרֵא pr.n. (577) *Mamre*

אֲשֶׁר rel. *which*

בְּחֶבְרוֹן prep.-pr.n. (289) *at Hebron*

וַיִּבֶן־ consec.-Qal impf. 3 m.s. (בָּנָה 124) *and he built*

שָׁם adv. (1027) *there*

מִזְבֵּחַ n.m.s. (258) *an altar*

ליהוה prep.-pr.n. (217) *to Yahweh*

14:1

וַיְהִי consec.-Qal impf. 3 m.s. (הָיָה 224) *(Then it proceeded to be)*

בִּימֵי prep.-n.m.p. cstr. (398) *in the days of*

אַמְרָפֶל pr.n. (57) *Amraphel*

מֶלֶךְ־ n.m.s. cstr. (I 572) *king of*

שִׁנְעָר pr.n. (1042) *Shinar*

אַרְיוֹךְ pr.n. (73) *Arioch*

מֶלֶךְ v. supra *king of*

אֶלָּסָר pr.n. (48) *Ellasar*

כְּדָרְלָעֹמֶר pr.n. (462) *Chedorlaomer*

מֶלֶךְ v. supra *king of*

עֵילָם pr.n. (I 743) *Elam*

וְתִדְעָל conj.-pr.n. (1062) *and Tidal*

מֶלֶךְ v. supra *king of*

גּוֹיִם pr.n. (157) *Goiim*

14:2

עָשׂוּ Qal pf. 3 c.p. (עָשָׂה I 793) *made*

מִלְחָמָה n.f.s. (536) *war*

אֶת־בֶּרַע prep. (II 85)-pr.n. (140) *with Bera*

מֶלֶךְ n.m.s. cstr. (I 572) *king of*

סְדֹם pr.n. (690) *Sodom*

וְאֶת־בִּרְשַׁע conj.-prep. (II 85)-pr.n. (141) *and Birsha*

מֶלֶךְ v. supra *king of*

עֲמֹרָה pr.n. (771) *Gomorrah*

שִׁנְאָב pr.n. (1039) *Shinab*

מֶלֶךְ v. supra *king of*

אַדְמָה pr.n. (10) *Admah*

וְשֶׁמְאֵבֶר conj.-pr.n. (1028) *(and) Shemeber*

מֶלֶךְ v. supra *king of*

צְבֹיִים pr.n. (840) *Zeboiim*

וּמֶלֶךְ conj.-v. supra *and the king of*

בֶּלַע pr.n. (III 118) *Bela*

הִיא־ demons. adj. f.s. (214) *that is*

צֹעַר pr.n. (858) *Zoar*

14:3

כָּל־אֵלֶּה n.m.s. cstr. (481)-demons. adj. c.p. (41) *And all these*

חָבְרוּ Qal pf. 3 c.p. (287) *joined forces*

אֶל־עֵמֶק prep.-n.m.s. cstr. (770) *in the Valley of*

הַשִּׂדִּים def.art.-pr.n. (961) *Siddim*

הוּא demons. adj. m.s. (214) *that is*

יָם הַמֶּלַח n.m.s. cstr. (410)-def. art.-n.m.s. (571) *the Salt Sea*

14:4

שְׁתֵּים n.f. du. (1040) *Two*

עֶשְׂרֵה num. m.s. (797) *ten*

שָׁנָה n.f.s. (1040) *years*

עָבְדוּ Qal pf. 3 c.p. (712) *they had served*

אֶת־כְּדָרְלָעֹמֶר dir. obj.-pr.n. (462) *Chedorlaomer*

וּשְׁלֹשׁ־ conj.-n.m.s. cstr. (1025) *but in the three (GK 97d)*

עֶשְׂרֵה num. m.s. (797) *ten*

שָׁנָה v. supra *years*

מָרָדוּ Qal pf. 3 c.p. paus. (597) *they rebelled*

14:5

וּבְאַרְבַּע conj.-prep.-num. m.s. (916) *(and) in the four-*

עֶשְׂרֵה num. m.s. (797) *teenth*

שָׁנָה n.f.s. (1040) *year*

בָּא Qal pf. 3 m.s. (בּוֹא 97) *came*

כְדָרְלָעֹמֶר pr.n. (462) *Chedorlaomer*

וְהַמְּלָכִים conj.-def. art.-n.m.p. (I 572) *and the kings*

אֲשֶׁר אִתּוֹ rel.-prep. (II 85)-3 m.s. sf. *who were with him*

וַיַּכּוּ consec.-Hi. impf. 3 m.p. (נָכָה 645) *and subdued*

אֶת־רְפָאִים dir. obj.-pr.n. (952) *the Rephaim*

בְּעַשְׁתְּרֹת קַרְנַיִם prep.-pr.n. (III 800) *in Ashteroth-karnaim*

וְאֶת־הַזּוּזִים conj.-dir. obj.-def. art.-pr.n. (265) *(and) the Zuzim*

בְּהָם prep.-pr.n. (241) *in Ham*

וְאֵת הָאֵימִים conj.-dir. obj.-def. art.-pr.n. (34) *(and) the Emim*

בְּשָׁוֵה קִרְיָתָיִם prep.-pr.n. paus. (1001; 900) *in Shaveh-kiriathaim*

14:6

וְאֶת־הַחֹרִי conj.-dir.obj.-def.art.-pr.n. (II 360) *and the Horites*

בְּהַרְרָם prep.-n.m.s.-3m.p.sf.(249) *in their Mount*

שֵׂעִיר pr.n.(973) *Seir*

עַד אֵיל פָּארָן prep.-pr.n. (18) *as far as El-paran*

אֲשֶׁר עַל־ rel.-prep. *which is on the border of*

הַמִּדְבָּר def. art.-n.m.s.(184) *the wilderness*

14:7

וַיָּשֻׁבוּ consec.-Qal impf. 3 m.p. (שׁוּב 996) *then they turned back*

וַיָּבֹאוּ consec.-Qal impf. 3 m.p. (בּוֹא 97) *and came*

אֶל־עֵין מִשְׁפָּט prep.-pr.n. (745) *to En-mishpat*

הִוא demons. adj. f.s. (214) *that is*

קָדֵשׁ pr.n. (II 873) *Kadesh*

וַיַּכּוּ consec.-Hi. impf. 3 m.p. (נָכָה 645) *and subdued*

אֶת־כָּל־ dir. obj.-n.m.s. cstr. (481) *all*

שְׂדֵה n.m.s. cstr. (961) *the country of*

הָעֲמָלֵקִי def. art.-pr.n. (766) *the Amalekites*

וְגַם conj.-adv. (168) *and also*

אֶת־הָאֱמֹרִי dir. obj.-def. art.-pr.n. (57) *the Amorites*

הַיֹּשֵׁב def. art.-Qal act. ptc. (442) *who dwelt*

בְּחַצְצֹן תָּמָר prep.-pr.n. (346) *in Hazazon-tamar*

14:8

וַיֵּצֵא consec.-Qal impf. 3 m.s. (יָצָא 422) *then went out*

מֶלֶךְ־ n.m.s. cstr. (I 572) *the king of*

סְדֹם pr.n. (690) *Sodom*

וּמֶלֶךְ conj.-v. supra *and the king of*

עֲמֹרָה pr.n. (771) *Gomorrah*

וּמֶלֶךְ v. supra *and the king of*

אַדְמָה pr.n. (10) *Admah*

וּמֶלֶךְ v. supra *and the king of*

צְבֹיִים pr.n. (840) *Zeboiim*

וּמֶלֶךְ v. supra *and the king of*

בֶּלַע pr.n. (III 118) *Bela*

הִוא־ demons. adj. f.s. (214) *that is*

צֹעַר pr.n. (858) *Zoar*

וַיַּעַרְכוּ consec.-Qal impf. 3 m.p. (789) *and they joined*

אִתָּם prep.-3 m.p. sf. (II 85) *(with them)*

מִלְחָמָה n.f.s. (536) *battle*

בְּעֵמֶק prep.-n.m.s. cstr. (770) *in the valley of*

הַשִּׂדִּים def. art.-pr.n. (961) *Siddim*

14:9

אֵת כְּדָרְלָעֹמֶר prep. (II 85) - pr.n. (462) *with Chedorlaomer*

מֶלֶךְ n.m.s. cstr. (I 572) *king of*

עֵילָם pr.n. (I 743) *Elam*

וְתִדְעָל conj.-pr.n. (1062) *(and) Tidal*

מֶלֶךְ v. supra *king of*

גּוֹיִם pr.n. (157) *Goiim*

וְאַמְרָפֶל conj.-pr.n. (57) *(and) Amraphel*

מֶלֶךְ v. supra *king of*

שִׁנְעָר pr.n. (1042) *Shinar*

וְאַרְיוֹךְ conj.-pr.n. (73) *and Arioch*

מֶלֶךְ v. supra *king of*

אֶלָּסָר pr.n. (48) *Ellasar*

אַרְבָּעָה num. f.s. (916) *four*

מְלָכִים n.m.p. (I 572) *kings*

אֶת־הַחֲמִשָּׁה prep. (II 85)-def. art.-num. f.s. (331) *against five*

14:10

וְעֵמֶק conj.-n.m.s. cstr. (770) *now the Valley of*

הַשִּׂדִּים def. art.-pr.n. (961) *Siddim*

בֶּאֱרֹת n.f.p. (91) *pits*

בֶּאֱרֹת n.f.p. cstr. (91) *pits of*

חֵמָר n.m.s. (330) *bitumen*

וַיָּנֻסוּ consec.-Qal impf. 3 m.p. (נוּס 630) *and as ... fled*

מֶלֶךְ־ n.m.s. cstr. (I 572) *the kings of*

סְדֹם pr.n. (690) *Sodom*

וַעֲמֹרָה conj.-pr.n. (771) *and Gomorrah*

וַיִּפְּלוּ־ consec.-Qal impf. 3 m.p. (נָפַל 656) *and some fell*

שָׁמָּה adv.-dir. he (1027) *into them (lit. there)*

וְהַנִּשְׁאָרִים conj.-def. art.-Ni. ptc. m.p. (שָׁאַר 983) *and the rest*

הֶרָה n.m.s.-dir. he (249) *to the mountain*

נָּסוּ Qal pf. 3 c.p. paus. (נוּס 630) *fled*

14:11

וַיִּקְחוּ consec.-Qal impf. 3 m.s. (לָקַח 542) *so ... took*

אֶת־כָּל־ dir. obj.-n.m.s. cstr. (481) *all*

רְכֻשׁ n.m.s. cstr. (940) *the goods of*

סְדֹם pr.n. (690) *Sodom*

וַעֲמֹרָה conj.-pr.n. (771) *and Gomorrah*

וְאֶת־כָּל־ conj.-dir. obj.-n.m.s. cstr. (481) *and all*

אָכְלָם n.m.s.-3 m.p. sf. (38) *their provisions*

וַיֵּלֵכוּ consec.-Qal impf. 3 m.p. paus. (הָלַךְ 229) *and went their way*

14:12

וַיִּקְחוּ consec.-Qal impf. 3 m.p. (לָקַח 542) *they also took*

אֶת־לוֹט dir. obj.-pr.n. (532) *Lot*

וְאֶת־רְכֻשׁוֹ conj.-dir. obj.-n.m.s.-3 m.s. sf. (940) *and his goods*

בֶּן־אֲחִי n.m.s. cstr. (119)-n.m.s. cstr. (26) *the son of the brother of*

אַבְרָם pr.n. (4) *Abram*

וַיֵּלֵכוּ consec.-Qal impf. 3 m.p. paus. (הָלַךְ 229) *and departed*

וְהוּא conj.-pers. pr. 3 m.s. (214) *(and) who*

יֹשֵׁב Qal act. ptc. (442) *dwelt*

בִּסְדֹם prep.-pr.n. (690) *Sodom*

14:13

וַיָּבֹא consec.-Qal impf. 3 m.s. (בּוֹא 97) *then came*

הַפָּלִיט def. art.-n.m.s. (812) *one who had escaped*

וַיַּגֵּד consec.-Hi. impf. 3 m.s. (נָגַד 616) *and told*

לְאַבְרָם prep.-pr.n. (4) *Abram*

הָעִבְרִי def. art.-pr.n. (I 720) *the Hebrew*

וְהוּא conj.-pers. pr. 3 m.s. (214) *who*

שֹׁכֵן Qal act. ptc. (1014) *was living*

בְּאֵלֹנֵי prep.-n.m.p. cstr. (47) *by the oaks of*

מַמְרֵא pr.n. (577) *Mamre*

הָאֱמֹרִי def. art.-pr.n. (57) *the Amorite*

אֲחִי n.m.s. cstr. (26) *brother of*

אֶשְׁכֹּל pr.n. (79) *Eshcol*

וַאֲחִי conj.-n.m.s. cstr. (26) *and (the brother) of*

עָנֵר pr.n. (778) *Aner*

וְהֵם conj.-pers. pr. 3 m.p. (241) *these were*

בַּעֲלֵי n.m.p. cstr. (127) *possessors of*

בְרִית־ n.f.s. cstr. (136) *the covenant of*

אַבְרָם pr.n. (4) *Abram (allies of Abram)*

14:14

וַיִּשְׁמַע consec.-Qal impf. 3 m.s. (1033) *when ... heard*

אַבְרָם pr.n. (4) *Abram*

כִּי נִשְׁבָּה conj.-Ni. pf. 3 m.s. (שָׁבָה 985) *that ... had been taken captive*

אָחִיו n.m.s.-3 m.s. sf. (26) *his (brother) kinsman*

וַיָּרֶק consec.-Hi. impf. 3 m.s. (ריק 937) (lit. *he emptied out*) some rd. with LXX *mustered* or *he led forth*

אֶת־חֲנִיכָיו dir. obj.-adj. m.p.-3 m.s. sf. (335) *his trained men*

יְלִידֵי adj. m.p. cstr. (409) *born in*

בֵיתוֹ n.m.s.-3 m.s. sf. (108) *his house*

שְׁמֹנָה num. f.s. (1032) *eight*

עָשָׂר num. m.s. (797) *ten*

וּשְׁלֹשׁ conj.-num. m.s. cstr. (1025) *and three*

מֵאוֹת n.f.p. (547) *hundred men*

וַיִּרְדֹּף consec.-Qal impf. 3 m.s. (922) *and went in pursuit*

עַד־דָּן prep.-pr.n. (192) *as far as Dan*

14:15

וַיֵּחָלֵק consec.-Ni. impf. 3 m.s. (323) *and he divided*

עֲלֵיהֶם prep.-3 m.p. sf. *against them*

לַיְלָה n.m.s. (538) *by night*

הוּא pers. pr. 3 m.s. (214) *he*

וַעֲבָדָיו conj.-n.m.p.-3 m.s. sf. (713) *and his servants*

וַיַּכֵּם consec.-Hi. impf. 3 m.s.-3 m.p. sf. (נָכָה 645) *and routed them*

וַיִּרְדְּפֵם consec.-Qal impf. 3 m.s.-3 m.p. sf. (922) *and pursued them*

עַד־חוֹבָה prep.-pr.n. (295) *to Hobah*

אֲשֶׁר מִשְּׂמֹאל rel.-prep.-n.m.s. (969) *(which is) north*

לְדַמָּשֶׂק prep.-pr.n. paus. (199) *of Damascus*

14:16

וַיָּשֶׁב consec.-Hi. impf. 3 m.s. (שׁוּב 996) *then he brought back*

אֵת כָּל־ dir. obj.-n.m.s. cstr. (481) *all*

הָרְכֻשׁ def. art.-n.m.s. (940) *the goods*

וְגַם conj.-adv. (168) *and also*

אֶת־לוֹט dir. obj.-pr.n. (532) *Lot*

אָחִיו n.m.s.-3 m.s. sf. (26) *his kinsman*

וּרְכֻשׁוֹ conj.-n.m.s.-3 m.s. sf. (940) *with his goods*

הֵשִׁיב Hi. pf. 3 m.s. (שׁוּב 996) *brought back*

וְגַם v. supra *and also*

אֶת־הַנָּשִׁים dir. obj.-def. art.-n.f.p. (61) *the women*

וְאֶת־הָעָם conj.-def. art.-n.m.s. (I 766) *and the people*

14:17

וַיֵּצֵא־ consec.-Qal impf. 3 m.s. (יָצָא 422) *went out*

מֶלֶךְ n.m.s. cstr. (I 572) *the king of*

סְדֹם pr.n. (690) *Sodom*

לִקְרָאתוֹ prep.-Qal inf. cstr.-3 m.s. sf. (894) *to meet him*

אַחֲרֵי prep. cstr. (29) *after*

שׁוּבוֹ Qal inf. cstr.-3 m.s. sf. (996) *his return*

מֵהַכּוֹת prep.-Ni. inf. cstr. (נָכָה 645) *from the defeat*

אֶת־כְּדָר־לָעֹמֶר dir. obj.-pr.n. (462) *of Chedor-laomer*

וְאֶת־הַמְּלָכִים conj.-dir. obj.-def. art.-n.m.p. (I 572) *and the kings*

אֲשֶׁר אִתּוֹ rel.-prep.-3 m.s. sf. (II 85) *who were with him*

אֶל־עֵמֶק prep.-n.m.s. cstr. (770) *at the Valley of*

שָׁוֵה pr.n. (II 1001) *Shaveh*

הוּא demons. adj. m.s. (214) *that is*

עֵמֶק n.m.s. cstr. (770) *the Valley of*

הַמֶּלֶךְ def. art.-n.m.s. (I 572) *the King*

14:18

וּמַלְכִּי־צֶדֶק conj.-pr.n. (575) *and Melchizedek*

מֶלֶךְ n.m.s. cstr. (I 572) *king of*

שָׁלֵם pr.n. (II 1024) *Salem*

הוֹצִיא Hi. pf. 3 m.s. (יָצָא 422) *brought out*

לֶחֶם n.m.s. (536) *bread*

וָיָיִן conj.-n.m.s. paus. (406) *and wine*

וְהוּא conj.-pers. pr. 3 m.s. (214) *(and) he was*

כֹהֵן n.m.s. (463) *priest*

לְאֵל prep.-n.m.s. (42) *of God*

עֶלְיוֹן n.m.s. (II 751) *Most High*

14:19

וַיְבָרְכֵהוּ consec.-Pi. impf. 3 m.s.-3 m.s. sf. (בָּרַךְ 138) *and he blessed him*

וַיֹּאמַר consec.-Qal impf. 3 m.s. (55) *and said*

בָּרוּךְ Qal pass. ptc. (138) *Blessed be*

אַבְרָם pr.n. (4) *Abram*

לְאֵל prep.-n.m.s. (42) *by God*

עֶלְיוֹן n.m.s. (II 751) *Most High*

קֹנֵה Qal act. ptc. cstr. (888) *maker of*

שָׁמַיִם n.m. du. (1029) *heaven*

וָאָרֶץ conj.-n.f.s. paus. (75) *and earth*

14:20

וּבָרוּךְ conj.-Qal pass. ptc. (138) *and blessed be*

אֵל n.m.s. (42) *God*

עֶלְיוֹן n.m.s. (II 751) *Most High*

אֲשֶׁר־מִגֵּן rel.-Pi. pf. 3 m.s. (171) *who has delivered*

צָרֶיךָ n.m.p.-2 m.s. sf. (III 865) *your enemies*

בְּיָדֶךָ prep.-n.f.s.-2 m.s. sf. paus. (388) *into your hand*

וַיִּתֶּן־ consec.-Qal impf. 3 m.s. (נָתַן 678) *and he gave*

לוֹ prep.-3 m.s. sf. *to him*

מַעֲשֵׂר n.m.s. (798) *a tenth*

מִכֹּל prep.-n.m.s. (481) *of everything*

14:21

וַיֹּאמֶר consec.-Qal impf. 3 m.s. (55) *and ... said*

מֶלֶךְ־ n.m.s. cstr. (I 572) *the king of*

סְדֹם pr. n. (690) *Sodom*

אֶל־אַבְרָם prep.-pr.n. (4) *to Abram*

תֶּן־לִי Qal impv. 2 m.s. (נָתַן 678)-prep.-1 c.s. sf. *Give me*

הַנֶּפֶשׁ def. art.-n.f.s. (659) *the persons*

וְהָרְכֻשׁ conj.-def. art.-n.m.s. (940) *but the goods*

קַח־לָךְ Qal impv. 2 m.s. (לָקַח 542)-prep.-2 m.s. sf. paus. *take for yourself*

14:22

וַיֹּאמֶר consec.-Qal impf. 3 m.s. (55) *but ... said*

אַבְרָם pr.n. (4) *Abram*

אֶל־מֶלֶךְ prep.-n.m.s. cstr. (I 572) *to the king of*

סְדֹם pr.n. (690) *Sodom*

הֲרִימֹתִי Hi. pf. 1 c.s. (רוּם 926) *I have lifted*

יָדִי n.f.s.-1 c.s. sf. (388) *my hand (I have sworn)*

אֶל־יהוה prep.-pr.n. (217) *to Yahweh*

אֵל n.m.s. (42) *God*

עֶלְיוֹן n.m.s. (II 751) *Most High*

קֹנֵה Qal act. ptc. cstr. (888) *maker of*

שָׁמַיִם n.m. du. (1029) *heaven*

וָאָרֶץ conj.-n.f.s. paus. (75) *and earth*

14:23

אִם־מִחוּט hypoth. part. (49)-prep.-n.m.s. (296) *that a thread*

וְעַד שְׂרוֹךְ־ conj.-prep.-n.m.s. cstr. (976) *or a thong of*

נַעַל n.f.s. (653) *a sandal*

וְאִם־אֶקַּח conj.-hypoth. part. (49)-Qal impf. 1 c.s. (לָקַח 542) *I would not take*

מִכָּל־ prep.-n.m.s. cstr. (481) *anything*

אֲשֶׁר־לָךְ rel.-prep.-2 m.s. sf. paus. *that is yours*

וְלֹא תֹאמַר conj.-neg.-Qal impf. 2 m.s. (55) *lest you should say*

אֲנִי pers. pr. 1 c.s. (58) *I*

הֶעֱשַׁרְתִּי Hi. pf. 1 c.s. (עָשַׁר 799) *have made rich*

אֶת־אַבְרָם dir. obj.-pr.n. (4) *Abram*

14:24

בִּלְעָדַי particle of deprecation-1 c.s. sf. (116) (lit. *apart from me*) *I will take nothing*

רַק adv. (956) *only*

אֲשֶׁר אָכְלוּ rel.-Qal pf. 3 c.p. (37) *but what ... have eaten*

הַנְּעָרִים def. art.-n.m.p. (654) *the young men*

וְחֵלֶק conj.-n.m.s. cstr. (324) *and the share of*

הָאֲנָשִׁים def. art.-n.m.p. (35) *the men*

אֲשֶׁר הָלְכוּ rel.-Qal pf. 3 m.p. (הָלַךְ 229) *who went*

אִתִּי prep.-1 c.s. sf. (II 85) *with me*

עָנֵר pr.n. (778) *Aner*

אֶשְׁכֹּל pr.n. (79) *Eshcol*

וּמַמְרֵא conj.-pr.n. (577) *and Mamre*

הֵם יִקְחוּ pers. pr. 3 m.p. (241)-Qal impf. 3 m.p. (לָקַח 542) *let (them) take*

חֶלְקָם n.m.s.-3 m.p. sf. (324) *their share*

15:1

אַחַר prep. (29) *after*

הַדְּבָרִים def. art.-n.m.p. (182) ... *things*

הָאֵלֶּה def. art.-demons. adj. c.p. (41) *these*

הָיָה Qal pf. 3 m.s. (224) *came*

דְבַר־יהוה n.m.s. cstr. (182)-pr.n. (217) *the word of Yahweh*

אֶל־אַבְרָם prep.-pr.n. (4) *to Abram*

בַּמַּחֲזֶה prep.-def. art.-n.m.s. (303) *in the vision*

לֵאמֹר prep.-Qal inf. cstr. (55) *(saying)*

אַל־תִּירָא neg.-Qal impf. 2 m.s. (יָרֵא 431) *Fear not*

אַבְרָם pr.n. (4) *Abram*

אָנֹכִי מָגֵן pers. pr. 1 c.s. (59)-n.m.s. (171) *I am ... shield*

לָךְ prep.-2 m.s. sf. paus. *your*

שְׂכָרְךָ n.m.s.-2 m.s. sf. (I 969) *your reward*

הַרְבֵּה Hi. inf. abs. as adj. (רָבָה I 915) *great*

מְאֹד adv. (547) *very*

15:2

וַיֹּאמֶר consec.-Qal impf. 3 m.s. (55) *but said*

אַבְרָם pr.n. (4) *Abram*

אֲדֹנָי n.m.p.-1 c.s. sf. (10) *O Lord*

יהוה pr.n. (217) *Yahweh*

מַה־תִּתֶּן־לִי interr. (552) - Qal impf. 2 m.s. (נָתַן 678) - prep.-l c.s. sf. *what wilt thou give me*

וְאָנֹכִי conj.-pers.pr. 1 c.s. (59) *for I*

הוֹלֵךְ Qal act. ptc. (הָלַךְ 229) *continue*

עֲרִירִי adj. m.s. (792) *childless*

וּבֶן־ conj.-n.m.s. cstr. (119) *and the son of*

מֶשֶׁק n.m.s. cstr. (606) *acquisition (heir) of*

בֵּיתִי n.m.s.-1 c.s. sf. (108) *my house*

הוּא pers. pr. 3 m.s. (214) *(he is)*

דַּמֶּשֶׂק pr.n. (199) *Damascus*

אֱלִיעֶזֶר pr.n. (45) *Eliezer*

15:3

וַיֹּאמֶר consec.-Qal impf. 3 m.s. (55) *and said*

אַבְרָם pr.n. (4) *Abram*

הֵן demons. part. (243) *Behold*

לִי prep.-1 c.s. sf. *(to) me*

לֹא נָתַתָּה neg.-Qal pf. 2 m.s. (נָתַן 678) *thou hast given no*

זָרַע n.m.s. paus. (282) *offspring*

וְהִנֵּה conj.-demons. part. (243) *(and behold)*

בֶן־בֵּיתִי n.m.s. cstr. (119)-n.m.s.-1 c.s. sf. (108) *a slave born in my house* (lit. *a son of my house*)

יוֹרֵשׁ Qal act. ptc. (יָרַשׁ 439) *will be heir* (lit. *is taking possession of*)

אֹתִי dir. obj.-1 c.s. sf. *my*

15:4

וְהִנֵּה conj.-demons. part. (243) *and behold*

דְבַר־יהוה n.m.s. cstr. (182)-pr.n. (217) *the word of Yahweh*

אֵלָיו prep.-3 m.s. sf. *to him*

לֵאמֹר prep.-Qal inf. cstr. (55) *(saying)*

לֹא יִירָשְׁךָ neg.-Qal impf. 3 m.s.-2 m.s. sf. (יָרַשׁ 439) *shall not be your heir*

זֶה demons. adj. m.s. (260) *This man*

כִּי־אִם conj.-part. (474) *(rather)*

אֲשֶׁר יֵצֵא rel.-Qal impf. 3 m.s. (יָצָא 422) *(that which goes out)*

מִמֵּעֶיךָ prep.-n.m.p.-2 m.s. sf. (588) *(of your inward parts) your own son*

הוּא pers. pr. 3 m.s. (214) *(he)*

יִירָשֶׁךָ Qal impf. 3 m.s.-2 m.s. sf. paus. (יָרַשׁ 439) *shall be your heir*

15:5

וַיּוֹצֵא consec.-Hi. impf. 3 m.s. (יָצָא 422) *and he brought*

אֹתוֹ dir. obj.-3 m.s. sf. *him*

הַחוּצָה def. art.-n.m.s.-dir. he (299) *outside*

וַיֹּאמֶר consec.-Qal impf. 3 m.s. (55) *and said*

הַבֶּט־נָא Hi. impv. 2 m.s. (נָבַט 613)-part. of entreaty (609) *Look*

הַשָּׁמַיְמָה def. art.-n.m. du.-dir. he (1029) *toward heaven*

וּסְפֹר conj.-Qal impv. 2 m.s. (707) *and number*

הַכּוֹכָבִים def. art.-n.m.p. (456) *the stars*

אִם־תּוּכַל hypoth. part. (49)-Qal impf. 2 m.s. (יָכֹל 407) *if you are able*

לִסְפֹּר prep.-Qal inf. cstr. (707) *to number*

אֹתָם dir. obj.-3 m.p. sf. *them*

וַיֹּאמֶר לוֹ consec.-Qal impf. 3 m.s. (55)-prep.-3 m.s. sf. *Then he said to him*

כֹּה adv. (462) *So*

יִהְיֶה Qal impf. 3 m.s. (224) *shall be*

זַרְעֶךָ n.m.s.-2 m.s. sf. paus. (282) *your descendants*

15:6

וְהֶאֱמִן conj.-Hi. pf. 3 m.s. (אָמַן 52) *and he believed*

בַּיהוה prep.-pr.n. (217) *Yahweh*

וַיַּחְשְׁבֶהָ consec.-Qal impf. 3 m.s. - 3 f.s. sf. (חָשַׁב 362) *and he reckoned it*

לוֹ prep.-3 m.s. sf. *to him*

צְדָקָה n.f.s. (842) *as righteousness*

15:7

וַיֹּאמֶר consec.-Qal impf. 3 m.s. (55) *and he said*

אֵלָיו prep.-3 m.s. sf. *to him*

אֲנִי יהוה pers. pr. 1 c.s. (58) - pr.n. (217) *I am Yahweh*

אֲשֶׁר rel. *who*

הוֹצֵאתִיךָ Hi. pf. 1 c.s.-2 m.s. sf. (יָצָא 422) *brought you*

מֵאוּר prep.-pr.n. (III 22) *from Ur*

כַּשְׂדִּים pr.n. (505) *the Chaldeans*

לָתֶת לְךָ prep.-Qal inf. cstr. (נָתַן 678) - prep.-2 m.s. sf. *to give you*

אֶת־הָאָרֶץ dir.obj.-def.art.-n.f.s. (75) *land*

הַזֹּאת def.art.-demons.adj. f.s. (260) *this*

לְרִשְׁתָּהּ prep.-Qal inf. cstr. - 3 f.s. sf. (יָרַשׁ 439) *to possess (it)*

15:8

וַיֹּאמַר consec.-Qal impf. 3 m.s. (55) *but he said*

אֲדֹנָי n.m.p.-1 c.s. sf. (10) *O Lord*

יהוה pr.n. (217) *Yahweh*

בַּמָּה prep.-def.art.-interr. (552) *How*

אֵדַע Qal impf. 1 c.s. (יָדַע 393) *am I to know*

כִּי אִירָשֶׁנָּה conj.-Qal impf. 1 c.s. - 3 f.s. sf. (יָרַשׁ 439) *that I shall possess it*

15:9

וַיֹּאמֶר consec.-Qal impf. 3 m.s. (55) *(and) he said*

אֵלָיו prep.-3 m.s. sf. *to him*

קְחָה לִי Qal impv. 2 m.s.-coh. he (542) - prep.-1 c.s. sf. *bring me*

עֶגְלָה n.f.s. (I 722) *a heifer*

מְשֻׁלֶּשֶׁת Pu. ptc. f.s. (שָׁלַשׁ I 1026) *three years old*

וְעֵז conj.-n.f.s. (777) *and a she-goat*
מְשֻׁלֶּשֶׁת v. supra *three years old*
וְאַיִל conj.-n.m.s. (I 17) *and a ram*
מְשֻׁלָּשׁ Pu. ptc. m.s. paus. (שָׁלַשׁ I 1026) *three years old*
וְתֹר conj.-n.f.s. (II 1076) *and a turtledove*
וְגוֹזָל conj.-n.m.s. (160) *and a young pigeon*

15:10

וַיִּקַּח־לוֹ consec. - Qal impf. 3 m. s. (לָקַח 542) - prep.-3 m.s. sf. *and he brought him*
אֶת־כָּל־אֵלֶּה dir.obj.-n.m.s. cstr. (481) - demons. adj. c.p. (41) *all these*
וַיְבַתֵּר consec.-Pi. impf. 3 m.s. (בָּתַר 144) *cut in two*
אֹתָם dir.obj.-3 m.p. sf. *them*
בַּתָּוֶךְ prep.-def.art.-n.m.s. (1063) *(in the middle)*
וַיִּתֵּן consec.-Qal impf. 3 m.s. (נָתַן 678) *and laid*
אִישׁ־בִּתְרוֹ n.m.s. (35) - n.m.s.-3 m.s. sf. (144) *each half* (lit. *each his piece)*
לִקְרַאת prep.-Qal inf. cstr. (קָרָא II 896) *over against (to meet)*
רֵעֵהוּ n.m.s.-3 m.s. sf. (II 945) *the other* (lit. *his companion)*
וְאֶת־הַצִּפֹּר conj.-dir.obj.-def.art.-n.f.s. (I 861) *but the birds*
לֹא בָתָר neg.-Qal pf. 3 m.s. paus. (144) *he did not cut in two*

15:11

וַיֵּרֶד consec.-Qal impf. 3 m.s. (יָרַד 432) *and when ... came down*
הָעַיִט def.art.-n.m.s. (743) *birds of prey*
עַל־הַפְּגָרִים prep.-def.art.-n.m.p. (803) *upon the carcasses*
וַיַּשֵּׁב consec.-Hi.impf. 3 m.s. (נָשַׁב 674) *drove away*
אֹתָם dir.obj.-3 m.p. sf. *them*
אַבְרָם pr.n. (4) *Abram*

15:12

וַיְהִי consec.-Qal impf. 3 m.s. (הָיָה 224) *as was*
הַשֶּׁמֶשׁ def.art.-n.m.s. (1039) *the sun*
לָבוֹא prep.-Qal inf. cstr. (בּוֹא 97) *going down*
וְתַרְדֵּמָה conj.-n.f.s. (922) *(and) a deep sleep*
נָפְלָה Qal pf. 3 f.s. (נָפַל 656) *fell*
עַל־אַבְרָם prep.-pr.n. (4) *on Abram*
וְהִנֵּה conj.-demons. part. (243) *and lo*
אֵימָה n.f.s. (33) *a dread*
חֲשֵׁכָה n.f.s. (365) *darkness*
גְדֹלָה adj. f.s. (152) *great*
נֹפֶלֶת Qal act. ptc. f.s. (נָפַל 656) *fell*
עָלָיו prep.-3 m.s. sf. *upon him*

15:13

וַיֹּאמֶר consec.-Qal impf. 3 m.s. (55) *then he said*
לְאַבְרָם prep.-pr.n. (4) *to Abram*
יָדֹעַ Qal inf. abs. (393) *of a surety*
תֵּדַע Qal impf. 2 m.s. (יָדַע 393) *know*
כִּי־גֵר conj.-n.m.s. (158) *that sojourners*
יִהְיֶה Qal impf. 3 m.s. (הָיָה 224) *will be*
זַרְעֲךָ n.m.s.-2 m.s. sf. (282) *your descendants*
בְּאֶרֶץ prep.-n.f.s. (75) *in a land*
לֹא לָהֶם neg.-prep.-3 m.p. sf. *that is not theirs*
וַעֲבָדוּם conj.-Qal pf. 3 c.p.-3 m.p. sf. (עָבַד 712) *and will be slaves there* (lit. *and they will serve them)*
וְעִנּוּ אֹתָם conj.-Pi. pf. 3 c.p. (עָנָה III 776) - dir.obj.-3 m.p. sf. *and they will be oppressed*
אַרְבַּע num. m.s. (916) *four*
מֵאוֹת n.f.p. (547) *hundred*
שָׁנָה n.f.s. (1040) *years*

15:14

וְגַם conj.-adv. (168) *but (also)*

אֶת־הַגּוֹי dir.obj.-def.art.-n.m.s. (156) *on the nation*

אֲשֶׁר rel. *which*

יַעֲבֹדוּ Qal impf. 3 m.p. (עָבַד 712) *they serve*

דָּן אָנֹכִי Qal act. ptc. (דִּין 192) - pers. pr. 1 c.s. (59) *I will bring judgment*

וְאַחֲרֵי־כֵן conj.-prep. cstr. (29) - adv. (485) *and afterward*

יֵצְאוּ Qal impf. 3 m.p. (יָצָא 422) *they shall come out*

בִּרְכֻשׁ prep.-n.m.s. (940) *with ... possessions*

גָּדוֹל adj. m.s. (152) *great*

15:15

וְאַתָּה conj.-pers.pr. 2 m.s. (61) *as for yourself*

תָּבוֹא Qal impf. 2 m.s. (בּוֹא 97) *you shall go*

אֶל־אֲבֹתֶיךָ prep.-n.m.p.-2 m.s. sf. (3) *to your fathers*

בְּשָׁלוֹם prep.-n.m.s. (1022) *in peace*

תִּקָּבֵר Ni. impf. 2 m.s. (קָבַר 868) *you shall be buried*

בְּשֵׂיבָה prep.-n.f.s. (966) *in a ... old age*

טוֹבָה adj. f.s. (373) *good*

15:16

וְדוֹר conj.-n.m.s. (189) *and in the ... generation*

רְבִיעִי num. adj. m.s. (917) *fourth*

יָשׁוּבוּ Qal impf. 3 m.s. (שׁוּב 996) *they shall come back*

הֵנָּה adv. (I 244) *here*

כִּי לֹא־שָׁלֵם conj.-neg.-adj. m.s. (I 1023) *for is not complete*

עֲוֹן n.m.s. cstr. (730) *the iniquity of*

הָאֱמֹרִי def.art.-pr.n. (57) *the Amorites*

עַד־הֵנָּה prep.-adv. (I 244) *yet (until here)*

15:17

וַיְהִי consec.-Qal impf. 3 m.s. (הָיָה 224) *when (it was)*

הַשֶּׁמֶשׁ def.art.-n.f.s. (1039) *the sun*

בָּאָה Qal pf. 3 f.s. (בּוֹא 97) *had gone down*

וַעֲלָטָה conj.-n.f.s. (759) *and dark*

הָיָה Qal pf. 3 m.s. (224) *it was*

וְהִנֵּה conj.-demons. part. (243) *and behold*

תַנּוּר n.m.s. (1072) *a fire pot*

עָשָׁן n.m.s. (I 798) *smoking*

וְלַפִּיד conj.-n.m.s. (542) *and a torch*

אֵשׁ n.f.s. (77) *flaming*

אֲשֶׁר עָבַר rel.-Qal pf. 3 m.s. (716) *(which) passed*

בֵּין הַגְּזָרִים prep.-def.art.-n.m.p. (I 160) *between ... pieces*

הָאֵלֶּה def.art.-demons. adj. c.p. (41) *these*

15:18

בַּיּוֹם הַהוּא prep.-def.art.-n.m.s. (398) - def.art.-demons. adj. m.s. (214) *on that day*

כָּרַת Qal pf. 3 m.s. (503) *made (cut)*

יהוה pr.n. (217) *Yahweh*

אֶת־אַבְרָם prep. (II 85) - pr.n. (4) *with Abram*

בְּרִית n.f.s. (136) *a covenant*

לֵאמֹר prep.-Qal inf. cstr. (55) *saying*

לְזַרְעֲךָ prep.-n.m.s.- 2 m.s. sf. (282) *to your descendants*

נָתַתִּי Qal pf. 1 c.s. (נָתַן 678) *I give*

אֶת־הָאָרֶץ dir.obj.-def.art.-n.f.s. (75) *land*

הַזֹּאת def.art.-demons. adj. f.s. (260) *this*

מִנְּהַר prep.-n.m.s. cstr. (625) *from the river of*

מִצְרַיִם pr.n. (595) *Egypt*

עַד־הַנָּהָר prep.-def.art.-n.m.s. (625) *to the ... river*

הַגָּדֹל def.art.-adj. m.s. (152) *great*

נְהַר־פְּרָת n.m.s. cstr. (625) - pr.n. (832) *the river Euphrates*

15:19

אֶת־הַקֵּינִי dir.obj.-def.art.adj. gent. (884) *the Kenites*

וְאֶת־הַקְּנִזִּי conj.-dir.obj.-def.art.-adj. gent. (889) *(and) the Kenizzites*

וְאֵת הַקַּדְמֹנִי conj.-dir.obj.-def.art.-adj. gent. (II 870) *(and) the Kadmonites*

15:20

וְאֶת־הַחִתִּי conj.-dir.obj.-def.art.-adj. gent. (366) *(and) the Hittites*

וְאֶת־הַפְּרִזִּי conj.-dir.obj.-def.art.-adj. gent. (827) *(and) the Perizzites*

וְאֶת־הָרְפָאִים conj.-dir.obj.-def.art.-pr.n. gent. (952) *(and) the Rephaim*

15:21

וְאֶת־הָאֱמֹרִי conj.-dir.obj.-def.art.-pr.n. (57) *(and) the Amorites*

וְאֶת־הַכְּנַעֲנִי conj.-dir.obj.-def.art.-adj. gent. (489) *(and) the Canaanites*

וְאֶת־הַגִּרְגָּשִׁי conj.-dir.obj.-def.art.-adj. gent. (173) *(and) the Girgashites*

וְאֶת־הַיְבוּסִי conj.-dir.obj.-def.art.-adj. gent. (101) *and the Jebusites*

16:1

וְשָׂרַי conj.-pr.n. (979) *now Sarai*

אֵשֶׁת n.f.s. cstr. (61) *the wife of*

אַבְרָם pr.n. (4) *Abram*

לֹא יָלְדָה neg.-Qal pf. 3 f.s. (יָלַד 408) *bore no children*

לוֹ prep.-3 m.s. sf. *him*

וְלָהּ conj.-prep.-3 f.s. sf. *She had*

שִׁפְחָה n.f.s. (1046) *a maid*

מִצְרִית adj. gent. f.s. (596) *Egyptian*

וּשְׁמָהּ conj.-n.m.s.-3 f.s. sf. (1027) *and her name was*

הָגָר pr.n. (212) *Hagar*

16:2

וַתֹּאמֶר consec.-Qal impf. 3 f.s. (55) *and said*

שָׂרַי pr.n. (979) *Sarai*

אֶל־אַבְרָם prep.-pr.n. (4) *to Abram*

הִנֵּה־נָא demons.part. (243) - part. of entreaty (609) *behold now*

עֲצָרַנִי Qal pf. 3 m.s.-1 c.s. sf. (עָצַר 783) *has prevented me*

יהוה pr.n. (217) *Yahweh*

מִלֶּדֶת prep.-Qal inf. cstr. (יָלַד 408) *from bearing children*

בֹּא־נָא Qal impv. 2 m.s. (בּוֹא 97) - part. of entreaty (609) *go in*

אֶל־שִׁפְחָתִי prep.-n.f.s.-1 c.s. sf. (1046) *to my maid*

אוּלַי adv. (II 19) *it may be that*

אִבָּנֶה Ni. impf. 1 c.s. (בָּנָה 124) *I shall obtain children (*lit. *I shall be built up)*

מִמֶּנָּה prep.-3 f.s. sf. *by her*

וַיִּשְׁמַע consec.-Qal impf. 3 m.s. (שָׁמַע 1033) *and hearkened*

אַבְרָם pr.n. (4) *Abram*

לְקוֹל prep.-n.m.s. cstr. (876) *to the voice of*

שָׂרָי pr.n. paus. (979) *Sarai*

16:3

וַתִּקַּח consec.-Qal impf. 3 f.s. (לָקַח 542) *so ... took*

שָׂרַי pr.n. (979) *Sarai*

אֵשֶׁת n.f.s. cstr. (61) *the wife of*

אַבְרָם pr.n. (4) *Abram*

אֶת־הָגָר dir.obj.-pr.n. (212) *Hagar*

הַמִּצְרִית def.art.-adj. gent. f.s. (596) *the Egyptian*

שִׁפְחָתָהּ n.f.s.-3 f.s. sf. (1046) *her maid*

מִקֵּץ prep.-n.m.s. cstr. (893) *after (at the end of)*

עֶשֶׂר num. m.s. (796) *ten*

שָׁנִים n.f.p. (1040) *years*

לְשֶׁבֶת prep.-Qal inf. cstr. (יָשַׁב 442) *had dwelt*

אַבְרָם pr.n. (4) *Abram*

בְּאֶרֶץ prep.-n.f.s. cstr. (75) *in the land of*

כְּנָעַן pr.n. paus. (I 488) *Canaan*

וַתִּתֵּן consec.-Qal impf. 3 f.s. (נָתַן 678) *and gave*

אֹתָהּ dir.obj.-3 f.s. sf. *her*

לְאַבְרָם prep.-pr.n. (4) *Abram*

אִישָׁהּ n.m.s.-3 f.s. sf. (35) *her husband*

לוֹ prep.-3 m.s. sf. *(to him)*

לְאִשָּׁה prep.-n.f.s. (61) *as a wife*

16:4

וַיָּבֹא consec.-Qal impf. 3 m.s. (בּוֹא 97) *and he went in*

אֶל־הָגָר prep.-pr.n. (212) *to Hagar*

וַתַּהַר consec.-Qal impf. 3 f.s. (הָרָה I 247) *and she conceived*

וַתֵּרֶא consec.-Qal impf. 3 f.s. (רָאָה 906) *and when she saw*

כִּי הָרָתָה conj.-Qal pf. 3 f.s. (הָרָה I 247) *that she had conceived*

וַתֵּקַל consec.-Qal impf. 3 f.s. (קָלַל 886) *with contempt (*lit. *be trifling)*

גְּבִרְתָּהּ n.f.s.-3 f.s. sf. (150) *her mistress*

בְּעֵינֶיהָ prep.-n.f. du. - 3 f.s. sf. (I 744) *she looked (with her eyes)*

16:5

וַתֹּאמֶר consec.-Qal impf. 3 f.s. (55) *and said*

שָׂרַי pr.n. (979) *Sarai*

אֶל־אַבְרָם prep.-pr.n. (4) *to Abram*

חֲמָסִי n.m.s.-1 c.s. sf. (329) *the wrong done to me*

עָלֶיךָ prep.-2 m.s. sf. *be upon you*

אָנֹכִי נָתַתִּי pers. pr. 1 c.s. (59) - Qal pf. 1 c.s. (נָתַן 678) *I gave*

שִׁפְחָתִי n.f.s.-1 c.s. sf. (1046) *my maid*

בְּחֵיקֶךָ prep.-n.m.s.-2 m.s. sf. (300) *to your embrace*

וַתֵּרֶא consec.-Qal impf. 3 f.s. (רָאָה 906) *and when she saw*

כִּי הָרָתָה conj.-Qal pf. 3 f.s. (הָרָה I 247) *that she had conceived*

וָאֵקַל consec.-Qal impf. 1 c.s. (קָלַל 886) *me with contempt (I was slight)*

בְּעֵינֶיהָ prep.-n.f. du. - 3 f.s. sf. (I 744) *she looked (in her eyes)*

יִשְׁפֹּט Qal impf. 3 m.s. (1047) *May ... judge*

יהוה pr.n. (217) *Yahweh*

בֵּינִי וּבֵינֶיךָ prep.-1 c.s. sf.-conj.-prep.-2 m.s. sf. *between you and me*

16:6

וַיֹּאמֶר consec.-Qal impf. 3 m.s. (55) *but said*

אַבְרָם pr.n. (4) *Abram*

אֶל־שָׂרַי prep.-pr.n. (979) *to Sarai*

הִנֵּה demons. part. (243) *Behold*

שִׁפְחָתֵךְ n.f.s.-2 f.s. sf. (1046) *your maid*

בְּיָדֵךְ prep.-n.f.s.-2 f.s. sf. (388) *in your power*

עֲשִׂי־לָהּ Qal impv. 2 f.s. (עָשָׂה I 793)-prep.-3 f.s. sf. *do to her*

הַטּוֹב בְּעֵינָיִךְ def.art.-n.m.s. (373)-prep.-n.f. du.-2 f.s. sf. (I 744) *as you please (*lit. *the good in your eyes)*

וַתְּעַנֶּהָ consec.-Pi. impf. 3 f.s.-3 f.s. sf. (עָנָה III 776) *Then dealt harshly with her*

שָׂרַי pr.n. (979) *Sarai*

וַתִּבְרַח consec.-Qal impf. 3 f.s. (בָּרַח 137) *and she fled*

מִפָּנֶיהָ prep.-n.m.p.-3 f.s. sf. (815) *from her*

16:7

וַיִּמְצָאָהּ consec.-Qal impf. 3 m.s. -3 f.s. sf. (מָצָא 592) *found her*

מַלְאַךְ n.m.s. cstr. (521) *the angel of*

יהוה pr.n. (217) *Yahweh*

עַל־עֵין prep.-n.f.s. cstr. (II 745) *by the spring of*

הַמַּיִם def.art.-n.m.p. (565) *water*

בַּמִּדְבָּר prep.-def.art.-n.m.s. paus. (184) *in the wilderness*

עַל־הָעַיִן prep.-def.art.-n.f.s. (II 745) *the spring*

בְּדֶרֶךְ prep.-n.m.s. cstr. (202) *on the way to*

שׁוּר pr.n. (III 1004) *Shur*

16:8

וַיֹּאמַר consec.-Qal impf. 3 m.s. (55) *and he said*

הָגָר pr.n. (212) *Hagar*

שִׁפְחַת n.f.s. cstr. (1046) *maid of*

שָׂרַי pr.n. (979) *Sarai*

אֵי־מִזֶּה interr. (32) - prep.-demons adj. m.s. (260) *where ... from*

בָאת Qal pf. 2 f.s. (בּוֹא 97) *have you come*

וְאָנָה conj.-adv.-loc. he (33) *and where*

תֵלֵכִי Qal impf. 2 f.s. (הָלַךְ 229) *are you going*

וַתֹּאמֶר consec.-Qal impf. 3 f.s. (55) *she said*

מִפְּנֵי שָׂרַי prep.-n.m.p. cstr. (815) - pr.n. (979) *from Sarai*

גְּבִרְתִּי n.f.s.-1 c.s. sf. (150) *my mistress*

אָנֹכִי pers.pr. 1 c.s. (59) *I am*

בֹּרַחַת Qal act. ptc. f.s. (בָּרַח 137) *fleeing*

16:9

וַיֹּאמֶר consec.-Qal impf. 3 m.s. (55) *(and) said*

לָהּ prep.-3 f.s. sf. *to her*

מַלְאַךְ n.m.s. cstr. (521) *the angel of*

יהוה pr.n. (217) *Yahweh*

שׁוּבִי Qal impv. 2 f.s. (שׁוּב 996) *Return*

אֶל־גְּבִרְתֵּךְ prep.-n.f.s.-2 f.s. sf. (150) *to your mistress*

וְהִתְעַנִּי conj.-Hith. impv. 2 f.s. (עָנָה III 776) *and submit (yourself)*

תַּחַת יָדֶיהָ prep. (1065)-n.f. du.-3 f.s. sf. (388) *to her* (lit. *under her hands*)

16:10

וַיֹּאמֶר consec.-Qal impf. 3 m.s. (55) *also said*

לָהּ prep.-3 f.s. sf. *to her*

מַלְאַךְ n.m.s. cstr. (521) *the angel of*

יהוה pr.n. (217) *Yahweh*

הַרְבָּה Hi. inf. abs. (רָבָה I 915; GK 75ff) *so greatly*

אַרְבֶּה Hi. impf. 1 c.s. (רָבָה I 915) *I will multiply*

אֶת־זַרְעֵךְ dir. obj.-obj.-n.m.s.-2 f.s. sf. (282) *your descendants*

וְלֹא יִסָּפֵר conj.-neg.-Ni. impf. 3 m.s. (707) *that they cannot be numbered*

מֵרֹב prep.-n.m.s. (913) *for multitude*

16:11

וַיֹּאמֶר לָהּ consec.-Qal impf. 3 m.s. (55)-prep.-3 f.s. sf. *and ... said to her*

מַלְאַךְ n.m.s. cstr. (521) *the angel of*

יהוה pr.n. (217) *Yahweh*

הִנָּךְ demons. part.-2 f.s. sf. (243) *Behold you*

הָרָה adj. f.s. (II 248) *are with child*

וְיֹלַדְתְּ conj.-Qal act. ptc. f.s. (יָלַד 408) *and shall bear*

בֵּן n.m.s. (119) *a son*

וְקָרָאת conj.-Qal pf. 3 f.s. (or 2 f.s.) (קָרָא 894; GK 74g) *you shall call*

שְׁמוֹ n.m.s.-3 m.s. sf. (1027) *his name*

יִשְׁמָעֵאל pr.n. (1035) *Ishmael*

כִּי־שָׁמַע conj.-Qal pf. 3 m.s. (1033) *because has given heed*

יהוה pr.n. (217) *Yahweh*

אֶל־עָנְיֵךְ prep.-n.m.s.-2 f.s. sf. (777) *to your affliction*

16:12

וְהוּא יִהְיֶה conj.-pers. pr. 3 m.s. (214)-Qal impf. 3 m.s. (224) *he shall be*

פֶּרֶא n.m.s. cstr. (825) *a wild ass of*

אָדָם n.m.s. (9) *a a man*

יָדוֹ בַכֹּל n.f.s.-3 m.s. sf. (388)-prep.-def. art.-n.m.s. (481) *his hand against every man*

וְיַד כֹּל בּוֹ conj.-n.f.s. cstr. (388)-n.m.s. (481)-prep.-3 m.s. sf. *and every man's hand against him*

וְעַל־פְּנֵי conj.-prep.-n.m.p. cstr. (815) *and over against*

כָּל־אֶחָיו n.m.s. cstr. (481)-n.m.p.-3 m.s. sf. (26) *all his kinsmen*

יִשְׁכֹּן Qal impf. 3 m.s. (שָׁכַן 1014) *he shall dwell*

16:13

וַתִּקְרָא consec.-Qal impf. 3 f.s. (קָרָא 894) *so she called*

שֵׁם־יהוה n.m.s. cstr. (1027)-pr.n. (217) *the name of Yahweh*

הַדֹּבֵר def. art.-Qal act. ptc. (180) *who spoke*

אֵלֶיהָ prep.-3 f.s. sf. *to her*

אַתָּה אֵל pers. pr. 2 m.s. (61)-n.m.s. (42) *Thou art a God*

רֳאִי n.m.s. (909) *of seeing*

כִּי אָמְרָה conj.-Qal pf. 3 f.s. (55) *for she said*

הֲגַם הֲלֹם interr.-adv. (168)-adv. (240) lit. *have I even here*; prp. הֲגַם אֱלֹהִים רָאִיתִי וָאֶחִי and thus *Have I really seen God and remained alive*

רָאִיתִי Qal pf. 1 c.s. (906) *have I seen*

אַחֲרֵי רֹאִי prep. cstr. (29)-Qal act. ptc.-1 c.s. sf. (906) *after him who sees me*

16:14

עַל־כֵּן prep.-adv. (485) *therefore*

קָרָא Qal pf. 3 m.s. (894) *was called*

לַבְּאֵר prep.-def. art.-n.m.s. (91) *the well*

בְּאֵר לַחַי רֹאִי pr.n. (91) *Beer-lahai-roi*

הִנֵּה demons. part. (243) *it lies (behold)*

בֵּין־קָדֵשׁ prep. (107)-pr.n. (II 873) *between Kadesh*

וּבֵין בָּרֶד conj.-prep. (107)-pr.n. (136) *and (between) Bered*

16:15

וַתֵּלֶד consec.-Qal impf. 3 f.s. (יָלַד 408) *and ... bore*

הָגָר pr.n. (212) *Hagar*

לְאַבְרָם prep.-pr.n. (4) *Abram*

בֵּן n.m.s. (119) *a son*

וַיִּקְרָא consec.-Qal impf. 3 m.s. (894) *and ... called*

אַבְרָם pr.n. (4) *Abram*

שֶׁם־בְּנוֹ n.m.s. cstr. (1027)-n.m.s.-3 m.s. sf. (119) *the name of his son*

אֲשֶׁר־יָלְדָה rel.-Qal pf. 3 f.s. (יָלַד 408) *whom ... bore*

הָגָר pr.n. (212) *Hagar*

יִשְׁמָעֵאל pr.n. (1035) *Ishmael*

16:16

וְאַבְרָם conj.-pr.n. (4) *Abram*

בֶּן־שְׁמֹנִים n.m.s. cstr. (119) - num. p. (1033) *eighty ... old (*lit. *son of eighty)*

שָׁנָה n.f.s. (1040) *years*

וְשֵׁשׁ conj.-num. m.s. (995) *and six*

שָׁנִים n.f.p. (1040) *years*

בְּלֶדֶת־ prep.-Qal inf. cstr. (יָלַד 408) *when ... bore*

הָגָר pr.n. (212) *Hagar*

אֶת־יִשְׁמָעֵאל dir.obj.-pr.n. (1035) *Ishmael*

לְאַבְרָם prep.-pr.n. (4) *to Abram*

17:1

וַיְהִי consec.-Qal impf. 3 m.s. (הָיָה 224) *when ... was*

אַבְרָם pr.n. (4) *Abram*

בֶּן־תִּשְׁעִים n.m.s. cstr. (119) - num.p. (1077) *ninety*

שָׁנָה n.f.s. (1040) *years*

וְתֵשַׁע conj.-num. m.s. (1077) *and nine*

שָׁנִים n.f.p. (1040) *years*

וַיֵּרָא consec.-Ni. impf. 3 m.s. (רָאָה 906) *appeared*

יהוה pr.n. (217) *Yahweh*

אֶל־אַבְרָם prep.-pr.n. (4) *to Abram*

וַיֹּאמֶר consec.-Qal impf. 3 m.s. (55) *and said*

אֵלָיו prep.-3 m.s. sf. *to him*

אֲנִי־ pers. pr. 1 c.s. (58) *I am*

אֵל שַׁדַּי n.m.s. (42) - pr.n. (994) *God Almighty (El Shaddai)*

הִתְהַלֵּךְ Hith. impv. 2 m.s. (229) *walk*

לְפָנַי prep.-n.m.p.-1 c.s. sf. (815) *before me*

וֶהְיֵה conj.-Qal impv. 2 m.s. (224) *and be*

תָמִים adj. m.s. (1071) *blameless*

17:2

וְאֶתְּנָה conj.-Qal impf. 1 c.s.-coh.he (נָתַן 678) *and I will make*

בְרִיתִי n.f.s.-1 c.s. sf. (136) *my covenant*

בֵּינִי prep.-1 c.s. sf. (107) *between me*

וּבֵינֶךָ conj.-prep.-2 m.s. sf. paus. (107) *and (between) you*

וְאַרְבֶּה conj.-Hi. impf. 1 c.s. (רָבָה I 915) *and will multiply*

אוֹתְךָ dir. obj.-2 m.s. sf. *you*

בִּמְאֹד מְאֹד prep.-adv. (547)-adv. (547) *exceedingly*

17:3

וַיִּפֹּל consec.-Qal impf. 3 m.s. (נָפַל 656) *then ... fell*

אַבְרָם pr.n. (4) *Abram*

עַל־פָּנָיו prep.-n.m.p.-3 m.s. sf. (815) *on his face*

וַיְדַבֵּר consec.-Pi. impf. 3 m.s. (180) *and ... said*

אִתּוֹ prep.-3 m.s. sf. (II 85) *to him*

אֱלֹהִים pr.n. (43) *God*

לֵאמֹר prep.-Qal inf. cstr. (55) *(saying)*

17:4

אֲנִי pers.pr. 1 c.s. (58) *I*

הִנֵּה demons. part. (243) *behold*

בְרִיתִי n.f.s.-1 c.s. sf. (136) *my covenant*

אִתָּךְ prep.-2 m.s. sf. paus. (II 85) *with you*

וְהָיִיתָ conj.-Qal pf. 2 m.s. (הָיָה 224) *and you shall be*

לְאַב prep.-n.m.s. cstr. (3) *father of*

הֲמוֹן n.m.s. cstr. (242) *a multitude of*

גּוֹיִם n.m.p. (156) *nations*

17:5

וְלֹא־יִקָּרֵא conj.-neg.-Ni. impf. 3 m.s. (קָרָא 894) *no ... shall be called*

עוֹד adv. (728) *longer*

אֶת־שִׁמְךָ dir. obj.-n.m.s.-2 m.s. sf. (1027) *your name*

אַבְרָם pr.n. (4) *Abram*

וְהָיָה conj.-Qal pf. 3 m.s. (224)) *but shall be*

שִׁמְךָ n.m.s.-2 m.s. sf. (1027) *your name*

אַבְרָהָם pr.n. (4) *Abraham*

כִּי אַב־ conj.-n.m.s. cstr. (3) *for a father of*

הֲמוֹן n.m.s. cstr. (242) *a multitude of*

גּוֹיִם n.m.p. (156) *nations*

נְתַתִּיךָ Qal pf. 1 c.s.-2 m.s. sf. (נָתַן 678) *I have made you*

17:6

וְהִפְרֵתִי conj.-Hi. pf. 1 c.s. (פָּרָה 826) *I will make fruitful*

אֹתְךָ dir. obj.-2 m.s. sf. *you*

בִּמְאֹד prep.-adv. (547) *exceedingly*

מְאֹד adv. (547) *exceedingly*

וּנְתַתִּיךָ conj.-Qal pf. 1 c.s.-2 m.s. sf. (נָתַן 678) *and I will make of you*

לְגוֹיִם prep.-n.m.p. (156) *nations*

וּמְלָכִים conj.-n.m.p. (I 572) *and kings*

מִמְּךָ prep.-2 m.s. sf. *from you*

יֵצֵאוּ Qal impf. 3 m.p. paus. (יָצָא 422) *shall come forth*

17:7

וַהֲקִמֹתִי conj.-Hi. pf. 1 c.s. (קוּם 877) *and I will establish*

אֶת־בְּרִיתִי dir. obj.-n.f.s.-1 c.s. sf. (136) *my covenant*

בֵּינִי וּבֵינֶךָ prep.-1 c.s. sf. (107)-conj.-prep.-2 m.s. sf. (107) *between me and you*

וּבֵין זַרְעֲךָ conj.-prep. (107) - n.m.s.-2 m.s. sf. (282) *and (between) your descendants*

אַחֲרֶיךָ prep.-2 m.s. sf. (29) *after you*

לְדֹרֹתָם prep.-n.m.p.-3 m.p. sf. (189) *through their generations*

לִבְרִית עוֹלָם prep.-n.f.s. cstr. (136)-n.m.s. (761) *for an everlasting covenant*

לִהְיוֹת prep.-Qal inf. cstr. (הָיָה 224) *to be*

לְךָ prep.-2 m.s. sf. *to you*

לֵאלֹהִים prep.-n.m.p. (43) *God*

וּלְזַרְעֲךָ conj.-prep.-n.m.s.-2 m.s. sf. (282) *and to your descendants*

אַחֲרֶיךָ prep.-2 m.s. sf. (29) *after you*

17:8

וְנָתַתִּי conj.-Qal pf. 1 c.s. (נָתַן 678) *and I will give*

לְךָ prep.-2 m.s. sf. *to you*

וּלְזַרְעֲךָ conj.-prep.-n.m.s.-2 m.s. sf. (282) *and to your descendants*

אַחֲרֶיךָ prep.-2 m.s. sf. (29) *after you*

אֵת אֶרֶץ dir.obj.-n.f.s. cstr. (75) *the land of*

מְגֻרֶיךָ n.m.p.-2 m.s. sf. (158) *your sojournings*

אֵת כָּל־ dir.obj.-n.m.s. cstr. (481) *all*

אֶרֶץ כְּנַעַן n.f.s. cstr. (75)-pr.n. (488) *the land of Canaan*

לַאֲחֻזַּת prep.-n.f.s. cstr. (28) *for possession*

עוֹלָם n.m.s. (761) *everlasting*

וְהָיִיתִי conj.-Qal pf. 1 c.s. (הָיָה 224) *and I will be*

לָהֶם prep.-3 m.p. sf. *their*

לֵאלֹהִים prep.-n.m.p. (43) *God*

17:9

וַיֹּאמֶר consec.-Qal impf. 3 m.s. (55) *and ... said*

אֱלֹהִים n.m.p. (43) *God*

אֶל־אַבְרָהָם prep.-pr.n. (4) *to Abraham*

וְאַתָּה conj.-pers.pr. 2 m.s. (61) *as for you*

אֶת־בְּרִיתִי dir.obj.-n.f.s.-1 c.s. sf. (136) *my covenant*

תִשְׁמֹר Qal impf. 2 m.s. (1036) *you shall keep*

אַתָּה pers.pr. 2 m.s. (61) *you*

וְזַרְעֲךָ conj.-n.m.s.-2 m.s. sf. (282) *and your descendants*

אַחֲרֶיךָ prep.-2 m.s. sf. (29) *after you*

לְדֹרֹתָם prep.-n.m.p.-3 m.p. sf. (189) *throughout their generations*

17:10

זֹאת demons. adj. f.s. (260) *this is*

בְּרִיתִי n.f.s.-1 c.s. sf. (136) *my covenant*

אֲשֶׁר תִּשְׁמְרוּ rel.-Qal impf. 2 m.p. (1036) *which you shall keep*

בֵּינִי prep.-1 c.s. sf. (107) *between me*

וּבֵינֵיכֶם conj.-prep.-2 m.p. sf. (107) *and you*

וּבֵין זַרְעֲךָ conj.-prep. (107) - n.m.s.-2 m.s. sf. (282) *and your descendants*

אַחֲרֶיךָ prep.-2 m.s. sf. (29) *after you*

הִמּוֹל Ni. inf. cstr. (מוּל II 557) *shall be circumcised*

לָכֶם prep.-2 m.p. sf. *among you*

כָּל־זָכָר n.m.s. cstr. (481)-n.m.s. (271) *every male*

17:11

וּנְמַלְתֶּם conj.-Ni. pf. 2 m.p. (מוּל II 557) *you shall be circumcised*

אֵת בְּשַׂר dir. obj.-n.m.s. cstr. (142) *in the flesh of*

עָרְלַתְכֶם n.f.s.-2 m.p. sf. (790) *your foreskins*

וְהָיָה conj.-Qal pf. 3 m.s. (224) *and it shall be*

לְאוֹת prep.-n.m.s. cstr. (16) *a sign of*

בְּרִית n.f.s. (136) *a covenant*

בֵּינִי prep.-1 c.s. sf. (107) *between me*

וּבֵינֵיכֶם conj.-prep.-2 m.p. sf. (107) *and you*

17:12

וּבֶן־שְׁמֹנַת conj.-n.m.s. cstr. (119)-num. f.s. cstr. (1032) *he that is eight*

יָמִים n.m.p. (398) *days old*

יִמּוֹל Ni. impf. 3 m.s. (מוּל II 557) *shall be circumcised*

לָכֶם prep.-2 m.p. sf. *among you*

כָּל־זָכָר n.m.s. cstr. (481)-n.m.s. (271) *every male*

לְדֹרֹתֵיכֶם prep.-n.m.p.-2 m.p. sf. (189) *throughout your generations*

יְלִיד בָּ֑יִת adj. m.s. cstr. (409)-n.m.s. paus. (108) *whether born in house*

וּמִקְנַת־כֶּ֫סֶף conj.-n.f.s. cstr. (889)-n.m.s. (494) *or bought with money*

מִכֹּל prep.-n.m.s. cstr. (481) *from any*

בֶּן־נֵכָר n.m.s. cstr. (119)-n.m.s. (648) *foreigner*

אֲשֶׁר לֹא rel.-neg. *who is not*

מִזַּרְעֲךָ prep.-n.m.s.-2 m.s. sf. (282) *of your offspring*

הוּא pers. pr. 3 m.s. (214) *(he)*

17:13

הִמּוֹל Ni. inf. (מוּל II 557) *circumcised*

יִמּוֹל Ni. impf. 3 m.s. (מוּל II 557) *shall be circumcised*

יְלִיד בֵּיתְךָ adj. m.s. cstr. (409)-n.m.s.-2 m.s. sf. (108) *he that is born in your house*

וּמִקְנַת conj.-n.f.s. cstr. (889) *and he that is bought with*

כַּסְפֶּךָ n.m.s.-2 m.s. sf. (494) *your money*

וְהָיְתָה conj.-Qal pf. 3 f.s. (הָיָה 224) *so shall be*

בְרִיתִי n.f.s.-1 c.s. sf. (136) *my covenant*

בִּבְשַׂרְכֶם prep.-n.m.s.-2 m.p. sf. (142) *in your flesh*

לִבְרִית prep.-n.f.s. cstr. (136) *a covenant*

עוֹלָם n.m.s. (761) *everlasting*

17:14

וְעָרֵל זָכָר conj.-adj. m.s. (790)-n.m.s. (271) *any uncircumcised male*

אֲשֶׁר לֹא־יִמּוֹל rel.-neg.-Ni. impf. 3 m.s. (מוּל II 557) *who is not circumcised*

אֶת־בְּשַׂר dir. obj.-n.m.s. cstr. (142) *in the flesh of*

עָרְלָתוֹ n.f.s.-3 m.s. sf. (790) *his foreskin*

וְנִכְרְתָה conj.-Ni. pf. 3 f.s. (כָּרַת 503) *shall be cut off*

הַנֶּפֶשׁ הַהִוא def. art.-n.f.s. (659)-def. art.-demons. adj. f.s. (214) *(that person)*

מֵעַמֶּיהָ prep.-n.m.p.-3 f.s. sf. (I 766) *from his people*

אֶת־בְּרִיתִי dir. obj.-n.f.s.-1 c.s. sf. (136) *my covenant*

הֵפַר Hi. pf. 3 m.s. (פָּרַר I 830) *he has broken*

17:15

וַיֹּאמֶר consec.-Qal impf. 3 m.s. (55) *and ... said*

אֱלֹהִים n.m.p. (43) *God*

אֶל־אַבְרָהָם prep.-pr.n. (4) *to Abraham*

שָׂרַי pr.n. (979) *Sarai*

אִשְׁתְּךָ n.f.s.-2 m.s. sf. (61) *your wife*

לֹא־תִקְרָא neg.-Qal impf. 2 m.s. (894) *you shall not call*

אֶת־שְׁמָהּ dir. obj.-n.m.s.-3 f.s. sf. (1027) *her name*

שָׂרָי pr.n. paus. (979) *Sarai*

כִּי שָׂרָה conj.-pr.n. (979) *but Sarah*

שְׁמָהּ n.m.s.-3 f.s. sf. (1027) *shall be her name*

17:16

וּבֵרַכְתִּי conj.-Pi. pf. 1 c.s. (בָּרַךְ 138) *I will bless*

אֹתָהּ dir. obj.-3 f.s. sf. *her*

וְגַם conj.-adv. (168) *and moreover*

נָתַתִּי Qal pf. 1 c.s. (נָתַן 678) *I will give*

מִמֶּנָּה prep.-3 f.s. sf. *by her*

לְךָ prep.-2 m.s. sf. *to you*

בֵּן n.m.s. (119) *a son*

וּבֵרַכְתִּיהָ conj. - Pi. pf. 1 c.s.-3 f.s. sf. (בָּרַךְ 138) *I will bless her*

וְהָיְתָה conj.-Qal pf. 3 f.s. (הָיָה 224) *(and she shall be)*

לְגוֹיִם prep.-n.m.p. (156) *nations*

מַלְכֵי n.m.p. cstr. (I 572) *kings of*

עַמִּים n.m.p. (I 766) *peoples*

מִמֶּנָּה v. supra *from her*

יִהְיוּ Qal impf. 3 m.p. (הָיָה 224) *shall come*

17:17

וַיִּפֹּל consec.-Qal impf. 3 m.s. (נָפַל 656) *then ... fell*

אַבְרָהָם pr.n. (4) *Abraham*

עַל־פָּנָיו prep.-n.m.p.-3 m.s. sf. (815) *on his face*

וַיִּצְחָק consec.-Qal impf. 3 m.s. (צָחַק 850) *and laughed*

וַיֹּאמֶר consec.-Qal impf. 3 m.s. (55) *and said*

בְּלִבּוֹ prep.-n.m.s.-3 m.s. sf. (524) *to himself*

הַלְּבֶן interr.-prep.-n.m.s. cstr. (119) *(to a son of)*

מֵאָה־שָׁנָה n.f.s. (547)-n.f.s. (1040) *a hundred years*

יִוָּלֵד Ni. impf. 3 m.s. (יָלַד 408) *shall a child be born*

וְאִם־ conj.-hypoth. part. (49) *(and)*

שָׂרָה pr.n. (979) *Sarah*

הֲבַת־ interr.-n.f.s. cstr. (I 123) *(a daughter of)*

תִּשְׁעִים num. p. (1077) *ninety*

שָׁנָה n.f.s. (1040) *years*

תֵּלֵד Qal impf. 3 f.s. (יָלַד 408) *bear a child*

17:18

וַיֹּאמֶר consec.-Qal impf. 3 m.s. (55) *and ... said*

אַבְרָהָם pr.n. (4) *Abraham*

אֶל־הָאֱלֹהִים prep.-def. art.-n.m.p. (43) *to God*

לוּ conj. (530) *Oh that*

יִשְׁמָעֵאל pr.n. (1035) *Ishmael*

יִחְיֶה Qal impf. 3 m.s. (חָיָה 310) *might live*

לְפָנֶיךָ prep.-n.m.p.-2 m.s. sf. (815) *in thy sight*

17:19

וַיֹּאמֶר consec.-Qal impf. 3 m.s. (55) *and ... said*

אֱלֹהִים n.m.p. (43) *God*

אֲבָל adv. (6) *No*

שָׂרָה pr.n. (979) *Sarah*

אִשְׁתְּךָ n.f.s.-2 m.s. sf. (61) *your wife*

יֹלֶדֶת Qal act. ptc. f.s. (יָלַד 408) *shall bear*

לְךָ בֵּן prep.-2 m.s. sf.-n.m.s. (119) *you a son*

וְקָרָאתָ conj.-Qal pf. 2 m.s. (894) *and you shall call*

אֶת־שְׁמוֹ dir. obj.-n.m.s.-3 m.s. sf. (1027) *his name*

יִצְחָק pr.n. paus. (850) *Isaac*

וַהֲקִמֹתִי conj.-Hi. pf. 1 c.s. (קוּם 877) *and I will establish*

אֶת־בְּרִיתִי dir. obj.-n.f.s.-1 c.s. sf. (136) *my covenant*

אִתּוֹ prep. (II 85)-3 m.s. sf. *with him*

לִבְרִית prep.-n.f.s. cstr. (136) *as a covenant (of)*

עוֹלָם n.m.s. (761) *everlasting*

לְזַרְעוֹ prep.-n.m.s.-3 m.s. sf. (282) *for his descendants*

אַחֲרָיו prep.-3 m.s. sf. (29) *after him*

17:20

וּלְיִשְׁמָעֵאל conj.-prep.-pr.n. (1035) *as for Ishmael*

שְׁמַעְתִּיךָ Qal pf. 1 c.s.-2 m.s. sf. (שָׁמַע 1033) *I have heard you*

הִנֵּה demons. part. (243) *behold*

בֵּרַכְתִּי Pi. pf. 1 c.s. (בָּרַךְ 138) *I will bless*

אֹתוֹ dir. obj.-3 m.s. sf. *him*

וְהִפְרֵיתִי conj.-Hi. pf. 1 c.s. (פָּרָה 826) *and make fruitful*

אֹתוֹ dir. obj.-3 m.s. sf. *him*

וְהִרְבֵּיתִי conj.-Hi. pf. 1 c.s. (I רָבָה 915) *and will multiply*

אֹתוֹ dir. obj.-3 m.s. sf. *him*

בִּמְאֹד prep.-adv. (547) *exceedingly*

מְאֹד adv. (547) *exceedingly*

שְׁנֵים־עָשָׂר num. m.s. (1040)-n.m.s. (797) *twelve*

נְשִׂיאִם n.m.p. (672) *princes*

יוֹלִיד Hi. impf. 3 m.s. (יָלַד 408) *he shall be the father of*

וּנְתַתִּיו conj.-Qal pf. 1 c.s.-3 m.s. sf. (נָתַן 678) *and I will make him*

לְגוֹי גָּדוֹל prep.-n.m.s. (156)-adj. m.s. (152) *a great nation*

17:21

וְאֶת־בְּרִיתִי conj.-dir. obj.-n.f.s.-1 c.s. sf. (136) *but my covenant*

אָקִים Hi. impf. 1 c.s. (קוּם 877) *I will establish*

אֶת־יִצְחָק dir. obj.-pr.n. (850) *with Isaac*

אֲשֶׁר תֵּלֵד rel.-Qal impf. 3 f.s. (יָלַד 408) *whom ... shall bear*

לְךָ prep.-2 m.s. sf. *to you*

שָׂרָה pr.n. (979) *Sarah*

לַמּוֹעֵד הַזֶּה prep.-def.art.-n.m.s. (417) - def.art.-demons. adj. m.s. (260) *at this season*

בַּשָּׁנָה prep.-def.art.-n.f.s. (1040) *(in the) year*

הָאַחֶרֶת def. art.-adj. f.s. (29) *next*

17:22

וַיְכַל consec.-Pi. impf. 3 m.s. (כָּלָה 477) *when he had finished*

לְדַבֵּר prep.-Pi. inf. cstr. (180) *talking*

אִתּוֹ prep.-3 m.s. sf. (II 85) *with him*

וַיַּעַל consec.-Qal impf. 3 m.s. (עָלָה 748) *went up*

אֱלֹהִים n.m.p. (43) *God*

מֵעַל אַבְרָהָם prep.-prep.-pr.n. (4) *from Abraham*

17:23

וַיִּקַּח consec.-Qal impf. 3 m.s. (לָקַח 542) *then ... took*

אַבְרָהָם pr. n. (4) *Abraham*

אֶת־יִשְׁמָעֵאל dir. obj.-pr.n. (1035) *Ishmael*

בְּנוֹ n.m.s.-3 m.s. sf. (119) *his son*

וְאֵת כָּל־ conj.-dir. obj.-n.m.s. cstr. (481) *and all*

יְלִידֵי adj. m.p. cstr. (409) *born in*

בֵיתוֹ n.m.s.-3 m.s. sf. (108) *his house*

וְאֵת כָּל־ conj.-dir. obj.-n.m.s. cstr. (481) *or (all)*

מִקְנַת n.f.s. cstr. (889) *bought with*

כַּסְפּוֹ n.m.s.-3 m.s. sf. (494) *his money*

כָּל־זָכָר n.m.s. cstr. (481)-n.m.s. (271) *every male*

בְּאַנְשֵׁי prep.-n.m.p. cstr. (35) *among the men of*

בֵּית אַבְרָהָם n.m.s. cstr. (18)-pr.n. (4) *Abraham's house*

וַיָּמָל consec.-Qal impf. 3 m.s. (מוּל II 557) *and he circumcised*

אֶת־בְּשַׂר dir. obj.-n.m.s. cstr. (142) *the flesh of*

עָרְלָתָם n.f.s.-3 m.p. sf. (790) *their foreskins*

בְּעֶצֶם prep.-n.f.s. cstr. (782) *(in) very (selfsame)*

הַיּוֹם הַזֶּה def.art.-n.m.s. (398) - def.art.-demons. adj. m.s. (260) *that day*

כַּאֲשֶׁר prep.-rel. *as*

דִּבֶּר Pi. pf. 3 m.s. (180) *had said*

אִתּוֹ prep.-3 m.s. sf. (II 85) *to him*

אֱלֹהִים n.m.p. (43) *God*

17:24

וְאַבְרָהָם conj.-pr.n. (4) *Abraham*

בֶּן־תִּשְׁעִים n.m.s. cstr. (119)-num.p. (1077) *was ninety*

וָתֵשַׁע conj.-num. s. (1077) *and nine*

שָׁנָה n.f.s. (1040) *years*

בְּהִמֹּלוֹ prep.-Ni. inf. cstr.-3 m.s. sf. (מוּל II 557) *when he was circumcised*

בְּשַׂר n.m.s. cstr. (142) *in the flesh of*

עָרְלָתוֹ n.f.s.-3 m.s. sf. (790) *his foreskin*

17:25

וְיִשְׁמָעֵאל conj.-pr.n. (1035) *and Ishmael*

בְּנוֹ n.m.s.-3 m.s. sf. (119) *his son*

בֶּן־שְׁלֹשׁ n.m.s. cstr. (119) - num. m.s. (1025) *was three*

עֶשְׂרֵה num. f.s. (797) *ten*

שָׁנָה n.f.s. (104) *years old*

בְּהִמֹּלוֹ prep.-Ni. inf. cstr.-3 m.s. sf. (מוּל II 557) *when he was circumcised*

אֵת בְּשַׂר dir. obj.-n.m.s. cstr. (142) *in the flesh of*

עָרְלָתוֹ n.f.s.-3 m.s. sf. (790) *his foreskin*

17:26

בְּעֶצֶם prep.-n.f.s. cstr. (782) *very*

הַיּוֹם הַזֶּה def.art.-n.m.s. (398) - def.art.-demons. adj. m.s. (260) *that day*

נִמּוֹל Ni. ptc. (מוּל II 557) *were circumcised*

אַבְרָהָם pr.n. (4) *Abraham*

וְיִשְׁמָעֵאל conj.-pr.n. (1035) *and Ishmael*

בְּנוֹ n.m.s.-3 m.s. sf. (119) *his son*

17:27

וְכָל־אַנְשֵׁי conj.-n.m.s. cstr. (481) - n.m.p. cstr. (35) *and all the men of*

בֵּיתוֹ n.m.s.-3 m.s. sf. (108) *his house*

יְלִיד בָּיִת adj. m.s. cstr. (409)-n.m.s. paus. (108) *those born in the house*

וּמִקְנַת־ conj.-n.f.s. cstr. (889) *and those bought with*

כֶּסֶף n.m.s. (494) *money*

מֵאֵת prep.-prep. (II 85) *from*

בֶּן־נֵכָר n.m.s. cstr. (119)-n.m.s. paus. (648) *a foreigner*

נִמֹּלוּ Ni. pf. 3 c.p. (מוּל II 557) *were circumcised*

אִתּוֹ prep.-3 m.s. sf. (II 85) *with him*

18:1

וַיֵּרָא consec.-Ni. impf. 3 m.s. (רָאָה 906) *and ... appeared*

אֵלָיו prep.-3 m.s. sf. *to him*

יהוה pr.n. (217) *Yahweh*

בְּאֵלֹנֵי prep.-n.f.p. cstr. (18) *by the oaks of*

מַמְרֵא pr.n. (577) *Mamre*

וְהוּא יֹשֵׁב conj.-pers. pr. 3 m.s. (214)-Qal act. ptc. (442) *as he sat*

פֶּתַח־הָאֹהֶל n.m.s. cstr. (835) - def.art.-n.m.s. (13) *at the door of his tent*

כְּחֹם הַיּוֹם prep.-n.m.s. cstr. (328)-def. art.-n.m.s. (398) *in the heat of the day*

18:2

וַיִּשָּׂא consec.-Qal impf. 3 m.s. (נָשָׂא 669) *he lifted up*

עֵינָיו n.f.p.-3 m.s. sf. (744) *his eyes*

וַיַּרְא consec.-Qal impf. 3 m.s. (רָאָה 906) *and looked*

וְהִנֵּה conj.-demons. part. (243) *and behold*

שְׁלֹשָׁה num. f.s. (1025) *three*

אֲנָשִׁים n.m.p. (35) *men*

נִצָּבִים Ni. ptc. m.p. (נָצַב 662) *stood*

עָלָיו prep.-3 m.s. sf. *in front of him*

וַיַּרְא v.supra *when he saw them*

וַיָּרָץ consec.-Qal impf. 3 m.s. (רוּץ 930) *he ran*

לִקְרָאתָם prep.-Qal inf. cstr.-3 m.p. sf. (896) *to meet them*

מִפֶּתַח prep.-n.m.s. cstr. (835) *from the door of*

הָאֹהֶל def. art.-n.m.s. (13) *the tent*

וַיִּשְׁתַּחוּ consec.-Hithpalel impf. 3 m.s. (שָׁחָה 1005) *and bowed himself*

אָרְצָה n.f.s.-dir. he (75) *to the earth*

18:3

וַיֹּאמַר consec.-Qal impf. 3 m.s. (55) *and said*

אֲדֹנָי n.m.p.-1 c.s. sf. (10) *my lord*

אִם־נָא hypoth. part. (49)-part. of entreaty (609) *if*

מָצָאתִי Qal pf. 1 c.s. (מָצָא 592) *I have found*

חֵן n.m.s. (336) *favor*

בְּעֵינֶיךָ prep.-n.f.du.-2 m.s. sf. (744) *in your sight*

אַל־נָא neg.-part. of entreaty (609) *do not*

תַעֲבֹר Qal impf. 2 m.s. (716) *pass*

מֵעַל prep.-prep. *by*

עַבְדֶּךָ n.m.s.-2 m.s. sf. paus. (713) *your servant*

18:4

יֻקַּח־ Ho. impf. 3 m.s. (לָקַח 542) *be brought*

נָא part. of entreaty (609) *Let*

מְעַט־ subst. cstr. (589) *a little*
מַיִם n.m.p. (565) *water*
וְרַחֲצוּ conj.-Qal impv. 2 m.p. (934) *and wash*
רַגְלֵיכֶם n.f.du.-2 m.p. sf. (919) *your feet*
וְהִשָּׁעֲנוּ conj.-Ni. impv. 2 m.p. (שָׁעַן 1043) *and rest yourselves*
תַּחַת הָעֵץ prep. (1065)-def. art.-n.m.s. (781) *under the tree*

18:5

וְאֶקְחָה conj.-Qal impf. 1 c.s.-vol. he (לָקַח 542) *while I fetch*
פַּת־לֶחֶם n.f.s. cstr. (837)-n.m.s. (536) *a morsel of bread*
וְסַעֲדוּ conj.-Qal impv. 2 m.p. (703) *and refresh yourselves (and sustain)*
לִבְּכֶם n.m.s.-2 m.p. sf. (524) *(your heart)*
אַחַר prep. (29) *after that*
תַּעֲבֹרוּ Qal impf. 2 m.p. (716) *you may pass on*
כִּי־עַל־כֵּן conj.-prep.-adv. (485) *since*
עֲבַרְתֶּם Qal pf. 2 m.p. (עָבַר 716) *you have come*
עַל־עַבְדְּכֶם prep.-n.m.s.-2 m.p. sf. (713) *to your servant*
וַיֹּאמְרוּ consec.-Qal impf. 3 m.p. (55) *so they said*
כֵּן adv. (485) *(thus)*
תַּעֲשֶׂה Qal impf. 2 m.s. (עָשָׂה I 793) *do*
כַּאֲשֶׁר prep.-rel. *as*
דִּבַּרְתָּ Pi. pf. 2 m.s. (180) *you have said*

18:6

וַיְמַהֵר consec.-Pi. impf. 3 m.s. (מָהַר I 554) *and ... hastened*
אַבְרָהָם pr.n. (4) *Abraham*
הָאֹהֱלָה def. art.-n.m.s.-dir. he (13) *into the tent*
אֶל־שָׂרָה prep.-pr.n. (979) *to Sarah*
וַיֹּאמֶר consec.-Qal impf. 3 m.s. (55) *and said*
מַהֲרִי Pi. impv. 2 f.s. (מָהַר I 554) *make ready quickly*
שְׁלֹשׁ num. m.s. cstr. (1025) *three*
סְאִים n.f.p. (684) *measures*
קֶמַח סֹלֶת n.m.s. (887)-n.f.s. (701) *fine meal*
לוּשִׁי Qal impv. 2 f.s. (לוּשׁ 534) *knead it*
וַעֲשִׂי conj.-Qal impv. 2 f.s. (עָשָׂה I 793) *and make*
עֻגוֹת n.f.p. (728) *cakes*

18:7

וְאֶל־הַבָּקָר conj.-prep.-def. art.-n.m.s. (133) *and to the herd*
רָץ Qal pf. 3 m.s. (רוּץ 930) *ran*
אַבְרָהָם pr.n. (4) *Abraham*
וַיִּקַּח consec.-Qal impf. 3 m.s. (לָקַח 542) *and took*
בֶּן־בָּקָר n.m.s. cstr. (119)-n.m.s. (133) *a calf (a son of a herd)*
רַךְ וָטוֹב adj. m.s. (940)-conj.-adj. m.s. (II 373) *tender and good*
וַיִּתֵּן consec.-Qal impf. 3 m.s. (נָתַן 678) *and gave*
אֶל־הַנַּעַר prep.-def. art.-n.m.s. (654) *to the servant*
וַיְמַהֵר consec.-Pi. impf. 3 m.s. (מָהַר I 554) *who hastened*
לַעֲשׂוֹת prep.-Qal inf. cstr. (עָשָׂה I 793) *to prepare*
אֹתוֹ dir. obj.-3 m.s. sf. *it*

18:8

וַיִּקַּח consec.-Qal impf. 3 m.s. (לָקַח 542) *then he took*
חֶמְאָה n.f.s. (326) *curds*
וְחָלָב conj.-n.m.s. (316) *and milk*
וּבֶן־הַבָּקָר conj.-n.m.s. cstr. (119)-def. art.-n.m.s. (133) *and the calf*
אֲשֶׁר עָשָׂה rel.-Qal pf. 3 m.s. (I 793) *which he had prepared*
וַיִּתֵּן consec.-Qal impf. 3 m.s. (נָתַן 678) *and set*
לִפְנֵיהֶם prep.-n.m.p.-3 m.p. sf. (815) *before them*

וְהוּא־עֹמֵד conj.-pers. pr. 3 m.s. (214)-Qal act. ptc. (763) *and he stood*

עֲלֵיהֶם prep.-3 m.p. sf. *by them*

תַּחַת הָעֵץ prep. (1065)-def. art.-n.m.s. (781) *under the tree*

וַיֹּאכֵלוּ consec.-Qal impf. 3 m.p. (אָכַל 37) *while they ate*

18:9

וַיֹּאמְרוּ consec.-Qal impf. 3 m.p. (55) *they said*

אֵלָיו prep.-3 m.s. sf. *to him*

אַיֵּה שָׂרָה adv. (32)-pr.n. (979) *Where is Sarah*

אִשְׁתֶּךָ n.f.s.-2 m.s. sf. (61) *your wife*

וַיֹּאמֶר consec.-Qal impf. 3 m.s. (55) *and he said*

הִנֵּה demons. part. (243) *she is (behold)*

בָאֹהֶל prep.-def. art.-n.m.s. (13) *in the tent*

18:10

וַיֹּאמֶר consec.-Qal impf. 3 m.s. (55) *he said*

שׁוֹב אָשׁוּב Qal inf. abs. (996)-Qal impf. 1 c.s. (996) *I will surely return*

אֵלֶיךָ prep.-2 m.s. sf. *to you*

כָּעֵת חַיָּה prep.-def. art.-n.f.s. (773)-adj. f.s. (I 311) *in the spring* (lit. *at the time (when it is) reviving*)

וְהִנֵּה־ conj.-demons. part. (243) *and (behold)*

בֵן n.m.s. (119) *a son*

לְשָׂרָה prep.-pr.n. (979) *Sarah shall have*

אִשְׁתֶּךָ n.f.s.-2 m.s. sf. (61) *your wife*

וְשָׂרָה conj.-pr.n. (979) *And Sarah*

שֹׁמַעַת Qal act. ptc. f.s. cstr. (1033) *was listening at*

פֶּתַח n.m.s. cstr. (835) *the door of*

הָאֹהֶל def. art.-n.m.s. (13) *the tent*

וְהוּא אַחֲרָיו conj.-pers. pr. 3 m.s. (214)-prep.-3 m.s. sf. (29) *(and it was) behind him*

18:11

וְאַבְרָהָם conj.-pr.n. (4) *now Abraham*

וְשָׂרָה conj.-pr.n. (979) *and Sarah*

זְקֵנִים adj. m.p. (278) *were old*

בָּאִים Qal act. ptc. m.p. (בּוֹא 97) *advanced*

בַּיָּמִים prep.-def. art.-n.m.p. (398) *in age (in the days)*

חָדַל Qal pf. 3 m.s. (292) *it had ceased*

לִהְיוֹת prep.-Qal inf. cstr. (הָיָה 224) *to be*

לְשָׂרָה prep.-pr.n. (979) *with Sarah*

אֹרַח n.m.s. (73) *after the manner*

כַּנָּשִׁים prep.-def. art.-n.f.p. (61) *of (the) women*

18:12

וַתִּצְחַק consec.-Qal impf. 3 f.s. (850) *so laughed*

שָׂרָה pr.n. (979) *Sarah*

בְּקִרְבָּהּ prep.-n.m.s.-3 f.s. sf. (899) *to herself*

לֵאמֹר prep.-Qal inf. cstr. (55) *saying*

אַחֲרֵי בְלֹתִי prep. (29)-Qal inf. cstr.-1 c.s. sf. (בָּלָה 115) *after I have grown old*

הָיְתָה־לִּי Qal pf. 3 f.s. (הָיָה 224)-prep.-1 c.s. sf. *shall I have*

עֶדְנָה n.f.s. (726) *pleasure*

וַאדֹנִי conj.-n.m.s.-1 c.s. sf. (10) *and my husband*

זָקֵן Qal pf. 3 m.s. (278) *is old*

18:13

וַיֹּאמֶר consec.-Qal impf. 3 m.s. (55) *said*

יהוה pr.n. (217) *Yahweh*

אֶל־אַבְרָהָם prep.-pr.n. (4) *to Abraham*

לָמָּה זֶּה prep.-interr. (552) - demons. adj. m.s. (260) *why (this)*

צָחֲקָה Qal pf. 3 f.s. (צָחַק 850) *did laugh*

שָׂרָה pr.n. (979) *Sarah*

לֵאמֹר prep.-Qal inf. cstr. (55) *and say*

הַאַף אֻמְנָם interr.-conj. (II 64) - adv. (53) *indeed?*

אֵלֵד Qal impf. 1 c.s. (יָלַד 408) *shall I bear a child*

וַאֲנִי conj.-pers. pr. 1 c.s. (58) *now that I*

זָקַנְתִּי Qal pf. 1 c.s. (זָקֵן 278) *am old*

18:14

הֲיִפָּלֵא interr.-Ni. impf. 3 m.s. (פָּלָא 810) *is too hard?*

מֵיהוה prep.-pr.n. (217) *for Yahweh*

דָּבָר n.m.s. (182) *anything*

לַמּוֹעֵד prep.-def. art.-n.m.s. (417) *At the appointed time*

אָשׁוּב Qal impf. 1 c.s. (שׁוּב 996) *I will return*

אֵלֶיךָ prep.-2 m.s. sf. *to you*

כָּעֵת חַיָּה prep.-def. art.-n.f.s. (773)-adj. f.s. (I 311; v.18:10) *in the spring*

וּלְשָׂרָה conj.-prep.-pr.n. (979) *and Sarah shall have*

בֵן n.m.s. (119) *a son*

18:15

וַתְּכַחֵשׁ consec.-Pi. impf. 3 f.s. (471) *but ... denied*

שָׂרָה pr.n. (979) *Sarah*

לֵאמֹר prep.-Qal inf. cstr. (55) *saying*

לֹא צָחַקְתִּי neg.-Qal pf. 1 c.s. (850) *I did not laugh*

כִּי יָרֵאָה conj.-Qal pf. 3 f.s. paus. (יָרֵא 431) *for she was afraid*

וַיֹּאמֶר consec.-Qal impf. 3 m.s. (55) *He said*

לֹא כִּי neg.-conj. *No, but*

צָחָקְתְּ Qal pf. 2 f.s. (צָחַק 850) *you did laugh*

18:16

וַיָּקֻמוּ consec.-Qal impf. 3 m.p. (קוּם 877) *then ... set out*

מִשָּׁם prep.-adv. (1027) *from there*

הָאֲנָשִׁים def. art.-n.m.p. (35) *the men*

וַיַּשְׁקִפוּ consec.-Hi. impf. 3 m.p. (שָׁקַף I 1054) *and they looked*

עַל־פְּנֵי סְדֹם prep.-n.m.p. cstr. (815)-pr.n. (690) *toward Sodom*

וְאַבְרָהָם conj.-pr.n. (4) *And Abraham*

הֹלֵךְ Qal act. ptc. (הָלַךְ 229) *went*

עִמָּם prep.-3 m.p. sf. *with them*

לְשַׁלְּחָם prep.-Pi. inf. cstr.-3 m.p. sf. (שָׁלַח 1018) *to set them on their way*

18:17

וַיהוה conj.-pr.n. (217) *Yahweh*

אָמָר Qal pf. 3 m.s. paus. (55) *said*

הַמְכַסֶּה אֲנִי interr.-Pi. ptc. (כָּסָה 491)-pers. pr. 1 c.s. (58) *Shall I hide*

מֵאַבְרָהָם prep.-pr.n. (4) *from Abraham*

אֲשֶׁר אֲנִי rel.-pers.pr. 1 c.s. (58) *what I*

עֹשֶׂה Qal act. ptc. (I 793) *am about to do*

18:18

וְאַבְרָהָם conj.-pr.n. (4) *seeing that Abraham*

הָיוֹ יִהְיֶה Qal inf. abs. (הָיָה 224)-Qal impf. 3 m.s. (224) *shall become*

לְגוֹי גָּדוֹל prep.-n.m.s. (156)-adj. m.s. (152) *a great nation*

וְעָצוּם conj.-adj. m.s. (783) *and mighty*

וְנִבְרְכוּ conj.-Ni. pf. 3 c.p. (בָּרַךְ 138) *and shall bless themselves*

בוֹ prep.-3 m.s. sf. *by him*

כֹּל גּוֹיֵי n.m.s. cstr. (481)-n.m.p. cstr. (156) *all the nations of*

הָאָרֶץ def. art.-n.f.s. (75) *the earth*

18:19

כִּי יְדַעְתִּיו conj.-Qal pf. 1 c.s.-3 m.s. sf. (393) *for I have chosen him* (lit.-*I have known him)*

לְמַעַן אֲשֶׁר prep.-conj. (775)-rel. *that*

יְצַוֶּה Pi. impf. 3 m.s. (צָוָה 845) *he may charge*

אֶת־בָּנָיו dir. obj.-n.m.p.-3 m.s. sf. (119) *his children*

וְאֶת־בֵּיתוֹ conj.-dir. obj.-n.m.s.-3 m.s. sf. (108) *and his household*

אַחֲרָיו prep.-3 m.s. sf. (29) *after him*

וְשָׁמְרוּ conj.-Qal pf. 3 c.p. (שָׁמַר 1036) *to keep*

דֶּרֶךְ יהוה n.m.s. cstr. (202)- pr.n. (217) *the way of Yahweh*

לַעֲשׂוֹת prep.-Qal inf. cstr. (עָשָׂה I 793) *by doing*

צְדָקָה n.f.s. (842) *righteousness*

וּמִשְׁפָּט conj.-n.m.s. (1048) *and justice*

לְמַעַן v.supra *so that*

הָבִיא Hi. inf. cstr. (בּוֹא 97) *may bring*

יהוה pr.n. (217) *Yahweh*

עַל־אַבְרָהָם prep.-pr.n. (4) *to Abraham*

אֵת אֲשֶׁר־ dir.obj.-rel. *what*

דִּבֶּר Pi. pf. 3 m.s. (180) *he has promised*

עָלָיו prep.-3 m.s. sf. *him*

18:20

וַיֹּאמֶר consec.-Qal impf. 3 m.s. (55) *then ... said*

יהוה pr.n. (217) *Yahweh*

זַעֲקַת n.f.s. cstr. (277) *the outcry against*

סְדֹם pr.n. (690) *Sodom*

וַעֲמֹרָה conj.-pr.n. (771) *and Gomorrah*

כִּי־רָבָּה conj. - Qal pf. 3 f. s. paus. (רָבַב I912) *is great*

וְחַטָּאתָם conj.-n.f.s.-3 m.p. sf. (308) *and their sin*

כִּי כָבְדָה conj.-Qal pf. 3 f.s. (כָּבֵד 457) *is grave*

מְאֹד adv. (547) *very*

18:21

אֵרְדָה־נָּא Qal impf. 1 c.s.-vol. he (יָרַד 432)-part. of entreaty (609) *I will go down*

וְאֶרְאֶה conj.-Qal impf. 1 c.s. (רָאָה 906) *to see*

הַכְּצַעֲקָתָהּ interr.-prep.-n.f.s.-3 f.s. sf. (858) *whether according to the outcry*

הַבָּאָה def. art.-Qal act. ptc. f.s. (בּוֹא 97) *which has come*

אֵלַי prep.-1 c.s. sf. *to me*

עָשׂוּ Qal pf. 3 c.p. (עָשָׂה I 793) *they have done*

כָּלָה n.f.s. as adv. (478) *altogether*

וְאִם־לֹא conj.-hypoth. part. (49)-neg. *and if not*

אֵדָעָה Qal impf. 1 c.s.-vol. he (יָדַע 393) *I will know*

18:22

וַיִּפְנוּ consec.-Qal impf. 3 m.p. (פָּנָה 815) *so ... turned*

מִשָּׁם prep.-adv. (1027) *from there*

הָאֲנָשִׁים def. art.-n.m.p. (35) *the men*

וַיֵּלְכוּ consec.-Qal impf. 3 m.p. (הָלַךְ 229) *and went*

סְדֹמָה pr.n.-dir. he (690) *toward Sodom*

וְאַבְרָהָם conj.-pr.n. (4) *Abraham*

עוֹדֶנּוּ adv.-3 m.s. sf. (728) *still*

עֹמֵד Qal act. ptc. (763) *stood*

לִפְנֵי prep.-n.m.p. cstr. (815) *before*

יהוה pr.n. (217) *Yahweh*

18:23

וַיִּגַּשׁ consec.-Qal impf. 3 m.s. (נָגַשׁ 620) *then ... drew near*

אַבְרָהָם pr.n. (4) *Abraham*

וַיֹּאמַר consec.-Qal impf. 3 m.s. (55) *and said*

הַאַף interr.-conj. (II 64) *indeed?*

תִּסְפֶּה Qal impf. 2 m.s. (סָפָה 705) *wilt thou destroy*

צַדִּיק adj. m.s. (843) *the righteous*

עִם־רָשָׁע prep.-adj. m.s. (957) *with the wicked*

18:24

אוּלַי יֵשׁ adv. (II 19)-subst. (441) *suppose there are*

חֲמִשִּׁים num. p. (332) *fifty*

צַדִּיקִם adj. m.p. (843) *righteous*

בְּתוֹךְ הָעִיר prep.-subst. cstr. (1063)-def. art.-n.f.s. (746) *within the city*

הַאַף interr.-conj. (II 64) *then?*

תִּסְפֶּה Qal impf. 2 m.s. (סָפָה 705) *wilt thou destroy*

וְלֹא־תִשָּׂא conj.-neg.-Qal impf. 2 m.s. (נָשָׂא 669) *and not spare*

לַמָּקוֹם prep.-def. art.-n.m.s. (879) *the place*

לְמַעַן prep.-conj. (775) *for (the sake of)*

חֲמִשִּׁים v.supra *the fifty*

הַצַּדִּיקִם def.art.-adj. m.p. (843) *righteous*

אֲשֶׁר בְּקִרְבָּהּ rel.-prep.-n.m.s.-3 f.s. sf. (899) *who are in it*

18:25

חָלִלָה subst.-loc. he (321) *far be it*

לְּךָ prep.-2 m.s. sf. *from thee*

מֵעֲשֹׂת prep.-Qal inf. cstr. (עָשָׂה I 793) *to do*

כַּדָּבָר הַזֶּה prep.-def.art.-n.m.s. (182) - def.art.-demons. adj.m.s. (260) *such a thing (*lit.*-according to this word)*

לְהָמִית prep.-Hi. inf. cstr. (מוּת 559) *to slay*

צַדִּיק adj. m.s. (843) *the righteous*

עִם־רָשָׁע prep.-adj. m.s. (957) *with the wicked*

וְהָיָה conj.-Qal pf. 3 m.s. (224) *so that ... fare*

כַצַּדִּיק prep.-def. art.-adj. m.s. (843) *(as) the righteous*

כָּרָשָׁע prep.-def. art.-adj. m.s. (957) *as the wicked*

חָלִלָה v. supra *Far be that*

לָּךְ prep.-2 m.s. sf. paus. *from thee*

הֲשֹׁפֵט interr.-Qal act. ptc. cstr. (1047) *shall the judge of*

כָּל־הָאָרֶץ n.m.s. cstr. (481)-def. art.-n.f.s. (75) *all the earth*

לֹא יַעֲשֶׂה neg.-Qal impf. 3 m.s. (עָשָׂה I 793) *shall not do*

מִשְׁפָּט n.m.s. (1048) *right*

18:26

וַיֹּאמֶר consec.-Qal impf. 3 m.s. (55) *and ... said*

יהוה pr.n. (217) *Yahweh*

אִם־אֶמְצָא hypoth. part. (49)-Qal impf. 1 c.s. (592) *If I find*

בִסְדֹם prep.-pr.n. (690) *at Sodom*

חֲמִשִּׁים num. p. (332) *fifty*

צַדִּיקִם adj. m.p. (843) *righteous*

בְּתוֹךְ הָעִיר prep.-subst. cstr. (1063)-def. art.-n.f.s. (746) *in the city*

וְנָשָׂאתִי conj.-Qal pf. 1 c.s. (נָשָׂא 669) *I will spare*

לְכָל־הַמָּקוֹם prep.-n.m.s. cstr. (481)-def. art.-n.m.s. (879) *the whole place*

בַּעֲבוּרָם prep.-prep.-3 m.p. sf. (721) *for their sake*

18:27

וַיַּעַן consec.-Qal impf. 3 m.s. (עָנָה I 772) *answered*

אַבְרָהָם pr.n. (4) *Abraham*

וַיֹּאמַר consec.-Qal impf. 3 m.s. (55) *(and said)*

הִנֵּה־נָא demons.part. (243) - part. of entreaty (609) *behold*

הוֹאַלְתִּי Hi. pf. 1 c.s. (יָאַל II 383) *I have taken upon myself*

לְדַבֵּר prep.-Pi. inf. cstr. (180) *to speak*

אֶל־אֲדֹנָי prep.-n.m.p.-1 c.s. sf. (10) *to the Lord*

וְאָנֹכִי conj.-pers. pr. 1 c.s. (59) *I who am but*

עָפָר n.m.s. (779) *dust*

וָאֵפֶר conj.-n.m.s. (68) *and ashes*

18:28

אוּלַי adv. (II 19) *suppose*

יַחְסְרוּן Qal impf. 3 m.p. (341) *are lacking*

חֲמִשִּׁים num. p. (332) *fifty*

הַצַּדִּיקִם def. art.-adj. m.p. (843) *the righteous*

חֲמִשָּׁה num. f.s. (331) *five*

הֲתַשְׁחִית interr.-Hi. impf. 2 m.s. (שָׁחַת 1007) *Wilt thou destroy*

בַּחֲמִשָּׁה prep.-def. art.-num. f.s. (331) *for lack of five*

אֶת־כָּל־הָעִיר dir. obj.-n.m.s. cstr. (481)-def. art.-n.f.s. (746) *the whole city*

וַיֹּאמֶר consec.-Qal impf. 3 m.s. (55) *And he said*

לֹא אַשְׁחִית neg. - Hi. impf. 1 c. s. (**שָׁחַת** 1007) ***I will not destroy***

אִם־אֶמְצָא hypoth. part. (49)-Qal impf. 1 c.s. (592) *if I find*

שָׁם adv. (1027) *there*

אַרְבָּעִים num. p. (917) *forty*

וַחֲמִשָּׁה conj.-num. f.s. (331) *five*

18:29

וַיֹּסֶף עוֹד consec. - Hi. impf. 3 m. s. (**יָסַף** 414) - adv. (728) ***and he added again***

לְדַבֵּר prep.-Pi. inf. cstr. (180) *to speak*

אֵלָיו prep.-3 m.s. sf. *to him*

וַיֹּאמַר consec.-Qal impf. 3 m.s. (55) *and said*

אוּלַי adv. (II 19) *Suppose*

יִמָּצְאוּן Ni. impf. 3 m.p. (מָצָא 592) *are found*

שָׁם adv. (1027) *there*

אַרְבָּעִים num. p. (917) *forty*

וַיֹּאמֶר consec.-Qal impf. 3 m.s. (55) *He answered*

לֹא אֶעֱשֶׂה neg.-Qal impf. 1 c.s. (עָשָׂה I 793) *I will not do it*

בַּעֲבוּר prep.-prep. (721) *for the sake of*

הָאַרְבָּעִים def. art.-num. p. (917) *forty*

18:30

וַיֹּאמֶר consec.-Qal impf. 3 m.s. (55) *then he said*

אַל־נָא יִחַר neg.-part. of entreaty (609)-Qal impf. 3 m.s. (חָרָה 354) *Oh let not ... be angry*

לַאדֹנָי prep.-n.m.p.-1 c.s. sf. (10) *the Lord*

וַאֲדַבֵּרָה conj.-Pi. impf. 1 c.s.-coh. he (180) *and I will speak*

אוּלַי adv. (II 19) *Suppose*

יִמָּצְאוּן Ni. impf. 3 m.p. (מָצָא 592) *are found*

שָׁם adv. (1027) *there*

שְׁלֹשִׁים num. p. (1026) *thirty*

וַיֹּאמֶר consec.-Qal impf. 3 m.s. (55) *He answered*

לֹא אֶעֱשֶׂה neg.-Qal impf. 1 c.s. (עָשָׂה I 793) *I will not do it*

אִם־אֶמְצָא hypoth. part. (49)-Qal impf. 1 c.s. (592) *if I find*

שָׁם adv. (1027) *there*

שְׁלֹשִׁים v. supra *thirty*

18:31

וַיֹּאמֶר consec.-Qal impf. 3 m.s. (55) *he said*

הִנֵּה־נָא demons. part. (243)-part. of entreaty (609) *Behold*

הוֹאַלְתִּי Hi. pf. 1 c.s. (יָאַל 383) *I have taken upon myself*

לְדַבֵּר prep.-Pi. inf. cstr. (180) *to speak*

אֶל־אֲדֹנָי prep.-n.m.p.-1 c.s. sf. (10) *to the Lord*

אוּלַי adv. (II 19) *Suppose*

יִמָּצְאוּן Ni. impf. 3 m.p. (מָצָא 592) *are found*

שָׁם adv. (1027) *there*

עֶשְׂרִים num. p. (797) *twenty*

וַיֹּאמֶר consec.-Qal impf. 3 m.s. (55) *He answered*

לֹא אַשְׁחִית neg. - Hi. impf. 1 c. s. (**שָׁחַת** 1007) ***I will not destroy it***

בַּעֲבוּר prep.-prep. (721) *for the sake of*

הָעֶשְׂרִים def. art.-num. p. (797) *twenty*

18:32

וַיֹּאמֶר consec.-Qal impf. 3 m.s. (55) *then he said*

אַל־נָא יִחַר neg.-part. of entreaty (609)-Qal impf. 3 m.s. (חָרָה 354) *Oh let not be angry*

לַאדֹנָי prep.-n.m.p.-1 c.s. sf. (10) *the Lord*

וַאֲדַבְּרָה conj.-Pi. impf. 1 c.s.-vol. he (180) *and I will speak again*

אַךְ־הַפַּעַם adv. (36)-def. art.-n.f.s. (821) *but this once*

אוּלַי adv. (19) *Suppose*

יִמָּצְאוּן Ni. impf. 3 m.p. (מָצָא 592) *are found*

שָׁם adv. (1027) *there*

עֲשָׂרָה num. f.s. (796) *ten*

וַיֹּאמֶר consec.-Qal impf. 3 m.s. (55) *He answered*

לֹא אַשְׁחִית neg.-Hi. impf. 1 c.s. (1007) *I will not destroy it*

בַּעֲבוּר prep.-prep. (721) *for the sake of*

הָעֲשָׂרָה def. art.-num. f.s. (796) *ten*

18:33

וַיֵּלֶךְ consec.-Qal impf. 3 m.s. (הָלַךְ 229) *and ... went*

יהוה pr.n. (217) *Yahweh*

כַּאֲשֶׁר prep.-rel. *when*

כִּלָּה Pi. pf. 3 m.s. (כָּלָה 477) *he had finished*

לְדַבֵּר prep.-Pi. inf. cstr. (180) *speaking*

אֶל־אַבְרָהָם prep.-pr.n. (4) *to Abraham*

וְאַבְרָהָם conj.-pr.n. (4) *and Abraham*

שָׁב Qal pf. 3 m.s. (שׁוּב 996) *returned*

לִמְקֹמוֹ prep.-n.m.s.-3 m.s. sf. (879) *to his place*

19:1

וַיָּבֹאוּ consec.-Qal impf. 3 m.p. (בּוֹא 97) *came*

שְׁנֵי הַמַּלְאָכִים num. m.p. cstr. (1040)-def. art.-n.m.p. (521) *the two angels*

סְדֹמָה pr.n.-dir. he (690) *to Sodom*

בָּעֶרֶב prep.-def.art.-n.m.s. (787) *in the evening*

וְלוֹט conj.-pr.n. (532) *and Lot*

יֹשֵׁב Qal act. ptc. (442) *was sitting*

בְּשַׁעַר־סְדֹם prep.-n.m.s. cstr. (1044)-pr.n. (690) *in the gate of Sodom*

וַיַּרְא־ consec.-Qal impf. 3 m.s. (רָאָה 906) *When ... saw them*

לוֹט pr.n. (532) *Lot*

וַיָּקָם consec.-Qal impf. 3 m.s. (קוּם 877) *he rose*

לִקְרָאתָם prep.-Qal inf. cstr.-3 m.p. sf. (II 896) *to meet them*

וַיִּשְׁתַּחוּ consec.-Hithpalel impf. 3 m.s. (שָׁחָה 1005) *and bowed himself*

אַפַּיִם n.m. du. (I 60) *with his face*

אָרְצָה n.f.s.-dir. he (75) *to the earth*

19:2

וַיֹּאמֶר consec.-Qal impf. 3 m.s. (55) *and said*

הִנֶּה נָּא־ demons. part. (243) - part. of entreaty (609) *I pray you*

אֲדֹנַי n.m.p.-1 c.s. sf. (10) *my lords*

סוּרוּ Qal impv. 2 m.p. (693) *turn aside*

נָא part. of entreaty (609) *I pray you*

אֶל־בֵּית prep.-n.m.s. cstr. (108) *to the house of*

עַבְדְּכֶם n.m.s.-2 m.p. sf. (713) *your servant*

וְלִינוּ conj.-Qal impv. 2 m.p. (לִין 533) *and spend the night*

וְרַחֲצוּ conj.-Qal impv. 2 m.p. (934) *and wash*

רַגְלֵיכֶם n.f. du.-2 m.p. sf. (919) *your feet*

וְהִשְׁכַּמְתֶּם conj.-Hi. pf. 2 m.p. (שָׁכַם 1014) *then you may rise up early*

וַהֲלַכְתֶּם conj.-Qal pf. 2 m.p. (הָלַךְ 229) *and go*

לְדַרְכְּכֶם prep.-n.m.s.-2 m.p. sf. (202) *on your way*

וַיֹּאמְרוּ consec.-Qal impf. 3 m.p. (55) *They said*

לֹּא neg. *No*

כִּי בָרְחוֹב conj.-prep.-def. art.-n.f.s. (932) *in the street*

נָלִין Qal impf. 1 c.p. (לִין 533) *we will spend the night*

19:3

וַיִּפְצַר־בָּם consec.-Qal impf. 3 m.s. (823)-prep.-3 m.p. sf. *but he urged them*

מְאֹד adv. (547) *strongly*

וַיָּסֻרוּ consec.-Qal impf. 3 m.p. (סוּר 693) *so they turned aside*

אֵלָיו prep.-3 m.s. sf. *to him*

וַיָּבֹאוּ consec.-Qal impf. 3 m.p. (בּוֹא 97) *and entered*

אֶל־בֵּיתוֹ prep.-n.m.s.-3 m.s. sf. (108) *his house*

וַיַּעַשׂ consec.-Qal impf. 3 m.s. (עָשָׂה I 793) *and he made*

לָהֶם prep.-3 m.p. sf. *them*

מִשְׁתֶּה n.m.s. (1059) *a feast*

וּמַצּוֹת conj.-n.f.p. (595) *and unleavened bread*

אָפָה Qal pf. 3 m.s. (66) *baked*

וַיֹּאכֵלוּ consec.-Qal impf. 3 m.p. paus. (37) *and they ate*

19:4

טֶרֶם adv. (382) *before*

יִשְׁכָּבוּ Qal impf. 3 m.p. paus. (1011) *they lay down*

וְאַנְשֵׁי conj.-n.m.p. cstr. (35) *the men of*

הָעִיר def. art.-n.f.s. (746) *the city*

אַנְשֵׁי סְדֹם n.m.p. cstr. (35)-pr.n. (690) *the men of Sodom*

נָסַבּוּ Ni. pf. 3 c.p. (סָבַב 685) *surrounded*

עַל־הַבַּיִת prep.-def. art.-n.m.s. (108) *the house*

מִנַּעַר prep.-n.m.s. (654) *both young*

וְעַד־זָקֵן conj.-prep.-n.m.s. (278) *and old*

כָּל־הָעָם n.m.s. cstr. (481)-def. art.-n.m.s. (I 766) *all of the people*

מִקָּצֶה prep.-n.m.s. (892) *to the last man*

19:5

וַיִּקְרְאוּ consec.-Qal impf. 3 m.p. (894) *and they called*

אֶל־לוֹט prep.-pr.n. (532) *to Lot*

וַיֹּאמְרוּ לוֹ consec.-Qal impf. 3 m.p. (55)-prep.-3 m.s. sf. *(and said to him)*

אַיֵּה interr. adv. (32) *Where are*

הָאֲנָשִׁים def. art.-n.m.p. (35) *the men*

אֲשֶׁר־בָּאוּ rel.-Qal pf. 3 c.p. (בּוֹא 97) *who came*

אֵלֶיךָ prep.-2 m.s. sf. *to you*

הַלָּיְלָה def. art.-n.m.s. (538) *tonight*

הוֹצִיאֵם Hi. impv. 2 m.s.-3 m.p. sf. (יָצָא 422) *Bring them out*

אֵלֵינוּ prep.-1 c.p. sf. *to us*

וְנֵדְעָה conj.-Qal impf. 1 c.p.-coh. he (יָדַע 393) *that we may know*

אֹתָם dir. obj.-3 m.p. sf. *them*

19:6

וַיֵּצֵא consec.-Qal impf. 3 m.s. (יָצָא 422) *went out*

אֲלֵהֶם prep.-3 m.p. sf. *to them*

לוֹט pr.n. (532) *Lot*

הַפֶּתְחָה def. art.-n.m.s.-dir. he (835) *of the door*

וְהַדֶּלֶת conj.-def.art.-n.f.s. (195) *(and) the door*

סָגַר Qal pf. 3 m.s. (688) *(he) shut*

אַחֲרָיו prep.-3 m.s. sf. (29) *after him*

19:7

וַיֹּאמַר consec.-Qal impf. 3 m.s. (55) *and said*

אַל־נָא neg.-part. of entreaty (609) *I beg you, not*

אַחַי n.m.p.-1 c.s. sf. (26) *my brothers*

תָּרֵעוּ Hi. impf. 2 m.p. (רָעַע 949) *do not act so wickedly*

19:8

הִנֵּה־נָא demons. part. (243) - part. of entreaty (609) *behold*

לִי prep.-1 c.s. sf. *I have*

שְׁתֵּי בָנוֹת num. cstr. (1040) - n.f.p. (I 123) *two daughters*

אֲשֶׁר לֹא יָדְעוּ rel.-neg.-Qal pf. 3 c.p. (393) *who have not known*

אִישׁ n.m.s. (35) *man*

אוֹצִיאָה־נָּא Hi. impf. 1 c.s.-coh. he (יָצָא 422)-part. of entreaty (609) *let me bring out*

אֶתְהֶן dir. obj.-3 f.p. *them*

אֲלֵיכֶם prep.-2 m.p. sf. *to you*

וַעֲשׂוּ conj.-Qal impv. 2 m.p. (עָשָׂה I 793) *and do*

לָהֶן prep.-3 f.p. sf. *to them*
כַּטּוֹב prep.-def. art.-adj. m.s. (II 373) *according to the good*
בְּעֵינֵיכֶם prep.-n.f.du.-2 m.p. sf. (744) *in your eyes*
רַק adv. (956) *only*
לָאֲנָשִׁים prep.-def. art.-n.m.p. (35) *to the men*
הָאֵל def. art.-demons. adj. c.p. (rd. הָאֵלֶּ 41) *these*
אַל־תַּעֲשׂוּ דָבָר neg.-Qal impf. 2 m.p. (עָשָׂה I 793)-n.m.s. (182) *do nothing*
כִּי־עַל־כֵּן conj.-prep.-adv. (475) *for*
בָּאוּ Qal pf. 3 c.p. (בּוֹא 97) *they have come*
בְּצֵל קֹרָתִי prep.-n.m.s. cstr. (853) - n.f.s.-1 c.s. sf. (900) *under the shelter of my roof*

19:9

וַיֹּאמְרוּ consec.-Qal impf. 3 m.p. (55) *but they said*
גֶּשׁ־הָלְאָה Qal impv. 2 m.s. (נָגַשׁ 620)-adv. (229) *Stand back*
וַיֹּאמְרוּ consec.-Qal impf. 3 m.p. (55) *And they said*
הָאֶחָד def. art.-adj. m.s. (25) *This fellow (the one)*
בָּא־לָגוּר Qal pf. 3 m.s. (בּוֹא 97)-prep.-Qal inf. cstr. (157) *came to sojourn*
וַיִּשְׁפֹּט שָׁפוֹט consec.-Qal impf. 3 m.s. (1047) - Qal inf. abs. (1047) *and he would play the judge*
עַתָּה adv. (773) *Now*
נָרַע Hi. impf. 1 c.p. (רָעַע 949) *we will deal worse*
לְךָ מֵהֶם prep.-2 m.s. sf. - prep.-3 m.p. sf. *with you than with them*
וַיִּפְצְרוּ consec.-Qal impf. 3 m.p. (823) *Then they pressed*
בָאִישׁ prep.-def. art.-n.m.s. (35) *against the man*
בְּלוֹט prep.-pr.n. (532) *Lot*
מְאֹד adv. (547) *hard*

וַיִּגְּשׁוּ consec.-Qal impf. 3 m.p. (נָגַשׁ 620) *and drew near*
לִשְׁבֹּר prep.-Qal inf. cstr. (990) *to break*
הַדָּלֶת def. art.-n.f.s. paus. (195) *the door*

19:10

וַיִּשְׁלְחוּ consec.-Qal impf. 3 m.p. (1018) *but ... put forth*
הָאֲנָשִׁים def. art.-n.m.p. (35) *the men*
אֶת־יָדָם dir. obj.-n.f.s.-3 m.p. sf. (388) *their hands*
וַיָּבִיאוּ consec.-Hi. impf. 3 m.p. (בּוֹא 97) *and brought*
אֶת־לוֹט dir. obj.-pr.n. (532) *Lot*
אֲלֵיהֶם prep.-3 m.p. sf. *to them*
הַבָּיְתָה def. art.-n.m.s.-dir. he (108) *into the house*
וְאֶת־הַדֶּלֶת conj.-dir. obj.-def. art.-n.f.s. (195) *and the door*
סָגָרוּ Qal pf. 3 c.p. paus. (688) *(they) shut*

19:11

וְאֶת־הָאֲנָשִׁים conj.-dir. obj.-def. art.-n.m.p. (35) *and the men*
אֲשֶׁר־פֶּתַח rel.-n.m.s. cstr. (835) *who (were at) the door of*
הַבַּיִת def. art.-n.m.s. (108) *the house*
הִכּוּ Hi. pf. 3 c.p. (נָכָה 645) *they struck*
בַּסַּנְוֵרִים prep.-def. art.-n.m.p. (703) *with blindness*
מִקָּטֹן prep.-adj. m.s. (882) *both small*
וְעַד־גָּדוֹל conj.-prep.-adj. m.s. (152) *and great*
וַיִּלְאוּ consec.-Qal impf. 3 m.p. (לָאָה 521) *so that they wearied themselves*
לִמְצֹא prep.-Qal inf. cstr. (592) *groping for*
הַפָּתַח def. art.-n.m.s. paus. (835) *the door*

19:12

וַיֹּאמְרוּ consec.-Qal impf. 3 m.p. (55) *then said*

הָאֲנָשִׁים def. art.-n.m.p. (35) *the men*
אֶל־לוֹט prep.-pr.n. (532) *to Lot*
עֹד מִי־לְךָ adv. (728)-interr. (566)-prep.-2 m.s. sf. *Have you any one else*
פֹּה adv. (805) *here*
חָתָן n.m.s. (368) *Sons-in-law*
וּבָנֶיךָ conj.-n.m.p.-2 m.s. sf. (119) *(and your) sons*
וּבְנֹתֶיךָ conj.-n.f.p.-2 m.s. sf. (I 123) *(and your) daughters*
וְכֹל אֲשֶׁר־לְךָ conj.-n.m.s. (481)-rel.-prep.-2 m.s. sf. *or any one you have*
בָּעִיר prep.-def. art.-n.f.s. (746) *in the city*
הוֹצֵא Hi. impv. 2 m.s. (יָצָא 422) *bring out*
מִן־הַמָּקוֹם prep.-def. art.-n.m.s. (879) *out of the place*

19:13

כִּי־מַשְׁחִתִים conj. - Hi. ptc. m.p. (שָׁחַת 1007) *for about to destroy*
אֲנַחְנוּ pers. pr. 1 c.p. (59) *we are*
אֶת־הַמָּקוֹם הַזֶּה dir.obj.-def.art.-n.m.s. (879) - def.art.-demons. adj. m.s. (260) *this place*
כִּי־גָדְלָה conj.-Qal pf. 3 f.s. (152) *because has become great*
צַעֲקָתָם n.f.s.-3 m.p. sf. (858) *their outcry*
אֶת־פְּנֵי dir. obj.-n.m.p. cstr. (815) *before*
יהוה pr.n. (217) *Yahweh*
וַיְשַׁלְּחֵנוּ consec.-Pi. impf. 3 m.s. (1018)-1 c.p. sf. *and has sent us*
יהוה pr.n. (217) *Yahweh*
לְשַׁחֲתָהּ prep.-Pi. inf. cstr.-3 f.s. sf. (1007) *to destroy it*

19:14

וַיֵּצֵא consec.-Qal impf. 3 m.s. (יָצָא 422) *so went out*
לוֹט pr.n. (532) *Lot*
וַיְדַבֵּר consec.-Pi. impf. 3 m.s. (180) *and said*
אֶל־חֲתָנָיו prep.-n.m.p.-3 m.s. sf. (368) *to his sons-in-law*
לֹקְחֵי Qal act. ptc. m.p. cstr. (542) *who were to marry*
בְּנֹתָיו n.f.p.-3 m.s. sf. (I 123) *his daughters*
וַיֹּאמֶר consec.-Qal impf. 3 m.s. (55) *(and said)*
קוּמוּ Qal impv. 2 m.p. (קוּם 877) *Up*
צְּאוּ Qal impv. 2 m.p. (יָצָא 422) *get out*
מִן־הַמָּקוֹם הַזֶּה prep.-def.art.-n.m.s. (879) - def.art.-demons. adj. m.s. (260) *(from) this place*
כִּי־מַשְׁחִית conj.-Hi. ptc. (1007) *for ... is about to destroy*
יהוה pr.n. (217) *Yahweh*
אֶת־הָעִיר dir. obj.def. art.-n.f.s. (746) *the city*
וַיְהִי consec.-Qal impf.3 m.s. (הָיָה 224) *but he seemed to be*
כִּמְצַחֵק prep. - Pi. ptc. (850) *jesting*
בְּעֵינֵי prep.-n.f. du. cstr. (744) *to (in the eyes of)*
חֲתָנָיו n.m.p.-3 m.s. sf. (368) *his sons-in-law*

19:15

וּכְמוֹ conj.-conj. (455) *and when*
הַשַּׁחַר def. art.-n.m.s. (1007) *morning*
עָלָה Qal pf. 3 m.s. (748) *dawned*
וַיָּאִיצוּ consec.-Hi. impf. 3 m.p. (אוּץ 21) *urged*
הַמַּלְאָכִים def. art.-n.m.p. (521) *the angels*
בְּלוֹט prep.-pr.n. (532) *Lot*
לֵאמֹר prep.-Qal inf. cstr. (55) *saying*
קוּם Qal impv. 2 m.s. (877) *Arise*
קַח Qal impv. 2 m.s. (לָקַח 542) *take*
אֶת־אִשְׁתְּךָ dir. obj.-n.f.s.-2 m.s. sf. (61) *your wife*
וְאֶת־שְׁתֵּי conj.-dir. obj.-num. cstr. (1040) *and ... two*
בְנֹתֶיךָ n.f.p.-2 m.s. sf. (I 123) *your daughters*

הַנִּמְצָאֹת def. art.-Ni. ptc. f.p. (מָצָא 592) *who are here*

פֶּן־תִּסָּפֶה conj. (814)-Ni. impf. 2 m.s. (סָפָה 705) *lest you be consumed*

בַּעֲוֹן prep.-n.m.s. cstr. (730) *in the punishment of*

הָעִיר def. art.-n.f.s. (746) *the city*

19:16

וַיִּתְמַהְמָהּ consec.-Hithpalpel impf. 3 m.s. (מָהַהּ 554) *but he lingered*

וַיַּחֲזִקוּ consec.-Hi. impf. 3 m.p. (חָזַק 304) *so seized*

הָאֲנָשִׁים def. art.-n.m.p. (35) *the men*

בְּיָדוֹ prep.-n.f.s.-3 m.s. sf. (388) *by the hand of him*

וּבְיַד־אִשְׁתּוֹ conj.-prep.-n.f.s. cstr. (388)-n.f.s.-3 m.s. sf. (61) *and his wife*

וּבְיַד שְׁתֵּי v.supra num. cstr. (1040) *and two*

בְנֹתָיו n.f.p.-3 m.s. sf. (I 123) *his daughters*

בְּחֶמְלַת prep.-n.f.s. cstr. (328) *being merciful*

יהוה pr.n. (217) *Yahweh*

עָלָיו prep.-3 m.s. sf. *to him*

וַיֹּצִאֻהוּ consec.-Hi. impf. 3 m.p.-3 m.s. sf. (יָצָא 422) *and they brought him forth*

וַיַּנִּחֻהוּ consec.-Hi. impf. 3 m.p.-3 m.s. sf. (נוּחַ 628) *and set him*

מִחוּץ prep.-n.m.s. (299) *outside*

לָעִיר prep.-def. art.-n.f.s. (746) *the city*

19:17

וַיְהִי consec.-Qal impf. 3 m.s. (הָיָה 224) *and it was*

כְהוֹצִיאָם prep.-Hi. inf. cstr.-3 m.p. sf. (יָצָא 422) *when they had brought*

אֹתָם dir. obj.-3 m.p. sf. *them*

הַחוּצָה def. art.-n.m.s.-dir. he (299) *forth*

וַיֹּאמֶר consec.-Qal impf. 3 m.s. (55) *they (lit. he) said*

הִמָּלֵט Ni. impv. 2 m.s. (מָלַט 572) *Flee*

עַל־נַפְשֶׁךָ prep.-n.f.s.-2 m.s. sf. (659) *for your life*

אַל־תַּבִּיט neg.-Hi. impf. 2 m.s. (נָבַט 613) *do not look*

אַחֲרֶיךָ prep.-2 m.s. sf. (29) *back (after you)*

וְאַל־תַּעֲמֹד conj.-neg.-Qal impf. 2 m.s. (763) *or stop*

בְּכָל־הַכִּכָּר prep.-n.m.s. cstr. (481)-def. art.-n.f.s. (503) *anywhere in the valley*

הָהָרָה def. art.-n.m.s.-dir. he (249) *to the hills*

הִמָּלֵט Ni. impv. 2 m.s. (מָלַט 572) *flee*

פֶּן־תִּסָּפֶה conj. (814)-Ni. impf. 2 m.s. (סָפָה 705) *lest you be consumed*

19:18

וַיֹּאמֶר consec.-Qal impf. 3 m.s. (55) *and said*

לוֹט pr.n. (532) *Lot*

אֲלֵהֶם prep.-3 m.p. sf. *to them*

אַל־נָא neg.-part. of entreaty (609) *Oh no*

אֲדֹנָי n.m.p.-1 c.s. sf. (10) *my lords*

19:19

הִנֵּה־נָא demons. part. (243)-part. of entreaty (609) *behold*

מָצָא Qal pf. 3 m.s. (592) *has found*

עַבְדְּךָ n.m.s.-2 m.s. sf. (713) *your servant*

חֵן n.m.s. (336) *favor*

בְּעֵינֶיךָ prep.-n.f. du.-2 m.s. sf. (744) *in your sight*

וַתַּגְדֵּל consec.-Hi. impf. 2 m.s. (152) *and you have shown great*

חַסְדְּךָ n.m.s.-2 m.s. sf. (338) *your kindness*

אֲשֶׁר עָשִׂיתָ rel.-Qal pf. 2 m.s. (עָשָׂה I 793) *(which you performed)*

עִמָּדִי prep.-1 c.s. sf. (767) *(with) me*

לְהַחֲיוֹת prep.-Hi. inf. cstr. (310) *in saving*

אֶת־נַפְשִׁי dir. obj.-n.f.s.-1 c.s. sf. (659) *my life*

וְאָנֹכִי conj.-pers. pr. 1 c.s. (58) *But I*

לֹא אוּכַל neg.-Qal impf. 1 c.s. (יָכֹל 407) *I cannot*

לְהִמָּלֵט prep.-Ni. inf. cstr. (מָלַט 572) *flee*

הָהָרָה def. art.-n.m.s.-dir. he (249) *to the hills*

פֶּן־תִּדְבָּקַנִי conj. (814) - Qal impf. 3 f.s.-1 c.s. sf. (179) *lest ... overtake me*

הָרָעָה def. art.-n.f.s. (948) *the disaster*

וָמַתִּי conj.-Qal pf. 1 c.s. (מוּת 559) *and I die*

19:20

הִנֵּה־נָא demons. part. (243)-part. of entreaty (609) *behold*

הָעִיר הַזֹּאת def.art.-n.f.s. (746) - def.art.-demons. adj. f.s. (260) *yonder city*

קְרֹבָה adj. f.s. (898) *is near enough*

לָנוּס prep.-Qal inf. cstr. (630) *to flee*

שָׁמָּה adv.-dir. he (1027) *to (there)*

וְהִיא conj.-pers. pr. 3 f.s. (214) *and it*

מִצְעָר n.m.s. (I 859) *a little one*

אִמָּלְטָה נָּא Ni. impf. 1 c.s.-coh. he (572)-part. of entreaty (609) *Let me escape*

שָׁמָּה v.supra *there*

הֲלֹא מִצְעָר interr.-neg.-v.supra *not a little one?*

הִוא pers. pr. 3 f.s. (214) *it*

וּתְחִי conj.-Qal impf. 3 f.s. apoc. (חָיָה 310) *and will be saved*

נַפְשִׁי n.f.s.-1 c.s. sf. (659) *my life*

19:21

וַיֹּאמֶר consec.-Qal impf. 3 m.s. (55) *he said*

אֵלָיו prep.-3 m.s. sf. *to him*

הִנֵּה demons. part. (243) *Behold*

נָשָׂאתִי Qal pf. 1 c.s. (669) *I grant*

פָנֶיךָ n.m.p.-2 m.s. sf. (815) *you*

גַּם adv. (168) *also*

לַדָּבָר הַזֶּה prep.-def.art.-n.m.s. (182) - def.art.-demons. adj. m.s. (260) *this favor*

לְבִלְתִּי הָפְכִּי prep.-neg. (116)-Qal inf. cstr.-1 c.s. sf. (הָפַךְ 245) *that I will not overthrow*

אֶת־הָעִיר dir. obj.-def. art.-n.f.s. (746) *the city*

אֲשֶׁר דִּבַּרְתָּ rel.-Pi. pf. 2 m.s. (180) *of which you have spoken*

19:22

מַהֵר Pi. impv. 2 m.s. (I 554) *Make haste*

הִמָּלֵט Ni. impv. 2 m.s. (מָלַט 572) *escape*

שָׁמָּה adv.-dir. he (1027) *there*

כִּי לֹא אוּכַל conj.-neg.-Qal impf. 1 c.s. (יָכֹל 407) *for I can not*

לַעֲשׂוֹת prep.-Qal inf. cstr. (עָשָׂה I 793) *do*

דָּבָר n.m.s. (182) *a thing*

עַד־בֹּאֲךָ prep.-Qal inf. cstr.-2 m.s. sf. (בּוֹא 97) *till you arrive*

שָׁמָּה adv.-dir. he paus. (1027) *there*

עַל־כֵּן prep.-adv. (485) *therefore*

קָרָא Qal pf. 3 m.s. (4894) *was called*

שֵׁם־הָעִיר n.m.s. cstr. (1027)-def. art.-n.f.s. (746) *the name of the city*

צוֹעַר pr.n. (858) *Zoar*

19:23

הַשֶּׁמֶשׁ def.art.-n.m.s. (1039) *the sun*

יָצָא Qal pf. 3 m.s. (422) *had risen*

עַל־הָאָרֶץ prep.-def. art.-n.f.s. (75) *on the earth*

וְלוֹט conj.-pr.n. (532) *when Lot*

בָּא Qal pf. 3 m.s. (בּוֹא 97) *came*

צֹעֲרָה pr.n.-dir. he (858) *to Zoar*

19:24

וַיהוה conj.-pr.n. (217) *then Yahweh*

הִמְטִיר Hi. pf. 3 m.s. (565) *rained*

עַל־סְדֹם prep.-pr.n. (690) *on Sodom*

וְעַל־עֲמֹרָה conj.-prep.-pr.n. (771) *and Gomorrah*

גָּפְרִית n.f.s. (172) *brimstone*

וָאֵשׁ conj.-n.f.s. (77) *and fire*

מֵאֵת יהוה prep.-prep. (II 85)-pr.n. (217) *from Yahweh*

מִן־הַשָּׁמָיִם prep.-def.art.-n.m. du. paus. (1029) *out of heaven*

19:25

וַיַּהֲפֹךְ consec.-Qal impf. 3 m.s. (הָפַךְ 245) *and he overthrew*

אֶת־הֶעָרִים הָאֵל dir. obj.-def. art.-n.f.p. (746)-def. art.-demons. adj. c.p. (41) *those cities*

וְאֵת כָּל־הַכִּכָּר conj.-dir. obj.-n.m.s. cstr. (481)-def. art.-n.f.s. (503) *and all the valley*

וְאֵת כָּל־יֹשְׁבֵי conj.-dir. obj.-n.m.s. cstr. (481)-Qal act. ptc. m.p. cstr. (442) *and all the inhabitants of*

הֶעָרִים def. art.-n.f.p. (746) *the cities*

וְצֶמַח conj.-n.m.s. cstr. (855) *and what grew (growth of) on*

הָאֲדָמָה def. art.-n.f.s. (9) *the ground*

19:26

וַתַּבֵּט consec.-Hi. impf. 3 f.s. (נָבַט 613) *but ... looked*

אִשְׁתּוֹ n.f.s.-3 m.s. sf. (61) *his wife*

מֵאַחֲרָיו prep.-prep.-3 m.s. sf. (29) *behind him*

וַתְּהִי consec.-Qal impf. 3 f.s. (הָיָה 224) *and she became*

נְצִיב מֶלַח n.m.s. cstr. (I 662)-n.m.s. (571) *a pillar of salt*

19:27

וַיַּשְׁכֵּם consec.-Hi. impf. 3 m.s. (שָׁכַם 1014) *and went early*

אַבְרָהָם pr.n. (4) *Abraham*

בַּבֹּקֶר prep.-def. art.-n.m.s. (133) *in the morning*

אֶל־הַמָּקוֹם prep.-def. art.-n.m.s. (879) *to the place*

אֲשֶׁר־עָמַד rel.-Qal pf. 3 m.s. (763) *where he had stood*

שָׁם adv. (1027) *(there)*

אֶת־פְּנֵי יהוה dir. obj.-n.m.p. cstr. (815)-pr.n. (217) *before Yahweh*

19:28

וַיַּשְׁקֵף consec.-Hi. impf. 3 m.s. (שָׁקַף I 1054) *and he looked down*

עַל־פְּנֵי סְדֹם prep.-n.m.p. cstr. (815)-pr.n. (690) *toward Sodom*

וַעֲמֹרָה conj.-pr.n. (771) *and Gomorrah*

וְעַל־כָּל־פְּנֵי conj.-prep.-n.m.s. cstr. (481)-n.m.p. cstr. (815) *and toward all (the face of)*

אֶרֶץ n.f.s. cstr. (75) *the land of*

הַכִּכָּר def.art.-n.f.s. (503) *the valley*

וַיַּרְא consec.-Qal impf. 3 m.s. (רָאָה 906) *and beheld*

וְהִנֵּה conj.-demons. part. (243) *and lo*

עָלָה Qal pf. 3 m.s. (748) *went up*

קִיטֹר הָאָרֶץ n.m.s. cstr. (882)-def. art.-n.f.s. (75) *the smoke of the land*

כְּקִיטֹר הַכִּבְשָׁן prep.-n.m.s. cstr. (882)-def. art.-n.m.s. (461) *like the smoke of the furnace*

19:29

וַיְהִי consec.-Qal impf. 3 m.s. (הָיָה 224) *so it was that*

בְּשַׁחֵת prep.-Pi. inf. cstr. (שָׁחַת 1007) *when destroyed*

אֱלֹהִים n.m.p. (43) *God*

אֶת־עָרֵי dir. obj.-n.f.p. cstr. (746) *the cities of*

הַכִּכָּר def. art.-n.f.s. (503) *the valley*

וַיִּזְכֹּר consec. - Qal impf. 3 m. s. (זָכַר 269) *(and) remembered*

אֱלֹהִים n.m.p. (43)) *God*

אֶת־אַבְרָהָם dir. obj.-pr.n. (4) *Abraham*

וַיְשַׁלַּח consec.-Pi. impf. 3 m.s. (שָׁלַח 1018) *and sent*

אֶת־לוֹט dir. obj.-pr.n. (532) *Lot*

מִתּוֹךְ prep.-n.m.s. cstr. (1063) *out of the midst of*

הַהֲפֵכָה def. art.-n.f.s. (246) *the overthrow*

בַּהֲפֹךְ prep.-Qal inf. cstr. (הָפַךְ 245) *when he overthrew*

אֶת־הֶעָרִים dir.obj.-def.art.-n.f.p. (746) *the cities*

אֲשֶׁר־יָשַׁב rel.-Qal pf. 3 m.s. (442) *which ... dwelt*

בָּהֵן prep.-3 f.p. sf. *in them*

לוֹט pr.n. (532) *Lot*

19:30

וַיַּעַל consec.-Qal impf. 3 m.s (עָלָה 748) *now went up*

לוֹט pr.n. (532) *Lot*

מִצּוֹעַר prep.-pr.n. (858) *out of Zoar*

וַיֵּשֶׁב consec. - Qal impf. 3 m. s. (יָשַׁב 442) *so he dwelt*

בָּהָר prep.-def. art.-n.m.s. (249) *in the hills*

וּשְׁתֵּי conj.-num. cstr. (104) *and two*

בְנֹתָיו n.f.p.-3 m.s. sf. (I 123) *his daughters*

עִמּוֹ prep.-3 m.s. sf. *with him*

כִּי יָרֵא conj.-Qal pf. 3 m.s. (431) *for he was afraid*

לָשֶׁבֶת prep.-Qal inf. cstr. (יָשַׁב 442) *to dwell*

בְּצוֹעַר prep.-pr.n. (858) *in Zoar*

וַיֵּשֶׁב **consec. - Qal impf. 3 m.s. (יָשַׁב 442)** ***so he dwelt***

בַּמְּעָרָה prep.-def. art.-n.f.s. (792) *in a cave*

הוּא pers. pr. 3 m.s. (214) *he*

וּשְׁתֵּי v.supra *and two*

בְנֹתָיו v.supra *his daughters*

19:31

וַתֹּאמֶר consec.-Qal impf. 3 f.s. (55) *and said*

הַבְּכִירָה def. art.-n.f.s. (114) *the first-born*

אֶל־הַצְּעִירָה prep.-def. art.-adj. f.s. (I 859) *to the younger*

אָבִינוּ n.m.s.-1 c.p. sf. (3) *Our father*

זָקֵן Qal pf. 3 m.s. (278) *is old*

וְאִישׁ conj.-n.m.s. (35) *and a man*

אֵין subst. cstr. (II 34) *there is not*

בָּאָרֶץ prep.-def. art.-n.f.s. (75) *on earth*

לָבוֹא prep.-Qal inf. cstr. (97) *to come in*

עָלֵינוּ prep.-1 c.p. sf. *to us*

כְּדֶרֶךְ prep.-n.m.s. cstr. (202) *after the manner of*

כָּל־הָאָרֶץ n.m.s. cstr. (481)-def. art.-n.f.s. (75) *all the earth*

19:32

לְכָה Qal impv. 2 m.s.-vol. he (הָלַךְ 229) *Come*

נַשְׁקֶה Hi. impf. 1 c.p. (1052) *let us make ... drink*

אֶת־אָבִינוּ **dir.obj.-n.m.s.-1 c.p. sf. (3)** ***our father***

יַיִן **n.m.s. (406)** ***wine***

וְנִשְׁכְּבָה **conj.-Qal impf. 1 c.p.-coh. he (1011)** ***and we will lie***

עִמּוֹ **prep.-3 m.s. sf.** ***with him***

וּנְחַיֶּה **conj.-Pi. impf. 1 c.p. (חָיָה 310)** ***that we may preserve***

מֵאָבִינוּ prep.-n.m.s.-1 c.p. sf. (3) *through our father*

זָרַע n.m.s. paus. (282) *offspring*

19:33

וַתַּשְׁקֶיןָ **consec.- Hi. impf. 3 f. p. (שָׁקָה 1052)** ***so they made ... drink***

אֶת־אֲבִיהֶן dir. obj.-n.m.s.-3 f.p. (3) *their father*

יַיִן n.m.s. (406) *wine*

בַּלַּיְלָה prep.-def. art.-n.m.s. (538) *in the night*

הוּא demons. adj. m.s. (214) *that*

וַתָּבֹא consec.-Qal impf. 3 f.s. (בּוֹא 97) *and went in*

הַבְּכִירָה def. art.-n.f.s. (114) *the first-born*

וַתִּשְׁכַּב consec.-Qal impf. 3 f.s. (שָׁכַב 1011) *and lay*

אֶת־אָבִיהָ prep. (II 85)-n.m.s.-3 f.s. sf. (3) *with her father*

וְלֹא־יָדַע conj.-neg.-Qal pf. 3 m.s. (393) *he did not know*

בְּשִׁכְבָהּ prep.-Qal inf. cstr.-3 f.s. sf. (שָׁכַב 1011) *when she lay down*

וּבְקוּמָהּ conj.-prep.-Qal inf. cstr.-3 f.s. sf. (קוּם 877) *or when she arose*

19:34

וַיְהִי consec.-Qal impf. 3 m.s. (הָיָה 224) *and (it was)*

מִמָּחֳרָת prep.-n.f.s. (564) *on the next day*

וַתֹּאמֶר consec.-Qal impf. 3 f.s. (55) *said*

הַבְּכִירָה def. art.-n.f.s. (114) *the first-born*

אֶל־הַצְּעִירָה prep.-def. art.-adj. f.s. (I 859) *to the younger*

הֶן־ interj. (243) *Behold*

שָׁכַבְתִּי Qal pf. 1 c.s. (שָׁכַב 1011) *I lay*

אֶמֶשׁ adv. (57) *(yesterday) last night*

אֶת־אָבִי prep. (II 85)-n.m.s.-1 c.s. sf. (3) *with my father*

נַשְׁקֶנּוּ Hi. impf. 1 c.p. - 3 m.s. sf. (שָׁקָה 1052) *let us make him drink*

יַיִן n.m.s. (406) *wine*

גַּם־הַלַּיְלָה adv. (168)-def. art.-n.m.s. (538) *also tonight*

וּבֹאִי conj.-Qal impv. 2 f.s. (בּוֹא 97) *then you go in*

שִׁכְבִי Qal impv. 2 f.s. (שָׁכַב 1011) *and lie*

עִמּוֹ prep.-3 m.s. sf. *with him*

וּנְחַיֶּה conj.-Pi. impf. 1 c.p. (חָיָה 310) *that we may preserve*

מֵאָבִינוּ prep.-n.m.s.-1 c.p. sf. (3) *through our father*

זָרַע n.m.s. paus. (282) *offspring*

19:35

וַתַּשְׁקֶין consec. - Hi. impf. 3 f.p. (שָׁקָה 1052) *so they made ... drink*

גַּם adv. (168) *also*

בַּלַּיְלָה הַהוּא prep.-def. art.-n.m.s. (538)-def. art.-demons. adj. m.s. (214) *that night*

אֶת־אֲבִיהֶן dir. obj.-n.m.s.-3 f.p. (3) *their father*

יָיִן n.m.s. paus. (406) *wine*

וַתָּקָם consec.-Qal impf. 3 f.s. (קוּם 877) *and arose*

הַצְּעִירָה def. art.-adj. f.s. (859) *the younger*

וַתִּשְׁכַּב consec.-Qal impf. 3 f.s. (שָׁכַב 1011) *and lay*

עִמּוֹ prep.-3 m.s. sf. *with him*

וְלֹא־יָדַע conj.-neg.-Qal pf. 3 m.s. (393) *and he did not know*

בְּשִׁכְבָהּ prep.-Qal inf. cstr.-3 f.s. sf. (שָׁכַב 1011) *when she lay down*

וּבְקֻמָהּ conj.-prep.-Qal inf. cstr.-3 f.s. sf. (קוּם 877) *or when she arose*

19:36

וַתַּהֲרֶיןָ consec. - Qal impf. 3 f.p. (הָרָה 247) *thus ... were with child*

שְׁתֵּי num. cstr. (1040) *both (of)*

בְנוֹת־ n.f.p. cstr. (I 123) *daughters of*

לוֹט pr.n. (532) *Lot*

מֵאֲבִיהֶן prep.-n.m.s.-3 f.p. sf. (3) *by their father*

19:37

וַתֵּלֶד consec.-Qal impf. 3 f.s. (יָלַד 408) *bore*

הַבְּכִירָה def. art.-n.f.s. (114) *the first-born*

בֵּן n.m.s. (119) *a son*

וַתִּקְרָא consec.-Qal impf. 3 f.s. (894) *and called*

שְׁמוֹ n.m.s.-3 m.s. sf. (1027) *his name*

מוֹאָב pr.n. (555) *Moab*

הוּא pers. pr. 3 m.s. (214) *he is*

אֲבִי־מוֹאָב n.m.s. cstr. (3)-pr.n. (555) *the father of the Moabites*

עַד־הַיּוֹם prep.-def. art.-n.m.s. (398) *to this day*

19:38

וְהַצְּעִירָה conj.-def. art.-adj. f.s. (859) *the younger*

גַם־הִוא adv. (168)-pers. pr. 3 f.s. (214) *also (she)*

יָלְדָה Qal pf. 3 f.s. (יָלַד 408) *bore*

בֵּן n.m.s. (119) *a son*

וַתִּקְרָא consec.-Qal impf. 3 f.s. (קָרָא 894) *and called*

שְׁמוֹ n.m.s.-3 m.s. sf. (1027) *his name*

בֶּן־עַמִּי pr.n. (122) *Ben-ammi (son of my people)*

הוּא per. pr. 3 m.s. (214) *he is*

אֲבִי n.m.s. cstr. (3) *the father of*

בְנֵי־עַמּוֹן n.m.p. cstr. (119)-pr.n. (769) *the Ammonites*

עַד־הַיּוֹם prep.-def. art.-n.m.s. (398) *to this day*

20:1

וַיִּסַּע consec.-Qal impf. 3 m.s. (נָסַע 652) *journeyed*

מִשָּׁם prep.-adv. (1027) *from there*

אַבְרָהָם pr.n. (4) *Abraham*

אַרְצָה n.f.s.-dir. he (75) *toward the territory*

הַנֶּגֶב def. art.-n.m.s. (616) *the Negeb*

וַיֵּשֶׁב consec.-Qal impf.3 m.s. (יָשַׁב 442) *and dwelt*

בֵּין־קָדֵשׁ prep.(107)-pr.n. (II 873) *between Kadesh*

וּבֵין שׁוּר conj.-prep. (107) - pr.n. (III 1004) *and Shur*

וַיָּגָר consec.-Qal impf. 3 m.s. (גּוּר 157) *and he sojourned*

בִּגְרָר prep.-pr.n. (176) *in Gerar*

20:2

וַיֹּאמֶר consec.-Qal impf. 3 m.s. (55) *and said*

אַבְרָהָם pr.n. (4) *Abraham*

אֶל־שָׂרָה prep.-pr.n. (979) *of Sarah*

אִשְׁתּוֹ n.f.s.-3 m.s. sf. (61) *his wife*

אֲחֹתִי n.f.s.-1 c.s. sf. (27) *my sister*

הִוא pers. pr. 3 f.s. (214) *She is*

וַיִּשְׁלַח consec. - Qal impf. 3 m. s. (שָׁלַח 1018) *and sent*

אֲבִימֶלֶךְ pr.n. (4) *Abimelech*

מֶלֶךְ n.m.s. cstr. (I 572) *king of*

גְּרָר pr.n. (176) *Gerar*

וַיִּקַּח consec.-Qal impf. 3 m.s. (לָקַח 542) *and took*

אֶת־שָׂרָה dir. obj.-pr.n. (979) *Sarah*

20:3

וַיָּבֹא consec.-Qal impf. 3 m.s. (בּוֹא 97) *but came*

אֱלֹהִים n.m.p. (43) *God*

אֶל־אֲבִימֶלֶךְ prep.-pr.n. (4) *to Abimelech*

בַּחֲלוֹם prep.-n.m.s. (321) *in a dream*

הַלָּיְלָה def. art.-n.m.s.-paus. (538) *by night*

וַיֹּאמֶר לוֹ consec.-Qal impf. 3 m.s. (55)-prep.-3 m.s. sf. *and said to him*

הִנְּךָ מֵת demons. part.-2 m.s. sf. (243)-Qal act. ptc. m.s. (מוּת 559) *Behold, you are a dead man*

עַל־הָאִשָּׁה prep.-def. art.-n.f.s. (61) *because of the woman*

אֲשֶׁר־לָקַחְתָּ rel.-Qal pf. 2 m.s. (לָקַח 542) *whom you have taken*

וְהִוא conj.-pers. pr. 3 f.s. (214) *for she*

בְּעֻלַת בָּעַל Qal pass. ptc. f.s. cstr. (בָּעַל 127)-n.m.s. paus. (I 127) *a man's wife*

20:4

וַאֲבִימֶלֶךְ conj.-pr.n. (4) *now Abimelech*

לֹא קָרַב אֵלֶיהָ neg.-Qal pf. 3 m.s. (897)-prep.-3 f.s. sf. *had not approached her*

וַיֹּאמַר consec.-Qal impf. 3 m.s. (55) *so he said*

אֲדֹנָי n.m.p.-1 c.s. sf. (10) *Lord*

הֲגוֹי גַּם־צַדִּיק interr.-n.m.s. (156) - adv. (168) - adj. m.s. (843) *an innocent people?*

תַּהֲרֹג Qal impf. 2 m.s. (הָרַג 246) *wilt thou slay*

20:5

הֲלֹא הוּא interr.-neg.-pers. pr. 3 m.s. (214) *did he not himself*

אָמַר־לִי Qal pf. 3 m.s. (55)-prep.-1 c.s. sf. *say to me*

אֲחֹתִי n.f.s.-1 c.s. sf. (27) *my sister*

הִוא pers. pr. 3 f.s. (214) *she is*

וְהִיא־גַם־הִוא conj.-pers.pr. 3 f.s. (214) - adv. (168) - pers. pr. 3 f.s. (214) *and she herself*

אָמְרָה Qal pf. 3 f.s. (55) *said*

אָחִי הוּא n.m.s.-1 c.s. sf. (26)-pers. pr. 3 m.s. (214) *He is my brother*

בְּתָם־לְבָבִי prep.-n.m.s. cstr. (1070)-n.m.s.-1 c.s. (523) *In the integrity of my heart*

וּבְנִקְיֹן כַּפַּי conj.-prep.-n.m.s. cstr. (667)-n.f.p.-1 c.s. sf. (496) *and the innocence of my hands*

עָשִׂיתִי Qal pf. 1 c.s. (עָשָׂה I 793) *I have done*

זֹאת demons. adj. f.s. (260) *this*

20:6

וַיֹּאמֶר conse.-Qal impf. 3 m.s. (55) *then said*

אֵלָיו prep.-3 m.s. sf. *to him*

הָאֱלֹהִים def. art.-n.m.p. (43) *God*

בַּחֲלֹם prep.-def. art.-n.m.s. (321) *in the dream*

גַּם אָנֹכִי adv. (168)-pers. pr. 1 c.s. (59) *Yes, I*

יָדַעְתִּי Qal pf. 1 c.s. (393) *know*

כִּי בְתָם־ conj.-prep.-n.m.s. cstr. (1070) *that in the integrity of*

לְבָבְךָ n.m.s.-2 m.s. sf. (523) *your heart*

עָשִׂיתָ Qal pf. 2 m.s. (עָשָׂה I 793) *you have done*

זֹאת demons.adj. f.s. (260) *this*

וָאֶחְשֹׂךְ consec.-Qal impf. 1 c.s. (חָשַׂךְ 362) *and I kept*

גַּם־אָנֹכִי adv. (168)-pers. pr. 1 c.s. (59) *it was I*

אוֹתְךָ dir. obj.-2 m.s. sf. *you*

מֵחֲטוֹ־לִי prep.-Qal inf. cstr. (חָטָא 306)-prep.-1 c.s. sf. *from sinning against me*

עַל־כֵּן prep.-adv. (485) *therefore*

לֹא־נְתַתִּיךָ neg.-Qal pf. 1 c.s.-2 m.s. sf. (נָתַן 678) *I did not let you*

לִנְגֹּעַ prep.-Qal inf. cstr. (619) *touch*

אֵלֶיהָ prep.-3 f.s. sf. *her*

20:7

וְעַתָּה conj.-adv. (773) *now then*

הָשֵׁב Hi. impv. 2 m.s. (שׁוּב 996) *restore*

אֵשֶׁת־הָאִישׁ n.f.s. cstr. (61) - def.art.-n.m.s. (35) *the man's wife*

כִּי־נָבִיא conj.-n.m.s. (611) *for a prophet*

הוּא pers. pr. 3 m.s. (214) *he is*

וְיִתְפַּלֵּל conj.-Hith. impf. 3 m.s. (פָּלַל 813) *and he will pray*

בַּעַדְךָ prep.-2 m.s. sf. (126) *for you*

וֶחְיֵה conj.-Qal impv. 2 m.s. (חָיָה 310) *and you shall live*

וְאִם־אֵינְךָ conj.-hypoth.part. (49) - subst. - 2 m.s. sf. (II 34) *But if you do not ... her*

מֵשִׁיב Hi. ptc. (שׁוּב 996) *restore*

דַּע Qal impv. 2 m.s. (יָדַע 393) *know*

כִּי־מוֹת תָּמוּת conj.-Qal inf. abs. (מוּת 559) - Qal impf. 2 m.s. (559) *that you shall surely die*

אַתָּה pers. pr. 2 m.s. (61) *you*

וְכָל־אֲשֶׁר־לָךְ conj.-n.m.s. cstr. (481) - rel. - prep.-2 m.s. sf. paus. *and all that are yours*

20:8

וַיַּשְׁכֵּם consec.-Hi. impf. 3 m.s. (שָׁכַם 1014) *so rose early*

אֲבִימֶלֶךְ pr.n. (4) *Abimelech*

בַּבֹּקֶר prep.-def. art.-n.m.s. (133) *in the morning*

וַיִּקְרָא consec.-Qal impf. 3 m.s. (קָרָא 894) *and called*

לְכָל־עֲבָדָיו prep.-n.m.s. cstr. (481)-n.m.p.-3 m.s. sf. (713) *all his servants*

וַיְדַבֵּר consec.-Pi. impf. 3 m.s. (180) *and told*

אֶת־כָּל־ dir. obj.-n.m.s. cstr. (481) *all*

הַדְּבָרִים הָאֵלֶּה def. art.-n.m.s. (182)-def. art.-demons. adj. c.p. (41) *these things*

בְּאָזְנֵיהֶם prep.-n.f.p.-3 m.p. sf. (23) *them* (lit. *in their ears*)

וַיִּירְאוּ consec.-Qal impf. 3 m.p. (יָרֵא 431) *and were afraid*

הָאֲנָשִׁים def. art.-n.m.p. (35) *the men*

מְאֹד adv. (547) *very much*

20:9

וַיִּקְרָא consec.-Qal impf. 3 m.s. (894) *then ... called*

אֲבִימֶלֶךְ pr.n. (4) *Abimelech*

לְאַבְרָהָם prep.-pr.n. (4) *Abraham*

וַיֹּאמֶר לוֹ consec.-Qal impf. 3 m.s. (55)-prep.-3 m.s. sf. *and said to him*

מֶה־עָשִׂיתָ interr. (552)-Qal pf. 2 m.s. (עָשָׂה I 793) *What have you done*

לָנוּ prep.-1 c.p. sf. *to us*

וּמֶה־חָטָאתִי conj.-interr. (552) - Qal pf. 1 c.s. (חָטָא 306) *and how have I sinned*

לָךְ prep.-2 m.s. sf. paus. *against you*

כִּי־הֵבֵאתָ conj.-Hi. pf. 2 m.s. (בּוֹא 97) *that you have brought*

עָלַי prep.-1 c.s. sf. *on me*

וְעַל־מַמְלַכְתִּי conj.-prep.-n.f.s.-1 c.s. sf. (575) *and my kingdom*

חֲטָאָה גְדֹלָה n.f.s. (308) - adj. f.s. (152) *a great sin*

מַעֲשִׂים n.m.p. (795) *things*

אֲשֶׁר לֹא־יֵעָשׂוּ rel.-neg.-Ni. impf. 3 m.p. (עָשָׂה I 793) *that ought not to be done*

עָשִׂיתָ Qal pf. 2 m.s. (עָשָׂה I 793) *you have done*

עִמָּדִי prep.-1 c.s. sf. (767) *to me*

20:10

וַיֹּאמֶר consec. -Qal impf. 3 m.s. (55) *and ... said*

אֲבִימֶלֶךְ pr. n. (4) *Abimelech*

אֶל־אַבְרָהָם prep.-pr. n. (4) *to Abraham*

מָה רָאִיתָ interr. (552) - Qal pf. 2 m.s. (רָאָה 906) *what were you thinking of*

כִּי עָשִׂיתָ conj.-Qal pf. 2 m.s. (עָשָׂה I 793) *that you did*

אֶת־הַדָּבָר הַזֶּה dir.obj.-def.art.-n.m.s. (182) - def.art.-demons. adj. m.s. (260) *this thing*

20:11

וַיֹּאמֶר consec.-Qal impf. 3 m.s. (55) *(and) said*

אַבְרָהָם pr.n. (4) *Abraham*

כִּי אָמַרְתִּי conj.-Qal pf. 1 c.s. (55) *because I thought (said)*

רַק adv. (956) *at all*

אֵין־יִרְאַת subst. cstr. (LII 34)-n.f.s. cstr. (432) *there is no fear of*

אֱלֹהִים n.m.p. (43) *God*

בַּמָּקוֹם הַזֶּה prep.-def.art.-n.m.s. (879) - def.art.-demons. adj. m.s. (260) *in this place*

וַהֲרָגוּנִי conj.-Qal pf. 3 c.p.-1 c.s. sf. (הָרַג 246) *and they will kill me*

עַל־דְּבַר prep.-n.m.s. cstr. (182) *because of*

אִשְׁתִּי n.f.s.-1 c.s. sf. (61) *my wife*

20:12

וְגַם־אָמְנָה conj.-adv. (1698)-adv. (53) *and besides indeed*

אֲחֹתִי n.f.s.-1 c.s. sf. (27) *my sister*

בַת־אָבִי n.f.s. cstr. (I123)-n.m.s.-1 c.s. sf. (3) *the daughter of my father*

הִוא pers. pr. 3 f.s. (214) *she is*

אַךְ לֹא adv. (36) - neg. *but not*

בַת־אִמִּי n.f.s. cstr. (I 123) - n.f.s.-1 c.s. sf. (51) *the daughter of my mother*

וַתְּהִי־לִי consec.-Qal impf. 3 f.s. (הָיָה 224) - prep.-1 c.s. sf. *and she became my*

לְאִשָּׁה prep.-n.f.s. (61) *wife*

20:13

וַיְהִי consec.-Qal impf. 3 m.s. (הָיָה 224) *and (it was)*

כַּאֲשֶׁר הִתְעוּ prep.-rel.-Hi. pf. 3 c.p. (תָּעָה 1073) *when ... caused to wander*

אֹתִי dir.obj.-1 c.s. sf. *me*

אֱלֹהִים n.m.p. (43) *God*

מִבֵּית אָבִי prep.-n.m.s. cstr. (108) - n.m.s.-1 c.s. sf. (3) *from my father's house*

וָאֹמַר consec.-Qal impf. 1 c.s. (אָמַר 55) *I said*

לָהּ prep.-3 f.s. sf. *to her*

זֶה demons. adj. m.s. (260) *This is*

חַסְדֵּךְ n.m.s.-2 f.s. sf. (338) *(thy) kindness*

אֲשֶׁר תַּעֲשִׂי rel.-Qal impf. 2 f.s. (עָשָׂה I 793) *you must do*

עִמָּדִי prep.-1 c.s. sf. (767) *me*

אֶל כָּל־הַמָּקוֹם prep.-n.m.s. cstr. (481) - def.art.-n.m.s. (879) *at every place*

אֲשֶׁר נָבוֹא rel.-Qal impf. 1 c.p. (בּוֹא 97) *to which we come*

שָׁמָּה adv.-dir. he (1027) *(thither)*

אִמְרִי־לִי Qal impv. 2 f.s. (55)-prep.-1 c.s. sf. *say of me*

אָחִי הוּא n.m.s.-1 c.s. sf. (26)-pers. pr. 3 m.s. (214) *He is my brother*

20:14

וַיִּקַּח consec.-Qal impf. 3 m.s. (לָקַח 542) *then ... took*

אֲבִימֶלֶךְ pr. n. (4) *Abimelech*

צֹאן n.f.s. (838) *sheep*

וּבָקָר conj.-n.m.s. (133) *and oxen*

וַעֲבָדִים conj. - n. m. p. (713) *and (male) slaves*

וּשְׁפָחֹת conj.-n.f.p. (1046) *and female slaves*

וַיִּתֵּן consec.-Qal impf. 3 m.s. (נָתַן 678) *and gave*

לְאַבְרָהָם prep.-pr. n. (4) *to Abraham*

וַיָּשֶׁב consec.-Hi. impf. 3 m.s. (שׁוּב 996) *and restored*

לוֹ prep.-3 m.s. sf. *to him*

אֵת שָׂרָה dir. obj.-pr. n. (979) *Sarah*

אִשְׁתּוֹ n.f.s.-3 m.s. sf. (61) *his wife*

20:15

וַיֹּאמֶר consec.-Qal impf. 3 m.s. (55) *and ... said*

אֲבִימֶלֶךְ pr. n. (4) *Abimelech*

הִנֵּה demons. part. (243) *Behold*

אַרְצִי n.f.s.-1 c.s. sf. (75) *my land*

לְפָנֶיךָ prep.-n.m.p.-2 m.s. sf. (815) *before you*

בַּטּוֹב בְּעֵינֶיךָ prep.-def.art.-n.m.s. (373) - prep.-n.f. du.-2 m.s sf. (744) *where it pleases you* (lit.-*in the good in your eyes)*

שֵׁב Qal impv. 2 m.s. (יָשַׁב 442) *dwell*

20:16

וּלְשָׂרָה conj.-prep.-pr.n. (979) *To Sarah*

אָמַר Qal pf. 3 m.s. (55) *he said*

הִנֵּה נָתַתִּי demons.part. (243) - Qal pf. 1 c.s. (נָתַן 678) *behold I have given*

אֶלֶף כֶּסֶף n.m.s. cstr. (48) - n.m.s. (494) *a thousand pieces of silver*

לְאָחִיךְ prep.-n.m.s.-2 f.s. sf. (26) *(to) your brother*

הִנֵּה הוּא־לָךְ demons. part. (243)-pers. pr. 3 m.s. (214) prep.-2 f.s. sf. *(behold) it is your*

כְּסוּת עֵינַיִם n.f.s. cstr. (492)-n.f. du. (744) *vindication in the eyes of* (lit. *covering of eyes)*

לְכֹל אֲשֶׁר prep.-n.m.s. (481) - rel. *of all who*

אִתָּךְ prep.-2 f.s. sf. (II 85) *with you*

וְאֵת כֹּל conj.-prep. (II 85)-n.m.s. (481) *and before every one*

וְנֹכַחַת conj.-Ni. ptc. f.s. (יָכַח 406) *(and) you are righted*

20:17

וַיִּתְפַּלֵּל consec. - Hith. impf. 3 m.s. (פָּלַל 813) *then ... prayed*

אַבְרָהָם pr.n. (4) *Abraham*

אֶל־הָאֱלֹהִים prep.-def.art.-n.m.p. (43) *to God*

וַיִּרְפָּא consec. - Qal impf. 3 m.s. (רָפָא 950) *and ... healed*

אֱלֹהִים n.m.p. (43) *God*

אֶת־אֲבִימֶלֶךְ dir.obj.-pr.n. (4) *Abimelech*

וְאֶת־אִשְׁתּוֹ conj.-dir.obj.-n.f.s.-3 m.s. sf. (61) *and his wife*

וְאַמְהֹתָיו conj.-n.f.p.-3 m.s. sf. (51) *and (his) female slaves*

וַיֵּלֵדוּ consec.-Qal impf. 3 m.p. paus. (יָלַד 408) *so that they bore children*

20:18

כִּי־עָצֹר עָצַר conj.-Qal inf. abs. (783) - Qal pf. 3 m.s. (עָצַר 783) *for ... had closed*

יהוה pr.n. (217) *Yahweh*

בְּעַד כָּל־ prep. cstr. (126)-n.m.s. cstr. (481) *all*

רֶחֶם n.m.s. (933) *wombs*

לְבֵית prep.-n.m.s. cstr. (108) *of the house of*

אֲבִימֶלֶךְ pr.n. (4) *Abimelech*

עַל־דְּבַר שָׂרָה prep.-n.m.s. cstr. (182)-pr.n. (979) *because of (the matter of) Sarah*

אֵשֶׁת אַבְרָהָם n.f.s. cstr. (61) - pr.n. (4) *Abraham's wife*

21:1

וַיהוה conj.-pr.n. (217) *(and) Yahweh*

פָּקַד Qal pf. 3 m.s. (823) *visited*

אֶת־שָׂרָה dir.obj.-pr.n. (979) *Sarah*

כַּאֲשֶׁר אָמָר prep.-rel.-Qal pf. 3 m.s. paus. (55) *as he had said*

וַיַּעַשׂ consec. - Qal impf. 3 m.s. (עָשָׂה I 793) *and ... did*

יהוה pr.n. (217) *Yahweh*

לְשָׂרָה prep.-pr.n. (979) *to Sarah*

כַּאֲשֶׁר דִּבֵּר v. supra-Pi. pf. 3 m.s. (180) *as he had promised*

21:2

וַתַּהַר consec.-Qal impf. 3 f.s. (הָרָה 247) *and conceived*

וַתֵּלֶד consec.-Qal impf. 3 f.s. (יָלַד 408) *and bore*

שָׂרָה pr. n. (979) *Sarah*

לְאַבְרָהָם prep.-pr. n. (4) *Abraham*

בֵּן n.m.s. (119) *a son*

לִזְקֻנָיו prep.-adj. m.p.-3 m.s. sf. (278) *in his old age*

לַמּוֹעֵד prep.-def. art.-n.m.s. (417) *at the time*

אֲשֶׁר־דִּבֶּר rel.-Pi. pf. 3 m.s. (180) *of which had spoken*

אֹתוֹ אֱלֹהִים dir. obj.-3 m.s. sf.-n.m.p. (43) *to him God*

21:3

וַיִּקְרָא consec.-Qal impf. 3 m.s. (894) *(and) called*

אַבְרָהָם pr. n. (4) *Abraham*

אֶת־שֶׁם־בְּנוֹ dir. obj.-n.m.s. cstr. (1027)-n.m.s.-3 m.s.sf. (119) *the name of his son*

הַנּוֹלַד־לוֹ def.art.-Ni. ptc. (יָלַד 408) - prep.-3 m.s. sf. *who was born to him*

אֲשֶׁר־יָלְדָה־לּוֹ rel.-Qal pf.3 f.s. (יָלַד 408) - prep.-3 m.s. sf. *whom bore him*

שָׂרָה pr.n. (979) *Sarah*

יִצְחָק pr.n. (850) *Isaac*

21:4

וַיָּמָל consec.-Qal impf. 3 m.s. (מוּל II 557) *and circumcised*

אַבְרָהָם pr. n. (4) *Abraham*

אֶת־יִצְחָק dir. obj.-pr. n. (850) *Isaac*

בְּנוֹ n.m.s.-3 m.s. sf. (119) *his son*

בֶּן־שְׁמֹנַת יָמִים n.m.s. cstr. (119) - num. f.s. cstr. (1032) - n.m.p. (398) *when he was eight days old (*lit.- *son of eight days)*

כַּאֲשֶׁר צִוָּה prep.-rel.-Pi. pf. 3 m.s. (צָוָה 845) *as had commanded*

אֹתוֹ אֱלֹהִים dir. obj.-3 m.s. sf.-n.m.p. (43) *him God*

21:5

וְאַבְרָהָם conj.-pr.n. (4) *(and) Abraham*

בֶּן־מְאַת שָׁנָה n.m.s. cstr. (119) - n.f.s. cstr. (547) - n.f.s. (1040) *was a hundred years old*

בְּהִוָּלֶד לוֹ prep.-Ni. inf.cstr. (יָלַד 408) - prep.-3 m.s. sf. *when was born to him*

אֵת יִצְחָק בְּנוֹ dir. obj.-pr. n. (850)-n.m.s.-3 m.s sf. (119) *Isaac his son*

21:6

וַתֹּאמֶר שָׂרָה consec.-Qal impf. 3 f.s. (55)-pr. n. (979) *and Sarah said*

צְחֹק עָשָׂה n.m.s. (850)-Qal pf. 3 m.s. (I 793) *laughter ... has made*

לִי אֱלֹהִים prep.-1 c.s. sf.-n.m.p. (43) *for me ... God*

כָּל־הַשֹּׁמֵעַ n.m.s. cstr. (481)-def. art.-Qal act. ptc. (1033) *every one who hears*

יִצְחַק־לִי Qal impf. 3 m.s. (850)-prep.-1 c.s. sf. *will laugh over me*

21:7

וַתֹּאמֶר consec.-Qal impf. 3 f.s. (55) *and she said*

מִי מִלֵּל interr. (566) - Pi. pf. 3 m.s. (מָלַל I 576) *who would have said*

לְאַבְרָהָם prep.-pr. n. (4) *to Abraham*

הֵינִיקָה Hi. pf. 3 f.s. (יָנַק 413) *would suckle*

בָנִים שָׂרָה n.m.p. (119)-pr. n. (979) *children ... Sarah*

כִּי־יָלַדְתִּי בֵן conj.-Qal pf. 1 c.s. (יָלַד 408)-n.m.s. (119) *Yet I have borne a son*

לִזְקֻנָיו prep.-adj.m.p.-3 m.s. sf. (278) *in his old age*

21:8

וַיִּגְדַּל consec.-Qal impf. 3 m.s. (גָּדַל 152) *and ... grew*

הַיֶּלֶד def. art.-n.m.s. (409) *the child*

וַיִּגָּמַל consec.-Ni. impf. 3 m.s. paus. (גָּמַל 168) *and was weaned*

וַיַּעַשׂ consec.-Qal impf. 3 m.s. (עָשָׂה I 793) *and made*

אַבְרָהָם pr. n. (4) *Abraham*

מִשְׁתֶּה גָדוֹל n.m.s. (1059)-adj. m.s. (152) *a great feast*

בְּיוֹם הִגָּמֵל prep.-n.m.s. cstr. (398)-Ni. inf. cstr. (168) *on the day that ... was weaned*

אֶת־יִצְחָק dir. obj.-pr. n. (850) *Isaac*

21:9

וַתֵּרֶא consec.-Qal impf. 3 f.s. (רָאָה 906) *but ... saw*

שָׂרָה pr.n. (979) *Sarah*

אֶת־בֶּן־הָגָר dir. obj.-n.m.s. cstr. (119)-pr. n. (212) *the son of Hagar*

הַמִּצְרִית def. art.-adj. gent.f.s. (596) *the Egyptian*

אֲשֶׁר־יָלְדָה rel.-Qal pf. 3 f.s. (יָלַד 408) *whom she had borne*

לְאַבְרָהָם prep. pr. n. (4) *to Abraham*

מְצַחֵק Pi. ptc. (850) (lit *playing*) LXX rd. *with her son Isaac*

21:10

וַתֹּאמֶר consec.-Qal impf. 3 f.s. (55) *so she said*

לְאַבְרָהָם prep.-pr.n. (4) *to Abraham*

גָּרֵשׁ Pi. impv. 2 m.s. (גָּרַשׁ 176) *Cast out*

הָאָמָה הַזֹּאת def.art.-n.f.s. (51)-def.art.-demons. adj f.s. (260) *this slave woman*

וְאֶת־בְּנָהּ conj.-dir.obj.-n.m.s.-3 f.s. sf. (119) *with her son*

כִּי לֹא יִירַשׁ conj.-neg.-Qal impf. 3 m.s. (יָרַשׁ 439) *for ... shall not be heir*

בֶּן־הָאָמָה הַזֹּאת n.m.s. cstr. (119)-def.art.-n.f.s. (51)-def.art.-demons. adj. f.s. (260) *the son of this slave woman*

עִם־בְּנִי prep.-n.m.s.-1 c.s. sf. (119) *with my son*

עִם־יִצְחָק prep.-pr.n. paus. (850) *(with) Isaac*

21:11

וַיֵּרַע consec.-Qal impf. 3 m.s. (רָעַע 949; GK 61p) *And ... was displeasing*

הַדָּבָר def. art.-n.m.s. (182) *the thing*

מְאֹד adv. (547) *very*

בְּעֵינֵי אַבְרָהָם prep.-n.f. du. cstr. (744)-pr. n. (4) *to (*lit. *in the eyes of) Abraham*

עַל אוֹדֹת בְּנוֹ prep.-n.f.p. cstr. (15)-n.m.s.-3 m.s. sf. (119) *on account of his son*

21:12

וַיֹּאמֶר consec.-Qal impf. 3 m.s. (55) *but ... said*

אֱלֹהִים n.m.p. (43) *God*

אֶל־אַבְרָהָם prep.-pr.n. (4) ***to Abraham***

אַל־יֵרַע neg.-Qal impf. 3 m.s. (רָעַע I 949) ***Be not displeased***

בְּעֵינֶיךָ prep.-n.f. du.-2 m.s. sf. (744) ***(in your eyes)***

עַל־הַנַּעַר prep.-def.art.-n.m.s. (654) ***because of the lad***

וְעַל־אֲמָתֶךָ conj.-prep.-n.f.s.-2 m.s. sf. (51) ***and because of your slave woman***

כֹּל אֲשֶׁר n.m.s. (481) - rel. ***whatever***

תֹּאמַר אֵלֶיךָ Qal impf. 3 f.s. (55) - prep.-2 m.s. sf. ***says to you***

שָׂרָה pr.n. (979) ***Sarah***

שְׁמַע בְּקֹלָהּ Qal impv. 2 m.s. (1033) - prep.-n.m.s.-3 f.s. sf. (876) ***do as she tells you (*****lit.*****-hearken to her voice)***

כִּי בְיִצְחָק conj.-prep.-pr. n. (850) *for through Isaac*

יִקָּרֵא Ni. impf. 3 m.s. (קָרָא 894) *shall be named*

לְךָ prep.-2 m.s. sf. ***your***

זָרַע n.m.s. paus. (282) *descendants*

21:13

וְגַם conj.-adv. (168) *and also*

אֶת־בֶּן־הָאָמָה dir. obj.-n.m.s. cstr. (119)-def. art.-n.f.s. (51) *of the son of the slave woman*

לְגוֹי prep.-n.m.s. (156) *a nation*

אֲשִׂימֶנּוּ Qal impf. 1 c.s.-3 m.s. sf. (שִׂים 962) *I will make (him)*

כִּי זַרְעֲךָ conj.-n.m.s.-2 m.s. sf. (282) ***because ... your offspring***

הוּא pers. pr. 3 m.s. (214) ***he is***

21:14

וַיַּשְׁכֵּם consec.-Hi. impf. 3 m.s. (שָׁכַם 1014) ***so rose early***

אַבְרָהָם pr. n. (4) *Abraham*

בַּבֹּקֶר prep.-def. art.-n.m.s. (133) *in the morning*

וַיִּקַּח־ consec.-Qal impf. 3 m.s. (לָקַח 542) *and took*

לֶחֶם n.m.s. (536) *bread*

וְחֵמַת מַיִם conj.-n.m.s. cstr. (332)-n.m.p. (565) *and a skin of water*

וַיִּתֵּן consec.-Qal impf. 3 m.s. (נָתַן 678) *and gave*

אֶל־הָגָר prep.-pr. n. (212) *to Hagar*

שָׂם Qal act. ptc. (שׂוּם I 962) *putting*

עַל־שִׁכְמָהּ prep.-n.m.s.-3 f.s. sf. (I 1014) *on her shoulder*

וְאֶת־הַיֶּלֶד conj.-dir. obj.-def. art.-n.m.s. (409) *along with the child*

וַיְשַׁלְּחֶהָ consec.-Pi. impf. 3 m.s.-3 f.s. sf. (שָׁלַח 1018) *and sent her away*

וַתֵּלֶךְ consec.-Qal impf. 3 f.s. (הָלַךְ 229) *and she departed*

וַתֵּתַע consec.-Qal impf. 3 f.s. (תָּעָה 1073) *and wandered*

בְּמִדְבַּר prep.-n.m.s. cstr. (184) *in the wilderness of*

בְּאֵר שָׁבַע pr.n. paus. (92) ***Beer-sheba***

21:15

וַיִּכְלוּ consec.-Qal impf. 3 m.p. (כָּלָה 477) ***When was gone***

הַמַּיִם def. art.-n.m.p. (565) ***the water***

מִן־הַחֵמֶת prep.-def. art.-n.m.s. (332) ***in the skin***

וַתַּשְׁלֵךְ consec.-Hi. impf. 3 f.s. (שָׁלַךְ 1020) ***she cast***

אֶת־הַיֶּלֶד dir. obj.-def. art.-n.m.s. (409) ***the child***

תַּחַת אַחַד prep. (1065)-num. s. cstr. (25) ***under one of***

הַשִּׂיחִם def. art.-n.m.p. (967) *the bushes*

21:16

וַתֵּלֶךְ consec.-Qal impf. 3 f.s. (הָלַךְ 229) ***then she went***

וַתֵּשֶׁב לָהּ consec. - Qal impf. 3 f.s. (יָשַׁב 442)-prep.-3 f.s. sf. ***and sat down***

מִנֶּגֶד prep.-subst. (617) ***over against him***

הַרְחֵק Hi. inf. abs. (רָחַק 934) *a good way off*

כִּמְטַחֲוֵי prep.-Pilpel ptc. m.p. cstr. (טָחָה 377) (lit. *like shooters of) about the distance of*

קֶשֶׁת n.f.s. (905) *a bowshot*

כִּי אָמְרָה conj.-Qal pf. 3 f.s. (55) *for she said*

אַל־אֶרְאֶה neg. - Qal impf. 1 c. s. (רָאָה 906) *let me not look*

בְּמוֹת הַיָּלֶד prep.-n.m.s. cstr. (560)-def.art.-n.m.s. paus. (409) *upon the death of the child*

וַתֵּשֶׁב consec. - Qal impf. 3 f. s. (יָשַׁב 442) *and as she sat*

מִנֶּגֶד v. supra *over against him*

וַתִּשָּׂא consec.-Qal impf. 3 f.s. (נָשָׂא 669) *she lifted up*

אֶת־קֹלָהּ dir. obj.-n.m.s.-3 f.s. sf. (876) *her voice*

וַתֵּבְךְּ consec.-Qal impf. 3 f.s. (בָּכָה 113) *and (she) wept*

21:17

וַיִּשְׁמַע consec.-Qal impf. 3 m.s. (שָׁמַע 1033) *and ... heard*

אֱלֹהִים n.m.p. (43) *God*

אֶת־קוֹל dir. obj.-n.m.s. cstr. (876) *the voice of*

הַנַּעַר def. art.-n.m.s. (654) *the lad*

וַיִּקְרָא consec.-Qal impf. 3 m.s. (894) *and called*

מַלְאַךְ אֱלֹהִים n.m.s. cstr. (521)-n.m.p. (43) *the angel of God*

אֶל־הָגָר prep.-pr. n. (212) *to Hagar*

מִן־הַשָּׁמַיִם prep.-def. art.-n.m. du. (1029) *from heaven*

וַיֹּאמֶר לָהּ consec.-Qal impf. 3 m.s. (55)-prep.-3 f.s. sf. *and said to her*

מַה־לָּךְ interr. (552)-prep.-2 f.s. sf. *what (*lit.- *to you) troubles you*

הָגָר pr. n. (212) *Hagar*

אַל־תִּירְאִי neg.-Qal impf. 2 f.s. (יָרֵא 431) *Fear not*

כִּי־שָׁמַע conj.-Qal pf. 3 m.s. (1033) *for ... has heard*

אֱלֹהִים n.m.p. (43) *God*

אֶל־קוֹל prep.-n.m.s. cstr. (876) *the voice of*

הַנַּעַר def. art.-n.m.s. (654) *the lad*

בַּאֲשֶׁר הוּא־שָׁם prep.-rel.-pers. pr. 3 m.s. (214)-adv. (1027) *where he is*

21:18

קוּמִי Qal impv. 2 f.s. (קוּם 877) *Arise*

שְׂאִי Qal impv. 2 f.s. (נָשָׂא 669) *lift up*

אֶת־הַנַּעַר dir. obj.-def. art.-n.m.s. (654) *the lad*

וְהַחֲזִיקִי conj.-Hi. impv. 2 f.s. (חָזַק 304) *and hold fast*

אֶת־יָדֵךְ prep. (II 85)-n.f.s.-2 f.s. sf. (388) ***with your hand***

בּוֹ prep.-3 m.s. sf. *him*

כִּי־לְגוֹי גָּדוֹל conj.-prep.-n.m.s. (156)-adj. m.s. (152) *for a great nation*

אֲשִׂימֶנּוּ Qal impf. 1 c.s.-3 m.s. sf. (שִׂים 962) *I will make him*

21:19

וַיִּפְקַח consec.-Qal impf. 3 m.s. (824) *then ... opened*

אֱלֹהִים n.m.p. (43) *God*

אֶת־עֵינֶיהָ dir. obj.-n.f. du.-3 f.s. sf. (744) *her eyes*

וַתֵּרֶא consec.-Qal impf. 3 f.s. (רָאָה 906) ***and she saw***

בְּאֵר מָיִם n.f.s. cstr. (91)-n.m.p. paus. (565) *a well of water*

וַתֵּלֶךְ consec.-Qal impf. 3 f.s. (הָלַךְ 229) *and she went*

וַתְּמַלֵּא consec.-Pi. impf. 3 f.s. (מָלֵא 569) *and filled*

אֶת־הַחֵמֶת dir. obj.-def. art.-n.m.s. (332) *the skin*

מַיִם n.m.p. (565) *with water*

וַתַּשְׁקְ consec.-Hi. impf. 3 f.s. (שָׁקָה 1052) *and gave a drink*

אֶת־הַנָּעַר dir. obj.-def. art.-n.m.s. paus. (654) *the lad*

21:20

וַיְהִי consec.-Qal impf. 3 m.s. (הָיָה 224)*and ... was*

אֱלֹהִים n.m.p. (43) *God*

אֶת־הַנַּעַר prep. (II 85)-def.art.-n.m.s. (654) ***with the lad***

וַיִּגְדָּל consec.-Qal impf. 3 m.s. paus. (גָּדַל 152) *and he grew up*

וַיֵּשֶׁב consec.-Qal impf. 3 m.s. (יָשַׁב 442) *(and) he lived*

בַּמִּדְבָּר prep.-def.art.-n.m.s. (184) *in the wilderness*

וַיְהִי v. supra *and became*

רֹבֶה Qal act. ptc. (רָבָה II 916) *an expert with*

קַשָּׁת n.m.s. (906) *the bow (lit. growing up, a bow)*

21:21

וַיֵּשֶׁב consec.-Qal impf. 3 m.s. (יָשַׁב 442) *he lived*

בְּמִדְבַּר prep.-n.m.s. cstr. (184) *in the wilderness of*

פָּארָן pr. n. paus. (803) *Paran*

וַתִּקַּח־לוֹ consec.-Qal impf. 3 f.s. (לָקַח 542)-prep.-3 m.s. sf. *and ... took for him*

אִמּוֹ n.f.s.-3 m.s. sf. (51) *his mother*

אִשָּׁה n.f.s. (61) *a wife*

מֵאֶרֶץ prep.-n.f.s. cstr. (75) *from the land of*

מִצְרָיִם pr. n. paus. (595) *Egypt*

21:22

וַיְהִי consec.-Qal impf. 3 m.s. (הָיָה 224) *(and it was)*

בָּעֵת הַהִוא prep.-def. art.-n.f.s. (773)-def. art.-demons. adj. f.s. (214) *at that time*

וַיֹּאמֶר consec.-Qal impf. 3 m.s. (55) *said*

אֲבִימֶלֶךְ pr. n. (4) *Abimelech*

וּפִיכֹל conj.-pr. n. (810) *and Phicol*

שַׂר־ n.m.s. cstr. (978) *the commander of*

צְבָאוֹ n.m.s.-3 m.s. sf. (838) *his army*

אֶל־אַבְרָהָם prep.-pr. n. (4) *to Abraham*

לֵאמֹר prep.-Qal inf. cstr. (55) *(saying)*

אֱלֹהִים עִמְּךָ n.m.p. (43)-prep.-2 m.s. sf. *God is with you*

בְּכֹל אֲשֶׁר־ prep.-n.m.s. (481)-rel. *in all that*

אַתָּה עֹשֶׂה pers. pr. 2 m.s. (61)-Qal act. ptc. (I 793) *you do*

21:23

וְעַתָּה conj.-adv. (773) *now therefore*

הִשָּׁבְעָה לִּי Ni. impv. 2 m.s.-coh. he (שָׁבַע 989) - prep.-1 c.s. sf. *swear to me*

בֵאלֹהִים prep.-n.m.p. (43) *by God*

הֵנָּה adv. (I 244) *here*

אִם־תִּשְׁקֹר interr.part. (49) - Qal impf. 2 m.s. (שָׁקַר 1055) *that you will not deal falsely*

לִי prep.-1 c.s. sf. *with me*

וּלְנִינִי conj.-prep.-n.m.s.-1 c.s. sf. (630) *or with my offspring*

וּלְנֶכְדִּי conj.-prep.-n.m.s.-1 c.s. sf. (645) *or with my posterity*

כַּחֶסֶד prep.-def. art.-n.m.s. (338) *but as ... loyally*

אֲשֶׁר־עָשִׂיתִי rel.-Qal pf. 1 c.s. (עָשָׂה I 793) *I have dealt*

עִמְּךָ prep.-2 m.s. sf. *with you*

תַּעֲשֶׂה Qal impf. 2 m.s. (I 793) *you will deal*

עִמָּדִי prep.-1 c.s. sf. (767) *with me*

וְעִם־הָאָרֶץ conj.-prep.-def. art.-n.f.s. (75) *and with the land*

אֲשֶׁר־גַּרְתָּה rel.-Qal pf. 2 m.s. (גּוּר 157) *where you have sojourned*

בָּהּ prep.-3 f.s. sf. *(in it)*

21:24

וַיֹּאמֶר consec. -Qal impf. 3 m.s. (55) *and said*

אַבְרָהָם pr. n. (4) *Abraham*

אָנֹכִי אִשָּׁבֵעַ pers. pr. 1 c.s. (59)-Ni. impf. 1 c.s. (שָׁבַע 989) *I will swear*

21:25

וְהוֹכִחַ conj.-Hi. pf. 3 m.s. (יָכַח 406) *When ... complained to*

אַבְרָהָם pr. n. (4) *Abraham*

אֶת־אֲבִימֶלֶךְ dir. obj.-pr. n. (4) *Abimelech*

עַל־אֹדוֹת prep.-n.f.p. cstr. (15) *about*

בְּאֵר הַמַּיִם n.f.s. cstr. (91)-def. art.-n.m.p. (565) *a well of water*

אֲשֶׁר גָּזְלוּ rel.-Qal pf. 3 c.p. (גָּזַל 159) *which ... had seized*

עַבְדֵי n.m.p. cstr. (713) *the servants of*

אֲבִימֶלֶךְ pr.n. (4) *Abimelech*

21:26

וַיֹּאמֶר consec.-Qal impf. 3 m.s. (55) *said*

אֲבִימֶלֶךְ pr.n. (4) *Abimelech*

לֹא יָדַעְתִּי neg.-Qal pf. 1 c.s. (יָדַע 393) *I do not know*

מִי עָשָׂה interr. (566)-Qal pf. 3 m.s. (I 793) *who has done*

אֶת־הַדָּבָר הַזֶּה dir. obj.-def. art.-n.m.s. (182)-def. art.-demons. adj. m.s. (260) *this thing*

וְגַם־אַתָּה conj-adv. (168)-pers. pr. 2 m.s. (61) *(and also) you*

לֹא־הִגַּדְתָּ neg.-Hi. pf. 2 m.s. (נָגַשׁ 616) *did not tell*

לִי prep.-1 c.s. sf. *me*

וְגַם אָנֹכִי v.supra-pers. pr. 1 c.s. (59) *and (also) I*

לֹא שָׁמַעְתִּי neg.-Qal pf. 1 c.s. (שָׁמַע 1033) *have not heard*

בִּלְתִּי הַיּוֹם adv. cstr. (116; GK 90.3)-def. art.-n.m.s. (398) *until today*

21:27

וַיִּקַּח consec.-Qal impf. 3 m.s. (לָקַח 542) *so ... took*

אַבְרָהָם pr. n. (4) *Abraham*

צֹאן n.f.s. (838) *sheep*

וּבָקָר conj.-n.m.s. (133) *and oxen*

וַיִּתֵּן consec.-Qal impf. 3 m.s. (נָתַן 678) *and gave*

לַאֲבִימֶלֶךְ prep.-pr. n. (4) *to Abimelech*

וַיִּכְרְתוּ consec.-Qal impf. 3 m.p. (כָּרַת 503) *and ... made (cut)*

שְׁנֵיהֶם num. m.p.-3 m.p. sf. (1040) *the two men*

בְּרִית n.f.s. (136) *a covenant*

21:28

וַיַּצֵּב consec.-Hi. impf. 3 m.s. (נָצַב 662) *set apart*

אַבְרָהָם pr. n. (4) *Abraham*

אֶת־שֶׁבַע dir. obj.-num. (989) *seven*

כִּבְשֹׂת n.f.p. cstr. (461) *ewe lambs of*

הַצֹּאן def. art.-n.f.s. (838) *the flock*

לְבַדְּהֶן prep.-n.m.s.-3 f.p. sf. (94) *apart*

21:29

וַיֹּאמֶר consec.-Qal impf. 3 m.s. (55) *and ... said*

אֲבִימֶלֶךְ pr. n. (4) *Abimelech*

אֶל־אַבְרָהָם prep.-pr. n. (4) *to Abraham*

מָה הֵנָּה interr.(552)-demons.adj. f.p. (241) *what is the meaning of*

שֶׁבַע num. (988) *seven*

כְּבָשֹׂת n.f.p. (461) *ewe lambs (* Sam. Pent. rds. הַכְּבשׂוֹת)

הָאֵלֶּה def. art.-demons. adj. c.p. (41) *these*

אֲשֶׁר הִצַּבְתָּ rel.-Hi. pf. 2 m.s. (נָצַב 662) *which you have set*

לְבַדָּנָה prep.-n.m.s.-3 f.p. sf. (94; GK 91f) *apart*

21:30

וַיֹּאמֶר consec.-Qal impf. 3 m.s. (55) *he said*

כִּי אֶת־שֶׁבַע conj.-dir.obj.-num. (988) *seven*

כְּבָשֹׂת n.f.p. (461) *ewe lambs*

תִּקַּח Qal impf. 2 m.s. (לָקַח 542) *you will take*

מִיָּדִי prep.-n.f.s.-1 c.s. sf. (388) *from my hand*

בַּעֲבוּר prep.-conj. (II 721) *that*

תִּהְיֶה־לִּי Qal impf. 2 m.s. (הָיָה 224)-prep.-1 c.s. sf. *you may be for me*

לְעֵדָה prep.-n.f.s. (I 729) *a witness*

כִּי חָפַרְתִּי conj.-Qal pf. 1 c.s. (חָפַר 343) *that I dug*

אֶת־הַבְּאֵר הַזֹּאת dir.obj.-def.art.-n.f.s. (91) - def.art.-demons. adj. f.s. (260) *this well*

21:31

עַל־כֵּן prep.-adv. (485) *therefore*

קָרָא Qal pf. 3 m.s. (894) *he called*

לַמָּקוֹם הַהוּא prep.-def. art.-n.m.s. (879)-def. art.-demons. adj. m.s. (214) *that place*

בְּאֵר שֶׁבַע pr. n. paus. (92) *Beer-sheba*

כִּי שָׁם conj.-adv. (1027) *because there*

נִשְׁבְּעוּ Ni. pf. 3 c.p. (שָׁבַע 989) *swore an oath*

שְׁנֵיהֶם num. m.p.-3 m.p. sf. (1040) *both of them*

21:32

וַיִּכְרְתוּ consec.-Qal impf. 3 m.p. (כָּרַת 503) *so they made (cut)*

בְרִית n.f.s. (136) *a covenant*

בִּבְאֵר שָׁבַע prep.-pr. n. paus. (92) *at Beer-sheba*

וַיָּקָם consec.-Qal impf. 3 m.s. (קוּם 877) *Then ... rose up*

אֲבִימֶלֶךְ pr. n. (4) *Abimelech*

וּפִיכֹל conj.-pr.n. (810) *and Phicol*

שַׂר־ n.m.s. cstr. (978) *the commander of*

צְבָאוֹ n.m.s.-3 m.s. sf. (838) *his army*

וַיָּשֻׁבוּ consec.-Qal impf. 3 m.p. (שׁוּב 996) *and returned*

אֶל־אֶרֶץ prep.-n.f.s. cstr. (75) *to the land of*

פְּלִשְׁתִּים pr.n.p. (814) *the Philistines*

21:33

וַיִּטַּע consec.-Qal impf. 3 m.s. (נָטַע 642) *planted*

אֶשֶׁל n.m.s. (79) *a tamarisk tree*

בִּבְאֵר שָׁבַע prep.-pr. n. paus. (92) *in Beer-sheba*

וַיִּקְרָא־ consec.-Qal impf. 3 m.s. (894) *and called*

שָׁם adv. (1027) *there*

בְּשֵׁם prep.-n.m.s. cstr. (1027) *on the name of*

יהוה pr. n. (217) *Yahweh*

אֵל עוֹלָם n.m.s. (42)-n.m.s. (761) *the Everlasting God*

21:34

וַיָּגָר consec.-Qal impf. 3 m.s. (גּוּר 157) *And ... sojourned*

אַבְרָהָם pr. n. (4) *Abraham*

בְּאֶרֶץ prep.-n.f.s. cstr. (75) *in the land of*

פְּלִשְׁתִּים pr. n.p. (814) *the Philistines*

יָמִים רַבִּים n.m.p. (398)-adj. m.p. (I 912) *many days*

22:1

וַיְהִי consec.-Qal impf. 3 m.s. (הָיָה 224) *(and it was)*

אַחַר prep. (29) *after*

הַדְּבָרִים הָאֵלֶּה def. art.-n.m.p. (182)-def. art.-demons. adj.c.p. (41) *these things*

וְהָאֱלֹהִים conj.-def. art.-n.m.p. (43) *God*

נִסָּה Pi. pf. 3 m.s. (נָסָה 650) *tested*

אֶת־אַבְרָהָם dir. obj.-pr. n. paus. (4) *Abraham*

וַיֹּאמֶר אֵלָיו consec.-Qal impf. 3 m.s. (55) - prep.-3 m.s. sf. *and said to him*

אַבְרָהָם pr. n. (4) *Abraham*

וַיֹּאמֶר v. supra *And he said*

הִנֵּנִי demons. part.-1 c.s. sf. (243) *Here am I*

22:2

וַיֹּאמֶר consec.-Qal impf. 3 m.s. (55) *He said*

קַח־נָא Qal impv. 2 m.s. (לָקַח 542)-part. of entreaty (609) *Take*

אֶת־בִּנְךָ dir.obj.-n.m.s.-2 m.s. sf. (119) *your son*

אֶת־יְחִידְךָ dir.obj.-subst. m.s.-2 m.s. sf. (402) *your only son*

אֲשֶׁר־אָהַבְתָּ rel.-Qal pf. 2 m.s. (אָהַב 12) *whom you love*

אֶת־יִצְחָק dir. obj.-pr. n. (850) *Isaac*

וְלֶךְ־לְךָ conj.-Qal impv. 2 m.s. (הָלַךְ 229) - prep.-2 m.s. sf. *and go*

אֶל־אֶרֶץ prep.-n.f.s. cstr. (75) *to the land of*

הַמֹּרִיָּה def. art.-pr. n. (599) *Moriah*

וְהַעֲלֵהוּ conj.-Hi. impv. 2 m.s.-3 m.s. sf. (עָלָה 748) *and offer him*

שָׁם adv. (1027) *there*

לְעֹלָה prep.-n.f.s. (750) *as a burnt offering*

עַל אַחַד prep.-adj. num. cstr. (25) *upon one of*

הֶהָרִים def. art.-n.m.p. (249) *the mountains*

אֲשֶׁר אֹמַר rel. -Qal impf. 1 c.s. (אָמַר 55) *of which I shall tell*

אֵלֶיךָ prep.-2 m.s. sf. *you*

22:3

וַיַּשְׁכֵּם consec.-Hi. impf. 3 m.s. (שָׁכַם 1014) *so rose early*

אַבְרָהָם pr. n. (4) *Abraham*

בַּבֹּקֶר prep.-def. art.-n.m.s. (133) *in the morning*

וַיַּחֲבֹשׁ consec.-Qal impf. 3 m.s. (חָבַשׁ 289) *(and) saddled*

אֶת־חֲמֹרוֹ dir. obj.-n.m.s.-3 m.s. sf. (331) *his ass*

וַיִּקַּח consec.-Qal impf. 3 m.s. (לָקַח 542) *and took*

אֶת־שְׁנֵי dir. obj.-num. m.p. cstr. (1040) *two of*

נְעָרָיו n.m.p.-3 m.s. sf. (654) *his young men*

אִתּוֹ prep.-3 m.s. sf. (II 85) *with him*

וְאֵת יִצְחָק conj.-dir. obj.-pr. n. (850) *and Isaac*

בְּנוֹ n.m.s.-3 m.s. sf. (119) *his son*

וַיְבַקַּע consec.-Pi. impf. 3 m.s. (בָּקַע 131) *and he cut*

עֲצֵי עֹלָה n.m.p. cstr. (781) - n.f.s. (750) *the wood for the burnt offering*

וַיָּקָם consec.-Qal impf. 3 m.s. (קוּם 877) *and arose*

וַיֵּלֶךְ consec.-Qal impf. 3 m.s. (הָלַךְ 229) *and went*

אֶל־הַמָּקוֹם prep.-def. art.-n.m.s. (879) *to the place*

אֲשֶׁר־אָמַר־לוֹ rel.-Qal pf. 3 m.s. (55)-prep.-3 m.s. sf. *of which had told him*

הָאֱלֹהִים def. art.-n.m.p. (43) *God*

22:4

בַּיּוֹם הַשְּׁלִישִׁי prep.-def.art.-n.m.s. (398) - def.art.-adj. num. (1026) *on the third day*

וַיִּשָּׂא consec.-Qal impf. 3 m.s. (נָשָׂא 669) *lifted up*

אַבְרָהָם pr. n. (4) *Abraham*

אֶת־עֵינָיו dir. obj.-n.f. du.-3 m.s. sf. (744) *his eyes*

וַיַּרְא consec.-Qal impf. 3 m.s. (רָאָה 906) *and saw*

אֶת־הַמָּקוֹם dir. obj.-def. art.-n.m.s. (879) *the place*

מֵרָחֹק prep.-n.m.s. (935) *afar off*

22:5

וַיֹּאמֶר consec.-Qal impf. 3 m.s. (55) *Then said*

אַבְרָהָם pr. n. (4) *Abraham*

אֶל־נְעָרָיו prep.-n.m.p.-3 m.s. sf. (654) *to his young men*

שְׁבוּ־לָכֶם Qal impv. 2 m.p. (יָשַׁב 442) - prep.-2 m.p. sf. *Stay*

פֹּה adv. (805) *here*

עִם־הַחֲמוֹר prep.-def. art.-n.m.s. (331) *with the ass*

וַאֲנִי וְהַנַּעַר conj.-pers. pr. 1 c.s. (58)-conj.-def. art.-n.m.s. (654) *I and the lad*

נֵלְכָה Qal impf. 1 c.p.-coh. he (הָלַךְ 229) *will go*

עַד־כֹּה prep.-demons. adv. (462) *yonder*

וְנִשְׁתַּחֲוֶה conj.-Hithpalel impf. 1 c.p. (שָׁחָה 1005) *and worship*

וְנָשׁוּבָה conj.-Qal impf. 1 c.p.-coh. he (שׁוּב 996) *and come again*

אֲלֵיכֶם prep.-2 m.p. sf. *to you*

22:6

וַיִּקַּח consec.-Qal impf. 3 m.s. (לָקַח 542) *and ... took*

אַבְרָהָם pr.n. (4) *Abraham*

אֶת־עֲצֵי הָעֹלָה dir. obj.-n.m.p. cstr. (781)-def. art.-n.f.s. (750) *the wood of the burnt offering*

וַיָּשֶׂם consec.-Qal impf. 3 m.s. (שִׂים 962) *and laid it*

עַל־יִצְחָק בְּנוֹ prep.-pr. n. (850)-n.m.s.-3 m.s. sf. (119) *on Isaac his son*

וַיִּקַּח v. supra *and he took*

בְּיָדוֹ prep.-n.f.s.-3 m.s. sf. (388) *in his hand*

אֶת־הָאֵשׁ dir. obj.-def. art.-n.f.s. (77) *the fire*

וְאֶת־הַמַּאֲכֶלֶת conj.-dir. obj.-def. art.-n.f.s. (38) *and the knife*

וַיֵּלְכוּ consec.-Qal impf. 3 m.p. (הָלַךְ 229) *so they went*

שְׁנֵיהֶם num. m.p.-3 m.p. sf. (1040) *both of them*

יַחְדָּו adv. (403) *together*

22:7

וַיֹּאמֶר יִצְחָק consec.-Qal impf. 3 m.s. (55)-pr. n. (850) *And Isaac said*

אֶל־אַבְרָהָם prep.-pr. n. (4) *to Abraham*

אָבִיו n.m.s.-3 m.s. sf. (3) *his father*

וַיֹּאמֶר v. supra *And he said*

אָבִי n.m.s.-1 c.s. sf. (3) *My father*

וַיֹּאמֶר v. supra *And he said*

הִנֶּנִּי בְנִי demons. part.-1 c.s. sf. (243)-n.m.s.-1 c.s. sf. (119) *Here am I, my son*

וַיֹּאמֶר v. supra *He said*

הִנֵּה הָאֵשׁ demons.part. (243) - def.art.-n.f.s. (77) *Behold, the fire*

וְהָעֵצִים conj.-def. art.-n.m.p. (781) *and the wood*

וְאַיֵּה conj.-interr. adv. (32) *but where*

הַשֶּׂה def. art.-n.m.s. (961) *the lamb*

לְעֹלָה prep.-n.f.s. (750) *for a burnt offering*

22:8

וַיֹּאמֶר אַבְרָהָם consec.-Qal impf. 3 m.s. (55)-pr.n. (4) *Abraham said*

אֱלֹהִים n.m.p. (43) *God*

יִרְאֶה־לּוֹ Qal impf. 3 m.s. (רָאָה 906)-prep.-3 m.s. sf. *will provide himself*

הַשֶּׂה def. art.-n.m.s. (961) *the lamb*

לְעֹלָה prep.-n.f.s. (750) *for a burnt offering*

בְּנִי n.m.s.-1 c.s. sf. (119) *my son*

וַיֵּלְכוּ consec.-Qal impf. 3 m.p. (הָלַךְ 229) *so they went*

שְׁנֵיהֶם num. m.p.-3 m.p. sf. (1040) *both of them*

יַחְדָּו adv. (403) *together*

22:9

וַיָּבֹאוּ consec.-Qal impf. 3 m.p. (בּוֹא 97) *when they came*

אֶל־הַמָּקוֹם prep.-def. art.-n.m.s. (879) *to the place*

אֲשֶׁר אָמַר־לוֹ rel.-Qal pf. 3 m.s. (55)-prep.-3 m.s. sf. *of which ... had told them*

הָאֱלֹהִים def. art.-n.m.p. (43) *God*

וַיִּבֶן שָׁם consec.-Qal impf. 3 m.s. (בָּנָה 124)-adv. (1027) *built there*

אַבְרָהָם pr. n. (4) *Abraham*

אֶת־הַמִּזְבֵּחַ dir. obj.-def. art.-n.m.s. (258) *an altar*

וַיַּעֲרֹךְ consec.-Qal impf. 3 m.s. (עָרַךְ 789) *and laid in order*

אֶת־הָעֵצִים dir. obj.-def. art.-n.m.p. (781) *the wood*

וַיַּעֲקֹד consec.-Qal impf. 3 m.s. (עָקַד I 785) *and bound*

אֶת־יִצְחָק בְּנוֹ dir. obj.-pr.n. (850)-n.m.s.-3 m.s. sf. (119) *Isaac his son*

וַיָּשֶׂם אֹתוֹ consec.-Qal impf. 3 m.s. (שִׂים 962)-dir. obj.-3 m.s. sf. *and laid him*

עַל־הַמִּזְבֵּחַ prep.-def. art.-n.m.s. (258) *on the altar*

מִמַּעַל לָעֵצִים prep.-prep. (758)-prep.-def. art.-n.m.p. (781) *upon the wood*

22:10

וַיִּשְׁלַח consec.-Qal impf. 3 m.s. (שָׁלַח 1018) *then ... put forth*

אַבְרָהָם pr.n. (4) *Abraham*

אֶת־יָדוֹ dir. obj.-n.f.s.-3 m.s. sf. (388) *his hand*

וַיִּקַּח consec.-Qal impf. 3 m.s. (לָקַח 542) *and took*

אֶת־הַמַּאֲכֶלֶת dir. obj.-def. art.-n.f.s. (38) *the knife*

לִשְׁחֹט prep.-Qal inf. cstr. (1006) *to slay*

אֶת־בְּנוֹ dir. obj.-n.m.s.-3 m.s. sf. (119) *his son*

22:11

וַיִּקְרָא consec.-Qal impf. 3 m.s. (894) *but ... called*

אֵלָיו prep.-3 m.s. sf. *to him*

מַלְאַךְ יהוה n.m.s. cstr. (521)-pr.n. (217) *the angel of Yahweh*

מִן־הַשָּׁמַיִם prep.-def. art.-n.m. du. (1029) *from heaven*

וַיֹּאמֶר consec.-Qal impf. 3 m.s. (55) *and said*

אַבְרָהָם אַבְרָהָם pr.n. (4)-pr.n. (4) *Abraham, Abraham*

וַיֹּאמֶר v. supra *and he said*

הִנֵּנִי interj.-1 c.s. sf. paus. (243) *Here am I*

22:12

וַיֹּאמֶר consec.-Qal impf. 3 m.s. (55) *he said*

אַל־תִּשְׁלַח neg.-Qal impf. 2 m.s. (שָׁלַח 1018) *Do not lay*

יָדְךָ n.f.s.-2 m.s. sf. (388) *your hand*

אֶל־הַנַּעַר prep.-def. art.-n.m.s. (654) *on the lad*

וְאַל־תַּעַשׂ conj.-neg.-Qal impf. 2 m.s. apoc. (עָשָׂה I 793) *or do*

לוֹ מְאוּמָה prep.-3 m.s. sf.-pron. indef. (548) *to him anything*

כִּי עַתָּה conj.-adv. (773) *for now*

יָדַעְתִּי Qal pf. 1 c.s. (יָדַע 393) *I know*

כִּי־יְרֵא אֱלֹהִים conj.-Qal act. ptc. m.s. cstr. (יָרֵא 431)-n.m.p. (43) *that ... fear God*

אַתָּה pers. pr. 2 m.s. (61) *you*

וְלֹא חָשַׂכְתָּ conj.-neg.-Qal pf. 2 m.s. (חָשַׂךְ 362) *you have not withheld*

אֶת־בִּנְךָ dir. obj.-n.m.s.-2 m.s. sf. (119) *your son*

אֶת־יְחִידְךָ dir. obj.-adj. m.s.-2 m.s. sf. (402) *your only son*

מִמֶּנִּי prep.-1 c.s. sf. *from me*

22:13

וַיִּשָּׂא consec.-Qal impf. 3 m.s. (נָשָׂא 669) *and lifted up*

אַבְרָהָם pr.n. (4) *Abraham*

אֶת־עֵינָיו dir. obj.-n.f. du.-3 m.s. sf. (744) *his eyes*

וַיַּרְא consec.-Qal impf. 3 m.s. (רָאָה 906) *and looked*

וְהִנֵּה־אַיִל conj.-demons.part. (243) - n.m.s. (I 17) *and behold a ram*

אַחַר adv. (29) *behind him*

נֶאֱחַז Ni. ptc. (אָחַז 28) *caught*

בַּסְּבַךְ prep.-def. art.-n.m.s. (687) *in a thicket*

בְּקַרְנָיו prep.-n.f. du.-3 m s. sf. (901) *by his horns*

וַיֵּלֶךְ consec.-Qal impf. 3 m.s. (הָלַךְ 229) *and ... went*

אַבְרָהָם pr.n. (4) *Abraham*

וַיִּקַּח consec.-Qal impf. 3 m.s. (לָקַח 542) *and took*

אֶת־הָאַיִל dir. obj.-def. art.-n.m.s. (I 17) *the ram*

וַיַּעֲלֵהוּ consec.-Hi. impf. 3 m.s.-3 m.s. sf. (עָלָה 748) *and offered it up*

לְעֹלָה prep.-n.f.s. (750) *as a burnt offering*

תַּחַת בְּנוֹ prep. (1065)-n.m.s.-3 m.s. sf. (119) *instead of his son*

22:14

וַיִּקְרָא consec.-Qal impf. 3 m.s. (894) *so called*

אַבְרָהָם pr. n. (4) *Abraham*

שֵׁם־ n.m.s. cstr. (1027) *the name of*

הַמָּקוֹם הַהוּא def. art.-n.m.s. (879)-def. art.-demons. adj. m.s. (214) *that place*

יהוה יִרְאֶה pr.n. (217) - Qal impf. 3 m.s. (906) *Yahweh will provide (will see)*

אֲשֶׁר יֵאָמֵר rel.-Ni. impf. 3 m.s. (55) *as it is said*

הַיּוֹם def.art.-n.m.s. (398) *to this day*

בְּהַר יהוה prep.-n.m.s. cstr. (249) - pr.n. (217) *on the mount of Yahweh*

יֵרָאֶה Ni. impf. 3 m.s. (906) *it shall be provided (seen)*

22:15

וַיִּקְרָא consec.-Qal impf. 3 m.s. (894) *And ... called*

מַלְאַךְ יהוה n.m.s. cstr. (521)-pr. n. (217) *the angel of Yahweh*

אֶל־אַבְרָהָם prep.-pr. n. (4) *to Abraham*

שֵׁנִית adj. f.s. (1041) *a second time*

מִן־הַשָּׁמָיִם prep.-def. art.-n.m. du. paus. (1029) *from heaven*

22:16

וַיֹּאמֶר consec.-Qal impf. 3 m.s. (55) *and said*

בִּי נִשְׁבַּעְתִּי prep.-1 c.s. sf.-Ni. pf. 1 c.s. (שָׁבַע 989) *By myself I have sworn*

נְאֻם־יהוה n.m.s. cstr. (610)-pr. n. (217) *says Yahweh*

כִּי יַעַן אֲשֶׁר conj.-conj. (774)-rel. *because*

עָשִׂיתָ Qal pf. 2 m.s. (עָשָׂה I 793) *you have done*

אֶת־הַדָּבָר הַזֶּה dir.obj.-def.art.-n.m.s. (182) - def.art.-demons. adj. m.s. (260) *this*

וְלֹא חָשַׂכְתָּ conj.-neg.-Qal pf. 2 m.s. (חָשַׂךְ 362) *and have not withheld*

אֶת־בִּנְךָ dir.obj.-n.m.s.-2 m.s. sf. (119) *your son*

אֶת־יְחִידֶךָ dir.obj.-adj. m.s.-2 m.s. sf. (402) *your only son*

22:17

כִּי־בָרֵךְ conj.-Pi. inf. abs. (בָּרַךְ 138) *indeed*

אֲבָרֶכְךָ Pi. impf. 1 c.s. - 2 m.s. sf. (בָּרַךְ 138) *I will bless you*

וְהַרְבָּה אַרְבֶּה conj.-Hi. inf. abs. (רָבָה I 915) - Hi. impf. 1 c.s. (I 915) *and I will multiply*

אֶת־זַרְעֲךָ dir.obj.-n.m.s.-2 m.s. sf. (282) *your descendants*

כְּכוֹכְבֵי prep.-n.m.p. cstr. (456) *as the stars of*

הַשָּׁמַיִם def. art.-n.m. du. (1029) *the heaven*

וְכַחוֹל conj.-prep.-def. art.-n.m.s. (297) *and as the sand*

אֲשֶׁר עַל־שְׂפַת rel.-prep.-n.f.s. cstr. (973) *which is on the shore of*

הַיָּם def. art.-n.m.s. (410) *the sea*

וְיִרַשׁ conj.-Qal impf. 3 m.s. (יָרַשׁ 439) *And ... shall possess*

זַרְעֲךָ n.m.s.-2 m.s. sf. (282) *your descendants*

אֵת שַׁעַר dir. obj.-n.m.s. cstr. (1044) *the gate of*

אֹיְבָיו Qal act. ptc. m.p.-3 m.s. sf. (אָיַב 33) *their enemies*

22:18

וְהִתְבָּרְכוּ conj.-Hith. pf. 3 c.p. (בָּרַךְ 138) *and shall bless themselves*

בְזַרְעֲךָ prep.-n.m.s.-2 m.s. sf. (282) *by your descendants*

כֹּל גּוֹיֵי n.m.s. cstr. (481)-n.m.p. cstr. (156) *all the nations of*

הָאָרֶץ def. art.-n.f.s. (75) *the earth*

עֵקֶב אֲשֶׁר adv. acc. (784) - rel. *because*

שָׁמַעְתָּ Qal pf. 2 m.s. (שָׁמַע 1033) *you have obeyed*

בְּקֹלִי prep.-n.m.s.-1 c.s. sf. (876) *my voice*

22:19

וַיָּשָׁב consec.-Qal impf. 3 m.s. (שׁוּב 996) *so returned*

אַבְרָהָם pr. n. (4) *Abraham*

אֶל־נְעָרָיו prep.-n.m.p.-3 m.s. sf. (654) *to his young men*

וַיָּקֻמוּ consec.-Qal impf. 3 m.p. (קוּם 877) *and they arose*

וַיֵּלְכוּ consec.-Qal impf. 3 m.p. (הָלַךְ 229) *and went*

יַחְדָּו adv. (403) *together*

אֶל־בְּאֵר שָׁבַע prep.-pr. n. paus. (92) *to Beer-sheba*

וַיֵּשֶׁב consec.-Qal impf. 3 m.s. (יָשַׁב 442) *and dwelt*

אַבְרָהָם pr. n. (4) *Abraham*

בִּבְאֵר שָׁבַע prep.-pr. n. paus. (92) *at Beer-sheba*

22:20

וַיְהִי consec.-Qal impf. 3 m.s. (הָיָה 224) *(and it was) Now*

אַחֲרֵי prep. cstr. (29) *after*

הַדְּבָרִים הָאֵלֶּה def. art.-n.m.p. (182)-def. art.-demons. adj. c.p. (41) *these things*

וַיֻּגַּד consec.-Ho. impf. 3 m.s. (נָגַד 616) *it was told*

לְאַבְרָהָם prep.-pr. n. (4) *Abraham*

לֵאמֹר prep.-Qal inf. cstr. (55) *(saying)*

הִנֵּה demons. part. (243) *Behold*

יָלְדָה Qal pf. 3 f.s. (יָלַד 408) *has borne*

מִלְכָּה pr. n. (574) *Milcah*

גַּם־הִוא adv. (168)-pers. pr. 3 f.s. (214) *also she*

בָּנִים n.m.p. (119) *children*

לְנָחוֹר prep.-pr. n. (637) *to Nahor*

אָחִיךָ n.m.s.-2 m.s. sf. (26) *your brother*

22:21

אֶת־עוּץ dir. obj.-pr. n. (734) *Uz*

בְּכֹרוֹ n.m.s.-3 m.s. sf. (114) *his first-born*

וְאֶת־בּוּז conj.-dir.obj.-pr.n. (100) *Buz*

אָחִיו n.m.s.-3 m.s. sf. (26) *his brother*

וְאֶת־קְמוּאֵל conj.-dir. obj.-pr. n. (887) *Kemuel*

אֲבִי אֲרָם n.m.s. cstr. (3)-pr. n. (74) *the father of Aram*

22:22

וְאֶת־כֶּשֶׂד conj.-dir. obj.-pr.n. (505) *Chesed*

וְאֶת־חֲזוֹ conj.-dir. obj.-pr.n. (303) *Hazo*

וְאֶת־פִּלְדָּשׁ conj.-dir. obj.-pr.n. (811) *Pildash*

וְאֶת־יִדְלָף conj.-dir. obj.-pr.n. (393) *Jidlaph*

וְאֵת בְּתוּאֵל conj.-dir. obj.-pr.n. (I 143) *and Bethuel*

22:23

וּבְתוּאֵל conj.-pr.n. (I 143) *and Bethuel*

יָלַד Qal pf. 3 m.s. (408) *became the father of*

אֶת־רִבְקָה dir. obj.-pr.n. (918) *Rebekah*

שְׁמֹנָה אֵלֶּה num. (1032)-demons. adj. c.p. (41) *these eight*

יָלְדָה Qal pf. 3 f.s. (יָלַד 408) *bore*

מִלְכָּה pr.n. (574) *Milcah*

לְנָחוֹר prep.-pr.n. (637) *to Nahor*

אֲחִי אַבְרָהָם n.m.s. cstr. (26)-pr.n. (4) *Abraham's brother*

22:24

וּפִילַגְשׁוֹ conj.-n.f.s.-3 m.s. sf. (811) *moreover, his concubine*

וּשְׁמָהּ conj.-n.m.s.-3 f.s. sf. (1027) *whose name*

רְאוּמָה pr.n. (910) *was Reumah*

וַתֵּלֶד consec.-Qal impf. 3 f.s. (יָלַד 408) *bore*

גַּם־הִוא adv. (168)-pers. pr. 3 f.s. (214) *(also she)*

אֶת־טֶבַח dir. obj.-pr.n. (II 370) *Tebah*

וְאֶת־גַּחַם conj.-dir. obj.-pr.n. (161) *Gaham*

וְאֶת־תַּחַשׁ conj.-dir. obj.-pr.n. (1065) *Tahash*

וְאֶת־מַעֲכָה conj.-dir. obj.-pr.n. (590) *and Maacah*

23:1

וַיִּהְיוּ חַיֵּי שָׂרָה consec.-Qal impf. 3 m.p. (הָיָה 224)-n.m.p. cstr. (313)-pr.n. (979) *Sarah lived* (lit. *and the life of Sarah was*)

מֵאָה שָׁנָה n.f.s. (547)-n.f.s. (1040) *a hundred years*

וְעֶשְׂרִים שָׁנָה conj.-num. p. (797)-n.f.s. (1040) *and twenty years*

וְשֶׁבַע שָׁנִים conj.-num. (988)-n.f.p. (1040) *and seven years*

שְׁנֵי חַיֵּי שָׂרָה n.f.p. cstr. (1040)-n.m.p. cstr. (313)-pr.n. (979) *the years of the life of Sarah*

23:2

וַתָּמָת consec.-Qal impf. 3 f.s. (מוּת 559) *and died*

שָׂרָה pr.n. (979) *Sarah*

בְּקִרְיַת אַרְבַּע prep.-pr.n. (900) *at Kiriath-arba*

הִוא חֶבְרוֹן demons. adj. f.s. (214)-pr.n. (I 289) *that is, Hebron*

בְּאֶרֶץ כְּנָעַן prep.-n.f.s. cstr. (75)-pr.n. paus. (488) *in the land of Canaan*

וַיָּבֹא consec.-Qal impf. 3 m.s. (בּוֹא 97) *and went*

אַבְרָהָם pr.n. (4) *Abraham*

לִסְפֹּד prep.-Qal inf. cstr. (סָפַד 704) *to mourn*

לְשָׂרָה prep.-pr.n. (979) *for Sarah*

וְלִבְכֹּתָהּ conj.-prep.-Qal inf. cstr.-3 f.s. sf. (בָּכָה 113) *and to weep for her*

23:3

וַיָּקָם consec.-Qal impf. 3 m.s. (קוּם 877) *and rose up*

אַבְרָהָם pr.n. (4) *Abraham*

מֵעַל פְּנֵי prep.-prep.-n.m.p. cstr. (815) *from before*

מֵתוֹ Qal act. ptc.-3 m.s. sf. (מוּת 559) *his dead*

וַיְדַבֵּר consec.-Pi. impf. 3 m.s. (180) *and said*

אֶל־בְּנֵי־חֵת prep.-n.m.p. cstr. (119)-pr.n. (366) *to the Hittites*

לֵאמֹר prep.-Qal inf. cstr. (55) *(saying)*

23:4

גֵּר־ n.m.s. (158) *a stranger*

וְתוֹשָׁב conj.-n.m.s. (444) *and a sojourner*

אָנֹכִי עִמָּכֶם pers. pr. 1 c.s. (59)-prep.-2 m.p. sf. *I am among you*

תְּנוּ לִי Qal impv. 2 m.p. (נָתַן 678)-prep.-1 c.s. sf. *give me*

אֲחֻזַּת־קֶבֶר n.f.s. cstr. (28)-n.m.s. (868) *property for a burying place*

עִמָּכֶם prep.-2 m.p. sf. *among you*

וְאֶקְבְּרָה conj.-Qal impf. 1 c.s.-coh. he (קָבַר 868) *that I may bury*

מֵתִי Qal act. ptc.-1 c.s. sf. (559) *my dead*

מִלְּפָנָי prep.-prep.-n.m.p.-1 c.s. sf. paus. (815) *out of my sight*

23:5

וַיַּעֲנוּ consec.-Qal impf. 3 m.p. (עָנָה I 772) *answered*

בְנֵי־חֵת n.m.p. cstr. (119)-pr.n. (366) *the Hittites*

אֶת־אַבְרָהָם dir. obj.-pr.n. (4) *Abraham*

לֵאמֹר לוֹ prep.-Qal inf. cstr. (55)-prep.-3 m.s. sf. *(saying to him)*

23:6

שְׁמָעֵנוּ Qal impv. 2 m.s.-1 c.p. sf. (שָׁמַע 1033) *hear us*

אֲדֹנִי n.m.s.-1 c.s. sf. (10) *my lord*

נְשִׂיא אֱלֹהִים n.m.s. cstr. (672) - n.m.p. (43) *a mighty prince (a prince of God)*

אַתָּה pers. pr. 2 m.s. (61) *you are*

בְּתוֹכֵנוּ prep.-n.m.s.-1 c.p. sf. (1063) *among us*

בְּמִבְחַר prep.-n.m.s. cstr. (104) *in the choicest of*

קְבָרֵינוּ n.m.p.-1 c.p. sf. (868) *our sepulchres*

קְבֹר Qal impv. 2 m.s. (868) *Bury*

אֶת־מֵתֶךָ dir. obj.-Qal act. ptc.-2 m.s. sf. (מוּת 559) *your dead*

אִישׁ מִמֶּנּוּ n.m.s. (35)-prep.-1 c.p. sf. *none of us*

אֶת־קִבְרוֹ dir. obj.-n.m.s.-3 m.s. sf. (868) *his sepulchre*

לֹא־יִכְלֶה neg.-Qal impf. 3 m.s. (כָּלָה 476) *will withhold*

מִמְּךָ prep.-2 m.s. sf. *from you*

מִקְּבֹר prep.-Qal inf. cstr. (868) *from burying*

מֵתֶךָ v. supra *your dead*

23:7

וַיָּקָם consec.-Qal impf. 3 m.s. (קוּם 877) *rose*

אַבְרָהָם pr.n. (4) *Abraham*

וַיִּשְׁתַּחוּ consec.-Hithpalel impf. 3 m.s. (שָׁחָה 1005) *and bowed*

לְעַם־הָאָרֶץ prep.-n.m.s. cstr. (I 766)-def. art.-n.f.s. (75) *to the people of the land*

לִבְנֵי־חֵת prep.-n.m.p. cstr. (119)-pr.n. (366) *to the Hittites*

23:8

וַיְדַבֵּר consec.-Pi. impf. 3 m.s. (180) *and he said*

אִתָּם prep.-3 m.p. sf. (II 85) *to them*

לֵאמֹר prep.-Qal inf. cstr. (55) *(saying)*

אִם־יֵשׁ hypoth. part. (49)-subst. (441) *if*

אֶת־נַפְשְׁכֶם prep. (II 85)-n.f.s.-2 m.p. sf. (659) *you are willing*

לִקְבֹּר prep.-Qal inf. cstr. (868) *that I should bury*

אֶת־מֵתִי dir. obj.-Qal act. ptc.-1 c.s. sf. (מוּת 559) *my dead*

מִלְּפָנַי prep.-prep.-n.m.p.-1 c.s. sf. (815) *out of my sight*

שְׁמָעוּנִי Qal impv. 2 m.p.-1 c.s. sf. (שָׁמַע 1033) *hear me*

וּפִגְעוּ־לִי conj.-Qal impv. 2 m.p. (פָּגַע 803)-prep.-1 c.s. sf. *and entreat for me*

בְּעֶפְרוֹן prep.-pr.n. (780) *Ephron*

בֶּן־צֹחַר n.m.s. cstr. (119)-pr.n. (850) *the son of Zohar*

23:9

וְיִתֶּן־לִי conj.-Qal impf. 3 m.s. (נָתַן 678)-prep.-1 c.s. sf. *that he may give me*

אֶת־מְעָרַת dir.obj.-n.f.s. cstr. (792) *the cave of*

הַמַּכְפֵּלָה def. art.-pr.n. (495) *Machpelah*

אֲשֶׁר־לוֹ rel.-prep.-3 m.s. sf. *which he owns*

אֲשֶׁר בִּקְצֵה rel.-prep.-n.m.s. cstr. (892) *it is at the end of*

שָׂדֵהוּ n.m.s.-3 m.s. sf. (961) *his field*

בְּכֶסֶף מָלֵא prep.-n.m.s. (494)-adj. m.s. (570) *For the full price*

יִתְּנֶנָּה Qal impf. 3 m.s.-3 f.s. sf. (נָתַן 678) *let him give it*

לִי prep.-1 c.s. sf. *to me*

בְּתוֹכְכֶם prep.-n.m.s.-2 m.p. sf. (1063) *in your presence*

לַאֲחֻזַּת־קָבֶר prep.-n.f.s. cstr. (28) - n.m.s. paus. (868) *as a possession for a burying place*

23:10

וְעֶפְרוֹן conj.-pr.n. (780) *Now Ephron*

יֹשֵׁב Qal act. ptc. (יָשַׁב 442) *was sitting*

בְּתוֹךְ prep.-n.m.s. cstr. (1036) *among*

בְּנֵי־חֵת n.m.p. cstr. (119)-pr.n. (366) *the Hittites*

וַיַּעַן consec.-Qal impf. 3 m.s. (עָנָה I 772) *and answered*

עֶפְרוֹן pr.n. (780) *Ephron*

הַחִתִּי def. art.-n.gent. (366) *the Hittite*

אֶת־אַבְרָהָם dir. obj.-pr.n. (4) *Abraham*

בְּאָזְנֵי prep.-n.f.p. cstr. (23) *in the hearing of*

בְנֵי־חֵת n.m.p. cstr. (119)-pr.n. (366) *the Hittites*

לְכֹל בָּאֵי prep.-n.m.s. cstr. (481)-Qal act. ptc. m.p. cstr. (בּוֹא 97) *of all who went in at*

שַׁעַר־עִירוֹ n.m.s. cstr. (1044)-n.f.s. (746)-3 m.s. sf. *the gate of his city*

לֵאמֹר prep.-Qal inf. cstr. (55) *(saying)*

23:11

לֹא־אֲדֹנִי neg.-n.m.s.-1 c.s. sf. (10) *No, my lord*

שְׁמָעֵנִי Qal impv. 2 m.s.-1 c.s. sf. (שָׁמַע 1033) *hear me*

הַשָּׂדֶה def. art.-n.m.s. (961) *the field*

נָתַתִּי לָךְ Qal pf. 1 c.s. (נָתַן 678)-prep.-2 m.s. sf. paus. *I give you*

וְהַמְּעָרָה conj.-def. art.-n.f.s. (792) *and the cave*

אֲשֶׁר־בּוֹ rel.-prep.-3 m.s. sf. *that is in it*

לְךָ נְתַתִּיהָ prep.-2 m.s. sf.-Qal pf. 1 c.s.-3 f.s. sf. (נָתַן 678) *I give you*

לְעֵינֵי prep.-n.f.du. cstr. (744) *in the presence of*

בְנֵי־עַמִּי n.m.p. cstr. (119)-n.m.s.-1 c.s. sf. (I 766) *the sons of my people*

נְתַתִּיהָ v.supra *I give it*

לָךְ prep.-2 m.s. sf. paus. *to you*

קְבֹר מֵתֶךָ Qal impv. 2 m.s. (868)-Qal act. ptc.-2 m.s. sf. (559) *bury your dead*

23:12

וַיִּשְׁתַּחוּ consec.-Hithpalel impf. 3 m.s. (שָׁחָה 1005) *then bowed down*

אַבְרָהָם pr.n. (4) *Abraham*

לִפְנֵי prep.-n.m.p. cstr. (815) *before*

עַם הָאָרֶץ n.m.s. cstr. (I 766)-def. art.-n.f.s. (75) *the people of the land*

23:13

וַיְדַבֵּר consec.-Pi. impf. 3 m.s. (180) *And he said*

אֶל־עֶפְרוֹן prep.-pr.n. (780) *to Ephron*

בְּאָזְנֵי prep.-n.f.du. cstr. (23) *in the hearing of*

עַם־הָאָרֶץ n.m.s. cstr. (I 766)-def. art.-n.f.s. (75) *the people of the land*

לֵאמֹר prep.-Qal inf. cstr. (55) *(saying)*

אַךְ אִם־אַתָּה adv. (36)-hypoth. part. (49)-pers.pr. 2 m.s. (61) *But if you*

לוּ conj. (530) (lit.-*O that*; but some rd.c.LXX לִי *to me*) *will*

שְׁמָעֵנִי Qal impv. 2 m.s.-1 c.s. sf. (שָׁמַע 1033) *hear me*

נָתַתִּי Qal pf. 1 c.s. (נָתַן 678) *I will give*

כֶּסֶף הַשָּׂדֶה n.m.s. cstr. (494)-def. art.-n.m.s. (961) *the price of the field*

קַח Qal impv. 2 m.s. (לָקַח 542) *accept*

מִמֶּנִּי prep.-1 c.s. sf. *from me*

וְאֶקְבְּרָה conj.-Qal impf. 1 c.s.-coh. he (קָבַר 868) *that I may bury*

אֶת־מֵתִי dir.obj.-Qal act. ptc. - 1 c.s. sf. (מוּת 559) *my dead*

שָׁמָּה adv.-loc. he (1027) *there*

23:14

וַיַּעַן consec.-Qal impf. 3 m.s. (עָנָה I 772) *answered*

עֶפְרוֹן pr.n. (780) *Ephron*

אֶת־אַבְרָהָם dir. obj.-pr.n. (4) *Abraham*

לֵאמֹר לוֹ prep.-Qal inf. cstr. (55)-prep.-3 m.s. sf. *(saying to him)*

23:15

אֲדֹנִי n.m.s.-1 c.s. sf. (10) *my lord*

שְׁמָעֵנִי Qal impv. 2 m.s.-1 c.s. sf. (שָׁמַע 1033) *listen to me*

אֶרֶץ n.f.s. (75) *a piece of land*

אַרְבַּע מֵאֹת num. (916)-n.f.p. cstr. (547) *four hundred*

שֶׁקֶל־ n.m.s. cstr. (1053) *shekels of*

כֶּסֶף n.m.s. (494) *silver*

בֵּינִי וּבֵינְךָ prep.-1 c.s. sf.-conj.-prep.-2 m.s. sf. (107) *between me and you*

מַה־הִוא interr. (552) - demons. adj. f.s. (214) *what is that*

וְאֶת־מֵתְךָ conj.-dir.obj.-Qal act. ptc.-2 m.s. sf. (559) *your dead*

קְבֹר Qal impv. 2 m.s. (868) *bury*

23:16

וַיִּשְׁמַע consec.-Qal impf. 3 m.s. (שָׁמַע 1033) *agreed*

אַבְרָהָם pr. n. (4) *Abraham*

אֶל־עֶפְרוֹן prep.-pr. n. (780) *with Ephron*

וַיִּשְׁקֹל consec.-Qal impf. 3 m.s. (שָׁקַל 1053) *and weighed out*

אַבְרָהָם pr. n. (4) *Abraham*

לְעֶפְרֹן prep.-pr. n. (780) *for Ephron*

אֶת־הַכֶּסֶף dir. obj.-def. art.-n.m.s. (494) *the silver*

אֲשֶׁר דִּבֶּר rel.-Pi. pf. 3 m.s. (180) *which he had named*

בְּאָזְנֵי prep.-n.f. du. cstr. (23) *in the hearing of*

בְנֵי־חֵת n.m.p. cstr. (119) - pr.n. (366) *the Hittites*

אַרְבַּע מֵאוֹת num. (916)-n.f.p. cstr. (547) *four hundred*

שֶׁקֶל כֶּסֶף n.m.s. cstr. (1053)-n.m.s. (494) *shekels of silver*

עֹבֵר לַסֹּחֵר Qal act. ptc. (716)-prep.-def.art.-Qal act. ptc. (695) *according to the weights current among the merchants*

23:17

וַיָּקָם consec.-Qal impf. 3 m.s. (קוּם 877) *so was made over*

שְׂדֵה עֶפְרוֹן n.m.s. cstr. (961)-pr. n. (780) *the field of Ephron*

אֲשֶׁר בַּמַּכְפֵּלָה rel.-prep.-def. art.-pr. n. (495) *in Machpelah*

אֲשֶׁר לִפְנֵי מַמְרֵא rel.-prep.-n.m.p. cstr. (815)-pr. n. (577) *which was to the east of Mamre*

הַשָּׂדֶה def. art.-n.m.s. (961) *the field*

וְהַמְּעָרָה conj.-def. art.-n.f.s. (792) *with the cave*

אֲשֶׁר־בּוֹ rel.-prep.-3 m.s. sf. *which was in it*

וְכָל־הָעֵץ conj.-n.m.s. cstr. (481)-def. art.-n.m.s. (781) *and all the trees*

אֲשֶׁר בַּשָּׂדֶה rel.-prep.-def. art.-n.m.s. (961) *that were in the field*

אֲשֶׁר בְּכָל־ rel.-prep.-n.m.s. cstr. (481) *through the whole*

גְּבֻלוֹ סָבִיב n.m.s.-3 m.s. sf. (147)-adv. acc. (686) *its area (round about)*

23:18

לְאַבְרָהָם prep.-pr. n. (4) *to Abraham*

לְמִקְנָה prep.-n.f.s. (889) *as a possession*

לְעֵינֵי prep.-n.f. du. cstr. (744) *in the presence of*

בְנֵי־חֵת n.m.p. cstr. (119)-pr. n. (366) *the Hittites*

בְּכֹל בָּאֵי prep.-n.m.s. cstr. (481)-Qal act. ptc. m.p. cstr. (בּוֹא 97) *before all who went in at*

שַׁעַר־עִירוֹ n.m.s. cstr. (1044)-n.f.s.-3 m.s. sf. (746) *the gate of his city*

23:19

וְאַחֲרֵי־כֵן conj.-prep. cstr. (29)-adv. (485) *after this*

קָבַר Qal pf. 3 m.s. (868) *buried*

אַבְרָהָם pr. n. (4) *Abraham*

אֶת־שָׂרָה dir. obj.-pr. n. (979) *Sarah*

אִשְׁתּוֹ n.f.s.-3 m.s. sf. (61) *his wife*

אֶל־מְעָרַת prep.-n.f.s. cstr. (792) *in the cave of*

שְׂדֵה n.m.s. cstr. (961) *the field of*

הַמַּכְפֵּלָה def. art.-pr. n. (495) *Machpelah*

עַל־פְּנֵי מַמְרֵא prep.-n.m.p. cstr. (815)-pr. n. (577) *east of Mamre*

הִוא חֶבְרוֹן demons. adj. f.s. (214) - pr.n. (I 289) *that is, Hebron*

בְּאֶרֶץ כְּנָעַן prep.-n.f.s. cstr. (75)-pr. n. paus. (488) *in the land of Canaan*

23:20

וַיָּקָם consec.-Qal impf. 3 m.s. (קוּם 877) *were made over*

הַשָּׂדֶה def. art.-n.m.s. (961) *the field*

וְהַמְּעָרָה conj.-def. art.-n.f.s. (792) *and the cave*

אֲשֶׁר־בּוֹ rel.-prep.-3 m.s. sf. *that is in it*

לְאַבְרָהָם prep.-pr. n. (4) *to Abraham*

לַאֲחֻזַּת־קָבֶר prep.-n.f.s. cstr. (28)-n.m.s. paus. (868) *as a possession for a burying place*

מֵאֵת בְּנֵי־חֵת prep.-prep. (II 85)-n.m.p. cstr. (119)-pr. n. (366) *by the Hittites*

24:1

וְאַבְרָהָם conj.-pr. n. (4) *Now Abraham*

זָקֵן Qal pf. 3 m.s. (278) *was old*

בָּא בַּיָּמִים Qal pf. 3 m.s. (בּוֹא 97)-prep.-def. art.-n.m.p. (398) *well advanced in years*

וַיהוה conj.-pr. n. (217) *and Yahweh*

בֵּרַךְ Pi. pf. 3 m.s. (בָּרַךְ 138) *had blessed*

אֶת־אַבְרָהָם dir. obj.-pr. n. (4) *Abraham*

בַּכֹּל prep.-def. art.- n.m.s. (481) *in all things*

24:2

וַיֹּאמֶר consec.-Qal impf. 3 m.s. (55) *and said*

אַבְרָהָם pr. n. (4) *Abraham*

אֶל־עַבְדּוֹ prep.-n.m.s.-3 m.s. sf. (713) *to his servant*

זְקַן בֵּיתוֹ adj. m.s. cstr. (278)-n.m.s.-3 m.s. sf. (108) *the oldest of his house*

הַמֹּשֵׁל בְּכָל־ def. art.-Qal act. ptc. (מָשַׁל 605)-prep.-n.m.s. (481) *who had charge of all*

אֲשֶׁר־לוֹ rel.-prep.-3 m.s. sf. *that he had*

שִׂים־נָא Qal impv. 2 m.s. (שִׂים 962) - part. of entreaty (609) *Put*

יָדְךָ n.f.s.-2 m.s. sf. (388) *your hand*

תַּחַת יְרֵכִי prep. (1065)-n.f.s.-1 c.s. sf. (437) *under my thigh*

24:3

וְאַשְׁבִּיעֲךָ conj.-Hi. impf. 1 c.s.-2 m.s. sf. (שָׁבַע 989) *and I will make you swear*

בַּיהוה prep.-pr. n. (217) *by Yahweh*

אֱלֹהֵי הַשָּׁמַיִם n.m.p. cstr. (43)-def. art.-n.m. du. (1029) *the God of heaven*

וֵאלֹהֵי הָאָרֶץ conj.-n.m.p. cstr. (43)-def. art.-n.f.s. (75) *and (God) of the earth*

אֲשֶׁר לֹא־תִקַּח rel.-neg.-Qal impf. 2 m.s. (לָקַח 542) *that you will not take*

אִשָּׁה לִבְנִי n.f.s. (61)-prep.-n.m.s.-1 c.s. sf. (119) *a wife for my son*

מִבְּנוֹת prep.-n.f.p. cstr. (I 123) *from the daughters of*

הַכְּנַעֲנִי def. art.-pr. n. gent. (489) *the Canaanites*

אֲשֶׁר אָנֹכִי rel.-pers. pr. 1 c.s. (59) *among whom I*

יוֹשֵׁב Qal act. ptc. (יָשַׁב 442) *dwell*

בְּקִרְבּוֹ prep.-n.m.s.-3 m.s. sf. (899) *(in their midst)*

24:4

כִּי אֶל־אַרְצִי conj.-prep.-n.f.s.-1 c.s. sf. (75) *but to my country*

וְאֶל־מוֹלַדְתִּי conj.-prep.-n.f.s.-1 c.s. sf. (409) *and to my kindred*

תֵּלֵךְ Qal impf. 2 m.s. (הָלַךְ 229) *you will go*

וְלָקַחְתָּ conj.-Qal pf. 2 m.s. (לָקַח 542) *and take*

אִשָּׁה לִבְנִי n.f.s. (61)-prep.-n.m.s.-1 c.s. sf. (119) *a wife for my son*

לְיִצְחָק prep.-pr. n. (850) *(for) Isaac*

24:5

וַיֹּאמֶר consec.-Qal impf. 3 m.s. (55) *said*

אֵלָיו prep.-3 m.s. sf. *to him*

הָעֶבֶד def. art.-n.m.s. (713) *the servant*

אוּלַי adv. (19) *Perhaps*

לֹא־תֹאבֶה neg.-Qal impf. 3 f.s. (אָבָה 2) *may not be willing*

הָאִשָּׁה def. art.-n.f.s. (61) *the woman*

לָלֶכֶת prep.-Qal inf. cstr. (הָלַךְ 229) *to follow*

אַחֲרַי prep.-1 c.s. sf. (29) *(after) me*

אֶל־הָאָרֶץ הַזֹּאת prep.-def.art.-n.f.s. (75)-def.art.-demons. adj. f.s. (260) *to this land*

הֶהָשֵׁב אָשִׁיב interr. part.-Hi. inf. abs. (שׁוּב 996)-Hi. impf. 1 c.s. (שׁוּב 996) *must I then take back*

אֶת־בִּנְךָ dir. obj.-n.m.s.-2 m.s. sf. (119) *your son*

אֶל־הָאָרֶץ prep.-def. art.-n.f.s. (75) *to the land*

אֲשֶׁר־יָצָאתָ rel.-Qal pf. 2 m.s. (יָצָא 422) *which you came*

מִשָּׁם prep.-adv. (1027) *from (there)*

24:6

וַיֹּאמֶר אֵלָיו consec.-Qal impf. 3 m.s. (55)-prep.-3 m.s. sf. *said to him*

אַבְרָהָם pr.n. (4) *Abraham*

הִשָּׁמֶר לְךָ Ni. impv. 2 m.s. (שָׁמַר 1036)-prep.-2 m.s. sf. *See to it*

פֶּן־תָּשִׁיב conj. (814)-Hi. impf. 2 m.s. (שׁוּב 996) *that you do not take*

אֶת־בְּנִי dir. obj.-n.m.s.-1 c.s. sf. (119) *my son*

שָׁמָּה adv.-dir. he (1027) *back there*

24:7

יהוה pr.n. (217) *Yahweh*

אֱלֹהֵי הַשָּׁמַיִם n.m.p. cstr. (43)-def. art.-n.m. du. (1029) *the God of heaven*

אֲשֶׁר לְקָחַנִי rel.-Qal pf. 3 m.s.-1 c.s. sf. (לָקַח 542) *who took me*

מִבֵּית אָבִי prep.-n.m.s. cstr. (108)-n.m.s.-1 c.s. sf. (3) *from my father's house*

וּמֵאֶרֶץ conj.-prep.-n.f.s. cstr. (75) *and from the land of*

מוֹלַדְתִּי n.f.s.-1 c.s. sf. (409) *my birth*

וַאֲשֶׁר דִּבֶּר־לִי conj.-rel.-Pi. pf. 3 m.s. (180)-prep.-1 c.s. sf. *and who spoke to me*

וַאֲשֶׁר נִשְׁבַּע־לִי conj.-rel.-Ni. pf. 3 m.s. (שָׁבַע 989)-prep.-1 c.s. sf. *and swore to me*

לֵאמֹר prep.-Qal inf. cstr. (55) *(saying)*

לְזַרְעֲךָ prep.-n.m.s.-2 m.s. sf. (282) *To your descendants*

אֶתֵּן Qal impf. 1 c.s. (נָתַן 678) *I will give*

אֶת־הָאָרֶץ הַזֹּאת dir.obj.-def.art.-n.f.s. (75) - def.art.-demons. adj. f.s. (260) *this land*

הוּא יִשְׁלַח pers. pr. 3 m.s. (214)-Qal impf. 3 m.s. (שָׁלַח 1018) *he will send*

מַלְאָכוֹ n.m.s.-3 m.s. sf. (521) *his angel*

לְפָנֶיךָ prep.-n.m.p.-2 m.s. sf. (815) *before you*

וְלָקַחְתָּ conj.-Qal pf. 2 m.s. (לָקַח 542) *and you shall take*

אִשָּׁה לִבְנִי n.f.s. (61) - prep.-n.m.s.-1 c.s. sf. (119) *a wife for my son*

מִשָּׁם prep.-adv. (1027) *from there*

24:8

וְאִם־לֹא תֹאבֶה conj.-hypoth. part. (49)-neg.-Qal impf. 3 f.s. (אָבָה 2) *but if is not willing*

הָאִשָּׁה def. art.-n.f.s. (61) *the woman*

לָלֶכֶת אַחֲרֶיךָ prep.-Qal inf. cstr. (הָלַךְ 229)-prep.-2 m.s. sf. (29) *to follow you*

וְנִקִּיתָ conj.-Pi. pf. 2 m.s. (נָקָה 667) *then you will be free*

מִשְּׁבֻעָתִי prep.-n.f.s.-1 c.s. sf. (989) *from ... oath of mine*

זֹאת demons. adj. f.s. (260) *this*

רַק אֶת־בְּנִי adv. (956)-dir. obj.-n.m.s.-1 c.s. sf. (119) *only my son*

לֹא תָשֵׁב neg.-Hi. impf. 2 m.s. (שׁוּב 996) *you must not take back*

שָׁמָּה adv.-dir. he (1027) *there*

24:9

וַיָּשֶׂם consec.-Qal impf. 3 m.s. (שִׂים 962) *so ... put*

הָעֶבֶד def. art.-n.m.s. (713) *the servant*

אֶת־יָדוֹ dir. obj.-n.f.s.-3 m.s. sf. (388) *his hand*

תַּחַת יֶרֶךְ prep. (1065)-n.f.s. cstr. (437) *under the thigh of*

אַבְרָהָם pr.n. (4) *Abraham*

אֲדֹנָיו n.m.p.-3 m.s. sf. (10) *his master*

וַיִּשָּׁבַע לוֹ consec.-Ni. impf. 3 m.s. (שָׁבַע 989)-prep.-3 m.s. sf. *and swore to him*

עַל־הַדָּבָר הַזֶּה prep.-def.art.-n.m.s. (182) - def.art.-demons. adj. m.s. (260) *concerning this matter*

24:10

וַיִּקַּח consec.-Qal impf. 3 m.s. (לָקַח 542) *then took*

הָעֶבֶד def. art.-n.m.s. (713) *the servant*

עֲשָׂרָה גְמַלִּים num. f.s. (796)-n.m.p. (168) *ten camels*

מִגְּמַלֵּי אֲדֹנָיו prep.-n.m.p. cstr. (168)-n.m.p.-3 m.s. sf. (10) *of his master's camels*

וַיֵּלֶךְ consec.-Qal impf. 3 m.s. (הָלַךְ 229) *and departed*

וְכָל־טוּב conj.-n.m.s. cstr. (481)-n.m.s. cstr. (375) *taking all sorts of choice gifts from*

אֲדֹנָיו n.m.p.-3 m.s. sf. (10) *his master*

בְּיָדוֹ prep.-n.f.s.-3 m.s. sf. (388) *(in his hand)*

וַיָּקָם consec.-Qal impf. 3 m.s. (קוּם 877) *and he arose*

וַיֵּלֶךְ v. supra *and went*

אֶל־אֲרַם נַהֲרַיִם prep.-pr.n. (74)-n.m. du. (625) *to Mesopotamia* (lit. *to Aram of the two rivers*)

אֶל־עִיר נָחוֹר prep.-n.f.s. cstr. (746)-pr.n. (637) *to the city of Nahor*

24:11

וַיַּבְרֵךְ consec.-Hi. impf. 3 m.s. (בָּרַךְ 138) *and he made ... kneel down*

הַגְּמַלִּים def.art.-n.m.p. (168) *the camels*

מִחוּץ לָעִיר prep.-n.m.s. (299)-prep.-def.art.-n.f.s. (746) *outside the city*

אֶל־בְּאֵר הַמָּיִם prep.-n.f.s. cstr. (91)-def.art.-n.m.p. (565) *by the well of water*

לְעֵת עֶרֶב prep.-n.f.s. cstr. (773)-n.m.s. (787) *at the time of evening*

לְעֵת צֵאת prep.-n.f.s. cstr. (773)-Qal inf. cstr. (יָצָא 422) *the time when ... go out*

הַשֹּׁאֲבֹת def.art.-Qal act. ptc. f.p. (שָׁאַב 980) *women to draw water*

24:12

וַיֹּאמַר consec.-Qal impf. 3 m.s. (55) *and he said*

יהוה pr.n. (217) *O Yahweh*

אֱלֹהֵי אֲדֹנִי n.m.p. cstr. (43)-n.m.s.-1 c.s. sf. (10) *God of my master*

אַבְרָהָם pr.n. (4) *Abraham*

הַקְרֵה־נָא Hi. impv. 2 m.s. (קָרָה 899)-part. of entreaty (609) *grant success I pray thee*

לְפָנַי prep.-n.m.p.-1 c.s. sf. (815) *me*

הַיּוֹם def. art.-n.m.s. (398) *today*

וַעֲשֵׂה־חֶסֶד conj.-Qal impv. 2 m.s. (I 793) - n.m.s. (338) ***and show steadfast love***

עִם אֲדֹנִי prep.-n.m.s.-1 c.s. sf. (10) *to my master*

אַבְרָהָם pr.n. (4) *Abraham*

24:13

הִנֵּה אָנֹכִי demons. part. (243)-pers. pr. 1 c.s. (59) *behold, I*

נִצָּב Ni. ptc. (נָצַב 662) *am standing*

עַל־עֵין הַמָּיִם prep.-n.f.s. cstr. (744)-def. art.-n.m.p. (565) *by the spring of water*

וּבְנוֹת אַנְשֵׁי conj.-n.f.p. cstr. (I 123)-n.m.p. cstr. (35) *and the daughters of the men of*

הָעִיר def. art.-n.f.s. (746) *the city*

יֹצְאֹת Qal act. ptc. f.p. (יָצָא 422) *are coming out*

לִשְׁאֹב מָיִם prep.-Qal inf. cstr. (שָׁאַב 980)-n.m.p. paus. (565) *to draw water*

24:14

וְהָיָה conj.-Qal pf. 3 m.s. (224) *(and it shall be)*

הַנַּעֲרָ def. art.-n.f.s. (655) *the maiden*

אֲשֶׁר אֹמַר rel.-Qal impf. 1 c.s. (אָמַר 55) *to whom I shall say*

אֵלֶיהָ prep.-3 f.s. sf. *(to her)*

הַטִּי־נָא Hi. impv. 2 f.s. (נָטָה 639)-part. of entreaty (609) *Pray, let down*

כַדֵּךְ n.f.s.-2 f.s. sf. (461) *your jar*

וְאֶשְׁתֶּה conj.-Qal impf. 1 c.s. (שָׁתָה 1059) *that I may drink*

וְאָמְרָה conj.-Qal pf. 3.f.s. (55) *and she shall say*

שְׁתֵה Qal impv. 2 m.s. (שָׁתָה 1059) *Drink*

וְגַם־גְּמַלֶּיךָ conj.-adv. (168)-n.m.p.-2 m.s. sf. (168) *and also your camels*

אַשְׁקֶה Hi. impf. 1 c.s. (שָׁקָה 1052) *I will water*

אֹתָהּ dir. obj.-3 f.s. sf. *let her be the one*

הֹכַחְתָּ Hi. pf. 2 m.s. (יָכַח 406) *thou hast appointed*

לְעַבְדְּךָ prep.-n.m.s.-2 m.s. sf. (713) *for thy servant*

לְיִצְחָק prep.-pr.n. (850) *Isaac*

וּבָהּ conj.-prep.-3 f.s. sf. *By this*

אֵדַע Qal impf. 1 c.s. (יָדַע 393) *I shall know*

כִּי־עָשִׂיתָ חֶסֶד conj.-Qal pf. 2 m.s. (עָשָׂה I 793)-n.m.s. (338) *that thou hast shown steadfast love*

עִם־אֲדֹנִי prep.-n.m.s.-1 c.s. sf. (10) *to my master*

24:15

וַיְהִי־הוּא consec.-Qal impf. 3 m.s. (הָיָה 224)-pers.pr. 3 m.s. (214) *(And it proceeded to be)*

טֶרֶם כִּלָּה adv. (382)-Pi. pf. 3 m.s. (כָּלָה 477) *Before he had done*

לְדַבֵּר prep.-Pi. inf. cstr. (180) *speaking*

וְהִנֵּה conj.-demons. part. (243) *behold*

רִבְקָה pr.n. (918) *Rebekah*

יֹצֵאת Qal act. ptc. f.s. (יָצָא 422) *came out*

אֲשֶׁר יֻלְּדָה rel.-Pu. pf. 3 f.s. (יָלַד 408) *who was born*

לִבְתוּאֵל prep.-pr.n. (I 143) *to Bethuel*

בֶּן־מִלְכָּה n.m.s. cstr. (119)-pr.n. (574) *the son of Milcah*

אֵשֶׁת נָחוֹר n.f.s. cstr. (61)-pr.n. (637) *the wife of Nahor*

אֲחִי אַבְרָהָם n.m.s. cstr. (26)-pr. n. (4) *Abraham's brother*

וְכַדָּהּ conj.-n.f.s.-3 f.s. sf. (461) *with her water jar*

עַל־שִׁכְמָהּ prep.-n.m.s.-2 f.s. sf. (I 1014) *upon her shoulder*

24:16

וְהַנַּעֲרָ conj.-def.art.-n.f.s. (655) *the maiden*

טֹבַת מַרְאֶה adj. f.s. cstr. (II 373)-n.m.s. (909) *was fair to look upon*

מְאֹד adv. (547) *very*

בְּתוּלָה n.f.s (143) *a virgin*

וְאִישׁ לֹא יְדָעָהּ conj.-n.m.s. (35)-neg.-Qal pf. 3 m.s.-3 f.s. sf. (393) *whom no man had known*

וַתֵּרֶד consec.-Qal impf. 3 f.s. (יָרַד 432) *She went down*

הָעַיְנָה def. art.-n.f.s.-dir. he (744) *to the spring*

וַתְּמַלֵּא consec.-Pi. impf. 3 f.s. (569) *and filled*

כַדָּהּ n.f.s.-3 f.s. sf. (461) *her jar*

וַתָּעַל consec.-Qal impf. 3 f.s. paus. (עָלָה 748) *and came up*

24:17

וַיָּרָץ consec.-Qal impf. 3 m.s. (רוּץ 930) *then ... ran*

הָעֶבֶד def. art.-n.m.s. (713) *the servant*

לִקְרָאתָהּ prep.-Qal inf. cstr.-3 f.s. sf. (קָרָא II 896) *to meet her*

וַיֹּאמֶר consec.-Qal impf. 3 m.s. (55) *and said*

הַגְמִיאִינִי נָא Hi. impv. 2 f.s.-1 c.s. sf. (גָּמָא 167)-part. of entreaty (609) *Pray give me to drink*

מְעַט־מַיִם subst. cstr. (589)-n.m.p. (565) *a little water*

מִכַּדֵּךְ prep.-n.f.s.-2 f.s. sf. (461) *from your jar*

24:18

וַתֹּאמֶר consec.-Qal impf. 3 f.s. (55) *she said*

שְׁתֵה אֲדֹנִי Qal impv. 2 m.s. (1059)-n.m.s.-1 c.s. sf. (10) *Drink, my lord*

וַתְּמַהֵר consec.-Pi. impf. 3 f.s. (מָהַר I 554) *and quickly (*lit.- *she hastened)*

וַתֹּרֶד consec.-Hi. impf. 3 f.s. (יָרַד 432) *she let down*

כַּדָּהּ n.f.s.-3 f.s. sf. (461) *her jar*

עַל־יָדָהּ prep.-n.f.s.-3 f.s. sf. (388) *upon her hand*

וַתַּשְׁקֵהוּ consec.-Hi. impf. 3 f.s.-3 m.s. sf. (שָׁקָה 1052) *and gave him a drink*

24:19

וַתְּכַל consec.-Pi. impf. 3 f.s. (כָּלָה 477) *when she had finished*

לְהַשְׁקֹתוֹ prep.-Hi. inf. cstr.-3 m.s. sf. (שָׁקָה 1052) *giving him a drink*

וַתֹּאמֶר consec.-Qal impf. 3 f.s. (55) *she said*

גַּם לִגְמַלֶּיךָ adv. (168)-prep.-n.m.p.-2 m.s. sf. (168) *also for your camels*

אֶשְׁאָב Qal impf. 1 c.s. (שָׁאַב 980) *I will draw*

עַד אִם־כִּלּוּ prep. (III 723)-conj. (49)-Pi. pf. 3 c.p. (כָּלָה 477) *until they had done*

לִשְׁתֹּת prep.-Qal inf. cstr. (שָׁתָה 1059) *drinking*

24:20

וַתְּמַהֵר consec.-Pi. impf. 3 f.s. (מָהַר I 554) *so she quickly* v. 24:18

וַתְּעַר consec.-Pi. impf. 3 f.s. (עָרָה 788) *emptied*

כַּדָּהּ n.f.s.-3 f.s. sf. (461) *her jar*

אֶל־הַשֹּׁקֶת prep.-def. art.-n.f.s. (1052) *into the trough*

וַתָּרָץ consec.-Qal impf. 3 f.s. (רוּץ 930) *and ran*

עוֹד אֶל־הַבְּאֵר adv. (728)-prep.-def. art.-n.f.s. (91) *again to the well*

לִשְׁאֹב prep.-Qal inf. cstr. (980) *to draw*

וַתִּשְׁאַב consec.-Qal impf. 3 f.s. (980) *and she drew*

לְכָל־גְּמַלָּיו prep.-n.m.s. cstr. (481)-n.m.p.-3 m.s. sf. (168) *for all his camels*

24:21

וְהָאִישׁ conj.-def.art.-n.m.s. (35) *the men*

מִשְׁתָּאֵה Hithpa'el ptc. (שָׁאָה II 981 v. שָׁעָה) *gazed*

לָהּ prep.-3 f.s. sf. *at her*

מַחֲרִישׁ Hi. ptc. (חָרֵשׁ II 361) *in silence*

לָדַעַת prep.-Qal inf. cstr. (יָדַע 393) *to learn*

הַהִצְלִיחַ interr.-Hi. pf. 3 m.s. (II 852) *whether ... had prospered*

יהוה pr.n. (217) *Yahweh*

דַּרְכּוֹ n.m.s.-3 m.s. sf. (202) *his journey*

אִם־לֹא conj. (49)-neg. *or not*

24:22

וַיְהִי consec.-Qal impf. 3 m.s. (הָיָה 224) *(and it proceeded to be)*

כַּאֲשֶׁר כִּלּוּ prep.-rel.-Pi. pf. 3 c.p. (כָּלָה 477) *when ... had done*

הַגְּמַלִּים def. art.-n.m.p. (168) *the camels*

לִשְׁתּוֹת prep.-Qal inf. cstr. (שָׁתָה 1059) *drinking*

וַיִּקַּח consec.-Qal impf. 3 m.s. (לָקַח 542) *took*

הָאִישׁ def. art.-n.m.s. (35) *the man*

נֶזֶם זָהָב n.m.s. (633)-n.m.s. (262) *a gold ring*

בֶּקַע מִשְׁקָלוֹ n.m.s. cstr. (132)-n.m.s.-3 m.s. sf. (1054) *a half shekel*

וּשְׁנֵי conj.-num. m.p. cstr. (1040) *and two*

צְמִידִים n.m.p. (I 855) *bracelets*

עַל־יָדֶיהָ prep.-n.f.du.-3 f.s. sf. (388) *for her arms*

עֲשָׂרָה זָהָב num. f.s. (796)-n.m.s. (262) *ten gold*

מִשְׁקָלָם n.m.s.-3 m.p. sf. (1054) *weighing ... shekels*

24:23

וַיֹּאמֶר consec.-Qal impf. 3 m.s. (55) *and said*

בַּת־מִי n.f.s. cstr. (I 123)-interr. (566) *whose daughter*

אַתְּ pers. pr. 2 f.s. (61) *you are*

הַגִּידִי Hi. impv. 2 f.s. (נָגַר 616) *tell*

נָא לִי part. of entreaty (609) - prep.-1 c.s. sf. *me*

הֲיֵשׁ בֵּית־אָבִיךְ interr.-subst. (441) - n.m.s. cstr. (108)-n.m.s.-2 f.s. sf. (3) *is there in your father's house*

מָקוֹם n.m.s. (879) *room*

לָנוּ לָלִין prep.-1 c.p. sf.-prep.-Qal inf. cstr. (לוּן I 533) *for us to lodge in*

24:24

וַתֹּאמֶר consec.-Qal impf. 3 f.s. (55) *she said*

אֵלָיו prep.-3 m.s. sf. *to him*

בַּת־בְּתוּאֵל n.f.s. cstr. (I 123)-pr.n. (I 143) *the daughter of Bethuel*

אָנֹכִי pers. pr. 1 c.s. (59) *I am*

בֶּן־מִלְכָּה n.m.s. cstr. (119)-pr.n. (574) *the son of Milcah*

אֲשֶׁר יָלְדָה rel.-Qal pf. 3 f.s. (יָלַד 408) *whom she bore*

לְנָחוֹר prep.-pr.n. (637) *to Nahor*

24:25

וַתֹּאמֶר אֵלָיו consec.-Qal impf. 3f.s. (55)-prep.-3 m.s. sf. *She added* (lit. *said to him)*

גַּם־תֶּבֶן adv. (168)-n.m.s. (1061) *both straw*

גַּם־מִסְפּוֹא adv. (168)-n.m.s. (704) *and provender*

רַב עִמָּנוּ adj. m.s. (I 912)-prep.-1 c.p. sf. *enough with us*

גַּם־מָקוֹם adv. (168)-n.m.s. (879) *and room*

לָלוּן prep.-Qal inf. cstr. (I 533) *to lodge in*

24:26

וַיִּקֹּד הָאִישׁ consec.-Qal impf. 3 m.s. (קָדַד I 869)-def. art.-n.m.s. (35) *the man bowed his head*

וַיִּשְׁתַּחוּ consec.-Hithpalel impf. 3 m.s. (שָׁחָה 1005) *and worshiped*

לַיהוה prep.-pr.n. (217) *Yahweh*

24:27

וַיֹּאמֶר consec.-Qal impf. 3 m.s. (55) *and said*

בָּרוּךְ יהוה Qal pass. ptc. (138)-pr.n. (217) *Blessed be Yahweh*

אֱלֹהֵי אֲדֹנִי n.m.p. cstr. (43)-n.m.s.-1 c.s. sf. (10) *the God of my master*

אַבְרָהָם pr.n. (4) *Abraham*

אֲשֶׁר לֹא־עָזַב rel.-neg.-Qal pf. 3 m.s. (I 736) *who has not forsaken*

חַסְדּוֹ n.m.s.-3 m.s. sf. (338) *his steadfast love*

וַאֲמִתּוֹ conj.-n.f.s.-3 m.s. sf. (54) *and his faithfulness*

מֵעִם אֲדֹנִי prep.-prep.-n.m.s.-1 c.s. sf. (10) *toward my master*

אָנֹכִי pers. pr. 1 c.s. (59) *As for me*

בַּדֶּרֶךְ prep.-def. art.-n.m.s. (202) *in the way*

נָחַנִי Qal pf. 3 m.s.-1 c.s. sf. (נָחָה 634) *has led me*

יהוה pr.n. (217) *Yahweh*

בֵּית אֲחֵי n.m.s. cstr. (108)-n.m.p. cstr. (26) *to the house of the kinsmen of*

אֲדֹנִי n.m.s.-1 c.s. sf. (10) *my master*

24:28

וַתָּרָץ consec.-Qal impf. 3 f.s. (רוּץ 930) *then ran*

הַנַּעֲרָ def. art.-n.f.s. (655) *the maiden*

וַתַּגֵּד consec.-Hi. impf. 3 f.s. (נָגַד 616) *and told*

לְבֵית אִמָּהּ prep.-n.m.s. cstr. (108)-n.f.s.-3 f.s. sf. (51) *her mother's household*

כַּדְּבָרִים הָאֵלֶּה prep.-def. art.-n.m.p. (182)-def. art.-demons. adj. c.p. (41) *about these things*

24:29

וּלְרִבְקָה conj.-prep.-pr.n. (918) *Rebekah had*

אָח n.m.s. (26) *a brother*

וּשְׁמוֹ conj.-n.m.s.-3 m.s. sf. (1027) *whose name was*

לָבָן pr.n. (II 526) *Laban*

וַיָּרָץ consec.-Qal impf. 3 m.s. (רוּץ 930) *and ran*

לָבָן pr.n. (II 526) *Laban*

אֶל־הָאִישׁ prep.-def. art.-n.m.s. (35) *to the man*

הַחוּצָה def. art.-n.m.s.-loc. he (299) *out*

אֶל־הָעָיִן prep.-def. art.-n.f.s. paus. (II 745) *to the spring*

24:30

וַיְהִי consec.-Qal impf. 3 m.s. (הָיָה 224) *(and it proceeded to be)*

כִּרְאֹת prep.-Qal inf. cstr. (רָאָה 906) *when he saw*

אֶת־הַנֶּזֶם dir. obj.-def. art.-n.m.s. (633) *the ring*

וְאֶת־הַצְּמִדִים conj.-dir.obj.-def.art.-n.m.p. (I 855) *and the bracelets*

עַל־יְדֵי אֲחֹתוֹ prep.-n.f. du. cstr. (388)-n.f.s.-3 m.s. sf. (27) *on his sister's arms*

וּכְשָׁמְעוֹ conj.-prep.-Qal inf. cstr.-3 m.s. sf. (1033) *and when he heard*

אֶת־דִּבְרֵי רִבְקָה dir. obj.-n.m.p. cstr. (182)-pr.n. (918) *the words of Rebekah*

אֲחֹתוֹ n.f.s.-3 m.s. sf. (27) *his sister*

לֵאמֹר prep.-Qal inf. cstr. (55) *(saying)*

כֹּה־דִבֶּר אֵלַי adv. (462)-Pi. pf. 3 m.s. (180)-prep.-1 c.s. sf. *Thus spoke to me*

הָאִישׁ def. art.-n.m.s. (35) *the man*

וַיָּבֹא consec.-Qal impf. 3 m.s. (בּוֹא 97) *he went*

אֶל־הָאִישׁ prep.-def. art.-n.m.s. (35) *to the man*

וְהִנֵּה conj.-demons. part. (243) *and behold*

עֹמֵד Qal act. ptc. (763) *he was standing*

עַל־הַגְּמַלִּים prep.-def.art.-n.m.p. (168) *by the camels*

עַל־הָעָיִן prep.-def. art.-n.f.s. paus. (II 745) *at the spring*

24:31

וַיֹּאמֶר consec.-Qal impf. 3 m.s. (55) *he said*

בּוֹא Qal impv. 2 m.s. (97) *Come in*

בְּרוּךְ יהוה Qal pass. ptc. m.s. cstr. (138)-pr.n. (217) *O blessed of Yahweh*

לָמָּה תַעֲמֹד prep.-interr. (552)-Qal impf. 2 m.s. (763) *why do you stand*

בַּחוּץ prep.-def. art.-n.m.s. (299) *outside*

וְאָנֹכִי פִּנִּיתִי conj.-pers. pr. 1 c.s. (59)-Pi. pf. 1 c.s. (פָּנָה 815) *For I have prepared*

הַבַּיִת def. art.-n.m.s. (108) *the house*

וּמָקוֹם conj.-n.m.s. (879) *and a place*

לַגְּמַלִּים prep.-def. art.-n.m.p. (168) *for the camels*

24:32

וַיָּבֹא consec.-Qal impf. 3 m.s. (בּוֹא 97) *so came*

הָאִישׁ def. art.-n.m.s. (35) *the man*

הַבַּיְתָה def.art.-n.m.s.-dir. he (108) *into the house*

וַיְפַתַּח consec.-Pi. impf. 3 m.s. (פָּתַח I 834) *and ungirded*

הַגְּמַלִּים def. art.-n.m.p. (168) *the camels*

וַיִּתֵּן consec.-Qal impf. 3 m.s. (נָתַן 678) *and gave*

תֶּבֶן וּמִסְפּוֹא n.m.s. (1061)-conj.-n.m.s. (704) *straw and provender*

לַגְּמַלִּים prep.-def. art.-n.m.p. (168) *for the camels*

וּמַיִם conj.-n.m.p. (565) *and water*

לִרְחֹץ רַגְלָיו prep.-Qal inf. cstr. (934)-n.f. du.-3 m.s. sf. (919) *to wash his feet*

וְרַגְלֵי הָאֲנָשִׁים conj.-n.f. du. cstr. (919) - def.art.-n.m.p. (35) *and the feet of the men*

אֲשֶׁר אִתּוֹ rel.-prep.-3 m.s. sf. (II 85) *who were with him*

24:33

וַיּוּשַׂם consec.-Ho. impf. 3 m.s. (שׂוּם 962) *then was set*

לְפָנָיו prep.-n.m.p.-3 m.s. sf. (815) *before him*

לֶאֱכֹל prep.-Qal inf. cstr. (37) *to eat*

וַיֹּאמֶר consec.-Qal impf. 3 m.s. (55) *but he said*

לֹא אֹכַל neg.-Qal impf. 1 c.s. (אָכַל 37) *I will not eat*

עַד אִם־דִּבַּרְתִּי prep.-conj. (49) - Pi. pf. 1 c.s. (180) *until I have told*

דְּבָרָי n.m.p.-1 c.s. sf. (182) *my errand*

וַיֹּאמֶר consec.-Qal impf. 3 m.s. (55) *He said*

דַּבֵּר Pi. impv. 2 m.s. (180) *Speak on*

24:34

וַיֹּאמַר consec.-Qal impf. 3 m.s. (55) *so he said*

עֶבֶד אַבְרָהָם n.m.s. cstr. (713)-pr.n. (4) *Abraham's servant*

אָנֹכִי pers. pr. 1 c.s. (59) *I am*

24:35

וַיהוה בֵּרַךְ conj.-pr.n. (217)-Pi. pf. 3 m.s. (בָּרַךְ 138) *Yahweh has blessed*

אֶת־אֲדֹנִי dir. obj.-n.m.s.-1 c.s. sf. (10) *my master*

מְאֹד adv. (547) *greatly*

וַיִּגְדָּל consec.-Qal impf. 3 m.s. (152) *and he has become great*

וַיִּתֶּן־לוֹ consec. - Qal impf. 3 m. s. (נָתַן 678) - prep.-3 m.s. sf. *he has given him*

צֹאן וּבָקָר n.f.s. (838)-conj.-n.m.s. (133) *flocks and herds*

וְכֶסֶף וְזָהָב conj.-n.m.s. (494)-conj.-n.m.s. (262) *silver and gold*

וַעֲבָדִים וּשְׁפָחֹת conj.-n.m.p. (713)-conj.-n.f.p. (1046) *menservants and maidservants*

וּגְמַלִּים וַחֲמֹרִים conj.-n.m.p. (168)-conj.-n.m.p. (331) *camels and asses*

24:36

וַתֵּלֶד consec.-Qal impf. 3 f.s. (יָלַד 408) *and ... bore*

שָׂרָה pr.n. (979) *Sarah*

אֵשֶׁת אֲדֹנִי n.f.s. cstr. (61)-n.m.s.-1 c.s. sf. (10) *my master's wife*

בֵּן לַאדֹנִי n.m.s. (119)-prep.-n.m.s.-1 c.s. sf. (10) *a son to my master*

אַחֲרֵי זִקְנָתָהּ prep. cstr. (29)-n.f.s.-3 f.s. sf. (279) *when she was old*

וַיִּתֶּן־לוֹ consec. - Qal impf. 3 m. s. (נָתַן 678) - prep.-3 m.s. sf. *and to him he has given*

אֶת־כָּל־אֲשֶׁר־לוֹ dir. obj.-n.m.s. (481)-rel.-prep.-3 m.s. sf. *all that he has*

24:37

וַיַּשְׁבִּעֵנִי consec.-Hi. impf. 3 m.s.-1 c.s. sf. (989) *made me swear*

אֲדֹנִי n.m.s.-1 c.s. sf. (10) *my master*

לֵאמֹר prep.-Qal inf. cstr. (55) *saying*

לֹא־תִקַּח neg.-Qal impf. 2 m.s. (לָקַח 542) *You shall not take*

אִשָּׁה n.f.s. (61) *a wife*

לִבְנִי prep.-n.m.s.-1 c.s. sf. (119) *for my son*

מִבְּנוֹת הַכְּנַעֲנִי prep.-n.f.p. cstr. (I 123)-def. art.-pr.n. gent. (489) *from the daughters of the Canaanites*

אֲשֶׁר אָנֹכִי יֹשֵׁב rel.-pers. pr. 1 c.s. (59)-Qal act. ptc. (יָשַׁב 442) *which I am dwelling*

בְּאַרְצוֹ prep.-n.f.s.-3 m.s. sf. (75) *in his land*

24:38

אִם־לֹא hypoth. part. (49)-neg. *but*

אֶל־בֵּית־אָבִי prep.-n.m.s. cstr. (108)-n.m.s.-1 c.s. sf. (3) *to my father's house*

תֵּלֵךְ Qal impf. 2 m.s. (הָלַךְ 229) *you shall go*

וְאֶל־מִשְׁפַּחְתִּי conj.-prep.-n.f.s.-1 c.s. sf. (1046) *and to my kindred*

וְלָקַחְתָּ אִשָּׁה conj.-Qal pf. 2 m.s. (542)-n.f.s. (61) *and take a wife*

לִבְנִי prep.-n.m.s.-1 c.s. sf. (119) *for my son*

24:39

וָאֹמַר אֶל־אֲדֹנִי consec.-Qal impf. 1 c.s. (55) - prep.-n.m.s.-1 c.s. sf. (10) *I said to my master*

אֻלַי adv. (II 19) *Perhaps*

לֹא־תֵלֵךְ neg.-Qal impf. 3 f.s. (הָלַךְ 229) *will not follow*

הָאִשָּׁה def. art.-n.f.s. (61) *the woman*

אַחֲרָי prep.-1 c.s. sf. (29) *(after) me*

24:40

וַיֹּאמֶר אֵלָי consec.-Qal impf. 3 m.s. (55)-prep.-1 c.s. sf. paus. *but he said to me*

יהוה pr.n. (217) *Yahweh*

אֲשֶׁר־הִתְהַלַּכְתִּי לְפָנָיו rel.-Hith. pf. 1 c.s. (229)-prep.-n.m.p.-3 m.s. sf. (815) *before whom I walk*

יִשְׁלַח Qal impf. 3 m.s. (1018) *will send*

מַלְאָכוֹ n.m.s.-3 m.s. sf. (521) *his angel*

אִתָּךְ prep.-2 m.s. sf. *with you*

וְהִצְלִיחַ conj.-Hi. pf. 3 m.s. (צָלַח II 852) *and prosper*

דַּרְכֶּךָ n.m.s.-2 m.s. sf. (202) *your way*

וְלָקַחְתָּ conj.-Qal pf. 2 m.s. (542) *and you shall take*

אִשָּׁה n.f.s. (61) *a wife*

לִבְנִי prep.-n.m.s.-1 c.s. sf. (119) *for my son*

מִמִּשְׁפַּחְתִּי prep.-n.f.s.-1 c.s. sf. (1046) *from my kindred*

וּמִבֵּית אָבִי conj.-prep.-n.m.s. cstr. (108)-n.m.s.-1 c.s. sf. (3) *and from my father's house*

24:41

אָז תִּנָּקֶה adv. (23)-Ni. impf. 2 m.s. (נָקָה 667) *then you will be free*

מֵאָלָתִי prep.-n.f.s.-1 c.s. sf. (46) *from my oath*

כִּי תָבוֹא conj.-Qal impf. 2 m.s. (בּוֹא 97) *when you come*

אֶל־מִשְׁפַּחְתִּי prep.-n.f.s.-1 c.s. sf. (1046) *to my kindred*

וְאִם־לֹא יִתְּנוּ conj.-hypoth. part. (49)-neg.-Qal impf. 3 m.p. (נָתַן 678) *and if they will not give*

לָךְ prep.-2 m.s. sf. paus. *to you*

וְהָיִיתָ conj.-Qal pf. 2 m.s. (הָיָה 224) *you will be*

נָקִי מֵאָלָתִי adj. (667)-prep.-n.f.s.-1 c.s. sf. (46) *free from my oath*

24:42

וָאָבֹא consec.-Qal impf. 1 c.s. (בּוֹא 97) *I came*

הַיּוֹם def. art.-n.m.s. (398) *today*

אֶל־הָעָיִן prep.-def. art.-n.f.s. paus. (II 745) *to the spring*

וָאֹמַר consec.-Qal impf. 1 c.s. (אָמַר 55) *and said*

יהוה pr.n. (217) *Yahweh*

אֱלֹהֵי אֲדֹנִי n.m.p. cstr. (43)-n.m.s.-1 c.s. sf. (10) *the God of my master*

אַבְרָהָם pr.n. (4) *Abraham*

אִם־יֶשְׁךָ־נָּא hypoth. part. (49)-subst.-2 m.s. sf. (441)-part. of entreaty (609) *if now thou wilt*

מַצְלִיחַ Hi. ptc. (צָלַח II 852) *prosper*

דַּרְכִּי n.m.s.-1 c.s. sf. (202) *my way*

אֲשֶׁר אָנֹכִי הֹלֵךְ rel.-pers. pr. 1 c.s. (59)-Qal act. ptc. (229) *which I go*

עָלֶיהָ prep.-3 f.s. sf. *(in it)*

24:43

הִנֵּה אָנֹכִי demons. part. (243)-pers. pr. 1 c.s. (59) *behold I*

נִצָּב Ni. ptc. (נָצַב 662) *am standing*

עַל־עֵין הַמָּיִם prep.-n.f.s. cstr. (II 745)-def. art.-n.m.p. paus. (565) *by the spring of water*

וְהָיָה conj.-Qal pf. 3 m.s. (224) *(and it shall be)*

הָעַלְמָה def. art.-n.f.s. (761) *the young woman*

הַיֹּצֵאת def.art.-Qal act. ptc. f.s. (יָצָא 422) *who comes out*

לִשְׁאֹב prep.-Qal inf. cstr. (980) *to draw*

וְאָמַרְתִּי conj.-Qal pf. 1 c.s. (55) *I shall say*

אֵלֶיהָ prep.-3 f.s. sf. *to her*

הַשְׁקִינִי־נָא Hi. impv. 2 f.s.-1 c.s. sf. (שָׁקָה 1052)-part. of entreaty (609) *pray give me to drink*

מְעַט־מַיִם subst. cstr. (589)-n.m.p. (565) *a little water*

מִכַּדֵּךְ prep.-n.f.s.-2 f.s. sf. (461) *from your jar*

24:44

וְאָמְרָה conj.-Qal pf. 3 f.s. (55) *and who will say*

אֵלַי prep.-1 c.s. sf. *to me*

גַּם־אַתָּה adv. (168)-pers. pr. 2 m.s. (61) *also you*

שְׁתֵה Qal impv. 2 m.s. (שָׁתָה 1059) *drink*

וְגַם לִגְמַלֶּיךָ conj.-adv. (168)-prep.-n.m.p.-2 m.s. sf. (168) *and for your camels also*

אֶשְׁאָב Qal impf. 1 c.s. (שָׁאַב 980) *I will draw*

הִוא הָאִשָּׁה pers.pr. 3 f.s. (214) - def.art.-n.f.s. (61) *let her be the woman*

אֲשֶׁר־הֹכִיחַ rel.-Hi. pf. 3 m.s. (יָכַח 406) *whom has appointed*

יהוה pr.n. (217) *Yahweh*

לְבֶן־אֲדֹנִי prep.-n.m.s. cstr. (119)-n.m.s.-1 c.s. sf. (10) *for my master's son*

24:45

אֲנִי טֶרֶם אֲכַלֶּה pers. pr. 1 c.s. (58)-adv. (382)-Pi. impf. 1 c.s. (כָּלָה 477) *before I had done*

לְדַבֵּר prep.-Pi. inf. cstr. (180) *speaking*

אֶל־לִבִּי prep.-n.m.s.-1 c.s. sf. (524) *in my heart*

וְהִנֵּה רִבְקָה conj.-demons. part. (243)-pr.n. (918) *behold Rebekah*

יֹצֵאת Qal act. ptc. f.s. (יָצָא 422) *came out*

וְכַדָּהּ conj.-n.f.s.-3 f.s. sf. (461) *with her jar*

עַל־שִׁכְמָהּ prep.-n.m.s.-3 f.s. sf. (1014) *on her shoulder*

וַתֵּרֶד consec.-Qal impf. 3 f.s. (יָרַד 432) *and she went down*

הָעַיְנָה def. art.-n.f.s.-dir. he (II 745) *to the spring*

וַתִּשְׁאָב consec.-Qal impf. 3 f.s. (שָׁאַב 980) *and drew*

וָאֹמַר consec.-Qal impf. 1 c.s. (אָמַר 55) *and I said*

אֵלֶיהָ prep.-3 f.s. sf. *to her*

הַשְׁקִינִי נָא Hi. impv. 2 f.s.-1 c.s. sf. (שָׁקָה 1052) - part. of entreaty (609) *Pray let me drink*

24:46

וַתְּמַהֵר consec.-Pi. impf. 3 f.s. (מָהַר I 554) *and she quickly*

וַתּוֹרֶד consec.-Hi. impf. 3 f.s. (יָרַד 432) *let down*

כַּדָּהּ n.f.s.-3 f.s. sf. (461) *her jar*

מֵעָלֶיהָ prep.-prep.-3 f.s. sf. *from upon her*

וַתֹּאמֶר consec.-Qal impf. 3 f.s. (55) *and said*

שְׁתֵה Qal impv. 2 m.s. (שָׁתָה 1059) *Drink*

וְגַם־גְּמַלֶּיךָ conj.-adv. (168)-n.m.p.-2 m.s. sf. (168) *and also your camels*

אַשְׁקֶה Hi. impf. 1 c.s. (שָׁקָה 1052) *I will give drink*

וָאֵשְׁתְּ consec.-Qal impf. 1 c.s. (שָׁתָה 1059) *so I drank*

וְגַם הַגְּמַלִּים conj.-adv. (168)-def. art.-n.m.p. (168) *and the camels also*

הִשְׁקָתָה Hi. pf. 3 f.s. (שָׁקָה 1052) *she gave drink*

24:47

וָאֶשְׁאַל consec.-Qal impf. 1 c.s. (שָׁאַל 981) *then I asked*

אֹתָהּ dir. obj.-3 f.s. sf. *her*

וָאֹמַר consec.-Qal impf. 1 c.s. (אָמַר 55) *(and I said)*

בַּת־מִי אַתְּ n.f.s. cstr. (I 123) - interr. (566) - pers.pr. 2 f.s. (61) *Whose daughter are you?*

וַתֹּאמֶר consec.-Qal impf. 3 f.s. (55) *she said*

בַּת־בְּתוּאֵל n.f.s. cstr. (I 123)-pr.n. (143) *The daughter of Bethuel*

בֶּן־נָחוֹר n.m.s. cstr. (119)-pr.n. (637) *Nahor's son*

אֲשֶׁר יָלְדָה־לּוֹ rel.-Qal pf. 3 f.s. (408)-prep.-3 m.s. sf. *whom ... bore to him*

מִלְכָּה pr.n. (574) *Milcah*

וָאָשִׂם consec.-Hi. impf. 1 c.s. (שִׂים 962) *so I put*

הַנֶּזֶם def. art.-n.m.s. (633) *the ring*

עַל־אַפָּהּ prep.-n.m.s.-3 f.s. sf. (I 60) *on her nose*

וְהַצְּמִידִים conj.-def. art.-n.m.p. (I 855) *and the bracelets*

עַל־יָדֶיהָ prep.-n.f.du.-3 f.s. sf. (388) *on her arms*

24:48

וָאֶקֹּד consec.-Qal impf. 1 c.s. (קָדַד I 869) *then I bowed my head*

וָאֶשְׁתַּחֲוֶה consec.-Hithpalel impf. 1 c.s. (שָׁחָה 1005) *and worshiped*

לַיהוה prep.-pr.n. (217) *Yahweh*

וָאֲבָרֵךְ consec.-Pi. impf. 1 c.s. (בָּרַךְ 138) *and blessed*

אֶת־יהוה dir. obj.-pr.n. (217) *Yahweh*

אֱלֹהֵי אֲדֹנִי n.m.p. cstr. (43)-n.m.s.-1 c.s. sf. (10) *the God of my master*

אַבְרָהָם pr.n. (4) *Abraham*

אֲשֶׁר הִנְחַנִי rel.-Hi. pf. 3 m.s.-1 c.s. sf. (נָחָה 634) *who had led me*

בְּדֶרֶךְ אֱמֶת prep.-n.m.s. cstr. (202)-n.f.s. (54) *by the right way*

לָקַחַת prep.-Qal inf. cstr. (לָקַח 542) *to take*

אֶת־בַּת־אֲחִי אֲדֹנִי dir. obj.-n.f.s. cstr. (I 123)-n.m.s. cstr. (26)-n.m.s.-1 c.s. sf. (10) *the daughter of my master's kinsman*

לִבְנוֹ prep.-n.m.s.-3 m.s. sf. (119) *for his son*

24:49

וְעַתָּה conj.-adv. (773) *now then*

אִם־יֶשְׁכֶם עֹשִׂים hypoth. part. (49)-subst.-2 m.p. sf. (441)-Qal act. ptc. m.p. (עָשָׂה I 793) *if you will deal*

חֶסֶד n.m.s. (338) *loyally*

וֶאֱמֶת conj.-n.f.s. (54) *and truly*

אֶת־אֲדֹנִי prep. (II 85)-n.m.s.-1 c.s. sf. (10) *with my master*

הַגִּידוּ לִי Hi. impv. 2 m.p. (נָגַד 616)-prep.-1 c.s. sf. *tell me*

וְאִם־לֹא conj.-hypoth. part. (49)-neg. *and if not*

הַגִּידוּ לִי v. supra *tell me*

וְאֶפְנֶה conj.-Qal impf. 1 c.s. (פָּנָה 815) *that I may turn*

עַל־יָמִין prep.-n.f.s. (411) *to the right hand*

אוֹ עַל־שְׂמֹאל conj. (14)-prep. n.m.s. (969) *or to the left*

24:50

וַיַּעַן לָבָן consec.-Qal impf. 3 m.s. (עָנָה I 772)-pr.n. (II 526) *Then Laban answered*

וּבְתוּאֵל conj.-pr.n. (143) *and Bethuel*

וַיֹּאמְרוּ consec.-Qal impf. 3 m.p. (55) *(and said)*

מֵיהוה prep.-pr.n. (217) *from Yahweh*

יָצָא Qal pf. 3 m.s. (422) *comes*

הַדָּבָר def. art.-n.m.s. (182) *the thing*

לֹא נוּכַל neg.-Qal impf. 1 c.p. (יָכֹל 407) *we cannot*

דַּבֵּר Pi. inf. cstr. (180) *speak*

אֵלֶיךָ prep.-2 m.s. sf. *to you*

רַע אוֹ־טוֹב adj. (I 948)-conj. (14)-adj. (II 373) *bad or good*

24:51

הִנֵּה־רִבְקָה demons. part. (243)-pr.n. (918) *behold, Rebekah*

לְפָנֶיךָ prep.-n.m.p.-2 m.s. sf. (815) *is before you*

קַח וָלֵךְ Qal impv. 2 m.s. (לָקַח 542)-conj.-Qal impv. 2 m.s. (הָלַךְ 229) *take and go*

וּתְהִי אִשָּׁה conj.-Qal impf. 3 f.s. apoc. (הָיָה 224)-n.f.s. (61) *and let her be the wife*

לְבֶן־אֲדֹנֶיךָ prep.-n.m.s. cstr. (119)-n.m.p.-2 m.s. sf. (10) *of your master's son*

כַּאֲשֶׁר דִּבֶּר prep.-rel.-Pi. pf. 3 m.s. (180) *as has spoken*

יהוה pr.n. (217) *Yahweh*

24:52

וַיְהִי כַּאֲשֶׁר שָׁמַע consec.-Qal impf. 3 m.s. (הָיָה 224)-prep.-rel.-Qal pf. 3 m.s. (1033) *When ... heard*

עֶבֶד אַבְרָהָם n.m.s. cstr. (713)-pr.n. (4) *Abraham's servant*

אֶת־דִּבְרֵיהֶם dir.obj.-n.m.p.-3 m.p. sf. (182) *their words*

וַיִּשְׁתַּחוּ consec.-Hithpalel impf. 3 m.s. (שָׁחָה 1005) *he bowed himself*

אַרְצָה n.f.s.-dir. he (75) *to the earth*

לַיהוה prep.-pr.n. (217) *before Yahweh*

24:53

וַיּוֹצֵא הָעֶבֶד consec.-Hi. impf. 3 m.s. (יָצָא 422) - def.art.-n.m.s. (713) *and the servant brought forth*

כְּלֵי־כֶסֶף n.m.p. cstr. (479)-n.m.s. (494) *jewelry of silver*

וּכְלֵי זָהָב conj.-v. supra-n.m.s. (262) *and of gold*

וּבְגָדִים conj.-n.m.p. (93) *and raiment*

וַיִּתֵּן לְרִבְקָה consec.-Qal impf. 3 m.s. (נָתַן 678)-prep.-pr.n. (918) *and gave to Rebekah*

וּמִגְדָּנֹת conj.-n.f.p. (550) *also costly ornaments*

נָתַן לְאָחִיהָ Qal pf. 3 m.s. (678) - prep.-n.m.s.-3 f.s. sf. (26) *he gave to her brother*

וּלְאִמָּהּ conj.-prep.-n.f.s.-3 f.s. sf. (51) *and to her mother*

24:54

וַיֹּאכְלוּ consec.-Qal impf. 3 m.p. (37) *And ... ate*

וַיִּשְׁתּוּ consec.-Qal impf. 3 m.p. (שָׁתָה 1059) *and drank*

הוּא וְהָאֲנָשִׁים pers. pr. 3 m.s. (214)-conj.-def. art.-n.m.p. (35) *he and the men*

אֲשֶׁר־עִמּוֹ rel.-prep.-3 m.s. sf. *who were with him*

וַיָּלִינוּ consec.-Qal impf. 3 m.p. (לוּן I 533) *and they spent the night*

וַיָּקוּמוּ consec.-Qal impf. 3 m.p. (קוּם 877) *When they arose*

בַבֹּקֶר prep.-def. art.-n.m.s. (133) *in the morning*

וַיֹּאמֶר consec.-Qal impf. 3 m.s. (55) *he said*

שַׁלְּחֻנִי Pi. impv. 2 m. p. - 1 c.s. sf. (שָׁלַח 1018) *send me back*

לַאדֹנִי prep.-n.m.s.-1 c.s. sf. (10) *to my master*

24:55

וַיֹּאמֶר consec.-Qal impf. 3 m.s. (55) *said*

אָחִיהָ וְאִמָּהּ n.m.s.-3 f.s. sf. (26)-conj.-n.f.s.-3 f.s. sf. (51) *her brother and her mother*

תֵּשֵׁב הַנַּעֲרָ Qal impf. 3 f.s. (יָשַׁב 442)-def. art.-n.f.s. (655) *Let the maiden remain*

אִתָּנוּ prep.-1 c.p. sf. (II 85) *with us*

יָמִים אוֹ עָשׂוֹר n.m.p. (398)-conj. (14)-num. s. (797) *a while, at least ten days*

אַחַר תֵּלֵךְ adv. (29) - Qal impf. 3 f.s. (הָלַךְ 229) *after that she may go*

24:56

וַיֹּאמֶר אֲלֵהֶם consec.-Qal impf. 3 m.s. (55)-prep.-3 m.p. sf. *but he said to them*

אַל־תְּאַחֲרוּ אֹתִי neg.-Pi. impf. 2 m.p. (אָחַר 29)-dir. obj.-1 c.s. sf. *Do not delay me*

וַיהוה conj.-pr.n. (217) *since Yahweh*

הִצְלִיחַ דַּרְכִּי Hi. pf. 3 m.s. (צָלַח II 852)-n.m.s.-1 c.s. sf. (202) *has prospered my way*

שַׁלְּחוּנִי Pi. impv. 2 m.p. - 1 c.s. sf. (שָׁלַח 1018) *let me go*

וְאֵלְכָה conj.-Qal impf. 1 c.s.-coh. he (הָלַךְ 229) *that I may go*

לַאדֹנִי prep.-n.m.s.-1 c.s. sf. (10) *to my master*

24:57

וַיֹּאמְרוּ consec.-Qal impf. 3 m.p. (55) *they said*

נִקְרָא לַנַּעֲרָ Qal impf. 1 c.p. (894)-prep.-def. art.-n.f.s. (655) *We will call the maiden*

וְנִשְׁאֲלָה אֶת־פִּיהָ conj.-Qal impf. 1 c.p.-coh. he (שָׁאַל 981) - dir.obj.-n.m.s.-3 f.s. sf. (804) *and ask her*

24:58

וַיִּקְרְאוּ consec.-Qal impf. 3 m.p. (894) *and they called*

לְרִבְקָה prep.-pr.n. (918) *Rebekah*

וַיֹּאמְרוּ אֵלֶיהָ consec.-Qal impf. 3 m.p. (55)-prep.-3 f.s. sf. *and said to her*

הֲתֵלְכִי עִם־הָאִישׁ interr.-Qal impf. 2 f.s. (הָלַךְ 229) - prep.-def.art.-n.m.s. (35) *will you go with ... man?*

הַזֶּה def.art.-demons. adj. m.s. (260) *this*

וַתֹּאמֶר אֵלֵךְ consec.-Qal impf. 3 f.s. (55) - Qal impf. 1 c.s. (הָלַךְ 229) *She said I will go*

24:59

וַיְשַׁלְּחוּ consec. - Pi. impf. 3 m. p. (שָׁלַח 1018) *so they sent away*

אֶת־רִבְקָה dir. obj.-pr.n. (918) *Rebekah*

אֲחֹתָם n.f.s.-3 m.p. sf. (27) *their sister*

וְאֶת־מֵנִקְתָּהּ conj.-dir.obj.-Hi. ptc. f.s.-3 f.s. sf. (יָנַק 413) *and her nurse*

וְאֶת־עֶבֶד אַבְרָהָם conj.-dir. obj.-n.m.s. cstr. (713)-pr.n. *and Abraham's servant*

וְאֶת־אֲנָשָׁיו conj.-dir. obj.-n.m.p.-3 m.s. sf. (35) *and his men*

24:60

וַיְבָרְכוּ consec.-Pi. impf. 3 m.p. (בָּרַךְ 138) *and they blessed*

אֶת־רִבְקָה dir. obj.-pr.n. (918) *Rebekah*

וַיֹּאמְרוּ לָהּ consec.-Qal impf. 3 m.p. (55)-prep.-3 f.s. sf. *and said to her*

אֲחֹתֵנוּ n.f.s.-1 c.p. sf. (27) *Our sister*

אַתְּ הֲיִי pers.pr. 2 f.s. (61) - Qal impv. 2 f.s. (הָיָה 224) *be thou*

לְאַלְפֵי רְבָבָה prep.-n.m.p. cstr. (48)-n.f.s. (914) *of thousands of ten thousands*

וְיִירַשׁ conj.-Qal impf. 3 m.s. (יָרַשׁ 439) *and may possess*

זַרְעֵךְ n.m.s.-2 f.s. sf. (282) *your descendants*

אֵת שַׁעַר שֹׂנְאָיו dir. obj.-n.m.s. cstr. (1044)-Qal act. ptc. m.p.-3 m.s. sf. (שָׂנֵא 971) *the gate of those who hate them*

24:61

וַתָּקָם consec.-Qal impf. 3 f.s. (קוּם 877) *then arose*

רִבְקָה pr.n. (918) *Rebekah*

וְנַעֲרֹתֶיהָ conj.-n.f.p.-3 f.s. sf. (655) *and her maids*

וַתִּרְכַּבְנָה consec. - Qal impf. 3 f.p. (רָכַב 938) *and rode*

עַל־הַגְּמַלִּים prep.-def.art.-n.m.p. (168) *upon the camels*

וַתֵּלַכְנָה אַחֲרֵי consec.-Qal impf. 3 f.p. (הָלַךְ 229) *prep.-cstr. (29) and followed*

הָאִישׁ def. art.-n.m.s. (35) *the man*

וַיִּקַּח הָעֶבֶד consec.-Qal impf. 3 m.s. (לָקַח 542)-def. art.-n.m.s. (713) *thus the servant took*

אֶת־רִבְקָה dir. obj.-pr.n. (918) *Rebekah*

וַיֵּלַךְ consec.-Qal impf. 3 m.s. (הָלַךְ 229) *and went his way*

24:62

וְיִצְחָק conj.-pr.n. (850) *now Isaac*

בָּא Qal pf. 3 m.s. (בּוֹא 97) *had come*

מִבּוֹא בְּאֵר לַחַי רֹאִי prep.-Qal inf. cstr. (97)-pr.n. (91) *from (coming to) Beer-la-hai-roi*

וְהוּא יוֹשֵׁב conj.-pers. pr. 3 m.s. (214)-Qal act. ptc. (יָשַׁב 442) *and was dwelling*

בְּאֶרֶץ הַנֶּגֶב prep.-n.f.s. cstr. (75)-def. art.-n.m.s. (616) *in the Negeb*

24:63

וַיֵּצֵא יִצְחָק consec.-Qal impf. 3 m.s. (יָצָא 422)-pr.n. (850) *and Isaac went out*

לָשׂוּחַ prep.-Qal inf. cstr. (שׂוּחַ 962; most rd. from שׂוּט I 1001) *to meditate*

בַּשָּׂדֶה prep.-def. art.-n.m.s. (961) *in the field*

לִפְנוֹת עָרֶב prep.-Qal inf. cstr. (פָּנָה 815) - n.m.s. paus. (787) *in the evening*

וַיִּשָּׂא consec.-Qal impf. 3 m.s. (נָשָׂא 669) *and he lifted up*

עֵינָיו n.f. du.-3 m.s. sf. (744) *his eyes*

וַיַּרְא consec.-Qal impf. 3 m.s. (רָאָה 906) *and looked*

וְהִנֵּה conj.-demons. part. (243) *and behold*

גְמַלִּים בָּאִים n.m.p. (168)-Qal act. ptc. m.p. (בּוֹא 97) *there were camels coming*

24:64

וַתִּשָּׂא רִבְקָה consec.-Qal impf. 3 f.s. (נָשָׂא 669)-pr.n. (918) *and Rebekah lifted up*

אֶת־עֵינֶיהָ dir. obj.-n.f. du.-3 f.s. sf. (744) *her eyes*

וַתֵּרֶא אֶת־יִצְחָק consec.-Qal impf. 3 f.s. (רָאָה 906)-dir. obj.-pr.n. (850) *and when she saw Isaac*

וַתִּפֹּל consec.-Qal impf. 3 f.s. (נָפַל 656) *she alighted*

מֵעַל הַגָּמָל prep.-prep.-def. art.-n.m.s. paus. (168) *from the camel*

24:65

וַתֹּאמֶר consec.-Qal impf. 3 f.s. (55) *and said*

אֶל־הָעֶבֶד prep.-def. art.-n.m.s. (713) *to the servant*

מִי־הָאִישׁ interr. (566)-def. art.-n.m.s. (35) *Who is the man*

הַלָּזֶה def.art.-demons. adj. m.s. (229) *yonder (lit.-this)*

הַהֹלֵךְ def. art.-Qal act. ptc. (הָלַךְ 229) *walking*

בַּשָּׂדֶה prep.-def. art.-n.m.s. (961) *in the field*

לִקְרָאתֵנוּ prep.-Qal inf. cstr.-1 c.p. sf. (II 896) *to meet us*

וַיֹּאמֶר הָעֶבֶד consec.-Qal impf. 3 m.s. (55)-def.art.-n.m.s. (713) *the servant said*

הוּא אֲדֹנִי pers. pr. 3 m.s. (214)-n.m.s.-1 c.s. sf. (10) *He is my master*

וַתִּקַּח consec.-Qal impf. 3 f.s. (לָקַח 542) *So she took*

הַצָּעִיף def.art.-n.m.s. (858) *her veil*

וַתִּתְכָּס consec.-Hith. impf. 3 f.s. (כָּסָה 491) *and covered herself*

24:66

וַיְסַפֵּר הָעֶבֶד consec.-Pi. impf. 3 m.s. (סָפַר 707)-def. art.-n.m.s. (713) *and the servant told*

לְיִצְחָק prep.-pr.n. (850) *Isaac*

אֵת כָּל־הַדְּבָרִים dir. obj.-n.m.s. cstr. (481)-def. art.-n.m.p. (182) *all the things*

אֲשֶׁר עָשָׂה rel.-Qal pf. 3 m.s. (I 793) *that he had done*

24:67

וַיְבִאֶהָ יִצְחָק consec.-Hi. impf. 3 m.s.-3 f.s. sf. (בּוֹא 97)-pr.n. (850) *then Isaac brought her*

הָאֹהֱלָה def. art.-n.m.s.-dir. he (13) *into the tent*

שָׂרָה אִמּוֹ pr.n. (979)-n.f.s.-3 m.s. sf. (51) *(Sarah his mother)*

וַיִּקַּח אֶת־רִבְקָה consec.-Qal impf. 3 m.s. (לָקַח 542)-dir. obj.-pr.n. (918) *and took Rebekah*

וַתְּהִי־ consec.-Qal impf. 3 f.s. (הָיָה 224) *and she became*

לוֹ לְאִשָּׁה prep.-3 m.s. sf.-prep.-n.f.s. (61) *his wife*

וַיֶּאֱהָבֶהָ consec.-Qal impf. 3 m.s.-3 f.s. sf. (אָהֵב 12) *and he loved her*

וַיִּנָּחֵם יִצְחָק consec.-Ni. impf. 3 m.s. (נָחַם 636) - pr.n. (850) *so Isaac was comforted*

אַחֲרֵי אִמּוֹ prep. cstr. (29)-n.f.s.-3 m.s. sf. (51) *after his mother*

25:1

וַיֹּסֶף אַבְרָהָם consec.-Hi. impf. 3 m.s. (יָסַף 414)-pr.n. (4) *Abraham ... another* (lit. *added*)

וַיִּקַּח consec.-Qal impf. 3 m.s. (לָקַח 542) *took*

אִשָּׁה n.f.s. (61) *wife*

וּשְׁמָהּ conj.-n.m.s.-3 f.s. sf. (1027) *whose name*

קְטוּרָה pr.n. (882) *Keturah*

25:2

וַתֵּלֶד לוֹ consec.-Qal impf. 3 f.s. (יָלַד 408)-prep.-3 m.s. sf. *she bore him*

אֶת־זִמְרָן dir. obj.-pr.n. (275) *Zimran*

וְאֶת־יָקְשָׁן conj.-dir. obj.-pr.n. (430) *Jokshan*

וְאֶת־מְדָן conj.-dir. obj.-pr.n. (193) *Medan*

וְאֶת־מִדְיָן conj.-dir. obj.-pr.n. (193) *Midian*

וְאֶת־יִשְׁבָּק conj.-dir. obj.-pr.n. (990) *Ishbak*

וְאֶת־שׁוּחַ conj.-dir. obj.-pr.n. (1001) *and Shuah*

25:3

וְיָקְשָׁן conj.-pr.n. (430) *and Jokshan*

יָלַד Qal pf. 3 m.s. (408) *was the father of*

אֶת־שְׁבָא dir. obj.-pr.n. (985) *Sheba*

וְאֶת־דְּדָן conj.-dir. obj.-pr.n. (186) *and Dedan*

וּבְנֵי דְדָן conj.-n.m.p. cstr. (119)-pr.n. (186) *The sons of Dedan*

הָיוּ Qal pf. 3 c.p. (הָיָה 224) *were*

אַשּׁוּרִם pr.n. (78) *Asshurim*

וּלְטוּשִׁים conj.-pr.n. (538) *Letushim*

וּלְאֻמִּים conj.-pr.n. (522) *and Leummim*

25:4

וּבְנֵי מִדְיָן conj.-n.m.p. cstr. (119)-pr.n. (193) *the sons of Midian*

עֵיפָה pr.n. (II 734) *Ephah*

וָעֵפֶר conj.-pr.n. (780) *Epher*

וַחֲנֹךְ conj.-pr.n. (335) *Hanoch*

וַאֲבִידָע conj.-pr.n. (4) *Abida*

וְאֶלְדָּעָה conj.-pr.n. (44) *and Eldaah*

כָּל־אֵלֶּה n.m.s. cstr. (481)-demons. adj. c.p. (41) *All these were*

בְּנֵי קְטוּרָה n.m.p. cstr. (119)-pr.n. (882) *the children of Keturah*

25:5

וַיִּתֵּן אַבְרָהָם consec.-Qal impf. 3 m.s. (נָתַן 678)-pr.n. (4) *Abraham gave*

אֶת־כָּל־אֲשֶׁר־לוֹ dir. obj.-n.m.s. (481)-rel.-prep.-3 m.s. sf. *all he had*

לְיִצְחָק prep.-pr.n. (850) *to Isaac*

25:6

וְלִבְנֵי הַפִּילַגְשִׁים conj.-prep.-n.m.p. cstr. (119)-def. art.-n.f.p. (811) *But to the sons of his concubines*

אֲשֶׁר לְאַבְרָהָם rel.-prep.-pr.n. (4) *(which to Abraham)*

נָתַן אַבְרָהָם Qal pf. 3 m.s. (678)-pr.n. (4) *Abraham gave*

מַתָּנֹת n.f.p. (682) *gifts*

וַיְשַׁלְּחֵם consec.-Pi. impf. 3 m.s.-3 m.p. sf. (שָׁלַח 1018) *he sent them away*

מֵעַל יִצְחָק prep.-prep.-pr.n. (850) *from Isaac*

בְּנוֹ n.m.s.-3 m.s. sf. (119) *his son*

בְּעוֹדֶנּוּ חַי prep.-adv.(728)-3 m.s. sf.-adj. m.s. (I 311) *while he was still living*

קֵדְמָה adv.-loc he (870) *eastward*

אֶל־אֶרֶץ קֶדֶם prep.-n.f.s. cstr. (75)-n.m.s. (869) *to the east country*

25:7

וְאֵלֶּה יְמֵי conj.-demons. adj. c.p. (41)-n.m.p. cstr. (398) *These are the days of*

שְׁנֵי־חַיֵּי n.f.p. cstr. (1040) - adj. m.p. cstr. (I 311) *the years of the life of*

אַבְרָהָם pr.n. (4) *Abraham*

אֲשֶׁר־חָי rel.-adj. m.s. paus. (I 311) *(which he lived)*

מְאַת שָׁנָה n.f.s. cstr. (547)-n.f.s. (1040) *a hundred years*

וְשִׁבְעִים שָׁנָה conj.-num. p. (988)-v. supra *and seventy years*

וְחָמֵשׁ שָׁנִים conj.-num. (331)-n.f.p. (1040) *and five years*

25:8

וַיִּגְוַע consec.-Qal impf. 3 m.s. (157) *he breathed his last*

וַיָּמָת אַבְרָהָם consec.-Qal impf. 3 m.s. (מוּת 559)-pr.n. (4) *and Abraham died*

בְּשֵׂיבָה טוֹבָה prep.-n.f.s. (969)-adj. f.s. (II 373) *in a good old age*

זָקֵן וְשָׂבֵעַ adj. m.s. (278)-conj.-adj. m.s. (960) *an old man and full of years*

וַיֵּאָסֶף consec.-Ni. impf. 3 m.s. (אָסַף 62) *and was gathered*

אֶל־עַמָּיו prep.-n.m.p.-3 m.s. (I 766) *to his people*

25:9

וַיִּקְבְּרוּ אֹתוֹ consec.-Qal impf. 3 m.p. (868)-dir. obj.-3 m.s. sf. *buried him*

יִצְחָק pr.n. (850) *Isaac*

וְיִשְׁמָעֵאל conj.-pr.n. (1035) *and Ishmael*

בָּנָיו n.m.p.-3 m.s. sf. (119) *his sons*

אֶל־מְעָרַת הַמַּכְפֵּלָה prep.-n.f.s. cstr. (792)-def. art.-pr.n. (495) *in the cave of Machpelah*

אֶל־שְׂדֵה עֶפְרֹן prep.-n.m.s. cstr. (961)-pr.n. (780) *in the field of Ephron*

בֶּן־צֹחַר n.m.s. cstr. (119)-pr.n. (850) *the son of Zohar*

הַחִתִּי def. art.-pr.n. gent. (366) *the Hittite*

אֲשֶׁר עַל־פְּנֵי מַמְרֵא rel.-prep.-n.m.p. cstr. (815)-pr.n. (577) *east of Mamre*

25:10

הַשָּׂדֶה def. art.-n.m.s. (961) *the field*

אֲשֶׁר־קָנָה אַבְרָהָם rel.-Qal pf. 3 m.s. (888)-pr.n. (4) *which Abraham purchased*

מֵאֵת בְּנֵי־חֵת prep.-prep. (II 85) - n.m.p. cstr. (119)-pr.n. (366) *from the Hittites*

שָׁמָּה קֻבַּר אַבְרָהָם adv.-loc. he (1027)-Pu. pf. 3 m.s. (868)-pr.n. (4) *There Abraham was buried*

וְשָׂרָה אִשְׁתּוֹ conj.-pr.n. (979)-n.f.s.-3 m.s. sf. (61) *with Sarah his wife*

25:11

וַיְהִי consec.-Qal impf. 3 m.s. (הָיָה 224) *(and it was)*

אַחֲרֵי מוֹת אַבְרָהָם prep. cstr. (29)-n.m.s. cstr. (560)-pr.n. (4) *After the death of Abraham*

וַיְבָרֶךְ אֱלֹהִים consec.-Pi. impf. 3 m.s. (בָּרַךְ 138)-n.m.p. (43) *God blessed*

אֶת־יִצְחָק dir. obj.-pr.n. (850) *Isaac*

בְּנוֹ n.m.s.-3 m.s. sf. (119) *his son*

וַיֵּשֶׁב יִצְחָק consec.-Qal impf. 3 m.s. (יָשַׁב 442)-pr.n. (850) *And Isaac dwelt*

עִם־בְּאֵר לַחַי רֹאִי prep.-pr.n. (91) *at Beerlahairoi*

25:12

וְאֵלֶּה conj.-demons. adj. c.p. (41) *These are*

תֹּלְדֹת n.f.p. cstr. (410) *the descendants of*

יִשְׁמָעֵאל pr.n. (1035) *Ishmael*

בֶּן־אַבְרָהָם n.m.s. cstr. (119)-pr.n. (4) *Abraham's son*

אֲשֶׁר יָלְדָה הָגָר rel.-Qal pf. 3 f.s. (יָלַד 408)-pr.n. (212) *whom Hagar bore*

הַמִּצְרִית def. art.-adj. f.s. gent. (596) *the Egyptian*

שִׁפְחַת שָׂרָה n.f.s. cstr. (1046)-pr.n. (979) *Sarah's maid*

לְאַבְרָהָם prep.-pr.n. (4) *to Abraham*

25:13

וְאֵלֶּה conj.-demons. adj. c.p. (41) *these are*

שְׁמוֹת בְּנֵי n.m.p. cstr. (1027)-n.m.p. cstr. (119) *the names of the sons of*

יִשְׁמָעֵאל pr.n. (1035) *Ishmael*

בִּשְׁמֹתָם prep.-n.m.p.-3 m.p. sf. (1027) *named*

לְתוֹלְדֹתָם prep.-adj. f.p.-3 m.p. sf. (410) *in the order of their birth*

בְּכֹר n.m.s. cstr. (114) *the first-born of*

יִשְׁמָעֵאל pr.n. (1035) *Ishmael*

נְבָיֹת pr.n. (614) *Nebaioth*

וְקֵדָר conj.-pr.n. (871) *and Kedar*

וְאַדְבְּאֵל conj.-pr.n. (9) *Adbeel*

וּמִבְשָׂם conj.-pr.n. (142) *Mibsam*

25:14

וּמִשְׁמָע conj.-pr.n. (1036) *Mishma*

וְדוּמָה conj.-pr.n. (189) *Dumah*

וּמַשָּׂא conj.-pr.n. (I 601) *Massa*

25:15

חֲדַד pr.n. (292) *Hadad*

וְתֵימָא conj.-pr.n. (1066) *Tema*

יְטוּר pr.n. (377) *Jetur*

נָפִישׁ pr.n. (661) *Naphish*

וָקֵדְמָה conj.-pr.n. (II 870) *and Kedemah*

25:16

אֵלֶּה הֵם demons. adj. c.p. (41)-pers. pr. 3 m.p. (241) *these are (they)*

בְּנֵי n.m.p. cstr. (119) *the sons of*

יִשְׁמָעֵאל pr.n. (1035) *Ishmael*

וְאֵלֶּה conj.-v. supra *and these are*

שְׁמֹתָם n.m.p.-3 m.p. sf. (1027) *their names*

בְּחַצְרֵיהֶם prep.-n.m.p.-3 m.p. sf. (II 347) *by their villages*

וּבְטִירֹתָם conj.-prep.-n.f.p.-3 m.p. sf. (377) *and by their encampments*

שְׁנֵים־עָשָׂר num. s. (1040)-n.m.s. (797) *twelve*

נְשִׂיאִם n.m.p. (672) *princes*

לְאֻמֹּתָם prep.-n.f.p.-3 m.p. sf. (52) *according to their tribes*

25:17

וְאֵלֶּה conj.-demons. adj. c.p. (41) *these are*

שְׁנֵי חַיֵּי n.f.p. cstr. (1040) - adj. m.p. cstr. (311) *the years of the life of*

יִשְׁמָעֵאל pr.n. (1035) *Ishmael*

מְאַת שָׁנָה n.f.s. cstr. (547)-n.f.s. (1040) *a hundred years*

וּשְׁלֹשִׁים שָׁנָה conj.-num. p. (1026)-n.f.s. (1040) *and thirty years*

וְשֶׁבַע שָׁנִים conj.-num. (988)-n.f.p. (1040) *and seven years*

וַיִּגְוַע consec.-Qal impf. 3 m.s. (גָּוַע 157) *he breathed his last*

וַיָּמָת consec. - Qal impf. 3 m.s. (מוּת 559) *and died*

וַיֵּאָסֶף consec.-Ni. impf. 3 m.s. (אָסַף 62) *and was gathered*

אֶל־עַמָּיו prep.-n.m.p.-3 m.s. sf. (I 766) *to his kindred*

25:18

וַיִּשְׁכְּנוּ consec.-Qal impf. 3 m.p. (שָׁכַן 1014) *they dwelt*

מֵחֲוִילָה prep.-pr.n. (296) *from Havilah*

עַד־שׁוּר prep.-pr.n. (III 1004) *to Shur*

אֲשֶׁר עַל־פְּנֵי rel.-prep.-n.m.p. cstr. (815) *which is opposite*

מִצְרַיִם pr.n. (595) *Egypt*

בֹּאֲכָה Qal inf. cstr.-2 m.s. sf. (בּוֹא 97) *in the direction of* (lit. *your going*)

אַשּׁוּרָה pr.n.-dir. he (78) *Assyria*

עַל־פְּנֵי prep.-n.m.p. cstr. (815) *over against*

כָל־אֶחָיו n.m.s. cstr. (481)-n.m.p.-3 m.s. sf. (26) *all his people*

נָפָל Qal pf. 3 m.s. paus. (656) *he settled* (lit. *he fell*)

25:19

וְאֵלֶּה conj.-demons. adj. c.p. (41) *these are*

תּוֹלְדֹת n.f.p. cstr. (410) *the descendants of*

יִצְחָק pr.n. (850) *Isaac*

בֶּן־אַבְרָהָם n.m.s. cstr. (119)-pr.n. (4) *Abraham's son*

אַבְרָהָם pr.n. (4) *Abraham*

הוֹלִיד Hi. pf. 3 m.s. (יָלַד 408) *was the father of*

אֶת־יִצְחָק dir. obj.-pr.n. (850) *Isaac*

25:20

וַיְהִי יִצְחָק consec.-Qal impf. 3 m.s. (הָיָה 224)-pr.n. (850) *and Isaac was*

בֶּן־אַרְבָּעִים n.m.s. cstr. (119)-num. p. (917) *forty ... old*

שָׁנָה n.f.s. (1040) *years*

בְּקַחְתּוֹ prep.-Qal inf. cstr.-3 m.s. sf. (לָקַח 542) *when he took*

אֶת־רִבְקָה dir. obj.-pr.n. (918) *Rebekah*

בַּת־בְּתוּאֵל n.f.s. cstr. (I 123)-pr.n. (143) *the daughter of Bethuel*

הָאֲרַמִּי def. art.-pr.n. gent. (74) *the Aramean*

מִפַּדַּן אֲרָם prep.-pr.n. (804) - pr.n. (74) *of Paddan-aram*

אֲחוֹת לָבָן n.f.s. cstr. (27)-pr.n. (II 526) *the sister of Laban*

הָאֲרַמִּי v. supra *the Aramean*

לוֹ לְאִשָּׁה prep.-3 m.s. sf.-prep.-n.f.s. (61) *(to him) to wife*

25:21

וַיֶּעְתַּר יִצְחָק consec. - Qal impf. 3 m.s. (עָתַר I 801) - pr.n. (850) *and Isaac prayed*

לַיהוה prep.-pr.n. (217) *to Yahweh*

לְנֹכַח אִשְׁתּוֹ prep.-subst. (647)-n.f.s.-3 m.s. sf. (61) *for (on behalf of) his wife*

כִּי עֲקָרָה הִוא conj.-adj. f.s. (785)-pers. pr. 3 f.s. (214) *because she was barren*

וַיֵּעָתֶר לוֹ consec. - Ni. impf. 3 m.s. (עָתַר I 801) - prep.-3 m.s. sf. *and ... granted his prayer*

יהוה pr.n. (217) *Yahweh*

וַתַּהַר consec.-Qal impf. 3 f.s. (הָרָה I 247) *and ... conceived*

רִבְקָה pr.n. (918) *Rebekah*

אִשְׁתּוֹ n.f.s.-3 m.s. sf. (61) *his wife*

25:22

וַיִּתְרֹצְצוּ consec.-Hithpo'el impf. 3 m.s. (רָצַץ 954) *struggled together*

הַבָּנִים def.art.-n.m.p. (119) *the children*

בְּקִרְבָּהּ prep.-n.m.s.-3 f.s. sf. (899) *within her*

וַתֹּאמֶר consec.-Qal impf. 3 f.s. (55) *and she said*

אִם־כֵּן hypoth. part. (49)-adv. (485) *If it is thus*

לָמָּה זֶּה אָנֹכִי prep.-interr. (552) - demons. adj. m.s. (260) - pers.pr. 1 c.s. (59) *why do I live?*

וַתֵּלֶךְ consec.-Qal impf. 3 f.s. (הָלַךְ 229) *So she went*

לִדְרֹשׁ prep.-Qal inf. cstr. (205) *to inquire of*

אֶת־יהוה dir. obj.-pr.n. (217) *Yahweh*

25:23

וַיֹּאמֶר יהוה consec.-Qal impf. 3 m.s. (55)-pr.n. (217) *and Yahweh said*

לָהּ prep.-3 f.s. sf. *to her*

שְׁנֵי גֹיִים num. m. cstr. (1040) - n.m.p. (156) *two nations*

בְּבִטְנֵךְ prep.-n.f.s.-2 f.s. sf. (105) *in your womb*

וּשְׁנֵי לְאֻמִּים conj.-v. supra-n.m.p. (522) *and two peoples*

מִמֵּעַיִךְ prep.-n.m.p.-2 f.s. sf. (588) *born of you*

יִפָּרֵדוּ Ni. impf. 3 m.p. (פָּרַד 825) *shall be divided*

וּלְאֹם מִלְאֹם conj.-n.m.s. (522)-prep.-n.m.s. (522) *and the one ... than the other*

יֶאֱמָץ Qal impf. 3 m.s. (אָמֵץ 54) *shall be stronger*

וְרַב conj.-adj. m.s. (I 912) *the elder*

יַעֲבֹד Qal impf. 3 m.s. (עָבַד 712) *shall serve*

צָעִיר adj. m.s. (I 859) *the younger*

25:24

וַיִּמְלְאוּ consec.-Qal impf. 3 m.p. (569) *when were fulfilled*

יָמֶיהָ n.m.p.-3 f.s. sf. (398) *her days*

לָלֶדֶת prep.-Qal inf. cstr. (יָלַד 408) *to be delivered*

וְהִנֵּה conj.-demons. part. (243) *behold*

תוֹמִם n.m.p. (תְּאוֹם 1060) *twins*

בְּבִטְנָהּ prep.-n.f.s.-3 f.s. sf. (105) *in her womb*

25:25

וַיֵּצֵא consec.-Qal impf. 3 m.s. (יָצָא 422) *came forth*

הָרִאשׁוֹן def. art.-adj. m.s. (911) *the first*

אַדְמוֹנִי adj. m.s. (10) *red*

כֻּלּוֹ n.m.s.-3 m.s. sf. (481) *all his body*

כְּאַדֶּרֶת שֵׂעָר prep.-n.f.s. cstr. (12)-n.m.s. (972) *like a hairy mantle*

וַיִּקְרְאוּ consec.-Qal impf. 3 m.p. (894) *so they called*

שְׁמוֹ n.m.s.-3 m.s. sf. (1027) *his name*

עֵשָׂו pr.n. (796) *Esau*

25:26

וְאַחֲרֵי־כֵן conj.-prep. (29)-adv. (485) *afterward*

יָצָא Qal pf. 3 m.s. (422) *came forth*

אָחִיו n.m.s.-3 m.s. sf. (26) *his brother*

וְיָדוֹ conj.-n.f.s.-3 m.s. sf. (388) *and his hand*

אֹחֶזֶת Qal act. ptc. f.s. (אָחַז 28) *had taken hold*

בַּעֲקֵב עֵשָׂו prep.-n.m.s. cstr. (I 784)-pr.n. (796) *of Esau's heel*

וַיִּקְרָא consec.-Qal impf. 3 m.s. (894) *so was called*

שְׁמוֹ n.m.s.-3 m.s. sf. (1027) *his name*

יַעֲקֹב pr.n. (784) *Jacob*

וְיִצְחָק conj.-pr.n. (850) *Isaac was*

בֶּן־שִׁשִּׁים שָׁנָה n.m.s. cstr. (119)-num. p. (995)-n.f.s. (1040) *sixty years old*

בְּלֶדֶת אֹתָם prep.-Qal inf. cstr. (יָלַד 408)-dir. obj.-3 m.p. sf. *when she bore them*

25:27

וַיִּגְדְּלוּ consec.-Qal impf. 3 m.p. (גָּדַל 152) *When ... grew up*

הַנְּעָרִים def. art.-n.m.p. (654) *the boys*

וַיְהִי עֵשָׂו consec.-Qal impf. 3 m.s. (הָיָה 224)-pr.n. (796) *Esau was*

אִישׁ יֹדֵעַ צַיִד n.m.s. (35)-Qal act. ptc. (393)-n.m.s. (844) *a skilful hunter*

אִישׁ שָׂדֶה n.m.s. cstr. (35)-n.m.s. (961) *a man of the field*

וְיַעֲקֹב conj.-pr.n. (784) *While Jacob*

אִישׁ תָּם n.m.s. cstr. (35)-adj. m.s. (1070) *a quiet man*

יֹשֵׁב אֹהָלִים Qal act. ptc. (יָשַׁב 442)-n.m.p. (13) *dwelling in tents*

25:28

וַיֶּאֱהַב יִצְחָק consec.-Qal impf. 3 m.s. (אָהַב 12)-pr.n. (850) *Isaac loved*

אֶת־עֵשָׂו dir.obj.-pr.n. (796) *Esau*

כִּי־צַיִד בְּפִיו conj.-n.m.s. (I 844)-prep.-n.m.s.-3 m.s. sf. (804) *because he ate of his game*

וְרִבְקָה conj.-pr.n. (918) *but Rebekah*

אֹהֶבֶת Qal act. ptc. f.s. (אָהַב 12) *loved*

אֶת־יַעֲקֹב dir. obj.-pr.n. (784) *Jacob*

25:29

וַיָּזֶד יַעֲקֹב consec.-Hi. impf. 3 m.s. (זיד 267)-pr.n. (784) *once when Jacob was boiling*

נָזִיד n.m.s. (268) *pottage*

וַיָּבֹא עֵשָׂו consec.-Qal impf. 3 m.s. (בּוֹא 97)-pr.n. (796) *Esau came in*

מִן־הַשָּׂדֶה prep.-def. art.-n.m.s. (961) *from the field*

וְהוּא עָיֵף conj.-pers. pr. 3 m.s. (214)-adj. m.s. (746) *and he was famished*

25:30

וַיֹּאמֶר עֵשָׂו consec.-Qal impf. 3 m.s. (55) - pr.n. (796) *and Esau said*

אֶל־יַעֲקֹב prep.-pr.n.(784) *to Jacob*

הַלְעִיטֵנִי נָא Hi. impv. 2 m.s.-1 c.s. sf. (לָעַט 542)-part. of entreaty (609) *Let me eat*

מִן־הָאָדֹם prep.-def. art.-adj. m.s. (10) *some of that red pottage*

הָאָדֹם הַזֶּה def.art.-adj. m.s. (10) - def.art.-demons. adj. m.s. (260) *that red pottage*

כִּי עָיֵף אָנֹכִי conj.-adj. (746)-pers.pr. 1 c.s. (59) *for I am famished*

עַל־כֵּן קָרָא־ prep.-adv. (485)-Qal pf. 3 m.s. (894) *therefore ... was called*

שְׁמוֹ אֱדוֹם n.m.s.-3 m.s. sf. (1027)-pr.n. (10) *his name ... Edom*

25:31

וַיֹּאמֶר יַעֲקֹב consec.-Qal impf. 3 m.s. (55)-pr.n. (784) *Jacob said*

מִכְרָה כַיּוֹם Qal impf. 2 m.s.-coh. he (מָכַר 569)-prep.-def. art.-n.m.s. (398) *Sell first (as the day)*

אֶת־בְּכֹרָתְךָ לִי dir. obj.-n.f.s.-2 m.s. sf. (114)-prep.-1 c.s. sf. *your birthright (to) me*

25:32

וַיֹּאמֶר עֵשָׂו consec.-Qal impf. 3 m.s. (55)-pr.n. (796) *Esau said*

הִנֵּה אָנֹכִי demons. part. (243)-pers. pr. 1 c.s. (59) *behold I*

הוֹלֵךְ לָמוּת Qal act. ptc. (הָלַךְ 229) - prep.-Qal inf. cstr. (559) *am about to die*

וְלָמָּה־זֶּה לִי conj.-prep.-interr. (552)-demons. adj. m.s. (260)-prep.-1 c.s. sf. *of what use is ... to me*

בְּכֹרָה n.f.s. (114) *a birthright*

25:33

וַיֹּאמֶר יַעֲקֹב consec.-Qal impf. 3 m.s. (55)-pr.n. (784) *Jacob said*

הִשָּׁבְעָה לִּי Ni. impv. 2 m.s.-vol. he (שָׁבַע 989)-prep.-1 c.s. sf. *Swear to me*

כַּיּוֹם prep.-def. art.-n.m.s. (398) *first*

וַיִּשָּׁבַע לוֹ consec.-Ni. impf. 3 m.s. (989)-prep.-3 m.s. sf. *So he swore to him*

וַיִּמְכֹּר consec.-Qal impf. 3 m.s. (569) *and sold*

אֶת־בְּכֹרָתוֹ dir. obj.-n.f.s.-3 m.s. sf. (114) *his birthright*

לְיַעֲקֹב prep.-pr.n. (784) *to Jacob*

25:34

וְיַעֲקֹב נָתַן conj.-pr.n. (784)-Qal pf. 3 m.s. (678) *then Jacob gave*

לְעֵשָׂו prep.-pr.n. (796) *Esau*

לֶחֶם n.m.s. (536) *bread*

וּנְזִיד עֲדָשִׁים conj.-n.m.s. cstr. (268)-n.f.p. (727) *and pottage of lentils*

וַיֹּאכַל וַיֵּשְׁתְּ consec.-Qal impf. 3 m.s. (37)-consec.-Qal impf. 3 m.s. (שָׁתָה 1059) *he ate and drank*

וַיָּקָם וַיֵּלַךְ consec.-Qal impf. 3 m.s. (קוּם 877)-consec.-Qal impf. 3 m.s. paus. (הָלַךְ 229) *and rose and went his way*

וַיִּבֶז עֵשָׂו consec.-Qal impf. 3 m.s. (בָּזָה 102)-pr.n. (796) *Thus Esau despised*

אֶת־הַבְּכֹרָה dir. obj.-def. art.-n.f.s (114) *his birthright*

26:1

וַיְהִי רָעָב consec.-Qal impf. 3 m.s. (הָיָה 224)-n.m.s. (944) *now there was a famine*

בָּאָרֶץ prep.-def. art.-n.f.s. (75) *in the land*

מִלְּבַד הָרָעָב prep.-prep.-n.m.s. (94)-def. art.-n.m.s. (944) *besides the ... famine*

הָרִאשׁוֹן def. art.-adj. m.s. (911) *former*

אֲשֶׁר הָיָה rel.-Qal pf. 3 m.s. (224) *that was*

בִּימֵי אַבְרָהָם prep.-n.m.p. cstr. (398)-pr.n. (4) *in the days of Abraham*

וַיֵּלֶךְ יִצְחָק consec.-Qal impf. 3 m.s. (הָלַךְ 229)-pr.n. (850) *and Isaac went*

אֶל־אֲבִימֶלֶךְ prep.-pr.n. (4) *to Abimelech*

מֶלֶךְ־פְּלִשְׁתִּים n.m.s. cstr.(I 572) - pr.n. (814) *king of the Philistines*

גְּרָרָה pr.n.-dir. he (176) *to Gerar*

26:2

וַיֵּרָא אֵלָיו consec.-Ni. impf. 3 m.s. (רָאָה 906)-prep.-3 m.s. sf. *and ... appeared to him*

יהוה pr.n. (217) *Yahweh*

וַיֹּאמֶר consec.-Qal impf. 3 m.s. (55) *and said*

אַל־תֵּרֵד neg.-Qal impf. 2 m.s. (יָרַד 432) *Do not go down*

מִצְרָיְמָה pr.n.-dir. he (595) *to Egypt*

שְׁכֹן בָּאָרֶץ Qal impv. 2 m.s. (שָׁכַן 1014)-prep.-def. art.-n.f.s. (75) *dwell in the land*

אֲשֶׁר אֹמַר rel.-Qal impf. 1 c.s. (אָמַר 55) *of which I shall tell*

אֵלֶיךָ prep.-2 m.s. sf. *you*

26:3

גּוּר Qal impv. 2 m.s. (גּוּר 157) *so-journ*

בָּאָרֶץ הַזֹּאת prep.-def.art.-n.f.s. (75) - def.art.-demons. adj. f.s. (260) *in this land*

וְאֶהְיֶה עִמְּךָ conj.-Qal impf. 1 c.s. (הָיָה 224)-prep.-2 m.s. sf. *and I will be with you*

וַאֲבָרְכֶךָּ conj.-Pi. impf. 1 c.s.-2 m.s. sf. (בָּרַךְ 138) *and will bless you*

כִּי־לְךָ conj.-prep.-2 m.s. sf. *for to you*

וּלְזַרְעֲךָ conj.-prep.-n.m.s.-2 m.s. sf. (282) *and to your descendants*

אֶתֵּן Qal impf. 1 c.s. (נָתַן 678) *I will give*

אֶת־כָּל־הָאֲרָצֹת dir.obj.-n.m.s. cstr. (481) -def.art.-n.f.p. (75) *all ... lands*

הָאֵל def. art.-demons. adj. c.p. (41) *these* (rd. הָאֵלֶּ)

וַהֲקִמֹתִי conj.-Hi. pf. 1 c.s. (קוּם 877) *and I will fulfill*

אֶת־הַשְּׁבֻעָה dir. obj.-def. art.-n.f.s. (989) *the oath*

אֲשֶׁר נִשְׁבַּעְתִּי rel.-Ni. pf. 1 c.s. (שָׁבַע 989) *which I swore*

לְאַבְרָהָם prep.-pr.n. (4) *to Abraham*

אָבִיךָ n.m.s.-2 m.s. sf. (3) *your father*

26:4

וְהִרְבֵּיתִי conj.-Hi. pf. 1 c.s. (רָבָה I 915) *I will multiply*

אֶת־זַרְעֲךָ dir. obj.-n.m.s.-2 m.s. sf. (282) *your descendants*

כְּכוֹכְבֵי prep.-n.m.p. cstr. (456) *as the stars of*

הַשָּׁמַיִם def. art.-n.m.p. (1029) *heaven*

וְנָתַתִּי conj.-Qal pf. 1 c.s. (נָתַן 678) *and will give*

לְזַרְעֲךָ prep.-n.m.s.-2 m.s. sf. (282) *to your descendants*

אֵת כָּל־הָאֲרָצֹת dir.obj.-n.m.s. cstr. (481) - def.art.-n.f.p. (75) *all ... lands*

הָאֵל def. art.-demons. adj. c.p. (41) *these* (rd. הָאֵלֶּ)

וְהִתְבָּרֲכוּ conj.-Hith. pf. 3 c.p. (בָּרַךְ 138) *and shall bless themselves*

בְזַרְעֲךָ prep.-n.m.s.-2 m.s. sf. (282) *by your descendants*

כֹּל גּוֹיֵי n.m.s. cstr. (481)-n.m.p. cstr. (156) *all the nations of*

הָאָרֶץ def. art.-n.f.s. (75) *the earth*

26:5

עֵקֶב אֲשֶׁר־שָׁמַע adv. (784)-rel.-Qal pf. 3 m.s. (שָׁמַע 1033) *because ... obeyed*

אַבְרָהָם pr.n. (4) *Abraham*

בְּקֹלִי prep.-n.m.s.-1 c.s. sf. (876) *my voice*

וַיִּשְׁמֹר consec. - Qal impf. 3 m. s. (שָׁמַר 1036) *and kept*

מִשְׁמַרְתִּי n.f.s.-1 c.s. sf. (1038) *my charge*

מִצְוֹתַי n.f.p.-1 c.s. sf. (846) *my commandments*

חֻקּוֹתַי n.f.p.-1 c.s. sf. (349) *my statutes*

וְתוֹרֹתָי conj.-n.f.p.-1 c.s. sf. paus. (435) *and my laws*

26:6

וַיֵּשֶׁב יִצְחָק consec.-Qal impf. 3 m.s. (יָשַׁב 442)-pr.n. (850) *So Isaac dwelt*

בִּגְרָר prep.-pr.n. (176) *in Gerar*

26:7

וַיִּשְׁאֲלוּ consec.-Qal impf. 3 m.p. (שָׁאַל 981) *when ... asked*

אַנְשֵׁי הַמָּקוֹם n.m.p. cstr. (35)-def. art.-n.m.s. (879) *the men of the place*

לְאִשְׁתּוֹ prep.-n.f.s.-3 m.s. sf. (61) *about his wife*

וַיֹּאמֶר consec.-Qal impf. 3 m.s. (55) *he said*

אֲחֹתִי הִוא n.f.s.-1 c.s. sf. (27)-pers. pr. 3 f.s. (214) *She is my sister*

כִּי יָרֵא prep.-Qal pf. 3 m.s. (יָרֵא 431) *for he feared*

לֵאמֹר prep.-Qal inf. cstr. (55) *to say*

אִשְׁתִּי n.f.s.-1 c.s. sf. (61) *My wife*

פֶּן־יַהַרְגֻנִי conj. (814) - Qal impf. 3 m.p.-1 c.s. sf. (הָרַג 246) ***lest ... should kill me***

אַנְשֵׁי הַמָּקוֹם v.supra ***the men of the place***

עַל־רִבְקָה prep.-pr.n. (918) *for the sake of Rebekah*

כִּי־טוֹבַת מַרְאֶה conj.-adj. f.s. cstr. (II 373)-n.m.s. (909) *because fair to look upon*

הִוא pers. pr. 3 f.s. (214) *she was*

26:8

וַיְהִי consec.-Qal impf. 3 m.s. (הָיָה 224) *(and it was)*

כִּי אָרְכוּ־לוֹ conj.-Qal pf. 3 c.p. (אָרַךְ 73)-prep.-3 m.s. sf. *When were long to him*

שָׁם הַיָּמִים adv. (1027)-def. art.-n.m.p. (398) *there the days*

וַיַּשְׁקֵף consec.-Hi. impf. 3 m.s. (שָׁקַף 1054) *looked*

אֲבִימֶלֶךְ pr.n. (4) *Abimelech*

מֶלֶךְ פְּלִשְׁתִּים n.m.s. cstr. (I 572)-pr.n.p. (814) *king of the Philistines*

בְּעַד הַחַלּוֹן prep. cstr. (126)-def. art.-n.m.s. (319) *out of a window*

וַיַּרְא consec.-Qal impf. 3 m.s. (רָאָה 906) *and saw*

וְהִנֵּה יִצְחָק conj.-demons. part. (243)-pr.n. (850) *(and behold) Isaac*

מְצַחֵק Pi. ptc. (צָחַק 850) ***fondling***

אֵת רִבְקָה dir. obj.-pr.n. (918) *Rebekah*

אִשְׁתּוֹ n.f.s.-3 m.s. sf. (61) *his wife*

26:9

וַיִּקְרָא consec.-Qal impf. 3 m.s. (894) *So ... called*

אֲבִימֶלֶךְ pr.n. (4) *Abimelech*

לְיִצְחָק prep.-pr.n. (850) *Isaac*

וַיֹּאמֶר consec.-Qal impf. 3 m.s. (55) *and said*

אַךְ הִנֵּה adv. (36)-demons. part. (243) *Behold*

אִשְׁתְּךָ הִוא n.f.s.-2 m.s. sf. (61) - pers.pr. 3 f.s. (214) ***she is your wife***

וְאֵיךְ אָמַרְתָּ conj.-adv. (32) - Qal pf. 2 m.s. (55) ***how then could you say***

אֲחֹתִי הִוא n.f.s.-1 c.s. sf. (27) - pers.pr. 3 f.s. (214) ***She is my sister?***

וַיֹּאמֶר אֵלָיו consec.-Qal impf. 3 m.s. (55) - prep.-3 m.s. sf. ***said to him***

יִצְחָק pr.n. (850) *Isaac*

כִּי אָמַרְתִּי conj.-Qal pf. 1 c.s. (55) *Because I thought*

פֶּן־אָמוּת conj. (814)-Qal impf. 1 c.s. (מוּת 559) *Lest I die*

עָלֶיהָ prep.-3 f.s. sf. *because of her*

26:10

וַיֹּאמֶר consec.-Qal impf. 3 m.s. (55) *said*

אֲבִימֶלֶךְ pr.n. (4) *Abimelech*

מַה־זֹּאת interr. (552) - demons. adj. f.s. (260) ***What is this***

עָשִׂיתָ לָּנוּ Qal pf. 2 m.s. (עָשָׂה I 793)-prep.-1 c.p. sf. *you have done to us*

כִּמְעַט prep.-subst. (589) *easily*

שָׁכַב Qal pf. 3 m.s. (1011) *could have lain*

אַחַד הָעָם adj. m.s. cstr. (25)-def. art.-n.m.s. (I 766) *one of the people*

אֶת־אִשְׁתְּךָ prep. (II 85)-n.f.s.-2 m.s. sf. (61) *with your wife*

וְהֵבֵאתָ conj.-Hi. pf. 2 m.s. (בּוֹא 97) *and you would have brought*

עָלֵינוּ אָשָׁם prep.-1 c.p. sf.-n.m.s. (79) *upon us guilt*

26:11

וַיְצַו consec.-Pi. impf. 3 m.s. (צָוָה 845) *So ... warned*

אֲבִימֶלֶךְ pr.n. (4) *Abimelech*

אֶת־כָּל־הָעָם dir. obj.-n.m.s. cstr. (481)-def. art.-n.m.s. (I 766) *all the people*

לֵאמֹר prep.-Qal inf. cstr. (55) *saying*

הַנֹּגֵעַ def. art.-Qal act. ptc. (נָגַע 619) *Whoever touches*

בָּאִישׁ הַזֶּה prep.-def.art.-n.m.s. (35) - def.art.-demons. adj. m.s. (260) *this man*

וּבְאִשְׁתּוֹ conj.-prep.-n.f.s.-3 m.s. sf. (61) *or his wife*

מוֹת יוּמָת Qal inf. abs. (559) - Ho. impf. 3 m.s. paus. (**מוּת** 559) *shall be put to death*

26:12

וַיִּזְרַע יִצְחָק consec.-Qal impf. 3 m.s. (זָרַע 281)-pr.n. (850) *and Isaac sowed*

בָּאָרֶץ הַהִוא prep.-def.art.-n.f.s. (75) - def.art.-demons. adj. f.s. (214) *in that land*

וַיִּמְצָא consec.-Qal impf. 3 m.s. (**מָצָא** 592) *and reaped*

בַּשָּׁנָה הַהִוא prep.-def.art.-n.f.s. (1040) - def.art.-demons. adj. f.s. (214) *in the same year*

מֵאָה שְׁעָרִים n.f.s. (547)-n.m.p. (II 1045) *a hundredfold*

וַיְבָרְכֵהוּ consec.-Pi. impf. 3 m.s.-3 m.s. sf. (בָּרַךְ 138) *blessed him*

יהוה pr.n. (217) *Yahweh*

26:13

וַיִּגְדַּל consec.-Qal impf. 3 m.s. (גָּדַל 152) *and ... became rich*

הָאִישׁ def. art.-n.m.s. (35) *the man*

וַיֵּלֶךְ הָלוֹךְ consec.-Qal impf. 3 m.s. (הָלַךְ 229)-Qal inf. abs. (229) *and gained more and more*

וְגָדֵל adj. verbal (152) *(becoming great)*

עַד כִּי־גָדַל מְאֹד prep.-conj.-Qal pf. 3 m.s. (152) - adv. (547) *until he became very wealthy*

26:14

וַיְהִי־לוֹ consec.-Qal impf. 3 m.s. (הָיָה 224)-prep.-3 m.s. sf. *he had*

מִקְנֵה־צֹאן n.m.s. cstr. (889)-n.f.s. (838) *possessions of flocks*

וּמִקְנֵה בָקָר conj.-v.supra-n.m.s. (133) *and (possessions of) herds*

וַעֲבֻדָּה רַבָּה conj.-n.f.s. (715)-adj. f.s. (I 912) *and a great household*

וַיְקַנְאוּ consec.-Pi. impf. 3 m.p. (קָנָא 888) *so that ... envied*

אֹתוֹ dir. obj.-3 m.s. sf. *him*

פְּלִשְׁתִּים pr.n. p. (814) *the Philistines*

26:15

וְכָל־הַבְּאֵרֹת conj.-n.m.s. cstr. (481)-def. art.-n.f.p. (91) *and all the wells*

אֲשֶׁר חָפְרוּ rel.-Qal pf. 3 c.p. (חָפַר I 343) *which had dug*

עַבְדֵי אָבִיו n.m.p. cstr. (713)-n.m.s.-3 m.s. sf. (3) *his father's servants*

בִּימֵי אַבְרָהָם prep.-n.m.p. cstr. (398)-pr.n. (4) *in the days of Abraham*

אָבִיו n.m.s.-3 m.s. sf. (3) *his father*

סִתְּמוּם Pi. pf. 3 c.p.-3 m.p. sf. (סָתַם 711) *had stopped (them)*

פְּלִשְׁתִּים pr.n. p. (814) *the Philistines*

וַיְמַלְאוּם consec.-Pi. impf. 3 m.p.-3 m.p. sf. (מָלֵא 569) *and filled (them)*

עָפָר n.m.s. (779) *with earth*

26:16

וַיֹּאמֶר consec.-Qal impf. 3 m.s. (55) *and ... said*

אֲבִימֶלֶךְ pr.n. (4) *Abimelech*

אֶל־יִצְחָק prep.-pr.n. (850) *to Isaac*

לֵךְ Qal impv. 2 m.s. (הָלַךְ 229) *Go*

מֵעִמָּנוּ prep.-prep.-1 c.p. sf. *away from us*

כִּי־עָצַמְתָּ conj.-Qal pf. 2 m.s. (עָצַם I 782) *for you are mightier*

מִמֶּנּוּ מְאֹד prep.-1 c.p. sf.-adv. (547) *than we ... much*

26:17

וַיֵּלֶךְ consec.-Qal impf. 3 m.s. (הָלַךְ 229) *so departed*

מִשָּׁם prep.-adv. (1027) *from there*

יִצְחָק pr.n. (850) *Isaac*

וַיִּחַן consec.-Qal impf. 3 m.s. (חָנָה 333) *and encamped*

בְּנַחַל־גְּרָר prep.-n.m.s. cstr. (636)-pr.n. (176) *in the valley of Gerar*

וַיֵּשֶׁב שָׁם consec.-Qal impf. 3 m.s. (יָשַׁב 442)-adv. (1027) *and dwelt there*

26:18

וַיָּשָׁב יִצְחָק consec.-Qal impf. 3 m.s. (שׁוּב 996) - pr.n. (850) *and Isaac again (returned)*

וַיַּחְפֹּר consec.-Qal impf. 3 m.s. (חָפַר I 343) *dug*

אֶת־בְּאֵרֹת הַמַּיִם dir. obj.-n.f.p. cstr. (91)-def. art.-n.m.p. (565) *the wells of water*

אֲשֶׁר חָפְרוּ rel.-Qal pf. 3 c.p. (I 343) *which had been dug*

בִּימֵי אַבְרָהָם prep.-n.m.p. cstr. (398)-pr.n. (4) *in the days of Abraham*

אָבִיו n.m.s.-3 m.s. sf. (3) *his father*

וַיְסַתְּמוּם consec.-Pi. impf. 3 m.p.-3 m.p. sf. (סָתַם 711) *for ... had stopped them*

פְּלִשְׁתִּים pr.n. p. (814) *the Philistines*

אַחֲרֵי מוֹת prep. cstr. (29)-n.m.s. cstr. (560) *after the death of*

אַבְרָהָם pr.n. (4) *Abraham*

וַיִּקְרָא לָהֶן consec.-Qal impf. 3 m.s. (894)-prep-3 f.p. sf. *and he gave them*

שֵׁמוֹת n.m.p. (1027) *names*

כַּשֵּׁמֹת prep.-def.art.-n.m.p. (1027) *(according to the names)*

אֲשֶׁר־קָרָא rel.-Qal pf. 3 m.s. (894) *which had given*

לָהֶן אָבִיו prep.-3 f.p. sf.-n.m.s.-3 m.s. sf. (3) *them his father*

26:19

וַיַּחְפְּרוּ consec. - Qal impf. 3 m. p. (חָפַר I 343) *but when ... dug*

עַבְדֵי־יִצְחָק n.m.p. cstr. (713)-pr.n. (850) *Isaac's servants*

בַּנָּחַל prep.-def. art.-n.m.s. paus. (636) *in the valley*

וַיִּמְצְאוּ־שָׁם consec.-Qal impf. 3 m.p. (592)-adv. (1027) *and found there*

בְּאֵר מַיִם חַיִּים n.f.s. cstr. (91)-n.m.p. (565)-adj. m.p. (I 311) *a well of springing water*

26:20

וַיָּרִיבוּ consec.-Qal impf. 3 m.p. (רִיב 936) *and quarreled*

רֹעֵי גְרָר Qal act. ptc. m.p. cstr. (רָעָה I 944)-pr.n. (176) *the herdsmen of Gerar*

עִם־רֹעֵי יִצְחָק prep.-v.supra.-pr.n. (850) *with Isaac's herdsmen*

לֵאמֹר prep.-Qal inf. cstr. (55) *saying*

לָנוּ הַמָּיִם prep.-1 c.p. sf.-def. art.-n.m.p. paus. (565) *The water is ours*

וַיִּקְרָא consec.-Qal impf. 3 m.s. (894) *So he called*

שֵׁם־הַבְּאֵר n.m.s. cstr. (1027)-def. art.-n.f.s. (91) *the name of the well*

עֵשֶׂק pr.n. (796) *Esek*

כִּי הִתְעַשְּׂקוּ עִמּוֹ conj.-Hith. pf. 3 c.p. (עָשַׂק 796)-prep.-3 m.s. sf *because they contended with him*

26:21

וַיַּחְפְּרוּ consec.-Qal impf. 3 m.p. (I 343) *then they dug*

בְּאֵר אַחֶרֶת n.f.s. (91)-adj. f.s. (I 29) *another well*

וַיָּרִיבוּ consec.-Qal impf. 3 m.p. (רִיב 936) *and they quarreled*

גַּם־עָלֶיהָ adv. (168)-prep.-3 f.s. sf. *over that also*

וַיִּקְרָא שְׁמָהּ consec.-Qal impf. 3 m.s. (894)-n.m.s.-3 f.s. sf. (1027) *so he called its name*

שִׂטְנָה pr.n. (II 966) *Sitnah*

26:22

וַיַּעְתֵּק consec.-Hi. impf. 3 m.s. (עָתַק 801) *and he moved*

מִשָּׁם prep.-adv. (1027) *from there*

וַיַּחְפֹּר consec.-Qal impf. 3 m.s. (I 343) *and dug*

בְּאֵר אַחֶרֶת n.f.s. (91)-adj. f.s. (I 29) *another well*

וְלֹא רָבוּ conj.-neg.-Qal pf. 3 c.p. (רִיב 936) *and they did not quarrel*

עָלֶיהָ prep.-3 f.s. sf. *over that*

וַיִּקְרָא consec.-Qal impf. 3 m.s. (894) *so he called*

שְׁמָהּ n.m.s.-3 f.s. sf. (1027) *its name*

רְחֹבוֹת pr.n. (932) *Rehoboth*

וַיֹּאמֶר consec.-Qal impf. 3 m.s. (55) *saying*

כִּי־עַתָּה conj.-adv. (773) *For now*

הִרְחִיב יהוה Hi. pf. 3 m.s. (931)-pr.n. (217) *Yahweh has made room*

לָנוּ prep.-1 c.p. sf. *for us*

וּפָרִינוּ conj.-Qal pf. 1 c.p. (פָּרָה 826) ***and we shall be fruitful***

בָאָרֶץ prep.-def.art.-n.f.s. (75) ***in the land***

26:23

וַיַּעַל consec.-Qal impf. 3 m.s. (עָלָה 748) *he went up*

מִשָּׁם prep.-adv. (1027) *from there*

בְּאֵר שָׁבַע pr.n. (92) *to Beersheba*

26:24

וַיֵּרָא אֵלָיו consec.-Ni. impf. 3 m.s. (רָאָה 906)-prep.-3 m.s. sf. *and ... appeared to him*

יהוה pr.n. (217) *Yahweh*

בַּלַּיְלָה הַהוּא prep.-def. art.-n.m.s. (538)-def. art.-demons. adj. m.s. (214) *the same night*

וַיֹּאמֶר consec.-Qal impf. 3 m.s. (55) *and said*

אָנֹכִי pers. pr. 1 c.s. (59) *I am*

אֱלֹהֵי אַבְרָהָם n.m.p. cstr. (43) - pr.n. (4) ***the God of Abraham***

אָבִיךָ n.m.s.-2 m.s. sf. (3) *your father*

אַל־תִּירָא neg.-Qal impf. 2 m.s. (יָרֵא 431) *fear not*

כִּי־אִתְּךָ conj.-prep.-2 m.s. sf. (II 85) *for with you*

אָנֹכִי v.supra *I am*

וּבֵרַכְתִּיךָ conj.-Pi. pf. 1 c.s.-2 m.s. sf. (בָּרַךְ 138) *and will bless you*

וְהִרְבֵּיתִי conj.-Hi. pf. 1 c.s. (רָבָה I 915) *and multiply*

אֶת־זַרְעֲךָ dir. obj.-n.m.s.-2 m.s. sf. (282) *your descendants*

בַּעֲבוּר prep.-prep. (721) *for the sake of*

אַבְרָהָם pr.n. (4) *Abraham*

עַבְדִּי n.m.s.-1 c.s. sf. (713) *my servant*

26:25

וַיִּבֶן שָׁם consec.-Qal impf. 3 m.s. (בָּנָה 124) - adv. (1027) ***so he built there***

מִזְבֵּחַ n.m.s. (258) ***an altar***

וַיִּקְרָא consec.-Qal impf. 3 m.s. (894) ***and called***

בְּשֵׁם יהוה prep.-n.m.s. cstr. (1027) - pr.n. (217) ***upon the name of Yahweh***

וַיֶּט־שָׁם consec.-Qal impf. 3 m.s. (נָטָה 639)-adv. (1027) ***and pitched there***

אָהֳלוֹ n.m.s.-3 m.s. sf. (13) ***his tent***

וַיִּכְרוּ־שָׁם consec.-Qal impf. 3 m.p. (כָּרָה I 500)-adv. (1027) *and there dug*

עַבְדֵי־יִצְחָק n.m.p. cstr. (713)-pr.n. (850) *Isaac's servants*

בְּאֵר n.f.s. (91) *a well*

26:26

וַאֲבִימֶלֶךְ conj.-pr.n. (4) *then Abimelech*

הָלַךְ אֵלָיו Qal pf. 3 m.s. (229)-prep.-3 m.s. sf. *went to him*

מִגְּרָר prep.-pr.n. (176) *from Gerar*

וַאֲחֻזַּת conj.-pr.n. (28) *with Ahuzzath*

מֵרֵעֵהוּ prep.-n.m.s.-3 m.s. sf. (945) *his adviser*

וּפִיכֹל conj.-pr.n. (810) *and Phicol*

שַׂר־צְבָאוֹ n.m.s. cstr. (978)-n.m.s.-3 m.s. sf. (838) *the commander of his army*

26:27

וַיֹּאמֶר consec.-Qal impf. 3 m.s. (55) *said*

אֲלֵהֶם prep.-3 m.p. sf. *to them*

יִצְחָק pr.n. (850) *Isaac*

מַדּוּעַ בָּאתֶם adv. (396)-Qal pf. 2 m.p. (בּוֹא 97) *Why have you come*

אֵלָי prep.-1 c.s. sf. paus. *to me*

וְאַתֶּם שְׂנֵאתֶם conj.-pers. pr. 2 m.p. (61)-Qal pf. 2 m.p. (שָׂנֵא 971) *seeing that you hate*

אֹתִי dir. obj.-1 c.s. sf. *me*

וַתְּשַׁלְּחוּנִי consec.-Pi. impf. 2 m.p.-1 c.s. sf. (שָׁלַח 1018) *and have sent me away*

מֵאִתְּכֶם prep.-prep. (II 85)-2 m.p. sf. *from you*

26:28

וַיֹּאמְרוּ consec.-Qal impf. 3 m.p. (55) *they said*

רָאוֹ רָאִינוּ Qal inf. abs. (רָאָה 906) - Qal pf. 1 c.p. (רָאָה 906) *we see plainly*

כִּי־הָיָה יהוה conj.-Qal pf. 3 m.s. (224) - pr.n. (217) *that Yahweh is*

עִמָּךְ prep.-2 m.s. sf. paus. *with you*

וַנֹּאמֶר consec.-Qal impf. 1 c.p. (אָמַר 55) *So we say*

תְּהִי נָא Qal impf. 3 f.s. apoc. (הָיָה 224)-part. of entreaty (609) *let there be*

אָלָה n.f.s. (46) *an oath*

בֵּינוֹתֵינוּ בֵּינֵינוּ prep.-1 c.p. sf. (107)-prep.-1 c.p. sf. (107) *between us*

וּבֵינֶךָ conj.-prep.-2 m.s. sf. (107) *and you*

וְנִכְרְתָה conj.-Qal impf. 1 c.p. - vol. he (כָּרַת 503) *and let us make*

בְרִית עִמָּךְ n.f.s. (136) - prep.-2 m.s. sf. paus. *a covenant with you*

26:29

אִם־תַּעֲשֵׂה hypoth. part. (49)-Qal impf. 2 m.s. (עָשָׂה I 793) *that you will do*

עִמָּנוּ רָעָה prep.-1 c.p. sf.-n.f.s. (948) *us no harm*

כַּאֲשֶׁר לֹא נְגַעֲנוּךָ prep.-rel.-neg.-Qal pf. 1 c.p.-2 m.s. sf. (נָגַע 619) *just as we have not touched you*

וְכַאֲשֶׁר עָשִׂינוּ conj.-prep.-rel.-Qal pf. 1 c.p. (עָשָׂה I 793) *and have done*

עִמְּךָ רַק־טוֹב prep.-2 m.s. sf.-adv. (956)-adj. m.s. (II 373) *to you nothing but good*

וַנְּשַׁלֵּחֲךָ consec.-Pi. impf. 1 c.p.-2 m.s. sf. (שָׁלַח 1018) *and have sent you away*

בְּשָׁלוֹם prep.-n.m.s. (1022) *in peace*

אַתָּה עַתָּה pers. pr. 2 m.s. (61)-rd. עַתָּה adv. (773) *You are now*

בְּרוּךְ יהוה Qal pass. ptc. m.s. cstr. (138)-pr.n. (217) *the blessed of Yahweh*

26:30

וַיַּעַשׂ לָהֶם consec.-Qal impf. 3 m.s. (עָשָׂה I 793)-prep.-3 m.p. sf. *So he made them*

מִשְׁתֶּה n.m.s. (1059) *a feast*

וַיֹּאכְלוּ consec.-Qal impf. 3 m.p. (37) *and they ate*

וַיִּשְׁתּוּ consec.-Qal impf. 3 m.p. (שָׁתָה 1059) *and drank*

26:31

וַיַּשְׁכִּימוּ consec.-Hi. impf. 3 m.p. (שָׁכַם 1014) *they rose early*

בַבֹּקֶר prep.-def. art.-n.m.s. (133) *in the morning*

וַיִּשָּׁבְעוּ consec.-Ni. impf. 3 m.p. (שָׁבַע 989) *and took oath*

אִישׁ לְאָחִיו n.m.s. (35)-prep.-n.m.s.-3 m.s. sf. (26) *with one another*

וַיְשַׁלְּחֵם consec.-Pi. impf. 3 m.s.-3 m.p. sf. (שָׁלַח 1018) *and set them on their way*

יִצְחָק pr.n. (850) *Isaac*

וַיֵּלְכוּ consec.-Qal impf. 3 m.p. (הָלַךְ 229) *and departed*

מֵאִתּוֹ prep.-prep. (II 85)-3 m.s. sf. *from him*

בְּשָׁלוֹם prep.-n.m.s. (1022) *in peace*

26:32

וַיְהִי consec.-Qal impf. 3 m.s. (הָיָה 224) *(and it was)*

בַּיּוֹם הַהוּא prep.-def.art.-n.m.s. (398) - def.art.-demons. adj. m.s. (214) *that same day*

וַיָּבֹאוּ consec.-Qal impf. 3 m.p. (בּוֹא 97) *came*

עַבְדֵי יִצְחָק n.m.p. cstr. (713)-pr.n. (850) *Isaac's servants*

וַיַּגִּדוּ לוֹ consec.-Hi. impf. 3 m.p. (נָגַד 616)-prep.-3 m.s. sf. *and told him*

עַל־אֹדוֹת הַבְּאֵר prep.-n.f.p. cstr. (15)-def. art.-n.f.s. (91) *about the well*

אֲשֶׁר חָפָרוּ rel.-Qal pf. 3 c.p. paus. (I 343) *which they had dug*

וַיֹּאמְרוּ לוֹ consec.-Qal impf. 3 m.p. (55)-prep.-3 m.s. sf. *and said to him*

מָצָאנוּ Qal pf. 1 c.p. (מָצָא 592) *we have found*

מָיִם n.m.p. paus. (565) *water*

26:33

וַיִּקְרָא אֹתָהּ consec.-Qal impf. 3 m.s. (894)-dir. obj.-3 f.s. sf. *he called it*

שִׁבְעָה pr.n. (988) *Shibah*

עַל־כֵּן prep.-adv. (485) *therefore*

שֵׁם־הָעִיר n.m.s. cstr. (1027)-def. art.-n.f.s. (746) *the name of the city*

בְּאֵר שֶׁבַע pr. n. (92) *Beer-sheba*

עַד הַיּוֹם הַזֶּה prep.-def. art.-n.m.s. (398)-def. art.-demons. adj. m.s. (260) *to this day*

26:34

וַיְהִי consec.-Qal impf. 3 m.s. (הָיָה 224) *When ... was*

עֵשָׂו pr.n. (796) *Esau*

בֶּן־אַרְבָּעִים שָׁנָה n.m.s. cstr. (119)-num. p. (917)-n.f.s. (1040) *forty years old*

וַיִּקַּח consec.-Qal impf. 3 m.s. (לָקַח 542) *he took*

אִשָּׁה n.f.s. (61) *a wife*

אֶת־יְהוּדִית dir. obj.-pr.n. (II 397) *Judith*

בַּת־בְּאֵרִי n.f.s. cstr. (I 123)-pr.n. (92) *the daughter of Beeri*

הַחִתִּי def. art.-pr.n. gent. (366) *the Hittite*

וְאֶת־בָּשְׂמַת conj.-dir. obj.-pr.n. (142) *and Basemath*

בַּת־אֵילֹן v. supra-pr.n. (II 19) *the daughter of Elon*

הַחִתִּי v. supra *the Hittite*

26:35

וַתִּהְיֶיןָ consec.-Qal impf.3 f.s. (הָיָה 224) *and they made life (*lit.*-they were)*

מֹרַת רוּחַ n.f.s. cstr. (601)-n.f.s. (924) *bitterness of spirit*

לְיִצְחָק prep.-pr.n. (850) *for Isaac*

וּלְרִבְקָה conj.-prep.-pr.n. (918) *and Rebekah*

27:1

וַיְהִי consec.-Qal impf. 3 m.s. (הָיָה 224) *(and it was)*

כִּי־זָקֵן יִצְחָק conj.-Qal pf. 3 m.s. (278)-pr.n. (850) *when Isaac was old*

וַתִּכְהֶיןָ consec.-Qal impf. 3 f. p. (כָּהָה I 462) *and were dim*

עֵינָיו n.f. du.-3 m.s. sf. (744) *his eyes*

מֵרְאֹת prep.-Qal inf. cstr. (רָאָה 906) *so that he could not see*

וַיִּקְרָא consec.-Qal impf. 3 m.s. (894) *he called*

אֶת־עֵשָׂו dir. obj.-pr.n. (796) *Esau*

בְּנוֹ הַגָּדֹל n.m.s.-3 m.s. sf. (119)-def. art.-adj.m.s. (152) *his older son*

וַיֹּאמֶר אֵלָיו consec.-Qal impf. 3 m.s. (55)-prep.-3 m.s. sf. *and said to him*

בְּנִי n.m.s.-1 c.s. sf. (119) *My son*

וַיֹּאמֶר אֵלָיו consec.-Qal impf. 3 m.s. (55)-prep.-3 m.s. sf. *and he answered*

הִנֵּנִי demons. part. (243)-1 c.s. sf. *Here I am*

27:2

וַיֹּאמֶר consec.-Qal impf. 3 m.s. (55) *he said*

הִנֵּה־נָא demons. part. (243)-part. of entreaty (609) *Behold*

זָקַנְתִּי Qal pf. 1 c.s. (זָקֵן 278) *I am old*

לֹא יָדַעְתִּי neg.-Qal pf. 1 c.s. (393) *I do not know*

יוֹם מוֹתִי n.m.s. cstr. (398)-n.m.s.-1 c.s. sf. (560) *the day of my death*

27:3

וְעַתָּה conj.-adv. (773) *now then*

שָׂא־נָא Qal impv. 2 m.s. (נָשָׂא 669)-part. of entreaty (609) *take*

כֵלֶיךָ n.m.p.-2 m.s. sf. (479) *your weapons*

תֶּלְיְךָ n.m.s.-2 m.s. sf. (1068) *your quiver*

וְקַשְׁתֶּךָ conj.-n.f.s.-2 m.s. sf. (905) *and your bow*

וְצֵא conj.-Qal impv. 2 m.s. (יָצָא 422) *and go out*

הַשָּׂדֶה def. art.-n.m.s. (961) *to the field*

וְצוּדָה לִּי conj.-Qal impv. 2 m.s.-vol. he (צוּד I 844)-prep.-1 c.s. sf. *and hunt for me*

צָיִדה n.m.s. paus. (I 844) *game*

27:4

וַעֲשֵׂה־לִי conj.-Qal impv. 2 m.s. (I 793) - prep.-1 c.s. sf. *and prepare for me*

מַטְעַמִּים n.m.p. (381) *savory food*

כַּאֲשֶׁר אָהַבְתִּי prep.-rel.-Qal pf. 1 c.s. (אָהַב 12) *such as I love*

וְהָבִיאָה conj.-Hi. impf. 2 m.s.-coh. he (בּוֹא 97) *and bring it*

לִּי prep.-1 c.s. sf. *to me*

וְאֹכֵלָה conj.-Qal impf. 1 c.s.-vol. he (אָכַל 37) *that I may eat*

בַּעֲבוּר prep.-prep. (II 721) *that*

תְּבָרֶכְךָ Pi. impf. 3 f.s.-2 m.s. sf. (בָּרַךְ 138) *may bless you*

נַפְשִׁי n.f.s.-1 c.s. sf. (659) *I (myself)*

בְּטֶרֶם אָמוּת prep.-adv. (382) - Qal impf. 1 c.s. (מוּת 559) *before I die*

27:5

וְרִבְקָה conj.-pr.n. (918) *now Rebekah*

שֹׁמַעַת Qal act. ptc. f.s. (1033) *was listening*

בְּדַבֵּר יִצְחָק prep.-Pi. inf. cstr. (180)-pr.n. (850) *when Isaac spoke*

אֶל־עֵשָׂו prep.-pr.n. (796) *to Esau*

בְּנוֹ n.m.s.-3 m.s. sf. (119) *his son*

וַיֵּלֶךְ consec.-Qal impf. 3 m.s. (הָלַךְ 229) *so when ... went*

עֵשָׂו pr.n. (796) *Esau*

הַשָּׂדֶה def. art.-n.m.s. (961) *to the field*

לָצוּד צַיִד prep.-Qal inf. cstr. (I 844)-n.m.s. (I 844) *to hunt for game*

לְהָבִיא prep.-Hi. inf. cstr. (בּוֹא 97) *and bring it*

27:6

וְרִבְקָה conj.-pr.n. *Rebekah*

אָמְרָה Qal pf. 3 f.s. (55) *said*

אֶל־יַעֲקֹב prep.-pr.n. (784) *to Jacob*

בְּנָהּ n.m.s.-3 f.s. sf. (119) *her son*

לֵאמֹר prep.-Qal inf. cstr. (55) *(saying)*

הִנֵּה שָׁמַעְתִּי demons. part. (243)-Qal pf. 1 c.s. (1033) *(behold) I heard*

אֶת־אָבִיךָ dir. obj.-n.m.s.-2 m.s. sf. (3) *your father*

מְדַבֵּר Pi. ptc. (180) *speak*

אֶל־עֵשָׂו prep.-pr.n. (796) *to Esau*

אָחִיךָ n.m.s.-2 m.s. sf. (26) *your brother*

לֵאמֹר prep.-Qal inf. cstr. (55) *(saying)*

27:7

הָבִיאָה לִּי Hi. impf. 2 m.s.-vol. he (בּוֹא 97)-prep.-1 c.s. sf. *Bring me*

צַיִד n.m.s. (I 844) *game*

וַעֲשֵׂה־לִי conj.-Qal impv. 2 m.s. (I 793)-prep.-1 c.s. sf. *and prepare for me*

מַטְעַמִּים n.m.p. (381) *savory food*

וְאֹכֵלָה conj.-Qal impf. 1 c.s.-coh. he (אָכַל 37) *that I may eat it*

וַאֲבָרֶכְכָה conj.-Pi. impf. 1 c.s.-2 m.s. sf. (בָּרַךְ 138) *and bless you*

לִפְנֵי יהוה prep.-n.m.p. cstr. (815)-pr.n. (217) *before Yahweh*

לִפְנֵי מוֹתִי v.supra.-n.m.s.-1 c.s. sf. (560) *before I die*

27:8

וְעַתָּה בְנִי conj.-adv. (773)-n.m.s.-1 c.s. sf. (119) *now therefore, my son*

שְׁמַע בְּקֹלִי Qal impv. 2 m.s. (1033)-prep.-n.m.s.-1 c.s. sf. (876) *obey my word*

לַאֲשֶׁר אֲנִי prep.-rel.-pers. pr. 1 c.s. (58) *as I*

מְצַוָּה אֹתָךְ Pi. ptc. f.s. (צָוָה 845)-dir. obj.-2 m.s. sf. paus. *command you*

27:9

לֶךְ־נָא Qal impv. 2 m.s. (הָלַךְ 229)-part. of entreaty (609) *Go*

אֶל־הַצֹּאן prep.-def. art.-n.f.s. (838) *to the flock*

וְקַח־לִי conj.-Qal impv. 2 m.s. (לָקַח 542)-prep.-1 c.s. sf. *and fetch me*

מִשָּׁם prep.-adv. (1027) *(from there)*

שְׁנֵי גְּדָיֵי num. m.p. cstr. (1040)-n.m.p cstr. (152) *two kids of*

עִזִּים טֹבִים n.f.p. (777) - adj. m.p. (II 373) *good goats*

וְאֶעֱשֶׂה אֹתָם conj.-Qal impf. 1 c.s. (עָשָׂה I 793) - dir.obj.-3 m.p. sf. *that I may prepare them*

מַטְעַמִּים n.m.p. (381) *savory food*

לְאָבִיךָ prep.-n.m.s.-2 m.s. sf. (3) *for your father*

כַּאֲשֶׁר אָהֵב prep.-rel.-Qal pf. 3 m.s. (12) *such as he loves*

27:10

וְהֵבֵאתָ conj.-Hi. pf. 2 m.s. (בּוֹא 97) *and you shall bring it*

לְאָבִיךָ prep.-n.m.s.-2 m.s. sf. (3) *to your father*

וְאָכָל conj.-Qal pf. 3 m.s. paus. (37) *to eat*

בַּעֲבֻר אֲשֶׁר prep.-conj. (721)-rel. *so that*

יְבָרֶכְךָ Pi. impf. 3 m.s.-2 m.s. sf. (בָּרַךְ 138) *he may bless you*

לִפְנֵי מוֹתוֹ prep.-n.m.p. cstr. (815)-n.m.s.-3 m.s. sf. (560) *before he dies*

27:11

וַיֹּאמֶר יַעֲקֹב consec.-Qal impf. 3 m.s. (55)-pr.n. (784) *but Jacob said*

אֶל־רִבְקָה prep.-pr.n. (918) *to Rebekah*

אִמּוֹ n.f.s.-3 m.s. sf. (51) *his mother*

הֵן עֵשָׂו demons. part. (243)-pr.n. (796) *Behold, Esau*

אָחִי n.m.s.-1 c.s. sf. (26) *my brother*

אִישׁ שָׂעִר n.m.s. (35)-adj. m.s. (I 972) *a hairy man*

וְאָנֹכִי conj.-pers. pr. 1 c.s. (59) *and I am*

אִישׁ חָלָק n.m.s. (35)-adj. m.s. (325) *a smooth man*

27:12

אוּלַי adv. (19) *perhaps*

יְמֻשֵּׁנִי אָבִי Qal impf. 3 m.s.-1 c.s. sf. (מָשַׁשׁ 606)-n.m.s.-1 c.s. sf. (3) *my father will feel me*

וְהָיִיתִי conj.-Qal pf. 1 c.s. (הָיָה 224) *and I shall seem to be*

בְעֵינָיו prep.-n.f.du.-3 m.s. sf. (744) *(in his eyes)*

כִּמְתַעְתֵּעַ prep.-Pilpel ptc. (תָּעַע 1073) *mocking*

וְהֵבֵאתִי עָלַי conj.-Hi. pf. 1 c.s. (בּוֹא 97)-prep.-1 c.s. sf. *and bring upon myself*

קְלָלָה n.f.s. (887) *a curse*

וְלֹא בְרָכָה conj.-neg.-n.f.s. (139) *and not a blessing*

27:13

וַתֹּאמֶר לוֹ consec.-Qal impf. 3 f.s. (55)-prep.-3 m.s. sf. *said to him*

אִמּוֹ n.f.s.-3 m.s. sf. (51) *his mother*

עָלַי קִלְלָתְךָ prep.-1 c.s. sf.-n.f.s.-2 m.s. sf. (887) *your curse upon me*

בְּנִי n.m.s.-1 c.s. sf. (119) *my son*

אַךְ שְׁמַע adv. (36)-Qal impv. 2 m.s. (1033) *only obey*

בְּקֹלִי prep.-n.m.s.-1 c.s. sf. (876) *my word*

וְלֵךְ conj.-Qal impv. 2 m.s. (הָלַךְ 229) *and go*

קַח־לִי Qal impv. 2 m.s. (הָלַךְ 542)-prep.-1 c.s. sf. *fetch them to me*

27:14

וַיֵּלֶךְ consec.-Qal impf. 3 m.s. (הָלַךְ 229) *so he went*

וַיִּקַּח consec.-Qal impf. 3 m.s. (לָקַח 542) *and took*

וַיָּבֵא consec.-Hi. impf. 3 m.s. (בּוֹא 97) *and brought*

לְאִמּוֹ prep.-n.f.s.-3 m.s. sf. (51) *to his mother*

וַתַּעַשׂ אִמּוֹ consec.-Qal impf. 3 f.s. (עָשָׂה I 793)-n.f.s.-3 m.s. sf. (51) *and his mother prepared*

מַטְעַמִּים n.m.p. (381) *savory food*

כַּאֲשֶׁר אָהֵב prep.-rel.-Qal pf. 3 m.s. (12) *such as ... loved*

אָבִיו n.m.s.-3 m.s. sf. (3) *his father*

27:15

וַתִּקַּח רִבְקָה consec.-Qal impf. 3 f.s. (לָקַח 542) - pr.n. (918) *then Rebekah took*

אֶת־בִּגְדֵי עֵשָׂו dir.obj.-n.m.p. cstr. (93) - pr.n. (796) *the garments of Esau*

בְּנָהּ n.m.s.-3 f.s. sf. (119) *her son*

הַגָּדֹל def. art.-adj. m.s. (152) *older*

הַחֲמֻדֹת def. art.-n.f.p. (326) *best*

אֲשֶׁר אִתָּהּ rel.-prep.-3 f.s. sf. (II 85) *which were with her*

בַּבָּיִת prep.-def. art.-n.m.s. (108) *in the house*

וַתַּלְבֵּשׁ consec.-Hi. impf. 3 f.s. (527) *and put them*

אֶת־יַעֲקֹב dir. obj.-pr.n. (784) *on Jacob*

בְּנָהּ הַקָּטָן n.m.s.-3 f.s. sf. (119)-def. art.-adj. m.s. (881) *her younger son*

27:16

וְאֵת עֹרֹת conj.-dir. obj.-n.m.p. cstr. (736) *and the skins of*

גְּדָיֵי הָעִזִּים n.m.p. cstr. (152) - def.art.-n.f.p. (777) *the kids*

הִלְבִּישָׁה Hi. pf. 3 f.s. (לָבַשׁ 527) *she put*

עַל־יָדָיו prep.-n.f.du.-3 m.s. sf. (388) *upon his hands*

וְעַל חֶלְקַת צַוָּארָיו conj.-prep.-n.f.s. cstr. (II 325)-n.m.p.-3 m.s. sf. (848) *and upon the smooth part of his neck*

27:17

וַתִּתֵּן consec.-Qal impf. 3 f.s. (נָתַן 678) *and she gave*

אֶת־הַמַּטְעַמִּים dir. obj.-def. art.-n.m.p. (381) *the savory food*

וְאֶת־הַלֶּחֶם conj.-dir. obj.-def. art.-n.m.s. (536) *and the bread*

אֲשֶׁר עָשָׂתָה rel.-Qal pf. 3 f.s. (עָשָׂה I 793) *which she had prepared*

בְּיַד יַעֲקֹב prep.-n.f.s. cstr. (388)-pr.n. (784) *into the hand of Jacob*

בְּנָהּ n.m.s.-3 f.s. sf. (119) *her son*

27:18

וַיָּבֹא consec.-Qal impf. 3 m.s. (בּוֹא 97) *so he went in*

אֶל־אָבִיו prep.-n.m.s.-3 m.s. sf. (3) *to his father*

וַיֹּאמֶר consec.-Qal impf. 3 m.s. (55) *and said*

אָבִי n.m.s.-1 c.s. sf. (3) *My father*

וַיֹּאמֶר consec.-Qal impf. 3 m.s. (55) *and he said*

הִנֶּנִּי demons. part.-1 c.s. sf. (243) *Here I am*

מִי אַתָּה interr. (566)-pers. pr. 2 m.s. (61) *who are you*

בְּנִי n.m.s.-1 c.s. sf. (119) *my son*

27:19

וַיֹּאמֶר יַעֲקֹב consec.-Qal impf. 3 m.s. (55)-pr.n. (784) *Jacob said*

אֶל־אָבִיו prep.-n.m.s.-3 m.s. sf. (3) *to his father*

אָנֹכִי עֵשָׂו pers. pr. 1 c.s. (59)-pr.n. (796) *I am Esau*

בְּכֹרֶךָ n.m.s.-2 m.s. sf. (114) *your first-born*

עָשִׂיתִי Qal pf. 1 c.s. (עָשָׂה I 793) *I have done*

כַּאֲשֶׁר דִּבַּרְתָּ prep.-rel.-Pi. pf. 2 m.s. (180) *as you told*

אֵלָי prep.-1 c.s. sf. *me*

קוּם־נָא שְׁבָה Qal impv. 2 m.s. (877)-part. of entreaty (609)-Qal impv. 2 m.s.-coh. he(יָשַׁב 442) *now sit up*

וְאָכְלָה conj.-Qal impv. 2 m.s.-coh. he (37) *and eat*

מִצֵּידִי prep.-n.m.s.-1 c.s. sf. (I 844) *of my game*

בַּעֲבוּר prep.-conj. (II 721) *that*

תְּבָרֲכַנִּי Pi. impf. 3 f.s.-1 c.s. sf. (בָּרַךְ 138) *may bless me*

נַפְשֶׁךָ n.f.s.-2 m.s. sf. (659) *You yourself*

27:20

וַיֹּאמֶר יִצְחָק consec.-Qal impf. 3 m.s. (55) - pr.n. (850) *But Isaac said*

אֶל־בְּנוֹ prep.-n.m.s.-3 m.s. sf. (119) *to his son*

מַה־זֶּה interr. (552) - demons. adj. m.s. (260) *how is it*

מִהַרְתָּ Pi. pf. 2 m.s. (מָהַר I 554) *have you ... so quickly*

לִמְצֹא prep.-Qal inf. cstr. (מָצָא 592) *found*

בְּנִי n.m.s.-1 c.s. sf. (119) *my son*

וַיֹּאמֶר consec.-Qal impf. 3 m.s. (55) *he answered*

כִּי הִקְרָה conj.-Hi. pf. 3 m.s. (קָרָה 899) *Because ... granted success*

יהוה אֱלֹהֶיךָ pr.n. (217)-n.m.p.-2 m.s. sf. (43) *Yahweh your God*

לְפָנָי prep.-n.m.p.-1 c.s. sf. paus. (815) *me*

27:21

וַיֹּאמֶר יִצְחָק consec.-Qal impf. 3 m.s. (55)-pr.n. (850) *then Isaac said*

אֶל־יַעֲקֹב prep.-pr.n. (784) *to Jacob*

גְּשָׁה־נָּא Qal impv. 2 m.s.-coh. he (נָגַשׁ 620)-part. of entreaty (609) *Come now*

וַאֲמֻשְׁךָ conj.-Qal impf. 1 c.s.-2 m.s. sf. (מוּשׁ I 559) *that I may feel you*

בְּנִי n.m.s.-1 c.s. sf. (119) *my son*

הַאַתָּה זֶה בְּנִי interr.-pers. pr. 2 m.s. (61)-demons.adj. m.s. (260)-n.m.s.-1 c.s. sf. (119) *whether you are really my son*

עֵשָׂו pr.n. (796) *Esau*

אִם־לֹא conj. (49)-neg. *or not*

27:22

וַיִּגַּשׁ יַעֲקֹב consec.-Qal impf. 3 m.s. (נָגַשׁ 620)-pr.n. (784) *so Jacob went near*

אֶל־יִצְחָק prep.-pr.n. (850) *to Isaac*

אָבִיו n.m.s.-3 m.s. sf. (3) *his father*

וַיְמֻשֵּׁהוּ consec.-Qal impf. 3 m.s.-3 m.s. sf. (מוּשׁ 606) *who felt him*

וַיֹּאמֶר consec.-Qal impf. 3 m.s. (55) *and said*

הַקֹּל def. art.-n.m.s. (876) *The voice*

קוֹל יַעֲקֹב n.m.s. cstr. (876)-pr.n. (784) *the voice of Jacob*

וְהַיָּדַיִם conj.-def. art.-n.f.du. (388) *but the hands*

יְדֵי עֵשָׂו n.f. du. cstr. (388) - pr.n. (796) *the hands of Esau*

27:23

וְלֹא הִכִּירוֹ conj.-neg.-Hi. pf. 3 m.s. (נָכַר 647)-3 m.s. sf. *and he did not recognize him*

כִּי־הָיוּ יָדָיו conj.-Qal pf. 3 c.p. (הָיָה 224)-n.f. du.-3 m.s. sf. *because his hands were*

כִּידֵי עֵשָׂו prep.-n.f. du. cstr. (388)-pr.n. (796) *like the hands of Esau*

אָחִיו n.m.s.-3 m.s. sf. (26) *his brother*

שְׂעִרֹת adj. f.p. (I 972) *hairy*

וַיְבָרְכֵהוּ consec.-Pi. impf. 3 m.s.-3 m.s. sf. (בָּרַךְ 138) *so he blessed him*

27:24

וַיֹּאמֶר consec.-Qal impf. 3 m.s. (55) *he said*

אַתָּה זֶה בְּנִי pers. pr. 2 m.s. (61)-demons. adj. m.s. (260)-n.m.s.-1 c.s. sf. (119) *Are you really my son*

עֵשָׂו pr.n. (796) *Esau*

וַיֹּאמֶר אָנִי v. supra-pers. pr. 1 c.s. paus. (58) *He answered, I am*

27:25

וַיֹּאמֶר consec.-Qal impf. 3 m.s. (55) *then he said*

הַגִּשָׁה לִי Hi. impv. 2 m.s.-coh. he (נָגַשׁ 620)-prep.-1 c.s. sf. *Bring it to me*

וְאֹכְלָה conj.-Qal impf. 1 c.s.-coh. he (אָכַל 37) *that I may eat*

מִצֵּיד בְּנִי prep.-n.m.s. cstr. (I 844) - n.m.s.-1 c.s. sf. (119) *of my son's game*

לְמַעַן תְּבָרֶכְךָ prep. (775)-Pi. impf. 3 f.s.-2 m.s. sf. (138) *and bless you*

נַפְשִׁי n.f.s.-1 c.s. sf. (659) *I myself*

וַיַּגֶּשׁ־לוֹ consec.-Hi. impf. 3 m.s. (נָגַשׁ 620)-prep.-3 m.s. sf. *So he brought to him*

וַיֹּאכַל consec.-Qal impf. 3 m.s. (37) *and he ate*

וַיָּבֵא לוֹ consec.-Hi. impf. 3 m.s. (בּוֹא 97)-prep.-3 m.s. sf. *and he brought him*

יַיִן וַיֵּשְׁתְּ n.m.s. (406)-consec.-Qal impf. 3 m.s. (שָׁתָה I 1059) *wine and he drank*

27:26

וַיֹּאמֶר אֵלָיו consec.Qal impf. 3 m.s. (55)-prep.-3 m.s. sf. *then ... said to him*

יִצְחָק אָבִיו pr.n. (850)-n.m.s.-3 m.s. sf. (3) *Isaac his father*

גְּשָׁה־נָּא Qal impv. 2 m.s.-coh. he (נָגַשׁ 620)-part. of entreaty (609) *Come near*

וּשְׁקָה־לִּי conj.-Qal impv. 2 m.s.-coh. he (נָשַׁק I 676)-prep.-1 c.s. sf. *and kiss me*

בְּנִי n.m.s.-1 c.s. sf. (119) *my son*

27:27

וַיִּגַּשׁ consec.-Qal impf. 3 m.s. (נָגַשׁ 620) *so he came near*

וַיִּשַּׁק־לוֹ consec.-Qal impf. 3 m.s. (נָשַׁק I 676)-prep.-3 m.s. sf. *and kissed him*

וַיָּרַח אֶת־רֵיחַ consec.-Hi. impf. 3 m.s. (רִיחַ 926)-dir. obj.-n.m.s. cstr. (926) *and he smelled the smell of*

בְּגָדָיו n.m.p.-3 m.s. sf. (93) *his garments*

וַיְבָרֲכֵהוּ consec.-Pi. impf. 3 m.s.-3 m.s. sf. (בָּרַךְ 138) *and blessed him*

וַיֹּאמֶר consec.-Qal impf. 3 m.s. (55) *and said*

רְאֵה Qal impv. 2 m.s. (906) *See*

רֵיחַ בְּנִי n.m.s. cstr. (926)-n.m.s.-1 c.s. sf. (119) *the smell of my son*

כְּרֵיחַ שָׂדֶה prep.-n.m.s. cstr. (926) - n.m.s. (961) *as the smell of a field*

אֲשֶׁר בֵּרֲכוֹ rel.-Pi. pf. 3 m.s.-3 m.s. sf. (בָּרַךְ 138) *which ... has blessed*

יהוה pr.n. (217) *Yahweh*

27:28

וְיִתֶּן־לְךָ conj.-Qal impf. 3 m.s. (נָתַן 678)-prep.-2 m.s. sf. *May ... give you*

הָאֱלֹהִים def. art.-n.m.p. (43) *God*

מִטַּל הַשָּׁמַיִם prep.-n.m.s. cstr. (378) - def.art.-n.m.p. (1029) *of the dew of heaven*

וּמִשְׁמַנֵּי הָאָרֶץ conj.-prep.-n.m.p. cstr. (1032)-def. art.-n.f.s. (75) *and of the fatness of the earth*

וְרֹב דָּגָן conj.-n.m.s. cstr. (913)-n.m.s. (186) *and plenty of grain*

וְתִירֹשׁ conj.-n.m.s. (440) *and wine*

27:29

יַעַבְדוּךָ Qal impf. 3 m.p.-2 m.s. sf. (עָבַד 712) *let ... serve you*

עַמִּים n.m.p. (I 766) *peoples*

וְיִשְׁתַּחֲוֻ conj.-Hithpalel impf. 3 m.p. (שָׁחָה 1005) *and bow down*

לְךָ לְאֻמִּים prep.-2 m.s. sf.-n.m.p. (522) *nations ... to you*

הֱוֵה Qal impv. 2 m.s. (הָוָה 217) *Be*

גְּבִיר לְאַחֶיךָ n.m.s. (150)-prep.-n.m.p.-2 m.s. sf. (26) *lord over your brothers*

וְיִשְׁתַּחֲווּ conj.-Hithpalel impf. 3 c.p. (שָׁחָה 1005) *and may ... bow down*

לְךָ בְּנֵי אִמֶּךָ prep.-2 m.s. sf.-n.m.p. cstr. (119)-n.f.s.-2 m.s. sf. (51) *to you your mother's sons*

אֹרְרֶיךָ Qal act. ptc. m.p.-2 m.s. sf. (אָרַר 76) *every one who curses you*

אָרוּר Qal pass. ptc. (76) *Cursed be*

וּמְבָרֲכֶיךָ conj.-Pi. ptc. m.p.-2 m.s. sf. (בָּרַךְ 138) *and every one who blesses you*

בָּרוּךְ Qal pass. ptc. (138) *blessed be*

27:30

וַיְהִי consec.-Qal impf. 3 m.s. (הָיָה 224) *(and it proceeded to be)*

כַּאֲשֶׁר כִּלָּה prep.-rel.-Pi. pf. 3 m.s. (כָּלָה 477) *as soon as ... had finished*

יִצְחָק pr.n. (850) *Isaac*

לְבָרֵךְ prep.-Pi. inf. cstr. (138) *blessing*

אֶת־יַעֲקֹב dir. obj.-pr.n. (784) *Jacob*

וַיְהִי consec.-Qal impf. 3 m.s. (הָיָה 224) *when*

אַךְ יָצֹא יָצָא adv. (36)-Qal inf. abs. (422)-Qal pf. 3 m.s. (422) *had scarcely gone out*

יַעֲקֹב pr.n. (784) *Jacob*

מֵאֵת פְּנֵי prep.-prep. (II 85)-n.m.p. cstr. (815) *from the presence of*

יִצְחָק אָבִיו pr.n. (850)-n.m.s.-3 m.s. sf. (3) *Isaac his father*

וְעֵשָׂו אָחִיו conj.-pr.n. (796)-n.m.s.-3 m.s. sf. (26) *Esau his brother*

בָּא מִצֵּידוֹ Qal pf. 3 m.s. (בּוֹא 97)-prep.-n.m.s.-3 m.s. sf. (I 844) *came in from his hunting*

27:31

וַיַּעַשׂ גַּם־הוּא consec.-Qal impf. 3 m.s. (עָשָׂה I 793)-adv. (168)-pers. pr. 3 m.s. (214) *he also prepared*

מַטְעַמִּים n.m.p. (381) *savory food*

וַיָּבֵא לְאָבִיו consec.-Hi. impf. 3 m.s. (בּוֹא 97)-prep.-n.m.s.-3 m.s. sf. (3) *and brought to his father*

וַיֹּאמֶר consec.-Qal impf. 3 m.s. (55) *And he said*

לְאָבִיו v. supra *to his father*

יָקֻם אָבִי Qal impf. 3 m.s. apoc. (קוּם 877)-n.m.s.-1 c.s. sf. (3) *Let my father arise*

וְיֹאכַל conj.-Qal impf. 3 m.s. (37) *and eat*

מִצֵּיד בְּנוֹ prep.-n.m.s. (I 844) - n.m.s.-3 m.s. sf. (119) *of his son's game*

בַּעֲבוּר תְּבָרֲכַנִּי prep.-conj. (721)-Pi. impf. 3 f.s.-1 c.s. sf. (138) *that you may bless me*

נַפְשֶׁךָ n.f.s.-2 m.s. sf. (659) *You yourself*

27:32

וַיֹּאמֶר לוֹ consec.-Qal impf. 3 m.s. (55)-prep.-3 m.s. sf. *said to him*

יִצְחָק אָבִיו pr.n. (850)-n.m.s.-3 m.s. sf. (3) *Isaac his father*

מִי־אָתָּה interr. (566) - pers.pr. 2 m.s. (61) *Who are you?*

וַיֹּאמֶר v.supra *he answered*

אֲנִי בִּנְךָ pers. pr. 1 c.s. (58)-n.m.s.-2 m.s. sf. (119) *I am your son*

בְּכֹרְךָ עֵשָׂו n.m.s.-2 m.s. sf. (114)-pr.n. (796) *your first-born, Esau*

27:33

וַיֶּחֱרַד יִצְחָק consec.-Qal impf. 3 m.s. (353)-pr.n. (850) *Then Isaac trembled*

חֲרָדָה גְּדֹלָה עַד־מְאֹד n.f.s. (I 353)-adj. f.s. (152)-prep.-adv. (547) *violently*

וַיֹּאמֶר consec.-Qal impf.3 m.s. (55) *and said*

מִי־אֵפוֹא interr. (566)-enclitic part. (66) *Who was it then*

הוּא הַצָּר־צַיִד pers. pr. 3 m.s. (214)-def. art.-Qal act. ptc. (I 844)-n.m.s. (I 844) *that hunted game*

וַיָּבֵא לִי consec.-Hi. impf. 3 m.s. (בּוֹא 97)-prep.-1 c.s. sf. *and brought to me*

וָאֹכַל מִכֹּל consec.-Qal impf. 1 c.s. (אָכַל 37)-prep.-n.m.s. (481) *and I ate it all (*lit. *of all)*

בְּטֶרֶם תָּבוֹא prep.-adv. (382)-Qal impf. 2 m.s. (97) *before you came*

וָאֲבָרֲכֵהוּ consec.-Pi. impf. 1 c.s.-3 m.s. sf. (138) *and I have blessed him*

גַּם־בָּרוּךְ adv. (168)-Qal pass. ptc. (138) *yes, and blessed*

יִהְיֶה Qal impf. 3 m.s. (הָיָה 224) *he shall be*

27:34

כִּשְׁמֹעַ עֵשָׂו **prep.-Qal inf. cstr. (1033) - pr.n. (796)** ***when Esau heard***

אֶת־דִּבְרֵי אָבִיו dir. obj.-n.m.p. cstr. (182)-n.m.s.-3 m.s. sf. (3) *the words of his father*

וַיִּצְעַק צְעָקָה consec.-Qal impf. 3 m.s. (858)-n.f.s. (858) *he cried out with a cry*

גְּדֹלָה וּמָרָה adj. f.s. (152)-conj.-adj. f.s. (I 600) *great and bitter*

עַד־מְאֹד prep.-adv. (547) *exceedingly*

וַיֹּאמֶר consec.-Qal impf. 3 m.s. (55) *and said*

לְאָבִיו prep.-n.m.s.-3 m.s. sf. (3) *to his father*

בָּרֲכֵנִי Pi. impv. 2 m.s.-1 c.s. sf. (בָּרַךְ 138) *Bless me*

גַם־אָנִי adv. (168)-pers. pr. 1 c.s. (58) *even me also*

אָבִי n.m.s.-1 c.s. sf. (3) *O my father*

27:35

וַיֹּאמֶר consec.-Qal impf. 3 m.s. (55) *but he said*

בָּא אָחִיךָ Qal pf. 3 m.s. (בּוֹא 97)-n.m.s.-2 m.s. sf. (26) *Your brother came*

בְּמִרְמָה prep.-n.f.s. (941) *with guile*

וַיִּקַּח consec.-Qal impf. 3 m.s. (לָקַח 542) *and he has taken away*

בִּרְכָתֶךָ n.f.s.-2 m.s. sf. paus. (139) *your blessing*

27:36

וַיֹּאמֶר consec.-Qal impf. 3 m.s. (55) *and he said*

הֲכִי interr.-conj. (472) *is he not rightly*

קָרָא שְׁמוֹ Qal pf. 3 m.s. (894)-n.m.s.-3 m.s. sf. (1027) *named*

יַעֲקֹב pr.n. (784) *Jacob*

וַיַּעְקְבֵנִי consec.-Qal impf. 3 m.s.-1 c.s. sf. (עָקַב 784) *for he has supplanted me*

זֶה פַעֲמַיִם demons. adj. m.s. (260)-n.f. du. (821) *these two times*

אֶת־בְּכֹרָתִי dir. obj.-n.f.s.-1 c.s. sf. (114) *my birthright*

לָקָח Qal pf. 3 m.s. paus. (542) *he took away*

וְהִנֵּה עַתָּה conj.-demons. part. (243)-adv. (773) *and behold now*

לָקַח בִּרְכָתִי Qal pf. 3 m.s. (542)-n.f.s.-1 c.s. sf. (139) *he has taken away my blessing*

וַיֹּאמַר consec.-Qal impf. 3 m.s. (55) *then he said*

הֲלֹא־אָצַלְתָּ interr.-neg.-Qal pf. 2 m.s. (69) *Have you not reserved*

לִּי בְּרָכָה prep.-1 c.s. sf.-n.f.s. (139) *for me a blessing*

27:37

וַיַּעַן יִצְחָק consec.-Qal impf. 3 m.s. (עָנָה I 772)-pr.n. (850) *Isaac answered*

וַיֹּאמֶר לְעֵשָׂו consec.-Qal impf. 3 m.s. (55)-prep.-pr.n. (796) *and said to Esau*

הֵן גְּבִיר demons. part. (243)-n.m.s. (150) *Behold lord*

שַׂמְתִּיו לָךְ Qal pf. 1 c.s.-3 m.s. sf. (שִׂים 962)-prep.-2 m.s. sf. paus. *I have made him over you*

וְאֶת־כָּל־אֶחָיו conj.-dir. obj.-n.m.s. cstr. (481)-n.m.p.-3 m.s. sf. (26) *and all his brothers*

נְתַתִּי לוֹ Qal pf. 1 c.s. (נָתַן 678)-prep.-3 m.s. sf. *I have given to him*

לַעֲבָדִים prep.-n.m.p. (713) *for servants*

וְדָגָן conj.-n.m.s. (186) *and with grain*

וְתִירֹשׁ conj.-n.m.s. (440) *and wine*

סְמַכְתִּיו Qal pf.1 c.s.-3 m.s. sf. (סָמַךְ 701) *I have sustained him*

וּלְכָה אֵפוֹא conj.-prep.-2 m.s. sf.-enclitic part. (66) *for you then*

מָה אֶעֱשֶׂה interr. (552)-Qal impf. 1 c.s. (עָשָׂה I 793) *What can I do*

בְּנִי n.m.s.-1 c.s. sf. (119) *my son*

27:38

וַיֹּאמֶר עֵשָׂו consec.-Qal impf. 3 m.s. (55)-pr.n. (796) *Esau said*

אֶל־אָבִיו prep.-n.m.s.-3 m.s. sf. (3) *to his father*

הַבְרָכָה אַחַת interr.-n.f.s. (139) - adj. f.s. (25) *one blessing?*

הִוא־לְךָ demons. f.s. (214) - prep.-2 m.s. sf. *it to you*

אָבִי n.m.s.-1 c.s. sf. (3) *my father*

בָּרְכֵנִי Pi. impv. 2 m.s.-1 c.s. sf. (138) *Bless me*

גַם־אָנִי adv. (168)-pers. pr. 1 c.s. (58) *even me also*

אָבִי n.m.s.-1 c.s. sf. (3) *my father*

וַיִּשָּׂא עֵשָׂו consec.-Qal impf. 3 m.s. (נָשָׂא 669)-pr.n. (796) *And Esau lifted up*

קֹלוֹ n.m.s.-3 m.s. sf. (876) *his voice*

וַיֵּבְךְּ consec.-Qal impf. 3 m.s. (בָּכָה 113) *and wept*

27:39

וַיַּעַן consec.-Qal impf. 3 m.s. (עָנָה I 772) *then ,,, answered*

יִצְחָק אָבִיו pr.n. (850)-n.m.s.-3 m.s. sf. (3) *Isaac his father*

וַיֹּאמֶר אֵלָיו consec.-Qal impf. 3 m.s. (55)-prep.-3 m.s. sf. *and said to him*

הִנֵּה demons. part. (243) *Behold*

מִשְׁמַנֵּי הָאָרֶץ prep.-n.m.p. cstr. (1032)-def. art.-n.f.s. (75) *away from the fatness of the earth*

יִהְיֶה מוֹשָׁבֶךָ Qal impf. 3 m.s. (224)-n.m.s.-2 m.s. sf. (444) *shall your dwelling be*

וּמִטַּל הַשָּׁמַיִם conj.-prep.-n.m.s. cstr. (378)-def. art.-n.m.p. (1029) *and away from the dew of heaven*

מֵעָל prep.-subst. paus. (752) *on high*

27:40

וְעַל־חַרְבְּךָ conj.-prep.-n.f.s.-2 m.s. sf. (352) *and by your sword*

תִחְיֶה Qal impf. 2 m.s. (310) *you shall live*

וְאֶת־אָחִיךָ conj.-dir. obj.-n.m.s.-2 m.s. sf. (26) *and your brother*

תַּעֲבֹד Qal impf. 2 m.s. (712) *you shall serve*

וְהָיָה conj.-Qal pf. 3 m.s. (224) *(and it shall be)*

כַּאֲשֶׁר תָּרִיד prep.-rel.-Hi. impf. 2 m.s. (רוד 923) *but when you break loose*

וּפָרַקְתָּ conj.-Qal pf. 2 m.s. (830) *you shall break*

עֻלּוֹ n.m.s.-3 m.s. sf. (760) *his yoke*

מֵעַל צַוָּארֶךָ prep.-prep.-n.m.s.-2 m.s. sf. (848) *from your neck*

27:41

וַיִּשְׂטֹם עֵשָׂו consec.-Qal impf. 3 m.s. (שָׂטַם 966)-pr.n. (796) *Now Esau hated*

אֶת־יַעֲקֹב dir. obj.-pr.n. (784) *Jacob*

עַל־הַבְּרָכָה prep.-def. art.-n.f.s. (139) *because of the blessing*

אֲשֶׁר בֵּרֲכוֹ rel.-Pi. pf. 3 m.s. sf. (138) *with which... had blessed him*

אָבִיו n.m.s.-3 m.s. sf. (3) *his father*

וַיֹּאמֶר עֵשָׂו consec.-Qal impf. 3 m.s. (55)-pr.n. (796) *and Esau said*

בְּלִבּוֹ prep.-n.m.s.-3 m.s. sf. (524) *to himself*

יִקְרְבוּ Qal impf. 3 m.p. (897) *are approaching*

יְמֵי אֵבֶל n.m.p. cstr. (398) - n.m.s. cstr. (5) *the days of mourning for*

אָבִי n.m.s.-1 c.s. sf. (3) *my father*

וְאַהַרְגָה conj.-Qal impf. 1 c.s.-coh. he (הָרַג 246) *then I will kill*

אֶת־יַעֲקֹב אָחִי dir. obj.-pr.n. (784)-n.m.s.-1 c.s. sf. (26) *my brother Jacob*

27:42

וַיֻּגַּד consec.-Ho. impf. 3 m.s. (נָגַד 616) *But ... were told*

לְרִבְקָה prep.-pr.n. (918) *to Rebekah*

אֶת־דִּבְרֵי עֵשָׂו dir. obj.-n.m.p. cstr. (182)-pr.n. (796) *the words of Esau*

בְּנָהּ הַגָּדֹל n.m.s.-3 f.s. sf. (119)-def. art.-adj. m.s. (152) *her older son*

וַתִּשְׁלַח consec.-Qal impf. 3 f.s. (1018) *so she sent*

וַתִּקְרָא consec.-Qal impf. 3 f.s. (894) *and called*

לְיַעֲקֹב prep.-pr.n. (784) *Jacob*

בְּנָהּ הַקָּטָן n.m.s.-3 f.s. sf. (119) - def.art.-adj. m.s. (I 881) *her younger son*

וַתֹּאמֶר consec.-Qal impf. 3 f.s. (55) *and said*

אֵלָיו prep.-3 m.s. sf. *to him*

הִנֵּה עֵשָׂו demons. part. (243)-pr.n. (796) *Behold Esau*

אָחִיךָ n.m.s.-2 m.s. sf. (26) *your brother*

מִתְנַחֵם Hith. ptc. (נָחַם 636) *comforts himself*

לְךָ לְהָרְגֶךָ prep.-2 m.s. sf. - prep.-Qal inf. cstr.-2 m.s. sf. (הָרַג 246) ***concerning you to kill you***

27:43

וְעַתָּה בְנִי conj.-adv. (773)-n.m.s.-1 c.s. sf. (119) *now therefore my son*

שְׁמַע בְּקֹלִי Qal impv. 2 m.s. (1033)-prep.-n.m.s.-1 c.s. sf. (876) *obey my voice*

וְקוּם conj.-Qal impv. 2 m.s. (קוּם 877) *arise*

בְּרַח־לְךָ Qal impv. 2 m.s. (בָּרַח 137)-prep.-2 m.s. sf. *flee*

אֶל־לָבָן prep.-pr.n. (II 526) *to Laban*

אָחִי n.m.s.-1 c.s. sf. (26) *my brother*

חָרָנָה pr.n.-dir. he (I 357) *in Haran*

27:44

וְיָשַׁבְתָּ conj.-Qal pf. 2 m.s. (442) *and stay*

עִמּוֹ prep.-3 m.s. sf. *with him*

יָמִים אֲחָדִים n.m.p. (398)-adj. num. m.p. (25) *a while*

עַד אֲשֶׁר־תָּשׁוּב prep.-rel.-Qal impf. 3 f.s. (שׁוּב 996) *until ... turns away*

חֲמַת אָחִיךָ n.f.s. cstr. (404)-n.m.s.-2 m.s. sf. (26) *your brother's fury*

27:45

עַד־שׁוּב prep.-Qal inf. cstr. (שׁוּב 996) *until ... turns away*

אַף־אָחִיךָ n.m.s. cstr. (I 60)-n.m.s.-2 m.s. sf. (26) *your brother's anger*

מִמְּךָ prep.-2 m.s. sf. *from you*

וְשָׁכַח conj.-Qal pf. 3 m.s. (1013) *and he forgets*

אֵת אֲשֶׁר־עָשִׂיתָ לּוֹ dir. obj.-rel.-Qal pf. 2 m.s. (עָשָׂה I 793)-prep.-3 m.s. sf. *what you have done to him*

וְשָׁלַחְתִּי conj.-Qal pf. 1 c.s. (1018) *then I will send*

וּלְקַחְתִּיךָ conj.-Qal pf. 1 c.s.-2 m.s. sf. (542) *and fetch you*

מִשָּׁם prep.-adv. (1027) *from there*

לָמָה אֶשְׁכַּל prep.-interr. (552)-Qal impf. 1 c.s. (1013) *Why should I be bereft*

גַּם־שְׁנֵיכֶם adv. (168)-num.-2 m.p. sf. (1040) *of you both*

יוֹם אֶחָד n.m.s. (398)-num. adj. m.s. (25) *in one day*

27:46

וַתֹּאמֶר consec.-Qal impf. 3 f.s. (55) *then said*

רִבְקָה pr.n. (918) *Rebekah*

אֶל־יִצְחָק prep.-pr.n. (850) *to Isaac*

קַצְתִּי Qal pf. 1 c.s. (קוּץ I 880) *I am weary*

בְּחַיַּי prep.-adj. m.p.-1 c.s. sf. (311) *of my life*

מִפְּנֵי בְּנוֹת prep.-n.m.p. cstr. (815)-n.f.p. cstr. (I 123) *because of the ... women*

חֵת pr.n. (366) *Hittite*

אִם־לֹקֵחַ יַעֲקֹב hypoth.part. (49) - Qal act. ptc. (542) - pr.n. (784) *If Jacob marries*

אִשָּׁה n.f.s. (61) *a wife*

מִבְּנוֹת־חֵת prep.-n.f.p cstr. (I 123)-pr.n. (366) *one of the Hittite women*

כָּאֵלֶּה prep.-def. art.-demons. adj. c.p. (41) *such as these*

מִבְּנוֹת הָאָרֶץ prep.-n.f.p cstr. (I 123)-def. art.-n.f.s. (75) *one of the women of the land*

לָמָּה לִּי prep.-interr. (552)-prep.-1 c.s. sf. *what good will be to me*

חַיִּים adj. m.p. (311) *my life*

28:1

וַיִּקְרָא יִצְחָק consec.-Qal impf. 3 m.s. (894)-pr.n. (850) *then Isaac called*

אֶל־יַעֲקֹב prep.-pr.n. (784) *Jacob*

וַיְבָרֶךְ אֹתוֹ consec.-Pi. impf. 3 m.s. (138)-dir. obj.-3 m.s. sf. *and blessed him*

וַיְצַוֵּהוּ consec.-Pi. impf. 3 m.s.-3 m.s. sf.(צָוָה 845) *and charged him*

וַיֹּאמֶר לוֹ consec.-Qal impf. 3 m.s. (55) - prep.-3 m.s. sf. *and said to him*

לֹא־תִקַּח אִשָּׁה neg.-Qal impf. 2 m.s. (לָקַח 542) - n.f.s. (61) *you shall not marry*

מִבְּנוֹת כְּנָעַן prep.-n.f.p. cstr. (I 123)-pr.n. paus. (488) *one of the Canaanite women*

28:2

קוּם לֵךְ Qal impv. 2 m.s. (877)-Qal impv. 2 m.s. (הָלַךְ 229) *Arise go*

פַּדֶּנָה אֲרָם pr.n.-dir. he (804)-pr.n. (74) *to Paddan-aram*

בֵּיתָה בְתוּאֵל n.m.s. cstr.-dir. he (108) - pr.n. (I 143) *to the house of Bethuel*

אֲבִי אִמֶּךָ n.m.s. cstr. (3)-n.f.s.-2 m.s. sf. (51) *your mother's father*

וְקַח־לְךָ conj.-Qal impv. 2 m.s. (לָקַח 542)-prep.-2 m.s. sf. *and take*

מִשָּׁם אִשָּׁה prep.-adv. (1027)-n.f.s. (61) *from there a wife*

מִבְּנוֹת לָבָן prep.-n.f.p cstr. (I 123)-pr.n. (II 526) *one of the daughters of Laban*

אֲחִי אִמֶּךָ n.m.s. cstr. (26)-n.f.s.-2 m.s. sf. (51) *your mother's brother*

28:3

וְאֵל שַׁדַּי conj.-n.m.s. (42)-n.m.s. (994) *God Almighty*

יְבָרֵךְ אֹתְךָ Pi. impf. 3 m.s. (138)-dir. obj.-2 m.s. sf. *bless you*

וְיַפְרְךָ conj.-Hi. impf. 3 m.s.-2 m.s. sf. (פָּרָה 826) *and make you fruitful*

וְיַרְבֶּךָ conj.-Hi. impf. 3 m.s.-2 m.s. sf. (רָבָה I 915) *and multiply you*

וְהָיִיתָ conj.-Qal pf. 2 m.s. (הָיָה 224) *that you may become*

לִקְהַל עַמִּים prep.-n.m.s. cstr (874)-n.m.p. (I 766) *a company of peoples*

28:4

וְיִתֶּן־לְךָ conj.-Qal impf. 3 m.s. (נָתַן 678)-prep.-2 m.s. sf. *May he give to you*

אֶת־בִּרְכַּת dir. obj.-n.f.s. cstr. (139) *the blessing of*

אַבְרָהָם pr.n. (4) *Abraham*

לְךָ וּלְזַרְעֲךָ prep.-2 m.s. sf.-conj.-prep.-n.m.s.-2 m.s. sf. (282) *to you and to your descendants*

אִתָּךְ prep.-2 m.s. sf. paus. (II 85) *with you*

לְרִשְׁתְּךָ prep.-Qal inf. cstr.-2 m.s. sf. (יָרַשׁ 439) *that you may take possession*

אֶת־אֶרֶץ dir. obj.-n.f.s. cstr. (75) *of the land of*

מְגֻרֶיךָ n.m.p.-2 m.s. sf. (158) *your sojournings*

אֲשֶׁר־נָתַן rel.-Qal pf. 3 m.s. (678) *which ... gave*

אֱלֹהִים n.m.p. (43) *God*

לְאַבְרָהָם prep.-pr.n. (4) *to Abraham*

28:5

וַיִּשְׁלַח יִצְחָק consec.-Qal impf. 3 m.s. (1018)-pr.n. (850) *thus Isaac sent*

אֶת־יַעֲקֹב dir. obj.-pr.n. (784) *Jacob*

וַיֵּלֶךְ consec.-Qal impf. 3 m.s. (הָלַךְ 229) *and he went*

פַּדֶּנָה אֲרָם pr.n.-dir. he (804)-pr.n. (74) *to Paddan-aram*

אֶל־לָבָן prep.-pr.n. (II 526) *to Laban*

בֶּן־בְּתוּאֵל n.m.s. cstr. (119)-pr.n. (I 143) *the son of Bethuel*

הָאֲרַמִּי def. art.-pr.n. gent. (74) *the Aramean*

אֲחִי רִבְקָה n.m.s. cstr. (26)-pr.n. (918) *the brother of Rebekah*

אֵם יַעֲקֹב n.f.s. cstr. (51) - pr.n. (784) *mother of Jacob*

וְעֵשָׂו conj.-pr.n. (796) *and Esau*

28:6

וַיַּרְא עֵשָׂו consec.-Qal impf. 3 m.s. (רָאָה 906)-pr.n. (796) *now Esau saw*

כִּי־בֵרַךְ יִצְחָק conj.-Pi. pf. 3 m.s. (rd. בֵּרַךְ 138)-pr.n. (850) *that Isaac had blessed*

אֶת־יַעֲקֹב dir. obj.-pr.n. (784) *Jacob*

וְשִׁלַּח אֹתוֹ conj.-Pi. pf. 3 m.s. (1018)-dir. obj.-3 m.s. sf. *and sent him away*

פַּדֶּנָה אֲרָם pr.n.-dir. he (804)-pr.n. (74) *to Paddan-aram*

לָקַחַת־לוֹ prep.-Qal inf. cstr. (לָקַח 542)-prep.-3 m.s. sf. *to take*

מִשָּׁם prep.-adv. (1027) *from there*

אִשָּׁה n.f.s. (61) *a wife*

בְּבָרְכוֹ אֹתוֹ prep.-Qal inf. cstr.-3 m.s. sf. (138)-dir. obj.-3 m.s. sf. *and that as he blessed him*

וַיְצַו עָלָיו consec.-Pi. impf. 3 m.s. (צָוָה 845)-prep.-3 m.s. sf. *he charged him*

לֵאמֹר prep.-Qal inf. cstr. (55) *(saying)*

לֹא־תִקַּח אִשָּׁה neg.-Qal impf. 2 m.s. (לָקַח 542)-n.f.s. (61) *you shall not marry*

מִבְּנוֹת כְּנָעַן prep.-n.f.p. cstr. (I 123)-pr.n. paus. (488) *one of the Canaanite women*

28:7

וַיִּשְׁמַע יַעֲקֹב consec.-Qal impf. 3 m.s. (1033)-pr.n. (784) *and that Jacob had obeyed*

אֶל־אָבִיו prep.-n.m.s.-3 m.s. sf. (3) *his father*

וְאֶל־אִמּוֹ conj.-prep.-n.f.s.-3 m.s. sf. (51) *and his mother*

וַיֵּלֶךְ consec.-Qal impf. 3 m.s. (הָלַךְ 229) *and gone*

פַּדֶּנָה אֲרָם pr.n.-dir. he (804)-pr.n. (74) *to Paddan-aram*

28:8

וַיַּרְא עֵשָׂו consec.-Qal impf. 3 m.s. (רָאָה 906)-pr.n. (796) *so when Esau saw*

כִּי רָעוֹת conj.-adj. f.p. (I 948) *did not please*

בְּנוֹת כְּנָעַן n.f.p. cstr. (I 123)-pr.n. paus. (488) *the Canaanite women*

בְּעֵינֵי יִצְחָק prep.-n.f.du. cstr. (744)-pr.n. (850) *(in the eyes of) Isaac*

אָבִיו n.m.s.-3 m.s. sf. (3) *his father*

28:9

וַיֵּלֶךְ עֵשָׂו consec.-Qal impf. 3 m.s. (הָלַךְ 229)-pr.n. (796) *Esau went*

אֶל־יִשְׁמָעֵאל prep.-pr.n. (1035) *to Ishmael*

וַיִּקַּח consec.-Qal impf. 3 m.s. (לָקַח 542) *and took*

אֶת־מָחֲלַת dir. obj.-pr.n. (II 563)-*Mahalath*

בַּת־יִשְׁמָעֵאל n.f.s. cstr. (I 123) - pr.n. (1035) *the daughter of Ishmael*

בֶּן־אַבְרָהָם n.m.s. cstr. (119)-pr.n. (4) *Abraham's son*

אֲחוֹת נְבָיוֹת n.f.s. cstr. (27)-pr.n. (614) *the sister of Nebaioth*

עַל־נָשָׁיו לוֹ prep.-n.f.p.-3 m.s. sf. (61)-prep.-3 m.s. sf. *besides the wives he had*

לְאִשָּׁה prep.-n.f.s. (61) *to wife*

28:10

וַיֵּצֵא יַעֲקֹב consec.-Qal impf. 3 m.s. (יָצָא 422)-pr.n. (784) *Jacob left*

מִבְּאֵר שָׁבַע prep.-pr.n. paus (92) *Beer-sheba*

וַיֵּלֶךְ consec.-Qal impf. 3 m.s. (הָלַךְ 229) *and went*

חָרָנָה pr.n.-dir. he (I 357) *toward Haran*

28:11

וַיִּפְגַּע consec.-Qal impf. 3 m.s. (803) *and he came*

בַּמָּקוֹם prep.-def. art.-n.m.s. (879) *to a certain place*

וַיָּלֶן שָׁם consec.-Qal impf. 3 m.s. (לוּן I 533)-adv. (1027) *and stayed there*

כִּי־בָא הַשֶּׁמֶשׁ conj.-Qal pf. 3 m.s. (בּוֹא 97) - def.art.-n.m.s. (1039) *because the sun had set*

וַיִּקַּח consec.-Qal impf. 3 m.s. (לָקַח 542) *taking*

מֵאַבְנֵי הַמָּקוֹם prep.-n.f.p. cstr. (6)-def. art.-n.m.s. (879) *one of the stones of the place*

וַיָּשֶׂם consec.-Qal impf. 3 m.s. (שִׂים 962) *he put it*

מְרַאֲשֹׁתָיו n.f.p. as adv. (912) *under his head*

וַיִּשְׁכַּב consec.-Qal impf. 3 m.s. (1011) *and lay down*

בַּמָּקוֹם הַהוּא prep.-def. art.-n.m.s. (879)-def. art.-demons. adj. m.s. (214) *in that place*

28:12

וַיַּחֲלֹם consec.-Qal impf. 3 m.s. (321) *and he dreamed*

וְהִנֵּה conj.-demons.part. (243) *and behold*

סֻלָּם מֻצָּב n.m.s. (700)-Ho. ptc. (נָצַב 662) *a ladder set up*

אַרְצָה n.f.s.-dir. he (75) *on the earth*

וְרֹאשׁוֹ conj.-n.m.s.-3 m.s. sf. (910) *and the top of it*

מַגִּיעַ Hi. ptc. (נָגַע 619) *reached*

הַשָּׁמָיְמָה def. art.-n.m.p.-loc. he (1029) *to heaven*

וְהִנֵּה v. supra *and behold*

מַלְאֲכֵי אֱלֹהִים n.m.p. cstr. (521)-n.m.p. (43) *the angels of God*

עֹלִים Qal act. ptc. m.p. (עָלָה 748) *were ascending*

וְיֹרְדִים בּוֹ conj.-Qal act. ptc. m.p. (יָרַד 432)-prep.-3 m.s. sf. *and descending on it*

28:13

וְהִנֵּה יהוה conj.-demons. part. (243)-pr.n. *and behold, Yahweh*

נִצָּב עָלָיו Ni. ptc. (נָצַב 662)-prep.-3 m.s. sf. *stood above it*

וַיֹּאמַר consec.-Qal impf. 3 m.s. (55) *and said*

אֲנִי יהוה pers. pr. 1 c.s. (58)-pr.n. (217) *I am Yahweh*

אֱלֹהֵי אַבְרָהָם n.m.p. cstr. (43)-pr.n. (4) *the God of Abraham*

אָבִיךָ n.m.s.-2 m.s. sf. (4) *your father*

וֵאלֹהֵי יִצְחָק conj.-n.m.p. cstr. (43)-pr.n. (850) *and the God of Isaac*

הָאָרֶץ אֲשֶׁר def. art.-n.f.s. (75)-rel. *the land on which*

אַתָּה שֹׁכֵב pers. pr. 2 m.s. (61)-Qal act. ptc. (1011) *you lie*

עָלֶיהָ prep.-3 f.s. sf. *(on it)*

לְךָ אֶתְּנֶנָּה prep.-2 m.s. sf.-Qal impf. 1 c.s.-3 f.s. sf. (נָתַן 678) *to you I will give it*

וּלְזַרְעֶךָ conj.-prep.-n.m.s.-2 m.s. sf. (282) *and to your descendants*

28:14

וְהָיָה conj.-Qal pf. 3 m.s. (224) *and shall be*

זַרְעֲךָ n.m.s.-2 m.s. sf. (282) *your descendants*

כַּעֲפַר הָאָרֶץ prep.-n.m.s. cstr. (779)-def. art.-n.f.s. (75) *like the dust of the earth*

וּפָרַצְתָּ conj.-Qal pf. 2 m.s. (I 829) *and you shall spread abroad*

יָמָּה n.m.s.-loc. he (410) *to the west*

וָקֵדְמָה conj.-adv.-loc. he (870) *and to the east*

וְצָפֹנָה conj.-n.f.s.-loc. he (860) *and to the north*

וָנֶגְבָּה conj.-n.m.s.-loc. he (616) *and to the south*

וְנִבְרְכוּ בְךָ conj.-Ni. pf. 3 c.p. (בָּרַךְ 138)-prep.-2 m.s. sf. *and shall bless themselves by you*

כָּל־מִשְׁפְּחֹת n.m.s. cstr. (481)-n.f.p. cstr. (1046) *all the families of*

הָאֲדָמָה def. art.-n.f.s. (9) *the earth*

וּבְזַרְעֶךָ conj.-prep.-n.m.s.-2 m.s. sf. (282) *and by your descendants*

28:15

וְהִנֵּה conj.-demons.part. (243) *behold*

אָנֹכִי עִמָּךְ pers. pr. 1 c.s. (59)-prep.-2 m.s. sf. *I am with you*

וּשְׁמַרְתִּיךָ conj.-Qal pf. 1 c.s.-2 m.s. sf. (שָׁמַר 1036) *and will keep you*

בְּכֹל אֲשֶׁר־ prep.-n.m.s. (481)-rel. *wherever*

תֵּלֵךְ Qal impf. 2 m.s. (הָלַךְ 229) *you go*

וַהֲשִׁבֹתִיךָ conj.-Hi. pf. 1 c.s.-2 m.s. sf. (שׁוּב 996) *and will bring you back*

אֶל־הָאֲדָמָה הַזֹּאת prep.-def.art.-n.f.s. (9) - def.art.-demons. adj. f.s. (260) ***to this land***

כִּי לֹא אֶעֱזָבְךָ conj.-neg.-Qal impf. 1 c.s.-2 m.s. sf. (עָזַב I 736) ***for I will not leave you***

עַד אֲשֶׁר אִם־ prep.-rel.-conj. (49) *until*

עָשִׂיתִי Qal pf. 1 c.s. (עָשָׂה I 793) *I have done*

אֵת אֲשֶׁר־ dir. obj.-rel. *that of which*

דִּבַּרְתִּי לָךְ Pi. pf. 1 c.s. (180)-prep.-2 m.s. sf. paus. *I have spoken to you*

28:16

וַיִּיקַץ consec.-Qal impf. 3 m.s. (יָקַץ 429) *then ... awoke*

יַעֲקֹב pr.n. (784) *Jacob*

מִשְּׁנָתוֹ prep.-n.f.s.-3 m.s. sf. (446) *from his sleep*

וַיֹּאמֶר consec.-Qal impf. 3 m.s. (55) *and said*

אָכֵן יֵשׁ יהוה adv. (38)-subst. (441)-pr.n. (217) *Surely Yahweh is*

בַּמָּקוֹם הַזֶּה prep.-def. art.-n.m.s. (879)-def. art.-demons. adj. m.s. (261) *in this place*

וְאָנֹכִי conj.-pers. pr. 1 c.s. (59) *and I*

לֹא יָדָעְתִּי neg.-Qal pf. 1 c.s. paus. (393) *did not know it*

28:17

וַיִּירָא consec.-Qal impf. 3 m.s. (יָרֵא 431) *and he was afraid*

וַיֹּאמַר consec.-Qal impf. 3 m.s. (55) *and said*

מַה־נּוֹרָא interr. (552)-Ni. ptc. (יָרֵא 431) *How awesome*

הַמָּקוֹם הַזֶּה def. art.-n.m.s. (879)-def. art.-demons. adj. m.s. (260) *this place*

אֵין זֶה כִּי אִם־ subst. cstr. (II 34)-demons. adj. m.s. (260)-conj.-conj. (474) *This is none other than*

בֵּית אֱלֹהִים n.m.s. cstr. (108)-n.m.p. (43) *the house of God*

וְזֶה conj.-demons. adj. m.s. (260) *and this is*

שַׁעַר הַשָּׁמָיִם n.m.s. cstr. (1044)-def. art.-n.m.p. paus. (1029) *the gate of heaven*

28:18

וַיַּשְׁכֵּם consec.-Hi. impf. 3 m.s. (שָׁכַם 1014) *so ... rose early*

יַעֲקֹב pr.n. (784) *Jacob*

בַּבֹּקֶר prep.-def. art.-n.m.s. (133) *in the morning*

וַיִּקַּח consec.-Qal impf. 3 m.s. (לָקַח 542) *and he took*

אֶת־הָאֶבֶן dir. obj.-def. art.-n.f.s. (6) *the stone*

אֲשֶׁר־שָׂם מְרַאֲשֹׁתָיו rel.-adv. (1027) - n.f.p. as adv.-3 m.s. sf. (912) ***which he had put under his head***

וַיָּשֶׂם אֹתָהּ consec.-Qal impf. 3 m.s. (שִׂים 962) - dir.obj.-3 f.s. sf. ***and set it up***

מַצֵּבָה n.f.s. (663) ***for a pillar***

וַיִּצֹק שֶׁמֶן consec.-Qal impf. 3 m.s. (יָצַק 427)-n.m.s. (1032) *and poured oil*

עַל־רֹאשָׁהּ prep.-n.m.s.-3 f.s. sf. (910) *on the top of it*

28:19

וַיִּקְרָא consec.-Qal impf. 3 m.s. (894) *he called*

אֶת־שֵׁם־ dir. obj.-n.m.s. cstr. (1027) *the name of*

הַמָּקוֹם הַהוּא def. art.-n.m.s. (879)-def. art.-demons. adj. m.s. (214) *that place*

בֵּית־אֵל pr.n. (110) *Bethel*

וְאוּלָם לוּז conj.-adv. (III 19)-pr.n. (II 531) *but Luz*

שֵׁם־הָעִיר n.m.s. cstr. (1027)-def. art.-n.f.s. (746) *the name of the city*

לָרִאשֹׁנָה prep.-def. art.-adj. f.s. (911) *at the first*

28:20

וַיִּדַּר consec.-Qal impf. 3 m.s. (נָדַר 623) *then ... made*

יַעֲקֹב pr.n. (784) *Jacob*

נֶדֶר n.m.s. (623) *a vow*

לֵאמֹר prep.-Qal inf. cstr. (55) *saying*

אִם־יִהְיֶה hypoth. part. (49)-Qal impf. 3 m.s. (224) *If ... will be*

אֱלֹהִים n.m.p. (43) *God*

עִמָּדִי prep.-1 c.s. sf. *with me*

וּשְׁמָרַנִי conj.-Qal pf. 3 m.s.-1 c.s. sf. (1036) *and will keep me*

בַּדֶּרֶךְ הַזֶּה prep.-def. art.-n.m.s. (202)-def. art.-demons. adj. m.s. (260) *in this way*

אֲשֶׁר אָנֹכִי rel.-pers. pr. 1 c.s. (59) *that I*

הוֹלֵךְ Qal act. ptc. (הָלַךְ 229) *go*

וְנָתַן־לִי conj.-Qal pf. 3 m.s. (678)-prep.-1 c.s. sf. *and will give me*

לֶחֶם לֶאֱכֹל n.m.s. (536)-prep.-Qal inf. cstr. (37) *bread to eat*

וּבֶגֶד לִלְבֹּשׁ conj.-n.m.s. (93)-prep.-Qal inf. cstr. (527) *and clothing to wear*

28:21

וְשַׁבְתִּי conj.-Qal pf. 1 c.s. (שׁוּב 996) *so that I come again*

בְשָׁלוֹם prep.-n.m.s. (1022) *in peace*

אֶל־בֵּית אָבִי prep.-n.m.s. cstr. (108)-n.m.s.-1 c.s. sf. (3) *to my father's house*

וְהָיָה conj.-Qal pf. 3 m.s. (224) *then shall be*

יהוה pr.n. (217) *Yahweh*

לִי לֵאלֹהִים prep.-1 c.s. sf.-prep.-n.m.p. (43) *my God*

28:22

וְהָאֶבֶן הַזֹּאת conj.-def. art.-n.f.s. (6)-def. art.-demons. adj. f.s. (260) *and this stone*

אֲשֶׁר־שַׂמְתִּי rel.-Qal pf. 1 c.s. (שִׂים 962) *which I have set up*

מַצֵּבָה n.f.s. (663) *for a pillar*

יִהְיֶה Qal impf. 3 m.s. (224) *shall be*

בֵּית אֱלֹהִים n.m.s. cstr. (108)-n.m.p. (43) *God's house*

וְכֹל אֲשֶׁר conj.-n.m.s. (481) - rel. *and of all that*

תִּתֶּן־לִי Qal impf. 2 m.s. (נָתַן 678)-prep.-1 c.s. sf. *thou givest me*

עַשֵּׂר אֲעַשְּׂרֶנּוּ Pi. inf. abs. (797)-Pi. impf. 1 c.s.-3 m.s. sf. (797) *I will give the tenth*

לָךְ prep.-2 m.s. sf. paus. *to thee*

29:1

וַיִּשָּׂא consec.-Qal impf. 3 m.s. (נָשָׂא 669) *then ... went (lifted up)*

יַעֲקֹב pr.n. (784) *Jacob*

רַגְלָיו n.f. du.-3 m.s. sf. (919) *on his journey (his feet)*

וַיֵּלֶךְ consec.-Qal impf. 3 m.s. (הָלַךְ 229) *and came*

אַרְצָה בְנֵי־קֶדֶם n.f.s. cstr.-loc. he (75)-n.m.p. cstr. (119)-n.m.s. (869) *to the land of the people of the east*

29:2

וַיַּרְא consec.-Qal impf. 3 m.s. (רָאָה 906) *as he looked*

וְהִנֵּה בְאֵר conj.-demons. part. (243)-n.f.s. (91) *he saw a well*

בַּשָּׂדֶה prep.-def. art.-n.m.s. (961) *in the field*

וְהִנֵּה־שָׁם conj.-demons. part. (243)-adv. (1027) *and lo there*

שְׁלֹשָׁה עֶדְרֵי־ num. f.s. (1025)-n.m.p. cstr. (727) *three flocks of*

צֹאן n.f.s. (838) *sheep*

רֹבְצִים Qal act. ptc. m.p. (918) *lying*

עָלֶיהָ prep.-3 f.s. sf. *beside it*

כִּי מִן־הַבְּאֵר conj.-prep.-def. art.-n.f.s. (91) *for out of ... well*

הַהִוא def. art.-demons. adj. f.s. (214) *that*

יַשְׁקוּ Hi. impf. 3 m.p. (שָׁקָה 1052) *were watered*

הָעֲדָרִים def. art.-n.m.p. (727) *the flocks*

וְהָאֶבֶן conj.-def. art.-n.f.s. (6) *The stone*

גְּדֹלָה adj. f.s. (152) *was large*

עַל־פִּי הַבְּאֵר prep.-n.m.s. cstr. (804)-def. art.-n.f.s. (91) *on the well's mouth*

29:3

וְנֶאֶסְפוּ־שָׁמָּה conj. - Ni. pf. 3 c. p. (אָסַף 62) - adv.-loc. he (1027) *and when were gathered there*

כָל־הָעֲדָרִים n.m.s. cstr. (481)-def. art.-n.m.p. (727) *all the flocks*

וְגָלֲלוּ conj.-Qal pf. 3 c.p. (גָּלַל II 164) *they would roll*

אֶת־הָאֶבֶן dir. obj.-def. art.-n.f.s. (6) *the stone*

מֵעַל פִּי הַבְּאֵר prep.-prep.-n.m.s. cstr. (804)-def. art.-n.f.s. (91) *from the mouth of the well*

וְהִשְׁקוּ conj.-Hi. pf. 3 c.p. (שָׁקָה 1052) *and water*

אֶת־הַצֹּאן dir. obj.-def. art.-n.f.s. (838) *the sheep*

וְהֵשִׁיבוּ conj.-Hi. pf. 3 c.p. (שׁוּב 996) *and put back*

אֶת־הָאֶבֶן dir.obj.-def.art.-n.f.s. (6) *the stone*

עַל־פִּי הַבְּאֵר prep.-v. supra *upon the mouth of the well*

לִמְקֹמָהּ prep.-n.m.s.-3 f.s. sf. (879) *in its place*

29:4

וַיֹּאמֶר consec.-Qal impf. 3 m.s. (55) *said*

לָהֶם prep.-3 m.p. sf. *to them*

יַעֲקֹב pr.n. (784) *Jacob*

אַחַי n.m.p.-1 c.s. sf. (26) *My brothers*

מֵאַיִן prep.-adv. (I 32) ***where ... from?***

אַתֶּם pers.pr. 2 m.p. (61) ***do you come***

וַיֹּאמְרוּ consec.-Qal impf. 3 m.p. (55) *They said*

מֵחָרָן prep.-pr.n. (I 357) *from Haran*

אֲנָחְנוּ pers. pr. 1 c.p. paus. (59) *We are*

29:5

וַיֹּאמֶר לָהֶם consec.-Qal impf. 3 m.s. (55) - prep.-3 m.p. sf. ***he said to them***

הַיְדַעְתֶּם interr.-Qal pf. 2 m.p. (393) *Do you know*

אֶת־לָבָן dir. obj.-pr.n. (II 526) *Laban*

בֶּן־נָחוֹר n.m.s. cstr. (119)-pr.n. (637) *the son of Nahor*

וַיֹּאמְרוּ consec.-Qal impf. 3 m.p. (55) *They said*

יָדָעְנוּ Qal pf. c.p. paus. (393) *We know him*

29:6

וַיֹּאמֶר לָהֶם consec.-Qal impf. 3 m.s. (55)-prep.-3 m.p. sf. *he said to them*

הֲשָׁלוֹם לוֹ interr.-n.m.s. (1022) - prep.-3 m.s. sf. ***Is it well with him?***

וַיֹּאמְרוּ consec.-Qal impf. 3 m.p. (55) ***they said***

שָׁלוֹם n.m.s. (1022) *It is well*

וְהִנֵּה conj.-demons. part. (243) *and see*

רָחֵל בִּתּוֹ pr.n. (932)-n.f.s.-3 m.s. sf. (I 123) *Rachel his daughter*

בָּאָה Qal act. ptc. f.s. (בּוֹא 97) *is coming*

עִם־הַצֹּאן prep.-def. art.-n.f.s. (838) *with the sheep*

29:7

וַיֹּאמֶר consec.-Qal impf. 3 m.s. (55) *he said*

הֵן עוֹד demons.part. (243) - adv. (728) *behold, still*

הַיּוֹם גָּדוֹל def. art.-n.m.s. (398)-adj. m.s. (152) *it is high day*

לֹא־עֵת הֵאָסֵף neg.-n.f.s. cstr. (773)-Ni. inf. cstr. (אָסַף 62) *it is not time for ... to be gathered together*

הַמִּקְנֶה def. art.-n.m.s. (889) *the animals*

הַשְׁקוּ Hi. impv. 2 m.p. (שָׁקָה 1052) *water*

הַצֹּאן def. art.-n.f.s. (838) *the sheep*

וּלְכוּ conj.-Qal imp. 2 m.p. (הָלַךְ 229) *and go*

רְעוּ Qal impv. 2 m.p. (רָעָה I 944) *pasture them*

29:8

וַיֹּאמְרוּ consec.-Qal impf. 3 m.p. (55) *but they said*

לֹא נוּכַל neg.-Qal impf. 1 c.p. (יָכֹל 407) *We cannot*

עַד אֲשֶׁר יֵאָסְפוּ prep.-rel.-Ni. impf. 3 m.p. (אָסַף 62) *until are gathered*

כָּל־הָעֲדָרִים n.m.s. cstr. (481)-def. art.-n.m.p. (727) *all the flocks*

וְגָלֲלוּ conj.-Qal pf. 3 c.p. (גָּלַל II 164) *and is rolled*

אֶת־הָאֶבֶן dir. obj.-def. art.-n.f.s. (6) *the stone*

מֵעַל פִּי prep.-prep.-n.m.s. cstr. (804) *from the mouth of*

הַבְּאֵר def. art.-n.f.s. (91) *the well*

וְהִשְׁקִינוּ conj.-Hi. pf. 1 c.p. (שָׁקָה 1052) *then we water*

הַצֹּאן def. art.-n.f.s. (838) *the sheep*

29:9

עוֹדֶנּוּ adv.-3 m.s. sf. (728) *while he ... still*

מְדַבֵּר Pi. ptc. (180) *speaking*

עִמָּם prep.-3 m.p. sf. *with them*

וְרָחֵל conj.-pr.n. (II 932) *Rachel*

בָּאָה Qal pf. 3 f.s. (בּוֹא 97) *came*

עִם־הַצֹּאן prep.-def. art.-n.f.s. (838) *with the sheep*

אֲשֶׁר לְאָבִיהָ rel.-prep.-n.m.s.-3 f.s. sf.(3) *that belonged to her father*

כִּי רֹעָה הִוא conj.-Qal act. ptc. f.s. (רָעָה I 944) - pers.pr. 3 f.s. (214) *for she kept them*

29:10

וַיְהִי consec.-Qal impf. 3 m.s. (הָיָה 224) *now*

כַּאֲשֶׁר רָאָה prep.-rel.-Qal pf. 3 m.s. (906) *when ... saw*

יַעֲקֹב pr.n. (784) *Jacob*

אֶת־רָחֵל dir. obj.-pr.n. (II 932) *Rachel*

בַּת־לָבָן n.f.s. cstr. (I 123)-pr.n. (II 526) *the daughter of Laban*

אֲחִי אִמּוֹ n.m.s. cstr. (26)-n.f.s.-3 m.s. sf. (51) *his mother's brother*

וְאֶת־צֹאן conj.-dir. obj.-n.f.s. cstr. (838) *and the sheep of*

לָבָן pr.n. (II 526) *Laban*

אֲחִי אִמּוֹ v.supra-v.supra *his mother's brother*

וַיִּגַּשׁ יַעֲקֹב consec.-Qal impf. 3 m.s. (נָגַשׁ 620) - pr.n. (784) *Jacob went up*

וַיָּגֶל consec.-Hi. impf. 3 m.s. (גָּלַל II 164) *and rolled*

אֶת־הָאֶבֶן dir. obj.-def. art.-n.f.s. (6) *the stone*

מֵעַל פִּי prep.-prep.-n.m.s. cstr. (804) *from the mouth of*

הַבְּאֵר def. art.-n.f.s. (91) *the well*

וַיַּשְׁקְ consec.-Hi. impf. 3 m.s. (שָׁקָה 1052) *and watered*

אֶת־צֹאן לָבָן dir. obj.-n.f.s. cstr. (838)-pr.n. (II 526) *the flock of Laban*

אֲחִי אִמּוֹ v.supra-v.supra *his mother's brother*

29:11

וַיִּשַּׁק יַעֲקֹב consec.-Qal impf. 3 m.s. (נָשַׁק I 676)-pr.n. (784) *Then Jacob kissed*

לְרָחֵל prep.-pr.n. (II 932) *Rachel*

וַיִּשָּׂא אֶת־קֹלוֹ consec.-Qal impf. 3 m.s. (נָשָׂא 669)-dir. obj.-n.m.s.-3 m.s. sf. (876) *and aloud (*lit. *lifted up his voice)*

וַיֵּבְךְּ consec.-Qal impf. 3 m.s. (בָּכָה 113) *(and) wept*

29:12

וַיַּגֵּד יַעֲקֹב consec.-Hi. impf. 3 m.s. (נָגַד 616)-pr.n. (784) *And Jacob told*

לְרָחֵל prep.-pr.n. (II 932) *Rachel*

כִּי אֲחִי אָבִיהָ conj.-n.m.s. cstr. (26)-n.m.s.-3 f.s. sf. (3) *that her father's kinsman*

הוּא pers.pr. 3 m.s. (214) *he was*

וְכִי בֶן־רִבְקָה conj.-conj.-n.m.s. cstr. (119)-pr.n. (918) *and that Rebekah's son*

הוּא pers. pr. 3 m.s. (214) *he was*

וַתָּרָץ consec.-Qal impf. 3 f.s. (רוּץ 930) *and she ran*

וַתַּגֵּד consec.-Hi. impf. 3 f.s. (נָגַד 616) *and told*

לְאָבִיהָ prep.-n.m.s.-3 f.s. sf. (3) *her father*

29:13

וַיְהִי consec.-Qal impf. 3 m.s. (הָיָה 224) *(and it was)*

כִּשְׁמֹעַ לָבָן prep.-Qal inf. cstr. (1033)-pr.n. (II 526) *when Laban heard*

אֶת־שֵׁמַע יַעֲקֹב dir. obj.-n.m.s. cstr. (1034)-pr.n. (784) *the tidings of Jacob*

בֶּן־אֲחֹתוֹ n.m.s. cstr. (119)-n.f.s.-3 m.s. sf. (27) *his sister's son*

וַיָּרָץ consec.-Qal impf. 3 m.s. (רוּץ 930) *he ran*

לִקְרָאתוֹ prep.-Qal inf. cstr.-3 m.s. sf. (II 896) *to meet him*

וַיְחַבֶּק־לוֹ consec.-Pi. impf. 3 m.s. (287)-prep.-3 m.s. sf. *and embraced him*

וַיְנַשֶּׁק־לוֹ consec.-Pi. impf. 3 m.s. (נָשַׁק I 676)-prep.-3 m.s. sf. *and kissed him*

וַיְבִיאֵהוּ consec.-Hi. impf. 3 m.s.-3 m.s. sf. (בּוֹא 97) *and brought him*

אֶל־בֵּיתוֹ prep.-n.m.s.-3 m.s. sf. (108) *to his house*

וַיְסַפֵּר consec.-Pi. impf. 3 m.s. (707) *and told*

לְלָבָן prep.-pr.n. (II 526) *to Laban*

אֵת כָּל־ dir. obj.-n.m.s. cstr. (481) *all*

הַדְּבָרִים הָאֵלֶּה def. art.-n.m.p. (182)-def. art.-demons. adj. c.p. (41) *these things*

29:14

וַיֹּאמֶר לוֹ consec.-Qal impf. 3 m.s. (55)-prep.-3 m.s. sf. *and said to him*

לָבָן pr.n. (II 526) *Laban*

אַךְ עַצְמִי adv. (36)-n.f.s.-1 c.s. sf. (782) *Surely ... my bone*

וּבְשָׂרִי conj.-n.m.s.-1 c.s. sf. (142) *and my flesh*

אָתָּה pers. pr. 2 m.s. paus. (61) *you are*

וַיֵּשֶׁב consec.-Qal impf. 3 m.s. (יָשַׁב 442) *and he stayed*

עִמּוֹ prep.-3 m.s. sf. *with him*

חֹדֶשׁ יָמִים n.m.s. cstr. (II 294)-n.m.p. (398) *a month (of days)*

29:15

וַיֹּאמֶר לָבָן consec.-Qal impf. 3 m.s. (55)-pr.n. (II 526) *then Laban said*

לְיַעֲקֹב prep.-pr.n. (784) *to Jacob*

הֲכִי־אָחִי interr.-conj. (471)-n.m.s.-1 c.s. sf. (26) *Because ... my kinsman*

אַתָּה pers. pr. 2 m.s. (61) *you are*

וַעֲבַדְתַּנִי conj.-Qal pf. 2 m.s.-1 c.s. sf. (עָבַד 712) *should you therefore serve me*

חִנָּם adv. (336) *for nothing*

הַגִּידָה לִּי Hi. impv. 2 m.s.-coh. he (נָגַד 616)-prep.-1 c.s. sf. *Tell me*

מַה־מַּשְׂכֻּרְתֶּךָ interr. (552)-n.f.s.-2 m.s. sf. (969) *what shall your wages be*

29:16

וּלְלָבָן conj.-prep.-pr.n. (II 526) *now Laban had*

שְׁתֵּי בָנוֹת num. f. cstr. (1040)-n.f.p. (I 123) *two daughters*

שֵׁם הַגְּדֹלָה n.m.s. cstr. (1027)-def. art.-adj. f.s. (152) *the name of the older*

לֵאָה pr.n. (521) *was Leah*

וְשֵׁם הַקְּטַנָּה conj.-n.m.s. cstr. (1027)-def. art.-adj. f.s. (882) *and the name of the younger*

רָחֵל pr.n. (II 932) *was Rachel*

29:17

וְעֵינֵי לֵאָה conj.-n.f. du. cstr. (744)-pr.n. (521) *Leah's eyes*

רַכּוֹת adj. f.p. (940) *were weak*

וְרָחֵל הָיְתָה conj.-pr.n. (II 932)-Qal pf. 3 f.s. (הָיָה 224) *but Rachel was*

יְפַת־תֹּאַר adj. f.s. cstr. (421)-n.m.s. (1061) *beautiful*

וִיפַת מַרְאֶה conj.-adj. f.s. cstr. (421)-n.m.s. (909) *and lovely*

29:18

וַיֶּאֱהַב יַעֲקֹב consec.Qal impf. 3 m.s. (12)-pr.n. (784) *Jacob loved*

אֶת־רָחֵל dir. obj.-pr.n. (II 932) *Rachel*

וַיֹּאמֶר consec.-Qal impf. 3 m.s. (55) *and he said*

אֶעֱבָדְךָ Qal impf. 1 c.s. - 2 m.s. sf. (עָבַד 712) *I will serve you*

שֶׁבַע שָׁנִים num. (988)-n.f.p. (1040) *seven years*

בְּרָחֵל prep.-pr.n. (II 932) *for Rachel*

בִּתְּךָ הַקְּטַנָּה n.f.s.-2 m.s. sf. (I 123)-def. art.-adj. f.s. (882) *your younger daughter*

29:19

וַיֹּאמֶר לָבָן consec.-Qal impf. 3 m.s. (55)-pr.n. (II 526) *Laban said*

טוֹב תִּתִּי adj. m.s. (II 373)-Qal inf. cstr.-1 c.s. sf. (נָתַן 678) *it is better that I give*

אֹתָהּ לָךְ dir. obj.-3 f.s. sf.-prep.-2 m.s. sf. paus. *her to you*

מִתִּתִּי אֹתָהּ prep.-Qal inf. cstr.-1 c.s. sf. (נָתַן 678)-dir. obj.-3 f.s. sf. *than that I should give her*

לְאִישׁ אַחֵר prep.-n.m.s. (35)-adj. m.s. (29) *to any other man*

שְׁבָה עִמָּדִי Qal impv. 2 m.s.-coh. he (יָשַׁב 442)-prep.-1 c.s. sf. *stay with me*

29:20

וַיַּעֲבֹד consec.-Qal impf. 3 m.s. (712) *so ... served*

יַעֲקֹב pr.n. (784) *Jacob*

בְּרָחֵל prep.-pr.n. (II 932) *for Rachel*

שֶׁבַע שָׁנִים num. (988)-n.f.p. (1040) *seven years*

וַיִּהְיוּ בְעֵינָיו consec.-Qal impf. 3 m.p. (הָיָה 224)-prep.-n.f. du.-3 m.s. sf. (744) *and they seemed to him*

כְּיָמִים אֲחָדִים prep.-n.m.p. (398)-adj. m.p. (25) *but a few days*

בְּאַהֲבָתוֹ אֹתָהּ prep.-Qal inf. cstr.-3 m.s. sf. (12)-dir. obj.-3 f.s. sf. *because of the love he had for her*

29:21

וַיֹּאמֶר יַעֲקֹב consec.-Qal impf. 3 m.s. (55)-pr.n. (784) *then Jacob said*

אֶל־לָבָן prep.-pr.n. (II 526) *to Laban*

הָבָה Qal impv. 2 m.s.-coh. he (יָהַב 396) *Give*

אֶת־אִשְׁתִּי dir. obj.-n.f.s.-1 c.s. sf. (61) *my wife*

כִּי מָלְאוּ conj.-Qal pf. 3 c.p. (מָלֵא 569) *for ... is completed*

יָמָי n.m.p.-1 c.s. sf. paus. (398) *my time*

וְאָבוֹאָה conj.-Qal impf. 1 c.s.-coh. he (בּוֹא 97) *that I may go in*

אֵלֶיהָ prep.-3 f.s. sf. *to her*

29:22

וַיֶּאֱסֹף consec.-Qal impf. 3 m.s. (אָסַף 62) *so ... gathered together*

לָבָן pr.n. (II 526) *Laban*

אֶת־כָּל־אַנְשֵׁי dir. obj.-n.m.s. cstr. (481)-n.m.p. cstr. (35) *all the men of*

הַמָּקוֹם def. art.-n.m.s. (879) *the place*

וַיַּעַשׂ consec.-Qal impf. 3 m.s. (עָשָׂה I 793) *and made*

מִשְׁתֶּה n.m.s. (1059) *a feast*

29:23

וַיְהִי consec.-Qal impf. 3 m.s. (הָיָה 224) *but (it proceeded to be)*

בָעֶרֶב prep.-def.art.-n.m.s. (787) *in the evening*

וַיִּקַּח consec.-Qal impf. 3 m.s. (לָקַח 542) *he took*

אֶת־לֵאָה בִתּוֹ dir. obj.-pr.n. (521)-n.f.s.-3 m.s. sf. (I 123) *Leah his daughter*

וַיָּבֵא אֹתָהּ consec.-Hi. impf. 3 m.s. (בּוֹא 97)-dir. obj.-3 f.s. sf. *and brought her*

אֵלָיו prep.-3 m.s. sf. *to him*

וַיָּבֹא אֵלֶיהָ consec.-Qal impf. 3 m.s. (בּוֹא 97)-prep.-3 f.s. sf. *and he went in to her*

29:24

וַיִּתֵּן לָבָן consec.-Qal impf. 3 m.s. (678) - pr.n. (II 526) *Laban gave*

לָהּ prep.-3 f.s. sf. *to her*

אֶת־זִלְפָּה dir. obj.-pr.n. (273) *Zilpah*

שִׁפְחָתוֹ n.f.s.-3 m.s. sf. (1046) *his maid*

לְלֵאָה prep.-pr.n. (521) *to Leah*

בִתּוֹ n.f.s.-3 m.s. sf. (I 123) *his daughter*

שִׁפְחָה n.f.s. (1046) *to be her maid*

29:25

וַיְהִי consec.-Qal impf. 3 m.s. (הָיָה 224) *and (it proceeded to be)*

בַבֹּקֶר prep.-def.art.-n.m.s. (133) *in the morning*

וְהִנֵּה־ conj.-demons. part. (243) *behold*

הִוא לֵאָה pers. pr. 3 f.s. (214)-pr.n. (521) *it was Leah*

וַיֹּאמֶר consec.-Qal impf. 3 m.s. (55) *and he said*

אֶל־לָבָן prep.-pr.n. (II 526) *to Laban*

מַה־זֹּאת interr. (552) - demons. adj. f.s. (260) *what is this*

עָשִׂיתָ לִּי Qal pf. 2 m.s. (עָשָׂה I 793)-prep.-1 c.s. sf. *that you have done to me*

הֲלֹא בְרָחֵל interr.-neg.-prep.-pr.n. (II 932) *Did I not ... for Rachel*

עָבַדְתִּי Qal pf. 1 c.s. (712) *serve*

עִמָּךְ prep.-2 m.s. sf. paus. *with you*

וְלָמָּה conj.-prep.-interr. (552) *Why then*

רִמִּיתָנִי Pi. pf. 2 m.s.-1 c.s. sf. paus. (רָמָה II 941) *have you deceived me*

29:26

וַיֹּאמֶר לָבָן consec.-Qal impf. 3 m.s. (55)-pr.n. (II 526) *Laban said*

לֹא־יֵעָשֶׂה neg.-Ni. impf. 3 m.s. (I 793) *It is not done*

כֵן adv. (485) *so*

בִמְקוֹמֵנוּ prep.-n.m.s.-1 c.p. sf. (879) *in our country*

לָתֵת prep.-Qal inf. cstr. (נָתַן 678) *to give*

הַצְּעִירָה def. art.-adj. f.s. (I 859) *the younger*

לִפְנֵי prep.-n.m.p. cstr. (815) *before*

הַבְּכִירָה def. art.-n.f.s. (114) *the first-born*

29:27

מַלֵּא Pi. impv. 2 m.s. (569) *complete*

שְׁבֻעַ זֹאת n.m.s. cstr. (988)-demons. adj. f.s. (260) *the week of this one*

וְנִתְּנָה conj.-Qal impf. 1 c.p.-coh. he (נָתַן 678) *and we will give*

לְךָ prep.-2 m.s. sf. *to you*

גַּם־אֶת זֹאת adv. (168)-dir. obj.-demons. adj. f.s. (260) *the other also*

בַּעֲבֹדָה prep.-n.f.s. (715) *for service*

אֲשֶׁר תַּעֲבֹד rel.-Qal impf. 2 m.s. (712) *which you serve*

עִמָּדִי prep.-1 c.s. sf. *with me*

עוֹד שֶׁבַע־שָׁנִים adv. (728)-num. s. (988)-n.f.p. (1040) *seven years*

אֲחֵרוֹת adj. f.p. (29) *another*

29:28

וַיַּעַשׂ consec.-Qal impf. 3 m.s. (עָשָׂה I 793) *did*

יַעֲקֹב pr.n. (784) *Jacob*

כֵּן adv. (485) *so*

וַיְמַלֵּא consec.-Pi. impf. 3 m.s. (569) *and completed*

שְׁבֻעַ זֹאת n.m.s. cstr. (988)-demons. adj. f.s. (260) *her week (the week of this one)*

וַיִּתֶּן־לוֹ consec. - Qal impf. 3 m. s. (נָתַן 678) - prep.-3 m.s. sf. *then he gave him*

אֶת־רָחֵל dir. obj.-pr.n. (II 932) *Rachel*

בִּתּוֹ n.f.s.-3 m.s. sf. (I 123) *his daughter*

לוֹ לְאִשָּׁה prep.-3 m.s. sf.-prep.-n.f.s. (61) *to him for a wife*

29:29

וַיִּתֵּן consec.-Qal impf. 3 m.s. (נָתַן 678) *gave*

לָבָן pr.n. (II 526) *Laban*

לְרָחֵל prep.-pr.n. (II 932) *to Rachel*

בִּתּוֹ n.f.s.-3 m.s. sf. (I 123) *his daughter*

אֶת־בִּלְהָה dir. obj.-pr.n. (117) *Bilhah*

שִׁפְחָתוֹ n.f.s.-3 m.s. sf. (1046) *his maid*

לָהּ לְשִׁפְחָה prep.-3 f.s. sf.-prep.-n.f.s. (1046) *to be her maid*

29:30

וַיָּבֹא גַּם consec.-Qal impf. 3 m.s. (בּוֹא 97)-adv. (168) *so ... went in also*

אֶל־רָחֵל prep.-pr.n. (II 932) *to Rachel*

וַיֶּאֱהַב consec.-Qal impf. 3 m.s. (אָהַב 12) *and he loved*

גַּם־אֶת־רָחֵל adv. (168)-dir. obj.-pr.n. (II 932) *Rachel*

מִלֵּאָה prep.-pr.n. (521) *more than Leah*

וַיַּעֲבֹד consec.-Qal impf. 3 m.s. (712) *and served*

עִמּוֹ prep.-3 m.s. sf. *with him*

עוֹד שֶׁבַע־ adv. (728)-num. (988) *yet seven*

שָׁנִים אֲחֵרוֹת n.f.p. (1040)-adj. f.p. (29) *other years*

29:31

וַיַּרְא יהוה consec.-Qal impf. 3 m.s. (רָאָה 906)-pr.n. (217) *when Yahweh saw*

כִּי־שְׂנוּאָה לֵאָה conj.-Qal pass. ptc. f.s. (שָׂנֵא 971)-pr.n. (521) *that Leah was hated*

וַיִּפְתַּח consec. - Qal impf. 3 m. s. (פָּתַח I 834) *he opened*

אֶת־רַחְמָהּ dir. obj.-n.m.s.-3 f.s. sf. (933) *her womb*

וְרָחֵל עֲקָרָה conj.-pr.n. (II 932)-adj. f.s. (785) *but Rachel was barren*

29:32

וַתַּהַר לֵאָה consec.-Qal impf. 3 f.s. (הָרָה 247)-pr.n. (521) *and Leah conceived*

וַתֵּלֶד בֵּן consec.-Qal impf. 3 f.s. (יָלַד 408)-n.m.s. (119) *and bore a son*

וַתִּקְרָא שְׁמוֹ consec.-Qal impf. 3 f.s. (894)-n.m.s.-3 m.s. sf. (1027) *and she called his name*

רְאוּבֵן pr.n. (910) *Reuben*

כִּי אָמְרָה conj.-Qal pf. 3 f.s. (55) *for she said*

כִּי־רָאָה יהוה conj.-Qal pf. 3 m.s. (906)-pr.n. (217) *Because Yahweh has looked*

בְּעָנְיִי prep.-n.m.s.-1 c.s. sf. (777) *upon my affliction*

כִּי עַתָּה conj.-adv. (773) *surely now*

יֶאֱהָבַנִי Qal impf. 3 m.s.-1 c.s. sf. (אָהַב 12) *will love me*

אִישִׁי n.m.s.-1 c.s. sf. (35) *my husband*

29:33

וַתַּהַר עוֹד consec.-Qal impf. 3 f.s. (הָרָה 247)-adv. (728) *she conceived again*

וַתֵּלֶד בֵּן consec.-Qal impf. 3 f.s. (יָלַד 408)-n.m.s. (119) *and bore a son*

וַתֹּאמֶר consec.-Qal impf. 3 f.s. (55) *and said*

כִּי־שָׁמַע יהוה conj.-Qal pf. 3 m.s. (1033)-pr.n. (217) *Because Yahweh has heard*

כִּי־שְׂנוּאָה אָנֹכִי conj.-Qal pass. ptc. f.s. (שָׂנֵא 971)-pers. pr. 1 c.s. (59) *that I am hated*

וַיִּתֶּן־לִי consec. - Qal impf. 3 m. s. (נָתַן 678) - prep.-1 c.s. sf. *he has given me*

גַּם־אֶת־זֶה adv. (168)-dir. obj.-demons. adj. m.s. (260) *this son also*

וַתִּקְרָא consec.-Qal impf. 3 f.s. (894) *and she called*

שְׁמוֹ n.m.s.-3 m.s. sf. (1027) *his name*

שִׁמְעוֹן pr.n. (1035) *Simeon*

29:34

וַתַּהַר עוֹד consec.-Qal impf. 3 f.s. (הָרָה 247)-adv. (728) *again she conceived*

וַתֵּלֶד בֵּן consec.-Qal impf. 3 f.s. (יָלַד 408)-n.m.s. (119) *and bore a son*

וַתֹּאמֶר consec.-Qal impf. 3 f.s. (55) *and said*

עַתָּה הַפַּעַם adv. (773)-def. art.-n.f.s. (821) *Now this time*

יִלָּוֶה אִישִׁי Ni. impf. 3 m.s. (לָוָה I 530)-n.m.s.-1 c.s. sf. (35) *my husband will be joined*

אֵלַי prep.-1 c.s. sf. *to me*

כִּי־יָלַדְתִּי לוֹ conj.-Qal pf. 1 c.s. (408)-prep.-3 m.s. sf. *because I have borne him*

שְׁלֹשָׁה בָנִים num. f.s. (1025)-n.m.p. (119) *three sons*

עַל־כֵּן קָרָא־ prep.-adv. (485)-Qal pf. 3 m.s. (894) (rd. prb. קָרְאָה as Qal pf. 3 f.s.) *therefore was called*

שְׁמוֹ n.m.s.-3 m.s. sf. (1027) *his name*

לֵוִי pr.n. (I 532) *Levi*

29:35

וַתַּהַר עוֹד consec.-Qal impf. 3 f.s. (הָרָה 247)-adv. (728) *and she conceived again*

וַתֵּלֶד בֵּן consec.-Qal impf. 3 f.s. (יָלַד 408)-n.m.s. (119) *and bore a son*

וַתֹּאמֶר consec.-Qal impf. 3 f.s. (55) *and said*

הַפַּעַם def. art.-n.f.s. (821) *This time*

אוֹדֶה אֶת־יהוה Hi. impf. 1 c.s. (יָדָה 392)-dir. obj.-pr.n. (217) *I will praise Yahweh*

עַל־כֵּן קָרְאָה prep.-adv. (485)-Qal pf. 3 f.s. (894) *therefore she called*

שְׁמוֹ n.m.s.-3 m.s. sf. (1027) *his name*

יְהוּדָה pr.n. (397) *Judah*

וַתַּעֲמֹד consec.-Qal impf. 3 f.s. (763) *then she ceased*

מִלֶּדֶת prep.-Qal inf. cstr. (יָלַד 408) *bearing*

30:1

וַתֵּרֶא רָחֵל consec.-Qal impf. 3 f.s. (רָאָה 906)-pr.n. (II 932) *when Rachel saw*

כִּי לֹא יָלְדָה conj.-neg.-Qal pf. 3 f.s. (408) *that she bore ... no children*

לְיַעֲקֹב prep.-pr.n. (784) *Jacob*

וַתְּקַנֵּא רָחֵל consec.-Pi. impf. 3 f.s. (888)-pr.n. (II 932) *Rachel envied*

בַּאֲחֹתָהּ prep.-n.f.s.-3 f.s. sf. (27) *her sister*

וַתֹּאמֶר consec.-Qal impf. 3 f.s. (55) *and she said*

אֶל־יַעֲקֹב prep.-pr.n. (784) *to Jacob*

הָבָה־לִּי Qal impv. 2 m.s.-coh. he (יָהַב 396)-prep.-1 c.s. sf. *Give me*

בָנִים n.m.p. (119) *children*

וְאִם־אַיִן conj.-hypoth. part. (49)-neg. *or (if not)*

מֵתָה אָנֹכִי Qal act. ptc. f.s. (מוּת 559) - pers.pr. 1 c.s. (59) *I shall die*

30:2

וַיִּחַר־ consec.-Qal impf. 3 m.s. (חָרָה 354) *was kindled*

אַף יַעֲקֹב n.m.s. cstr. (I 60)-pr.n. (784) *Jacob's anger*

בְּרָחֵל prep.-pr.n. (II 932) *against Rachel*

וַיֹּאמֶר consec.-Qal impf. 3 m.s. (55) *and he said*

הֲתַחַת אֱלֹהִים interr.-prep. (1065) - n.m.p. (43) *in the place of God?*

אָנֹכִי pers.pr. 1 c.s. (59) *Am I*

אֲשֶׁר־מָנַע rel.-Qal pf. 3 m.s. (586) *who has withheld*

מִמֵּךְ פְּרִי־בָטֶן prep.-2 f.s. sf.-n.m.s. cstr. (826)-n.f.s. paus. (105) *from you fruit of a womb*

30:3

וַתֹּאמֶר consec.-Qal impf. 3 f.s. (55) *then she said*

הִנֵּה אֲמָתִי demons. part. (243)-n.f.s.-1 c.s. sf. (51) *Here is my maid*

בִלְהָה pr.n. (I 117) *Bilhah*

בֹּא אֵלֶיהָ Qal impv. 2 m.s. (בּוֹא 97)-prep.-3 f.s. sf. *go in to her*

וְתֵלֵד conj.-Qal impf. 3 f.s. (יָלַד 408) *that she may bear*

עַל־בִּרְכַּי prep.-n.f.p.-1 c.s. sf. (139) *upon my knees*

וְאִבָּנֶה conj.-Ni. impf. 1 c.s. (בָּנָה 124) *and may have children*

גַם־אָנֹכִי adv. (168)-pers. pr. 1 c.s. (59) *even I*

מִמֶּנָּה prep.-3 f.s. sf. *through her*

30:4

וַתִּתֶּן־לוֹ consec.-Qal impf. 3 f.s. (נָתַן 678)-prep.-3 m.s. sf. *so she gave him*

אֶת־בִּלְהָה dir. obj.-pr.n. (I 117) *Bilhah*

שִׁפְחָתָהּ n.f.s.-3 f.s. sf. (1046) *her maid*

לְאִשָּׁה prep.-n.f.s. (61) *as a wife*

וַיָּבֹא אֵלֶיהָ consec.-Qal impf. 3 m.s. (בּוֹא 97)-prep.-3 f.s. sf. *and went in to her*

יַעֲקֹב pr.n. (784) *Jacob*

30:5

וַתַּהַר בִּלְהָה consec.-Qal impf. 3 f.s. (הָרָה 247)-pr.n. (I 117) *and Bilhah conceived*

וַתֵּלֶד consec.-Qal impf. 3 f.s. (יָלַד 408) *and bore*

לְיַעֲקֹב בֵּן prep.-pr.n. (784)-n.m.s. (119) *Jacob a son*

30:6

וַתֹּאמֶר רָחֵל consec.-Qal impf. 3 f.s. (55)-pr.n. (II 932) *then Rachel said*

דָּנַנִּי אֱלֹהִים Qal pf. 3 m.s.-1 c.s. sf. (דִּין 192)-n.m.p. (43) *God has judged me*

וְגַם שָׁמַע conj.-adv. (168)-Qal pf. 3 m.s. (1033) *and has also heard*

בְּקֹלִי prep.-n.m.s.-1 c.s. sf. (876) *my voice*

וַיִּתֶּן־לִי consec. - Qal impf. 3 m. s. (נָתַן 678) - prep.-1 c.s. sf. *and has given me*

בֵּן n.m.s. (119) *a son*

עַל־כֵּן קָרְאָה prep.-adv. (485)-Qal pf. 3 f.s. (894) *therefore she called*

שְׁמוֹ דָּן n.m.s.-3 m.s. sf. (1027)-pr.n. (192) *his name Dan*

30:7

וַתַּהַר עוֹד consec.-Qal impf. 3 f.s. (הָרָה 247)-adv. (728) *conceived again*

וַתֵּלֶד consec.-Qal impf. 3 f.s. (יָלַד 408) *and bore*

בִּלְהָה pr.n. (I 117) *Bilhah*

שִׁפְחַת רָחֵל n.f.s. cstr. (1046)-pr.n. (II 932) *Rachel's maid*

בֵּן שֵׁנִי n.m.s. (119)-num. adj. m. (1041) *a second son*

לְיַעֲקֹב prep.-pr.n. (784) *to Jacob*

30:8

וַתֹּאמֶר consec.-Qal impf. 3 f.s. (55) *then said*

רָחֵל pr.n. (II 932) *Rachel*

נַפְתּוּלֵי אֱלֹהִים n.m.p. cstr. (836)-n.m.p. (43) *With mighty wrestlings (*lit. *wrestlings of God)*

נִפְתַּלְתִּי Ni. pf. 1 c.s. (פָּתַל 836) *I have wrestled*

עִם־אֲחֹתִי prep.-n.f.s.-1 c.s. sf. (27) *with my sister*

גַּם־יָכֹלְתִּי adv. (168)-Qal pf. 1 c.s. (יָכֹל 407) *and have prevailed*

וַתִּקְרָא consec.-Qal impf. 3 f.s. (894) *so she called*

שְׁמוֹ n.m.s.-3 m.s. sf. (1027) *his name*

נַפְתָּלִי pr.n. (836) *Naphtali*

30:9

וַתֵּרֶא consec.-Qal impf. 3 f.s. (רָאָה 906) *when ... saw*

לֵאָה pr.n. (521) *Leah*

כִּי עָמְדָה conj.-Qal pf. 3 f.s. (763) *that she had ceased*

מִלֶּדֶת prep.-Qal inf. cstr. (יָלַד 408) *bearing children*

וַתִּקַּח consec.-Qal impf. 3 f.s. (לָקַח 542) *she took*

אֶת־זִלְפָּה dir. obj.-pr.n. (273) *Zilpah*

שִׁפְחָתָהּ n.f.s.-3 f.s. sf. (1046) *her maid*

וַתִּתֵּן אֹתָהּ consec. - Qal impf. 3 f.s. (נָתַן 678) - dir.obj.-3 f.s. sf. *and gave her*

לְיַעֲקֹב prep.-pr.n. (784) *to Jacob*

לְאִשָּׁה prep.-n.f.s. (61) *as a wife*

30:10

וַתֵּלֶד זִלְפָּה consec.-Qal impf. 3 f.s. (יָלַד 408)-pr.n. (273) *then Zilpah bore*

שִׁפְחַת לֵאָה n.f.s. cstr. (1046)-pr.n. (521) *Leah's maid*

לְיַעֲקֹב prep.-pr.n. (784) *to Jacob*

בֵּן n.m.s. (119) *a son*

30:11

וַתֹּאמֶר לֵאָה consec.-Qal impf. 3 f.s. (55)-pr.n. (521) *and Leah said*

בְּגָד prep.-n.m.s. (II 151) *By good fortune*

וַתִּקְרָא consec.-Qal impf. 3 f.s. (894) *so she called*

אֶת־שְׁמוֹ dir.obj.-n.m.s.-3 m.s. sf. (1027) *his name*

גָּד pr.n. (III 151) *Gad*

30:12

וַתֵּלֶד consec.-Qal impf. 3 f.s. (יָלַד 408) *bore*

זִלְפָּה pr.n. (273) *Zilpah*

שִׁפְחַת לֵאָה n.f.s. cstr. (1046)-pr.n. (521) *Leah's maid*

בֵּן שֵׁנִי n.m.s. (119)-adj. num. m. (1041) *a second son*

לְיַעֲקֹב prep.-pr.n. (784) *to Jacob*

30:13

וַתֹּאמֶר לֵאָה consec.-Qal impf. 3 f.s. (55)-pr.n. (521) *and Leah said*

בְּאָשְׁרִי prep.-n.m.s.-1 c.s. sf. (81) *In my happiness*

כִּי אִשְּׁרוּנִי conj.-Pi. pf. 3 c.p.-1 c.s. sf. (אָשַׁר 80) *For will call me happy*

בָּנוֹת n.f.p. (I 123) *women*

וַתִּקְרָא consec.-Qal impf. 3 f.s. (894) *so she called*

אֶת־שְׁמוֹ dir. obj.-n.m.s.-3 m.s. sf. (1027) *his name*

אָשֵׁר pr.n. (81) *Asher*

30:14

וַיֵּלֶךְ consec.-Qal impf. 3 m.s. (הָלַךְ 229) *went*

רְאוּבֵן pr.n. (910) *Reuben*

בִּימֵי prep.-n.m.p. cstr. (398) *In the days of*

קְצִיר־חִטִּים n.m.s. cstr. (I 894)-n.f.p. (334) *wheat harvest*

וַיִּמְצָא consec.-Qal impf. 3 m.s. (592) *and found*

דוּדָאִים n.m.p. (188) *mandrakes*

בַּשָּׂדֶה prep.-def.art.-n.m.s. (961) *in the field*

וַיָּבֵא אֹתָם consec.-Hi. impf. 3 m.s. (בּוֹא 97)-dir. obj.-3 m.p. sf. *and brought them*

אֶל־לֵאָה אִמּוֹ prep.-pr.n. (521)-n.f.s.-3 m.s. sf. (51) *to his mother Leah*

וַתֹּאמֶר רָחֵל consec.-Qal impf. 3 f.s. (55)-pr.n. (II 932) *Then Rachel said*

אֶל־לֵאָה prep.-pr.n. (521) *to Leah*

תְּנִי־נָא לִי Qal impv. 2 f.s. (נָתַן 678)-part. of entreaty (609)-prep.-1 c.s. sf. *Give me, I pray,*

מִדּוּדָאֵי בְּנֵךְ prep.-n.m.p. cstr. (188)-n.m.s.-2 f.s. sf. (119) *some of your son's mandrakes*

30:15

וַתֹּאמֶר לָהּ consec.-Qal impf. 3 f.s. (55)-prep.-3 f.s. sf. *but she said to her*

הַמְעַט interr.-subst. (589) *Is it a small matter*

קַחְתֵּךְ Qal inf. cstr.-2 f.s. sf. (לָקַח 542) *that you have taken away*

אֶת־אִישִׁי dir.obj.-n.m.s.-1 c.s. sf. (35) *my husband?*

וְלָקַחַת גַּם conj.-Qal pf. 2 f.s. (542) - adv. (168) *Would you take away also*

אֶת־דּוּדָאֵי בְּנִי dir. obj.-n.m.p. cstr. (188)-n.m.s.-1 c.s. sf. (119) *my son's mandrakes*

וַתֹּאמֶר רָחֵל consec.-Qal impf. 3 f.s. (55)-pr.n. (II 932) *Rachel said*

לָכֵן יִשְׁכַּב prep.-adv. (485)-Qal impf. 3 m.s. (1011) *Then he may lie*

עִמָּךְ prep-2 f.s. sf. *with you*

הַלַּיְלָה def. art.-n.m.s. (538) *tonight*

תַּחַת דּוּדָאֵי prep. (1065)-n.m.p. cstr. (188) *for the mandrakes of*

בְּנֵךְ n.m.s.-2 f.s. sf. (119) *your son*

30:16

וַיָּבֹא יַעֲקֹב consec.-Qal impf. 3 m.s. (בּוֹא 97)-pr.n. (784) *when Jacob came*

מִן־הַשָּׂדֶה prep.-def.art.-n.m.s. (961) *from the field*

בָּעֶרֶב prep.-def. art.-n.m.s. (787) *in the evening*

וַתֵּצֵא לֵאָה consec.-Qal impf. 3 f.s. (יָצָא 422)-pr.n. (521) *Leah went out*

לִקְרָאתוֹ prep.-Qal inf. cstr.-3 m.s. sf. (II 896) *to meet him*

וַתֹּאמֶר consec.-Qal impf. 3 f.s. (55) *and said*

אֵלַי תָּבוֹא prep.-1 c.s. sf.-Qal impf. 2 m.s. (97) *You must come in to me*

כִּי שָׂכֹר שְׂכַרְתִּיךָ conj.-Qal inf. abs. (968)-Qal pf. 1 c.s.-2 m.s. sf. (968) *for I have hired you*

בְּדוּדָאֵי בְּנִי prep.-n.m.p. cstr. (188)-n.m.s.-1 c.s. sf. (119) *with my son's mandrakes*

וַיִּשְׁכַּב עִמָּהּ consec.-Qal impf. 3 m.s. (1011)-prep.-3 f.s. sf. *So he lay with her*

בַּלַּיְלָה הוּא prep.-def.art.-n.m.s. (538) - demons. adj. m.s. (214) *that night*

30:17

וַיִּשְׁמַע אֱלֹהִים consec.-Qal impf. 3 m.s. (1033)-n.m.p. (43) *and God hearkened*

אֶל־לֵאָה prep.-pr.n. (521) *to Leah*

וַתַּהַר consec.-Qal impf. 3 f.s. (הָרָה 247) *and she conceived*

וַתֵּלֶד consec.-Qal impf. 3 f.s. (יָלַד 408) *and bore*

לְיַעֲקֹב prep.-pr.n. (784) *to Jacob*

בֵּן חֲמִישִׁי n.m.s. (119)-num. adj. m. (332) *a fifth son*

30:18

וַתֹּאמֶר לֵאָה consec.-Qal impf. 3 f.s. (55)-pr.n. (521) *Leah said*

נָתַן אֱלֹהִים Qal pf. 3 m.s. (678)-n.m.p. (43) *God has given*

שְׂכָרִי n.m.s.-1 c.s. sf. (I 969) *my hire*

אֲשֶׁר־נָתַתִּי rel.-Qal pf. 1 c.s. (נָתַן 678) *because I gave*

שִׁפְחָתִי n.f.s.-1 c.s. sf. (1046) *my maid*

לְאִישִׁי prep.-n.m.s.-1 c.s. sf. (35) *to my husband*

וַתִּקְרָא consec.-Qal impf. 3 f.s. (894) *so she called*

שְׁמוֹ n.m.s.-3 m.s. sf. (1027) *his name*

יִשָּׂשכָר pr.n. (441) *Issachar*

30:19

וַתַּהַר עוֹד consec.-Qal impf. 3 f.s. (הָרָה 247)-adv. (728) *and conceived again*

לֵאָה pr.n. (521) *Leah*

וַתֵּלֶד consec.-Qal impf. 3 f.s. (יָלַד 408) *and she bore*

בֵּן־שִׁשִּׁי n.m.s. (119)-num. adj. m. (995) *a sixth son*

לְיַעֲקֹב prep.-pr.n. (784) *to Jacob*

30:20

וַתֹּאמֶר לֵאָה consec.-Qal impf. 3 f.s. (55)-pr.n. (521) *then Leah said*

זְבָדַנִי אֱלֹהִים Qal pf. 3 m.s.-1 c.s. sf. (256)-n.m.p. (43) *God has endowed me*

אֹתִי dir. obj.-1 c.s. sf. *me*

זֵבֶד טוֹב n.m.s. (256)-adj. m.s. (II 373) *with a good dowry*

הַפַּעַם def. art.-subst. (821) *now*

יִזְבְּלֵנִי Qal impf. 3 m.s.-1 c.s. sf. (זָבַל 259) *will honor me*

אִישִׁי n.m.s.-1 c.s. sf. (35) *my husband*

כִּי־יָלַדְתִּי לוֹ conj.-Qal pf. 1 c.s. (408)-prep.-3 m.s. sf. *because I have borne him*

שִׁשָּׁה בָנִים num. f.s. (995)-n.m.p. (119) *six sons*

וַתִּקְרָא consec.-Qal impf. 3 f.s. (894) *so she called*

אֶת־שְׁמוֹ dir. obj.-n.m.s.-3 m.s. sf. (1027) *his name*

זְבֻלוּן pr.n. (259) *Zebulun*

30:21

וְאַחַר conj.-adv. (29) *Afterwards*

יָלְדָה בַּת Qal pf. 3 f.s. (408)-n.f.s. (I 123) *she bore a daughter*

וַתִּקְרָא consec.-Qal impf. 3 f.s. (894) *and called*

אֶת־שְׁמָהּ dir. obj.-n.m.s.-3 f.s. sf. (1027) *her name*

דִּינָה pr.n. (192) *Dinah*

30:22

וַיִּזְכֹּר אֱלֹהִים consec.-Qal impf. 3 m.s. (269)-n.m.p. (43) *then God remembered*

אֶת־רָחֵל dir. obj.-pr.n. (II 932) *Rachel*

וַיִּשְׁמַע consec.-Qal impf. 3 m.s. (1033) *and hearkened*

אֵלֶיהָ prep.-3 f.s. sf. *to her*

אֱלֹהִים n.m.p. (43) *God*

וַיִּפְתַּח consec. - Qal impf. 3 m. s. (פָּתַח I 834) *and opened*

אֶת־רַחְמָהּ dir. obj.-n.m.s.-3 f.s. sf. (933) *her womb*

30:23

וַתַּהַר consec.-Qal impf. 3 f.s. (הָרָה 247) *she conceived*

וַתֵּלֶד consec.-Qal impf. 3 f.s. (יָלַד 408) *and bore*

בֵּן n.m.s. (119) *a son*

וַתֹּאמֶר consec.-Qal impf. 3 f.s. (55) *and said*

אָסַף אֱלֹהִים Qal pf. 3 m.s. (62)-n.m.p. (43) *God has taken away*

אֶת־חֶרְפָּתִי dir. obj.-n.f.s.-1 c.s. sf. (357) *my reproach*

30:24

וַתִּקְרָא consec.-Qal impf. 3 f.s. (894) *and she called*

אֶת־שְׁמוֹ dir. obj.-n.m.s.-3 m.s. sf. (1027) *his name*

יוֹסֵף pr.n. (415) *Joseph*

לֵאמֹר prep.-Qal inf. cstr. (55) *saying*

יֹסֵף יהוה Hi. impf. 3 m.s. (יָסַף 414)-pr.n. (217) *May Yahweh add*

לִי prep.-1 c.s. sf. *to me*

בֵּן אַחֵר n.m.s. (119)-adj. m.s. (29) *another son*

30:25

וַיְהִי consec.-Qal impf. 3 m.s. (חָיָה 224) *(and it was)*

כַּאֲשֶׁר יָלְדָה prep.-rel.-Qal pf. 3 f.s. (408) *when ... had borne*

רָחֵל pr.n. (II 932) *Rachel*

אֶת־יוֹסֵף dir. obj.-pr.n. (415) *Joseph*

וַיֹּאמֶר יַעֲקֹב consec.-Qal impf. 3 m.s. (55) - pr.n. (784) *Jacob said*

אֶל־לָבָן prep.-pr.n. (II 526) *to Laban*

שַׁלְּחֵנִי Pi. impv. 2 m.s.-1 c.s. sf. (1018) *Send me away*

וְאֵלְכָה conj.-Qal impf. 1 c.s.-coh. he (הָלַךְ 229) *that I may go*

אֶל־מְקוֹמִי prep.-n.m.s.-1 c.s. sf. (879) *to my own home*

וּלְאַרְצִי conj.-prep.-n.f.s.-1 c.s. sf. (75) *and (to my own) country*

30:26

תְּנָה Qal impv. 2 m.s.-coh. he (נָתַן 678) *Give*

אֶת־נָשַׁי dir. obj.-n.f.p.-1 c.s. sf. (61) *my wives*

וְאֶת־יְלָדַי conj.-dir. obj.-n.m.p.-1 c.s. sf. (409) *and my children*

אֲשֶׁר עָבַדְתִּי rel.-Qal pf. 1 c.s. (712) *I have served*

אֹתְךָ dir. obj.-2 m.s. sf. *you*

בָּהֵן prep.-3 f.p. sf. *for whom*

וְאֵלֵכָה conj.-Qal impf. 1 c.s.-coh. he paus. (הָלַךְ 229) *and let me go*

כִּי אַתָּה יָדַעְתָּ conj.-pers. pr. 2 m.s. (61)-Qal pf. 2 m.s. (393) *for you know*

אֶת־עֲבֹדָתִי dir. obj.-n.f.s.-1 c.s. sf. (715) *the service*

אֲשֶׁר עֲבַדְתִּיךָ rel.-Qal pf. 1 c.s.-2 m.s. sf. (עָבַר 712) *which I have given you*

30:27

וַיֹּאמֶר אֵלָיו consec.-Qal impf. 3 m.s. (55)-prep.-3 m.s. sf. *but ... said to him*

לָבָן pr.n. (II 526) *Laban*

אִם־נָא מָצָאתִי hypoth. part. (49)-part. of entreaty (609)-Qal pf. 1 c.s. (מָצָא 592) *if I have found*

חֵן n.m.s. (336) *favor*

בְּעֵינֶיךָ prep.-n.f.du.-2 m.s. sf. (744) *in your eyes*

נִחַשְׁתִּי Pi. pf. 1 c.s. (נָחַשׁ II 638) *I have learned by divination*

וַיְבָרְכֵנִי consec.-Pi. impf. 3 m.s.-1 c.s. sf. (138) *that ... has blessed me*

יהוה pr.n. (217) *Yahweh*

בִּגְלָלֶךָ prep.-n.m.s.-2 m.s. sf. (I 164) *because of you*

30:28

וַיֹּאמַר consec.-Qal impf. 3 m.s. (55) *(and he said)*

נָקְבָה Qal impv. 2 m.s.-coh. he (נָקַב I 666) *name (designate)*

שְׂכָרְךָ n.m.s.-2 m.s. sf. (I 969) *your wages*

עָלַי prep.-1 c.s. sf. *(for me)*

וְאֶתֵּנָה conj.-Qal impf. 1 c.s.-coh. he paus. (נָתַן 678) *and I will give it*

30:29

וַיֹּאמֶר אֵלָיו consec.-Qal impf. 3 m.s. (55)-prep.-3 m.s. sf. *he said to him*

אַתָּה יָדַעְתָּ pers. pr. 2 m.s. (61)-Qal pf. 2 m.s. (393) *You yourself know*

אֵת אֲשֶׁר עֲבַדְתִּיךָ dir.obj.-rel.-Qal pf. 1 c.s.-2 m.s. sf. (712) *how I have served you*

וְאֵת אֲשֶׁר־הָיָה conj.-dir. obj.-rel.-Qal pf. 3 m.s. (224) *and how have fared*

מִקְנְךָ אִתִּי n.m.s.-2 m.s. sf. (889)-prep.-1 c.s. sf. (II 85) *your cattle with me*

30:30

כִּי מְעַט conj.-subst. (589) *for little*

אֲשֶׁר־הָיָה לְךָ rel.-Qal pf. 3 m.s. (224)-prep.-2 m.s. sf. *you had*

לְפָנַי prep.-n.m.p.-1 c.s. sf. (815) *before me*

וַיִּפְרֹץ לָרֹב consec.-Qal impf. 3 m.s. (I 829)-prep.-Qal inf. cstr. (רָבַב I 912) *and it has increased abundantly*

וַיְבָרֶךְ יהוה consec.-Pi. impf. 3 m.s. (138)-pr.n. (217) *and Yahweh has blessed*

אֹתְךָ dir. obj.-2 m.s. sf. *you*

לְרַגְלִי prep.-n.f.s.-1 c.s. sf. (919) *wherever I turned*

וְעַתָּה מָתַי conj.-adv. (772)-interr. adv. (607) *But now when*

אֶעֱשֶׂה Qal impf. 1 c.s. (I 793) *shall I provide*

גַם־אָנֹכִי adv. (168)-pers. pr. 1 c.s. (59) *I also*

לְבֵיתִי prep.-n.m.s.-1 c.s. sf. (108) *for my own household*

30:31

וַיֹּאמֶר consec.-Qal impf. 3 m.s. (55) *he said*

מָה אֶתֶּן־לָךְ interr. (552) - Qal impf. 1 c.s. (נָתַן 678) - prep.-2 m.s. sf. paus. *What shall I give you?*

וַיֹּאמֶר יַעֲקֹב v.supra - pr.n. (784) *Jacob said*

לֹא־תִתֶּן־לִי neg. - Qal impf. 2 m.s. (נָתַן 678) - prep.-1 c.s. sf. *You shall not give me*

מְאוּמָה pron.indef. (548) *anything*

אִם־תַּעֲשֶׂה־לִּי hypoth. part. (49)-Qal impf. 2 m.s. (I 793)-prep.-1 c.s. sf. *if you will do for me*

הַדָּבָר הַזֶּה def.art.-n.m.s. (182) - def.art.-demons. adj. m.s. (260) *this thing*

אָשׁוּבָה אֶרְעֶה Qal impf. 1 c.s.-coh. he (996)-Qal impf. 1 c.s. (רָעָה I 944) *I will again feed*

צֹאנְךָ n.f.s.-2 m.s. sf. (838) *your flock*

אֶשְׁמֹר Qal impf. 1 c.s. (1036) *and keep it*

30:32

אֶעֱבֹר Qal impf. 1 c.s. (716) *Let me pass through*

בְּכָל־צֹאנְךָ prep.-n.m.s. cstr. (481)-n.f.s.-2 m.s. sf. (838) *all your flock*

הַיּוֹם def. art.-n.m.s. (398) *today*

הָסֵר Hi. inf. abs. (סוּר 693) *removing*

מִשָּׁם prep.-adv. (1027) *from it*

כָּל־שֶׂה נָקֹד n.m.s. cstr. (481)-n.m.s. (961)-adj. m.s. (666) *every speckled sheep*

וְטָלוּא conj.-Qal pass. ptc. (378) *and spotted*

וְכָל־שֶׂה־חוּם conj.-n.m.s. cstr. (481)-n.m.s. (961)-adj. m.s. (299) *and every black lamb*

בַּכְּשָׂבִים prep.-def. art.-n.m.p. (461) *(among the lambs)*

וְטָלוּא וְנָקֹד conj.-Qal pass. ptc. (378)-conj.-adj. m.s. (666) *and the spotted and speckled*

בָּעִזִּים prep.-def.art.-n.f.p. (777) *among the goats*

וְהָיָה שְׂכָרִי conj.-Qal pf. 3 m.s. (224)-n.m.s.-1 c.s. sf. (969) *and such shall be my wages*

30:33

וְעָנְתָה־בִּי conj.-Qal pf. 3 f. s. (עָנָה I 772)-prep.-1 c.s. sf. *So ... will answer for me*

צִדְקָתִי n.f.s.-1 c.s. sf. (842) *my honesty*

בְּיוֹם מָחָר prep.-n.m.s. (398)-adv. (563) *later*

כִּי־תָבוֹא conj.-Qal impf. 2 m.s. (בּוֹא 97) *when you come*

עַל־שְׂכָרִי prep.-n.m.s.-1 c.s. sf. (969) *into my wages*

לְפָנֶיךָ prep.-n.m.p.-2 m.s. sf. (815) *with you*

כֹּל אֲשֶׁר־אֵינֶנּוּ n.m.s. (481)-rel.-subst.-3 m.s. sf. (II 34) *Every one that is not*

נָקֹד וְטָלוּא adj. (666)-conj.-Qal pass. ptc. (378) *speckled and spotted*

בָּעִזִּים prep.-def.art.-n.f.p. (777) *among the goats*

וְחוּם conj.-adj. m.s. (299) *and black*

בַּכְּשָׂבִים prep.-def. art.-n.m.p. (461) *among the lambs*

גָּנוּב הוּא Qal pass. ptc. (170)-pers. pr. 3 m.s. (214) *shall be counted stolen*

אִתִּי prep.-1 c.s. sf. (II 85) *with me*

30:34

וַיֹּאמֶר לָבָן consec.-Qal impf. 3 m.s. (55)-pr.n. (II 526) *Laban said*

הֵן demons. adv. (243) *Good*

לוּ יְהִי conj. (530)-Qal impf. 3 m.s. apoc. (הָיָה 224) *Let it be*

כִדְבָרֶךָ prep.-n.m.p.-2 m.s. sf. (182) *as you have said*

30:35

וַיָּסַר consec.-Qal impf. 3 m.s. (סוּר 693) *but ... removed*

בַּיּוֹם הַהוּא prep.-def.art.-n.m.s. (398) - def.art.-demons. adj. m.s. (214) *that day*

אֶת־הַתְּיָשִׁים dir. obj.-def. art.-n.m.p. (1066) *the he-goats*

הָעֲקֻדִּים def. art.-adj. m.p. (785) *that were striped*

וְהַטְּלֻאִים conj.-def.art.-Qal pass. ptc. m.p. (378) *and spotted*

וְאֵת כָּל־הָעִזִּים conj.-dir.obj.-n.m.s. cstr. (481) - n.f.p. (777) *and all the she-goats*

הַנְּקֻדּוֹת def. art.-adj. f.p. (666) *that were speckled*

וְהַטְּלֻאֹת conj.-def.art.-Qal pass. ptc. f.p. (378) *and spotted*

כֹּל אֲשֶׁר־לָבָן n.m.s. (481)-rel.-adj. (I 526) *every one that had white*

בּוֹ prep.-3 m.s. sf. *on it*

וְכָל־חוּם conj.-n.m.s. (481)-adj. (299) *and every black*

בַּכְּשָׂבִים prep.-def. art.-n.m.p. (461) *among the lambs*

וַיִּתֵּן consec.-Qal impf. 3 m.s. (נָתַן 678) *and put*

בְּיַד־בָּנָיו prep.-n.f.s. cstr. (388)-n.m.p.-3 m.s. sf. (119) *in charge of his sons*

30:36

וַיָּשֶׂם consec. - Qal impf. 3 m. s. (שִׂים 962) *and he set*

דֶּרֶךְ שְׁלֹשֶׁת יָמִים n.m.s. cstr. (202)-num. f.s. cstr. (1025)-n.m.p. (398) *a distance of three days' journey*

בֵּינוֹ prep.-3 m.s. sf. (107) *between himself*

וּבֵין יַעֲקֹב conj.-prep. (107)-pr.n. (784) *and Jacob*

וְיַעֲקֹב רֹעֶה conj.-pr.n. (784)-Qal act. ptc. (I 944) *and Jacob fed*

אֶת־צֹאן לָבָן dir. obj.-n.f.s. cstr. (838)-pr.n. (II 526) *the flock of Laban*

הַנּוֹתָרֹת def. art.-Ni. ptc. f.p. (יָתַר 451) *the rest*

30:37

וַיִּקַּח־לוֹ consec. - Qal impf. 3 m. s. (לָקַח 542) - prep.-3 m.s. sf. *then took*

יַעֲקֹב pr.n. (784) *Jacob*

מַקַּל לִבְנֶה n.f.s. cstr. (596)-n.m.s. (527) *rods of poplar*

לַח adj. (535) *fresh*

וְלוּז conj.-n.m.s. (531) *and almond*

וְעַרְמוֹן conj.-n.m.s. (790) *and plane*

וַיְפַצֵּל consec.-Pi. impf. 3 m.s. (822) *and peeled*

בָּהֵן prep.-3 f.p. sf. *in them*

פְּצָלוֹת n.f.p. (822) *streaks*

לְבָנוֹת adj. f.p. (I 526) *white*

מַחְשֹׂף הַלָּבָן n.m.s. cstr. (362)-def. art.-adj. (I 526) *exposing the white*

אֲשֶׁר עַל־הַמַּקְלוֹת rel.-prep.-def. art.-n.f.p. (596) *of the rods*

30:38

וַיַּצֵּג consec.-Hi.impf. 3 m.s. (יָצַג 426) *he set*

אֶת־הַמַּקְלוֹת dir. obj.-def. art.-n.f.p. (596) *the rods*

אֲשֶׁר פִּצֵּל rel.-Pi. pf. 3 m.s. (822) *which he had peeled*

בָּרֳהָטִים prep.-def. art.-n.m.p. (I 923) *in the troughs*

בְּשִׁקֲתוֹת הַמָּיִם prep.-n.f.p. cstr. (1052)-def. art.-n.m.p. paus. (565) *that is in the watering troughs*

אֲשֶׁר תָּבֹאןָ rel.-Qal impf. 3 f.p. (בּוֹא 97) *where came*

הַצֹּאן def.art.-n.f.s. (838) *the flocks*

לִשְׁתּוֹת prep. Qal inf. cstr. (שָׁתָה 1059) *to drink*

לְנֹכַח prep.-prep. (647) *in front of*

הַצֹּאן v.supra *the flocks*

וַיֵּחַמְנָה consec. - Qal impf. 3 f.p. (חָמַם 328) *since they bred*

בְּבֹאָן prep.-Qal inf. cstr.-3 f.p. sf. (בּוֹא 97) *when they came*

לִשְׁתּוֹת prep.-Qal inf. cstr. (1059) *to drink*

30:39

וַיֶּחֱמוּ consec.-Qal impf. 3 m.p. (חָמַם 328) *and bred*

הַצֹּאן def.art.-n.m.s. (838) *the flocks*

אֶל־הַמַּקְלוֹת prep.-def.art.-n.f.p. (596) *in front of the rods*

וַתֵּלַדְןָ consec. - Qal impf. 3 f. p. (יָלַד 408) *and so brought forth*

הַצֹּאן def.art.-n.f.s. (838) *the flocks*

עֲקֻדִּים adj. m.p. (785) *striped*

נְקֻדִּים adj. m.p. (666) *speckled*

וּטְלֻאִים conj.-Qal pass. ptc. m.p. (378) *and spotted*

30:40

וְהַכְּשָׂבִים conj.-def. art.-n.m.p. (461) *and the lambs*

הִפְרִיד יַעֲקֹב Hi. pf. 3 m.s. (825) - pr.n. (784) *Jacob separated*

וַיִּתֵּן consec.-Qal impf. 3 m.s. (נָתַן 678) *and set*

פְּנֵי הַצֹּאן n.m.p. cstr. (815) - def.art.-n.f.s. (838) *the faces of the flocks*

אֶל־עָקֹד prep.-adj. m.s. (785) *toward the striped*

וְכָל־חוּם conj.-n.m.s. cstr. (481) - adj. m.s. (299) *and all the black*

בְּצֹאן לָבָן prep.-n.f.s. cstr. (838)-pr.n. (II 526) *in the flock of Laban*

וַיָּשֶׁת־לוֹ consec.-Qal impf. 3 m.s. (שִׁית 1011)-prep.-3 m.s. sf. *and he put his own*

עֲדָרִים n.m.p. (I 727) *droves*

לְבַדּוֹ prep.-n.m.s.-3 m.s. sf. (94) *apart*

וְלֹא שָׁתָם conj.-neg.-Qal pf. 3 m.s.-3 m.p. sf. (שִׁית 1011) *and did not put them*

עַל־צֹאן לָבָן prep.-n.f.s. cstr. (838)-pr.n. (II 526) *with Laban's flock*

30:41

וְהָיָה בְּכָל־ conj.-Qal pf. 3 m.s. (224)-prep.-n.m.s. cstr. (481) *and it was whenever*

יַחֵם Pi. inf. cstr. (יָחַם 404) *were breeding*

הַצֹּאן הַמְקֻשָּׁרוֹת def.art.-n.f.s. (838) - def.art.-Pu. ptc. f.p. (905) *the stronger of the flock*

וְשָׂם יַעֲקֹב conj.-Qal pf. 3 m.s. (שִׂים 962)-pr.n. (784) *Jacob laid*

אֶת־הַמַּקְלוֹת dir. obj.-def. art.-n.f.p. (586) *the rods*

לְעֵינֵי prep.-n.f. du. cstr. (744) *before the eyes of*

הַצֹּאן def.art.-n.f.s. (838) *the flock*

בָּרְהָטִים prep.-def. art.-n.m.p. (I 923) *in the runnels (troughs)*

לְיַחְמֵנָּה prep.-Pi. inf. cstr.-3 f.p. (יָחַם 404) *that they might breed*

בַּמַּקְלוֹת prep.-def. art.-n.f.p. (596) *among the rods*

30:42

וּבְהַעֲטִיף conj.-prep.-Hi. inf. cstr. (עָטַף III 742) *but for the feebler of*

הַצֹּאן def.art.-n.f.s. (838) *the flock*

לֹא יָשִׂים neg.-Qal impf. 3 m.s. (שִׂים 962) *he did not lay them there*

וְהָיָה conj.-Qal pf. 3 m.s. (224) *and so ... were*

הָעֲטֻפִים def. art.-Qal pass. ptc. m.p. (III 742) *the feebler*

לְלָבָן prep.-pr.n. (II 526) *Laban's*

וְהַקְּשֻׁרִים conj.-def. art.-Qal pass ptc. m.p. (905) *and the stronger*

לְיַעֲקֹב prep.-pr.n. (784) *Jacob's*

30:43

וַיִּפְרֹץ consec.-Qal impf. 3 m.s. (I 829) *Thus ... grew rich*

הָאִישׁ def. art.-n.m.s. (35) *the man*

מְאֹד מְאֹד adv. (547)-adv. (547) *exceedingly*

וַיְהִי־לוֹ consec.-Qal impf. 3 m.s. (הָיָה 224)-prep.-3 m.s. sf. *and had*

צֹאן רַבּוֹת n.f.s. cstr. (838)-adj. f.p. (I 912) *large flocks*

וּשְׁפָחוֹת conj.-n.f.p. (1046) *maidservants*

וַעֲבָדִים conj.-n.m.p. (713) *and menservants*

וּגְמַלִּים conj.-n.m.p. (168) *and camels*

וַחֲמֹרִים conj.-n.m.p. (II 331) *and asses*

31:1

וַיִּשְׁמַע consec.-Qal impf. 3 m.s. (1033) *now he heard*

אֶת־דִּבְרֵי dir. obj.-n.m.p. cstr. (182) *the words of*

בְנֵי־לָבָן n.m.p. cstr. (119)-pr.n. (II 526) *the sons of Laban*

לֵאמֹר prep.-Qal inf. cstr. (55) *saying*

לָקַח יַעֲקֹב Qal pf. 3 m.s. (542)-pr.n. (784) *Jacob has taken*

אֵת כָּל־אֲשֶׁר dir. obj.-n.m.s. (481)-rel. *all that was*

לְאָבִינוּ prep.-n.m.s.-1 c.p. sf. (3) *our father's*

וּמֵאֲשֶׁר לְאָבִינוּ conj.-prep.-rel.-v.supra *and from what was our father's*

עָשָׂה Qal pf. 3 m.s. (I 793) *he has gained*

אֵת כָּל־הַכָּבֹד הַזֶּה dir.obj.-n.m.s. cstr. (481) - def.art.-n.m.s. (II 458) - def.art.-demons. adj. m.s. (260) *all this wealth*

31:2

וַיַּרְא יַעֲקֹב consec.-Qal impf. 3 m.s. (רָאָה 906)-pr.n. (784) *and Jacob saw*

אֶת־פְּנֵי לָבָן dir. obj.-n.m.p. cstr. (815)-pr.n. (II 526) *the face of Laban*

וְהִנֵּה conj.-demons. part. (243) *and behold*

אֵינֶנּוּ עִמּוֹ subst.-3 m.s. sf. (II 34)-prep.-3 m.s. sf. *there was not with him*

כִּתְמוֹל שִׁלְשׁוֹם prep.-adv. acc. (1069)-adv. (1026) *as before*

31:3

וַיֹּאמֶר יהוה consec.-Qal impf. 3 m.s. (55)-pr.n. (217) *then Yahweh said*

אֶל־יַעֲקֹב prep.-pr.n. (784) *to Jacob*

שׁוּב Qal impv. 2 m.s. (996) *Return*

אֶל־אֶרֶץ אֲבוֹתֶיךָ prep.-n.f.s. cstr. (75)-n.m.p.-2 m.s. sf. (3) *to the land of your fathers*

וּלְמוֹלַדְתֶּךָ conj.-prep.-n.f.s.-2 m.s. sf. (409) *and to your kindred*

וְאֶהְיֶה עִמָּךְ conj.-Qal impf. 1 c.s. (224) - prep.-2 m.s. sf. paus. *and I will be with you*

31:4

וַיִּשְׁלַח יַעֲקֹב consec.-Qal impf. 3 m.s. (1018)-pr.n. (784) *so Jacob sent*

וַיִּקְרָא consec.-Qal impf. 3 m.s. (894) *and called*

לְרָחֵל prep.-pr.n. (II 932) *Rachel*

וּלְלֵאָה conj.-prep.-pr.n. (521) *and Leah*

הַשָּׂדֶה def. art.-n.m.s. (961) *into the field*

אֶל־צֹאנוֹ prep.-n.f.s.-3 m.s. sf. (838) *where his flock was*

31:5

וַיֹּאמֶר לָהֶן consec.-Qal impf. 3 m.s. (55)-prep.-3 f.p. sf. *and said to them*

רֹאֶה אָנֹכִי Qal act. ptc. (906)-pers. pr. 1 c.s. (59) *I see*

אֶת־פְּנֵי אֲבִיכֶן dir. obj.-n.m.p. cstr. (815)-n.m.s.-2 f.p. sf. (3) *the face of your father*

כִּי־אֵינֶנּוּ אֵלַי conj.-subst.-3 m.s. sf. (II 34)-prep.-1 c.s. sf. *does not regard me*

כִּתְמֹל שִׁלְשֹׁם prep.-adv. acc. (1069)-adv. (1026) *as he did before*

וֵאלֹהֵי אָבִי conj.-n.m.p. cstr. (43)-n.m.s.-1 c.s. sf. (3) *but the God of my father*

הָיָה עִמָּדִי Qal pf. 3 m.s. (224)-prep.-1 c.s. sf. *has been with me*

31:6

וְאַתֵּנָה יְדַעְתֶּן conj.-pers. pr. 2 f.p. (61)-Qal pf. 2 f.p. (393) *you know*

כִּי בְּכָל־כֹּחִי conj.-prep.-n.m.s. cstr. (481)-n.ms.-1 c.s. sf. (470) *that with all my strength*

עָבַדְתִּי Qal pf. 1 c.s. (712) *I have served*

אֶת־אֲבִיכֶן dir. obj.-n.m.s.-2 f.p. sf. (3) *your father*

31:7

וַאֲבִיכֶן הֵתֶל בִּי conj.-n.m.s.-2 f.p. sf. (3)-Hi. pf. 3 m.s. (תָּלַל II 1068)-prep.-1 c.s. sf. *yet your father has cheated me*

וְהֶחֱלִף conj.-Hi. pf. 3 m.s. (חָלַף 322) *and changed*

אֶת־מַשְׂכֻּרְתִּי dir. obj.-n.f.s.-1 c.s. sf. (969) *my wages*

עֲשֶׂרֶת מֹנִים num. f.s. cstr. (796) - n.m.p. (584) *ten times*

וְלֹא־נְתָנוֹ אֱלֹהִים conj.-neg.-Qal pf. 3 m.s.-3 m.s. sf. (נָתַן 678)-n.m.p. (43) *but God did not permit him*

לְהָרַע עִמָּדִי prep.-Hi. inf. cstr. (רָעַע 949)-prep.-1 c.s. sf. *to harm me*

31:8

אִם־כֹּה יֹאמַר hypoth. part. (49)-adv. (462)-Qal impf. 3 m.s. (55) *if he said*

נְקֻדִּים adj. m.p. (666) *The spotted*

יִהְיֶה Qal impf. 3 m.s. (224) *shall be*

שְׂכָרֶךָ n.m.s.-2 m.s. sf. (I 969) *your wages*

וְיָלְדוּ conj.-Qal pf. 3 c.p. (408) *then bore*

כָל־הַצֹּאן n.m.s. cstr. (481)-def. art.-n.f.s. (838) *all the flock*

נְקֻדִּים v.supra *spotted*

וְאִם־כֹּה יֹאמַר conj.-v.supra *and if he said*

עֲקֻדִּים adj. m.p. (785) *The striped*

יִהְיֶה v.supra *shall be*

שְׂכָרֶךָ v.supra *your wages*

וְיָלְדוּ v.supra *then bore*

כָל־הַצֹּאן v.supra *all the flock*

עֲקֻדִּים v.supra *striped*

31:9

וַיַּצֵּל אֱלֹהִים consec.-Hi. impf. 3 m.s. (נָצַל 664)-n.m.p. (43) *thus God has taken away*

אֶת־מִקְנֵה אֲבִיכֶם dir. obj.-n.m.s. cstr. (889)-n.m.s.-2 m.p. sf. (3) *the cattle of your father*

וַיִּתֶּן־לִי consec. - Qal impf. 3 m. s. (נָתַן 678) - prep.-1 c.s. sf. *and given them to me*

31:10

וַיְהִי consec.-Qal impf. 3 m.s. (הָיָה 224) *(and it was)*

בְּעֵת יַחֵם prep.-n.f.s. cstr. (773)-Pi. inf. cstr. (יָחַם 404) *in the mating season of*

הַצֹּאן def. art.-n.f.s. (838) *the flock*

וָאֶשָּׂא consec.-Qal impf. 1 c.s. (נָשָׂא 669) *I lifted up*

עֵינַי n.f.du.-1 c.s. sf. (744) *my eyes*

וָאֵרֶא consec.-Qal impf. 1 c.s. (רָאָה 906) *and saw*

בַּחֲלוֹם prep.-n.m.s. (321) *in a dream*

וְהִנֵּה conj.-demons. part. (243) *that* (lit. *and behold)*

הָעַתֻּדִים def. art.-n.m.p. (800) *the he-goats*

הָעֹלִים def. art.-Qal act. ptc. m.p. (עָלָה 748) *which leaped*

עַל־הַצֹּאן prep.-def. art.-n.f.s. (838) *upon the flock*

עֲקֻדִּים adj. m.p. (785) *were striped*

נְקֻדִּים adj. m.p. (666) *spotted*

וּבְרֻדִּים conj.-adj. m.p. (136) *and mottled*

31:11

וַיֹּאמֶר אֵלַי consec.-Qal impf. 3 m.s. (55)-prep.-1 c.s. sf. *then said to me*

מַלְאַךְ הָאֱלֹהִים n.m.s. cstr. (521)-def. art.-n.m.p. (43) *the angel of God*

בַּחֲלוֹם prep.-n.m.s. (321) *in the dream*

יַעֲקֹב pr.n. (784) *Jacob*

וָאֹמַר consec.-Qal impf. 1 c.s. (אָמַר 55) *and I said*

הִנֵּנִי demons. part.-1 c.s. sf. paus. (243) *Here I am*

31:12

וַיֹּאמֶר consec.-Qal impf. 3 m.s. (55) *and he said*

שָׂא־נָא Qal impv. 2 m.s. (נָשָׂא 669)-part. of entreaty (609) *Lift up*

עֵינֶיךָ n.f.du.-2 m.s. sf. (744) *your eyes*

וּרְאֵה conj.-Qal impv. 2 m.s. (906) *and see*

כָּל־הָעַתֻּדִים n.m.s. cstr. (481)-def. art.-n.m.p. (800) *all the goats*

הָעֹלִים def. art.-Qal act. ptc. m.p. (עָלָה 748) *that leap*

עַל־הַצֹּאן prep.-def. art.-n.f.s. (838) *upon the flock*

עֲקֻדִּים adj. m.p. (785) *are striped*

נְקֻדִּים adj. m.p. (666) *spotted*

וּבְרֻדִּים conj.-adj. m.p. (136) *and mottled*

כִּי רָאִיתִי conj.-Qal pf. 1 c.s. (רָאָה 906) *for I have seen*

אֵת כָּל־אֲשֶׁר לָבָן dir.obj.-n.m.s. (481) - rel. - pr.n. (II 526) ***all that Laban***

עֹשֶׂה לָּךְ Qal act. ptc. (I 793)-prep.-2 m.s. sf. paus. *is doing to you*

31:13

אָנֹכִי הָאֵל pers.pr. 1 c.s. (59) - def.art.-n.m.s. (42) ***I am the God***

בֵּית־אֵל pr.n. (110) *Bethel*

אֲשֶׁר מָשַׁחְתָּ שָּׁם rel.-Qal pf. 2 m.s. (602)-adv. (1027) *where you anointed*

מַצֵּבָה n.f.s. (663) *a pillar*

אֲשֶׁר נָדַרְתָּ לִּי שָׁם rel.-Qal pf. 2 m.s. (623)-prep.-1 c.s. sf.-adv. (1027) *and made a vow to me*

נֶדֶר n.m.s. (623) *a vow*

עַתָּה קוּם adv. (773)-Qal impv. 2 m.s. (877) *Now arise*

צֵא Qal impv. 2 m.s. (יָצָא 422) *go forth*

מִן־הָאָרֶץ הַזֹּאת prep.-def.art.-n.f.s. (75) - def.art.-demons. adj. f.s. (260) ***from this land***

וְשׁוּב conj.-Qal impv. 2 m.s. (996) *and return*

אֶל־אֶרֶץ prep.-n.f.s. cstr. (75) *to the land of*

מוֹלַדְתֶּךָ n.f.s.-2 m.s. sf. paus. (409) ***your birth***

31:14

וַתַּעַן consec.-Qal impf. 3 f.s. (עָנָה I 772) *then answered*

רָחֵל וְלֵאָה pr.n. (II 932)-conj.-pr.n. (521) *Rachel and Leah*

וַתֹּאמַרְנָה לוֹ consec.-Qal impf. 3 f.p. (55)-prep.-3 m.s. sf. *and said to him*

הַעוֹד לָנוּ interr.-adv. (728) - prep.-1 c.p. sf. ***Is there yet to us?***

חֵלֶק וְנַחֲלָה n.m.s. (324) - conj.-n.f.s. (635) ***any portion or inheritance***

בְּבֵית אָבִינוּ prep.-n.m.s. cstr. (108)-n.m.s.-1 c.p. sf. (3) *in our father's house*

31:15

הֲלוֹא נָכְרִיּוֹת interr.-neg.-adj. f.p. (648) *Are not foreigners*

נֶחְשַׁבְנוּ Ni. pf. 1 c.p. (חָשַׁב 362) *are we regarded*

לוֹ prep.-3 m.s. sf. *by him*

כִּי מְכָרָנוּ conj.-Qal pf. 3 m.s.-1 c.p. sf. (569) *for he has sold us*

וַיֹּאכַל גַּם־אָכוֹל consec.-Qal impf. 3 m.s. (37)-adv. (168)-Qal inf. abs. (37) *and he has been using up*

אֶת־כַּסְפֵּנוּ dir. obj.-n.m.s.-1 c.p. sf. (494) *the money given for us*

31:16

כִּי כָל־הָעֹשֶׁר conj.-n.m.s. cstr. (481)-def. art.-n.m.s. (799) *All the property*

אֲשֶׁר הִצִּיל rel.-Hi. pf. 3 m.s. (נָצַל 664) *which ... has taken away*

אֱלֹהִים n.m.p. (43) *God*

מֵאָבִינוּ prep.-n.m.s.-1 c.p. sf. (3) *from our father*

לָנוּ הוּא prep.-1 c.p. sf.-demons. adj. m.s. (214) *it to us*

וּלְבָנֵינוּ conj.-prep.-n.m.p.-1 c.p. sf. (119) *and to our children*

וְעַתָּה כֹּל אֲשֶׁר conj.-adv. (773)-n.m.s. (481)-rel. *now then whatever*

אָמַר אֱלֹהִים Qal pf. 3 m.s. (55)-n.m.p. (43) *God has said*

אֵלֶיךָ prep.-2 m.s. sf. *to you*

עֲשֵׂה Qal impv. 2 m.s. (I 793) *do*

31:17

וַיָּקָם יַעֲקֹב consec.-Qal impf. 3 m.s. (קוּם 877)-pr.n. (784) *So Jacob arose*

וַיִּשָּׂא consec.-Qal impf. 3 m.s. (**נָשָׂא** 669) ***and set***

אֶת־בָּנָיו וְאֶת־נָשָׁיו dir. obj.-n.m.p.-3 m.s. sf. (119)-conj.-dir. obj.-

n.f.p.-3 m.s. sf. (61) *his sons and his wives*

עַל־הַגְּמַלִּים prep.-def. art.-n.m.p. (168) *on camels*

31:18

וַיִּנְהַג consec.-Qal impf. 3 m.s. (624) *and he drove away*

אֶת־כָּל־מִקְנֵהוּ dir. obj.-n.m.s. cstr. (481)-n.m.s.-3 m.s. sf. (889) *all his cattle*

וְאֶת־כָּל־רְכֻשׁוֹ conj.-dir. obj.-n.m.s. cstr. (481)-n.m.s.-3 m.s. sf. (940) *all his livestock*

אֲשֶׁר רָכָשׁ rel.-Qal pf. 3 m.s. paus. (940) *which he had gained*

מִקְנֵה קִנְיָנוֹ n.m.s. cstr. (889)-n.m.s.-3 m.s. sf. (889) *the cattle in his possession*

אֲשֶׁר רָכַשׁ rel.-Qal pf. 3 m.s. (940) *which he had acquired*

בְּפַדַּן אֲרָם prep.-pr.n. (804)-pr.n. (74) *in Paddan-aram*

לָבוֹא אֶל־יִצְחָק prep.-Qal inf. cstr. (97)-prep.-pr.n. (850) *to go to Isaac*

אָבִיו n.m.s.-3 m.s. sf. (3) *his father*

אַרְצָה כְּנָעַן n.f.s. cstr.-dir. he (75)-pr.n. paus. (488) *to the land of Canaan*

31:19

וְלָבָן הָלַךְ conj.-pr.n. (II 526)-Qal pf. 3 m.s. (299) *Laban had gone*

לִגְזֹז prep.-Qal inf. cstr. (159) *to shear*

אֶת־צֹאנוֹ dir. obj.-n.f.s.-3 m.s. sf. (838) *his sheep*

וַתִּגְנֹב רָחֵל consec.-Qal impf. 3 f.s. (170)-pr.n. (II 932) *and Rachel stole*

אֶת־הַתְּרָפִים dir. obj.-def. art.-n.m.p. (1076) *the household gods*

אֲשֶׁר לְאָבִיהָ rel.-prep.-n.m.s.-3 f.s. sf. (3) *which belonged to her father*

31:20

וַיִּגְנֹב יַעֲקֹב consec.-Qal impf. 3 m.s. (גָּנַב 170)-pr.n. (784) *And Jacob outwitted (*lit. *stole)*

אֶת־לֵב לָבָן dir. obj.-n.m.s. cstr. (524)-pr.n. (II 526) *the heart of Laban*

הָאֲרַמִּי def.art.-pr.n. gent. (74) *the Aramean*

עַל־בְּלִי הִגִּיד לוֹ prep.-neg. (115)-Hi. pf. 3 m.s. (נָגַד 616)-prep.-3 m.s. sf. *in that he did not tell him*

כִּי בֹרֵחַ הוּא conj.-Qal act. ptc. (137)-pers. pr. 3 m.s. (214) *that he intended to flee*

31:21

וַיִּבְרַח הוּא consec.-Qal impf. 3 m.s. (137)pers. pr. 3 m.s. (214) *he fled*

וְכָל־אֲשֶׁר־לוֹ conj.-n.m.s. (481)-rel.-prep.-3 m.s. sf. *with all that he had*

וַיָּקָם consec.-Qal impf. 3 m.s. (קוּם 877) *and arose*

וַיַּעֲבֹר consec.-Qal impf. 3 m.s. (עָבַר 716) *and crossed*

אֶת־הַנָּהָר dir. obj.-def. art.-n.m.s. (625) *the Euphrates*

וַיָּשֶׂם consec.-Qal impf. 3 m.s. (שִׂים 962) *and set*

אֶת־פָּנָיו dir. obj.-n.m.p.-3 m.s. sf. (815) *his face*

הַר הַגִּלְעָד n.m.s. (249)-def. art.-pr.n. (166) *toward the hill country of Gilead*

31:22

וַיֻּגַּד לְלָבָן consec.-Ho. impf. 3 m.s. (נָגַד 616)-prep.-pr.n. (II 526) *when it was told Laban*

בַּיּוֹם הַשְּׁלִישִׁי prep.-def. art.-n.m.s. (398)-def. art.-num. adj. m. (1026) *on the third day*

כִּי בָרַח יַעֲקֹב conj.-Qal pf. 3 m.s. (137)-pr.n. (784) *that Jacob had fled*

31:23

וַיִּקַּח consec.-Qal impf. 3 m.s. (לָקַח 542) *he took*

אֶת־אֶחָיו עִמּוֹ dir. obj.-n.m.s.-3 m.s. sf. (26)-prep.-3 m.s. sf. *his kinsmen with him*

וַיִּרְדֹּף אַחֲרָיו consec.-Qal impf. 3 m.s. (922)-prep.-3 m.s. sf. (29) *and pursued him*

דֶּרֶךְ שִׁבְעַת יָמִים n.m.s. cstr. (202)-num. f.s. cstr. (I 987)-n.m.p. (398) *for seven days*

וַיַּדְבֵּק אֹתוֹ consec.-Hi. impf. 3 m.s. (דָּבַק 179) - dir.obj.-3 m.s. sf. *and followed close after him*

בְּהַר הַגִּלְעָד prep.-n.m.s. cstr. (249)-def. art.-pr.n. (166) *into the hill country of Gilead*

31:24

וַיָּבֹא אֱלֹהִים consec.-Qal impf. 3 m.s. (בּוֹא 97)-n.m.p. (43) *but God came*

אֶל־לָבָן prep.-pr.n. (II 526) *to Laban*

הָאֲרַמִּי def.art.-pr.n. gent. (74) *the Aramean*

בַּחֲלֹם הַלָּיְלָה prep.-n.m.s. cstr. (321)-def. art.-n.m.s. paus. (538) *in a dream by night*

וַיֹּאמֶר לוֹ consec.-Qal impf. 3 m.s. (55)-prep.-3 m.s. sf. *and said to him*

הִשָּׁמֶר לְךָ Ni. impv. 2 m.s. (1036)-prep.-2 m.s. sf. *Take heed*

פֶּן־תְּדַבֵּר conj. (814)-Pi. impf. 2 m.s. (180) *that you say not a word*

עִם־יַעֲקֹב prep.-pr.n. (784) *to Jacob*

מִטּוֹב עַד־רָע prep.-adj. m.s. (II 373)-prep.-adj. m.s. paus. (948) *either good or bad*

31:25

וַיַּשֵּׂג לָבָן consec.-Hi. impf. 3.m.s. (נָשַׂג 673)-pr.n. (II 526) *and Laban overtook*

אֶת־יַעֲקֹב dir. obj.-pr.n. (784) *Jacob*

וְיַעֲקֹב תָּקַע conj.-pr.n. (784)-Qal pf. 3 m.s. (1075) *Now Jacob had pitched*

אֶת־אָהֳלוֹ dir. obj.-n.m.s.-3 m.s. sf. (13) *his tent*

בָּהָר prep.-def.art.-n.m.s. (249) *in the hill country*

וְלָבָן תָּקַע conj.-pr.n. (II 526)-Qal pf. 3 m.s. (1075) *and Laban encamped*

אֶת־אֶחָיו prep. (II 85)-n.m.p.-3 m.s. sf. (26) *with his kinsmen*

בְּהַר הַגִּלְעָד prep.-n.m.s. cstr. (249)-def. art.-pr.n. (166) *in the hill country of Gilead*

31:26

וַיֹּאמֶר לָבָן consec.-Qal impf. 3 m.s. (55)-pr.n. (II 526) *and Laban said*

לְיַעֲקֹב prep.-pr.n. (784) *to Jacob*

מֶה עָשִׂיתָ interr. (552)-Qal pf. 2 m.s. (עָשָׂה I 793) *What have you done*

וַתִּגְנֹב אֶת־לְבָבִי consec.-Qal impf. 2 m.s. (170)-dir. obj.-n.m.s.-1 c.s. sf. (523) *that you have cheated me (lit. that you have stolen my heart)*

וַתְּנַהֵג consec.-Pi. impf. 2 m.s. (נָהַג 624) *and carried away*

אֶת־בְּנֹתַי dir. obj.-n.f.p. 1 c.s. sf. (I 123) *my daughters*

כִּשְׁבֻיוֹת חָרֶב prep.-Qal pass. ptc. f.p. cstr. (שָׁבָה 985) - n.f.s. paus. (352) *like captives of the sword*

31:27

לָמָּה prep.-interr. (552) *Why*

נַחְבֵּאתָ לִבְרֹחַ Ni. pf. 2 m.s. (חָבָא 285)-prep.-Qal inf. cstr. (137) *did you flee secretly*

וַתִּגְנֹב אֹתִי consec.-Qal impf. 2 m.s. (170)-dir. obj.-1 c.s. sf. *and cheat me*

לֹא הִגַּדְתָּ לִּי conj.-neg.-Hi. pf. 2 m.s. (נָגַד 616) - prep.-1 c.s. sf. *and did not tell me*

וָאֲשַׁלֵּחֲךָ consec.-Pi. impf. 1 c.s.-2 m.s. sf. (1018) *so that I might have sent you away*

בְּשִׂמְחָה וּבְשִׁרִים prep.-n.f.s. (970)-conj.-prep-n.m.p. (1010) *with mirth and songs*

בְּתֹף וּבְכִנּוֹר prep.-n.m.s. (1074)-conj.-prep.-n.m.s. (490) *with tambourine and lyre*

31:28

וְלֹא נְטַשְׁתַּנִי conj.-neg.-Qal pf. 2 m.s.-1 c.s. sf. (נָטַשׁ 643) *and why did you not permit me*

לְנַשֵּׁק prep.-Pi. inf. cstr. (I 676) *to kiss*

לְבָנַי prep.-n.m.p.-1 c.s. sf. (119) *my sons*

וְלִבְנֹתָי conj.-prep.-n.f.p.-1 c.s. sf. (I 123) *and my daughters*

עַתָּה הִסְכַּלְתָּ עֲשׂוֹ adv. (773)-Hi. pf. 2 m.s. (סָכַל 698)-Qal inf. cstr. (עָשָׂה I 793) *Now you have done foolishly*

31:29

יֶשׁ־לְאֵל יָדִי subst. (441)-prep.-n.m.s. cstr. (43)-n.f.s.-1 c.s. sf. (388) *it is in my power*

לַעֲשׂוֹת prep.-Qal inf. cstr. (עָשָׂה I 793) *to do*

עִמָּכֶם רָע prep.-2 m.p. sf.-adj. m.s. paus. (948) *you harm*

וֵאלֹהֵי אֲבִיכֶם conj.-n.m.p. cstr. (43) - n.m.s.-2 m.p. sf. (3) *but the God of your father*

אֶמֶשׁ adv. (57) *yesterday*

אָמַר אֵלַי Qal pf. 3 m.s. (55)-prep.-1 c.s. sf. *spoke to me*

לֵאמֹר prep.-Qal inf. cstr. (55) *saying*

הִשָּׁמֶר לְךָ Ni. impv. 2 m.s. (1036)-prep.-2 m.s. sf. *Take heed*

מִדַּבֵּר עִם־יַעֲקֹב prep.-Pi. inf. cstr. (180) - prep.-pr.n. (784) *that you speak to Jacob*

מִטּוֹב עַד־רָע prep.-adj. m.s. (II 373) - prep.-adj. m.s. paus. (948) *neither good nor bad*

31:30

וְעַתָּה הָלֹךְ הָלַכְתָּ conj.-adv. (773) - Qal inf. abs. (229) - Qal pf. 2 m.s. (229) *and now you have gone away*

כִּי־נִכְסֹף נִכְסַפְתָּה conj.-Ni. inf. abs. (493)-Ni. pf. 2 m.s. (493) *because you longed greatly*

לְבֵית אָבִיךָ prep.-n.m.s. cstr. (108)-n.m.s.-2 m.s. sf. (3) *for your father's house*

לָמָּה גָנַבְתָּ prep.-interr. (552)-Qal pf. 2 m.s. (170) *but why did you steal*

אֶת־אֱלֹהָי dir. obj.-n.m.p.-1 c.s. sf. paus. (43) *my gods*

31:31

וַיַּעַן יַעֲקֹב consec.-Qal impf. 3 m.s. (עָנָה I 772)-pr.n. (784) *Jacob answered*

וַיֹּאמֶר לְלָבָן consec.-Qal impf. 3 m.s. (55)-prep.-pr.n. (II 526) *and said to Laban*

כִּי יָרֵאתִי conj.-Qal pf. 1 c.s. (יָרֵא 431) *Because I was afraid*

כִּי אָמַרְתִּי conj.-Qal pf. 1 c.s. (55) *for I thought*

פֶּן־תִּגְזֹל conj. (814)-Qal impf. 2 m.s. (גָּזַל 159) *that you would take by force*

אֶת־בְּנוֹתֶיךָ dir. obj.-n.f.p.-2 m.s. sf. (I 123) *your daughters*

מֵעִמִּי prep.-prep.-1 c.s. sf. *from me*

31:32

עִם אֲשֶׁר תִּמְצָא prep.-rel.-Qal impf. 2 m.s. (592) *any one with whom you find*

אֶת־אֱלֹהֶיךָ dir.obj.-n.m.p.-2 m.s. sf. (43) *your gods*

לֹא יִחְיֶה neg.-Qal impf. 3 m.s. (חָיָה 310) *shall not live*

נֶגֶד אַחֵינוּ prep. (617)-n.m.p.-1 c.p. sf. (26) *In the presence of our kinsmen*

הַכֶּר־לְךָ Hi. impv. 2 m.s. (נָכַר I 647)-prep.-2 m.s. sf. *point out ... that is yours*

מָה עִמָּדִי interr. (552)-prep.-1 c.s. sf. *what I have*

וְקַח־לָךְ conj.-Qal impv. 2 m.s. (לָקַח 542)-prep.-2 m.s. sf. paus. *and take it*

וְלֹא־יָדַע יַעֲקֹב conj.-neg.-Qal pf. 3 m.s. (393)-pr.n. (784) *Now Jacob did not know*

כִּי רָחֵל conj.-pr.n. (II 932) *that Rachel*

גְּנָבָתַם Qal pf. 3 f.s.-3 m.p. sf. (170) *had stolen them*

31:33

וַיָּבֹא לָבָן consec.-Qal impf. 3 m.s. (בּוֹא 97)-pr.n. (II 526) *so Laban went*

בְּאֹהֶל יַעֲקֹב prep.-n.m.s. cstr. (13)-pr.n. (784) *into Jacob's tent*

וּבְאֹהֶל לֵאָה conj.-v. supra-pr.n. (521) *and into Leah's tent*

וּבְאֹהֶל שְׁתֵּי conj.-v. supra-num. p. cstr. (1040) *and into the tent of the two*

הָאֲמָהֹת def. art.-n.f.p. (51) *maidservants*

וְלֹא מָצָא conj.-neg.-Qal pf. 3 m.s. paus. (592) *but he did not find them*

וַיֵּצֵא consec.-Qal impf. 3 m.s. (יָצָא 422) *and he went out*

מֵאֹהֶל לֵאָה prep.-n.m.s. cstr. (13)-pr.n. (521) *of Leah's tent*

וַיָּבֹא consec.-Qal impf. 3 m.s. (בּוֹא 97) *and entered*

בְּאֹהֶל רָחֵל prep.-n.m.s. cstr. (13)-pr.n. (II 932) *Rachel's tent*

31:34

וְרָחֵל לָקְחָה conj.-pr.n. (II 932)-Qal pf. 3 f.s. (542) *now Rachel had taken*

אֶת־הַתְּרָפִים dir. obj.-def. art.-n.m.p. (1076) *the household gods*

וַתְּשִׂמֵם consec.-Qal impf. 3 f.s.-3 m.p. sf. (שִׂים 962) *and put them*

בְּכַר הַגָּמָל prep.-n.m.s. cstr. (468)-def. art.-n.m.s. (168) *in the camel's saddle*

וַתֵּשֶׁב עֲלֵיהֶם consec.-Qal impf. 3 f.s. (יָשַׁב 442)-prep.-3 m.p. sf. *and sat upon them*

וַיְמַשֵּׁשׁ לָבָן consec.-Pi. impf. 3 m.s. (606)-pr.n. (II 526) *Laban felt*

אֶת־כָּל־הָאֹהֶל dir. obj.-n.m.s. cstr. (481)-def. art.-n.m.s. (13) *all about the tent*

וְלֹא מָצָא conj.-neg.-Qal pf. 3 m.s. (592) *but did not find them*

31:35

וַתֹּאמֶר consec.-Qal impf. 3 f.s. (55) *and she said*

אֶל־אָבִיהָ prep.-n.m.s.-3 f.s. sf. (3) *to her father*

אַל־יִחַר neg.-Qal impf. 3 m.s. (חָרָה 354) *Let not be angry*

בְּעֵינֵי אֲדֹנִי prep.-n.f. du. cstr. (744)-n.m.s.-1 c.s. sf. (10) *(in the eyes of) my lord*

כִּי לוֹא אוּכַל conj.-neg.-Qal impf. 1 c.s. (יָכֹל 407) *that I cannot*

לָקוּם prep.-Qal inf. cstr. (877) *rise*

מִפָּנֶיךָ prep.-n.m.p.-2 m.s. sf. (815) *before you*

כִּי־דֶרֶךְ נָשִׁים conj.-n.m.s. cstr. (202)-n.f.p. (61) *for the way of women*

לִי prep.-1 c.s. sf. *is upon me*

וַיְחַפֵּשׂ consec.-Pi. impf. 3 m.s. (344) *So he searched*

וְלֹא מָצָא conj.-neg.-Qal pf. 3 m.s. (592) *but did not find*

אֶת־הַתְּרָפִים dir. obj.-def. art.-n.m.p. (1076) *the household gods*

31:36

וַיִּחַר לְיַעֲקֹב consec.-Qal impf. 3 m.s. (חָרָה 354)-prep.-pr.n. (784) *then Jacob became angry*

וַיָּרֶב בְּלָבָן consec.-Qal impf. 3 m.s. (רִיב 936)-prep.-pr.n. (II 526) *and upbraided Laban*

וַיַּעַן יַעֲקֹב consec.-Qal impf. 3 m.s. (עָנָה I 772)-pr.n. (784) *Jacob answered*

וַיֹּאמֶר לְלָבָן consec.-Qal impf. 3 m.s. (55)-prep.-pr.n. (II 526) *and said to Laban*

מַה־פִּשְׁעִי interr. (552) - n.m.s.-1 c.s. sf. (833) *what is my offense?*

מַה חַטָּאתִי interr. (552)-n.f.s.-1 c.s. sf. (308) *What is my sin*

כִּי דָלַקְתָּ conj.-Qal pf. 2 m.s. (196) *that you have hotly pursued*

אַחֲרָי prep.-1 c.s. sf. paus. (29) *me*

31:37

כִּי־מִשַּׁשְׁתָּ אֶת־כָּל־ conj.-Pi. pf. 2 m.s. (606)-dir. obj.-n.m.s. cstr. (481) *although you have felt through all*

כֵּלַי n.m.p.-1 c.s. sf. (479) *my goods*

מַה־מָּצָאתָ interr. (552)-Qal pf. 2 m.s. (592) *what have you found*

מִכֹּל כְּלֵי־ prep.-n.m.s. cstr. (481)-n.m.p. cstr. (479) *of all the household goods of*

בֵּיתֶךָ n.m.s.-2 m.s. sf. (108) *your house*

שִׂים כֹּה Qal impv. 2 m.s. (962)-adv. (462) *Set it here*

נֶגֶד אַחַי prep.(616)-n.m.p.-1 c.s. sf. (26) *before my kinsmen*

וְאַחֶיךָ conj.-n.m.p.-2 m.s. sf. (26) *and your kinsmen*

וְיוֹכִיחוּ conj.-Hi. impf. 3 m.p. (יָכַח 406) *that they may decide*

בֵּין שְׁנֵינוּ prep. (107)-num.-1 c.p. sf. (1040) *between us two*

31:38

זֶה עֶשְׂרִים שָׁנָה demons. adj. m.s. (260)-num. m.p. (797)-n.f.s. (1040) *these twenty years*

אָנֹכִי עִמָּךְ pers.pr. 1 c.s.-prep.-2 m.s. sf. paus. *I have been with you*

רְחֵלֶיךָ n.f.p.-2 m.s. sf. (I 932) *your ewes*

וְעִזֶּיךָ conj.-n.f.p.-2 m.s. sf. (777) *and your she-goats*

לֹא שִׁכֵּלוּ neg.-Pi. pf. 3 c.p. paus. (1013) *have not miscarried*

וְאֵילֵי צֹאנְךָ conj.-n.m.p. cstr. (I 17)-n.f.s.-2 m.s. sf. (838) *and the rams of your flocks*

לֹא אָכָלְתִּי neg.-Qal pf. 1 c.s. paus. (37) *I have not eaten*

31:39

טְרֵפָה לֹא־הֵבֵאתִי n.f.s. (383)-neg.-Hi. pf. 1 c.s. (בּוֹא 97) *that which was torn by wild beasts I did not bring*

אֵלֶיךָ prep.-2 m.s. sf. *to you*

אָנֹכִי אֲחַטֶּנָּה pers. pr. 1 c.s. (59)-Pi. impf. 1 c.s.-3 f.s. sf. (חָטָא 306) *I bore the loss of it myself*

מִיָּדִי prep.-n.f.s.-1 c.s. sf. (388) *of my hand*

תְּבַקְשֶׁנָּה Pi. impf. 2 m.s.-3 f.s. sf. (134) *you required it*

גְּנֻבְתִי יוֹם Qal pass. ptc. f.s. cstr. (170) - n.m.s. (398) *whether stolen by day*

וּגְנֻבְתִי לָיְלָה conj.-Qal pass. ptc. f.s. cstr. (170) - n.m.s. paus. (538) *or stolen by night*

31:40

הָיִיתִי Qal pf. 1 c.s. (הָיָה 224) *thus I was*

בַיּוֹם prep.-def. art.-n.m.s. (398) *by day*

אֲכָלַנִי חֹרֶב Qal pf. 3 m.s. (37)-1 c.s. sf.-n.m.s. (I 351) *the heat consumed me*

וְקֶרַח בַּלָּיְלָה conj.-n.m.s. (901) - prep.-def.art.-n.m.s. paus. (538) *and the cold by night*

וַתִּדַּד consec.-Qal impf. 3 f.s. (נָדַד 622) *and fled*

שְׁנָתִי n.f.s.-1 c.s. sf. (446) *my sleep*

מֵעֵינָי prep.-n.f. du.-1 c.s. sf. paus. (744) *from my eyes*

31:41

זֶה־לִּי demons. adj. m.s. (260)-prep.-1 c.s. sf. *these ... I have been*

עֶשְׂרִים שָׁנָה num. p. (797)-n.f.s. (1040) *twenty years*

בְּבֵיתֶךָ prep.-n.m.s.-2 m.s. sf. (108) *in your house*

עֲבַדְתִּיךָ Qal pf. 1 c.s.-2 m.s. sf. (712) *I served you*

אַרְבַּע־עֶשְׂרֵה num. (916)-num. m.s. (797) *fourteen*

שָׁנָה n.f.s. (1040) *years*

בִּשְׁתֵּי בְנֹתֶיךָ prep.-num. f. cstr. (1040)-n.f.p.-2 m.s. sf. (I 123) *for your two daughters*

וְשֵׁשׁ שָׁנִים conj.-num. (995)-n.f.p. (1040) *and six years*

בְּצֹאנֶךָ prep.-n.f.s.-2 m.s. sf. (838) *for your flock*

וַתַּחֲלֵף consec.-Hi. impf. 2 m.s. (322) *and you have changed*

אֶת־מַשְׂכֻּרְתִּי dir. obj.-n.f.s.-1 c.s. sf. (969) *my wages*

עֲשֶׂרֶת מֹנִים num. f.s. (797)-n.m.p. (584) *ten times*

31:42

לוּלֵי אֱלֹהֵי אָבִי conj. (530)-n.m.p. cstr. (43)-n.m.s.-1 c.s. sf. (3) *if the God of my father*

אֱלֹהֵי אַבְרָהָם v. supra-pr.n. (4) *the God of Abraham*

וּפַחַד יִצְחָק conj.-n.m.s. cstr. (808) - pr.n. (850) *and the Fear of Isaac*

הָיָה לִי Qal pf. 3 m.s. (224) - prep.-1 c.s. sf. *had not been on my side*

כִּי עַתָּה רֵיקָם conj.-adv. (773)-adv. (938) *Surely now empty-handed*

שִׁלַּחְתָּנִי Pi. pf. 2 m.s.-1 c.s. sf. (1018) *you would have sent me away*

אֶת־עָנְיִי dir. obj.-n.m.s.-1 c.s. sf. (777) *my affliction*

וְאֶת־יְגִיעַ כַּפַּי conj.-dir. obj.-n.m.s. cstr. (388)-n.f.p.-1 c.s. sf. (496) *and the labor of my hands*

רָאָה אֱלֹהִים Qal pf. 3 m.s. (906)-n.m.p. (43) *God saw*

וַיּוֹכַח אָמֶשׁ consec.-Hi. impf. 3 m.s. (יָכַח 406) - adv. paus. (57) *and rebuked last night*

31:43

וַיַּעַן לָבָן consec.-Qal impf. 3 m.s. (עָנָה I 772)-pr.n. (II 526) *then Laban answered*

וַיֹּאמֶר consec.-Qal impf. 3 m.s. (55) *and said*

אֶל־יַעֲקֹב prep.-pr.n. (784) *to Jacob*

הַבָּנוֹת def. art.-n.f.p. (I 123) *The daughters*

בְּנֹתַי n.f.p.-1 c.s. sf. (I 123) *are my daughters*

וְהַבָּנִים conj.-def. art.-n.m.p. (119) *the children*

בָּנַי n.m.p.-1 c.s. sf. (119) *are my children*

וְהַצֹּאן conj.-def. art.-n.f.s. (838) *the flocks*

צֹאנִי n.f.s.-1 c.s. sf. (838) *are my flocks*

וְכֹל אֲשֶׁר־אַתָּה conj.-n.m.s. (481)-rel.-pers. pr. 2 m.s. (61) *and all that you*

רֹאֶה Qal act. ptc. (906) *see*

לִי־הוּא prep.-1 c.s. sf.-demons. adj. m.s. (214) *is mine*

וְלִבְנֹתַי conj.-prep.-n.f.p.-1 c.s. sf. (I 123) *and to my daughters*

מָה־אֶעֱשֶׂה interr. (552)-Qal impf. 1 c.s. (I 793) *what can I do*

לָאֵלֶּה prep.-def. art.-demons. adj. c.p. (41) *to these*

הַיּוֹם def. art.-n.m.s. (398) *this day*

אוֹ לִבְנֵיהֶן conj. (14)-prep.-n.m.p.-3 f.p. sf. (119) *or to their children*

אֲשֶׁר יָלָדוּ rel.-Qal pf. 3 c.p. paus. (408) *whom they have borne*

31:44

וְעַתָּה לְכָה conj.-adv. (773)-Qal impv. 2 m.s.-coh. he (הָלַךְ 229) *Come now*

נִכְרְתָה בְרִית Qal impf. 1 c.p.-coh. he (כָּרַת 503)-n.f.s. (136) *let us make a covenant*

אֲנִי וָאָתָּה pers. pr. 1 c.s. (58)-conj.-pers. pr. 2 m.s. paus. (61) *you and I*

וְהָיָה לְעֵד conj.-Qal pf. 3 m.s. (224)-prep.-n.m.s. (729) *and let it be a witness*

בֵּינִי וּבֵינֶךָ prep.-1 c.s. sf. (107) - conj.-prep.-2 m.s. sf. (107) *between you and me*

31:45

וַיִּקַּח יַעֲקֹב consec.-Qal impf. 3 m.s. (לָקַח 542)-pr.n. (784) *so Jacob took*

אָבֶן n.f.s. paus. (6) *a stone*

וַיְרִימֶהָ consec.-Hi. impf. 3 m.s.-3 f.s. sf. (926) *and set it up*

מַצֵּבָה n.f.s. (663) *as a pillar*

31:46

וַיֹּאמֶר יַעֲקֹב consec.-Qal impf. 3 m.s. (55)-pr.n. (784) *and Jacob said*

לְאֶחָיו prep.-n.m.p.-3 m.s. sf. (26) *to his kinsmen*

לִקְטוּ אֲבָנִים Qal impv. 2 m.p. (544)-n.f.p. (6) *Gather stones*

וַיִּקְחוּ אֲבָנִים consec.-Qal impf. 3 m.p. (לָקַח 542)-v. supra *and they took stones*

וַיַּעֲשׂוּ־גָל consec.-Qal impf. 3 m.p. (עָשָׂה I 793)-n.m.s. paus. (164) *and made a heap*

וַיֹּאכְלוּ שָׁם consec.-Qal impf. 3 m.p. (37)-adv. (1027) *and they ate there*

עַל־הַגָּל prep.-def. art.-n.m.s. paus. (164) *by the heap*

31:47

וַיִּקְרָא־לוֹ consec.-Qal impf. 3 m.s. (894)-prep.-3 m.s. sf. *called it*

לָבָן pr.n. (II 526) *Laban*

יְגַר שָׂהֲדוּתָא n.m.s. cstr. (1094)-n.f.s.-def. art. (1113) as pr.n. *Jegar-sahadutha* (mng. *The heap of witness*)

וְיַעֲקֹב קָרָא conj.-pr.n.-Qal pf. 3 m.s. (894) *but Jacob called*

לוֹ prep.-3 m.s. sf. *it*

גַּלְעֵד pr.n. (165) *Galeed* (mng. *witness-pile*)

31:48

וַיֹּאמֶר לָבָן consec.-Qal impf. 3 m.s. (55)-pr.n. (II 526) *Laban said*

הַגַּל הַזֶּה def.art.-n.m.s. (164) - def.art.-demons. adj. m.s. (260) *This heap*

עֵד n.m.s. (729) *is a witness*

בֵּינִי וּבֵינְךָ prep.-1 c.s. sf. (107)-conj.-prep.-2 m.s. sf. (107) *between you and me*

הַיּוֹם def. art.-n.m.s. (398) *today*

עַל־כֵּן קָרָא־שְׁמוֹ prep.-adv. (485)-Qal pf. 3 m.s. (894)-n.m.s.-3 m.s. sf. (1027) *Therefore he named it*

גַּלְעֵד pr.n. (165) *Galeed*

31:49

וְהַמִּצְפָּה conj.-def. art.-pr.n. (859) *and Mizpah*

אֲשֶׁר אָמַר rel.-Qal pf. 3 m.s. (55) *for he said*

יִצֶף יהוה Qal impf. 3 m.s. apoc. vol. (צָפָה 859)-pr.n. (217) *Yahweh watch*

בֵּינִי וּבֵינֶךָ prep.-1 c.s. sf. (107)-conj.-prep.-2 m.s. sf. (107) *between you and me*

כִּי נִסָּתֵר conj.-Ni. impf. 1 c.p. (סָתַר 711) *when we are absent*

אִישׁ מֵרֵעֵהוּ n.m.s. (35)-prep.-n.m.s.-3 m.s. sf. (945) *one from the other*

31:50

אִם־תְּעַנֶּה hypoth. part. (49)-Pi. impf. 2 m.s. (עָנָה III 776) *If you ill-treat*

אֶת־בְּנֹתַי dir. obj.-n.f.p.-1 c.s. sf. (I 123) *my daughters*

וְאִם־תִּקַּח conj.-hypoth. part. (49)-Qal impf. 2 m.s. (לָקַח 542) *or if you take*

נָשִׁים עַל־בְּנֹתַי n.f.p. (61)-prep.-n.f.p.-1 c.s. sf. (61) *wives besides my daughters*

אֵין אִישׁ עִמָּנוּ subst. cstr. (II 34)-n.m.s. (35)-prep.-1 c.p. sf. *although no man is with us*

רְאֵה Qal impv. 2 m.s. (906) *remember*

אֱלֹהִים עֵד n.m.p. (43)-n.m.s. (729) *God is witness*

בֵּינִי וּבֵינֶךָ prep.-1 c.s. sf. (107)-conj.-prep.-2 m.s. sf. (107) *between you and me*

31:51

וַיֹּאמֶר לָבָן consec.-Qal impf. 3 m.s. (55)-pr.n. (II 526) *then Laban said*

לְיַעֲקֹב prep.-pr.n. (784) *to Jacob*

הִנֵּה הַגַּל הַזֶּה demons.part. (243) - def.art.-n.m.s. (164) - def.art.-demons.adj. m.s. (260) *See this heap*

וְהִנֵּה הַמַּצֵּבָה conj.-demons.part. (243) - def.art.-n.f.s. (663) *and the pillar*

אֲשֶׁר יָרִיתִי rel.-Qal pf. 1 c.s. (יָרָה 434) *which I have set*

בֵּינִי וּבֵינֶךָ prep.-1 c.s. sf. (107)-conj.-prep.-2 m.s. sf. (107) *between you and me*

31:52

עֵד הַגַּל הַזֶּה n.m.s. (729) - def.art.-n.m.s. (164)-def.art.-demons. adj. m.s. (260) *this heap is a witness*

וְעֵדָה הַמַּצֵּבָה conj.-n.f.s. (II 729) - def.art.-n.f.s. (663) *and the pillar is a witness*

אִם־אָנִי לֹא־אֶעֱבֹר conj. (49)-pers. pr. 1 c.s. (58)-neg.-Qal impf. 1 c.s. (716) *that I will not pass over*

אֵלֶיךָ prep.-2 m.s. sf. *to you*

אֶת־הַגַּל הַזֶּה dir.obj.-def.art.-n.m.s. (164) - def.art.-demons. adj. m.s. (260) *this heap*

וְאִם־אַתָּה לֹא־תַעֲבֹר conj.-conj. (49)-pers. pr. 2 m.s. (61)-neg.-Qal impf. 2 m.s. (716) *and you will not pass over*

אֵלַי prep.-1 c.s. sf. *to me*

אֶת־הַגַּל הַזֶּה dir.obj.-def.art.-n.m.s. (164) - def.art.-demons. adj. m.s. (260) *this heap*

וְאֶת־הַמַּצֵּבָה הַזֹּאת conj.-dir.obj.-def.art.-n.f.s. (663) - def.art.-demons. adj. f.s. (260) *and this pillar*

לְרָעָה prep.-n.f.s. (948) *for harm*

31:53

אֱלֹהֵי אַבְרָהָם n.m.p. cstr. (43)-pr.n. (4) *the God of Abraham*

וֵאלֹהֵי נָחוֹר conj.-n.m.p. cstr. (43)-pr.n. (637) *and the God of Nahor*

יִשְׁפְּטוּ בֵינֵינוּ Qal impf. 3 m.p. (1047)-prep.-1 c.p. sf. (107) *judge between us*

אֱלֹהֵי אֲבִיהֶם n.m.p. cstr. (43)-n.m.s.-3 m.p. sf. (3) *the God of their father*

וַיִּשָּׁבַע יַעֲקֹב consec.-Ni. impf. 3 m.s. (989)-pr.n. (784) *So Jacob swore*

בְּפַחַד אָבִיו prep.-n.m.s. cstr. (I 808)-n.m.s.-3 m.s. sf. (3) *by the Fear of his father*

יִצְחָק pr.n. (850) *Isaac*

31:54

וַיִּזְבַּח יַעֲקֹב consec.-Qal impf. 3 m.s. (256) - pr.n. (784) *and Jacob offered*

זֶבַח בָּהָר n.m.s. (I 257)-prep.-def. art.-n.m.s. (249) *a sacrifice on the mountain*

וַיִּקְרָא consec.-Qal impf. 3 m.s. (894) *and called*

לְאֶחָיו prep.-n.m.p.-3 m.s. sf. (26) *his kinsmen*

לֶאֱכָל־לָחֶם prep.-Qal inf. cstr. (37)-n.m.s. paus. (536) *to eat bread*

וַיֹּאכְלוּ consec.-Qal impf. 3 m.p. (37) *and they ate*

לֶחֶם n.m.s. (536) *bread*

וַיָּלִינוּ בָּהָר consec.-Qal impf. 3 m.p. (לִין 533)-prep.-def. art.-n.m.s. (249) *and tarried all night on the mountain*

32:1

וַיַּשְׁכֵּם לָבָן consec.-Hi. impf. 3 m.s. (1014)-pr.n. (II 526) *Laban arose early*

בַּבֹּקֶר prep.-def. art.-n.m.s. (133) *in the morning*

וַיְנַשֵּׁק consec.-Pi. impf. 3 m.s. (I 676) *and kissed*

לְבָנָיו prep.-n.m.p.-3 m.s. sf. (119) *his grandchildren*

וְלִבְנוֹתָיו conj.-prep.-n.f.p.-3 m.s. sf. (I 123) *and his daughters*

וַיְבָרֶךְ אֶתְהֶם consec.-Pi. impf. 3 m.s. (138)-dir. obj.-3 m.p. sf. *and blessed them*

וַיֵּלֶךְ consec.-Qal impf. 3 m.s. (הָלַךְ 229) *then he departed*

וַיָּשָׁב לָבָן consec.-Qal impf. 3 m.s. (שׁוּב 996)-pr.n. (II 526) *and Laban returned*

לִמְקֹמוֹ prep.-n.m.s.-3 m.s. sf. (879) *home (to his place)*

32:2

וְיַעֲקֹב הָלַךְ conj.-pr.n. (784)-Qal pf. 3 m.s. (229) *Jacob went*

לְדַרְכּוֹ prep.-n.m.s.-3 m.s. sf. (202) *on his way*

וַיִּפְגְּעוּ־בוֹ consec.-Qal impf. 3 m.s. (803)-prep.-3 m.s. sf. *and met him*

מַלְאֲכֵי אֱלֹהִים n.m.p. cstr. (521)-n.m.p. (43) *the angels of God*

32:3

וַיֹּאמֶר יַעֲקֹב consec.-Qal impf. 3 m.s. (55)-pr.n. (784) *and Jacob said*

כַּאֲשֶׁר רָאָם prep.-rel.-Qal pf. 3 m.s.-3 m.p. sf. (רָאָה 906) *when he saw them*

מַחֲנֵה אֱלֹהִים n.m.s. cstr. (334)-n.m.p. (43) *God's army*

זֶה demons. adj. m.s. (260) *This is*

וַיִּקְרָא consec.-Qal impf. 3 m.s. (894) *So he called*

שֵׁם־הַמָּקוֹם הַהוּא n.m.s. cstr. (1027)-def. art.-n.m.s. (879)-def. art.-demons. adj. m.s. (214) *the name of that place*

מַחֲנָיִם pr.n. paus. (334) *Mahanaim* (mng. *Two armies*)

32:4

וַיִּשְׁלַח יַעֲקֹב consec.-Qal impf. 3 m.s. (1018)-pr.n. (784) *and Jacob sent*

מַלְאָכִים n.m.p. (521) *messengers*

לְפָנָיו prep.-n.m.p.-3 m.s. sf. (815) *before him*

אֶל־עֵשָׂו prep.-pr.n. (796) *to Esau*

אָחִיו n.m.s.-3 m.s. sf. (26) *his brother*

אַרְצָה שֵׂעִיר n.f.s. cstr.-dir. he (75)-pr.n. (973) *in the land of Seir*

שְׂדֵה אֱדוֹם n.m.s. cstr. (961)-pr.n. (10) *the country of Edom*

32:5

וַיְצַו אֹתָם consec.-Pi. impf. 3 m.s. (צָוָה 845)-dir. obj.-3 m.p. sf. *instructing them*

לֵאמֹר prep.-Qal inf. cstr. (55) *(saying)*

כֹּה תֹאמְרוּן adv. (462)-Qal impf. 2 m.p. (55) *Thus you shall say*

לַאדֹנִי prep.-n.m.s.-1 c.s. sf. (10) *to my lord*

לְעֵשָׂו prep.-pr.n. (796) *Esau*

כֹּה אָמַר adv. (462)-Qal pf. 3 m.s. (55) *Thus says*

עַבְדְּךָ n.m.s.-2 m.s. sf. (713) *your servant*

יַעֲקֹב pr.n. (784) *Jacob*

עִם־לָבָן prep.-pr.n. (II 526) *with Laban*

גַּרְתִּי Qal pf. 1 c.s. (גּוּר 157) *I have sojourned*

וָאֵחַר consec.-Qal impf. 1 c.s. (אָחַר 29) *and stayed*

עַד־עָתָּה prep.-adv. paus. (773) *until now*

32:6

וַיְהִי־לִי consec.-Qal impf. 3 m.s. (הָיָה 224)-prep.-1 c.s. sf. *and I have*

שׁוֹר n.m.s. (1004) *oxen*

וַחֲמוֹר conj.-n.m.s. (331) *asses*

צֹאן n.f.s. (838) *flocks*

וְעֶבֶד conj.-n.m.s. (713) *menservants*

וְשִׁפְחָה conj.-n.f.s. (1046) *and maidservants*

וָאֶשְׁלְחָה consec.-Qal impf. 1 c.s.-dir. he (1018) *and I have sent*

לְהַגִּיד prep.-Hi. inf. cstr. (נָגַד 616) *to tell*

לַאדֹנִי prep.-n.m.s.-1 c.s. sf. (10) *my lord*

לִמְצֹא־חֵן prep.-Qal inf. cstr. (592)-n.m.s. (336) *in order that I may find favor*

בְּעֵינֶיךָ prep.-n.f. du.-2 m.s. sf. (744) *in your sight*

32:7

וַיָּשֻׁבוּ consec.-Qal impf. 3 m.p. (שׁוּב 996) *and returned*

הַמַּלְאָכִים def. art.-n.m.p. (521) *the messengers*

אֶל־יַעֲקֹב prep.-pr.n. (784) *to Jacob*

לֵאמֹר prep.-Qal inf. cstr. (55) *saying*

בָּאנוּ Qal pf. 1 c.p. (בּוֹא 97) *We came*

אֶל־אָחִיךָ prep.-n.m.s.-2 m.s. sf. (26) *to your brother*

אֶל־עֵשָׂו prep.-pr.n. (796) *Esau*

וְגַם הֹלֵךְ conj.-adv. (168)-Qal act. ptc. (229) *and he is coming*

לִקְרָאתְךָ prep.-Qal inf. cstr.-2 m.s. sf. (896) *to meet you*

וְאַרְבַּע־מֵאוֹת conj.-num. m.s. (916)-n.f.p. (547) *and four hundred*

אִישׁ עִמּוֹ n.m.s. (35)-prep.-3 m.s. sf. *men with him*

32:8

וַיִּירָא consec.-Qal impf. 3 m.s. (יָרֵא 431) *then ... was afraid*

יַעֲקֹב pr.n. (784) *Jacob*

דרדרטרדר

מְאֹד adv. (547) *greatly*

וַיֵּצֶר consec.-Qal impf. 3 m.s. (I צָרַר 864) *and distressed*

לוֹ prep.-3 m.s. sf. *(to himself)*

וַיַּחַץ אֶת־הָעָם consec.-Qal impf. 3 m.s. (חָצָה 345)-dir. obj.-def. art.-n.m.s. (I 766) *and he divided the people*

אֲשֶׁר־אִתּוֹ rel.-prep. (II 85)-3 m.s. sf. *who were with him*

וְאֶת־הַצֹּאן conj.-dir.obj.-def.art.-n.f.s. (838) *and the flocks*

וְאֶת־הַבָּקָר conj.-dir.obj.-def.art.-n.m.s. (133) *and herds*

וְהַגְּמַלִּים conj.-def.art.-n.m.p. (168) *and camels*

לִשְׁנֵי מַחֲנוֹת prep.-num. m. cstr. (1040)-n.m.p. (334) *into two companies*

32:9

וַיֹּאמֶר consec.-Qal impf. 3 m.s. (55) *thinking*

אִם־יָבוֹא עֵשָׂו hypoth.part. (49) - Qal impf. 3 m.s. (בּוֹא 97) - pr.n. (796) *If Esau comes*

אֶל־הַמַּחֲנֶה הָאַחַת prep.-def. art.-n.f.s. (334)-def. art.-adj. f.s. (25) *to the one company*

וְהִכָּהוּ conj.-Hi. pf. 3 m.s.-3 m.s. sf. (נָכָה 645) *and destroys it*

וְהָיָה הַמַּחֲנֶה הַנִּשְׁאָר conj.-Qal pf. 3 m.s. (224) - def.art.-n.m.s. (334) - def.art.-Ni. ptc. (I 983) *then the company which is left*

לִפְלֵיטָה prep.-n.f.s. (812) *will escape*

32:10

וַיֹּאמֶר יַעֲקֹב consec.-Qal impf. 3 m.s. (55)-pr.n. (784) *and Jacob said*

אֱלֹהֵי אָבִי n.m.p. cstr. (43)-n.m.s.-1 c.s. sf. (3) *O God of my father*

אַבְרָהָם pr.n. (4) *Abraham*

וֵאלֹהֵי אָבִי conj.-n.m.p. cstr. (43)-n.m.s.-1 c.s. sf. (3) *and God of my father*

יִצְחָק pr.n. (850) *Isaac*

יהוה הָאֹמֵר pr.n. (217)-def. art.-Qal act. ptc. (55) *O Yahweh who didst say*

אֵלַי prep.-1 c.s. sf. *to me*

שׁוּב Qal impv. 2 m.s. (996) *Return*

לְאַרְצְךָ prep.-n.f.s.-2 m.s. sf. (75) *to your country*

וּלְמוֹלַדְתְּךָ conj.-prep.-n.f.s.-2 m.s. sf. (409) *and to your kindred*

וְאֵיטִיבָה עִמָּךְ conj.-Hi. impf. 1 c.s.-coh. he (יָטַב 405)-prep.-2 m.s. sf. paus. *and I will do you good*

32:11

קָטֹנְתִּי מִכֹּל Qal pf. 1 c.s. (קָטֹן 881)-prep.-n.m.s. cstr. (481) *I am not worthy of the least of all*

הַחֲסָדִים def. art.-n.m.p. (I 338) *the steadfast love*

וּמִכָּל־הָאֱמֶת conj.-prep.-n.m.s. cstr. (481)-def. art.-n.f.s. (54) *and all the faithfulness*

אֲשֶׁר עָשִׂיתָ rel.-Qal pf. 2 m.s. (עָשָׂה I 793) *which thou hast shown*

אֶת־עַבְדֶּךָ dir. obj.-n.m.s.-2 m.s. sf. paus. (713) *to thy servant*

כִּי בְמַקְלִי conj.-prep.-n.m.s.-1 c.s. sf. (596) *for with only my staff*

עָבַרְתִּי Qal pf. 1 c.s. (716) *I crossed*

אֶת־הַיַּרְדֵּן הַזֶּה dir.obj.-def.art.-pr.n. (434) - def.art.-demons. adj. m.s. (260) ***this Jordan***

וְעַתָּה הָיִיתִי conj.-adv. (773)-Qal pf. 1 c.s. (224) *and now I have become*

לִשְׁנֵי מַחֲנוֹת prep.-num. p. cstr. (1040)-n.m.p. (334) *two companies*

32:12

הַצִּילֵנִי Hi. impv. 2 m.s.-1 c.s. sf. (נָצַל 664) *Deliver me*

נָא part. of entreaty (609) *I pray thee*

מִיַּד אָחִי prep.-n.f.s. cstr. (388)-n.m.s.-1 c.s. sf. (26) *from the hand of my brother*

מִיַּד עֵשָׂו v. supra-pr.n. (796) *from the hand of Esau*

כִּי־יָרֵא אָנֹכִי conj.-Qal act. ptc. (431) - pers.pr. 1 c.s. (59) ***for I fear***

אֹתוֹ dir.obj.-3 m.s. sf. ***him***

פֶּן־יָבוֹא conj. (814)-Qal impf. 3 m.s. (בּוֹא 97) *lest he come*

וְהִכַּנִי conj.-Hi. pf. 3 m.s.-1 c.s. sf. (נָכָה 645) *and slay (me) us*

אֵם עַל־בָּנִים n.f.s. (51)-prep.-n.m.p. (119) *the mother with the children*

32:13

וְאַתָּה אָמַרְתָּ conj.-pers. pr. 2 m.s. (61)-Qal pf. 2 m.s. (55) *but thou didst say*

הֵיטֵב אֵיטִיב עִמָּךְ Hi. inf. abs. (405)-Hi. impf. 1 c.s. (יָטַב 405)-prep.-2 m.s. sf. paus. *I will do you good*

וְשַׂמְתִּי אֶת־זַרְעֲךָ conj.-Qal pf. 1 c.s. (שׂוּם 962)-dir. obj.-n.m.s.-2 m.s. sf. (282) *and make your descendants*

כְּחוֹל הַיָּם prep.-n.m.s. cstr. (297)-def. art.-n.m.s. (410) *as the sand of the sea*

אֲשֶׁר לֹא־יִסָּפֵר rel.-neg.-Ni. impf. 3 m.s. (707) *which cannot be numbered*

מֵרֹב prep.-n.m.s. (913) *for multitude*

32:14

וַיָּלֶן שָׁם consec.-Qal impf. 3 m.s. (לִין 533)-adv. (1027) *so he lodged there*

בַּלַּיְלָה הַהוּא prep.-def. art.-n.m.s. (538)-def. art.-demons. adj. m.s. (214) *that night*

וַיִּקַּח consec.-Qal impf. 3 m.s. (לָקַח 542) ***and took***

מִן־הַבָּא בְיָדוֹ prep.-def.art.-Qal act. ptc. (בּוֹא 97) - prep.-n.f.s.-3 m.s. sf. (388) ***from what he had with him***

מִנְחָה לְעֵשָׂו אָחִיו n.f.s. (585)-prep.-pr.n. (796)-n.m.s.-3 m.s. sf. (26) *a present for his brother Esau*

32:15

עִזִּים מָאתַיִם n.f.p. (777) - num. f. du. (547) ***two hundred she-goats***

וּתְיָשִׁים עֶשְׂרִים conj.-n.m.p. (1066)-num. p. (797) *and twenty he-goats*

רְחֵלִים מָאתַיִם n.f.p. (I 932)-num. f. du. (547) *two hundred ewes*

וְאֵילִים עֶשְׂרִים conj.-n.m.p. (I 17)-num. m. p. (797) *and twenty rams*

32:16

גְּמַלִּים מֵינִיקוֹת n.f.p. (168)-Hi. ptc. f.p. (יָנַק 413) *milch camels*

וּבְנֵיהֶם conj.-n.m.p.-3 m.p. sf. (119) *and their colts*

שְׁלֹשִׁים num. m.p. (1026) *thirty*

פָּרוֹת אַרְבָּעִים n.f.p. (831)-num. m.p. (917) *forty cows*

וּפָרִים עֲשָׂרָה conj.-n.m.p. (830)-num. f.s. (796) *and ten bulls*

אֲתֹנֹת עֶשְׂרִים n.f.p. (87)-num. m.p. (797) *twenty she-asses*

וַעְיָרִם עֲשָׂרָה conj.-n.m.p. (747)-num.f.s. (796) *and ten he-asses*

32:17

וַיִּתֵּן consec.-Qal impf. 3 m.s. (נָתַן 678) *he delivered*

בְּיַד־עֲבָדָיו prep.-n.f.s. cstr. (388)-n.m.p.-3 m.s. sf. (713) *into the hand of his servants*

עֵדֶר עֵדֶר לְבַדּוֹ n.m.s. (727)-n.m.s. (727)-prep.-n.m.s.-3 m.s. sf. (II 94) *every drove by itself*

וַיֹּאמֶר consec.-Qal impf. 3 m.s. (55) *and said*

אֶל־עֲבָדָיו prep.-n.m.p.-3 m.s. sf. (713) *to his servants*

עִבְרוּ לְפָנַי Qal impv. 2 m.p. (716)-prep.-n.m.p.-1 c.s. sf. (815) *Pass on before me*

וְרֶוַח תָּשִׂימוּ conj.-n.m.s. (926)-Qal impf. 2 m.p. (962) *and put a space*

בֵּין עֵדֶר וּבֵין עֵדֶר prep. (107)-n.m.s. (727)-conj.-v. supra *between drove and drove*

32:18

וַיְצַו consec.-Pi. impf. 3 m.s. (צָוָה 845) *he instructed*

אֶת־הָרִאשׁוֹן dir. obj.-def. art.-adj. m.s. (911) *the foremost*

לֵאמֹר prep.-Qal inf. cstr. (55) *saying*

כִּי יִפְגָּשְׁךָ conj.-Qal impf. 3 m.s.-2 m.s. sf. (פָּגַשׁ 803) *when ... meets you*

עֵשָׂו אָחִי pr.n. (796)-n.m.s.-1 c.s. sf. (26) *Esau my brother*

וּשְׁאֵלְךָ conj.-Qal pf. 3 m.s.-2 m.s. sf. (981 GK 64f) *and asks you*

לֵאמֹר prep.-Qal inf. cstr. (55) *(saying)*

לְמִי־אַתָּה prep.-interr. (566)-pers. pr. 2 m.s. (61) *To whom do you belong*

וְאָנָה תֵלֵךְ conj.-adv.-loc. he (33) - Qal impf. 2 m.s. (הָלַךְ 229) *Where are you going?*

וּלְמִי אֵלֶּה conj.-prep.-interr. (566) - demons. adj. c.p. (41) *And whose are these*

לְפָנֶיךָ prep.-n.m.p.-2 m.s. sf. (815) *before you*

32:19

וְאָמַרְתָּ conj.-Qal pf. 2 m.s. (55) *then you shall say*

לְעַבְדְּךָ לְיַעֲקֹב prep.-n.m.s.-2 m.s. sf. (713) - prep.-pr.n. (784) *to your servant Jacob*

מִנְחָה הִוא n.f.s. (585) - pers.pr. 3 f.s. (214) *they are a present*

שְׁלוּחָה לַאדֹנִי Qal pass. ptc. f.s. (1018)-prep.-n.m.s.-1 c.s. sf. (10) *sent to my lord*

לְעֵשָׂו prep.-pr.n. (796) *Esau*

וְהִנֵּה גַם־הוּא conj.-demons. part. (243)-adv. (168)-pers. pr. 3 m.s. (214) *and moreover he is*

אַחֲרֵינוּ prep.-1 c.p. sf. (29) *behind us*

32:20

וַיְצַו גַּם consec.-Pi. impf. 3 m.s. (צָוָה 845)-adv. (168) *he likewise instructed*

אֶת־הַשֵּׁנִי dir. obj.-def. art.-num. ord. (1041) *the second*

גַּם אֶת־הַשְּׁלִישִׁי adv. (168)-dir. obj.-def. art.-num. adj. ord. (1026) *and the third*

גַּם אֶת־כָּל־הַהֹלְכִים adv. (168)-dir. obj.-n.m.s. cstr. (481)-def. art.-Qal act. ptc. m.p. (229) *and all who followed*

אַחֲרֵי הָעֲדָרִים prep. cstr. (29)-def. art.-n.m.p. (727) *the droves*

לֵאמֹר prep.-Qal inf. cstr. (55) *(saying)*

כַּדָּבָר הַזֶּה prep.-def.art.-n.m.s. (182) - def.art.-demons. adj. m.s. (260) *the same thing*

תְּדַבְּרוּן Pi. impf. 2 m.p. (180) *you shall say*

אֶל־עֵשָׂו prep.-pr.n. (796) *to Esau*

בְּמֹצַאֲכֶם אֹתוֹ prep.-Qal act. ptc.-2 m.p. sf. (מָצָא 592)-dir. obj.-3 m.s. sf. *when you meet him*

32:21

וַאֲמַרְתֶּם conj.-Qal pf. 2 m.p. (55) *and you shall say*

גַּם הִנֵּה עַבְדְּךָ adv. (168)-demons. part. (243)-n.m.s.-2 m.s. sf. (713) *Moreover your servant*

יַעֲקֹב pr.n. (784) *Jacob*

אַחֲרֵינוּ prep.-1 c.p. sf. (29) *behind us*

כִּי־אָמַר conj.-Qal pf. 3 m.s. (55) *For he thought*

אֲכַפְּרָה פָנָיו Pi. impf. 1 c.s.-coh. he (497) - n.m.p. - 3 m.s. sf. (815) *I may appease him*

בַּמִּנְחָה prep.-def. art.-n.f.s. (585) *with the present*

הַהֹלֶכֶת לְפָנָי def. art.-Qal act. ptc. f.s. (229)-prep.-n.m.p.-1 c.s. sf. (815) *that goes before me*

וְאַחֲרֵי־כֵן conj.-prep. (29)-adv. (485) *and afterwards*

אֶרְאֶה פָנָיו Qal impf. 1 c.s. (906)-n.m.p.-3 m.s. sf. (815) *I shall see his face*

אוּלַי יִשָּׂא פָנָי adv. (II 19)-Qal impf. 3 m.s. (נָשָׂא 669)-n.m.p.-1 c.s. sf. paus. (815) *perhaps he will accept me*

32:22

וַתַּעֲבֹר הַמִּנְחָה consec.-Qal impf. 3 f.s. (716)-def. art.-n.f.s. (585) *so the present passed on*

עַל־פָּנָיו prep.-n.m.p.-3 m.s. sf. (815) *before him*

וְהוּא לָן conj.-pers. pr. 3 m.s. (214)-Qal pf. 3 m.s. (לין 533) *and he himself lodged*

בַּלַּיְלָה־הַהוּא prep.-def. art.-n.m.s. (538)-def. art.-demons. adj. m.s. (214) *that night*

בַּמַּחֲנֶה prep.-def. art.-n.m.s. (334) *in the camp*

32:23

וַיָּקָם consec.-Qal impf. 3 m.s. (קוּם 877) *he arose*

בַּלַּיְלָה הוּא prep.-def. art.-n.m.s. (538)-demons. adj. m.s. (prb. rd. הַהוּא 214) *the same night*

וַיִּקַּח consec.-Qal impf. 3 m.s. (לָקַח 542) *and took*

אֶת־שְׁתֵּי נָשָׁיו dir. obj.-num. f.s. cstr. (1040)-n.f.p.-3 m.s. sf. (61) *his two wives*

וְאֶת־שְׁתֵּי שִׁפְחֹתָיו conj.-v. supra-n.f.p.-3 m.s. sf. (1046) *his two maids*

וְאֶת־אַחַד עָשָׂר conj.-dir. obj.-num. adj. (25)-num. (797) *and eleven*

יְלָדָיו n.m.p.-3 m.s. sf. (409) *his children*

וַיַּעֲבֹר consec.-Qal impf. 3 m.s. (716) *and crossed*

אֵת מַעֲבַר יַבֹּק dir. obj.-n.m.s. cstr. (721)-pr.n. (132) *the ford of the Jabbok*

32:24

וַיִּקָּחֵם consec.-Qal impf. 3 m.s.-3 m.p. sf. (לָקַח 542) *he took them*

וַיַּעֲבִרֵם consec.-Hi. impf. 3 m.s.-3 m.p. sf. (עָבַר 716) *and sent them across*

אֶת־הַנָּחַל dir. obj.-def. art.-n.m.s. paus. (636) *the stream*

וַיַּעֲבֵר consec.-Hi. impf. 3 m.s. (716) *and he sent over*

אֶת־אֲשֶׁר־לוֹ dir.obj.-rel.-prep.-3 m.s. sf. *everything that he had*

32:25

וַיִּוָּתֵר יַעֲקֹב consec.-Ni. impf. 3 m.s. (יָתַר 451)pr.n. (784) *and Jacob was left*

לְבַדּוֹ prep.-n.m.s.-3 m.s. sf. (94) *alone*

וַיֵּאָבֵק אִישׁ consec.-Ni. impf. 3 m.s. (אָבַק 7)-n.m.s. (35) *and a man wrestled*

עִמּוֹ prep.-3 m.s. sf. *with him*

עַד עֲלוֹת הַשָּׁחַר prep.-Qal inf. cstr. (עָלָה 748) - def.art.-n.m.s. paus. (1007) *until the breaking of the day*

32:26

וַיַּרְא consec.-Qal impf. 3 m.s. (רָאָה 906) *when he saw*

כִּי לֹא יָכֹל לוֹ conj.-neg.-Qal pf. 3 m.s. (יָכֹל 407)-prep.-3 m.s. sf. *that he did not prevail against him*

וַיִּגַּע consec.-Qal impf. 3 m.s. (נָגַע 619) *he touched*

בְּכַף־יְרֵכוֹ prep.-n.f.s. cstr. (496)-n.f.s.-3 m.s. sf. (437) *the hollow of his thigh*

וַתֵּקַע consec.-Qal impf. 3 f.s. (יָקַע 429) *and was put out of joint*

כַּף־יֶרֶךְ יַעֲקֹב n.f.s. cstr. (496)-n.f.s. cstr. (437)-pr.n. (784) *Jacob's thigh*

בְּהֵאָבְקוֹ prep.-Ni. inf. cstr.-3 m.s. sf. (אָבַק 7) *as he wrestled*

עִמּוֹ prep.-3 m.s. sf. *with him*

32:27

וַיֹּאמֶר consec.-Qal impf. 3 m.s. (55) *then he said*

שַׁלְּחֵנִי Pi. impv. 2 m. s. - 1 c.s. sf. (1018) *Let me go*

כִּי עָלָה הַשָּׁחַר conj.-Qal pf. 3 m.s. (748)-def. art.-n.m.s. paus. (1007) *for the day is breaking*

וַיֹּאמֶר v. supra *But he said*

לֹא אֲשַׁלֵּחֲךָ neg.-Pi. impf. 1 c.s.-2 m.s. sf. (שָׁלַח 1018) *I will not let you go*

כִּי אִם־בֵּרַכְתָּנִי conj.-hypoth. part. (49)-Pi. pf. 2 m.s.-1 c.s. sf. (138) *unless you bless me*

32:28

וַיֹּאמֶר אֵלָיו consec.-Qal impf. 3 m.s. (55)-prep.-3 m.s. sf. *and he said to him*

מַה־שְּׁמֶךָ interr. (552)-n.m.s.-2 m.s. sf. (1027) *What is your name?*

וַיֹּאמֶר v.supra *and he said*

יַעֲקֹב pr.n. (784) *Jacob*

32:29

וַיֹּאמֶר consec.-Qal impf. 3 m.s. (55) *then he said*

לֹא יַעֲקֹב יֵאָמֵר neg.-pr.n. (784)-Ni. impf. 3 m.s. (55) *no ... Jacob ... shall be called*

עוֹד שִׁמְךָ adv. (728)-n.m.s.-2 m.s. sf. (1027) *Your name ... more*

כִּי אִם־יִשְׂרָאֵל conj.-conj. (49)-pr.n. (975) *but Israel*

כִּי־שָׂרִיתָ conj.-Qal pf. 2 m.s. (שָׂרָה I 975) *for you have striven*

עִם־אֱלֹהִים prep.-n.m.p. (43) *with God*

וְעִם־אֲנָשִׁים conj.-prep.-n.m.p. (35) *and with men*

וַתּוּכָל consec.-Qal impf. 2 m.s. (יָכֹל 407) *and have prevailed*

32:30

וַיִּשְׁאַל יַעֲקֹב consec.-Qal impf. 3 m.s. (שָׁאַל 981)-pr.n. (784) *then Jacob asked*

וַיֹּאמֶר consec.-Qal impf. 3 m.s. (55) *(and said)*

הַגִּידָה־נָּא Hi. impv. 2 m.s.-vol. he (נָגַד 616)-part. of entreaty (609) *Tell me I pray*

שְׁמֶךָ n.m.s.-2 m.s. sf. (1027) *your name*

וַיֹּאמֶר consec.-Qal impf. 3 m.s. (55) *but he said*

לָמָּה זֶּה prep.-interr. (552)-demons. adj. m.s. (260) *Why is it*

תִּשְׁאַל לִשְׁמִי Qal impf. 2 m.s. (שָׁאַל 981)-prep.-n.m.s.-1 c.s. sf. (1027) *you ask my name*

וַיְבָרֶךְ consec.-Pi. impf. 3 m.s. (138) *and he blessed*

אֹתוֹ שָׁם dir. obj.-3 m.s. sf.-adv. (1027) *him there*

32:31

וַיִּקְרָא יַעֲקֹב consec.-Qal impf. 3 m.s. (894)-pr.n. (784) *so Jacob called*

שֵׁם הַמָּקוֹם n.m.s. cstr. (1027) - def.art.-n.m.s. (879) *the name of the place*

פְּנִיאֵל pr.n. (819) *Peniel* (rd. פְּנוּאֵל)

כִּי־רָאִיתִי conj.-Qal pf. 1 c.s. (רָאָה 906) *for I have seen*

אֱלֹהִים n.m.p. (43) *God*

פָּנִים אֶל־פָּנִים n.m.p. (815)-prep.-n.m.p. (815) *face to face*

וַתִּנָּצֵל נַפְשִׁי consec.-Ni. impf. 3 f.s. (664) - n.f.s.-1 c.s. sf. (659) *and yet my life is preserved*

32:32

וַיִּזְרַח־לוֹ consec.-Qal impf. 3 m.s. (280)-prep.-3 m.s. sf. *rose upon him*

הַשֶּׁמֶשׁ def. art.-n.f.s. (1029) *the sun*

כַּאֲשֶׁר עָבַר prep.-rel.-Qal pf. 3 m.s. (716) *as he passed*

אֶת־פְּנוּאֵל dir. obj.-pr.n. (819) *Penuel*

וְהוּא צֹלֵעַ conj.-pers. pr. 3 m.s. (214)-Qal act. ptc. (II 854) *limping*

עַל־יְרֵכוֹ prep.-n.f.s.-3 m.s. sf. (437) *because of his thigh*

32:33

עַל־כֵּן לֹא־יֹאכְלוּ prep.-adv. (485)-neg.-Qal impf. 3 m.p. (37) *therefore do not eat*

בְנֵי־יִשְׂרָאֵל n.m.p. cstr. (119)-pr.n. (975) *the Israelites*

אֶת־גִּיד הַנָּשֶׁה dir. obj.-n.m.s. cstr. (161)-def. art.-n.m.s. (674) *the sinew of the hip*

אֲשֶׁר עַל־כַּף הַיָּרֵךְ rel.-prep.-n.f.s. cstr. (496)-def. art.-n.f.s. (437) *which is upon the hollow of the thigh*

עַד הַיּוֹם הַזֶּה prep.-def.art.-n.m.s. (398) - def.art.-demons. adj. m.s. (260) *to this day*

כִּי נָגַע conj.-Qal pf. 3 m.s. (619) *because he touched*

בְּכַף־יֶרֶךְ יַעֲקֹב prep.-n.f.s. cstr. (496)-n.f.s. cstr. (437)-pr.n. (784) *the hollow of Jacob's thigh*

בְּגִיד הַנָּשֶׁה prep.-v. supra-v. supra *on the sinew of the hip*

33:1

וַיִּשָּׂא יַעֲקֹב consec.-Qal impf. 3 m.s. (נָשָׂא 669) - pr.n. (784) *and Jacob lifted*

עֵינָיו n.f. du.-3 m.s. sf. (744) *his eyes*

וַיַּרְא consec.-Qal impf. 3 m.s. (רָאָה 906) *and looked*

וְהִנֵּה עֵשָׂו conj.-demons. part. (243) - pr.n. (796) *and behold, Esau*

בָּא Qal act. ptc. or Qal pf. 3 m.s. (בּוֹא 97) *was coming*

וְעִמּוֹ אַרְבַּע מֵאוֹת conj.-prep.-3 m.s. sf.-num. m.s. (916) - n.f.p. (547) *and with him four hundred*

אִישׁ n.m.s. (35) *men*

וַיַּחַץ consec.-Qal impf. 3 m.s. (חָצָה 345) *so he divided*

אֶת־הַיְלָדִים dir. obj.-def. art.-n.m.p. (409) *the children*

עַל־לֵאָה וְעַל־רָחֵל prep.-pr.n. (521)-conj.-prep.-pr.n. (II 932) *among Leah and Rachel*

וְעַל שְׁתֵּי הַשְּׁפָחוֹת conj.-prep.-num. cstr. (1040)-def. art.-n.f.p. (1046) *and the two maids*

33:2

וַיָּשֶׂם consec.-Qal impf. 3 m.s. (שִׂים 962) *and he put*

אֶת־הַשְּׁפָחוֹת dir.obj.-def.art.-n.f.p. (1046) *the maids*

וְאֶת־יַלְדֵיהֶן conj.-dir.obj.-n.m.p.-3 f.p. sf. (409) *with their children*

רִאשֹׁנָה adj. f.s. (911) *in front*

וְאֶת־לֵאָה conj.-dir.obj.-pr.n. (521) *then Leah*

וִילָדֶיהָ conj.-n.m.p.-3 f.s. sf. (409) *with her children*

אַחֲרֹנִים adj. m.p. (30) *(behind)*

וְאֶת־רָחֵל וְאֶת־יוֹסֵף conj.-dir.obj.-pr.n. (II 932)-conj.-dir.obj.-pr.n. (415) *and Rachel and Joseph*

אַחֲרֹנִים adj. m.p. (30) *last of all*

33:3

וְהוּא עָבַר conj.-pers. pr. 3 m.s. (214)-Qal pf. 3 m.s. (716) *he himself went on*

לִפְנֵיהֶם prep.-n.m.p.-3 m.p. sf. (815) *before them*

וַיִּשְׁתַּחוּ consec.-Hithpalel impf. 3 m.s. (שָׁחָה 1005) *bowing himself*

אַרְצָה n.f.s.-dir. he (75) *to the ground*

שֶׁבַע פְּעָמִים num. (988)-n.f.p. (821) *seven times*

עַד־גִּשְׁתּוֹ עַד־אָחִיו prep.-Qal inf. cstr.-3 m.s. sf. (נָגַשׁ 620)-prep.-n.m.s.-3 m.s. sf. (26) *until he came near to his brother*

33:4

וַיָּרָץ עֵשָׂו consec.-Qal impf. 3 m.s. (רוּץ 930)-pr.n. (796) *but Esau ran*

לִקְרָאתוֹ prep.-Qal inf. cstr.-3 m.s. sf. (II 896) *to meet him*

וַיְחַבְּקֵהוּ consec.-Pi. impf. 3 m.s.-3 m.s. sf. (חָבַק 287) *and embraced him*

וַיִּפֹּל עַל־צַוָּארָו consec.-Qal impf. 3 m.s. (נָפַל 656)-prep.-n.m.p.-3 m.s. sf. (848) *and fell on his neck*

וַיִּשָּׁקֵהוּ consec.-Qal impf. 3 m.s.-3 m.s. sf. (נָשַׁק I 676) *and kissed him*

וַיִּבְכּוּ consec.-Qal impf. 3 m.p. (בָּכָה 113) *and they wept*

33:5

וַיִּשָּׂא אֶת־עֵינָיו consec.-Qal impf. 3 m.s. (נָשָׂא 669)-dir.obj.-n.f. du.-3 m.s. sf. (744) *when he raised his eyes*

וַיַּרְא אֶת־הַנָּשִׁים consec.-Qal impf. 3 m.s. (רָאָה 906)-dir.obj.-def.art.-n.f.p. (61) *and saw the women*

וְאֶת־הַיְלָדִים conj.-dir.obj.-def.art.-n.m.p. (409) *and children*

וַיֹּאמֶר consec.-Qal impf. 3 m.s. (55) *he said*

מִי־אֵלֶּה לָּךְ interr. (566)-demons. adj. c.p. (41)-prep.-2 m.s. sf. paus. *Who are these with you?*

וַיֹּאמַר v. supra *and he said*

הַיְלָדִים def.art.-n.m.p. (409) *The children*

אֲשֶׁר־חָנַן אֱלֹהִים rel.-Qal pf. 3 m.s. (I 335)-n.m.p. (43) *whom God has graciously given*

אֶת־עַבְדֶּךָ dir.obj.-n.m.s.-2 m.s. sf. paus. (713) *your servant*

33:6

וַתִּגַּשְׁןָ הַשְּׁפָחוֹת consec.-Qal impf. 3 f.p. (נָגַשׁ 620)-def.art.-n.f.p. (1046) *then the maids drew near*

הֵנָּה וְיַלְדֵיהֶן pers. pr. 3 f.p. (241)-conj.-n.m.p.-3 f.p. sf. *they and their children*

וַתִּשְׁתַּחֲוֶיןָ consec.-Hithpalel impf. 3 f.p. (שָׁחָה 1005) *and bowed down*

33:7

וַתִּגַּשׁ גַּם־לֵאָה consec.-Qal impf. 3 f.s. (נָגַשׁ 620)-adv. (168)-pr.n. (521) *Leah likewise drew near*

וִילָדֶיהָ conj.-n.m.p.-3 f.s. sf. (409) *and her children*

וַיִּשְׁתַּחֲווּ consec.-Hithpalel impf. 3 m.p. (שָׁחָה 1005) *and bowed down*

וְאַחַר נִגַּשׁ יוֹסֵף conj.-adv. (29)-Ni. pf. 3 m.s. (נָגַשׁ 620)-pr.n. (415) *and last Joseph drew near*

וְרָחֵל conj.-pr.n. (II 932) *and Rachel*

וַיִּשְׁתַּחֲווּ v. supra *and they bowed down*

33:8

וַיֹּאמֶר consec.-Qal impf. 3 m.s. (55) *he said*

מִי לְךָ interr. (566)-2 m.s. sf. *What do you mean by*

כָּל־הַמַּחֲנֶה הַזֶּה n.m.s. cstr. (481) - def.art.-n.m.s. (334) - def.art.-demons. adj. m.s. (260) *all this company*

אֲשֶׁר פָּגָשְׁתִּי rel.-Qal pf. 1 c.s. paus. (פָּגַשׁ 803) *which I met*

וַיֹּאמֶר v. supra *he answered*

לִמְצֹא־חֵן prep.-Qal inf. cstr. (592)-n.m.s. (336) *To find favor*

בְּעֵינֵי אֲדֹנִי prep.-n.f. du. cstr. (744)-n.m.s.-1 c.s. sf. (10) *in the sight of my lord*

33:9

וַיֹּאמֶר עֵשָׂו consec.-Qal impf. 3 m.s. (55)-pr.n. (796) *but Esau said*

יֶשׁ־לִי subst. (441) - prep.1 c.s. sf. *I have*

רָב adj. m.s. paus. (912) *enough (much)*

אָחִי n.m.s.-1 c.s. sf. (26) *my brother*

יְהִי לְךָ אֲשֶׁר־לָךְ Qal impf. 3 m.s. apoc. juss. (הָיָה 224)-prep.-2 m.s. sf.-rel.-prep.-2 m.s. sf. paus. *keep what you have for yourself*

33:10

וַיֹּאמֶר יַעֲקֹב consec.-Qal impf. 3 m.s. (55)-pr.n. (784) *Jacob said*

אַל־נָא אִם־נָא neg.-part. of entreaty (609)-hypoth. part. (49)-v. supra *No, I pray you, if*

מָצָאתִי Qal pf. 1 c.s. (592) *I have found*

חֵן בְּעֵינֶיךָ n.m.s. (336)-prep.n.f. du.-2 m.s. sf. (744) *favor in your sight*

וְלָקַחְתָּ conj.-Qal pf. 2 m.s. (542) *then accept*

מִנְחָתִי מִיָּדִי n.f.s.-1 c.s. sf. (585)-prep.-n.f.s.-1 c.s. sf. (388) *my present from my hand*

כִּי עַל־כֵּן רָאִיתִי conj.-prep.-adv. (485)-Qal pf. 1 c.s. (רָאָה906) *for truly to see*

פָנֶיךָ n.m.p.-2 m.s. sf. (815) *your face*

כִּרְאֹת prep.-Qal inf. cstr. (רָאָה 906) *is like seeing*

פְּנֵי אֱלֹהִים n.m.p. cstr. (815)-n.m.p. (43) *the face of God*

וַתִּרְצֵנִי consec.-Qal impf. 2 m.s. (רָצָה 953)-1 c.s. sf. *with such favor have you received me*

33:11

קַח־נָא Qal impv. 2 m.s. (לָקַח 542)-part. of entreaty (609) *accept, I pray you*

אֶת־בִּרְכָתִי dir. obj.-n.f.s.-1 c.s. sf. (139) *my gift*

אֲשֶׁר הֻבָאת לָךְ rel.-Ho. pf. 3 f.s. (בּוֹא 97)-prep.-2 m.s. sf. paus. *that is brought to you*

כִּי־חַנַּנִי אֱלֹהִים conj.-Qal pf. 3 m.s.-1 c.s. sf. (חָנַן I 335)-n.m.p. (43) *because God has dealt graciously with me*

וְכִי יֶשׁ־לִי־כֹל conj.-conj.-subst. (441)-prep.-1 c.s. sf.-n.m.s. (481) *and because I have enough*

וַיִּפְצַר־בּוֹ consec.-Qal impf. 3 m.s. (823)-prep.-3 m.s. sf. *Thus he urged him*

וַיִּקַּח consec.-Qal impf. 3 m.s. paus. (לָקַח 542) *and he took it*

33:12

וַיֹּאמֶר consec.-Qal impf. 3 m.s. (55) *then he said*

נִסְעָה Qal impf. 1 c.p.-coh. he (נָסַע I 652) *Let us journey*

וְנֵלֵכָה conj.-Qal impf. 1 c.p.-coh. he paus. (הָלַךְ 229) *on our way (*lit.-*and let us go)*

וְאֵלְכָה conj.-Qal impf. 1 c.s.-coh. he (הָלַךְ 229) *and I will go*

לְנֶגְדֶּךָ prep.-n.m.s.-2 m.s. sf. (617) *before you*

33:13

וַיֹּאמֶר אֵלָיו consec.-Qal impf. 3 m.s. (55)-prep.-3 m.s. sf. *but he said to him*

אֲדֹנִי יֹדֵעַ n.m.s.-1 c.s. sf. (10)-Qal act. ptc. (393) *My lord knows*

כִּי־הַיְלָדִים conj.-def. art.-n.m.p. (409) *that the children*

רַכִּים adj. m.p. (940) *are frail*

וְהַצֹּאן conj.-def. art.-n.f.s. (838) *and that the flocks*

וְהַבָּקָר conj.-def. art.-n.m.s. (133) *and herds*

עָלוֹת Qal act. ptc. f.p. (עוּל I 732) *giving suck*

עָלָי prep.-1 c.s. sf. paus. *are a care to me*

וּדְפָקוּם conj.-Qal pf. 3 c.p.-3 m.p. sf. (דָּפַק 200 many rd. וּדְפַקְתִּים as 1 c.s.-3 m.p. sf.) *and if they are overdriven*

יוֹם אֶחָד n.m.s. (398)-adj. m.s. (25) *for one day*

וָמֵתוּ conj.-Qal pf. 3 c.p. (מוּת 559) *will die*

כָּל־הַצֹּאן n.m.s. cstr. (481)-def. art.-n.f.s. (838) *all the flocks*

33:14

יַעֲבָר־נָא Qal impf. 3 m.s. (716)-part. of entreaty (609) *let pass on*

אֲדֹנִי n.m.s.-1 c.s. sf. (10) *my lord*

לִפְנֵי עַבְדּוֹ prep.-n.m.p. cstr. (815)-n.m.s.-3 m.s. sf. (713) *before his servant*

וַאֲנִי אֶתְנָהֲלָה conj.-pers. pr. 1 c.s. (58)-Hith. impf. 1 c.s.-coh. he (נָהַל 624) *and I will lead on*

לְאִטִּי prep.-subst.-1 c.s. sf. (31) *slowly (*lit.*-according to my gentleness)*

לְרֶגֶל prep.-n.f.s. cstr. (919) *according to the pace of*

הַמְּלָאכָה def.art.-n.f.s. (521) *the cattle (*lit.*-property)*

אֲשֶׁר־לְפָנַי rel.-prep.-n.m.p.-1 c.s. sf. (815) *which are before me*

וּלְרֶגֶל conj.-prep.-n.f.s. cstr. (919) *and according to the pace of*

הַיְלָדִים def. art.-n.m.p. (409) *the children*

עַד אֲשֶׁר־אָבֹא prep.-rel.-Qal impf. 1 c.s. (בּוֹא 97) *until I come*

אֶל־אֲדֹנִי prep.-n.m.s.-1 c.s. sf. (10) *to my lord*

שֵׂעִירָה pr.n.-dir. he (973) *in Seir*

33:15

וַיֹּאמֶר עֵשָׂו consec.-Qal impf. 3 m.s. (55)-pr.n. (796) *so Esau said*

אַצִּיגָה־נָּא Hi. impf. 1 c.s.-coh. he (יָצַג 426)-part. of entreaty (609) *Let me leave*

עִמְּךָ prep.-2 m.s. sf. *with you*

מִן־הָעָם prep.-def. art.-n.m.s. (I 766) *some of the men*

אֲשֶׁר אִתִּי rel.-prep. (II 85)-1 c. s. sf. *who are with me*

וַיֹּאמֶר v.supra *but he said*

לָמָּה זֶּה prep.-interr. (552) - demons. adj. m.s. (260) *what need is there?*

אֶמְצָא־חֵן Qal impf. 1 c.s. (מָצָא 592) - n.m.s. (336) *Let me find favor*

בְּעֵינֵי אֲדֹנִי prep.-n.f.du. cstr. (744)-n.m.s.-1 c.s. sf. (10) *in the sight of my lord*

33:16

וַיָּשָׁב consec.-Qal impf. 3 m.s. (שׁוּב 996) *so returned*

בַּיּוֹם הַהוּא prep.-def.art.-n.m.s. (398) - def.art.-demons. adj. m.s. (214) *that day*

עֵשָׂו pr.n. (796) *Esau*

לְדַרְכּוֹ prep.-n.m.s.-3 m.s. sf. (202) *on his way*

שֵׂעִירָה pr.n.-dir. he (973) *to Seir*

33:17

וְיַעֲקֹב נָסַע conj.-pr.n. (784)-Qal pf. 3 m.s. (652) *but Jacob journeyed*

סֻכֹּתָה pr.n.-loc. he (697) *to Succoth*

וַיִּבֶן לוֹ consec.-Qal impf. 3 m.s. (בָּנָה 124)-prep.-3 m.s. sf. *and built himself*

בָּיִת n.m.s. paus. (108) *a house*

וּלְמִקְנֵהוּ conj.-prep.-n.m.s.-3 m.s. sf. (889) *and for his cattle*

עָשָׂה סֻכֹּת Qal pf. 3 m.s. (I 793)-n.f.p. (697) *he made booths*

עַל־כֵּן קָרָא prep.-adv. (485)-Qal pf. 3 m.s. (894) *therefore is called*

שֵׁם־הַמָּקוֹם n.m.s. cstr. (1027)-def. art.-n.m.s. (879) *the name of the place*

סֻכּוֹת pr.n. (697) *Succoth*

33:18

וַיָּבֹא יַעֲקֹב consec.-Qal impf. 3 m.s. (בּוֹא 97)-pr.n. (784) *and Jacob came*

שָׁלֵם adj. m.s. (1023) *safely*

עִיר שְׁכֶם n.f.s. cstr. (746)-pr.n. (II 1014) *to the city of Shechem*

אֲשֶׁר בְּאֶרֶץ כְּנַעַן rel.-prep.-n.f.s. cstr. (75)-pr.n. (488) *which is in the land of Canaan*

בְּבֹאוֹ prep.-Qal inf. cstr.-3 m.s. sf. (בּוֹא 97) *on his way*

מִפַּדַּן אֲרָם prep.-pr.n. (804 74) *from Paddan-aram*

וַיִּחַן consec.-Qal impf. 3 m.s. (חָנָה 333) *and he camped*

אֶת־פְּנֵי הָעִיר dir. obj.-n.m.p. cstr. (815)-def. art.-n.f.s. (746) *before the city*

33:19

וַיִּקֶן consec.-Qal impf. 3 m.s. (קָנָה 888) *and he bought*

אֶת־חֶלְקַת הַשָּׂדֶה dir. obj.-n.f.s. cstr. (324)-def. art.-n.m.s. (961) *the piece of land*

אֲשֶׁר נָטָה־שָׁם rel.-Qal pf. 3 m.s. (639)-adv. (1027) *on which he had pitched*

אָהֳלוֹ n.m.s.-3 m.s. sf. (13) *his tent*

מִיַּד בְּנֵי־חֲמוֹר prep.-n.f.s. cstr. (388)-n.m.p. cstr. (119)-pr.n. (III 331) *from the sons of Hamor*

אֲבִי שְׁכֶם n.m.s. cstr. (3)-pr.n. (II 1014) *Shechem's father*

בְּמֵאָה קְשִׂיטָה prep.-n.f.s. (547)-n.f.s. (903) *for a hundred pieces of money*

33:20

וַיַּצֶּב־שָׁם consec.-Hi. impf. 3 m.s. (נָצַב 662)-adv. (1027) *there he erected*

מִזְבֵּחַ n.m.s. (258) *an altar*

וַיִּקְרָא־לוֹ consec.-Qal impf. 3 m.s. (894)-prep.-3 m.s. sf. *and called it*

אֵל אֱלֹהֵי יִשְׂרָאֵל pr.n.-n.m.s. (42)-n.m.p. cstr. (43)-pr.n. (975) *El-Elohe-Israel (*mng. *God, the God of Israel)*

34:1

וַתֵּצֵא דִינָה consec.-Qal impf. 3 f.s. (יָצָא 422)-pr.n. (192) *now Dinah went out*

בַּת־לֵאָה n.f.s. cstr. (I 123)-pr.n. (521) *the daughter of Leah*

אֲשֶׁר יָלְדָה rel.-Qal pf. 3 f.s. (יָלַד 408) *whom she had borne*

לְיַעֲקֹב prep.-pr.n. (784) *to Jacob*

לִרְאוֹת prep.-Qal inf. cstr. (רָאָה 906) *to visit*

בִּבְנוֹת הָאָרֶץ prep.-n.f.p. cstr. (I 123)-def. art.-n.f.s. (75) *the women of the land*

34:2

וַיַּרְא אֹתָהּ consec.-Qal impf. 3 m.s. (רָאָה 906)-dir. obj.-3 f.s. sf. *and when ... saw her*

שְׁכֶם בֶּן חֲמוֹר pr.n. (II 1014)-n.m.s. cstr. (119)-pr.n. (III 331) *Shechem the son of Hamor*

הַחִוִּי def. art.-adj. gent. (295) *the Hivite*

נְשִׂיא הָאָרֶץ n.m.s. cstr. (I 672)-def. art.-n.f.s. (75) *the prince of the land*

וַיִּקַּח אֹתָהּ consec.-Qal impf. 3 m.s. (לָקַח 542)-dir. obj.-3 f.s. sf. *he seized her*

וַיִּשְׁכַּב אֹתָהּ consec.-Qal impf. 3 m.s. (1011)-dir. obj.-3 f.s. sf. *and lay with her*

וַיְעַנֶּהָ consec.-Pi. impf. 3 m.s.-3 f.s. sf. (עָנָה III 776) *and humbled her*

34:3

וַתִּדְבַּק נַפְשׁוֹ consec.-Qal impf. 3 f.s. (179)-n.f.s.-3 m.s. sf. (659) *and his soul was drawn*

בְּדִינָה prep.-pr.n. (192) *to Dinah*

בַּת־יַעֲקֹב n.f.s. cstr. (I 123)-pr.n. (784) *the daughter of Jacob*

וַיֶּאֱהַב consec.-Qal impf. 3 m.s. (אָהַב 12) *he loved*

אֶת־הַנַּעֲרָ dir. obj.-def. art.-n.f.s. (655) *the maiden*

עַל־לֵב הַנַּעֲרָ prep.-n.m.s. cstr. (524) - def.art.-n.f.s. (655) *tenderly to her (*lit.*-unto the heart of the maiden)*

34:4

וַיֹּאמֶר שְׁכֶם consec.-Qal impf. 3 m.s. (55) - pr.n. (II 1014) *so Shechem spoke*

אֶל־חֲמוֹר אָבִיו prep.-pr.n. (III 331)-n.m.s.-3 m.s. sf. (3) *to his father Hamor*

לֵאמֹר prep.-Qal inf. cstr. (55) *saying*

קַח־לִי Qal impv. 2 m.s. (לָקַח 542) - prep.-1 c.s. sf. *Get me*

אֶת־הַיַּלְדָּה הַזֹּאת dir.obj.-def.art.-n.f.s. (409) - def.art.-demons. adj. f.s. (260) *this maiden*

לְאִשָּׁה prep.-n.f.s. (61) *for wife*

34:5

וְיַעֲקֹב שָׁמַע conj.-pr.n. (784) - Qal pf. 3 m.s. (1033) *now Jacob heard*

כִּי טִמֵּא אֶת־דִּינָה conj.-Pi. pf. 3 m.s. (379)-dir. obj.-pr.n. (192) *that he had defiled Dinah*

בִתּוֹ n.f.s.-3 m.s. sf. (I 123) *his daughter*

וּבָנָיו הָיוּ conj.-n.m.p.-3 m.s. sf. (119)-Qal pf. 3 c.p. (הָיָה 224) *but his sons were*

אֶת־מִקְנֵהוּ prep. (II 85)-n.m.s.-3 m.s. sf. (889) *with his cattle*

בַּשָּׂדֶה prep.-def. art.-n.m.s. (961) *in the field*

וְהֶחֱרִשׁ יַעֲקֹב conj.-Hi. pf. 3 m.s. (חָרַשׁ 361)-pr.n. (784) *So Jacob held his peace*

עַד־בֹּאָם prep.-Qal inf. cstr.-3 m.p. sf. (בּוֹא 97) *until they came*

34:6

וַיֵּצֵא חֲמוֹר consec.-Qal impf. 3 m.s. (יָצָא 422)-pr.n. (III 331) *and Hamor went out*

אֲבִי־שְׁכֶם n.m.s. cstr. (3)-pr.n. (II 1014) *the father of Shechem*

אֶל־יַעֲקֹב prep.-pr.n. (784) *to Jacob*

לְדַבֵּר אִתּוֹ prep.-Pi. inf. cstr. (180)-prep.-3 m.s. sf. (II 85) *to speak with him*

34:7

וּבְנֵי יַעֲקֹב conj.-n.m.p. cstr. (119)-pr.n. (784) *the sons of Jacob*

בָּאוּ מִן־הַשָּׂדֶה Qal pf. 3 c.p. (בּוֹא 97) - prep.-def.art.-n.m.s. (961) *came in from the field*

כְּשָׁמְעָם prep.-Qal inf. cstr.-3 m.p. sf. (1033) *when they heard of it*

וַיִּתְעַצְּבוּ consec.-Hith. impf. 3 m.p. (עָצַב 780) *and were indignant*

הָאֲנָשִׁים def. art.-n.m.p. (35) *the men*

וַיִּחַר לָהֶם consec.-Qal impf. 3 m.s. (חָרָה 354)-prep.-3 m.p. sf. *and were ... angry*

מְאֹד adv. (547) *very*

כִּי־נְבָלָה עָשָׂה conj.-n.f.s. (615)-Qal pf. 3 m.s. (I 793) *because he had wrought folly*

בְיִשְׂרָאֵל prep.-pr.n. (975) *in Israel*

לִשְׁכַּב prep.-Qal inf. cstr. (1011) *in lying*

אֶת־בַּת־יַעֲקֹב prep. (II 85)-n.f.s. cstr. (I 123)-pr.n. (784) *with Jacob's daughter*

וְכֵן לֹא יֵעָשֶׂה conj.-adv. (485)-neg.-Ni. impf. 3 m.s. (עָשָׂה I 793) *for such a thing ought not to be done*

34:8

וַיְדַבֵּר חֲמוֹר consec.-Pi. impf. 3 m.s. (180)-pr.n. (III 331) *but Hamor spoke*

אִתָּם prep.-3 m.p. sf. (II 85) *with them*

לֵאמֹר prep.-Qal inf. cstr. (55) *saying*

שְׁכֶם בְּנִי pr.n. (II 1014)-n.m.s.-1 c.s. sf. (119) *Shechem my son*

חָשְׁקָה נַפְשׁוֹ Qal pf. 3 f.s. (I 365)-n.f.s.-3 m.s. sf. (659) *his soul longs*

בְּבִתְּכֶם prep.-n.f.s.-2 m.p. sf. *for your daughter*

תְּנוּ נָא Qal impv. 2 m.p. (נָתַן 678)-part. of entreaty (609) *I pray you, give*

אֹתָהּ לוֹ dir. obj.-3 f.s. sf.-prep.-3 m.s. sf. *her to him*

לְאִשָּׁה prep.-n.f.s. (61) *in marriage (for a wife)*

34:9

וְהִתְחַתְּנוּ conj. - Hith. impv. 2 m.p. (חָתַן II 368) *make marriages*

אֹתָנוּ dir. obj.-1 c.p. sf. *with us*

בְּנֹתֵיכֶם n.f.p.-2 m.p. sf. (I 123) *your daughters*

תִּתְּנוּ־לָנוּ Qal impf. 2 m.p. (נָתַן 678)-prep.-1 c.p. sf. *give to us*

וְאֶת־בְּנֹתֵינוּ תִּקְחוּ conj.-dir. obj.-n.f.p.-1 c.p. sf. (I 123)-Qal impf. 2 m.p. (לָקַח 542) *and our daughters take*

לָכֶם prep.-2 m.p. sf. *for yourselves*

34:10

וְאִתָּנוּ תֵּשֵׁבוּ conj.-prep.-1 c.p. sf. (II 85)-Qal impf. 2 m.p. paus. (יָשַׁב 442) *you shall dwell with us*

וְהָאָרֶץ תִּהְיֶה conj.-def. art.-n.f.s. (75)-Qal impf. 3 f.s. (הָיָה 224) *and the land shall be*

לִפְנֵיכֶם prep.-n.m.p.-2 m.p. sf. (815) *open to you*

שְׁבוּ Qal impv. 2 m.p. (יָשַׁב 442) *dwell*

וּסְחָרוּהָ conj.-Qal impv. 2 m.p.-3 f.s. sf. (סָחַר 695) *and trade in it*

וְהֵאָחֲזוּ בָּהּ conj.-Ni. impv. 2 m.p. (אָחַז 28)-prep.-3 f.s. sf. *and get property in it*

34:11

וַיֹּאמֶר שְׁכֶם consec.-Qal impf. 3 m.s. (55)-pr.n. (II 1014) *Shechem also said*

אֶל־אָבִיהָ **prep.-n.m.s.-3 f.s. sf. (3)** ***to her father***

וְאֶל־אַחֶיהָ conj.-prep.-n.m.p.-3 f.s. sf. (26) *and to her brothers*

אֶמְצָא־חֵן Qal impf. 1 c.s. (592)-n.m.s. (336) *Let me find favor*

בְּעֵינֵיכֶם prep.-n.f. du.-2 m.p. sf. (744) *in your eyes*

וַאֲשֶׁר תֹּאמְרוּ conj.-rel.-Qal impf. 2 m.p. (55) *and whatever you say*

אֵלַי אֶתֵּן prep.-1 c.s. sf.-Qal impf. 1 c.s. (נָתַן 678) *to me I will give*

34:12

הַרְבּוּ עָלַי מְאֹד Hi. impv. 2 m.p. (רָבָה I 915)-prep.-1 c.s. sf.-adv. (547) *ask of me ever so much*

מֹהַר וּמַתָּן n.m.s. (555)-conj.-n.m.s. (I 682) *as marriage present and gift*

וְאֶתְּנָה conj.-Qal impf. 1 c.s.-coh. he (נָתַן 678) *and I will give*

כַּאֲשֶׁר תֹּאמְרוּ prep.-rel.-Qal impf. 2 m.p. (55) *according as you say*

אֵלָי **prep.-1 c.s. sf. paus.** ***to me***

וּתְנוּ־לִי conj.-Qal impv. 2 m.p. (נָתַן 678)-prep.-1 c.s. sf. *only give me*

אֶת־הַנַּעֲרָ dir. obj.-def. art.-n.f.s. (655) *the maiden*

לְאִשָּׁה prep.-n.f.s. (61) *to be my wife*

34:13

וַיַּעֲנוּ consec.-Qal impf. 3 m.p. (עָנָה I 772) *answered*

בְנֵי־יַעֲקֹב n.m.p. cstr. (119)-pr.n. (784) *the sons of Jacob*

אֶת־שְׁכֶם dir. obj.-pr.n. (II 1014) *Shechem*

וְאֶת־חֲמוֹר conj.-dir. obj.-pr.n. (III 331) *and Hamor*

אָבִיו n.m.s.-3 m.s. sf. (3) *his father*

בְּמִרְמָה prep.-n.f.s. (941) *deceitfully*

וַיְדַבֵּרוּ consec.-Pi. impf. 3 m.p. paus. (180) *(and said)*

אֲשֶׁר טִמֵּא rel.-Pi. pf. 3 m.s. (379) *because he had defiled*

אֵת דִּינָה dir. obj.-pr.n. (192) *Dinah*

אֲחֹתָם n.f.s.-3 m.p. sf. (27) *their sister*

34:14

וַיֹּאמְרוּ consec.-Qal impf. 3 m.p. (55) *they said*

אֲלֵיהֶם prep.-3 m.p. sf. *to them*

לֹא נוּכַל neg.-Qal impf. 1 c.p. (יָכֹל 407) *we cannot*

לַעֲשׂוֹת prep.-Qal inf. cstr. (עָשָׂה I 793) *do*

הַדָּבָר הַזֶּה def.art.-n.m.s. (182) - **def.art.-demons. adj. m.s. (260)** ***this thing***

לָתֵת אֶת־אֲחֹתֵנוּ prep.-Qal inf. cstr. (נָתַן 678)-dir. obj.-n.f.s.-1 c.p. sf. (27) *to give our sister*

לְאִישׁ אֲשֶׁר־ prep.-n.m.s. (35)-rel. *to one who*

לוֹ עָרְלָה prep.-3 m.s. sf.-n.f.s. (790) *is uncircumcised (*lit *to him a foreskin)*

כִּי־חֶרְפָּה הִוא לָנוּ conj.-n.f.s. (357)-pers. pr. 3 f.s. (214)-prep.-1 c.p. sf. *for that would be a disgrace to us*

34:15

אַךְ־בְּזֹאת adv. (36)-prep.-demons. adj. f.s. (260) *only on this condition*

נֵאוֹת Ni. impf. 1 c.p. (אות 22) *will we consent*

לָכֶם prep.-2 m.p. sf. *to you*

אִם תִּהְיוּ כָמֹנוּ hypoth.part. (49) - Qal impf. 2 m.p. (הָיָה 224) - prep.-1 c.p. sf. *that you will become as we are*

לְהִמֹּל לָכֶם prep.-Ni. inf. cstr. (מול II 557)-prep.-2 m.p. sf. *of you be circumcised*

כָּל־זָכָר n.m.s. cstr. (481)-n.m.s. (271) *every male*

34:16

וְנָתַנּוּ conj.-Qal pf. 1 c.p. (נָתַן 678) *then we will give*

אֶת־בְּנֹתֵינוּ dir.obj.-n.f.p.-1 c.p. sf. (I 123) *our daughters*

לָכֶם prep.-2 m.p. sf. *to you*

וְאֶת־בְּנֹתֵיכֶם conj.-dir. obj.-n.f.p.-2 m.p. sf. (I 123) *and your daughters*

נִקַּח־לָנוּ Qal impf. 1 c.p. (לָקַח 542) - prep.-1 c.p. sf. *we will take to ourselves*

וְיָשַׁבְנוּ conj.-Qal pf. 1 c.p. (יָשַׁב 442) *and we will dwell*

אִתְּכֶם prep.-2 m.p. sf. (II 85) *with you*

וְהָיִינוּ conj.-Qal pf. 1 c.p. (הָיָה 224) *and become*

לְעַם אֶחָד prep.-n.m.s. (I 766)-adj. num. (25) *one people*

34:17

וְאִם־לֹא תִשְׁמְעוּ conj.-hypoth. part. (49)-neg.-Qal impf. 2 m.p. (1033) *but if you will not listen*

אֵלֵינוּ prep.-1 c.p. sf. *to us*

לְהִמּוֹל prep.-Ni. inf. cstr. (מול II 557) *and be circumcised*

וְלָקַחְנוּ conj.-Qal pf. 1 c.p. (לָקַח 542) *then we will take*

אֶת־בִּתֵּנוּ dir. obj.-n.f.s.-1 c.p. sf. *our daughter*

וְהָלָכְנוּ conj.-Qal pf. 1 c.p. paus. (הָלַךְ 229) *and we will be gone*

34:18

וַיִּיטְבוּ consec.-Qal impf. 3 m.p. (יָטַב 405) *pleased*

דִבְרֵיהֶם n.m.p.-3 m.p. sf. (182) *their words*

בְּעֵינֵי prep.-n.f. du. cstr. (744) *(in the sight of)*

חֲמוֹר pr.n. (III 331) *Hamor*

וּבְעֵינֵי שְׁכֶם conj.-prep.-n.f. du. cstr. (744)-pr.n. (II 1014) *and Shechem*

בֶּן־חֲמוֹר n.m.s. cstr. (119)-pr.n. (III 331) *Hamor's son*

34:19

וְלֹא־אֵחַר conj.-neg.-Pi. pf. 3 m.s. (אָחַר 29) *and did not delay*

הַנַּעַר def. art.-n.m.s. (654) *the young man*

לַעֲשׂוֹת prep.-Qal inf. cstr. (עָשָׂה I 793) *to do*

הַדָּבָר def. art.-n.m.s. (182) *the thing*

כִּי חָפֵץ conj.-Qal pf. 3 m.s. (342) *because he had a delight*

בְּבַת־יַעֲקֹב prep.-n.f.s. cstr. (I 123)-pr.n. (784) *in Jacob's daughter*

וְהוּא נִכְבָּד conj.-pers. pr. 3 m.s. (214)-Ni. ptc. (כָּבֵד 457) *now he was honored*

מִכֹּל בֵּית אָבִיו prep.-n.m.s. cstr. (481)-n.m.s. cstr. (108)-n.m.s.-3 m.s. sf. (3) *more than all his family*

34:20

וַיָּבֹא consec.-Qal impf. 3 m.s. (בּוֹא 97) *so came*

חֲמוֹר וּשְׁכֶם pr.n. (III 331)-conj.-pr.n. (II 1014) *Hamor and Shechem*

בְּנוֹ n.m.s.-3 m.s. sf. (119) *his son*

אֶל־שַׁעַר prep.-n.m.s. cstr. (1044) *to the gate of*

עִירָם n.f.s.-3 m.p. sf. (746) *their city*

וַיְדַבְּרוּ consec.-Pi. impf. 3 m.p. (180) *and spoke*

אֶל־אַנְשֵׁי עִירָם prep.-n.m.p. cstr. (35)-v. supra *to the men of their city*

לֵאמֹר prep.-Qal inf. cstr. (55) *saying*

34:21

הָאֲנָשִׁים הָאֵלֶּה def. art.-n.m.p. (35)-def. art.-demons. adj. c.p. (41) *these men*

שְׁלֵמִים הֵם adj. m.p. (I 1023)-pers. pr. 3 m.p. (241) *they are friendly*

אִתָּנוּ prep.-1 c.p. sf. (II 85) *with us*

וְיֵשְׁבוּ conj.-Qal impf. 3 m.p. (יָשַׁב 442) *let them dwell*

בָאָרֶץ prep.-def. art.-n.f.s. (75) *in the land*

וְיִסְחֲרוּ conj.-Qal impf. 3 m.p. (סָחַר 695) *and trade*

אֹתָהּ dir. obj.-3 f.s. sf. *in it*

וְהָאָרֶץ conj.-def. art.-n.f.s. (75) *for the land*

הִנֵּה demons. part. (243) *behold*

רַחֲבַת־יָדַיִם adj. f.s. cstr. (I 932)-n.f. du. (388) *is large enough (*lit. *wide of hands)*

לִפְנֵיהֶם prep.-n.m.p.-3 m.p. sf. (815) *for them*

אֶת־בְּנֹתָם dir. obj.-n.f.p.-3 m.p. sf. (I 123) *their daughters*

נִקַּח־ Qal impf. 1 c.p. (לָקַח 542) *let us take*

לָנוּ prep.-1 c.p. sf. *(for ourselves)*

לְנָשִׁים prep.-n.f.p. (61) *in marriage*

וְאֶת־בְּנֹתֵינוּ conj.-dir. obj.-n.f.p.-1 c.p. sf. (I 123) *and our daughters*

נִתֵּן לָהֶם Qal impf. 1 c.p. (נָתַן 678)-prep.-3 m.p. sf. *let us give them*

34:22

אַךְ־בְּזֹאת adv. (36)-prep.-demons. adj. f.s. (260) *only on this condition*

יֵאֹתוּ לָנוּ Ni. impf. 3 m.p. (אות 22)-prep.-1 c.p. sf. *will agree with us*

הָאֲנָשִׁים def. art.-n.m.p. (35) *the men*

לָשֶׁבֶת אִתָּנוּ prep.-Qal inf. cstr. (יָשַׁב 442)-prep.-1 c.p. sf. (II 85) *to dwell with us*

לִהְיוֹת prep.-Qal inf. cstr. (הָיָה 224) *to become*

לְעַם אֶחָד prep.-n.m.s. (I 766)-num. adj. (25) *one people*

בְּהִמּוֹל לָנוּ prep.-Ni. inf. cstr. (מול II 557)-prep.-1 c.p. sf. *that be circumcised among us*

כָּל־זָכָר n.m.s. cstr. (481)-n.m.s. (271) *every male*

כַּאֲשֶׁר הֵם prep.-rel.-pers. pr. 3 m.p. (241) *as they*

נִמֹּלִים Ni. ptc. m.p. (מול II 557) *are circumcised*

34:23

מִקְנֵהֶם וְקִנְיָנָם n.m.s.-3 m.p. sf. (889)-conj.-n.m.s.-3 m.p. sf. (889) *their cattle, their property*

וְכָל־בְּהֶמְתָּם conj.-n.m.s. cstr. (481)-n.f.s.-3 m.p. sf. (96) *and all their beasts*

הֲלוֹא לָנוּ הֵם interr.-neg.-prep.-1 c.p. sf.-pers. pr. 3 m.p. (241) *will not be ours*

אַךְ נֵאוֹתָה לָהֶם adv. (36)-Ni. impf. 1 c.p.-coh. he (אות 22)-prep.-3 m.p. sf. *only let us agree with them*

וְיֵשְׁבוּ אִתָּנוּ conj.-Qal impf. 3 m.p. (יָשַׁב 442)-prep.-1 c.p. sf. (II 85) *and they will dwell with us*

34:24

וַיִּשְׁמְעוּ אֶל־חֲמוֹר consec.-Qal impf. 3 m.p. (1033)-prep.-pr.n. (III 331) *and hearkened to Hamor*

וְאֶל־שְׁכֶם בְּנוֹ conj.-prep.-pr.n. (II 1014)-n.m.s.-3 m.s. sf. (119) *and his son Shechem*

כָּל־יֹצְאֵי n.m.s. cstr. (481)-Qal act. ptc. m.p. cstr. (יָצָא 422) *all who went out of*

שַׁעַר עִירוֹ n.m.s. cstr. (1044)-n.f.s.-3 m.s. sf. (746) *the gate of his city*

וַיִּמֹּלוּ consec.-Ni. impf. 3 m.p. (מול II 557) *and was circumcised*

כָּל־זָכָר n.m.s. cstr. (481)-n.m.s. (271) *every male*

כָּל־יֹצְאֵי v. supra *all who went out of*

שַׁעַר עִירוֹ v. supra *the gate of his city*

34:25

וַיְהִי consec.-Qal impf. 3 m.s. (הָיָה 224) *(and it was)*

בַיּוֹם הַשְּׁלִישִׁי prep.-def. art.-n.m.s. (398)-def. art.-num. adj. (1026) *on the third day*

בִּהְיוֹתָם כֹּאֲבִים prep.-Qal inf. cstr.-3 m.p. sf. (הָיָה 224)-Qal act. ptc. m.p. (כָּאַב 456) *when they were sore*

וַיִּקְחוּ consec.-Qal impf. 3 m.p. (לָקַח 542) *took*

שְׁנֵי־בְנֵי־יַעֲקֹב num. m.p. cstr. (1040)-n.m.p. cstr. (119)-pr.n. (784) *two of the sons of Jacob*

שִׁמְעוֹן וְלֵוִי pr.n. (1035)-conj.-pr.n. (I 532) *Simeon and Levi*

אֲחֵי דִינָה n.m.p. cstr. (26)-pr.n. (192) *Dinah's brothers*

אִישׁ חַרְבּוֹ n.m.s. (35)-n.f.s.-3 m.s. sf. (352) *each their swords*

וַיָּבֹאוּ עַל־הָעִיר consec.-Qal impf. 3 m.p. (בּוֹא 97)-prep.-def. art.-n.f.s. (746) *and came upon the city*

בֶּטַח n.m.s. (I 105) *unawares*

וַיַּהַרְגוּ consec.-Qal impf. 3 m.p. (הָרַג 246) *and killed*

כָּל־זָכָר n.m.s. cstr. (481)-n.m.s. (271) *all the males*

34:26

וְאֶת־חֲמוֹר conj.-dir. obj.-pr.n. (III 331) *Hamor*

וְאֶת־שְׁכֶם בְּנוֹ conj.-dir. obj.-pr.n. (II 1014)-n.m.s.-3 m.s. sf. (119) *and his son Shechem*

הָרְגוּ Qal pf. 3 c.p. (246) *they slew*

לְפִי־חָרֶב prep.-n.m.s. cstr. (804)-n.f.s. paus. (352) *with the sword*

וַיִּקְחוּ consec.-Qal impf. 3 m.p. (לָקַח 542) *and took*

אֶת־דִּינָה dir. obj.-pr.n. (192) *Dinah*

מִבֵּית שְׁכֶם prep.-n.m.s. cstr. (108)-pr.n. (II 1014) *out of Shechem's house*

וַיֵּצֵאוּ consec.-Qal impf. 3 m.p. paus. (יָצָא 422) *and went away*

34:27

בְּנֵי יַעֲקֹב n.m.p. cstr. (119)-pr.n. (784) *and the sons of Jacob*

בָּאוּ Qal pf. 3 c.p. (בּוֹא 97) *came*

עַל־הַחֲלָלִים prep.-def. art.-n.m.p. (I 319) *upon the slain*

וַיָּבֹזּוּ הָעִיר consec.-Qal impf. 3 m.p. (בָּזַז 102) - def.art.-n.f.s. (746) *and plundered the city*

אֲשֶׁר טִמְּאוּ אֲחוֹתָם rel.-Pi. pf. 3 c.p. (379)-n.f.s.-3 m.p. sf. (27) *because their sister had been defiled*

34:28

אֶת־צֹאנָם dir. obj.-n.f.s.-3 m.p. sf. (838) *their flocks*

וְאֶת־בְּקָרָם conj.-dir. obj.-n.m.s.-3 m.p. sf. (133) *and their herds*

וְאֶת־חֲמֹרֵיהֶם conj.-dir. obj.-n.m.p.-3 m.p. sf. (331) *their asses*

וְאֵת אֲשֶׁר־בָּעִיר conj.-dir. obj.-rel.-prep.-def. art.-n.f.s. (746) *and whatever was in the city*

וְאֶת־אֲשֶׁר בַּשָּׂדֶה conj.-dir. obj.-rel.-prep.-def. art.-n.m.s. (961) *and in the field*

לָקָחוּ Qal pf. 3 c.p. paus. (542) *they took*

34:29

וְאֶת־כָּל־חֵילָם conj.-dir. obj.-n.m.s. cstr. (481)-n.m.s.-3 m.p. sf. (298) *all their wealth*

וְאֶת־כָּל־טַפָּם v.supra-n.m.s.-3 m.p. sf. (381) *all their little ones*

וְאֶת־נְשֵׁיהֶם conj.-dir. obj.-n.f.p.-3 m.p. sf. (61) *and their wives*

שָׁבוּ Qal pf. 3 c.p. (שָׁבָה 985) *they captured*

וַיָּבֹזּוּ consec.-Qal impf. 3 m.p. (בָּזַז 102) *and made their prey*

וְאֵת כָּל־אֲשֶׁר בַּבָּיִת conj.-dir.obj.-n.m.s. (481) - rel.-prep.-def.art.-n.m.s. paus. (108) *all that was in the house*

34:30

וַיֹּאמֶר יַעֲקֹב consec.-Qal impf. 3 m.s. (55)-pr.n. (784) *then Jacob said*

אֶל־שִׁמְעוֹן prep.-pr.n. (1035) *to Simeon*

וְאֶל־לֵוִי conj.-prep.-pr.n. (I 532) *and Levi*

עֲכַרְתֶּם Qal pf. 2 m.p. (עָכַר 747) *you have brought trouble*

אֹתִי dir. obj.-1 c.s. sf. *on me*

לְהַבְאִישֵׁנִי prep.-Hi. inf. cstr.-1 c.s. sf. (בָּאַשׁ 92) *by making me odious*

בְּישֵׁב הָאָרֶץ prep.-Qal act. ptc. (442)-def. art.-n.f.s. (75) *to the inhabitants of the land*

בַּכְּנַעֲנִי prep.-def. art.-adj. gent. (489) *the Canaanites*

וּבַפְּרִזִּי conj.-prep.-def.art.-adj. gent. (827) *and the Perizzites*

וַאֲנִי מְתֵי מִסְפָּר conj.-pers. pr. 1 c.s. (58)-n.m.p. cstr. (607)-n.m.s. (I 708) *my numbers are few (*lit. *and I have men of number)*

וְנֶאֶסְפוּ conj.-Ni. pf. 3 c.p. (אָסַף 62) *and if they gather themselves*

עָלַי prep.-1 c.s. sf. *against me*

וְהִכּוּנִי conj.-Hi. pf. 3 c.p.-1 c.s. sf. (נָכָה 645) *and attack me*

וְנִשְׁמַדְתִּי אֲנִי conj. - Ni. pf. 1 c. s. (שָׁמַד 1029) - pers.pr. 1 c.s. (58) *I shall be destroyed both I*

וּבֵיתִי conj.-n.m.s.-1 c.s. sf. (108) *and my household*

34:31

וַיֹּאמְרוּ consec.-Qal impf. 3 m.p. (55) *but they said*

הַכְזוֹנָה interr.-prep.-Qal act. ptc. f.s. (זָנָה 275) *as a harlot?*

יַעֲשֶׂה Qal impf. 3 m.s. (עָשָׂה I 793) *should he treat*

אֶת־אֲחוֹתֵנוּ dir. obj.-n.f.s.-1 c.p. sf. (27) *our sister*

35:1

וַיֹּאמֶר אֱלֹהִים consec.-Qal impf. 3 m.s. (55)-n.m.p. (43) *God said*

אֶל־יַעֲקֹב prep.-pr.n. (784) *to Jacob*

קוּם עֲלֵה Qal impv. 2 m.s. (877)-Qal impv. 2 m.s. (748) *Arise go up*

בֵית־אֵל pr.n. (110) *Bethel*

וְשֶׁב־שָׁם conj.-Qal impv. 2 m.s. (442 יָשַׁב) - adv. (1027) *and dwell there*

וַעֲשֵׂה־שָׁם conj.-Qal impv. 2 m.s. (I 793)-adv. (1027) *and make there*

מִזְבֵּחַ n.m.s. (258) *an altar*

לָאֵל prep.-def. art.-n.m.s. (42) *to the God*

הַנִּרְאֶה def. art.-Ni. ptc. (רָאָה 906) *who appeared*

אֵלֶיךָ prep.-2 m.s. sf. *to you*

בְּבָרְחֲךָ prep.-Qal inf. cstr.-2 m.s. sf. (בָּרַח 137) *when you fled*

מִפְּנֵי עֵשָׂו prep.-n.m.p. cstr. (815)-pr.n. (796) *from Esau*

אָחִיךָ n.m.s.-2 m.s. sf. (26) *your brother*

35:2

וַיֹּאמֶר יַעֲקֹב consec.-Qal impf. 3 m.s. (55)-pr.n. (784) *so Jacob said*

אֶל־בֵּיתוֹ prep.-n.m.s.-3 m.s. sf. (108) *to his household*

וְאֶל כָּל־אֲשֶׁר conj.-prep.-n.m.s. (481) - rel. *and to all who*

עִמּוֹ prep.-3 m.s. sf. *were with him*

הָסִרוּ אֶת־אֱלֹהֵי Hi. impv. 2 m.p. (סוּר 693)-dir. obj.-n.m.p. cstr. (43) *Put away the gods (of)*

הַנֵּכָר def. art.-n.m.s. (648) *the foreign*

אֲשֶׁר בְּתֹכְכֶם rel.-prep.-n.m.s.-2 m.p. sf. (1063) *that are among you*

וְהִטַּהֲרוּ conj.-Hith. impv. 2 m.p. (טָהֵר 372) *and purify yourselves*

וְהַחֲלִיפוּ conj.-Hi. impv. 2 m.p. (חָלַף 322) *and change*

שִׂמְלֹתֵיכֶם n.f.p.-2 m.p. sf. (971) *your garments*

35:3

וְנָקוּמָה conj.-Qal impf. 1 c.p.-coh. he (קוּם 877) *then let us arise*

וְנַעֲלֶה conj.-Qal impf. 1 c.p.-coh. he (עָלָה 748) *and go up*

בֵּית־אֵל pr.n. (110) *to Bethel*

וְאֶעֱשֶׂה־שָּׁם conj.-Qal impf. 1 c.s.-coh. he (עָשָׂה I 793)-adv. (1027) *that I may make there*

מִזְבֵּחַ n.m.s. (258) *an altar*

לָאֵל prep.-def. art.-n.m.s. (42) *to the God*

הָעֹנֶה אֹתִי def. art.-Qal act. ptc. (I 772)-dir. obj.-1 c.s. sf. *who answered me*

בְּיוֹם צָרָתִי prep.-n.m.s. cstr. (398)-n.f.s.-1 c.s. sf. (865) *in the day of my distress*

וַיְהִי עִמָּדִי consec.-Qal impf. 3 m.s. (הָיָה 224)-prep.-1 c.s. sf. *and has been with me*

בַּדֶּרֶךְ אֲשֶׁר prep.-def.art.-n.m.s. (202) - rel. *wherever*

הָלָכְתִּי Qal pf. 1 c.s. paus. (הָלַךְ 229) *I have gone*

35:4

וַיִּתְּנוּ consec.-Qal impf. 3 m.p. (678 נָתַן 678) *so they gave*

אֶל־יַעֲקֹב prep.-pr.n. (784) *to Jacob*

אֵת כָּל־אֱלֹהֵי dir. obj.-n.m.s. cstr. (481)-n.m.p. cstr. (43) *all the ... gods*

הַנֵּכָר def. art.-n.m.s. (648) *foreign*

אֲשֶׁר בְּיָדָם rel.-prep.-n.f.s.-3 m.p. sf. (388) *that they had*

וְאֶת־הַנְּזָמִים conj.-dir. obj.-def. art.-n.m.p. (633) *and the rings*

אֲשֶׁר בְּאָזְנֵיהֶם rel.-prep.-n.f. du.-3 m.p. sf. (23) *that were in their ears*

וַיִּטְמֹן אֹתָם consec.-Qal impf. 3 m.s. (טָמַן 380)-dir. obj.-3 m.p. sf. *and hid them*

יַעֲקֹב pr.n. (784) *Jacob*

תַּחַת הָאֵלָה prep. (1065)-def. art.-n.f.s. (I 18) *under the oak*

אֲשֶׁר עִם־שְׁכֶם rel.-prep.-pr.n. (II 1014) *which was near Shechem*

35:5

וַיִּסָּעוּ consec.-Qal impf. 3 m.p. paus. (נָסַע I 652) *and as they journeyed*

וַיְהִי consec.-Qal impf. 3 m.s. (הָיָה 224) *fell*

חִתַּת אֱלֹהִים n.f.s. cstr. (369)-n.m.p. (43) *a terror from God*

עַל־הֶעָרִים prep.-def. art.-n.f.p. (746) *upon the cities*

אֲשֶׁר סְבִיבֹתֵיהֶם rel.-prep.-3 m.p. sf. (686) *that were round about them*

וְלֹא רָדְפוּ conj.-neg.-Qal pf. 3 c.p. (922) *so that they did not pursue*

אַחֲרֵי בְּנֵי יַעֲקֹב prep. (29) - n.m.p. cstr. (119) - pr.n. (784) *the sons of Jacob*

35:6

וַיָּבֹא יַעֲקֹב consec.-Qal impf. 3 m.s. (בּוֹא 97)-pr.n. (784) *and Jacob came*

לוּזָה pr.n.-dir. he (II 531) *to Luz*

אֲשֶׁר בְּאֶרֶץ כְּנַעַן rel.-prep.-n.f.s. cstr. (75)-pr.n. (488) *which is in the land of Canaan*

הִוא בֵּית־אֵל pers. pr. 3 f.s. (214)-pr.n. (110) *that is Bethel*

הוּא וְכָל־הָעָם pers. pr. 3 m.s. (214)-conj.-n.m.s. cstr. (481)-def. art.-n.m.s. (I 766) *he and all the people*

אֲשֶׁר־עִמּוֹ rel.-prep.-3 m.s. sf. *who were with him*

35:7

וַיִּבֶן שָׁם consec.-Qal impf. 3 m.s. (בָּנָה 124)-adv. (1027) *and there he built*

מִזְבֵּחַ n.m.s. (258) *an altar*

וַיִּקְרָא לַמָּקוֹם consec.-Qal impf. 3 m.s. (894)-prep.-def. art.-n.m.s. (879) *and called the place*

אֵל בֵּית־אֵל pr.n.-pr.n. (42-110) *El-bethel*

כִּי שָׁם נִגְלוּ conj.-adv. (1027)-Ni. pf. 3 c.p. (גָּלָה 162) *because there ... had revealed himself*

אֵלָיו הָאֱלֹהִים prep.-3 m.s. sf.-def. art.-n.m.p. (43) *to him ... God*

בְּבָרְחוֹ prep.-Qal inf. cstr.-3 m.s. sf. (137) *when he fled*

מִפְּנֵי אָחִיו prep.-n.m.p. cstr. (815) - n.m.s.-3 m.s. sf. (26) *from his brother*

35:8

וַתָּמָת דְּבֹרָה consec.-Qal impf. 3 f.s. (מוּת 559)-pr.n. (II 184) *and Deborah died*

מֵינֶקֶת רִבְקָה Hi. ptc. f.s. cstr. (יָנַק 413)-pr.n. (918) *Rebekah's nurse*

וַתִּקָּבֵר consec.-Ni. impf. 3 f.s. (קָבַר 868) *and she was buried*

מִתַּחַת לְבֵית־אֵל prep.-prep. (1065)-prep.-pr.n. (110) *below Bethel*

תַּחַת הָאַלּוֹן prep. (1065)-def. art.-n.m.s. (47) *under an oak*

וַיִּקְרָא שְׁמוֹ consec.-Qal impf. 3 m.s. (894)-n.m.s.-3 m.s. sf. (1027) *so the name of it was called*

אַלּוֹן בָּכוּת pr.n. (47 113) *Allon-bacuth*

35:9

וַיֵּרָא אֱלֹהִים consec.-Ni. impf. 3 m.s. (רָאָה 906)-n.m.p. (43) *God appeared*

אֶל־יַעֲקֹב prep.-pr.n. (784) *to Jacob*

עוֹד adv. (728) *again*

בְּבֹאוֹ prep.-Qal inf. cstr.-3 m.s. sf. (בּוֹא 97) *when he came*

מִפַּדַּן אֲרָם prep.-pr.n. (804 74) *from Paddan-aram*

וַיְבָרֶךְ אֹתוֹ consec.-Pi. impf. 3 m.s. (138)-dir. obj.-3 m.s. sf. *and blessed him*

35:10

וַיֹּאמֶר־לוֹ consec.-Qal impf. 3 m.s. (55)-prep.-3 m.s. sf. *and ... said to him*

אֱלֹהִים n.m.p. (43) *God*

שִׁמְךָ יַעֲקֹב n.m.s.-2 m.s. sf. (1027)-pr.n. (784) *Your name is Jacob*

לֹא־יִקָּרֵא שִׁמְךָ neg.-Ni. impf. 3 m.s. (894)-n.m.s.-2 m.s. sf. (1027) *no ... shall your name be called*

עוֹד adv. (728) *longer*

יַעֲקֹב pr.n. (784) *Jacob*

כִּי אִם־יִשְׂרָאֵל conj.-hypoth. part. (49)-pr.n. (975) *but Israel*

יִהְיֶה שְׁמֶךָ Qal impf. 3 m.s. (224)-n.m.s.-2 m.s. sf. (1027) *shall be your name*

וַיִּקְרָא אֶת־שְׁמוֹ consec.-Qal impf. 3 m.s. (894)-dir. obj.-n.m.s.-3 m.s. sf. (1027) *so his name was called*

יִשְׂרָאֵל pr.n. (975) *Israel*

35:11

וַיֹּאמֶר לוֹ consec.-Qal impf. 3 m.s. (55)-prep.-3 m.s. sf. *and ... said to him*

אֱלֹהִים n.m.p. (43) *God*

אֲנִי אֵל שַׁדַּי pers. pr. 1 c.s. (58)-pr.n. (42 994) *I am El Shaddai (God Almighty)*

פְּרֵה וּרְבֵה Qal impv. 2 m.s. (פָּרָה 826)-conj.-Qal impv. 2 m.s. (רָבָה I 915) *Be fruitful and multiply*

גּוֹי וּקְהַל גּוֹיִם n.m.s. (156)-conj.-n.m.s. cstr. (874)-n.m.p. (156) *a nation and a company of nations*

יִהְיֶה מִמֶּךָּ Qal impf. 3 m.s. (224)-prep.-2 m.s. sf. paus. *shall come from you*

וּמְלָכִים conj.-n.m.p. (I 572) *and kings*

מֵחֲלָצֶיךָ prep.-n.f. du.-2 m.s. sf. (323) *from your loins*

יֵצֵאוּ Qal impf. 3 m.p. paus. (יָצָא 422) *shall go forth*

35:12

וְאֶת־הָאָרֶץ conj.-dir. obj.-def. art.-n.f.s. (75) *the land*

אֲשֶׁר נָתַתִּי rel.-Qal pf. 1 c.s. (נָתַן 678) *which I gave*

לְאַבְרָהָם prep.-pr.n. (4) *to Abraham*

וּלְיִצְחָק conj.-prep.-pr.n. (850) *and Isaac*

לְךָ אֶתְּנֶנָּה prep.-2 m.s. sf.-Qal impf. 1 c.s.-3 f.s. sf. (נָתַן 678) *to you I will give it*

וּלְזַרְעֲךָ conj.-prep.-n.m.s.-2 m.s. sf. (282) *and to your descendants*

אַחֲרֶיךָ prep.-2 m.s. sf. (29) *after you*

אֶתֵּן אֶת־הָאָרֶץ Qal impf. 1 c.s. (נָתַן 678)-dir. obj.-def. art.-n.f.s. (75) *I will give the land*

35:13

וַיַּעַל מֵעָלָיו consec.-Qal impf. 3 m.s. (עָלָה 748)-prep.-prep.-3 m.s. sf. *then went up ... from him*

אֱלֹהִים n.m.p. (43) *God*

בַּמָּקוֹם prep.-def. art.-n.m.s. (879) *in the place*

אֲשֶׁר־דִּבֶּר אִתּוֹ rel.-Pi. pf. 3 m.s. (180) - prep.-3 m.s. sf. (II 85) *where he had spoken with him*

35:14

וַיַּצֵּב יַעֲקֹב consec.-Hi. impf. 3 m.s. (נָצַב 662) - pr.n. (784) *and Jacob set up*

מַצֵּבָה n.f.s. (663) *a pillar*

בַּמָּקוֹם prep.-def. art.-n.m.s. (879) *in the place*

אֲשֶׁר־דִּבֶּר אִתּוֹ rel.-Pi. pf. 3 m.s. (180)-prep.-3 m.s. sf. (II 85) *where he had spoken with him*

מַצֶּבֶת אָבֶן n.f.s. cstr. (663) - n.f.s. paus. (6) *a pillar of stone*

וַיַּסֵּךְ עָלֶיהָ consec.-Hi. impf. 3 m.s. (נָסַךְ I 650)-prep.-3 f.s. sf. *and he poured out on it*

נֶסֶךְ n.m.s. (651) *a drink offering*

וַיִּצֹק עָלֶיהָ consec.-Qal impf. 3 m.s. (יָצַק 427) - v.supra *and poured on it*

שָׁמֶן n.m.s. paus. (1032) *oil*

35:15

וַיִּקְרָא יַעֲקֹב consec.-Qal impf. 3 m.s. (894)-pr.n. (784) *so Jacob called*

אֶת־שֵׁם הַמָּקוֹם dir. obj.-n.m.s. cstr. (1027)-def. art.-n.m.s. (879) *the name of the place*

אֲשֶׁר דִּבֶּר אִתּוֹ rel.-Pi. pf. 3 m.s. (180)-prep.-3 m.s. sf. (II 85) *where had spoken with him*

שָׁם אֱלֹהִים adv. (1027)-n.m.p. (43) *there God*

בֵּית־אֵל pr.n. (110) *Bethel*

35:16

וַיִּסְעוּ consec.-Qal impf. 3 m.p. (נָסַע I 652) *then they journeyed*

מִבֵּית אֵל prep.-pr.n. (110) *from Bethel*

וַיְהִי־עוֹד consec.-Qal impf. 3 m.s. (הָיָה 224) - adv. (728) *when they were still*

כִּבְרַת־הָאָרֶץ n.f.s. cstr. (460)-def. art.-n.f.s. (75) *some distance*

לָבוֹא prep.-Qal inf. cstr. (בּוֹא 97) *(to come)*

אֶפְרָתָה pr.n.-dir. he (68) *from Ephrath (toward Ephrath)*

וַתֵּלֶד רָחֵל consec.-Qal impf. 3 f.s. (יָלַד 408)-pr.n. (II 932) *Rachel travailed*

וַתְּקַשׁ בְּלִדְתָּהּ consec.-Pi. impf. 3 f.s. (קָשָׁה I 904)-prep.-Qal inf. cstr.-3 f.s. sf. (יָלַד 408) *and she had hard labor*

35:17

וַיְהִי בְהַקְשֹׁתָהּ consec.-Qal impf. 3 m.s. (הָיָה 224)-prep.-Hi. inf. cstr.-3 f.s. sf. (קָשָׁה I 904) *and when she was in her hardness*

בְּלִדְתָּהּ prep.-Qal inf. cstr.-3 f.s. sf. (יָלַד 408) *of labor*

וַתֹּאמֶר לָהּ consec.-Qal impf. 3 f.s. (55)-prep.-3 f.s. sf. *said to her*

הַמְיַלֶּדֶת def. art.-Pi. ptc. f.s. (יָלַד 408) *the midwife*

אַל־תִּירְאִי neg.-Qal impf. 2 f.s. (יָרֵא 431) *Fear not*

כִּי־גַם־זֶה conj.-adv. (168)-demons. adj. m.s. (260) *for now this*

לָךְ בֵּן prep.-2 f.s. sf.-n.m.s. (119) *for you a son*

35:18

וַיְהִי consec.-Qal impf. 3 m.s. (הָיָה 224) *and (it was)*

בְּצֵאת נַפְשָׁהּ prep.-Qal inf. cstr. (**יָצָא** 422) - n.f.s.-3 f.s. sf. (659) *as her soul was departing*

כִּי מֵתָה conj.-Qal pf. 3 f.s. (**מוּת** 559) *for she died*

וַתִּקְרָא שְׁמוֹ consec.-Qal impf. 3 f.s. (894)-n.m.s.-3 m.s. sf. (1027) *she called his name*

בֶּן־אוֹנִי pr.n. (122) *Ben-oni*

וְאָבִיו conj.-n.m.s.-3 m.s. sf. (3) *but his father*

קָרָא־לוֹ Qal pf. 3 m.s. (894)-prep.-3 m.s. sf. *called him*

בִנְיָמִין pr.n. (122) *Benjamin*

35:19

וַתָּמָת רָחֵל consec.-Qal impf. 3 f.s. (מוּת 559)-pr.n. (II 932) *so Rachel died*

וַתִּקָּבֵר consec.-Ni. impf. 3 f.s. (**קָבַר** 868) ***and she was buried***

בְּדֶרֶךְ אֶפְרָתָה prep.-n.m.s. cstr. (202)-pr.n.-dir. he (68) *on the way to Ephrath*

הִוא בֵּית לָחֶם pers. pr. 3 f.s. (214)-pr.n. paus. (111) *that is. Bethlehem*

35:20

וַיַּצֵּב יַעֲקֹב consec.-Hi. impf. 3 m.s. (**נָצַב** 662) - pr.n. (784) ***and Jacob set up***

מַצֵּבָה n.f.s. (663) ***a pillar***

עַל־קְבֻרָתָהּ prep.-n.f.s.-3 f.s. sf. (869) ***upon her grave***

הִוא מַצֶּבֶת pers.pr. 3 f.s. (214) - n.f.s. cstr. (663) ***it is the pillar of***

קְבֻרַת־רָחֵל n.f.s. cstr. (869)-pr.n. (II 932) *Rachel's tomb*

עַד־הַיּוֹם prep.-def. art.-n.m.s. (398) *which is there to this day*

35:21

וַיִּסַּע יִשְׂרָאֵל consec.-Qal impf. 3 m.s. (נָסַע 652)-pr.n. (975) *Israel journeyed on*

וַיֵּט אָהֳלֹה consec.-Qal impf. 3 m.s. (נָטָה 639)-n.m.s.-3 m.s. sf. (13) *and pitched his tent*

מֵהָלְאָה prep.-adv. (229) *beyond*

לְמִגְדַּל־ prep.-n.m.s. cstr. (153) *the tower of*

עֵדֶר pr.n. (154) *Eder*

35:22

וַיְהִי בִּשְׁכֹּן consec.-Qal impf. 3 m.s. (הָיָה 224)-prep.-Qal inf. cstr. (שָׁכַן 1014) *while ... dwelt*

יִשְׂרָאֵל pr.n. (975) *Israel*

בָּאָרֶץ הַהִוא prep.-def. art.-n.f.s. (75)-def. art.-demons. adj. f.s. (214) *in that land*

וַיֵּלֶךְ רְאוּבֵן consec.-Qal impf. 3 m.s. (הָלַךְ 229)-pr.n. (910) *Reuben went*

וַיִּשְׁכַּב consec.-Qal impf. 3 m.s. (1011) *and lay*

אֶת־בִּלְהָה prep. (II 85)-pr.n. (I 117) *with Bilhah*

פִּילֶגֶשׁ אָבִיו n.f.s. cstr. (811)-n.m.s.-3 m.s. sf. (3) *his father's concubine*

וַיִּשְׁמַע יִשְׂרָאֵל consec.-Qal impf. 3 m.s. (1033)-pr.n. (975) *and Israel heard of it*

וַיִּהְיוּ בְנֵי־יַעֲקֹב consec.-Qal impf. 3 m.p. (הָיָה 224)-n.m.p. cstr. (119)-pr.n. (784) *Now the sons of Jacob were*

שְׁנֵים עָשָׂר num. (1040) - num. (797) ***twelve***

35:23

בְּנֵי לֵאָה n.m.p. cstr. (119)-pr.n. (521) *the sons of Leah*

בְּכוֹר יַעֲקֹב n.m.s. cstr. (114)-pr.n. (784) *Jacob's first-born*

רְאוּבֵן pr.n. (910) *Reuben*

וְשִׁמְעוֹן conj.-pr.n. (1035) *Simeon*

וְלֵוִי conj.-pr.n. (I 532) *Levi*

וִיהוּדָה conj.-pr.n. (397) *Judah*

וְיִשָּׂשכָר conj.-pr.n. (441) ***Issachar***

וּזְבוּלֻן conj.-pr.n. (259) *and Zebulun*

35:24

בְּנֵי רָחֵל n.m.p. cstr. (119) - pr.n. (II 932) ***the sons of Rachel***

יוֹסֵף pr.n. (415) *Joseph*

וּבִנְיָמִן conj.-pr.n. (122) *and Benjamin*

35:25

וּבְנֵי בִלְהָה conj.-n.m.p. cstr. (119)-pr.n. (I 117) *the sons of Bilhah*

שִׁפְחַת רָחֵל n.f.s. cstr. (1046)-pr.n. (II 932) *Rachel's maid*

דָּן pr.n. (192) *Dan*

וְנַפְתָּלִי conj.-pr.n. (836) *and Naphtali*

35:26

וּבְנֵי זִלְפָּה conj.-n.m.p. cstr. (119)-pr.n. (273) *the sons of Zilpah*

שִׁפְחַת לֵאָה n.f.s. cstr. (1046)-pr.n. (521) *Leah's maid*

גָּד pr.n. (III 151) *Gad*

וְאָשֵׁר conj.-pr.n. (81) *and Asher*

אֵלֶּה בְּנֵי יַעֲקֹב demons. adj. c.p. (41)-n.m.p. cstr. (119)-pr.n. (784) *these were the sons of Jacob*

אֲשֶׁר יֻלַּד־לוֹ rel.-Pu. pf. 3 m.s. (יָלַד 408)-prep.-3 m.s. sf. *who were born to him*

בְּפַדַּן אֲרָם prep.-pr.n. (804 74) *in Paddan-aram*

35:27

וַיָּבֹא יַעֲקֹב consec.-Qal impf. 3 m.s. (בּוֹא 97)-pr.n. (784) *and Jacob came*

אֶל־יִצְחָק prep.-pr.n. (850) *to Isaac*

אָבִיו n.m.s.-3 m.s. sf. (3) *his father*

מַמְרֵא pr.n. (577) *at Mamre*

קִרְיַת הָאַרְבַּע pr.n. (900) *or Kiriath-arba*

הִוא חֶבְרוֹן pers. pr. 3 f.s. (214)-pr.n. (I 289) *that is, Hebron*

אֲשֶׁר־גָּר־שָׁם rel.-Qal pf. 3 m.s. (גּוּר 157)-adv. (1027) *where had sojourned*

אַבְרָהָם pr.n. (4) *Abraham*

וְיִצְחָק conj.-pr.n. (850) *and Isaac*

35:28

וַיִּהְיוּ יְמֵי יִצְחָק consec.-Qal impf. 3 m.p. (הָיָה 224)-n.m.p. cstr. (398)-pr.n. (850) *now the days of Isaac were*

מְאַת שָׁנָה n.f.s. cstr. (547)-n.f.s. (1040) *a hundred years*

וּשְׁמֹנִים שָׁנָה conj.-num. p. (1033) - n.f.s. (1040) *and eighty years*

35:29

וַיִּגְוַע יִצְחָק consec.-Qal impf. 3 m.s. (גָּוַע 157) - pr.n. (850) *and Isaac breathed his last*

וַיָּמָת consec.-Qal impf. 3 m.s. (מוּת 559) *and he died*

וַיֵּאָסֶף consec.-Ni. impf. 3 m.s. (אָסַף 62) *and was gathered*

אֶל־עַמָּיו prep.-n.m.p.-3 m.s. sf. (I 766) *to his people*

זָקֵן adj. m.s. (278) *old*

וּשְׂבַע יָמִים conj.-n.m.s. cstr. (959)-n.m.p. (398) *and full of days*

וַיִּקְבְּרוּ אֹתוֹ consec.-Qal impf. 3 m.p. (868)-dir. obj.-3 m.s. sf. *and buried him*

עֵשָׂו pr.n. (796) *Esau*

וְיַעֲקֹב conj.-pr.n. (784) *and Jacob*

בָּנָיו n.m.p.-3 m.s. sf. (119) *his sons*

36:1

וְאֵלֶּה conj.-demons. adj. c.p. (41) *these*

תֹּלְדוֹת עֵשָׂו n.f.p. cstr. (410) - pr.n. (796) *the descendants of Esau*

הוּא אֱדוֹם pers. pr. 3 m.s. (214)-pr.n. (10) *that is, Edom*

36:2

עֵשָׂו לָקַח pr.n. (796)-Qal pf. 3 m.s. (542) *Esau took*

אֶת־נָשָׁיו dir. obj.-n.f.p.-3 m.s. sf. (61) *his wives*

מִבְּנוֹת כְּנָעַן prep.-n.f.p. cstr. (I 123)-pr.n. paus. (488) *from the Canaanites*

אֶת־עָדָה dir. obj.-pr.n. (725) *Adah*

בַּת־אֵילוֹן n.f.s. cstr. (I 123)-pr.n. (II 19) *the daughter of Elon*

הַחִתִּי def. art.-pr.n. gent. (366) *the Hittite*

וְאֶת־אָהֳלִיבָמָה conj.-dir.obj.-pr.n. (14) *Oholibamah*

בַּת־עֲנָה n.f.s. cstr. (I 123)-pr.n. (777) *the daughter of Anah*

בַּת־צִבְעוֹן n.f.s. cstr. (I 123) (LXX has *son of*)-pr.n. (840) *the daughter of Zibeon*

הַחִוִּי def. art.-pr.n. gent. (295) *the Hivite*

36:3

וְאֶת־בָּשְׂמַת conj.-dir.obj.-pr.n. (142) *Basemath*

בַּת־יִשְׁמָעֵאל n.f.s. cstr. (I 123)-pr.n. (1035) *Ishmael's daughter*

אֲחוֹת נְבָיוֹת n.f.s. cstr. (27)-pr.n. (614) *the sister of Nebaioth*

36:4

וַתֵּלֶד עָדָה consec.-Qal impf. 3 f.s. (יָלַד 408)-pr.n. (725) *and Adah bore*

לְעֵשָׂו prep.-pr.n. (796) *to Esau*

אֶת־אֱלִיפָז dir. obj.-pr.n. (45) *Eliphaz*

וּבָשְׂמַת conj.-pr.n. (142) *Basemath*

יָלְדָה Qal pf. 3 f.s. (יָלַד 408) *bore*

אֶת־רְעוּאֵל dir. obj.-pr.n. (946) *Reuel*

36:5

וְאָהֳלִיבָמָה conj.-pr.n. (14) *and Oholibamah*

יָלְדָה Qal pf. 3 f.s. (יָלַד 408) *bore*

אֶת־יְעִישׁ dir. obj.-pr.n. (736) *Jeush*

וְאֶת־יַעְלָם conj.-dir. obj.-pr.n. (761) *Jalam*

וְאֶת־קֹרַח conj.-dir.obj.-pr.n. (901) *and Korah*

אֵלֶּה בְּנֵי עֵשָׂו demons. adj. c.p. (41) - n.m.p. cstr. (119) - pr.n. (796) *these are the sons of Esau*

אֲשֶׁר יֻלְּדוּ־לוֹ rel.-Pu. pf. 3 c.p. (יָלַד 408)-prep.-3 m.s. sf. *who were born to him*

בְּאֶרֶץ כְּנָעַן prep.-n.f.s. cstr. (75)-pr.n. paus. (488) *in the land of Canaan*

36:6

וַיִּקַּח עֵשָׂו consec. - Qal impf. 3 m.s. (לָקַח 542) - pr.n. (796) *then Esau took*

אֶת־נָשָׁיו dir. obj.-n.f.p. (61)-3 m.s. sf. *his wives*

וְאֶת־בָּנָיו conj.-dir. obj.-n.m.p.-3 m.s. sf. (119) *his sons*

וְאֶת־בְּנֹתָיו conj.-dir. obj.-n.f.p.-3 m.s. sf. (I 123) *his daughters*

וְאֶת־כָּל־נַפְשׁוֹת conj.-dir. obj.-n.m.s. cstr. (481)-n.f.p. cstr. (659) *and all the members of*

בֵּיתוֹ n.m.s.-3 m.s. sf. (108) *his household*

וְאֶת־מִקְנֵהוּ conj.-dir. obj.-n.m.s.-3 m.s. sf. (889) *his cattle*

וְאֶת־כָּל־בְּהֶמְתּוֹ conj.-dir. obj.-n.m.s. cstr. (481)-n.f.s.-3 m.s. sf. (96) *all his beasts*

וְאֵת כָּל־קִנְיָנוֹ conj.-dir. obj.-n.m.s. cstr. (481)-n.m.s.-3 m.s. sf. (889) *and all his property*

אֲשֶׁר רָכַשׁ rel.-Qal pf. 3 m.s. (940) *which he had acquired*

בְּאֶרֶץ כְּנָעַן prep.-n.f.s. cstr. (75)-pr.n. paus. (488) *in the land of Canaan*

וַיֵּלֶךְ consec.-Qal impf. 3 m.s. (הָלַךְ 229) *and he went*

אֶל אֶרֶץ prep.-n.f.s. (75) *into a land*

מִפְּנֵי יַעֲקֹב prep.-n.m.p. cstr. (815)-pr.n. (784) *away from Jacob*

אָחִיו n.m.s.-3 m.s. sf. (26) *his brother*

36:7

כִּי הָיָה conj.-Qal pf. 3 m.s. (224) *for were*

רְכוּשָׁם n.m.s.-3 m.p. sf. (940) *their possessions*

רָב adj. (I 912) *too great*

מִשֶּׁבֶת prep.-Qal inf. cstr. (יָשַׁב 442) *for them to dwell*

יַחְדָּו adv. (403) *together*

וְלֹא יָכְלָה conj.-neg.-Qal pf. 3 f.s. (יָכֹל 407) *could not*

אֶרֶץ מְגוּרֵיהֶם n.f.s. cstr. (75)-n.m.p.-3 m.p. sf. (158) *the land of their sojournings*

לָשֵׂאת אֹתָם prep.-Qal inf. cstr. (נָשָׂא 669)-dir. obj.-3 m.p. sf. *support them*

מִפְּנֵי מִקְנֵיהֶם prep.-n.m.p. cstr. (815)-n.m.p.-3 m.p. sf. (889) *because of their cattle*

36:8

וַיֵּשֶׁב עֵשָׂו consec.-Qal impf. 3 m.s. (יָשַׁב 442)-pr.n. (796) *so Esau dwelt*

בְּהַר שֵׂעִיר prep.-n.m.s. cstr. (249)-pr.n. (973) *in the hill country of Seir*

עֵשָׂו הוּא אֱדוֹם pr.n. (796) - pers. pr. 3 m.s. (214) - pr.n. (10) *Esau is Edom*

36:9

וְאֵלֶּה תֹּלְדוֹת conj.-demons. adj. c.p. (41)-n.f.p. cstr. (410) *these are the descendants of*

עֵשָׂו אֲבִי אֱדוֹם pr.n. (796)-n.m.s. cstr. (3)-pr.n. (10) *Esau the father of the Edomites*

בְּהַר שֵׂעִיר prep.-n.m.s. cstr. (249)-pr.n. (973) *in the hill country of Seir*

36:10

אֵלֶּה שְׁמוֹת demons. adj. c.p. (41)-n.m.p. cstr. (1027) *these are the names of*

בְּנֵי־עֵשָׂו n.m.p. cstr. (119)-pr.n. (796) *the sons of Esau*

אֱלִיפַז pr.n. (45) *Eliphaz*

בֶּן־עָדָה n.m.s. cstr. (119)-pr.n. (725) *the son of Adah*

אֵשֶׁת עֵשָׂו n.f.s. cstr. (61)-pr.n. (796) *the wife of Esau*

רְעוּאֵל pr.n. (946) *Reuel*

בֶּן־בָּשְׂמַת n.m.s. cstr. (119)-pr.n. (142) *the son of Basemath*

אֵשֶׁת עֵשָׂו n.f.s. cstr. (61) - pr.n. (796) *the wife of Esau*

36:11

וַיִּהְיוּ בְּנֵי אֱלִיפָז consec.-Qal impf. 3 m.p. (הָיָה 224)-n.m.p. cstr. (119)-pr.n. (45) *The sons of Eliphaz were*

תֵּימָן pr.n. (II 412) *Teman*

אוֹמָר pr.n. (57) *Omar*

צְפוֹ pr.n. (859) *Zepho*

וְגַעְתָּם conj.-pr.n. (172) *Gatam*

וּקְנַז conj.-pr.n. (889) *and Kenaz*

36:12

וְתִמְנַע conj.-pr.n. (586) *Timna*

הָיְתָה פִילֶגֶשׁ Qal pf. 3 f.s. (הָיָה 224)-n.f.s. (811) *was a concubine*

לֶאֱלִיפַז prep.-pr.n. (45) *of Eliphaz*

בֶּן־עֵשָׂו n.m.s. cstr. (119)-pr.n. (796) *Esau's son*

וַתֵּלֶד consec.-Qal impf. 3 f.s. (יָלַד 408) *she bore*

לֶאֱלִיפַז prep.-pr.n. (45) *to Eliphaz*

אֶת־עֲמָלֵק dir. obj.-pr.n. (766) *Amalek*

אֵלֶּה בְּנֵי עָדָה demons. adj. c.p. (41) - n.m.p. cstr. (119) - pr.n. (725) *these are the sons of Adah*

אֵשֶׁת עֵשָׂו n.f.s. cstr. (61)-pr.n. (796) *Esau's wife*

36:13

וְאֵלֶּה בְּנֵי conj.-demons. adj. c.p. (41)-n.m.p. cstr. (119) *these are the sons of*

רְעוּאֵל pr.n. (946) *Reuel*

נַחַת pr.n. (III 639) *Nahath*

וָזֶרַח conj.-pr.n. (II 280) *Zerah*

שַׁמָּה pr.n. (II 1031) *Shammah*

וּמִזָּה conj.-pr.n. (561) *and Mizzah*

אֵלֶּה הָיוּ demons. adj. c.p. (41) - Qal pf. 3 c.p. (הָיָה 224) *these are*

בְּנֵי בָשְׂמַת n.m.p. cstr. (119) - pr.n. (142) *the sons of Basemath*

אֵשֶׁת עֵשָׂו n.f.s. cstr. (61)-pr.n. (796) *Esau's wife*

36:14

וְאֵלֶּה הָיוּ conj.-demons. adj. c.p. (41)-Qal pf. 3 c.p. (הָיָה 224) *these are*

בְּנֵי אָהֳלִיבָמָה n.m.p. cstr. (119)-pr.n. (14) *the sons of Oholibamah*

בַּת־עֲנָה n.f.s. cstr. (I 123)-pr.n. (777) *the daughter of Anah*

בַּת־צִבְעוֹן n.f.s. cstr. (I 123)-pr.n. (840) *the daughter of Zibeon (cf. 36:2 some rd. the son of)*

אֵשֶׁת עֵשָׂו n.f.s. cstr. (61)-pr.n. (796) *Esau's wife*

וַתֵּלֶד consec.-Qal impf. 3 f.s. (יָלַד 408) *she bore*

לְעֵשָׂו prep.-pr.n. (796) *to Esau*

אֶת־יְעִישׁ dir. obj.-pr.n. (736) *Jeush*

וְאֶת־יַעְלָם conj.-dir. obj.-pr.n. (761) *Jalam*

וְאֶת־קֹרַח conj.-dir. obj.-pr.n. (901) *and Korah*

36:15

אֵלֶּה אַלּוּפֵי demons. adj. c.p. (41)-n.m.p. cstr. (II 49) *these are the chiefs of*

בְנֵי־עֵשָׂו n.m.p. cstr. (119)-pr.n. (796) *the sons of Esau*

בְּנֵי אֱלִיפַז n.m.p. cstr. (119)-pr.n. (45) *The sons of Eliphaz*

בְּכוֹר עֵשָׂו n.m.s. cstr. (114) - pr.n. (796) *the first-born of Esau*

אַלּוּף תֵּימָן n.m.s. (II 49)-pr.n. (II 412) *chief Teman*

אַלּוּף אוֹמָר v. supra-pr.n. (57) *chief Omar*

אַלּוּף צְפוֹ v. supra-pr.n. (859) *chief Zepho*

אַלּוּף קְנַז v. supra-pr.n. (889) *chief Kenaz*

36:16

אַלּוּף קֹרַח v. supra-pr.n. (901) *chief Korah*

אַלּוּף גַּעְתָּם v. supra-pr.n. (172) *chief Gatam*

אַלּוּף עֲמָלֵק v. supra-pr.n. (766) *chief Amalek*

אֵלֶּה אַלּוּפֵי demons. adj. c.p. (41)-n.m.p. cstr. (II 49) *these are the chiefs of*

אֱלִיפַז pr.n. (45) *Eliphaz*

בְּאֶרֶץ אֱדוֹם prep.-n.f.s. cstr. (75) - pr.n. (10) *in the land of Edom*

אֵלֶּה בְּנֵי עָדָה demons. adj. c.p. (41) - n.m.p. cstr. (119) - pr.n. (725) *they are the sons of Adah*

36:17

וְאֵלֶּה בְּנֵי conj.-demons. adj. c.p. (41)-n.m.p. cstr. (119) *these are the sons of*

רְעוּאֵל pr.n. (946) *Reuel*

בֶּן־עֵשָׂו n.m.s. cstr. (119)-pr.n. (796) *Esau's son*

אַלּוּף נַחַת n.m.s. (II 49)-pr.n. (III 639) *chief Nahath*

אַלּוּף זֶרַח n.m. s. (II 49)-pr.n. (II 280) *chief Zerah*

אַלּוּף שַׁמָּה v. supra-pr.n. (II 1031) *chief Shammah*

אַלּוּף מִזָּה v.supra - pr.n. (561) *chief Mizzah*

אֵלֶּה אַלּוּפֵי demons. adj. c.p. (41)-n.m.p. cstr. (II 49) *these are the chiefs of*

רְעוּאֵל pr.n. (946) *Reuel*

בְּאֶרֶץ אֱדוֹם prep.-n.f.s. cstr. (75) - pr.n. (10) *in the land of Edom*

אֵלֶּה בְּנֵי בָשְׂמַת v. supra-n.m.p. cstr. (119)-pr.n. (142) *they are the sons of Basemath*

אֵשֶׁת עֵשָׂו n.f.s. cstr. (61)-pr.n. (796) *Esau's wife*

36:18

וְאֵלֶּה בְּנֵי conj.-demons. adj. c.p. (41)-n.m.p. cstr. (119) *these are the sons of*

אָהֳלִיבָמָה pr.n. (14) *Oholibamah*

אֵשֶׁת עֵשָׂו n.f.s. cstr. (61)-pr.n. (796) *Esau's wife*

אַלּוּף יְעוּשׁ n.m.s. (II 49)-pr.n. (736) *chief Jeush*

אַלּוּף יַעְלָם v. supra-pr.n. (761) *chief Jalam*

אַלּוּף קֹרַח v. supra-pr.n. (901) *chief Korah*

אֵלֶּה אַלּוּפֵי demons. adj. c.p. (41)-n.m.p. cstr. (II 49) *these are the chiefs born of*

אָהֳלִיבָמָה pr.n. (14) *Oholibamah*

בַּת־עֲנָה n.f.s. cstr. (I 123)-pr.n. (777) *the daughter of Anah*

אֵשֶׁת עֵשָׂו v. supra-v. supra *Esau's wife*

36:19

אֵלֶּה בְנֵי־עֵשָׂו demons. adj. c.p. (41)-n.m.p. cstr. (119)-pr.n. (796) *these are the sons of Esau*

וְאֵלֶּה אַלּוּפֵיהֶם conj.-v. supra-n.m.p.-3 m.p. sf. (II 49) *and these are their chiefs*

הוּא אֱדוֹם pers. pr. 3 m.s. (214)-pr.n. (10) *that is, Edom*

36:20

אֵלֶּה בְנֵי־שֵׂעִיר demons. adj. c.p. (41) - n.m.p. cstr. (119) - pr.n. (973) *these are the sons of Seir*

הַחֹרִי def. art.-adj. pr.n. gent. (II 360) *the Horite*

יֹשְׁבֵי הָאָרֶץ Qal act. ptc. m.p. cstr. (יָשַׁב 442)-def. art.-n.f.s. (75) *the inhabitants of the land*

לוֹטָן pr.n. (532) *Lotan*

וְשׁוֹבָל conj.-pr.n. (987) *Shobal*

וְצִבְעוֹן conj.-pr.n. (840) *Zibeon*

וַעֲנָה conj.-pr.n. (777) *and Anah*

36:21

וְדִשׁוֹן conj.-pr.n. (II 190) *Dishon*

וְאֵצֶר conj.-pr.n. (69) *Ezer*

וְדִישָׁן conj.-pr.n. (190) *and Dishan*

אֵלֶּה אַלּוּפֵי demons. adj. c.p. (41)-n.m.p. cstr. (II 49) *these are the chiefs of*

הַחֹרִי def. art.-gent. adj. (II 360) *the Horites*

בְּנֵי שֵׂעִיר n.m.p. cstr. (119)-pr.n. (973) *the sons of Seir*

בְּאֶרֶץ אֱדוֹם prep.-n.f.s. cstr. (75)-pr.n. (10) *in the land of Edom*

36:22

וַיִּהְיוּ consec.-Qal impf. 3 m.p. (הָיָה 224) *were*

בְנֵי־לוֹטָן n.m.p. cstr. (119)-pr.n. (532) *the sons of Lotan*

חֹרִי pr.n. (II 360) *Hori*

וְהֵימָם conj.-pr.n. (v. הוֹמָם 243) *and Hemam (*Gk. has *Heman)*

וַאֲחוֹת לוֹטָן conj.-n.f.s. cstr. (27)-pr.n. (532) *and Lotan's sister*

תִּמְנָע pr.n. (586) *was Timna*

36:23

וְאֵלֶּה בְּנֵי conj.-demons. adj. c.p. (41)-n.m.p. cstr. (119) *these are the sons of*

שׁוֹבָל pr.n. (987) *Shobal*

עַלְוָן pr.n. (759) *Alvan*

וּמָנַחַת conj.-pr.n. (II 630) *Manahath*

וְעֵיבָל conj.-pr.n. (II 716) *Ebal*

שְׁפוֹ pr.n. (1046) *Shepho*

וְאוֹנָם conj.-pr.n. (20) *and Onam*

36:24

וְאֵלֶּה בְנֵי־ conj.-demons. adj. c.p. (41)-n.m.p. cstr. (119) *these are the sons of*

צִבְעוֹן pr.n. (840) *Zibeon*

וְאַיָּה conj.-pr.n. (v. אַיָּה II 17) *Aiah*

וַעֲנָה conj.-pr.n. (777) *and Anah*

הוּא עֲנָה pers. pr. 3 m.s. (214)-pr.n. (777) *He is the Anah*

אֲשֶׁר מָצָא rel.-Qal pf. 3 m.s. (592) *who found*

אֶת־הַיֵּמִם dir.obj.-def.art.-n.m.p. (411) *the hot springs*

בַּמִּדְבָּר prep.-def. art.-n.m.s. (184) *in the wilderness*

בִּרְעֹתוֹ prep.-Qal inf. cstr.-3 m.s. sf. (רָעָה I 944) *as he pastured*

אֶת־הַחֲמֹרִים dir. obj.-def. art.-n.m.p. (331) *the asses*

לְצִבְעוֹן prep.-pr.n. (840) *of Zibeon*

אָבִיו n.m.s.-3 m.s. sf. (3) *his father*

36:25

וְאֵלֶּה בְנֵי־ conj.-demons. adj. c.p. (41) - n.m.p. cstr. (119) *these are the children of*

עֲנָה pr.n. (777) *Anah*

דִּשֹׁן pr.n. (II 190) *Dishon*

וְאָהֳלִיבָמָה conj.-pr.n. (14) *and Oholibamah*

בַּת־עֲנָה n.f.s. cstr. (I 123)-pr.n. (777) *the daughter of Anah*

36:26

וְאֵלֶּה בְּנֵי conj.-demons. adj. c.p. (41) - n.m.p. cstr. (119) *these are the sons of*

דִישָׁן pr.n. (190) *Dishon*

חֶמְדָּן pr.n. (326) *Hemdan*

וְאֶשְׁבָּן conj.-pr.n. (78) *Eshban*

וְיִתְרָן conj.-pr.n. (452) *Ithran*

וּכְרָן conj.-pr.n. (502) *and Cheran*

36:27

אֵלֶּה בְּנֵי־ demons. adj. c.p. (41)-n.m.p. cstr. (119) *these are the sons of*

אֵצֶר pr.n. (69) *Ezer*

בִּלְהָן pr.n. (117) *Bilhan*

וְזַעֲוָן conj.-pr.n. (276) *Zaavan*

וַעֲקָן conj.-pr.n. (785) *and Akan*

36:28

אֵלֶּה בְנֵי־ demons. adj. c.p. (41)-n.m.p. cstr. (119) *these are the sons of*

דִישָׁן pr.n. (190) *Dishan*

עוּץ pr.n. (734) *Uz*

וַאֲרָן conj.-pr.n. (75) *and Aran*

36:29

אֵלֶּה אַלּוּפֵי demons. adj. c.p. (41)-n.m.p. cstr. (II 49) *these are the chiefs of*

הַחֹרִי def. art.-gent. adj. (II 360) *the Horites*

אַלּוּף לוֹטָן n.m.s. (II 49)-pr.n. (532) *chief Lotan*

אַלּוּף שׁוֹבָל n.m.s. (II 49)-pr.n. (987) *chief Shobal*

אַלּוּף צִבְעוֹן n.m.s. (II 49)-pr.n. (840) *chief Zibeon*

אַלּוּף עֲנָה n.m.s. (II 49)-pr.n. (777) *chief Anah*

36:30

אַלּוּף דִּשֹׁן n.m.s. (II 49)-pr.n. (190) *chief Dishon*

אַלּוּף אֵצֶר v. supra-pr.n. (69) *chief Ezer*

אַלּוּף דִּישָׁן v. supra-pr.n. (190) *chief Dishan*

אֵלֶּה אַלּוּפֵי demons. adj. c.p. (41)-n.m.p. cstr. (II 49) *these are the chiefs of*

הַחֹרִי def. art.-gent. adj. (II 360) *the Horites*

לְאַלֻּפֵיהֶם prep.-n.m.p.-3 m.p. sf. (II 49) *according to their clans*

בְּאֶרֶץ שֵׂעִיר prep.-n.f.s. cstr. (75)-pr.n. (973) *in the land of Seir*

36:31

וְאֵלֶּה הַמְּלָכִים conj.-demons. adj. c.p. (41)-def. art.-n.m.p. (I 572) *these are the kings*

אֲשֶׁר מָלְכוּ rel.-Qal pf. 3 c.p. (573) *who reigned*

בְּאֶרֶץ אֱדוֹם prep.-n.f.s. cstr. (75)-pr.n. (10) *in the land of Edom*

לִפְנֵי prep.-n.m.p. cstr. (815) *before*

מְלָךְ־מֶלֶךְ Qal inf. cstr. (573)-n.m.s. (I572) *any king reigned*

לִבְנֵי יִשְׂרָאֵל prep.-n.m.p. cstr. (119)-pr.n. (975) *over the Israelites*

36:32

וַיִּמְלֹךְ consec.-Qal impf. 3 m.s. (573) *reigned*

בֶּאֱדוֹם prep.-pr.n. (10) *in Edom*

בֶּלַע בֶּן־בְּעוֹר pr.n. (118)-n.m.s. cstr. (119)-pr.n. (129) *Bela the son of Beor*

וְשֵׁם עִירוֹ conj.-n.m.s. cstr. (1027)-n.f.s.-3 m.s. sf. (746) *the name of his city*

דִּנְהָבָה pr.n. (200) *Dinhabah*

36:33

וַיָּמָת בָּלַע consec.-Qal impf. 3 m.s. (מוּת 559)-pr.n. paus. (118) *Bela died*

וַיִּמְלֹךְ consec.-Qal impf. 3 m.s. (573) *and reigned*

תַּחְתָּיו prep.-3 m.s. sf. (1065) *in his stead*

יוֹבָב pr.n. (384) *Jobab*

בֶּן־זֶרַח n.m.s. cstr. (119)-pr.n. (II 280) *the son of Zerah*

מִבָּצְרָה prep.-pr.n. (II 131) *of Bozrah*

36:34

וַיָּמָת יוֹבָב consec.-Qal impf. 3 m.s. (מוּת 559)-pr.n. (384) *Jobab died*

וַיִּמְלֹךְ consec.-Qal impf. 3 m.s. (573) *and reigned*

תַּחְתָּיו prep.-3 m.s. sf. (1065) *in his stead*

חֻשָׁם pr.n. (302) *Husham*

מֵאֶרֶץ הַתֵּימָנִי prep.-n.f.s. cstr. (75)-def. art.-adj. gent. (412) *of the land of the Temanites*

36:35

וַיָּמָת חֻשָׁם consec.-Qal impf. 3 m.s. (מוּת 559)-pr.n. (302) *Husham died*

וַיִּמְלֹךְ consec.-Qal impf. 3 m.s. (573) *and reigned*

תַּחְתָּיו prep.-3 m.s. sf. (1065) *in his stead*

הֲדַד pr.n. (212) *Hadad*

בֶּן־בְּדַד n.m.s. cstr. (119)-pr.n. (95) *the son of Bedad*

הַמַּכֶּה def. art.-Hi. ptc. (נָכָה 645) *who defeated*

אֶת־מִדְיָן dir. obj.-pr.n. (193) *Midian*

בִּשְׂדֵה מוֹאָב prep.-n.m.s. cstr. (961)-pr.n. (555) *in the country of Moab*

וְשֵׁם עִירוֹ conj.-n.m.s. cstr. (1027)-n.f.s.-3 m.s. sf. (746) *the name of his city*

עֲוִית pr.n. (732) *was Avith*

36:36

וַיָּמָת הֲדַד consec.-Qal impf. 3 m.s. (מוּת 559)-pr.n. (212) *Hadad died*

וַיִּמְלֹךְ consec.-Qal impf. 3 m.s. (573) *and reigned*

תַּחְתָּיו prep.-3 m.s. sf. (1065) *in his stead*

שַׂמְלָה pr.n. (971) *Samlah*

מִמַּשְׂרֵקָה prep.-pr.n. (977) *of Masrekah*

36:37

וַיָּמָת שַׂמְלָה consec.-Qal impf. 3 m.s. (מוּת 559)-pr.n. (971) *Samlah died*

וַיִּמְלֹךְ consec.-Qal impf. 3 m.s. (573) *and reigned*

תַּחְתָּיו prep.-3 m.s. sf. (1065) *in his stead*

שָׁאוּל pr.n. (982) *Shaul*

מֵרְחֹבוֹת prep.-pr.n. cstr. (932) *of Rehoboth on*

הַנָּהָר def. art.-n.m.s. paus. (625) *the Euphrates*

36:38

וַיָּמָת שָׁאוּל consec.-Qal impf. 3 m.s. (מוּת 559)-pr.n. (982) *Shaul died*

וַיִּמְלֹךְ consec.-Qal impf. 3 m.s. (573) *and reigned*

תַּחְתָּיו prep.-3 m.s. sf. (1065) *in his stead*

בַּעַל חָנָן pr.n. (128) *Baal-hanan*

בֶּן־עַכְבּוֹר n.m.s. cstr. (119)-pr.n. (747) *the son of Achbor*

36:39

וַיָּמָת consec.-Qal impf. 3 m.s. (מוּת 559) *died*

בַּעַל חָנָן pr.n. (128) *Baal-hanan*

בֶּן־עַכְבּוֹר n.m.s. cstr. (119)-pr.n. (747) *the son of Achbor*

וַיִּמְלֹךְ consec.-Qal impf. 3 m.s. (573) *and reigned*

תַּחְתָּיו prep.-3 m.s. sf. (1065) *in his stead*

הֲדַר pr.n. (214) *Hadar*

וְשֵׁם עִירוֹ conj.-n.m.s. cstr. (1027)-n.f.s.-3 m.s. sf. (746) *the name of his city*

פָּעוּ pr.n. (821) *Pau*

וְשֵׁם אִשְׁתּוֹ conj.-n.m.s. cstr. (1027)-n.f.s.-3 m.s. sf. (61) *his wife's name*

מְהֵיטַבְאֵל pr.n. (406) *was Mehetabel*

בַּת־מַטְרֵד n.f.s. cstr. (I 123)-pr.n. (382) *the daughter of Matred*

בַּת מֵי זָהָב n.f.s. cstr. (I 123)-pr.n. (566) *daughter of Mezahab*

36:40

וְאֵלֶּה שְׁמוֹת conj.-demons. adj. c.p. (41)-n.m.p. cstr. (1027) *these are the names of*

אַלּוּפֵי עֵשָׂו n.m.p. cstr. (II 49)-pr.n. (796) *the chiefs of Esau*

לְמִשְׁפְּחֹתָם prep.-n.f.p.-3 m.p. sf. (1046) *according to their families*

לִמְקֹמֹתָם prep.-n.m.p.-3 m.p. sf. (879) *and their dwelling places*

בִּשְׁמֹתָם prep.-n.m.p.-3 m.p. sf. (1027) *by their names*

אַלּוּף תִּמְנָע n.m.s. (II 49)-pr.n. (586) *chief Timna*

אַלּוּף עַלְוָה v. supra-pr.n. (759) *chief Alvah*

אַלּוּף יְתֵת v. supra-pr.n. (453) *chief Jetheth*

36:41

אַלּוּף אָהֳלִיבָמָה n.m.s. (II 49)-pr.n. (14) *chief Oholibamah*

אַלּוּף אֵלָה v. supra-pr.n. (II 18) *chief Elah*

אַלּוּף פִּינֹן v. supra-pr.n. (810) *chief Pinon*

36:42

אַלּוּף קְנַז n.m.s. (II 49)-pr.n. (889) *chief Kenaz*

אַלּוּף תֵּימָן v. supra-pr.n. (412) *chief Teman*

אַלּוּף מִבְצָר v. supra-pr.n. (II 550) *chief Mibzar*

36:43

אַלּוּף מַגְדִּיאֵל n.m.s. (II 49)-pr.n. (550) *chief Magdiel*

אַלּוּף עִירָם v. supra-pr.n. (747) *chief Iram*

אֵלֶּה אַלּוּפֵי demons. adj. c.p. (41)-n.m.p. cstr. (II 49) *these are the chiefs of*

אֱדוֹם pr.n. (10) *Edom*

לְמֹשְׁבֹתָם prep.-n.m.p.-3 m.p. sf. (444) *according to their dwelling places*

בְּאֶרֶץ prep.-n.f.s. cstr. (75) *in the land of*

אֲחֻזָּתָם n.f.s.-3 m.p. sf. (28) *their possession*

הוּא עֵשָׂו pers. pr. 3 m.s. (214)-pr.n. (796) *that is, Esau*

אֲבִי אֱדוֹם n.m.s. cstr. (3)-pr.n. (10) *the father of Edom*

37:1

וַיֵּשֶׁב יַעֲקֹב consec.-Qal impf. 3 m.s. (יָשַׁב 442)-pr.n. (784) *Jacob dwelt*

בְּאֶרֶץ מְגוּרֵי prep.-n.f.s. cstr. (75)-n.m.p. cstr. (157) *in the land of the sojournings of*

אָבִיו n.m.s.-3 m.s. sf. (3) *his father*

בְּאֶרֶץ כְּנָעַן prep.-n.f.s. cstr. (75)-pr.n. paus. (488) *in the land of Canaan*

37:2

אֵלֶּה תֹּלְדוֹת demons. adj. c.p. (41)-n.f.p. cstr. (410) *this is the history of the family of*

יַעֲקֹב pr.n. (784) *Jacob*

יוֹסֵף pr.n. (415) *Joseph*

בֶּן־שְׁבַע־עֶשְׂרֵה n.m.s. cstr. (119)-num. cstr. (988)-num. (797) *seventeen ... old*

שָׁנָה n.f.s. (1040) *years*

הָיָה רֹעֶה Qal pf. 3 m.s. (224)-Qal act. ptc. (I 944) *was shepherding*

אֶת־אֶחָיו prep. (II 85)-n.m.p.-3 m.s. sf. (26) *with his brothers*

בַּצֹּאן prep.-def. art.-n.f.s. (838) *the flock*

וְהוּא נַעַר conj.-pers. pr. 3 m.s. (214)-n.m.s. (654) *he was a lad*

אֶת־בְּנֵי בִלְהָה prep. (II 85)-n.m.p. cstr. (119)-pr.n. (I 117) *with the sons of Bilhah*

וְאֶת־בְּנֵי זִלְפָּה conj.-prep. (II 85)-v. supra-pr.n. (273) *and Zilpah*

נְשֵׁי אָבִיו n.f.p. cstr. (61)-n.m.s.-3 m.s. sf. (3) *his father's wives*

וַיָּבֵא יוֹסֵף consec.-Hi. impf. 3 m.s. (בּוֹא 97)-pr.n. (415) *and Joseph brought*

אֶת־דִּבָּתָם רָעָה dir.obj.-n.f.s.-3 m.p. sf. (179) - adj. f.s. (948) *an ill report of them*

אֶל־אֲבִיהֶם prep.-n.m.s.-3 m.p. sf. (3) *to their father*

37:3

וְיִשְׂרָאֵל conj.-pr.n. (975) *Now Israel*

אָהַב Qal pf. 3 m.s. (12) *loved*

אֶת־יוֹסֵף dir. obj.-pr.n. (415) *Joseph*

מִכָּל־בָּנָיו prep.-n.m.s. cstr. (481)-n.m.p.-3 m.s. sf. (119) *more than any other of his children*

כִּי־בֶן־זְקֻנִים conj.-n.m.s. cstr. (119)-n.m.p. (279) *because the son of old age*

הוּא לוֹ pers. pr. 3 m.s. (214)-prep.-3 m.s. sf. *he was to him*

וְעָשָׂה לוֹ conj.-Qal pf. 3 m.s. (I 793)-prep.-3 m.s. sf. *and he made him*

כְּתֹנֶת פַּסִּים n.f.s. cstr. (509)-n.m.p. (821) *a long robe with sleeves*

37:4

וַיִּרְאוּ אֶחָיו consec.-Qal impf. 3 m.p. (רָאָה 906)-n.m.p.-3 m.s. sf. (26) *but when his brothers saw*

כִּי־אֹתוֹ אָהַב conj.-dir. obj.-3 m.s. sf.-Qal pf. 3 m.s. (12) *that ... loved him*

אֲבִיהֶם n.m.s.-3 m.p. sf. (3) *their father*

מִכָּל־אֶחָיו prep.-n.m.s. cstr. (481)-n.m.p.-3 m.s. sf. (26) *more than all his brothers*

וַיִּשְׂנְאוּ אֹתוֹ consec.-Qal impf. 3 m.p. (שָׂנֵא 971)-dir. obj.-3 m.s. sf. *they hated him*

וְלֹא יָכְלוּ conj.-neg.-Qal pf. 3 c.p. (יָכֹל 407) *and could not*

דַּבְּרוֹ Pi. inf. cstr.-3 m.s. sf. (180) *speak to him*

לְשָׁלֹם prep.-n.m.s. (1022) *peaceably*

37:5

וַיַּחֲלֹם יוֹסֵף consec.-Qal impf. 3 m.s. (321)-pr.n. (415) *now Joseph dreamed*

חֲלוֹם n.m.s. (321) *a dream*

וַיַּגֵּד consec.-Hi. impf. 3 m.s. (נָגַד 616) *and when he told*

לְאֶחָיו prep.-n.m.p.-3 m.s. sf. (26) *to his brothers*

וַיּוֹסִפוּ עוֹד consec.-Hi. impf. 3 m.p. (יָסַף 414)-adv. (728) *they only ... the more*

שְׂנֹא אֹתוֹ Qal inf. cstr. (971) - dir.obj.-3 m.s. sf. *hated him*

37:6

וַיֹּאמֶר אֲלֵיהֶם consec.-Qal impf. 3 m.s. (55)-prep.-3 m.p. sf. *he said to them*

שִׁמְעוּ־נָא Qal impv. 2 m.p. (1033)-part. of entreaty (609) *Hear*

הַחֲלוֹם הַזֶּה def.art.-n.m.s. (321) - def.art.-demons. adj. m.s. (260) *this dream*

אֲשֶׁר חָלָמְתִּי rel.-Qal pf. 1 c.s. paus. (321) *which I have dreamed*

37:7

וְהִנֵּה אֲנַחְנוּ conj.-demons. part. (243)-pers. pr. 1 c.p. (59) *behold, we*

מְאַלְּמִים Pi. ptc. m.p. (אָלַם 47) *were binding*

אֲלֻמִּים n.f.p. (48) *sheaves*

בְּתוֹךְ הַשָּׂדֶה prep.-n.m.s. cstr. (1063)-def. art.-n.m.s. (961) *in the field*

וְהִנֵּה v. supra *and lo*

קָמָה אֲלֻמָּתִי Qal pf. 3 f.s. (קוּם 877) - n.f.s.-1 c.s. sf. (48) *my sheaf arose*

וְגַם־נִצָּבָה conj.-adv. (168) - Ni. pf. 3 f.s. paus. (נָצַב 662) *and stood upright*

וְהִנֵּה v. supra *and behold*

תְסֻבֶּינָה Qal impf. 3 f.p. (סָבַב 685) *gathered around*

אֲלֻמֹּתֵיכֶם n.f.p.-2 m.p. sf. (48) *your sheaves*

וַתִּשְׁתַּחֲוֶיןָ consec.-Hithpalel impf. 3 f.p. (שָׁחָה 1005) *and bowed down*

לַאֲלֻמָּתִי prep.-n.f.s.-1 c.s. sf. (48) *to my sheaf*

37:8

וַיֹּאמְרוּ לוֹ consec.-Qal impf. 3 m.p. (55)-prep.-3 m.s. sf. *and said to him*

אֶחָיו n.m.p.-3 m.s. sf. (26) *his brothers*

הֲמָלֹךְ תִּמְלֹךְ interr.-Qal inf. abs. (573)-Qal impf. 2 m.s. (573) *Are you indeed to reign*

עָלֵינוּ prep.-1 c.p. sf. *over us*

אִם־מָשׁוֹל תִּמְשֹׁל conj. (49)-Qal inf. abs. (605)-Qal impf. 2 m.s. (605) *Or are you indeed to have dominion*

בָּנוּ prep.-1 c.p. sf. *over us*

וַיּוֹסִפוּ עוֹד consec.-Hi. impf. 3 m.p. (יָסַף 414)-adv. (728) *So they ... yet more*

שְׂנֹא אֹתוֹ Qal inf. cstr. (971)-dir. obj.-3 m.s. sf. *hated him*

עַל־חֲלֹמֹתָיו prep.-n.m.p.-3 m.s. sf. (321) *for his dreams*

וְעַל־דְּבָרָיו conj.-prep.-n.m.p.-3 m.s. sf. (182) *and for his words*

37:9

וַיַּחֲלֹם עוֹד consec.-Qal impf. 3 m.s. (321)-adv. (728) *then he dreamed*

חֲלוֹם אַחֵר n.m.s. (321)-adj. (29) *another dream*

וַיְסַפֵּר אֹתוֹ consec.-Pi. impf. 3 m.s. (707)-dir. obj.-3 m.s. sf. *and told it*

לְאֶחָיו prep.-n.m.p.-3 m.s. sf. (26) *to his brothers*

וַיֹּאמֶר consec.-Qal impf. 3 m.s. (55) *and said*

הִנֵּה demons. part. (243) *behold*

חָלַמְתִּי Qal pf. 1 c.s. (321) *I have dreamed*

חֲלוֹם עוֹד n.m.s. (321)-adv. (728) *another dream*

וְהִנֵּה conj.-demons. part. (243) *and behold*

הַשֶּׁמֶשׁ def. art.-n.f.s. (1039) *the sun*

וְהַיָּרֵחַ conj.-def. art.-n.m.s. (437) *the moon*

וְאַחַד עָשָׂר conj.-num. (25)-num. (797) *and eleven*

כּוֹכָבִים n.m.p. (456) *stars*

מִשְׁתַּחֲוִים לִי Hithpalel ptc. m. p. (שָׁחָה 1005) - prep.-1 c.s. sf. *were bowing down to me*

37:10

וַיְסַפֵּר consec.-Pi. impf. 3 m.s. (707) *but when he told*

אֶל־אָבִיו prep.-n.m.s.-3 m.s. sf. (3) *to his father*

וְאֶל־אֶחָיו conj.-prep.-n.m.p.-3 m.s. sf. (26) *and to his brothers*

וַיִּגְעַר־בּוֹ consec.-Qal impf. 3 m.s. (172)-prep.-3 m.s. sf. *rebuked him*

אָבִיו n.m.s.-3 m.s. sf. (3) *his father*

וַיֹּאמֶר לוֹ consec.-Qal impf. 3 m.s. (55)-prep.-3 m.s. sf. *and said to him*

מָה הַחֲלוֹם הַזֶּה interr. (552) - def.art.-n.m.s. (321) - def.art.-demons. adj. m.s. (260) *What is this dream?*

אֲשֶׁר חָלָמְתָּ rel.-Qal pf. 2 m.s. paus. (321) *that you have dreamed*

הֲבוֹא נָבוֹא interr. part.-Qal inf. abs. (97)-Qal impf. 1 c.p. (בּוֹא 97) *Shall we indeed come*

אֲנִי וְאִמְּךָ וְאַחֶיךָ pers. pr. 1 c.s. (58) - conj.-n.f.s.-2 m.s. sf. (51) - conj.-n.m.p.-2 m.s. sf. (26) *I and your mother and your brothers*

לְהִשְׁתַּחֲוֹת prep.-Hithpalel inf. cstr. (שָׁחָה 1005) *to bow ourselves*

לְךָ prep.-2 m.s. sf. *before you*

אָרְצָה n.f.s.-dir. he (75) *to the ground*

37:11

וַיְקַנְאוּ־בוֹ consec.-Pi. impf. 3 m.p. (888)-prep.-3 m.s. sf. *and were jealous of him*

אֶחָיו n.m.p.-3 m.s. sf. (26) *his brothers*

וְאָבִיו conj.-n.m.s.-3 m.s. sf. (3) *but his father*

שָׁמַר Qal pf. 3 m.s. (1036) *kept in mind*

אֶת־הַדָּבָר dir. obj.-def. art.-n.m.s. (182) *the saying*

37:12

וַיֵּלְכוּ אֶחָיו consec. - Qal impf. 3 m.p. (הָלַךְ 229) - n.m.p.-3 m.s. sf. (26) *now his brothers went*

לִרְעוֹת prep.-Qal inf. cstr. (רָעָה I 944) *to pasture*

אֶת־צֹאן אֲבִיהֶם dir. obj.-n.f.s. cstr. (838)-n.m.s.-3 m.p. sf. (3) *their father's flock*

בִּשְׁכֶם prep.-pr.n. (II 1014) *near Shechem*

37:13

וַיֹּאמֶר יִשְׂרָאֵל consec.-Qal impf. 3 m.s. (55)-pr.n. (975) *and Israel said*

אֶל־יוֹסֵף prep.-pr.n. (415) *to Joseph*

הֲלוֹא אַחֶיךָ interr.-neg.-n.m.p.-2 m.s. sf. (26) *Are not your brothers*

רֹעִים Qal act. ptc. m.p. (רָעָה I 944) *pasturing the flock*

בִּשְׁכֶם prep.-pr.n. (II 1014) *at Shechem*

לְכָה Qal impv. 2 m.s.-coh. he (הָלַךְ 229) *Come*

וְאֶשְׁלָחֲךָ conj.-Qal impf. 1 c.s.-2 m.s. sf. (1018) *I will send you*

אֲלֵיהֶם prep.-3 m.p. sf. *to them*

וַיֹּאמֶר לוֹ consec.-Qal impf. 3 m.s. (55)-prep.-3 m.s. sf. *and he said to him*

הִנֵּנִי demons. part.-1 c.s. sf. paus. (243) *Here I am*

37:14

וַיֹּאמֶר לוֹ consec.-Qal impf. 3 m.s. (55)-prep.-3 m.s. sf. *so he said to him*

לֶךְ־נָא Qal impv. 2 m.s. (הָלַךְ 229)-part. of entreaty (609) *Go now*

רְאֵה Qal impv. 2 m.s. (906) *see*

אֶת־שְׁלוֹם אַחֶיךָ dir. obj.-n.m.s. cstr. (1022)-n.m.p.-2 m.s. sf. (26) *about the welfare of your brothers*

וְאֶת־שְׁלוֹם הַצֹּאן conj.-dir. obj.-n.m.s. cstr. (1022)-def. art.-n.f.s. (838) *and of the flock*

וַהֲשִׁבֵנִי conj.-Hi. impv. 2 m.s.-1 c.s. sf. (שׁוּב 996) *and bring me*

דָּבָר n.m.s. (182) *word*

וַיִּשְׁלָחֵהוּ consec.-Qal impf. 3 m.s.-3 m.s. sf. (1018) *so he sent him*

מֵעֵמֶק prep.-n.m.s. cstr. (770) *from the valley of*

חֶבְרוֹן pr.n. (I 289) *Hebron*

וַיָּבֹא consec.-Qal impf. 3 m.s. (בּוֹא 97) *and he came*

שְׁכֶמָה pr.n.-dir. he (II 1014) *to Shechem*

37:15

וַיִּמְצָאֵהוּ אִישׁ consec.-Qal impf. 3 m.s.-3 m.s. sf. (592) - n.m.s. (35) *and a man found him*

וְהִנֵּה תֹעֶה conj.-demons. part. (243)-Qal act. ptc. (תָּעָה 1073) *(and behold) wandering*

בַּשָּׂדֶה prep.-def. art.-n.m.s. (961) *in the fields*

וַיִּשְׁאָלֵהוּ הָאִישׁ consec.-Qal impf. 3 m.s.-3 m.s. sf. (981)-def. art.-n.m.s. (35) *and the man asked him*

לֵאמֹר prep.-Qal inf. cstr. (55) *(saying)*

מַה־תְּבַקֵּשׁ interr. (552) - Pi. impf. 2 m.s. (בָּקַשׁ 134) *what are you seeking?*

37:16

וַיֹּאמֶר consec.-Qal impf. 3 m.s. (55) *he said*

אֶת־אַחַי dir. obj.-n.m.p.-1 c.s. sf. (6) *my brothers*

אָנֹכִי מְבַקֵּשׁ pers. pr. 1 c.s. (59)-Pi. ptc. (134) *I am seeking*

הַגִּידָה־נָּא Hi. impv. 2 m.s.-coh. he (נָגַר 616)-part. of entreaty (609) *tell, I pray you*

לִי prep.-1 c.s. sf. *to me*

אֵיפֹה adv. (33) *where*

הֵם רֹעִים pers. pr. 3 m.p. (241)-Qal act. ptc. m.p. (רָעָה I 944) *they are pasturing the flock*

37:17

וַיֹּאמֶר הָאִישׁ consec.-Qal impf. 3 m.s. (55)-def. art.-n.m.s. (35) *and the man said*

נָסְעוּ מִזֶּה Qal pf. 3 c.p. (652) - prep.-demons. adj. m.s. (260) *they have gone away*

כִּי שָׁמַעְתִּי conj.-Qal pf. 1 c.s. (1033) *for I heard*

אֹמְרִים Qal act. ptc. m.p. (55) *say*

נֵלְכָה Qal impf. 1 c.p.-coh. he (הָלַךְ 229) *Let us go*

דֹּתַיְנָה pr.n.-dir. he (206) *to Dothan*

וַיֵּלֶךְ יוֹסֵף consec.-Qal impf. 3 m.s. (הָלַךְ 229)-pr.n. (415) *so Joseph went*

אַחַר אֶחָיו prep.-n.m.p.-3 m.s. sf. (26) *after his brothers*

וַיִּמְצָאֵם consec.-Qal impf. 3 m.s.-3 m.p. sf. (592) *and found them*

בְּדֹתָן prep.-pr.n. (206) *at Dothan*

37:18

וַיִּרְאוּ אֹתוֹ consec.-Qal impf. 3 m.p. (רָאָה 906)-dir. obj.-3 m.s. sf. *they saw him*

מֵרָחֹק prep.-n.m.s. (935) *afar off*

וּבְטֶרֶם יִקְרַב conj.-prep.-adv. (382)-Qal impf. 3 m.s. (897) *and before he came near*

אֲלֵיהֶם prep.-3 m.p. sf. *to them*

וַיִּתְנַכְּלוּ אֹתוֹ consec.-Hith. impf. 3 m.p. (נָכַל 647)-dir. obj.-3 m.s. sf. *they conspired against him*

לַהֲמִיתוֹ prep.-Hi. inf. cstr.-3 m.s. sf. (מוּת 559) *to kill him*

37:19

וַיֹּאמְרוּ consec.-Qal impf. 3 m.p. (55) *they said*

אִישׁ אֶל־אָחִיו n.m.s. (35)-prep.-n.m.s.-3 m.s. sf. (26) *each to his brother*

הִנֵּה demons. part. (243) *behold*

בַּעַל הַחֲלֹמוֹת הַלָּזֶה n.m.s. cstr. (127)-def. art.-n.m.p. (321)-pron. c. (229) *this dreamer*

בָּא Qal pf. 3 m.s. (בּוֹא 97) *comes*

37:20

וְעַתָּה conj.-adv. (773) *now*

לְכוּ Qal impv. 2 m.p. (הָלַךְ 229) *Come*

וְנַהַרְגֵהוּ conj.-Qal impf. 1 c.p.-3 m.s. sf. (הָרַג 246) *let us kill him*

וְנַשְׁלִכֵהוּ conj.-Hi. impf. 1 c.p.-3 m.s. sf. (שָׁלַךְ 1020) *and throw him*

בְּאַחַד הַבֹּרוֹת prep.-num. cstr. (25)-def. art.-n.m.p. (92) *into one of the pits*

וְאָמַרְנוּ conj.-Qal pf. 1 c.p. (55) *then we shall say*

חַיָּה רָעָה n.f.s. (312)-adj. f.s. (948) *a wild beast*

אֲכָלָתְהוּ Qal pf. 3 f.s.-3 m.s. sf. (37) *has devoured him*

וְנִרְאֶה conj.-Qal impf. 1 c.p. (רָאָה 906) *and we shall see*

מַה־יִּהְיוּ interr. (552)-Qal impf. 3 m.p. (הָיָה 224) *what will become*

חֲלֹמֹתָיו n.m.p.-3 m.s. sf. (321) *of his dreams*

37:21

וַיִּשְׁמַע consec.-Qal impf. 3 m.s. (1033) *but when ... heard*

רְאוּבֵן pr.n. (910) *Reuben*

וַיַּצִּלֵהוּ consec.-Hi. impf. 3 m.s.-3 m.s. sf. (נָצַל 664) *he delivered him*

מִיָּדָם prep.-n.f.s.-3 m.p. sf. (388) *out of their hands*

וַיֹּאמֶר consec.-Qal impf. 3 m.s. (55) *saying*

לֹא נַכֶּנּוּ נָפֶשׁ neg.-Hi. impf. 1 c.p.-3 m.s. sf. (נָכָה 645)-n.f.s. paus. (659) *Let us not take his life*

37:22

וַיֹּאמֶר אֲלֵהֶם consec.-Qal impf. 3 m.s. (55)-prep.-3 m.p. sf. *and said to them*

רְאוּבֵן pr.n. (910) *Reuben*

אַל־תִּשְׁפְּכוּ־דָם neg.-Qal impf. 2 m.p. (שָׁפַךְ 1049)-n.m.s. (196) *Shed no blood*

הַשְׁלִיכוּ אֹתוֹ Hi. impv. 2 m.p. (שָׁלַךְ 1020)-dir. obj.-3 m.s. sf. *cast him*

אֶל־הַבּוֹר הַזֶּה prep.-def.art.-n.m.s. (92) - def.art.-demons. adj. m.s. (260) *into this pit*

אֲשֶׁר בַּמִּדְבָּר rel.-prep.-def. art.-n.m.s. (184) *in the wilderness*

וְיָד conj.-n.f.s. (388) *but a hand*

אַל־תִּשְׁלְחוּ־בוֹ neg.-Qal impf. 2 m.p. (1018) - prep.-3 m.s. sf. *lay not upon him*

לְמַעַן הַצִּיל אֹתוֹ prep. (775)-Hi. inf. cstr. (נָצַל 664)-dir. obj.-3 m.s. sf. *that he might rescue im*

מִיָּדָם prep.-n.f.s.-3 m.p. sf. (388) *out of their hand*

לַהֲשִׁיבוֹ prep.-Hi. inf. cstr.-3 m.s. sf. (שׁוּב 996) *to restore him*

אֶל־אָבִיו prep.-n.m.s.-3 m.s. sf. (3) *to his father*

37:23

וַיְהִי consec.-Qal impf. 3 m.s. (הָיָה 224) *so when*

כַּאֲשֶׁר־בָּא יוֹסֵף prep.-rel.-Qal pf. 3 m.s. (בּוֹא 97) - pr.n. (415) *Joseph came*

אֶל־אֶחָיו prep.-n.m.p.-3 m.s. sf. paus. (26) *to his brothers*

וַיַּפְשִׁיטוּ consec.-Hi. impf. 3 m.p. (פָּשַׁט 832) *they stripped*

אֶת־יוֹסֵף dir. obj.-pr.n. (415) *Joseph*

אֶת־כֻּתָּנְתּוֹ dir. obj.-n.f.s.-3 m.s. sf. (509) *of his robe*

אֶת־כְּתֹנֶת הַפַּסִּים dir. obj.-n.f.s. cstr. (509)-def. art.-n.m.p. (821) *the long robe with sleeves*

אֲשֶׁר עָלָיו rel.-prep.-3 m.s. sf. *that he wore*

37:24

וַיִּקָּחֻהוּ consec.-Qal impf. 3 m.p.-3 m.s. sf. (לָקַח 542) *and they took him*

וַיַּשְׁלִכוּ אֹתוֹ consec.-Hi. impf. 3 m.p. (1020)-dir. obj.-3 m.s. sf. *and cast him*

הַבֹּרָה def. art.-n.m.s.-dir. he (92) *into a pit*

וְהַבּוֹר רֵק conj.-def. art.-n.m.s. (92)-adj. (938) *The pit was empty*

אֵין בּוֹ מָיִם subst. cstr. (II 34)-prep.-3 m.s. sf.-n.m.p. paus. (565) *there was no water in it*

37:25

וַיֵּשְׁבוּ consec.-Qal impf. 3 m.p. (יָשַׁב 442) *then they sat down*

לֶאֱכָל־לֶחֶם prep.-Qal inf. cstr. (37)-n.m.s. (536) *to eat*

וַיִּשְׂאוּ consec.-Qal impf. 3 m.p. (נָשָׂא 669) *and they lifted up*

עֵינֵיהֶם n.f.du.-3 m.p. sf. (744) *their eyes*

וַיִּרְאוּ consec.-Qal impf. 3 m.p. (רָאָה 906) *and they saw*

וְהִנֵּה conj.-demons. part. (243) *and behold*

אֹרְחַת n.f.s. cstr. (73) *a caravan of*

יִשְׁמְעֵאלִים adj. gent. m.p. (1035) *Ishmaelites*

בָּאָה Qal act. ptc. f.s. (בּוֹא 97) *coming*

מִגִּלְעָד prep.-pr.n. (166) *from Gilead*

וּגְמַלֵּיהֶם conj.-n.m.p.-3 m.p. sf. (168) *with their camels*

נֹשְׂאִים Qal act. ptc. m.p. (669) *bearing*

נְכֹאת n.f.s. (644) *gum*

וּצְרִי conj.-n.m.s. (863) *balm*

וָלֹט conj.-n.m.s. (538) *and myrrh*

הוֹלְכִים Qal act. ptc. m.p. (הָלַךְ 229) *on their way*

לְהוֹרִיד prep.-Hi. inf. cstr. (יָרַד 432) *to carry it down*

מִצְרָיְמָה pr.n.-dir. he (595) *to Egypt*

37:26

וַיֹּאמֶר יְהוּדָה consec.-Qal impf. 3 m.s. (55)-pr.n. (397) *then Judah said*

אֶל־אֶחָיו prep.-n.m.p.-3 m.s. sf. paus. (26) *to his brothers*

מַה־בֶּצַע interr. (552)-n.m.s. (130) *What profit is it*

כִּי נַהֲרֹג conj.-Qal impf. 1 c.p. (הָרַג 246) *if we slay*

אֶת־אָחִינוּ dir. obj.-n.m.s.-1 c.p. sf. (26) *our brother*

וְכִסִּינוּ conj.-Pi. pf. 1 c.p. (כָּסָה 491) *and conceal*

אֶת־דָּמוֹ dir. obj.-n.m.s.-3 m.s. sf. (196) *his blood*

37:27

לְכוּ Qal impv. 2 m.p. (הָלַךְ 229) *Come*

וְנִמְכְּרֶנּוּ conj.-Qal impf. 1 c.p.-3 m.s. sf. (מָכַר 569) *let us sell him*

לַיִּשְׁמְעֵאלִים prep.-def. art.-adj. gent. m.p. (1035) *to the Ishmaelites*

וְיָדֵנוּ אַל־תְּהִי־בוֹ conj.-n.f.s.-1 c.p. sf. (388) - neg.-Qal impf. 3 f.s. apoc. (הָיָה 224) - prep.-3 m.s. sf. *and let not our hand be upon him*

כִּי־אָחִינוּ conj.-n.m.s.-1 c.p. sf. (26) *for our brother*

בְשָׂרֵנוּ n.m.s.-1 c.p. sf. (142) *our own flesh*

הוּא pers. pr. 3 m.s. (214) *he is*

וַיִּשְׁמְעוּ אֶחָיו consec.-Qal impf. 3 m.p. (1033)-n.m.p.-3 m.s. sf. (26) *and his brothers heeded him*

37:28

וַיַּעַבְרוּ consec.-Qal impf. 3 m.p. (716) *then passed by*

אֲנָשִׁים מִדְיָנִים סֹחֲרִים n.m.p. (35)-adj. gent. m.p. (193)-Qal act. ptc. m.p. (695) *Midianite traders*

וַיִּמְשְׁכוּ consec.-Qal impf. 3 m.p. (מָשַׁךְ 604) *and they drew up*

וַיַּעֲלוּ consec.-Qal impf. 3 m.p. (עָלָה 748) *and lifted up*

אֶת־יוֹסֵף dir. obj.-pr.n. (415) *Joseph*

מִן־הַבּוֹר prep.-def. art.-n.m.s. (92) *out of the pit*

וַיִּמְכְּרוּ consec.-Qal impf. 3 m.p. (569) *and sold*

אֶת־יוֹסֵף dir. obj.-pr.n. (415) *Joseph*

לַיִּשְׁמְעֵאלִים prep.-def. art.-adj. gent. m.p. (1035) *to the Ishmaelites*

בְּעֶשְׂרִים כָּסֶף prep.-num. p. (797)-n.m.s. paus. (494) *for twenty shekels of silver*

וַיָּבִיאוּ consec.-Hi. impf. 3 m.p. (בּוֹא 97) *and they took*

אֶת־יוֹסֵף dir. obj.-pr.n. (415) *Joseph*

מִצְרָיְמָה pr.n.-dir. he (595) *to Egypt*

37:29

וַיָּשָׁב consec.-Qal impf. 3 m.s. (שׁוּב 996) *when ... returned*

רְאוּבֵן pr.n. (910) *Reuben*

אֶל־הַבּוֹר prep.-def. art.-n.m.s. (92) *to the pit*

וְהִנֵּה conj.-demons. part. (243) *and saw*

אֵין־יוֹסֵף subst. cstr. (II 34)-pr.n. (415) *Joseph was not*

בַּבּוֹר prep.-def. art.-n.m.s. (92) *in the pit*

וַיִּקְרַע consec.-Qal impf. 3 m.s. (902) *he rent*

אֶת־בְּגָדָיו dir. obj.-n.m.p.-3 m.s. sf. (93) *his clothes*

37:30

וַיָּשָׁב consec.-Qal impf. 3 m.s. (שׁוּב 996) *and returned*

אֶל־אֶחָיו prep.-n.m.p.-3 m.s. sf. (26) *to his brothers*

וַיֹּאמַר consec.-Qal impf. 3 m.s. (55) *and said*

הַיֶּלֶד def. art.-n.m.s. (409) *The lad*

אֵינֶנּוּ subst.-3 m.s. sf. (II 34) *is gone*

וַאֲנִי אָנָה conj.-pers. pr. 1 c.s. (58)-adv.-loc. he (33) *and I, where*

אֲנִי־בָא pers. pr.n. 1 c.s. (58)-Qal act. ptc. (בּוֹא 97) *shall I go*

37:31

וַיִּקְחוּ consec.-Qal impf. 3 m.p. (לָקַח 542) *then they took*

אֶת־כְּתֹנֶת יוֹסֵף dir.obj.-n.f.s. cstr. (509)-pr.n. (415) *Joseph's robe*

וַיִּשְׁחֲטוּ consec.-Qal impf. 3 m.p. (1006) *and killed*

שְׂעִיר עִזִּים n.m.s. cstr. (II 972)-n.f.p. (777) *a goat*

וַיִּטְבְּלוּ consec.-Qal impf. 3 m.p. (טָבַל 371) *and dipped*

אֶת־הַכֻּתֹּנֶת dir.obj.-def.art.-n.f.s. (509) *the robe*

בַּדָּם prep.-def.art.-n.m.s. (196) *in the blood*

37:32

וַיְשַׁלְּחוּ consec.-Pi. impf. 3 m.p. (1018) *and they sent*

אֶת־כְּתֹנֶת הַפַּסִּים dir.obj.-n.f.s. cstr. (509)-def.art.-n.m.p. (821) *the long robe with sleeves*

וַיָּבִיאוּ consec.-Hi. impf. 3 m.p. (בּוֹא 97) *and brought it*

אֶל־אֲבִיהֶם prep.-n.m.s.-3 m.p. sf. (3) *to their father*

וַיֹּאמְרוּ consec.-Qal impf. 3 m.p. (55) *and said*

זֹאת מָצָאנוּ demons. adj. f.s. (260)-Qal pf. 1 c.p. paus. (592) *This we have found*

הַכֶּר־נָא Hi. impv. 2 m.s. (נָכַר 647)-part. of entreaty (609) *See now*

הַכְּתֹנֶת def.art.-n.f.s. (509) *the robe*

בִּנְךָ הִוא n.m.s.-2 m.s. sf. (119)-pers. pr. 3 f.s. (214) *is it your son's*

אִם־לֹא conj. (49) - neg. *or not?*

37:33

וַיַּכִּירָהּ consec.-Hi. impf. 3 m.s.-3 f.s. sf. (נָכַר 647) *and he recognized it*

וַיֹּאמֶר consec.-Qal impf. 3 m.s. (55) *and said*

כְּתֹנֶת בְּנִי n.f.s. cstr. (509)-n.m.s.-1 c.s. sf. (119) *It is my son's robe*

חַיָּה רָעָה n.f.s. (312)-adj. f.s. (948) *a wild beast*

אֲכָלָתְהוּ Qal pf. 3 f.s.-3 m.s. sf. (37) *has devoured him*

טָרֹף טֹרַף Qal inf. abs. (382)-Pu. pf. 3 m.s. (382) *is without doubt torn to pieces*

יוֹסֵף pr.n. (415) *Joseph*

37:34

וַיִּקְרַע יַעֲקֹב consec.-Qal impf. 3 m.s. (902)-pr.n. (784) *then Jacob rent*

שִׂמְלֹתָיו n.f.p.-3 m.s. sf. (971) *his garments*

וַיָּשֶׂם consec.-Qal impf. 3 m.s. (שִׂים 962) *and put*

שַׂק n.m.s. (974) *sackcloth*

בְּמָתְנָיו prep.-n.m. du.-3 m.s. sf. (608) *upon his loins*

וַיִּתְאַבֵּל consec.-Hith. impf. 3 m.s. (5) *and mourned*

עַל־בְּנוֹ prep.-n.m.s.-3 m.s. sf. (119) *for his son*

יָמִים רַבִּים n.m.p. (398)-adj. m.p. (I 912) *many days*

37:35

וַיָּקֻמוּ consec.-Qal impf. 3 m.p. (קוּם 877) *and rose up*

כָל־בָּנָיו n.m.s. cstr. (481)-n.m.p.-3 m.s. sf. (119) *all his sons*

וְכָל־בְּנֹתָיו conj.-n.m.s. cstr. (481)-n.f.p.-3 m.s. sf. (I 123) *and all his daughters*

לְנַחֲמוֹ prep.-Pi. inf. cstr.-3 m.s. sf. (נָחַם 636) *to comfort him*

וַיְמָאֵן consec.-Pi. impf. 3 m.s. (549) *but he refused*

לְהִתְנַחֵם prep.-Hith. inf. cstr. (636) *to be comforted*

וַיֹּאמֶר consec.-Qal impf. 3 m.s. (55) *and said*

כִּי־אֵרֵד conj.-Qal impf. 1 c.s. (יָרַד 432) *that I will go down*

אֶל־בְּנִי prep.-n.m.s.-1 c.s. sf. (119) *to my son*

אָבֵל adj. (I 5) *mourning*

שְׁאֹלָה n.f.s.-dir. he (982) *to Sheol*

וַיֵּבְךְּ אֹתוֹ consec.-Qal impf. 3 m.s. sf. (בָּכָה 113)-dir. obj.-3 m.s. sf. *Thus wept ... for him*

אָבִיו n.m.s.-3 m.s. sf. (3) *his father*

37:36

וְהַמְּדָנִים conj.-def. art.-adj. gent. p. (193) *meanwhile the Midianites*

מָכְרוּ Qal pf. 3 c.p. (569) *had sold*

אֹתוֹ dir. obj.-3 m.s. sf. *him*

אֶל־מִצְרָיִם prep.-pr.n. paus. (595) *in Egypt*

לְפוֹטִיפַר prep.-pr.n. (806) *to Potiphar*

סְרִיס פַּרְעֹה n.m.s. cstr. (710)-pr.n. (829) *an officer of Pharaoh*

שַׂר הַטַּבָּחִים n.m.s. cstr. (978)-def. art.-n.m.p. (371) *the captain of the guard*

38:1

וַיְהִי consec.-Qal impf. 3 m.s. (הָיָה 224) *it happened*

בָּעֵת הַהִוא prep.-def.art.-n.f.s. (773) - def.art.-demons. adj. f.s. (214) *at that time*

וַיֵּרֶד יְהוּדָה consec.-Qal impf. 3 m.s. (יָרַד 432)-pr.n. (415) *that Judah went down*

מֵאֵת אֶחָיו prep.-prep. (II 85)-n.m.p.-3 m.s. sf. paus. (26) *from his brothers*

וַיֵּט consec.-Qal impf. 3 m.s. (נָטָה 639) *and turned in*

עַד־אִישׁ prep.-n.m.s. (35) *to a certain man*

עֲדֻלָּמִי adj. gent. (726) *Adullamite*

וּשְׁמוֹ conj.-n.m.s.-3 m.s. sf. (1027) *whose name was*

חִירָה pr.n. (301) *Hirah*

38:2

וַיַּרְא־שָׁם consec.-Qal impf. 3 m.s. (רָאָה 906)-adv. (1027) *there ... saw*

יְהוּדָה pr.n. (397) *Judah*

בַּת־אִישׁ n.f.s. cstr. (I 123)-n.m.s. (35) *daughter of a man*

כְּנַעֲנִי adj. gent. (489) *Canaanite*

וּשְׁמוֹ conj.-n.m.s.-3 m.s. sf. (1027) *whose name was*

שׁוּעַ pr.n. (I 447) *Shua*

וַיִּקָּחֶהָ consec.-Qal impf. 3 m.s.-3 f.s. sf. (לָקַח 542) *he married her*

וַיָּבֹא אֵלֶיהָ consec.-Qal impf. 3 m.s. (בּוֹא 97)-prep.-3 f.s. sf. *and went in to her*

38:3

וַתַּהַר consec.-Qal impf. 3 f.s. (הָרָה 247) *and she conceived*

וַתֵּלֶד בֵּן consec.-Qal impf. 3 f.s. (יָלַד 408)-n.m.s. (119) *and bore a son*

וַיִּקְרָא consec.-Qal impf. 3 m.s. (894) *and he called*

אֶת־שְׁמוֹ dir. obj.-n.m.s.-3 m.s. sf. (1027) *his name*

עֵר pr.n. (735) *Er*

38:4

וַתַּהַר עוֹד consec.-Qal impf. 3 f.s. (הָרָה 247)-adv. (728) *and she conceived again*

וַתֵּלֶד בֵּן consec.-Qal impf. 3 f.s. (יָלַד 408)-n.m.s. (119) *and bore a son*

וַתִּקְרָא consec.-Qal impf. 3 f.s. (894) *and she called*

אֶת־שְׁמוֹ dir. obj.-n.m.s.-3 m.s. sf. (1027) *his name*

אוֹנָן pr.n. (20) *Onan*

38:5

וַתֹּסֶף עוֹד consec. - Hi. impf. 3 f.s. (יָסַף 414) - adv. (728) *yet again*

וַתֵּלֶד consec.-Qal impf. 3 f.s. (יָלַד 408) *she bore*

בֵּן n.m.s. (119) *a son*

וַתִּקְרָא consec.-Qal impf. 3 f.s. (894) *and she called*

אֶת־שְׁמוֹ dir. obj.-n.m.s.-3 m.s. sf. (1027) *his name*

שֵׁלָה pr.n. (1017) *Shelah*

וְהָיָה conj.-Qal pf. 3 m.s. (224) *He was*

בִכְזִיב prep.-pr.n. (469) *in Chezib*

בְּלִדְתָּהּ prep.-Qal inf. cstr.-3 f.s. sf. (יָלַד 408) *when she bore*

אֹתוֹ dir. obj.3 m.s. sf. *him*

38:6

וַיִּקַּח יְהוּדָה consec.-Qal impf. 3 m.s. (לָקַח 542) - pr.n. (397) *and Judah took*

אִשָּׁה n.f.s. (61) *a wife*

לְעֵר prep.-pr.n. (735) *for Er*

בְּכוֹרוֹ n.m.s.-3 m.s. sf. (114) *his first-born*

וּשְׁמָהּ conj.-n.m.s.-3 f.s. sf. (1027) *and her name was*

תָּמָר pr.n. (II 1071) *Tamar*

38:7

וַיְהִי consec.-Qal impf. 3 m.s. (הָיָה 224) *but ... was*

עֵר בְּכוֹר יְהוּדָה pr.n. (735)-n.m.s. cstr. (114)-pr.n. (397) *Er, Judah's first-born*

רַע adj. m.s. (948) *wicked*

בְּעֵינֵי יהוה prep.-n.f. du. cstr. (744)-pr.n. (217) *in the sight of Yahweh*

וַיְמִתֵהוּ consec.-Hi. impf. 3 m.s.-3 m.s. sf. (מוּת 559) *and slew him*

יהוה pr.n. (217) *Yahweh*

38:8

וַיֹּאמֶר יְהוּדָה consec.-Qal impf. 3 m.s. (55)-pr.n. (397) *then Judah said*

לְאוֹנָן prep.-pr.n. (20) *to Onan*

בֹּא Qal impv. 2 m.s. (בּוֹא 97) *Go in*

אֶל־אֵשֶׁת אָחִיךָ prep.-n.f.s. cstr. (61)-n.m.s.-2 m.s. sf. (26) *to your brother's wife*

וְיַבֵּם אֹתָהּ conj.-Pi. impv. 2 m.s. (יָבַם 386)-dir. obj.-3 f.s. sf. *and perform the duty of a brother-in-law to her*

וְהָקֵם conj.-Hi. impv. 2 m.s. (קוּם 877) *and raise up*

זֶרַע לְאָחִיךָ n.m.s. (282)-prep.-n.m.s.-2 m.s. sf. (26) *offspring for your brother*

38:9

וַיֵּדַע אוֹנָן consec.-Qal impf. 3 m.s. (יָדַע 393)-pr.n. (20) *but Onan knew*

כִּי לֹא לוֹ conj.-neg.-prep.-3 m.s. sf. *that not be his*

יִהְיֶה Qal impf. 3 m.s. (224) *would be*

הַזָּרַע def.art.-n.m.s. paus. (282) *the offspring*

וְהָיָה conj.-Qal pf. 3 m.s. (224) *so (it was)*

אִם־בָּא conj. (49)-Qal pf. 3 m.s. (בּוֹא 97) *when he went in*

אֶל־אֵשֶׁת אָחִיו prep-n.f.s. cstr. (61)-n.m.s.-2 m.s. sf. (26) *to his brother's wife*

וְשִׁחֵת אַרְצָה conj. - Pi. pf. 3 m. s. (שָׁחַת 1007) - n.f.s.-dir. he (75) *he spilled the semen on the ground*

לְבִלְתִּי נְתָן־ prep.-neg. (116)-Qal inf. cstr. (נָתַן 678) *lest he should give*

זֶרַע לְאָחִיו n.m.s. (282)-prep.-n.m.s.-3 m.s. sf. (26) *offspring to his brother*

38:10

וַיֵּרַע consec.-Qal impf. 3 m.s. (רָעַע 949) *and was displeasing*

בְּעֵינֵי יהוה prep.-n.f.du. cstr. (744)-pr.n. (217) *in the sight of Yahweh*

אֲשֶׁר עָשָׂה rel.-Qal pf. 3 m.s. (I 793) *what he did*

וַיָּמֶת consec.-Hi. impf. 3 m.s. (מוּת 559) *and he slew*

גַּם־אֹתוֹ adv. (168)-dir. obj.-3 m.s. sf. *him also*

38:11

וַיֹּאמֶר יְהוּדָה consec.-Qal impf. 3 m.s. (55)-pr.n. (397) *then Judah said*

לְתָמָר prep.-pr.n. (II 1071) *to Tamar*

כַּלָּתוֹ n.f.s.-3 m.s. sf. (483) *his daughter-in-law*

שְׁבִי Qal impv. 2 f.s. (יָשַׁב 442) *Remain*

אַלְמָנָה n.f.s. (48) *a widow*

בֵית־אָבִיךְ n.m.s. cstr. (108)-n.m.s.-2 f.s. sf. (3) *in your father's house*

עַד־יִגְדַּל prep. (III 723)-Qal impf. 3 m.s. (152) *until ... grows up*

שֵׁלָה בְנִי pr.n. (II 1017)-n.m.s.-1 c.s. sf. (119) *Shelah my son*

כִּי אָמַר conj.-Qal pf. 3 m.s. (55) *for he feared*

פֶּן־יָמוּת conj. (814)-Qal impf. 3 m.s. (מוּת 559) *that he would die*

גַּם־הוּא כְּאֶחָיו adv. (168)-pers. pr. 3 m.s. (214)-prep.-n.m.p.-3 m.s. sf. (26) *like his brothers*

וַתֵּלֶךְ תָּמָר consec.-Qal impf. 3 f.s. (הָלַךְ 229)-pr.n. (II 1071) *so Tamar went*

וַתֵּשֶׁב consec.-Qal impf. 3 f.s. (יָשַׁב 442) *and dwelt*

בֵּית אָבִיהָ n.m.s. cstr. (108)-n.m.s.-3 f.s. sf. (3) *in her father's house*

38:12

וַיִּרְבּוּ הַיָּמִים consec.-Qal impf. 3 m.p. (רָבָה I 915)-def. art.-n.m.p. (398) *in course of time (*lit. *the days multiplied)*

וַתָּמָת consec.-Qal impf. 3 f.s. (מוּת 559) *died*

בַּת־שׁוּעַ n.f.s. cstr. (I 123)-pr.n. (I 447) *Shua's daughter*

אֵשֶׁת־יְהוּדָה n.f.s. cstr. (61)-pr.n. (397) *the wife of Judah*

וַיִּנָּחֶם יְהוּדָה consec.-Ni. impf. 3 m.s. (636)-pr.n. (397) *and when Judah was comforted*

וַיַּעַל consec.-Qal impf. 3 m.s. (עָלָה 748) *he went up*

עַל־גֹּזְזֵי צֹאנוֹ prep.-Qal act. ptc. m.p. cstr. (גָּזַז 159)-n.f.s.-3 m.s. sf. (838) *to his sheepshearers*

הוּא וְחִירָה pers. pr. 3 m.s. (214)-conj.-pr.n. (301) *he and Hirah*

רֵעֵהוּ n.m.s.-3 m.s. sf. (945) *his friend*

הָעֲדֻלָּמִי def. art.-adj. gent (726) *the Adullamite*

תִּמְנָתָה pr.n.-dir. he (584) *to Timnah*

38:13

וַיֻּגַּד consec.-Ho. impf. 3 m.s. (נָגַד 616) *and when it was told*

לְתָמָר prep.-pr.n. (II 1071) *to Tamar*

לֵאמֹר prep.-Qal inf. cstr. (55) *(saying)*

הִנֵּה demons. part. (243) *behold*

חָמִיךְ n.m.s.-2 f.s. sf. (II 327) *your father-in-law*

עֹלֶה Qal act. ptc. (748) *is going up*

תִּמְנָתָה pr.n.-dir. he (584) *to Timnah*

לָגֹז צֹאנוֹ prep.-Qal inf. cstr. (גָּזַז 159)-n.f.s.-3 m.s. sf. (838) *to shear his sheep*

38:14

וַתָּסַר consec.-Qal impf. 3 f.s. (סוּר 693) *she put off*

בִּגְדֵי אַלְמְנוּתָהּ n.m.p. cstr. (93)-n.f.s.-3 f.s. sf. (48) *her widow's garments*

מֵעָלֶיהָ prep.-prep.-3 f.s. sf. *(from upon her)*

וַתְּכַס consec.-Pi. impf. 3 f.s. (כָּסָה 491) *and put on*

בַּצָּעִיף prep.-def. art.-n.m.s. (858) *a veil*

וַתִּתְעַלָּף consec.-Hith. impf. 3 f.s. (עָלַף 763) *wrapping herself up*

וַתֵּשֶׁב consec.-Qal impf. 3 f.s. (יָשַׁב 442) *and sat*

בְּפֶתַח עֵינַיִם prep.-n.m.s. cstr. (835)-pr.n. (745) *at the entrance to Enaim*

אֲשֶׁר עַל־דֶּרֶךְ rel.-prep.-n.m.s. cstr. (202) *which is on the road to*

תִּמְנָתָה pr.n.-dir. he (584) *Timnah*

כִּי רָאֲתָה conj.-Qal pf. 3 f.s. (רָאָה 906) *for she saw*

כִּי־גָדַל שֵׁלָה conj.-Qal pf. 3 m.s. (152)-pr.n. (II 1017) *that Shelah was grown up*

וְהִוא לֹא־נִתְּנָה conj.-pers. pr. 3 f.s. (214) - neg.-Ni. pf. 3 f.s. (678) *and she had not been given*

לוֹ לְאִשָּׁה prep.-3 m.s. sf.-prep.-n.f.s. (61) *to him in marriage*

38:15

וַיִּרְאֶהָ יְהוּדָה consec.-Qal impf. 3 m.s.-3 f.s. sf. (רָאָה 906)-pr.n. (397) *when Judah saw her*

וַיַּחְשְׁבֶהָ consec.-Qal impf. 3 m.s.-3 f.s. sf. (חָשַׁב 362) *he thought her*

לְזוֹנָה prep.-Qal act. ptc. f.s. (זָנָה 275) *to be a harlot*

כִּי כִסְּתָה פָּנֶיהָ conj.-Pi. pf. 3 f.s. (כָּסָה 491)-n.m.p.-3 f.s. sf. (815) *for she had covered her face*

38:16

וַיֵּט אֵלֶיהָ consec.-Qal impf. 3 m.s. (נָטָה 639)-prep.-3 f.s. sf. *he went over to her*

אֶל־הַדֶּרֶךְ prep.-def. art.-n.m.s. (202) *at the road side*

וַיֹּאמֶר consec.-Qal impf. 3 m.s. (55) *and said*

הָבָה־נָּא Qal impv. 2 m.s.-coh. he (יָהַב 396)-part. of entreaty (609) *Come*

אָבוֹא אֵלַיִךְ Qal impf. 1 c.s. (בּוֹא 97)-prep.-2 f.s. sf. *let me come in to you*

כִּי לֹא יָדַע conj.-neg.-Qal pf. 3 m.s. (393) *for he did not know*

כִּי כַלָּתוֹ הִוא conj.-n.f.s.-3 m.s. sf. (483)-pers. pr. 3 f.s. (214) *that she was his daughter-in-law*

וַתֹּאמֶר consec.-Qal impf. 3 f.s. (55) *she said*

מַה־תִּתֶּן־לִּי interr. (552)-Qal impf. 2 m.s. (נָתַן 678)-prep.-1 c.s. sf. *What will you give me*

כִּי תָבוֹא אֵלָי conj.-Qal impf. 2 m.s. (בּוֹא 97) - prep.-1 c.s. sf. paus. *that you may come in to me?*

38:17

וַיֹּאמֶר consec.-Qal impf. 3 m.s. (55) *he answered*

אָנֹכִי אֲשַׁלַּח pers. pr. 1 c.s. (59)-Pi. impf. 1 c.s. (1018) *I will send*

גְּדִי־עִזִּים n.m.s. cstr. (152)-n.f.p. (777) *a kid* .

מִן־הַצֹּאן prep.-def.art.-n.f.s. (838) *from the flock*

וַתֹּאמֶר consec.-Qal impf. 3 f.s. (55) *and she said*

אִם־תִּתֵּן conj. (49)-Qal impf. 2 m.s. (נָתַן 678) *Will you give*

עֵרָבוֹן n.m.s. (786) *a pledge*

עַד שָׁלְחֶךָ prep. (III 723) - Qal inf. cstr.-2 m.s. sf. (1018) *till you send it?*

38:18

וַיֹּאמֶר consec.-Qal impf 3 m.s. (55) *he said*

מָה הָעֵרָבוֹן interr. (552)-def.art.-n.m.s. (786) *What pledge*

אֲשֶׁר אֶתֶּן־לָךְ rel. - Qal impf. 1 c. s. (נָתַן 678) - prep.-2 f.s. sf. *shall I give you?*

וַתֹּאמֶר consec.-Qal impf. 3 f.s. (55) *she replied*

חֹתָמְךָ n.m.s.-2 m.s. sf. (368) *Your signet*

וּפְתִילֶךָ conj.-n.m.s.-2 m.s. sf. (836) *and your cord*

וּמַטְּךָ conj.-n.m.s.-2 m.s. sf. (641) *and your staff*

אֲשֶׁר בְּיָדֶךָ rel.-prep.-n.f.s.-2 m.s. sf. (388) *that is in your hand*

וַיִּתֶּן־לָהּ consec. - Qal impf. 3 m. s. (נָתַן 678) - prep.-3 f.s. sf. *so he gave them to her*

וַיָּבֹא אֵלֶיהָ consec.-Qal impf. 3 m.s. (בּוֹא 97)-prep.-3 f.s. sf. *and went in to her*

וַתַּהַר לוֹ consec.-Qal impf. 3 f.s. (הָרָה 247)-prep.-3 m.s. sf. *and she conceived by him*

38:19

וַתָּקָם consec.-Qal impf. 3 f.s. (קוּם 877) *then she arose*

וַתֵּלֶךְ consec.-Qal impf. 3 f.s. (הָלַךְ 229) *and went away*

וַתָּסַר consec.-Qal impf. 3 f.s. (סוּר 693) *and taking off*

צְעִיפָהּ n.m.s.-3 f.s. sf. (858) *her veil*

מֵעָלֶיהָ prep.-prep.-3 f.s. sf. *(from upon her)*

וַתִּלְבַּשׁ consec.-Qal impf. 3 f.s. (527) *she put on*

בִּגְדֵי אַלְמְנוּתָהּ n.m.p. cstr. (93)-n.f.s.-3 f.s. sf. (48) *the garments of her widow-hood*

38:20

וַיִּשְׁלַח יְהוּדָה consec.-Qal impf. 3 m.s. (1018)-pr.n. (397) *when Judah sent*

אֶת־גְּדִי הָעִזִּים dir.obj.-n.m.s. cstr. (152)-def.art.-n.f.p. (777) *the kid*

בְּיַד רֵעֵהוּ prep.-n.f.s. cstr. (388)-n.m.s.-3 m.s. sf. (945) *by his friend*

הָעֲדֻלָּמִי def.art.-adj. gent. (726) *the Adullamite*

לָקַחַת prep.-Qal inf. cstr. (לָקַח 542) *to receive*

הָעֵרָבוֹן def.art.-n.m.s. (786) *the pledge*

מִיַּד הָאִשָּׁה prep.-n.f.s. cstr. (388)-def.art.-n.f.s. (61) *from the woman's hand*

וְלֹא מְצָאָהּ conj.-neg.-Qal pf. 3 m.s.-3 f.s. sf. (592) *he could not find her*

38:21

וַיִּשְׁאַל consec.-Qal impf. 3 m.s. (981) *and he asked*

אֶת־אַנְשֵׁי מְקֹמָהּ dir.obj.-n.m.p. cstr. (35)-n.m.s.-3 f.s. sf. (879) *the men of the place*

לֵאמֹר prep.-Qal inf. cstr. (55) *(saying)*

אַיֵּה הַקְּדֵשָׁה interr. adv. (32)-def.art.-n.f.s. (I 873) *Where is the harlot*

הִוא בָעֵינַיִם pers. pr. 3 f.s. (214)-prep.-def.art.-pr.n. (745) *who was at Enaim*

עַל־הַדָּרֶךְ prep.-def.art.-n.m.s. paus. (202) *by the wayside*

וַיֹּאמְרוּ consec.-Qal impf. 3 m.p. (55) *and they said*

לֹא־הָיְתָה neg.-Qal pf. 3 f.s. (הָיָה 224) *has not been*

בָזֶה prep.-demons. adj. (260) *here*

קְדֵשָׁה n.f.s. (I 873) *harlot*

38:22

וַיָּשָׁב consec.-Qal impf. 3 m.s. (שׁוּב 996) *so he returned*

אֶל־יְהוּדָה prep.-pr.n. (397) *to Judah*

וַיֹּאמֶר consec.-Qal impf. 3 m.s. (55) *and said*

לֹא מְצָאתִיהָ neg.-Qal pf. 1 c.s.-3 f.s. sf. (592) *I have not found her*

וְגַם conj.-adv. (168) *and also*

אַנְשֵׁי הַמָּקוֹם n.m.p. cstr. (35)-def.art.-n.m.s. (879) *the men of the place*

אָמְרוּ Qal pf. 3 c.p. (55) *said*

לֹא־הָיְתָה neg.-Qal pf. 3 f.s. (הָיָה 224) *has not been*

בָזֶה prep.-demons. adj. (260) *here*

קְדֵשָׁה n.f.s. (I 873) *a harlot*

38:23

וַיֹּאמֶר יְהוּדָה consec.-Qal impf. 3 m.s. (55)-pr.n. (397) *and Judah replied*

תִּקַּח־לָהּ Qal impf. 3 f.s. (לָקַח 542)-prep.-3 f.s. sf. *Let her keep the things as her own*

פֶּן נִהְיֶה conj. (814)-Qal impf. 1 c.p. (הָיָה 224) *lest we be*

לָבוּז prep.-n.m.s. (II 100) *for contempt*

הִנֵּה שָׁלַחְתִּי demons. part. (243)-Qal pf. 1 c.s. (1018) *you see, I sent*

הַגְּדִי הַזֶּה def.art.-n.m.s. (152)-def.art.-demons. adj. m.s. (260) *this kid*

וְאַתָּה conj.-pers. pr. 2 m.s. (61) *and you*

לֹא מְצָאתָהּ neg.-Qal pf. 2 m.s.-3 f.s. sf. (592) *could not find her*

38:24

וַיְהִי consec.-Qal impf. 3 m.s. (הָיָה 224) *(and it was)*

כְּמִשְׁלֹשׁ חֳדָשִׁים prep.-prep.-num. cstr. (1025)-n.m.p. (II 294) *about three months later*

וַיֻּגַּד consec.-Ho. impf. 3 m.s. (נָגַר 616) *it was told*

לִיהוּדָה prep.-pr.n. (397) *to Judah*

לֵאמֹר prep.-Qal inf. cstr. (55) *(saying)*

זָנְתָה תָּמָר Qal pf. 3 f.s. (זָנָה 275)-pr.n. (II 1071) *Tamar has played the harlot*

כַּלָּתֶךָ n.f.s.-2 m.s. sf. (483) *your daughter-in-law*

וְגַם הִנֵּה conj.-adv. (168)-demons. part. (243) *and moreover behold*

הָרָה לִזְנוּנִים adj. f.s. (II 248)-prep.-n.m.p. (276) *she is with child by harlotry*

וַיֹּאמֶר יְהוּדָה consec.-Qal impf. 3 m.s. (55)-pr.n. (397) *and Judah said*

הוֹצִיאוּהָ Hi. impv. 2 m.p.-3 f.s. sf. (יָצָא 422) *Bring her out*

וְתִשָּׂרֵף conj.-Ni. impf. 3 f.s. (שָׂרַף 976) *and let her be burned*

38:25

הִוא מוּצֵאת pers. pr. 3 f.s. (214)-Ho. ptc. f.s. (יָצָא 422) *as she was being brought out*

וְהִיא שָׁלְחָה conj.-pers. pr. 3 f.s. (214)-Qal pf. 3 f.s. (1018) *she sent*

אֶל־חָמִיהָ prep.-n.m.s.-3 f.s. sf. (II 327) *to her father-in-law*

לֵאמֹר prep.-Qal inf. cstr. (55) *(saying)*

לְאִישׁ אֲשֶׁר־אֵלֶּה לּוֹ prep.-n.m.s. (35)-rel.-demons. adj. c.p. (41)-prep.-3 m.s. sf. *By the man to whom these belong*

אָנֹכִי הָרָה pers. pr. 1 c.s. (59)-adj. f.s. (II 248) *I am with child*

וַתֹּאמֶר consec.-Qal impf. 3 f.s. (55) *and she said*

הַכֶּר־נָא Hi. impv. 2 m.s. (נָכַר 647)-part. of entreaty (609) *Mark, I pray you,*

לְמִי prep.-interr. (566) *whose*

הַחֹתֶמֶת def.art.-n.f.s. (368) *the signet*

וְהַפְּתִילִים conj.-def.art.-n.m.p. (836) *and the cord*

וְהַמַּטֶּה conj.-def.art.-n.m.s. (641) *and the staff*

הָאֵלֶּה def.art.-demons. adj. c.p. (41) *these*

38:26

וַיַּכֵּר יְהוּדָה consec.-Hi. impf. 3 m.s. (נָכַר 647)-pr.n. (397) *then Judah acknowledged*

וַיֹּאמֶר consec.-Qal impf. 3 m.s. (55) *and said*

צָדְקָה מִמֶּנִּי Qal pf. 3 f.s. (842)-prep.-1 c.s. sf. *She is more righteous than I*

כִּי־עַל־כֵּן conj.-prep.-adv. (485) *inasmuch as*

לֹא־נְתַתִּיהָ neg.-Qal pf. 1 c.s.-3 f.s. sf. (נָתַן 678) *I did not give her*

לְשֵׁלָה prep.-pr.n. (II 1017) *to Shelah*

בְנִי n.m.s.-1 c.s. sf. (119) *my son*

וְלֹא־יָסַף עוֹד conj.-neg.-Qal pf. 3 m.s. (414)-adv. (728) *and he did not again*

לְדַעְתָּה prep.-Qal inf. cstr.-3 f.s. sf. (יָדַע 393) *lie with her (know her)*

38:27

וַיְהִי consec.-Qal impf. 3 m.s. (הָיָה 224) *when ... came*

בְּעֵת לִדְתָּהּ prep.-n.f.s. cstr. (773)-Qal inf. cstr.-3 f.s. sf. (יָלַד 408) *the time of her delivery*

וְהִנֵּה conj.-demons. part. (243) *(behold)*

תְאוֹמִים n.m.p. (1060) *twins*

בְּבִטְנָהּ prep.-n.f.s.-3 f.s. sf. (105) *in her womb*

38:28

וַיְהִי בְלִדְתָּהּ consec.-Qal impf. 3 m.s. (הָיָה 224)-prep.-Qal inf. cstr.-3 f.s. sf. (יָלַד 408) *and when she was in labor*

וַיִּתֶּן־יָד consec. - Qal impf. 3 m. s. (נָתַן 678) - n.f.s. (388) *one put out a hand*

וַתִּקַּח הַמְיַלֶּדֶת consec.-Qal impf. 3 f.s. (לָקַח 542)-def.art.-Pi. ptc. f.s. (יָלַד 408) *and the midwife took*

וַתִּקְשֹׁר consec.-Qal impf. 3 f.s. (905) *and bound*

עַל־יָדוֹ prep.-n.f.s.-3 m.s. sf. (388) *on his hand*

שָׁנִי n.m.s. (1040) *a scarlet thread*

לֵאמֹר prep.-Qal inf. cstr. (55) *saying*

זֶה יָצָא demons. adj. m.s. (260)-Qal pf. 3 m.s. (422) *This came out*

רִאשֹׁנָה adj. f.s. (911) *first*

38:29

וַיְהִי consec.-Qal impf. 3 m.s. (הָיָה 224) *but it was*

כְּמֵשִׁיב יָדוֹ prep.-Hi. ptc. (שׁוּב 996)-n.f.s.-3 m.s. sf. (388) *as he drew back his hand*

וְהִנֵּה יָצָא conj.-demons. part. (243)-Qal pf. 3 m.s. (422) *behold came out*

אָחִיו n.m.s.-3 m.s. sf. (26) *his brother*

וַתֹּאמֶר consec.-Qal impf. 3 f.s. (55) *and she said*

מַה־פָּרַצְתָּ interr. (552)-Qal pf. 2 m.s. (I 829) *What you have (breached) made*

עָלֶיךָ פָּרֶץ prep.-2 m.s. sf.-n.m.s. paus. (829) *for yourself a breach*

וַיִּקְרָא consec.-Qal impf. 3 m.s. (894) *therefore was called*

שְׁמוֹ n.m.s.-3 m.s. sf. (1027) *his name*

פָּרֶץ pr.n. paus. (II 829) *Perez*

38:30

וְאַחַר conj.-adv. (29) *afterward*

יָצָא אָחִיו Qal pf. 3 m.s. (422)-n.m.s.-3 m.s. sf. (26) *his brother came out*

אֲשֶׁר עַל־יָדוֹ rel.-prep.-n.f.s.-3 m.s. sf. (388) *upon his hand*

הַשָּׁנִי def.art.-n.m.s. (1040) *the scarlet thread*

וַיִּקְרָא שְׁמוֹ consec.-Qal impf. 3 m.s. (894)-n.m.s.-3 m.s. sf. (1027) *and his name was called*

זָרַח pr.n. paus. (II 280) *Zerah*

39:1

וְיוֹסֵף הוּרַד conj.-pr.n. (415)-Ho. pf. 3 m.s. (יָרַד 432) *now Joseph was taken down*

מִצְרָיְמָה pr.n.-dir. he (595) *to Egypt*

וַיִּקְנֵהוּ consec.-Qal impf. 3 m.s.-3 m.s. sf. (קָנָה 888) *and bought him*

פּוֹטִיפַר pr.n. (806) *Potiphar*

סְרִיס פַּרְעֹה n.m.s. cstr. (710)-pr.n. (829) *an officer of Pharaoh*

שַׂר הַטַּבָּחִים n.m.s. cstr. (978)-def.art.-n.m.p. (371) *the captain of the guard*

אִישׁ מִצְרִי n.m.s. cstr. (35)-adj. gent. (596) *an Egyptian*

מִיַּד הַיִּשְׁמְעֵאלִים prep.-n.f.s. cstr. (388)-def.art.-adj. gent. m.p. (1035) *from the Ishmaelites*

אֲשֶׁר הוֹרִדֻהוּ rel.-Hi. pf. 3 c.p.-3 m.s. sf. (יָרַד 432) *who had brought him down*

שָׁמָּה adv.-dir. he (1027) *there*

39:2

וַיְהִי יהוה consec.-Qal impf. 3 m.s. (הָיָה 224)-pr.n. (217) *Yahweh was*

אֶת־יוֹסֵף prep. (II 85)-pr.n. (415) *with Joseph*

וַיְהִי אִישׁ consec.-Qal impf. 3 m.s. (הָיָה 224)-n.m.s. (35) *and he became a ... man*

מַצְלִיחַ Hi. ptc. (II 852) *successful*

וַיְהִי v. supra *and he was*

בְּבֵית אֲדֹנָיו prep.-n.m.s. cstr. (108)-n.m.p.-3 m.s. sf. (10) *in the house of his master*

הַמִּצְרִי def.art.-adj. gent. (596) *the Egyptian*

39:3

וַיַּרְא אֲדֹנָיו consec.-Qal impf. 3 m.s. (רָאָה 906)-n.m.p.-3 m.s sf. (10) *and his master saw*

כִּי יהוה אִתּוֹ conj.-pr.n. (217)-prep.-3 m.s. sf. (II 85) *that Yahweh was with him*

וְכֹל אֲשֶׁר הוּא conj.-n.m.s. (481)-rel.-pers. pr. 3 m.s. (214) *and all that he*

עֹשֶׂה Qal act. ptc. (I 793) *did*

יהוה מַצְלִיחַ pr.n. (217)-Hi. ptc. (II 852) *Yahweh caused to prosper*

בְּיָדוֹ prep.-n.f.s.-3 m.s. sf. (388) *in his hands*

39:4

וַיִּמְצָא יוֹסֵף consec.-Qal impf. 3 m.s. (592)-pr.n. (415) *so Joseph found*

חֵן בְּעֵינָיו n.m.s. (336)-prep.-n.f. du.-3 m.s. sf. (744) *favor in his sight*

וַיְשָׁרֶת אֹתוֹ consec.-Pi. impf. 3 m.s. (שָׁרַת 1058)-dir.obj.-3 m.s. sf. *and attended him*

וַיַּפְקִדֵהוּ consec.-Hi. impf. 3 m.s.-3 m.s. sf. (פָּקַד 823) *and he made him overseer*

עַל־בֵּיתוֹ prep.-n.m.s.-3 m.s. sf. (108) *of his house*

וְכָל־יֶשׁ־לוֹ conj.-n.m.s. (481)-subst. (441)-prep.-3 m.s. sf. *and of all that he had*

נָתַן בְּיָדוֹ Qal pf. 3 m.s. (678)-prep.-n.f.s.-3 m.s. sf. (388) *put him in charge*

39:5

וַיְהִי consec.-Qal impf. 3 m.s. (הָיָה 224) *and it was*

מֵאָז הִפְקִיד prep.-adv. (23)-Hi. pf. 3 m.s. (823) *from the time that he made overseer*

אֹתוֹ dir.obj.-3 m.s. sf. *him*

בְּבֵיתוֹ prep.-n.m.s.-3 m.s. sf. (108) *in his house*

וְעַל כָּל־אֲשֶׁר יֶשׁ־לוֹ conj.-prep.-n.m.s. (481)-rel.-subst. (441)-prep.-3 m.s. sf. *and over all that he had*

וַיְבָרֶךְ יהוה consec.-Pi. impf. 3 m.s. (138)-pr.n. (217) *Yahweh blessed*

אֶת־בֵּית הַמִּצְרִי dir.obj.-n.m.s. cstr. (108)-def.art.-adj. gent. (596) *the Egyptian's house*

בִּגְלַל יוֹסֵף prep.-n.m.s. cstr. (I 164)-pr.n. (415) *for Joseph's sake*

וַיְהִי v. supra *and was*

בִּרְכַּת יהוה n.f.s. cstr. (139)-pr.n. (217) *the blessing of Yahweh*

בְּכָל־אֲשֶׁר יֶשׁ־לוֹ prep.-v. supra-v. supra *upon all that he had*

בַּבַּיִת וּבַשָּׂדֶה prep.-def.art.-n.m.s. (108)-conj.-prep.-def.art.-n.m.s. (961) *in house and field*

39:6

וַיַּעֲזֹב consec.-Qal impf. 3 m.s. (I 736) *so he left*

כָּל־אֲשֶׁר־לוֹ n.m.s. (481)-rel.-prep.-3 m.s. sf. *all that he had*

בְּיַד־יוֹסֵף prep.-n.f.s. cstr. (388)-pr.n. (415) *in Joseph's charge*

וְלֹא־יָדַע conj.-neg.-Qal pf. 3 m.s. (393) *and he had no concern*

אִתּוֹ prep.-3 m.s. sf. (II 85) *having him*

מְאוּמָה indef. pron. (548) *anything*

כִּי אִם־הַלֶּחֶם conj.-hypoth. part. (49)-def.art.-n.m.s. (536) *but the food*

אֲשֶׁר־הוּא אוֹכֵל rel.-pers. pr. 3 m.s. (214)-Qal act. ptc. (37) *which he ate*

וַיְהִי יוֹסֵף consec.-Qal impf. 3 m.s. (הָיָה 224)-pr.n. (415) *now Joseph was*

יְפֵה־תֹאַר adj. m.s. cstr. (421)-n.m.s. (1061) *handsome*

וִיפֵה מַרְאֶה conj.-adj. m.s. cstr. (421)-n.m.s. (909) *and good-looking*

39:7

וַיְהִי consec.-Qal impf. 3 m.s. (הָיָה 224) *and it was*

אַחַר הַדְּבָרִים הָאֵלֶּה prep. (29)-def.art.-n.m.p. (182)-def.art.-demons. adj. c.p. (41) *after these things*

וַתִּשָּׂא consec.-Qal impf. 3 f.s. (נָשָׂא 669) *cast*

אֵשֶׁת־אֲדֹנָיו n.f.s. cstr. (61)-n.m.p.-3 m.s. sf. (10) *his master's wife*

אֶת־עֵינֶיהָ dir.obj.-n.f. du.-3 f.s. sf. (744) *her eyes*

אֶל־יוֹסֵף prep.-pr.n. (415) *upon Joseph*

וַתֹּאמֶר consec.-Qal impf. 3 f.s. (55) *and said*

שִׁכְבָה עִמִּי Qal impv. 2 m.s.-coh. he (שָׁכַב 1011)-prep.-1 c.s. sf. *Lie with me*

39:8

וַיְמָאֵן consec.-Pi. impf. 3 m.s. (מָאַן 549) *but he refused*

וַיֹּאמֶר consec.-Qal impf. 3 m.s. (55) *and said*

אֶל־אֵשֶׁת אֲדֹנָיו prep.-n.f.s. cstr. (61)-n.m.p.-3 m.s. sf. (10) *to his master's wife*

הֵן אֲדֹנִי demons. part. (243)-n.m.s.-1 c.s. sf. (10) *Lo, my master*

לֹא־יָדַע neg.-Qal pf. 3 m.s. (393) *has no concern*

אִתִּי prep.-1 c.s. sf. (II 85) *having me*

מַה־בַּבָּיִת interr. (552)-prep.-def.art.-n.m.s. paus. (108) *about anything in the house*

וְכֹל אֲשֶׁר־יֶשׁ־לוֹ conj.-n.m.s. (481)-rel.-subst. (441)-prep.-3 m.s. sf. *and everything that he has*

נָתַן בְּיָדִי Qal pf. 3 m.s. (678)-prep.-n.f.s.-1 c.s. sf. (388) *he has put in my hand*

39:9

אֵינֶנּוּ גָדוֹל subst.-3 m.s. sf. (II 34)-adj. m.s. (152) *he is not greater*

בַּבַּיִת הַזֶּה prep.-def.art.-n.m.s. (108)-def.art.-demons. adj. m.s. (260) *in this house*

מִמֶּנִּי prep.-1 c.s. sf. *than I am*

וְלֹא־חָשַׂךְ מִמֶּנִּי conj.-neg.-Qal pf. 3 m.s. (362) - prep.-1 c.s. sf. *nor has he kept back from me*

מְאוּמָה indef. pron. (548) *anything*

כִּי אִם־אוֹתָךְ conj.-hypoth. part. (49)-dir.obj.-2 f.s. sf. *except yourself*

בַּאֲשֶׁר אַתְּ־אִשְׁתּוֹ prep.-rel.-pers. pr. 2 f.s. (61)-n.f.s.-3 m.s. sf. (61) *because you are his wife*

וְאֵיךְ אֶעֱשֶׂה conj.-adv. (32)-Qal impf. 1 c.s. (I 793) *how then can I do*

הָרָעָה הַגְּדֹלָה הַזֹּאת def.art.-n.f.s. (948)-def.art.-adj. f.s. (152)-def.art.-demons. adj. f.s. (260) *this great wickedness*

וְחָטָאתִי conj.-Qal pf. 1 c.s. (306) *and sin*

לֵאלֹהִים prep.-n.m.p. (43) *against God*

39:10

וַיְהִי consec.-Qal impf. 3 m.s. (הָיָה 224) *and it was*

כְּדַבְּרָהּ prep.-Pi. inf. cstr.-3 f.s. sf. (180) *although she spoke*

אֶל־יוֹסֵף prep.-pr.n. (415) *to Joseph*

יוֹם יוֹם n.m.s. (398)-n.m.s. (398) *day after day*

וְלֹא־שָׁמַע conj.-neg.-Qal pf. 3 m.s. (1033) *he would not listen*

אֵלֶיהָ prep.-3 f.s. sf. *to her*

לִשְׁכַּב אֶצְלָהּ prep.-Qal inf. cstr. (1011)-prep.3 f.s. sf. (I 69) *to lie with her*

לִהְיוֹת עִמָּהּ prep.-Qal inf. cstr. (הָיָה 224)-prep.-3 f.s. sf. *or to be with her*

39:11

וַיְהִי consec.-Qal impf. 3 m.s. (הָיָה 224) *but it was*

כְּהַיּוֹם הַזֶּה prep.-def.art.-n.m.s. (398)-def.art.-demons. adj. m.s. (260) *one day*

וַיָּבֹא consec.-Qal impf. 3 m.s. (בּוֹא 97) *when he went*

הַבַּיְתָה def.art.-n.m.s.-dir. he (108) *into the house*

לַעֲשׂוֹת prep.-Qal inf. cstr. (I 793) *to do*

מְלַאכְתּוֹ n.f.s.-3 m.s. sf. (521) *his work*

וְאֵין אִישׁ conj.-subst. cstr. (II 34)-n.m.s. (35) *there was no man*

מֵאַנְשֵׁי הַבַּיִת prep.-n.m.p. cstr. (35)-def.art.-n.m.s. (108) *of the men of the house*

שָׁם בַּבָּיִת adv. (1027)-prep.-def.art.-n.m.s. paus. (108) *there in the house*

39:12

וַתִּתְפְּשֵׂהוּ consec.-Qal impf. 3 f.s.-3 m.s. sf. (תָּפַשׂ 1074) *she caught him*

בְּבִגְדוֹ prep.-n.m.s.-3 m.s. sf. (93) *by his garment*

לֵאמֹר prep.-Qal inf. cstr. (55) *saying*

שִׁכְבָה עִמִּי Qal impv. 2 m.s.-coh. he (1011)-prep.-1 c.s. sf. *Lie with me*

וַיַּעֲזֹב consec.-Qal impf. 3 m.s. (I 736) *but he left*

בִּגְדוֹ n.m.s.-3 m.s. sf. (93) *his garment*

בְּיָדָהּ prep.-n.f.s.-3 f.s. sf. (388) *in her hand*

וַיָּנָס consec.-Qal impf. 3 m.s. (נוּס 630) *and fled*

וַיֵּצֵא consec.-Qal impf. 3 m.s. (יָצָא 422) *and got out*

הַחוּצָה def.art.-n.m.s.-loc. he (299) *(outside) of the house*

39:13

וַיְהִי consec.-Qal impf. 3 m.s. (הָיָה 224) *and it was*

כִּרְאוֹתָהּ prep.-Qal inf. cstr.-3 f.s. sf. (רָאָה 906) *when she saw*

כִּי־עָזַב conj.-Qal pf. 3 m.s. (I 736) *that he had left*

בִּגְדוֹ n.m.s.-3 m.s. sf. (93) *his garment*

בְּיָדָהּ prep.-n.f.s.-3 f.s. sf. (388) *in her hand*

וַיָּנָס consec.-Qal impf. 3 m.s. (נוּס 630) *and had fled out*

הַחוּצָה def.art.-n.m.s.-loc. he (299) *of the house*

39:14

וַתִּקְרָא consec.-Qal impf. 3 f.s. (894) *she called*

לְאַנְשֵׁי בֵיתָהּ prep.-n.m.p. cstr. (35)-n.m.s.-3 f.s. sf. (108) *to the men of her household*

וַתֹּאמֶר לָהֶם consec.-Qal impf. 3 f.s. (55)-prep.-3 m.p. sf. *and said to them*

לֵאמֹר prep.-Qal inf. cstr. (55) *(saying)*

רְאוּ Qal impv. 2 m.p. (רָאָה 906) *See*

הֵבִיא לָנוּ Hi. pf. 3 m.s. (בּוֹא 97)-prep.-1 c.p. sf. *he has brought among us*

אִישׁ עִבְרִי n.m.s. cstr. (35)-adj. gent. (720) *a Hebrew*

לְצַחֶק prep.-Pi. inf. cstr. (850) *to insult*

בָּנוּ prep.-1 c.p. sf. *us*

בָּא אֵלַי Qal pf. 3 m.s. (בּוֹא97)-prep.-1 c.s. sf. *He came in to me*

לִשְׁכַּב עִמִּי prep.-Qal inf. cstr. (1011)-prep.-1 c.s. sf. *to lie with me*

וָאֶקְרָא בְּקוֹל גָּדוֹל consec.-Qal impf. 1 c.s. (894)-prep.-n.m.s. (876)-adj. m.s. (152) *and I cried out with a loud voice*

39:15

וַיְהִי consec.-Qal impf. 3 m.s. (הָיָה 224) *and it was*

כְשָׁמְעוֹ prep.-Qal inf. cstr.-3 m.s. sf. (1033) *when he heard*

כִּי־הֲרִימֹתִי conj.-Hi. pf. 1 c.s. (רוּם 926) *that I lifted up*

קוֹלִי n.m.s.-1 c.s. sf. (876) *my voice*

וָאֶקְרָא consec.-Qal impf. 1 c.s. (894) *and cried*

וַיַּעֲזֹב consec.-Qal impf. 3 m.s. (I 736) *he left*

בִּגְדוֹ n.m.s.-3 m.s. sf. (93) *his garment*

אֶצְלִי prep. (69)-1 c.s. sf. *with me*

וַיָּנָס consec.-Qal impf. 3 m.s. (נוּס 630) *and fled*

וַיֵּצֵא consec.-Qal impf. 3 m.s. (יָצָא 422) *and got out*

הַחוּצָה def.art.-n.m.s.-loc. he (299) *of the house*

39:16

וַתַּנַּח consec.-Hi. impf. 3 f.s. (נוּחַ B 628) *then she laid up*

בִּגְדוֹ n.m.s.-3 m.s. sf. (93) *his garment*

אֶצְלָהּ prep.-3 f.s. sf. (69) *by her*

עַד־בּוֹא אֲדֹנָיו prep.-Qal inf. cstr. (97)-n.m.p.-3 m.s. sf. (10) *until his master came*

אֶל־בֵּיתוֹ prep.-n.m.s.-3 m.s. sf. (108) *home*

39:17

וַתְּדַבֵּר אֵלָיו consec.-Pi. impf. 3 f.s. (180) - prep.-3 m.s. sf. *and she told him*

כַּדְּבָרִים הָאֵלֶּה prep.-def. art.-n.m.p. (182)-def. art.-demons. adj. c.p. (41) *the same story*

לֵאמֹר prep.-Qal inf. cstr. (55) *saying*

בָּא־אֵלַי Qal pf. 3 m.s. (בּוֹא 97)-prep.-1 c.s. sf. *came in to me*

הָעֶבֶד הָעִבְרִי def. art.-n.m.s. (713)-def. art.-adj. gent. (720) *the Hebrew servant*

אֲשֶׁר־הֵבֵאתָ לָּנוּ rel.-Hi. pf. 2 m.s. (בּוֹא 97)-prep.-1 c.p. sf. *which you have brought among us*

לְצַחֶק בִּי prep.-Pi. inf. cstr. (850)-prep.-1 c.s. sf. *to insult me*

39:18

וַיְהִי consec.-Qal impf. 3 m.s. (הָיָה 224) *but it was*

כַּהֲרִימִי prep.-Hi. inf. cstr.-1 c.s. sf. (רום 926) *as soon as I lifted up*

קוֹלִי n.m.s.-1 c.s. sf. (876) *my voice*

וָאֶקְרָא consec.-Qal impf. 1 c.s. (894) *and cried*

וַיַּעֲזֹב consec.-Qal impf. 3 m.s. (I 736) *he left*

בִּגְדוֹ n.m.s.-3 m.s. sf. (93) *his garment*

אֶצְלִי prep.-1 c.s. sf. (69) *with me*

וַיָּנָס consec.-Qal impf. 3 m.s. (נוס 630) *and fled*

הַחוּצָה def. art.-n.m.s.-loc. he (299) *out of the house*

39:19

וַיְהִי consec.-Qal impf. 3 m.s. (הָיָה 224) *(and it was)*

כִּשְׁמֹעַ אֲדֹנָיו prep.-Qal inf. cstr. (1033)-n.m.p.-3 m.s. sf. (10) *when his master heard*

אֶת־דִּבְרֵי אִשְׁתּוֹ dir. obj.-n.m.p. cstr. (182)-n.f.s.-3 m.s. sf. (61) *the words which his wife*

אֲשֶׁר דִּבְּרָה rel.-Pi. pf. 3 f.s. (180) *spoke*

אֵלָיו prep.-3 m.s. sf. *to him*

לֵאמֹר prep.-Qal inf. cstr. (55) *(saying)*

כַּדְּבָרִים הָאֵלֶּה prep.-def. art.-n.m.p. (182)-def. art.-demons. adj. c.p. (41) *This is the way*

עָשָׂה לִי Qal pf. 3 m.s. (עָשָׂה I 793)-prep.-1 c.s. sf. *treated me*

עַבְדֶּךָ n.m.s.-2 m.s. sf. (713) *your servant*

וַיִּחַר אַפּוֹ consec.-Qal impf. 3 m.s. (חָרָה 354)-n.m.s.-3 m.s. sf. (I 60) *his anger was kindled*

39:20

וַיִּקַּח consec.-Qal impf. 3 m.s. (לָקַח 542) *and ... took*

אֲדֹנֵי יוֹסֵף n.m.p. cstr. (10)-pr.n. (415) *Joseph's master*

אֹתוֹ dir. obj.-3 m.s. sf. *him*

וַיִּתְּנֵהוּ consec.-Qal impf. 3 m.s.-3 m.s. sf. (נָתַן 678) *and put him*

אֶל־בֵּית הַסֹּהַר prep.-n.m.s. cstr. (108)-def. art.-n.m.s. (690) *into the prison* (lit. *the round house)*

מְקוֹם אֲשֶׁר־אֲסוּרֵי n.m.s. cstr. (879)-rel.-n.m.p. cstr. (64) *the place where the prisoners of*

הַמֶּלֶךְ def. art.-n.m.s. (I 572) *the king*

אֲסוּרִים Qal pass. ptc. m.p. (אָסַר 63) *were confined*

וַיְהִי־שָׁם consec.-Qal impf. 3 m.s. (הָיָה 224)-adv. (1027) *and he was there*

בְּבֵית הַסֹּהַר prep.-v.supra *in prison*

39:21

וַיְהִי יהוה consec.-Qal impf. 3 m.s. (הָיָה 224)-pr.n. (217) *but Yahweh was*

אֶת־יוֹסֵף prep. (II 85)-pr.n. (415) *with Joseph*

וַיֵּט אֵלָיו consec.-Qal impf 3 m.s. (נָטָה 639)-prep.-3 m.s. sf. *and showed him*

חָסֶד n.m.s. paus. (338) *steadfast love*

וַיִּתֵּן חִנּוֹ consec. - Qal impf. 3 m.s. (נָתַן 678) - n.m.s.-3 m.s. sf. (336) *and gave him favor*

בְּעֵינֵי prep.-n.f. du. cstr. (744) *in the sight of*

שַׂר בֵּית־הַסֹּהַר n.m.s. cstr. (978) - n.m.s. cstr. (108) - def.art.-n.m.s. (690) *the keeper of the prison*

39:22

וַיִּתֵּן consec.-Qal impf. 3 m.s. (נָתַן 678) *and committed*

שַׂר בֵּית־הַסֹּהַר n.m.s. cstr. (978)-n.m.s. cstr. (108)-def. art.-n.m.s. (690) *the keeper of the prison*

בְּיַד־יוֹסֵף prep.-n.f.s. cstr. (388)-pr.n. (415) *to Joseph's care*

אֵת כָּל־הָאֲסִירִם dir. obj.-n.m.s. cstr. (481)-def. art.-n.m.p. (64) *all the prisoners*

אֲשֶׁר בְּבֵית הַסֹּהַר rel.-prep.-n.m.s. cstr. (108)-def. art.-n.m.s. (690) *who were in the prison*

וְאֵת כָּל־אֲשֶׁר עֹשִׂים conj.-dir. obj.-n.m.s. (481)-rel.-Qal act. ptc. m.p. (עָשָׂה I 793) *and whatever was done*

שָׁם adv. (1027) *there*

הוּא הָיָה עֹשֶׂה pers. pr. 3 m.s. (214)-Qal pf. 3 m.s. (224)-Qal act. ptc. (I 793) *he was the doer of it*

39:23

אֵין שַׂר בֵּית־הַסֹּהַר subst. cstr. (II 34)-n.m.s. cstr. (978)-n.m.s. cstr. (108)-def. art.-n.m.s. (690) *there was no ... of the keeper of the prison*

רֹאֶה Qal act. ptc. (906) *heed (seeing)*

אֶת־כָּל־מְאוּמָה dir. obj.-n.m.s. cstr. (481)-indef. pron. (548) *to anything*

בְּיָדוֹ prep.-n.f.s.-3 m.s. sf. (388) *in Joseph's care*

בַּאֲשֶׁר יהוה אִתּוֹ prep.-rel.-pr.n. (217)-prep.-3 m.s. sf. (II 85) *because Yahweh was with him*

וַאֲשֶׁר־הוּא עֹשֶׂה conj.-rel.-pers. pr. 3 m.s. (214)-Qal act. ptc. (I 793) *and whatever he did*

יהוה מַצְלִיחַ pr.n. (217)-Hi. ptc. (II 852) *Yahweh made it prosper*

40:1

וַיְהִי consec.-Qal impf. 3 m.s. (הָיָה 224) *and it was*

אַחַר הַדְּבָרִים הָאֵלֶּה prep. (29)-def. art.-n.m.p. (182)-def. art.-demons. adj. c.p. (41) *some time after this*

חָטְאוּ Qal pf. 3 c.p. (306) *offended*

מַשְׁקֵה מֶלֶךְ־מִצְרַיִם n.m.s. cstr. (1052)-n.m.s. cstr. (I 572)-pr.n. (595) *the butler of the king of Egypt*

וְהָאֹפֶה conj.-def. art.-Qal act. ptc. (אָפָה 66) *and his baker*

לַאֲדֹנֵיהֶם prep.-n.m.p.-3 m.p. sf. (10) *their lord*

לְמֶלֶךְ מִצְרָיִם prep.-n.m.s. cstr. (I 572)-pr.n. paus. (595) *the king of Egypt*

40:2

וַיִּקְצֹף פַּרְעֹה consec.-Qal impf. 3 m.s. (893)-pr.n. (829) *and Pharaoh was angry*

עַל שְׁנֵי סָרִיסָיו prep.-n.m.p. cstr. (1040)-n.m.p.-3 m.s. sf. (710) *with his two officers*

עַל שַׂר הַמַּשְׁקִים prep.-n.m.s. cstr. (978)-def. art.-n.m.p. (1052) *the chief butler*

וְעַל שַׂר הָאוֹפִים conj.-prep.-n.m.s. cstr. (978) - def.art.-Qal act. ptc. m.p. (66) *and the chief baker*

40:3

וַיִּתֵּן אֹתָם consec.-Qal impf. 3 m.s. (נָתַן 678)-dir. obj.-3 m.p. sf. *and he put them*

בְּמִשְׁמַר בֵּית prep.-n.m.s. cstr. (1038)-n.m.s. cstr. (108) *in the custody in the house of*

שַׂר הַטַּבָּחִים n.m.s. cstr. (978)-def. art.-n.m.p. (371) *the captain of the guard*

אֶל־בֵּית הַסֹּהַר prep.-n.m.s. cstr. (108) - def.art.-n.m.s. (690) *in the prison*

מְקוֹם אֲשֶׁר יוֹסֵף n.m.s. cstr. (879) - rel.-pr.n. (415) *the place where Joseph*

אָסוּר שָׁם Qal pass. ptc. (63)-adv. (1027) *was confined*

40:4

וַיִּפְקֹד consec.-Qal impf. 3 m.s. (פָּקַד 823) *charged*

שַׂר הַטַּבָּחִים n.m.s. cstr. (978)-def. art.-n.m.p. (371) *the captain of the guard*

אֶת־יוֹסֵף אִתָּם dir. obj.-pr.n. (415)-prep.-3 m.p. sf. (II 85) *Joseph with them*

וַיְשָׁרֶת consec.-Pi. impf. 3 m.s. (שָׁרַת 1058) *and he waited*

אֹתָם dir.obj.-3 m.p. sf. *on them*

וַיִּהְיוּ consec.-Qal impf. 3 m.p. (הָיָה 224) *and they continued*

יָמִים בְּמִשְׁמָר n.m.p. (398)-prep.-n.m.s. (1038) *for some time in custody*

40:5

וַיַּחַלְמוּ consec.-Qal impf. 3 m.p. (321) *and they dreamed*

חֲלוֹם n.m.s. (321) *a dream*

שְׁנֵיהֶם num. m.p.-3 m.p. sf. (1040) *both of them*

אִישׁ חֲלֹמוֹ n.m.s. (35)-n.m.s.-3 m.s. sf. (321) *each his own dream*

בְּלַיְלָה אֶחָד prep.-n.m.s. (538)-num. adj. (25) *one night*

אִישׁ כְּפִתְרוֹן חֲלֹמוֹ n.m.s. (35)-prep.-n.m.s. cstr. (837)-n.m.s.-3 m.s. sf. (321) *each with its own meaning*

הַמַּשְׁקֶה def.art.-n.m.s. (1052) *the butler*

וְהָאֹפֶה conj.-def. art.-Qal act. ptc. (66) *and the baker*

אֲשֶׁר לְמֶלֶךְ מִצְרַיִם rel.-prep.-n.m.s. cstr. (I 572)-pr.n. (595) *of the king of Egypt*

אֲשֶׁר אֲסוּרִים rel.-Qal pass. ptc. m.p. (63) *who were confined*

בְּבֵית הַסֹּהַר prep.-n.m.s. cstr. (108)-def. art.-n.m.s. (690) *in the prison*

40:6

וַיָּבֹא consec.-Qal impf. 3 m.s. (בּוֹא 97) *when ... came*

אֲלֵיהֶם יוֹסֵף prep.-3 m.p. sf.-pr.n. (415) *to them Joseph*

בַּבֹּקֶר prep.-def. art.-n.m.s. (133) *in the morning*

וַיַּרְא אֹתָם consec.-Qal impf. 3 m.s. (רָאָה 906)-dir. obj.-3 m.p. sf. *and saw them*

וְהִנָּם זֹעֲפִים conj.-demons. part.-3 m.p. sf. (243)-Qal act. ptc. m.p. (277) *they were troubled*

40:7

וַיִּשְׁאַל consec.-Qal impf. 3 m.s. (שָׁאַל 981) *so he asked*

אֶת־סְרִיסֵי פַרְעֹה dir. obj.-n.m.p. cstr. (710)-pr.n. (829) *Pharaoh's officers*

אֲשֶׁר אִתּוֹ rel.-prep.-3 m.s. sf. (II 85) *who were with him*

בְמִשְׁמַר בֵּית אֲדֹנָיו prep.-n.m.s. cstr. (1038)-n.m.s. cstr. (108)-n.m.p.-3 m.s. sf. (10) *in custody in his master's house*

לֵאמֹר prep.-Qal inf. cstr. (55) *(saying)*

מַדּוּעַ פְּנֵיכֶם adv. (396)-n.m.p.-2 m.p. sf. (815) *Why are your faces*

רָעִים adj. m.p. (I 948) *downcast*

הַיּוֹם def. art.-n.m.s. (398) *today*

40:8

וַיֹּאמְרוּ אֵלָיו consec.-Qal impf. 3 m.p. (55)-prep.-3 m.s. sf. *they said to him*

חֲלוֹם חָלַמְנוּ n.m.s. (321) - Qal pf. 1 c.p. (321) *we have had dreams*

וּפֹתֵר אֵין אֹתוֹ conj. - Qal act. ptc. (837 פָּתַר) - subst. cstr. (II 34) - dir.obj.-3 m.s. sf. *and there is no one to interpret them*

וַיֹּאמֶר אֲלֵהֶם consec.- Qal impf. 3 m.s. (55) - prep.-3 m.p. sf. *and ... said to them*

יוֹסֵף pr.n. (415) *Joseph*

הֲלוֹא לֵאלֹהִים interr.-neg.-prep.-n.m.p. (43) *Do not ... belong to God?*

פִּתְרֹנִים n.m.p. (837) *interpretations*

סַפְּרוּ־ Pi. impv. 2 m.p. (707) *Tell*

נָא לִי part. of entreaty (609)-prep.-1 c.s. sf. *to me, I pray you*

40:9

וַיְסַפֵּר consec.-Pi. impf. 3 m.s. (707) *so ... told*

שַׂר־הַמַּשְׁקִים n.m.s. cstr. (978)-def. art.-n.m.p. (I 1052) *the chief butler*

אֶת־חֲלֹמוֹ dir. obj.-n.m.s.-3 m.s. sf. (321) *his dream*

לְיוֹסֵף prep.-pr.n. (415) *to Joseph*

וַיֹּאמֶר לוֹ consec.-Qal impf. 3 m.s. (55)-prep.-3 m.s. sf. *and said to him*

בַּחֲלוֹמִי prep.-n.m.s.-1 c.s. sf. (321) *In my dream*

וְהִנֵּה־גֶפֶן conj.-demons. part. (243)-n.f.s. (172) *there was a vine*

לְפָנָי prep.-n.m.p.-1 c.s. sf. paus. (815) *before me*

40:10

וּבַגֶּפֶן conj.-prep.-def. art.-n.f.s. (172) *and on the vine*

שְׁלֹשָׁה שָׂרִיגִם num. f.s. (1025)-n.m.p. (974) *there were three branches*

וְהִיא כְפֹרַחַת conj.-pers. pr. 3 f.s. (214)-prep.-Qal act. ptc. f.s. (פָּרַח I 827) *as soon as it budded*

עָלְתָה נִצָּהּ Qal pf. 3 f.s. (עָלָה 748) - n.m.s.-3 f.s. sf. (I 665) *its blossoms shot forth*

הִבְשִׁילוּ Hi. pf. 3 c.p. (בָּשַׁל 143) *ripened*

אַשְׁכְּלֹתֶיהָ n.m.p.-3 f.s. sf. (79) *the clusters*

עֲנָבִים n.m.p. (772) *into grapes*

40:11

וְכוֹס פַּרְעֹה conj.-n.f.s. cstr. (I 468)-pr.n. (829) *Pharaoh's cup*

בְּיָדִי prep.-n.f.s.-1 c.s. sf. (388) *in my hand*

וָאֶקַּח consec.-Qal impf. 1 c.s. (לָקַח 542) *and I took*

אֶת־הָעֲנָבִים dir. obj.-def. art.-n.m.p. (772) *the grapes*

וָאֶשְׂחַט אֹתָם consec.-Qal impf. 1 c.s. (965) - dir.obj.-3 m.p. sf. *and pressed them*

אֶל־כּוֹס פַּרְעֹה prep.-n.f.s. cstr. (468)-pr.n. (829) *into Pharaoh's cup*

וָאֶתֵּן consec.-Qal impf. 1 c.s. (נָתַן 678) *and placed*

אֶת־הַכּוֹס dir. obj.-def. art.-n.f.s. (468) *the cup*

עַל־כַּף פַּרְעֹה prep.-n.f.s. cstr. (496)-pr.n. (829) *in Pharaoh's hand*

40:12

וַיֹּאמֶר לוֹ consec.-Qal impf. 3 m.s. (55)-prep.-3 m.s. sf. *then said to him*

יוֹסֵף pr.n. (415) *Joseph*

זֶה פִּתְרֹנוֹ demons. adj. m.s. (260)-n.m.s.-3 m.s. sf. (837) *This is its interpretation*

שְׁלֹשֶׁת הַשָּׂרִגִים num. f.s. cstr. (1025)-def. art.-n.m.p. (974) *the three branches*

שְׁלֹשֶׁת יָמִים הֵם v. supra-n.m.p. (398)-pers. pr. 3 m.p. (241) *are three days*

40:13

בְּעוֹד שְׁלֹשֶׁת יָמִים prep.-adv. (728)-num. f.s. cstr. (1025)-n.m.p. (398) *within three days*

יִשָּׂא פַרְעֹה Qal impf. 3 m.s. (נָשָׂא 669)-pr.n. (829) *Pharaoh will lift up*

אֶת־רֹאשֶׁךָ dir. obj.-n.m.s.-2 m.s. sf. (910) *your head*

וַהֲשִׁיבְךָ conj.-Hi. pf. 3 m.s.-2 m.s. sf. (שׁוּב 996) *and restore you*

עַל־כַּנֶּךָ prep.-n.m.s.-2 m.s. sf. (III 487) *to your office*

וְנָתַתָּ conj.-Qal pf. 2 m.s. (נָתַן 678) *and you shall place*

כוֹס־פַּרְעֹה n.f.s. cstr. (468)-pr.n. (829) *Pharaoh's cup*

בְּיָדוֹ prep.-n.f.s.-3 m.s. sf. (388) *in his hand*

כַּמִּשְׁפָּט הָרִאשׁוֹן prep.-def. art.-n.m.s. (1048)-def. art.-adj. m.s. (911) *as formerly (*lit. *according to the former judgment)*

אֲשֶׁר הָיִיתָ rel.-Qal pf. 2 m.s. (הָיָה 224) *when you were*

מַשְׁקֵהוּ n.m.s.-3 m.s. sf. (1052) *his butler*

40:14

כִּי אִם־זְכַרְתַּנִי conj.-hypoth. part. (49)-Qal pf. 2 m.s.-1 c.s. sf. (זָכַר 269) *but remember me*

אִתְּךָ כַּאֲשֶׁר יִיטַב לָךְ prep.-2 m.s. sf. (II 85)-prep.-rel.- Qal impf. 3 m.s. (יָטַב 405)-prep.-2 m.s. sf. paus. *when it is well with you*

וְעָשִׂיתָ־נָּא conj.-Qal pf. 2 m.s. (עָשָׂה I 793)-part. of entreaty (609) *do ... I pray you*

עִמָּדִי prep.-1 c.s. sf. *me*

חָסֶד n.m.s. paus. (338) *the kindness*

וְהִזְכַּרְתַּנִי conj.-Hi. pf. 2 m.s.-1 c.s. sf. (זָכַר 269) *to make mention of me*

אֶל־פַּרְעֹה prep.-pr.n. (829) *to Pharaoh*

וְהוֹצֵאתַנִי conj.-Hi. pf. 2 m.s.-1 c.s. sf. (יָצָא 422) *and so get me out*

מִן־הַבַּיִת הַזֶּה prep.-def.art.-n.m.s. (108) - def.art.-demons. adj. m.s. (260) *of this house*

40:15

כִּי־גֻנֹּב גֻּנַּבְתִּי conj.-Pu. inf. abs. (170)-Pu. pf. 1 c.s. (170) *for I was indeed stolen*

מֵאֶרֶץ הָעִבְרִים prep.-n.f.s. cstr. (75)-def.art.-adj. gent. p. (I 720) *out of the land of the Hebrews*

וְגַם־פֹּה conj.-adv. (168)-adv. (805) *and here also*

לֹא־עָשִׂיתִי neg.-Qal pf. 1 c.s. (עָשָׂה I 793) *I have done not*

מְאוּמָה indef. pron. (548) *anything*

כִּי שָׂמוּ אֹתִי conj.-Qal pf. 3 c.p. (שִׂים 962)-dir.obj.-1 c.s. sf. *that they should put me*

בַּבּוֹר prep.-def.art.-n.m.s. (92) *into the dungeon*

40:16

וַיַּרְא consec.-Qal impf. 3 m.s. (רָאָה 906) *when ... saw*

שַׂר־הָאֹפִים n.m.s. cstr. (978)-def.art.-Qal act. ptc. m.p. (אָפָה 66) *the chief baker*

כִּי טוֹב פָּתָר conj.-adj. m.s. (II 373)-Qal pf. 3 m.s. paus. (837) *that the interpretation was favorable*

וַיֹּאמֶר consec.-Qal impf. 3 m.s. (55) *he said*

אֶל־יוֹסֵף prep.-pr.n. (415) *to Joseph*

אַף־אֲנִי conj. (II 64)-pers. pr. 1 c.s. (58) *I also*

בַּחֲלוֹמִי prep.-n.m.s.-1 c.s. sf. (321) *had a dream*

וְהִנֵּה conj.-demons. part. (243) *there were*

שְׁלֹשָׁה סַלֵּי חֹרִי num. f.s. cstr. (1025)-n.m.p. cstr. (700)-n.m.s. (I 301) *three cake baskets*

עַל־רֹאשִׁי prep.-n.m.s.-1 c.s. sf. (910) *on my head*

40:17

וּבַסַּל הָעֶלְיוֹן conj.-prep.-def.art.-n.m.s. (700) - def.art.-adj. m.s. (751) *and in the uppermost basket*

מִכֹּל מַאֲכַל פַּרְעֹה prep.-n.m.s.cstr.(481)-n.m.s.cstr.(38)-pr.n.(829) *all sorts of food for Pharaoh*

מַעֲשֵׂה אֹפֶה n.m.s. cstr. (795) - Qal act. ptc. (66) *work of a baker*

וְהָעוֹף conj.-def.art.-n.m.s. (733) *but the birds*

אֹכֵל Qal act. ptc. (37) *were eating*

אֹתָם dir.obj.-3 m.p. sf. (them) it

מִן־הַסַּל מֵעַל רֹאשִׁי prep.-def.art.-n.m.s. (700) - prep.-prep.-n.m.s.-1 c.s. sf. (910) *out of the basket on my head*

40:18

וַיַּעַן יוֹסֵף consec.-Qal impf. 3 m.s. (עָנָה I 772) - pr.n. (415) *and Joseph answered*

וַיֹּאמֶר consec.-Qal impf. 3 m.s. (55) *(and said)*

זֶה פִּתְרֹנוֹ demons. adj. m.s. (260)-n.m.s.-3 m.s. sf. (837) *This is its interpretation*

שְׁלֹשֶׁת הַסַּלִּים num. f.s. cstr. (1025)-def. art.-n.m.p. (700) *the three baskets are*

שְׁלֹשֶׁת יָמִים v. supra-n.m.p. (398) *three days*

הֵם pers. pr. 3 m.p. (241) *(they are)*

40:19

בְּעוֹד שְׁלֹשֶׁת יָמִים prep.-adv. (728) - num. f.s. cstr. (1025) - n.m.p. (398) *within three days*

יִשָּׂא פַרְעֹה Qal impf. 3 m.s. (נָשָׂא 669)-pr.n. (829) *Pharaoh will lift up*

אֶת־רֹאשְׁךָ dir. obj.-n.m.s.-2 m.s. sf. (910) *your head*

מֵעָלֶיךָ prep.-prep.-2 m.s. sf. *from you*

וְתָלָה אוֹתְךָ conj.-Qal pf. 3 m.s. (1067)-dir. obj.-2 m.s. sf. *and hang you*

עַל־עֵץ prep.-n.m.s. (781) *on a tree*

וְאָכַל הָעוֹף conj.-Qal pf. 3 m.s. (37)-def. art.-n.m.s. (733) *and the birds will eat*

אֶת־בְּשָׂרְךָ dir. obj.-n.m.s.-2 m.s. sf. (142) *the flesh*

מֵעָלֶיךָ prep.-prep.-2 m.s. sf. *from you*

40:20

וַיְהִי בַּיּוֹם הַשְּׁלִישִׁי consec.-Qal impf. 3 m.s. (הָיָה 224)-prep.-def. art.-n.m.s. (398)-def. art.-num. adj. (1026) *on the third*

יוֹם הֻלֶּדֶת n.m.s. cstr. (398) - Ho. inf. cstr. (יָלַד 408) *which was the birthday of*

אֶת־פַּרְעֹה dir. obj.-pr.n. (829) *Pharaoh*

וַיַּעַשׂ consec.-Qal impf. 3 m.s. (עָשָׂה I 793) *he made*

מִשְׁתֶּה n.m.s. (1059) *a feast*

לְכָל־עֲבָדָיו prep.-n.m.s. cstr. (481)-n.m.p.-3 m.s. sf. (713) *for all his servants*

וַיִּשָּׂא consec.-Qal impf. 3 m.s. (נָשָׂא 669) *and lifted up*

אֶת־רֹאשׁ שַׂר הַמַּשְׁקִים dir. obj.-n.m.s. cstr. (910)-n.m.s. cstr. (978)-def. art.-n.m.p. (1052) *the head of the chief butler*

וְאֶת־רֹאשׁ שַׂר הָאֹפִים conj.-dir. obj.-n.m.s. cstr. (910)-n.m.s. cstr. (978)-def. art.-Qal act. ptc. m.p. (66) *and the head of the chief baker*

בְּתוֹךְ עֲבָדָיו prep.-n.m.s. cstr. (1063)-n.m.p.-3 m.s. sf. (713) *among his servants*

40:21

וַיָּשֶׁב consec.-Hi. impf. 3 m.s. (שׁוּב 669) *he restored*

אֶת־שַׂר הַמַּשְׁקִים dir. obj.-n.m.s. cstr. (978)-def. art.-n.m.p. (1052) *the chief butler*

עַל־מַשְׁקֵהוּ prep.-n.m.s.-3 m.s. sf. (II 1052) *to his butlership*

וַיִּתֵּן consec.-Qal impf. 3 m.s. (נָתַן 678) *and he placed*

הַכּוֹס def. art.-n.f.s. (468) *the cup*

עַל־כַּף פַּרְעֹה prep.-n.f.s. cstr. (496)-pr.n. (829) *in Pharaoh's hand*

40:22

וְאֵת שַׂר הָאֹפִים conj.-dir. obj.-n.m.s. cstr. (978)-def. art.-Qal act. ptc. m.p. (66) *but the chief baker*

תָּלָה Qal pf. 3 m.s. (1067) *he hanged*

כַּאֲשֶׁר פָּתַר prep.-rel.-Qal pf. 3 m.s. (837) *as ... had interpreted*

לָהֶם יוֹסֵף prep.-3 m.p. sf. - pr.n. (415) *Joseph ... to them*

40:23

וְלֹא־זָכַר conj.-neg.-Qal pf. 3 m.s. (269) *yet did not remember*

שַׂר־הַמַּשְׁקִים n.m.s. cstr. (978)-def. art.-n.m.p. (1052) *the chief butler*

אֶת־יוֹסֵף dir. obj.-pr.n. (415) *Joseph*

וַיִּשְׁכָּחֵהוּ consec.-Qal impf. 3 m.s.-3 m.s. sf. (1013) *but forgot him*

41:1

וַיְהִי consec.-Qal impf. 3 m.s. (הָיָה 224) *and it was*

מִקֵּץ prep.-n.m.s. cstr. (893) *after (at the end of)*

שְׁנָתַיִם יָמִים n.f. du. (1040)-n.m.p. (398) *two whole years*

וּפַרְעֹה חֹלֵם conj.-pr.n. (829)-Qal

act. ptc. (321) *Pharaoh dreamed*

וְהִנֵּה עֹמֵד conj.-demons. part. (243)-Qal act. ptc. (763) *that he was standing*

עַל־הַיְאֹר prep.-def. art.-n.m.s. (384) *by the Nile*

41:2

וְהִנֵּה מִן־הַיְאֹר conj.-demons. part. (243)-prep.-def. art.-n.m.s. (384) *and behold out of the Nile*

עֹלֹת Qal act. ptc. f.p. (עָלָה 748) *there came up*

שֶׁבַע פָּרוֹת num. (988)-n.f.p. (831) *seven cows*

יְפוֹת מַרְאֶה adj. f.p. cstr. (421)-n.m.s. (909) *sleek*

וּבְרִיאֹת בָּשָׂר conj.-adj. f.p. cstr. (135)-n.m.s. (142) *and fat*

וַתִּרְעֶינָה consec.-Qal impf. 3 f.p. (רָעָה I 944) *and they fed*

בָּאָחוּ prep.-def. art.-n.m. coll. (28) *in the reed grass*

41:3

וְהִנֵּה conj.-demons. part. (243) *and behold*

שֶׁבַע פָּרוֹת אֲחֵרוֹת num. (988) - n.f.p. (831) - adj. m.p. (29) ***seven other cows***

עֹלוֹת Qal act. ptc. f.p. (עָלָה 748) *came up*

אַחֲרֵיהֶן prep.-3 f.p. sf. (29) *after them*

מִן־הַיְאֹר prep.-def. art.-n.m.s. (384) *out of the Nile*

רָעוֹת מַרְאֶה adj. f.p. cstr. (I 948)-n.m.s. (909) *gaunt (bad of sight)*

וְדַקּוֹת בָּשָׂר conj.-adj. f.p. cstr. (201)-n.m.s. (142) *and thin*

וַתַּעֲמֹדְנָה consec.-Qal impf. 3 f.p. (עָמַד 763) *and stood*

אֵצֶל הַפָּרוֹת prep. (I 69)-def. art.-n.f.p. (831) *by the other cows*

עַל־שְׂפַת הַיְאֹר prep.-n.f.s. cstr. (973) - def.art.-n.m.s. (384) ***on the bank of the Nile***

41:4

וַתֹּאכַלְנָה consec.-Qal impf. 3 f.p. (37) *and ate up*

הַפָּרוֹת def. art.-n.f.p. (831) *the cows*

רָעוֹת הַמַּרְאֶה adj. f.p. cstr. (I 948)-def. art.-n.m.s. (909) *gaunt*

וְדַקֹּת הַבָּשָׂר conj.-adj. f.p. cstr. (201)-def. art.-n.m.s. (142) *and thin*

אֵת שֶׁבַע הַפָּרוֹת dir.obj.-num. (988)-def.art.-n.f.p. (831) ***the seven cows***

יְפֹת הַמַּרְאֶה adj. f.p. cstr. (421)-def. art.-n.m.s. (909) *sleek*

וְהַבְּרִיאֹת conj.-def. art.-adj. f.p. (135) *and fat*

וַיִּיקַץ פַּרְעֹה consec.-Qal impf. 3 m.s. (יָקַץ 429)-pr.n. (829) *and Pharaoh awoke*

41:5

וַיִּישָׁן consec.-Qal impf. 3 m.s. (יָשֵׁן 445) *and he fell asleep*

וַיַּחֲלֹם consec.-Qal impf. 3 m.s. (321) *and dreamed*

שֵׁנִית adj. f. num. ord. (1041) ***a second time***

וְהִנֵּה conj.-demons.part. (243) ***and behold***

שֶׁבַע שִׁבֳּלִים num. (988) - n.f.p. (II 987) ***seven ears of grain***

עֹלוֹת Qal act. ptc. f.p. (עָלָה 748) *were growing*

בְּקָנֶה אֶחָד prep.-n.m.s. (889)-num. adj. (25) *on one stalk*

בְּרִיאוֹת וְטֹבוֹת adj. f.p. (135)-conj.-adj. f.p. (II 373) *plump and good*

41:6

וְהִנֵּה conj.-demons. part. (243) *and behold*

שֶׁבַע שִׁבֳּלִים num. (988) - n.f.p. (II 987) ***seven ears***

דַּקּוֹת adj. f.p. (201) *thin*

וּשְׁדוּפֹת קָדִים conj.-Qal pass. ptc. f.p. cstr. (שָׁדַף 995)-n.m.s. (870) *and blighted by the east wind*

צְמֻחוֹת Qal act. ptc. f.p. (צָמַח 855) *sprouted*

אַחֲרֵיהֶן prep.-3 f.p. sf. (29) *after them*

41:7

וַתִּבְלַעְנָה consec.-Qal impf. 3 f.p. (בָּלַע 118) *and ... swallowed*

הַשִּׁבֳּלִים הַדַּקּוֹת def.art.-n.f.p. (II 987) - def.art.-adj. f.p. (201) *the thin ears*

אֵת שֶׁבַע הַשִּׁבֳּלִים dir.obj.-num. (988) - def.art.-n.f.p. (II 987) *the seven ears*

הַבְּרִיאוֹת def. art.-adj. f.p. (135) *plump*

וְהַמְּלֵאוֹת conj.-def. art.-adj. f.p. (570) *and full*

וַיִּיקַץ פַּרְעֹה consec.-Qal impf. 3 m.s. (יָקַץ 429)-pr.n. (829) *and Pharaoh awoke*

וְהִנֵּה חֲלוֹם conj.-demons. part. (243)-n.m.s. (321) *and behold, it was a dream*

41:8

וַיְהִי consec.-Qal impf. 3 m.s. (הָיָה 224) *so it was*

בַבֹּקֶר prep.-def.art.-n.m.s. (133) *in the morning*

וַתִּפָּעֶם רוּחוֹ consec.-Ni. impf. 3 f.s. (פָּעַם 821)-n.f.s.-3 m.s. sf. (924) *his spirit was troubled*

וַיִּשְׁלַח consec.-Qal impf. 3 m.s. (1018) *and he sent*

וַיִּקְרָא consec.-Qal impf. 3 m.s. (894) *and called for*

אֶת־כָּל־חַרְטֻמֵּי dir.obj.-n.m.s. cstr. (481) - n.m.p. cstr. (355) *all the magicians of*

מִצְרַיִם pr.n. (595) *Egypt*

וְאֶת־כָּל־חֲכָמֶיהָ conj.-dir.obj.-n.m.s. cstr. (481) - adj. m.p.-3 f.s. sf. (314) *and all its wise men*

וַיְסַפֵּר פַּרְעֹה consec.-Pi. impf. 3 m s. (707)-pr.n. (829) *and Pharaoh told*

לָהֶם prep.-3 m.p. sf. *them*

אֶת־חֲלֹמוֹ dir. obj.-n.m.s.-3 m.s. sf. (321) *his dream*

וְאֵין־פּוֹתֵר conj.-subst. cstr. (II 34) - Qal act. ptc. (837) *but there was none who could interpret*

אוֹתָם dir. obj.-3 m.p. sf. *it (*lit. *them)*

לְפַרְעֹה prep.-pr.n. (829) *to Pharaoh*

41:9

וַיְדַבֵּר consec.-Pi. impf. 3 m.s. (180) *then said*

שַׂר הַמַּשְׁקִים n.m.s. cstr. (978)-def. art.-n.m.p. (I 1052) *the chief butler*

אֶת־פַּרְעֹה dir. obj.-pr.n. (829) *to Pharaoh*

לֵאמֹר prep.-Qal inf. cstr. (55) *(saying)*

אֶת־חֲטָאַי dir. obj.-n.m.p.-1 c.s. sf. (307) *my faults*

אֲנִי מַזְכִּיר pers. pr. 1 c.s. (58)-Hi. ptc. (269) *I remember*

הַיּוֹם def. art.-n.m.s. (398) *today*

41:10

פַּרְעֹה קָצַף pr.n. (829)-Qal pf. 3 m.s. (893) *when Pharaoh was angry*

עַל־עֲבָדָיו prep.-n.m.p.-3 m.s. sf. (713) *with his servants*

וַיִּתֵּן אֹתִי consec. - Qal impf. 3 m.s. (נָתַן 678) - dir.obj.-1 c.s. sf. *and put me*

בְּמִשְׁמַר בֵּית prep.-n.m.s. cstr. (1038)-n.m.s. cstr. (108) *in custody in the house of*

שַׂר הַטַּבָּחִים n.m.s. cstr. (978)-def. art.-n.m.p. (371) *the captain of the guard*

אֹתִי וְאֵת שַׂר הָאֹפִים dir. obj.-1 c.s. sf.-conj.-dir. obj.-n.m.s. cstr. (978)-def. art.-Qal act. ptc. m.p. (66) *me and the chief baker*

41:11

וַנַּחַלְמָה חֲלוֹם consec.-Qal impf. 1 c.p.-old accus. ending (חָלַם 321) - n.m.s. (321) *we dreamed (a dream)*

בְּלַיְלָה אֶחָד prep.-n.m.s. (538)-adj. num. (25) *on the same night*

אֲנִי וָהוּא pers. pr. 1 c.s. (58)-conj.-pers. pr. 3 m.s. (214) *I and he*

אִישׁ כְּפִתְרוֹן חֲלֹמוֹ n.m.s. (35)-prep.-n.m.s. cstr. (837)-n.m.s.-3 m.s. sf. (321) *each with an interpretation of his own dream*

חָלָמְנוּ Qal pf. 1 c.p. paus. (321) *we dreamed*

41:12

וְשָׁם אִתָּנוּ conj.-adv. (1027)-prep.-1 c.p. sf. (II 85) *and there with us*

נַעַר עִבְרִי n.m.s. (654)-adj. gent. (I 720) *a young Hebrew*

עֶבֶד לְשַׂר n.m.s. (713)-prep.-n.m.s. cstr. (978) *a servant of the captain of*

הַטַּבָּחִים def. art.-n.m.p. (371) *the guard*

וַנְּסַפֶּר־לוֹ consec. - Pi. impf. 1 c.p. (סָפַר 707) - prep.-3 m.s. sf. *and when we told him*

וַיִּפְתָּר־לָנוּ consec.-Qal impf. 3 m.s. (837)-prep.-1 c.p. sf. *he interpreted to us*

אֶת־חֲלֹמֹתֵינוּ dir. obj.-n.m.p.-1 c.p. sf. (321) *our dreams*

אִישׁ כַּחֲלֹמוֹ n.m.s. (35)-prep.-n.m.s.-3 m.s. sf. (321) *to each man according to his dream*

פָּתָר Qal pf. 3 m.s. paus. (827) *giving an interpretation*

41:13

וַיְהִי כַּאֲשֶׁר consec.-Qal impf. 3 m.s. (הָיָה 224) - prep.-rel. *and (it was) as*

פָּתַר־לָנוּ Qal pf. 3 m.s. (837)-prep.-1 c.p. sf. *he interpreted to us*

כֵּן הָיָה adv. (485)-Qal pf. 3 m.s. (224) *so it came to pass*

אֹתִי הֵשִׁיב dir. obj.-1 c.s. sf.-Hi. pf. 3 m.s. (שׁוּב 996) *I was restored*

עַל־כַּנִּי prep.-n.m.s.-1 c.s. sf. (III 487) *to my office*

וְאֹתוֹ תָלָה conj.-dir. obj.-3 m.s. sf.-Qal pf. 3 m.s. (1067) *and (him) the chief baker was hanged*

41:14

וַיִּשְׁלַח פַּרְעֹה consec.-Qal impf. 3 m.s. (1018)-pr.n. (829) *then Pharaoh sent*

וַיִּקְרָא consec.-Qal impf. 3 m.s. (894) *and called*

אֶת־יוֹסֵף dir obj.-pr.n. (415) *Joseph*

וַיְרִיצֻהוּ consec.-Hi. impf. 3 m.p.-3 m.s. sf. (רוּץ 930) *and they brought him quickly*

מִן־הַבּוֹר prep.-def. art.-n.m.s. (92) *out of the dungeon*

וַיְגַלַּח consec.-Pi. impf. 3 m.s. (גָּלַח 164) *and when he had shaved himself*

וַיְחַלֵּף שִׂמְלֹתָיו consec.-Pi. impf. 3 m.s. (חָלַף 322)-n.f.p.-3 m.s. sf. (971) *and changed his clothes*

וַיָּבֹא אֶל־פַּרְעֹה consec.-Qal impf. 3 m.s. (בּוֹא 97)-prep.-pr.n. (829) *he came in before Pharaoh*

41:15

וַיֹּאמֶר פַּרְעֹה consec.-Qal impf. 3 m.s. (55)-pr.n. (829) *and Pharaoh said*

אֶל־יוֹסֵף prep.-pr.n. (415) *to Joseph*

חֲלוֹם חָלַמְתִּי n.m.s. (321)-Qal pf. 1 c.s. (321) *I have had a dream*

וּפֹתֵר אֵין אֹתוֹ conj.-Qal act. ptc. (837)-subst. cstr. (II 34)-dir. obj.-3 m.s. sf. *and there is no one who can interpret it*

וַאֲנִי שָׁמַעְתִּי conj.-pers. pr. 1 c.s. (58)-Qal pf. 1 c.s. (1033) *and I have heard*

עָלֶיךָ לֵאמֹר prep.-2 m.s. sf.-prep.-Qal inf. cstr. (55) *it said of you*

תִּשְׁמַע חֲלוֹם Qal impf. 2 m.s. (1033)-n.m.s. (321) *when you hear a dream*

לִפְתֹּר אֹתוֹ prep.-Qal inf. cstr. (837) - dir.obj.-3 m.s. sf. *you can interpret it*

41:16

וַיַּעַן יוֹסֵף consec.-Qal impf. 3 m.s. (עָנָה I 772)-pr.n. (415) *Joseph answered*

אֶת־פַּרְעֹה dir. obj.-pr.n. (829) *Pharaoh*

לֵאמֹר prep.-Qal inf. cstr. (55) *(saying)*

בִּלְעָדָי part. of deprecation-1 c.s. sf. (116) *It is not in me*

אֱלֹהִים יַעֲנֶה n.m.p. (43)-Qal impf. 3 m.s. (I 772) *God will give an answer*

אֶת־שְׁלוֹם פַּרְעֹה dir. obj.-n.m.s. cstr. (1022)-pr.n. (829) *favorable to Pharaoh*

41:17

וַיְדַבֵּר פַּרְעֹה consec.-Pi. impf. 3 m.s. (180)-pr.n. (829) *then Pharaoh said*

אֶל־יוֹסֵף prep.-pr.n. (415) *to Joseph*

בַּחֲלֹמִי הִנְנִי prep.-n.m.s.-1 c.s. sf. (321)-demons. part.-1 c.s. sf. (243) *Behold in my dream I*

עֹמֵד Qal act. ptc. (763) *was standing*

עַל־שְׂפַת הַיְאֹר prep.-n.f.s. cstr. (973)-def. art.-n.m.s. (384) *on the banks of the Nile*

41:18

וְהִנֵּה מִן־הַיְאֹר conj.-demons. part. (243)-prep.-def. art.-n.m.s. (384) *and behold out of the Nile*

עֹלֹת שֶׁבַע פָּרוֹת Qal act. ptc. f.p. (עָלָה 748)-num. (988)-n.f.p. (831) *seven cows came up*

בְּרִיאוֹת בָּשָׂר adj. f.p. cstr. (135)-n.m.s. (142) *fat*

וִיפֹת תֹּאַר conj.-adj. f.p. cstr. (421)-n.m.s. (1061) *and sleek*

וַתִּרְעֶינָה בָּאָחוּ consec.-Qal impf. 3 f.p. (רָעָה I 944)-prep.-def. art.-n.m.coll. (28) *and fed in the reed grass*

41:19

וְהִנֵּה שֶׁבַע־פָּרוֹת conj.-demons. part. (243)-num. (988)-n.f.p. (831) *and behold seven ... cows*

אֲחֵרוֹת adj. f.p. (29) *other*

עֹלוֹת Qal act. ptc. f.p. (עָלָה 748) *came up*

אַחֲרֵיהֶן prep.-3 f.p. sf. (29) *after them*

דַּלּוֹת adj. f.p. cstr. (195) *poor*

וְרָעוֹת תֹּאַר conj.-adj. f.p. cstr. (948) - n.m.s. (1061) *and gaunt*

מְאֹד adv. (547) *very*

וְרַקּוֹת בָּשָׂר conj.-adj. f.p. cstr. (956)-n.m.s. (142) *and thin*

לֹא־רָאִיתִי neg.-Qal pf. 1 c.s. (רָאָה 906) *I had never seen*

כָּהֵנָּה prep.-pers. pr. 3 f.p. (241) *such as (the like of them)*

בְּכָל־אֶרֶץ prep.-n.m.s. cstr. (481)-n.f.s. cstr. (75) *in all the land of*

מִצְרַיִם pr.n. (595) *Egypt*

לָרֹעַ prep.-def. art.-n.m.s. (947) *(of bad quality)*

41:20

וַתֹּאכַלְנָה consec.-Qal impf. 3 f.p. (37) *and ate up*

הַפָּרוֹת def. art.-n.f.p. (831) *the cows*

הָרַקּוֹת def.art.-adj.f.p.(956) *the thin*

וְהָרָעוֹת conj.-def. art.-adj. f.p. (948) *and gaunt*

אֵת שֶׁבַע הַפָּרוֹת dir. obj.-num. (988)-def. art.-n.f.p. (831) *the seven cows*

הָרִאשֹׁנוֹת def. art.-adj. f.p. (911) *first*

הַבְּרִיאֹת def. art.-adj. f.p. (135) *fat*

41:21

וַתָּבֹאנָה consec.-Qal impf. 3 f.p. (בּוֹא 97) *and they came*

אֶל־קִרְבֶּנָה prep.-n.m.s.-3 f.p. sf. (899) *in their midst*

וְלֹא נוֹדַע conj.-neg.-Ni. pf. 3 m.s. (יָדַע 393) *no one would have known*

כִּי־בָאוּ אֶל־קִרְבֶּנָה conj.-Qal pf. 3 c.p. (בּוֹא 97)-prep.-n.m.s.-3 f.p. sf. (899) *that they had eaten them*

וּמַרְאֵיהֶן conj.-n.m.p.-3 f.p. sf. (909) *and their appearance*

רַע adj. m.s. (I 948) *was gaunt*

כַּאֲשֶׁר בַּתְּחִלָּה prep.-rel.-prep.-def. art.-n.f.s. (321) *as at the beginning*

וָאִיקָץ consec.-Qal impf. 1 c.s. (יָקַץ 429) *then I awoke*

41:22

וָאֵרֶא consec.-Qal impf. 1 c.s. (רָאָה 906) *I also saw*

בַּחֲלֹמִי prep.-n.m.s.-1 c.s. sf. (321) *in my dream*

וְהִנֵּה conj.-demons. part. (243) *(and behold)*

שֶׁבַע שִׁבֳּלִים num. (988)-n.f.p. (II 987) *seven ears*

עֹלֹת Qal act. ptc. f.p. (עָלָה 748) *growing*

בְּקָנֶה אֶחָד prep.-n.m.s. (889)-num. adj. (25) *on one stalk*

מְלֵאֹת וְטֹבוֹת adj. f.p. (570)-conj.-adj. f.p. (II 373) *full and good*

41:23

וְהִנֵּה שֶׁבַע שִׁבֳּלִים conj.-demons. part. (243)-num. (988)-n.f.p. (II 987) *and behold seven ears*

צְנֻמוֹת Qal pass. ptc. f.p. (צָנַם 856) *withered*

דַּקּוֹת adj. f.p. (956) *thin*

שְׁדֻפוֹת קָדִים Qal pass. ptc. f.p. cstr. (שָׁדַף 995)-n.m.s. (870) *blighted by the east wind*

צֹמְחוֹת אַחֲרֵיהֶם Qal act. ptc. f.p. (855)-prep.-3 m.p. sf. (29) *sprouted after them*

41:24

וַתִּבְלַעְןָ consec.-Qal impf. 3 f.p. (בָּלַע 118) *and swallowed up*

הַשִּׁבֳּלִים הַדַּקֹּת def.art.-n.f.p. (II 987)-def.art.-adj. f.p. (956) *the thin ears*

אֵת שֶׁבַע הַשִּׁבֳּלִים dir.obj.-num. (988)-def.art.-n.f.p. (II 987) *the seven ... ears*

הַטֹּבוֹת def.art.-adj. f.p. (II 373) *good*

וָאֹמַר consec.-Qal impf. 1 c.s. (אָמַר 55) *and I told*

אֶל־הַחַרְטֻמִּים prep.-def.art.-n.m.p. (355) *to the magicians*

וְאֵין מַגִּיד לִי conj.-subst. cstr. (II 34)-Hi. ptc. (נָגַד 616)-prep.-1 c.s. sf. *but there was no one who could explain it to me*

41:25

וַיֹּאמֶר יוֹסֵף consec.-Qal impf. 3 m.s. (55)-pr.n. (415) *then Joseph said*

אֶל־פַּרְעֹה prep.-pr.n. (829) *to Pharaoh*

חֲלוֹם פַּרְעֹה n.m.s. cstr. (321)-pr.n. (829) *The dream of Pharaoh*

אֶחָד num. adj. m.s. (25) *one*

הוּא pers. pr. 3 m.s. (214) *(it is)*

אֵת אֲשֶׁר הָאֱלֹהִים dir. obj.-rel.-def. art.-n.m.p. (43) *what God is*

עֹשֶׂה Qal act. ptc. (I 793) *about to do*

הִגִּיד לְפַרְעֹה Hi. pf. 3 m.s. (נָגַד 616)-prep.-pr.n. (829) *he has revealed to Pharaoh*

41:26

שֶׁבַע פָּרֹת הַטֹּבֹת num. (988)-n.f.p. (831)-def. art.-adj. f.p. (II 373) *the seven good cows*

שֶׁבַע שָׁנִים הֵנָּה num. (988)-n.f.p. (1040)-pers. pr. 3 f.p. (241) *are seven years (they)*

וְשֶׁבַע conj.-num. (988) *and seven*

הַשִּׁבֳּלִים הַטֹּבֹת def. art.-n.f.p. (II 987)-def. art.-adj. f.p. (II 373) *the good ears*

שֶׁבַע שָׁנִים הֵנָּה v. supra-v. supra *seven years (they are)*

חֲלוֹם אֶחָד הוּא n.m.s. (321)-num. adj. m.s. (25)-pers. pr. 3 m.s. (214) *dream (it) is one*

41:27

וְשֶׁבַע הַפָּרוֹת conj.-num. (988)-def. art.-n.f.p. (831) *the seven cows*

הָרַקּוֹת וְהָרָעֹת def.art.-adj. f.p. (956) - conj.-def.art.-adj. f.p. (948) *lean and gaunt*

הָעֹלֹת def. art.-Qal act. ptc. f.p. (עָלָה 748) *that came up*

אַחֲרֵיהֶן prep.-3 f.p. sf. (29) *after them*

שֶׁבַע שָׁנִים הֵנָּה num. (988)-n.f.p. (1040)-pers. pr. 3 f.p. (241) *are seven years*

וְשֶׁבַע הַשִּׁבֳּלִים conj.num. cstr. (988)-def. art.-n.f.p. (II 987) *and the seven ears*

הָרֵקוֹת def. art.-adj. f.p. (938) *empty*

שְׁדֻפוֹת הַקָּדִים Qal pass. ptc. f.p. cstr. (995)-def. art.-n.m.s. (870) *blighted by the east wind*

יִהְיוּ Qal impf. 3 m.p. (הָיָה 224) *are*

שֶׁבַע שְׁנֵי רָעָב num. adj. cstr. (988)-n.f.p. cstr. (1040)-n.m.s. (944) *seven years of famine*

41:28

הוּא הַדָּבָר pers. pr. 3 m.s. (214)-def. art.-n.m.s. (182) *it is (the thing)*

אֲשֶׁר דִּבַּרְתִּי rel.-Pi. pf. 1 c.s. (180) *as I told*

אֶל־פַּרְעֹה prep.-pr.n. (829) *to Pharaoh*

אֲשֶׁר הָאֱלֹהִים rel.-def. art.-n.m.p. (43) *what God*

עֹשֶׂה Qal act. ptc. (I 793) *is about to do*

הֶרְאָה אֶת־פַּרְעֹה Hi. pf. 3 m.s. (רָאָה 906)-dir. obj.-pr.n. (829) *he has shown to Pharaoh*

41:29

הִנֵּה שֶׁבַע שָׁנִים demons. part. (243)-num. cstr. (988)-n.f.p. (1040) *there (behold) seven years*

בָּאוֹת Qal act. ptc. f.p. (בּוֹא 97) *will come*

שָׂבָע גָּדוֹל n.m.s. (960)-adj. m.s. (152) *great plenty*

בְּכָל־אֶרֶץ prep.-n.m.s. cstr. (481)-n.f.s. cstr. (75) *throughout all the land of*

מִצְרָיִם pr.n. paus. (595) *Egypt*

41:30

וְקָמוּ conj.-Qal pf. 3 c.p. (קוּם 877) *but there will arise*

שֶׁבַע שְׁנֵי num. cstr. (988)-n.f.p. cstr. (1040) *seven years of*

רָעָב n.m.s. (944) *famine*

אַחֲרֵיהֶן prep.-3 f.p. sf. (29) *after them*

וְנִשְׁכַּח conj.-Ni. pf. 3 m.s. (1013) *and will be forgotten*

כָּל־הַשָּׂבָע n.m.s. cstr. (481)-def. art.-n.m.s. (960) *all the plenty*

בְּאֶרֶץ מִצְרָיִם prep.-n.f.s. cstr. (75)-pr.n. (595) *in the land of Egypt*

וְכִלָּה הָרָעָב conj.-Pi. pf. 3 m.s. (477)-def. art.-n.m.s. (944) *the famine will consume*

אֶת־הָאָרֶץ dir. obj.-def. art.-n.f.s. (75) *the land*

41:31

וְלֹא־יִוָּדַע conj.-neg.-Ni. impf. 3 m.s. (יָדַע 393) *and will be unknown*

הַשָּׂבָע def. art.-n.m.s. (960) *the plenty*

בָּאָרֶץ prep.-def. art.-n.f.s. (75) *in the land*

מִפְּנֵי הָרָעָב הַהוּא prep.-n.m.p. cstr. (815) - def.art.-n.m.s. (944) - def.art.-demons.adj. m.s. (214) *by reason of that famine*

אַחֲרֵי־כֵן prep. cstr. (29)-adv. (485) *which will follow*

כִּי־כָבֵד הוּא מְאֹד conj.-adj. m.s. (458)-pers. pr. 3 m.s. (214)-adv. (547) *for it will be very grievous*

41:32

וְעַל הִשָּׁנוֹת הַחֲלוֹם conj.-prep.-Ni. inf. cstr. (שָׁנָה III 1040)-def. art.-n.m.s. (321) *and the doubling of the dream*

אֶל־פַּרְעֹה prep.-pr.n. (829) *of Pharaoh*

פַּעֲמָיִם n.f. du. (821) *(two times)*

כִּי־נָכוֹן הַדָּבָר conj.-Ni. ptc. (כּוּן I 465) - def.art.-n.m.s. (182) *that the thing is fixed*

מֵעִם הָאֱלֹהִים prep.-prep.-def. art.-n.m.p. (43) *by God*

וּמְמַהֵר הָאֱלֹהִים conj.-Pi. ptc. (מָהַר I 554)-def. art.-n.m.p. (43) *and God will shortly*

לַעֲשֹׂתוֹ prep.-Qal inf. cstr.-3 m.s. sf. (עָשָׂה I 793) *bring it to pass*

41:33

וְעַתָּה יֵרֶא conj.-adv. (773)-Qal impf. 3 m.s. apoc. vol. (רָאָה 906) *now therefore let ... select*

פַּרְעֹה pr.n. (829) *Pharaoh*

אִישׁ נָבוֹן וְחָכָם n.m.s. (35)-Ni. ptc. m.s. (בִּין 106)-conj.-adj.m.s. (314) *a man discreet and wise*

וִישִׁיתֵהוּ conj.-Qal impf. 3 m.s.-3 m.s. sf. (שִׁית 1011) *and let him set him*

עַל־אֶרֶץ מִצְרָיִם prep.-n.f.s. cstr. (75)-pr.n. paus. (595) *over the land of Egypt*

41:34

יַעֲשֶׂה פַרְעֹה Qal impf. 3 m.s. apoc.-vol. he (I 793)-pr.n. (829) *let Pharaoh proceed*

וְיַפְקֵד פְּקִדִים conj.-Hi. impf. 3 m.s. apoc. (823)-n.m.p. (824) *and let him appoint overseers*

עַל־הָאָרֶץ prep.-def. art.-n.f.s. (75) *over the land*

וְחִמֵּשׁ conj.-Pi. pf. 3 m.s. (II 332) *and take the fifth part*

אֶת־אֶרֶץ מִצְרַיִם dir. obj.-n.f.s. cstr. (75)-pr.n. (595) *of the produce of the land of Egypt*

בְּשֶׁבַע שְׁנֵי הַשָּׂבָע prep.-num. cstr. (988)-n.f.p. cstr. (1040)-def. art.-n.m.s. (960) *during the seven plenteous years*

41:35

וְיִקְבְּצוּ conj.-Qal impf. 3 m.p. (867) *And let them gather*

אֶת־כָּל־אֹכֶל dir. obj.-n.m.s. cstr. (481)-n.m.s. cstr. (38) *all the food of*

הַשָּׁנִים הַטֹּבֹת def.art.-n.f.p. (1040) - def.art.-adj. f.p. (II 373) *the good years*

הַבָּאֹת הָאֵלֶּה def. art.-Qal act. ptc. f.p. (בּוֹא 97)-def. art.-demons. c.p. (41) *these that are coming*

וְיִצְבְּרוּ־בָר conj.-Qal impf. 3 m.p. (84)-n.m.s. (III 141) *and lay up grain*

תַּחַת יַד־פַּרְעֹה prep. (1065)-n.f.s. cstr. (388)-pr.n. (829) *under the authority of Pharaoh*

אֹכֶל בֶּעָרִים n.m.s. (38)-prep.-def. art.-n.f.p. (746) *for food in the cities*

וְשָׁמָרוּ conj.-Qal pf. 3 c.p. paus. (1036) *and let them keep it*

41:36

וְהָיָה הָאֹכֶל conj.-Qal pf. 3 m.s. (224)-def. art.-n.m.s. (38) *that food shall be*

לְפִקָּדוֹן prep.-n.m.s. (824) *a reserve*

לָאָרֶץ prep.-def. art.-n.f.s. (75) *for the land*

לְשֶׁבַע שְׁנֵי prep.-num. cstr. (988)-n.f.p. cstr. (1040) *against the seven years of*

הָרָעָב def. art.-n.m.s. (944) *famine*

אֲשֶׁר תִּהְיֶיןָ rel. - Qal impf. 3 f. p. (הָיָה 224) *which are to befall*

בְּאֶרֶץ מִצְרָיִם prep.-n.f.s. cstr. (75)-pr.n. paus. (595) *the land of Egypt*

וְלֹא־תִכָּרֵת conj.-neg.-Ni. impf. 3 f.s. (503) *so that may not perish*

הָאָרֶץ def. art.-n.f.s. (75) *the land*

בָּרָעָב prep.-def. art.-n.m.s. (944) *through the famine*

41:37

וַיִּיטַב הַדָּבָר consec.-Qal impf. 3 m.s. (יָטַב 405)-def. art.-n.m.s. (182) *this proposal seemed good*

בְּעֵינֵי פַרְעֹה prep.-n.f. du. cstr. (744)-pr.n. (829) *to Pharaoh*

וּבְעֵינֵי כָּל־עֲבָדָיו conj.-prep.-n.f. du. cstr. (744)-n.m.s. cstr. (481)-n.m.p.-3 m.s. sf. (713) *and to all his servants*

41:38

וַיֹּאמֶר consec.-Qal impf. 3 m.s. (55) *and said*

פַּרְעֹה pr.n. (829) *Pharaoh*

אֶל־עֲבָדָיו prep.-n.m.p.-3 m.s. sf. (713) *to his servants*

הֲנִמְצָא interr.-Qal impf. 1 c.p. (מָצָא 592) *Can we find*

כָזֶה prep.-demons. adj. m.s. (260) *as this*

אִישׁ n.m.s. (35) *such a man*

אֲשֶׁר רוּחַ אֱלֹהִים בּוֹ rel.-n.f.s. cstr. (924)-n.m.p. (43)-prep.-3 m.s. sf. *in whom is the Spirit of God*

41:39

וַיֹּאמֶר פַּרְעֹה consec.-Qal impf. 3 m.s. (55)-pr.n. (829) *so Pharaoh said*

אֶל־יוֹסֵף prep.-pr.n. (415) *to Joseph*

אַחֲרֵי הוֹדִיעַ אֱלֹהִים prep. (29) - Hi. inf. cstr. (יָדַע 393) - n.m.p. (43) *since God has shown*

אוֹתְךָ dir. obj.-2 m.s. sf. *you*

אֶת־כָּל־זֹאת dir. obj.-n.m.s. cstr. (481)-demons. adj. f.s. (260) *all this*

אֵין־נָבוֹן subst. cstr. (II 34)-Ni. ptc. (בִּין 106) *there is none so discreet*

וְחָכָם כָּמוֹךָ conj.-n.m.s. (314)-prep.-2 m.s. sf. *and wise as you are*

41:40

אַתָּה תִּהְיֶה pers. pr. 2 m.s. (61)-Qal impf. 2 m.s. (הָיָה 224) *you shall be*

עַל־בֵּיתִי prep.-n.m.s.-1 c.s. sf. (108) *over my house*

וְעַל־פִּיךָ conj.-prep.-n.m.s.-2 m.s. sf. (804) *and to your mouth*

יִשַּׁק Qal impf. 3 m.s. (נָשַׁק I 676) *shall yield*

כָּל־עַמִּי n.m.s. cstr. (481)-n.m.s.-1 c.s. sf. (I 766) *all my people*

רַק הַכִּסֵּא adv. (956)-def. art.-n.m.s. (490) *only as regards the throne*

אֶגְדַּל מִמֶּךָּ Qal impf. 3 m.s. (152)-prep.-2 m.s. sf. *will I be greater than you*

41:41

וַיֹּאמֶר פַּרְעֹה consec.-Qal impf. 3 m.s. (55) - pr.n. (829) *and Pharaoh said*

אֶל־יוֹסֵף prep.-pr.n. (415) *to Joseph*

רְאֵה נָתַתִּי אֹתְךָ Qal impv. 2 m.s. (906)-Qal pf. 1 c.s. (נָתַן 678)-dir. obj.-2 m.s. sf. *Behold, I have set you*

עַל כָּל־אֶרֶץ prep.-n.m.s. cstr. (481)-n.f.s. cstr. (75) *over all the land of*

מִצְרָיִם pr.n. paus. (595) *Egypt*

41:42

וַיָּסַר פַּרְעֹה consec.-Qal impf. 3 m.s. (סוּר 693)-pr.n. (829) *then Pharaoh took*

אֶת־טַבַּעְתּוֹ dir. obj.-n.f.s.-3 m.s. sf. (371) *his signet ring*

מֵעַל יָדוֹ prep.-prep.-n.f.s.-3 m.s. sf. (388) *from his hand*

וַיִּתֵּן אֹתָהּ consec.-Qal impf. 3 m.s. (נָתַן 678)-dir. obj.-3 f.s. sf. *and put it*

עַל־יַד יוֹסֵף prep.-n.f.s. cstr. (388)-pr.n. (415) *on Joseph's hand*

וַיַּלְבֵּשׁ אֹתוֹ consec.-Hi. impf. 3 m.s. (527)-dir. obj.-3 m.s. sf. *and arrayed him*

בִּגְדֵי־שֵׁשׁ n.m.p. cstr. (93)-n.m.s. (III 1058) *in garments of fine linen*

וַיָּשֶׂם consec.-Qal impf. 3 m.s. (שִׂים 962) *and put*

רְבִד הַזָּהָב n.m.s. cstr. (914) - def.art.-n.m.s. (262) *a gold chain*

עַל־צַוָּארוֹ prep.-n.m.s.-3 m.s. sf. (848) *about his neck*

41:43

וַיַּרְכֵּב אֹתוֹ consec.-Hi. impf. 3 m.s. (רָכַב 938) - dir.obj.-3 m.s. sf. *and he made him to ride*

בְּמִרְכֶּבֶת הַמִּשְׁנֶה prep.-n.f.s. cstr. (939)-def. art.-n.m.s. (1041) *in ... second chariot*

אֲשֶׁר־לוֹ rel.-prep.-3 m.s. sf. *his*

וַיִּקְרְאוּ consec.-Qal impf. 3 m.p. (894) *and they called (cried)*

לְפָנָיו prep.-n.m.p.-3 m.s. sf. (815) *before him*

אַבְרֵךְ Egyptian word mng. dub. (7) similar in sound to Heb. *Kneel*

וְנָתוֹן אֹתוֹ conj.-Qal inf. abs. (678)-dir. obj.-3 m.s. sf. *thus he set him*

עַל כָּל־אֶרֶץ prep.-n.m.s. cstr. (481)-n.f.s. cstr. (75) *over all the land of*

מִצְרָיִם pr.n. paus. (595) *Egypt*

41:44

וַיֹּאמֶר פַּרְעֹה consec.-Qal impf. 3 m.s. (55)-pr.n. (829) *moreover Pharaoh said*

אֶל־יוֹסֵף prep.-pr.n. (415) *to Joseph*

אֲנִי פַרְעֹה pers. pr. 1 c.s. (58)-pr.n. (829) *I am Pharaoh*

וּבִלְעָדֶיךָ conj.-prep.-2 m.s. sf. (116) *and without your consent*

לֹא־יָרִים אִישׁ neg.-Hi. impf. 3 m.s. (רוּם 926)-n.m.s. (35) *no man shall lift up*

אֶת־יָדוֹ dir. obj.-n.f.s.-3 m.s. sf. (388) *his hand*

וְאֶת־רַגְלוֹ conj.-dir. obj.-n.f.s.-3 m.s. sf. (919) *or foot*

בְּכָל־אֶרֶץ prep.-n.m.s. cstr. (481)-n.f.s. cstr. (75) *in all the land of*

מִצְרָיִם pr.n. paus. (595) *Egypt*

41:45

וַיִּקְרָא פַרְעֹה consec.-Qal impf. 3 m.s. (894)-pr.n. (829) *and Pharaoh called*

שֵׁם־יוֹסֵף n.m.s. cstr. (1027)-pr.n. (415) *Joseph's name*

צָפְנַת פַּעְנֵחַ pr.n. (861) *Zaphenath-paneah*

וַיִּתֶּן־לוֹ consec.-Qal impf. 3 m.s. (־ן נָתַ 678) - prep.-3 m.s. sf. *and he gave him*

אֶת־אָסְנַת dir. obj.-pr.n. (62) *Asenath*

בַּת־פּוֹטִי פֶרַע n.f.s. cstr. (I 123)-pr.n. (806) *the daughter of Potiphera*

כֹּהֵן אֹן n.m.s. cstr. (463)-pr.n. (58) *priest of On*

לְאִשָּׁה prep.-n.f.s. (61) *(for wife) in marriage*

וַיֵּצֵא יוֹסֵף consec. - Qal impf. 3 m.s. (יָצָא 422) - pr.n. (415) *so Joseph went out*

עַל־אֶרֶץ מִצְרָיִם prep.-n.f.s. cstr. (75)-pr.n. paus. (595) *over the land of Egypt*

41:46

וְיוֹסֵף conj.-pr.n. (415) *Joseph was*

בֶּן־שְׁלֹשִׁים שָׁנָה n.m.s. cstr. (119)-num. p. (1026)-n.f.s. (104) *thirty years old*

בְּעָמְדוֹ prep.-Qal inf. cstr.-3 m.s. sf. (763) *when he entered the service*

לִפְנֵי פַּרְעֹה prep.-n.m.p. cstr. (815)-pr.n. (829) *before Pharaoh*

מֶלֶךְ־מִצְרָיִם n.m.s. cstr. (I 572)-pr.n. paus. (595) *king of Egypt*

וַיֵּצֵא יוֹסֵף consec.-Qal impf. 3 m.s. (יָצָא 422)-pr.n. (415) *and Joseph went out*

מִלִּפְנֵי פַרְעֹה prep.-prep.-n.m.p. cstr. (815)-pr.n. (829) *from the presence of Pharaoh*

וַיַּעֲבֹר consec.-Qal impf. 3 m.s. (716) *and went*

בְּכָל־אֶרֶץ prep.-n.m.s. cstr. (481)-n.f.s. cstr. (75) *through all the land of*

מִצְרָיִם pr.n. paus. (595) *Egypt*

41:47

וַתַּעַשׂ הָאָרֶץ consec.-Qal impf. 3 f.s. (I 793)-def. art.-n.f.s. (75) *the earth brought forth*

בְּשֶׁבַע שְׁנֵי prep.-num. cstr. (988)-n.f.p. cstr. (1040) *during the seven years of*

הַשָּׂבָע def. art.-n.m.s. (960) *plenty*

לִקְמָצִים prep.-n.m.p. (888) *abundantly (by handfuls)*

41:48

וַיִּקְבֹּץ consec.-Qal impf. 3 m.s. (867) *and he gathered up*

אֶת־כָּל־אֹכֶל dir. obj.-n.m.s. cstr. (481)-n.m.s. cstr. (38) *all the food of*

שֶׁבַע שָׁנִים num. (988)-n.f.p. (1040) *the seven years*

אֲשֶׁר הָיוּ rel.-Qal pf. 3 c.p. (224) *which were*

בְּאֶרֶץ מִצְרַיִם prep.-n.f.s. cstr. (75)-pr.n. (595) *in the land of Egypt*

וַיִּתֶּן־אֹכֶל consec.-Qal impf. 3 m.s. (נָתַן 678)-n.m.s. (38) *and stored up food*

בֶּעָרִים prep.-def. art.-n.f.p. (746) *in the cities*

אֹכֶל שְׂדֵה־הָעִיר n.m.s. cstr. (38)-n.m.s. cstr. (961)-def. art.-n.f.s. (746) *food of the fields of the city*

אֲשֶׁר סְבִיבֹתֶיהָ נָתַן rel.-subst.-3 f.s. sf.-Qal pf. 3 m.s. (678) *which around it he stored up*

בְּתוֹכָהּ prep.-n.m.s.-3 f.s. sf. (1063) *in the midst of it*

41:49

וַיִּצְבֹּר יוֹסֵף consec.-Qal impf. 3 m.s. (840)-pr.n. (415) *and Joseph stored up*

בָּר n.m.s. (III 141) *grain*

כְּחוֹל הַיָּם prep.-n.m.s. cstr. (297)-def. art.-n.m.s. (410) *like the sand of the sea*

הַרְבֵּה מְאֹד Hi. inf. abs. (רָבָה I 915)-adv. (547) *in great abundance*

עַד כִּי־חָדַל prep.-conj.-Qal pf. 3 m.s. (292) *until he ceased*

לִסְפֹּר prep.-Qal inf. cstr. (707) *to measure*

כִּי־אֵין מִסְפָּר conj.-subst. cstr. (II 34)-n.m.s. (708) *for it could not be measured*

41:50

וּלְיוֹסֵף conj.-prep.-pr.n. (415) *and to Joseph*

יֻלַּד Pu. pf. 3 m.s. (יָלַד 408) *there were born*

שְׁנֵי בָנִים num.p. cstr. (1040)-n.m.p. (119) *two sons*

בְּטֶרֶם תָּבוֹא prep.-adv. (382)-Qal impf. 3 f.s. (בּוֹא 97) *before ... came*

שְׁנַת הָרָעָב n.f.s. cstr. (1040)-def. art.-n.m.s. (944) *the year of famine*

אֲשֶׁר יָלְדָה־לּוֹ rel.-Qal pf. 3 f.s. (408)-prep.-3 m.s. sf. *which ... bore to him*

אָסְנַת בַּת־ pr.n. (62)-n.f.s. cstr. (I 123) *Asenath, the daughter of*

פּוֹטִי פֶרַע pr.n. (806) *Potiphera*

כֹּהֵן אוֹן n.m.s. cstr. (463)-pr.n. (58) *priest of On*

41:51

וַיִּקְרָא יוֹסֵף consec.-Qal impf. 3 m.s. (894)-pr.n. (415) *Joseph called*

אֶת־שֵׁם הַבְּכוֹר dir. obj.-n.m.s. cstr. (1027)-def. art.-n.m.s. (114) *the name of the first-born*

מְנַשֶּׁה pr.n. (586) *Manasseh*

כִּי־נַשַּׁנִי אֱלֹהִים conj.-Pi. pf. 3 m.s.-1 c.s. sf. (נָשָׁה II 674; GK 52m) - n.m.p. (43) *for God has made me forget*

אֶת־כָּל־עֲמָלִי dir. obj.-n.m.s. cstr. (481)-n.m.s.-1 c.s. sf. (765) *all my hardship*

וְאֵת כָּל־בֵּית אָבִי conj.-dir. obj.-n.m.s. cstr. (481)-n.m.s. cstr. (108)-n.m.s.-1 c.s. sf. (3) *and all my father's house*

41:52

וְאֵת שֵׁם הַשֵּׁנִי conj.-dir. obj.-n.m.s. cstr. (1027)-def. art.-adj. num. m. (1041) *the name of the second*

קָרָא Qal pf. 3 m.s. (894) *he called*

אֶפְרָיִם pr.n. paus. *Ephraim*

כִּי־הִפְרַנִי אֱלֹהִים conj.-Hi. pf. 3 m.s.-1 c.s. sf. (פָּרָה 826)-n.m.p. (43) *for God has made me fruitful*

בְּאֶרֶץ עָנְיִי prep.-n.f.s. cstr. (75)-n.m.s.-1 c.s. sf. (777) *in the land of my affliction*

41:53

וַתִּכְלֶינָה consec.-Qal impf. 3 f.p. (כָּלָה 477) *and came to an end*

שֶׁבַע שְׁנֵי הַשָּׂבָע num. cstr. (988)-n.f.p. cstr. (1040)-def. art.-n.m.s. (960) *the seven years of plenty*

אֲשֶׁר הָיָה rel.-Qal pf. 3 m.s. (224) *that prevailed*

בְּאֶרֶץ מִצְרָיִם prep.-n.f.s. cstr. (75)-pr.n. paus. (595) *in the land of Egypt*

41:54

וַתְּחִלֶּינָה consec.-Hi. impf. 3 f.p. (חָלַל III 320) *and began*

שֶׁבַע שְׁנֵי הָרָעָב num. cstr. (988)-n.f.p. cstr. (1040)-def. art.-n.m.s. (944) *the seven years of famine*

לָבוֹא prep.-Qal inf. cstr. (97) *to come*

כַּאֲשֶׁר אָמַר יוֹסֵף prep.-rel.-Qal pf. 3 m.s. (55)-pr.n. (415) *as Joseph had said*

וַיְהִי רָעָב consec.-Qal impf. 3 m.s. (חָיָה 224) - n.m.s. (944) *there was famine*

בְּכָל־הָאֲרָצוֹת prep.-n.m.s. cstr. (481)-def. art.-n.f.p. (75) *in all lands*

וּבְכָל־אֶרֶץ conj.-prep.-n.m.s. cstr. (481)-n.f.s. cstr. (75) *but in all the land of*

מִצְרַיִם pr.n. (595) *Egypt*

הָיָה לָחֶם Qal pf. 3 m.s. (224)-n.m.s. paus. (536) *there was bread*

41:55

וַתִּרְעַב consec.-Qal impf. 3 f.s. (944) *when was famished*

כָּל־אֶרֶץ n.m.s. cstr. (481)-n.f.s. cstr. (75) *all the land of*

מִצְרַיִם pr.n. (595) *Egypt*

וַיִּצְעַק consec.-Qal impf. 3 m.s. (858) *cried*

הָעָם def. art.-n.m.s. (I 766) *the people*

אֶל־פַּרְעֹה prep.-pr.n. (829) *to Pharaoh*

לַלָּחֶם prep.-def. art.-n.m.s. paus. (536) *for bread*

וַיֹּאמֶר פַּרְעֹה consec.-Qal impf. 3 m.s. (55)-pr.n. (829) *and Pharaoh said*

לְכָל־מִצְרַיִם prep.-n.m.s. cstr. (481)-pr.n. (595) *to all the Egyptians*

לְכוּ אֶל־יוֹסֵף Qal impv. 2 m.p. (הָלַךְ 229) - prep.-pr.n. (415) *Go to Joseph*

אֲשֶׁר־יֹאמַר לָכֶם rel.-Qal impf. 3 m.s. (55)-prep.-2 m.p. sf. *what he says to you*

תַּעֲשׂוּ Qal impf. 2 m.p. (עָשָׂה I 793) *do*

41:56

וְהָרָעָב הָיָה conj.-def. art.-n.m.s. (44)-Qal pf. 3 m.s. (224) *so when the famine was*

עַל כָּל־פְּנֵי הָאָרֶץ prep.-n.m.s. cstr. (481)-n.m.p. cstr. (815)-def. art.-n.f.s. (75) *over all the land*

וַיִּפְתַּח יוֹסֵף consec.-Qal impf. 3 m.s. (I 834)-pr.n. (415) *Joseph opened*

אֶת־כָּל־אֲשֶׁר בָּהֶם dir. obj.-n.m.s. (481)-rel.-prep.-3 m.p. sf. *all that was in them*

וַיִּשְׁבֹּר consec.-Qal impf. 3 m.s. (991 prb.rd. **וַיַּשְׁבֵּר**) *and he sold*

לְמִצְרַיִם prep.-pr.n. (595) *to the Egyptians*

וַיֶּחֱזַק הָרָעָב consec.-Qal impf. 3 m.s. (304)-def. art.-n.m.s. (944) *for the famine was severe*

בְּאֶרֶץ מִצְרָיִם prep.-n.f.s. cstr. (75)-pr.n. paus. (595) *in the land of Egypt*

41:57

וְכָל־הָאָרֶץ conj.-n.m.s. cstr. (481)-def. art.-n.f.s. (75) *moreover all the earth*

בָּאוּ Qal pf. 3 c.p. (**בּוֹא** 97) *came*

מִצְרַיְמָה pr.n.-dir. he (595) *to Egypt*

לִשְׁבֹּר prep.-Qal inf. cstr. (991) *to buy grain*

אֶל־יוֹסֵף prep.-pr.n. (415) *to Joseph*

כִּי־חָזַק הָרָעָב conj.-Qal pf. 3 m.s. (304) - def.art.-n.m.s. (944) *because the famine was severe*

בְּכָל־הָאָרֶץ prep.-n.m.s. cstr. (481)-def. art.-n.f.s. (75) *over all the earth*

42:1

וַיַּרְא יַעֲקֹב consec.-Qal impf. 3 m.s. (רָאָה 906)-pr.n. (784) *when Jacob learned*

כִּי יֶשׁ־שֶׁבֶר conj.-subst. cstr. (441)-n.m.s. (991) *that there was grain*

בְּמִצְרָיִם prep.-pr.n. paus. (595) *in Egypt*

וַיֹּאמֶר יַעֲקֹב consec.-Qal impf. 3 m.s. (55)-pr.n. (784) *Jacob said*

לְבָנָיו prep.-n.m.p.-3 m.s. sf. (119) *to his sons*

לָמָּה תִּתְרָאוּ prep.-interr. (552)-Hith. impf. 2 m.p. paus. (רָאָה 906) *Why do you look at one another*

42:2

וַיֹּאמֶר consec.-Qal impf. 3 m.s. (55) *and he said*

הִנֵּה שָׁמַעְתִּי demons. part. (243)-Qal pf. 1 c.s. (1033) *Behold, I have heard*

כִּי יֶשׁ־שֶׁבֶר conj.-subst. cstr. (441) - n.m.s. (991) *that there was grain*

בְּמִצְרָיִם prep.-pr.n. (595) *in Egypt*

רְדוּ־שָׁמָּה Qal impv. 2 m.p. (יָרַד 432)-adv.-dir. he (1027) *Go down there*

וְשִׁבְרוּ־לָנוּ conj.-Qal impv. 2 m.p. (991)-prep.-1 c.p. sf. *and buy grain for us*

מִשָּׁם prep.-adv. (1027) *from there*

וְנִחְיֶה conj.-Qal impf. 1 c.p. (חָיָה 310) *that we may live*

וְלֹא נָמוּת conj.-neg.-Qal impf. 1 c.p. (מוּת 559) *and not die*

42:3

וַיֵּרְדוּ consec.-Qal impf. 3 m.p. (יָרַד 432) *so ... went down*

אֲחֵי־יוֹסֵף עֲשָׂרָה n.m.p. cstr. (26)-pr.n. (415)-num. f.s. (796) *ten of Joseph's brothers*

לִשְׁבֹּר בָּר prep.-Qal inf. cstr. (991)-n.m.s. (III 141) *to buy grain*

מִמִּצְרָיִם prep.-pr.n. paus. (595) *in Egypt*

42:4

וְאֶת־בִּנְיָמִין conj.-dir.obj.-pr.n. (122) *but Benjamin*

אֲחִי יוֹסֵף n.m.s. cstr. (26)-pr.n. (415) *Joseph's brother*

לֹא־שָׁלַח יַעֲקֹב neg.-Qal pf. 3 m.s. (1018)-pr.n. (784) *Jacob did not send*

אֶת־אֶחָיו prep. (II 85)-n.m.p.-3 m.s. sf. (26) *with his brothers*

כִּי אָמַר conj.-Qal pf. 3 m.s. (55) *for he feared*

פֶּן־יִקְרָאֶנּוּ conj. (814)-Qal impf. 3 m.s.-3 m.s. sf. (II 896) *that ... might befall him*

אָסוֹן n.m.s. (62) *harm*

42:5

וַיָּבֹאוּ בְּנֵי יִשְׂרָאֵל consec.-Qal impf. 3 m.p. (בּוֹא 97)-n.m.p. cstr. (119)-pr.n. (975) *thus the sons of Israel came*

לִשְׁבֹּר prep.-Qal inf. cstr. (991) *to buy*

בְּתוֹךְ הַבָּאִים prep.-n.m.s. cstr. (1063)-def. art.-Qal act. ptc. m.p. (בּוֹא 97) *among the others who came*

כִּי־הָיָה הָרָעָב conj.-Qal pf. 3 m.s. (224)-def. art.-n.m.s. (944) *for the famine was*

בְּאֶרֶץ כְּנָעַן prep.-n.f.s. cstr. (75)-pr.n. paus. (488) *in the land of Canaan*

42:6

וְיוֹסֵף conj.-pr.n. (415) *now Joseph*

הוּא הַשַּׁלִּיט pers.pr. 3 m.s. (214) - def.art.-adj. m.s. (1020) *(he) was governor*

עַל־הָאָרֶץ prep.-def. art.-n.f.s. (75) *over the land*

הוּא הַמַּשְׁבִּיר v. supra-def. art.-Hi. ptc. (991) *he it was who sold*

לְכָל־עַם prep.-n.m.s. cstr. (481)-n.m.s. cstr. (I 766) *to all the people of*

הָאָרֶץ def. art.-n.f.s. (75) *the land*

וַיָּבֹאוּ consec.-Qal impf. 3 m.p. (בּוֹא 97) *and came*

אֲחֵי יוֹסֵף n.m.p. cstr. (26)-pr.n. (415) *Joseph's brothers*

וַיִּשְׁתַּחֲווּ־לוֹ consec.-Hithpalel impf. 3 m.p. (שָׁחָה 1005)-prep.-3 m.s. sf. *and bowed themselves before him*

אַפַּיִם אָרְצָה n.m. du. (60)-n.f.s.-dir. he (75) *with their faces to the ground*

42:7

וַיַּרְא יוֹסֵף consec.-Qal impf. 3 m.s. (רָאָה 906)-pr.n. (415) *Joseph saw*

אֶת־אֶחָיו dir. obj.-n.m.p.-3 m.s. sf. (26) *his brothers*

וַיַּכִּרֵם consec.-Hi. impf. 3 m.s.-3 m.p. sf. (נָכַר I 647) *and knew them*

וַיִּתְנַכֵּר אֲלֵיהֶם consec.-Hith. impf. 3 m.s. (נָכַר 649)-prep.-3 m.p. sf. *but he treated them like strangers*

וַיְדַבֵּר אִתָּם consec.-Pi. impf. 3 m.s. (180)-prep. (II 85)-3 m.p. sf. *and spoke to them*

קָשׁוֹת adj. f.p. (904) *roughly*

וַיֹּאמֶר אֲלֵהֶם consec.-Qal impf. 3 m.s. (55)-prep.-3 m.p. sf. *he said to them*

מֵאַיִן בָּאתֶם prep.-adv. (I 32) - Qal pf. 2 m.p. (בּוֹא 97) *where do you come from?*

וַיֹּאמְרוּ consec.-Qal impf. 3 m.p. (55) *and they said*

מֵאֶרֶץ כְּנַעַן prep.-n.f.s. cstr. (75)-pr.n. (488) *from the land of Canaan*

לִשְׁבָּר־אֹכֶל prep.-Qal inf. cstr. (991)-n.m.s. (38) *to buy food*

42:8

וַיַּכֵּר יוֹסֵף consec.-Hi. impf. 3 m.s. (647)-pr.n. (415) *thus Joseph knew*

אֶת־אֶחָיו dir. obj.-n.m.p.-3 m.s. sf. (26) *his brothers*

וְהֵם לֹא הִכִּרֻהוּ conj.-pers. pr. 3 m.p. (241)-neg.-Hi. pf. 3 m.p.-3 m.s. sf. (647) *but they did not know him*

42:9

וַיִּזְכֹּר יוֹסֵף consec.-Qal impf. 3 m.s. (269)-pr.n. (415) *and Joseph remembered*

אֵת הַחֲלֹמוֹת dir. obj.-def. art.-n.m.p. (321) *the dreams*

אֲשֶׁר חָלַם לָהֶם rel.-Qal pf. 3 m.s. (321)-prep.-3 m.p. sf. *which he had dreamed of them*

וַיֹּאמֶר אֲלֵהֶם consec.-Qal impf. 3 m.s. (55)-prep.-3 m.p. sf. *and he said to them*

מְרַגְּלִים אַתֶּם Pi. ptc. m.p. (920)-pers. pr. 2 m.p. (61) *You are spies*

לִרְאוֹת prep.-Qal inf. cstr. (רָאָה 906) *to see*

אֶת־עֶרְוַת הָאָרֶץ dir. obj.-n.f.s. cstr. (788)-def. art.-n.f.s. (75) *the weakness of the land*

בָּאתֶם Qal pf. 2 m.p. (בּוֹא97) *you have come*

42:10

וַיֹּאמְרוּ אֵלָיו consec.-Qal impf. 3 m.p. (55)-prep.-3 m.s. sf. *they said to him*

לֹא אֲדֹנִי neg.-n.m.s.-1 c.s. sf. (10) *No, my lord*

וַעֲבָדֶיךָ conj.-n.m.p.-2 m.s. sf. (713) *but your servants*

בָּאוּ Qal pf. 3 c.p. (בּוֹא 97) *have come*

לִשְׁבָּר־אֹכֶל prep.-Qal inf. cstr. (991)-n.m.s. (38) *to buy food*

42:11

כֻּלָּנוּ n.m.s.-1 c.p. sf. *we all*

בְּנֵי אִישׁ־אֶחָד n.m.p. cstr. (119)-n.m.s. (35)-num. adj. m.s. (25) *sons of one man*

נָחְנוּ pers. pr. 1 c.p. paus. (59) *we*

כֵּנִים אֲנַחְנוּ adj. m.p. (I 467)-pers. pr. 1 c.p. (59) *we are honest men*

לֹא־הָיוּ עֲבָדֶיךָ neg.-Qal pf. 3 c.p. (הָיָה 224)-n.m.p.-2 m.s. sf. (713) *your servants are not*

מְרַגְּלִים Pi. ptc. m.p. (920) *spies*

42:12

וַיֹּאמֶר אֲלֵהֶם consec.-Qal impf. 3 m.s. (55)-prep.-3 m.p. sf. *he said to them*

לֹא כִּי־עֶרְוַת הָאָרֶץ neg.-conj.-n.f.s. cstr. (788)-def. art.-n.f.s. (75) *No, it is the weakness of the land*

בָּאתֶם לִרְאוֹת Qal pf. 2 m.p. (בּוֹא 97)-prep.-Qal inf. cstr. (רָאָה 906) *that you have come to see*

42:13

וַיֹּאמְרוּ consec.-Qal impf. 3 m.p. (55) *and they said*

שְׁנֵים עָשָׂר n.m.p. (1040)-num. m.s. (797) *twelve*

עֲבָדֶיךָ n.m.p.-2 m.s. sf. (713) *your servants*

אַחִים אֲנַחְנוּ n.m.p. (26)-pers. pr. 1 c.p. (59) *we are brothers*

בְּנֵי אִישׁ־אֶחָד n.m.p. cstr. (119)-n.m.s. (35)-num. adj. m.s. (25) *the sons of one man*

בְּאֶרֶץ כְּנָעַן prep.-n.f.s. cstr. (75)-pr.n. paus. (488) *in the land of Canaan*

וְהִנֵּה הַקָּטֹן conj.-demons. part. (243)-def. art.-adj. m.s. (882) *and behold, the youngest*

אֶת־אָבִינוּ prep. (II 85)-n.m.s.-1 c.p. sf. (3) *with our father*

הַיּוֹם def. art.-n.m.s. (398) *this day*

וְהָאֶחָד אֵינֶנּוּ conj.-def. art.-adj. num. m.s. (25)-subst.-3 m.s. sf. (II 34) *and one is no more*

42:14

וַיֹּאמֶר אֲלֵהֶם consec.-Qal impf. 3 m.s. (55)-prep.-3 m.p. sf. *but ... said to them*

יוֹסֵף pr.n. (415) *Joseph*

הוּא אֲשֶׁר דִּבַּרְתִּי pers. pr. 3 m.s. (214)-rel.-Pi. pf. 1 c.s. sf. (180) *It is as I said*

אֲלֵכֶם prep.-2 m.p. sf. *to you*

לֵאמֹר prep.-Qal inf. cstr. (55) *(saying)*

מְרַגְּלִים אַתֶּם Pi. ptc. m.p. (920)-pers. pr. 2 m.p. (61) *you are spies*

42:15

בְּזֹאת תִּבָּחֵנוּ prep.-demons. adj. f.s. (260)-Ni. impf. 2 m.p. paus. (בָּחַן 103) *by this you shall be tested*

חֵי פַרְעֹה adj. m.s. cstr. (I 311)-pr.n. (829) *by the life of Pharaoh*

אִם־תֵּצְאוּ מִזֶּה hypoth.part. (49) - Qal impf. 2 m.p. (יָצָא 422) - prep.-demons.adj. m.s. (260) ***you shall not go from this place***

כִּי אִם־בְּבוֹא אֲחִיכֶם conj.-hypoth. part. (49)-prep.-Qal inf. cstr. (97)-n.m.s.-2 m.p. sf. (26) *unless your brother comes*

הַקָּטֹן def. art.-adj. m.s. (882) *youngest*

הֵנָּה adv. (I 244) *here*

42:16

שִׁלְחוּ מִכֶּם אֶחָד Qal impv. 2 m.p. (1018) - prep.-2 m.p. sf.-adj. num. (25) ***send one of you***

וְיִקַּח conj.-Qal impf. 3 m.s. (לָקַח 542) *and let him bring*

אֶת־אֲחִיכֶם dir. obj.-n.m.s.-2 m.p. sf. (26) *your brother*

וְאַתֶּם הֵאָסְרוּ conj.-pers. pr. 2 m.p. (61) - Ni. impv. 2 m.p. (אָסַר 63) *while you remain in prison*

וְיִבָּחֲנוּ דִּבְרֵיכֶם conj.-Ni. impf. 3 m.p. (בָּחַן 103)-n.m.p.-2 m.p. sf. (182) *that your words may be tested*

הַאֱמֶת אִתְּכֶם interr.-n.f.s. (54)-prep.-2 m.p. sf. (II 85) *whether there is truth in you*

וְאִם־לֹא conj.-hypoth. part. (49)-neg. *or else*

חֵי פַרְעֹה adj. m.s. cstr. (311)-pr.n. (829) *by the life of Pharaoh*

כִּי מְרַגְּלִים אַתֶּם conj.-Pi. ptc. m.p. (920)-pers. pr. 2 m.p. (61) *surely you are spies*

42:17

וַיֶּאֱסֹף אֹתָם consec.-Qal impf. 3 m.s. (62)-dir. obj.-3 m.p. sf. *and he put them together*

אֶל־מִשְׁמָר prep.-n.m.s. (1038) *in prison*

שְׁלֹשֶׁת יָמִים num. f.s. cstr. (1025)-n.m.p. (398) *three days*

42:18

וַיֹּאמֶר אֲלֵהֶם consec.-Qal impf. 3 m.s. (55)-prep.-3 m.p. sf. *said to them*

יוֹסֵף pr.n. (415) *Joseph*

בַּיּוֹם הַשְּׁלִישִׁי prep.-def. art.-n.m.s. (398)-def. art.-adj. num. (1026) *on the third day*

זֹאת עֲשׂוּ demons. adj. f.s. (260)-Qal impv. 2 m.p. (עָשָׂה I 793) *Do this*

וִחְיוּ conj.-Qal impv. 2 m.p. (310) *and you will live*

אֶת־הָאֱלֹהִים dir. obj.-def. art.-n.m.p. (43) *God*

אֲנִי יָרֵא pers. pr. 1 c.s. (58)-Qal act. ptc. (יָרֵא 431) *I fear*

42:19

אִם־כֵּנִים אַתֶּם hypoth. part. (49)-adj. m.p. (I 467)-pers. pr. 2 m.p. (61) *if you are honest men*

אֲחִיכֶם אֶחָד n.m.s.-2 m.p. sf. (26)-num. adj. m.s. (25) *one of your brothers*

יֵאָסֵר Ni. impf. 3 m.s. (63) *let ... remain confined*

בְּבֵית מִשְׁמַרְכֶם prep.-n.m.s. cstr. (108)-n.m.s.-2 m.p. sf. *in your prison*

וְאַתֶּם לְכוּ conj.-pers. pr. 2 m.p. (61)-Qal impv. 2 m.p. (הָלַךְ 229) *and let the rest go*

הָבִיאוּ שֶׁבֶר Hi. impv. 2 m.p. (בּוֹא 97)-n.m.s. (III 991) *and carry grain*

רַעֲבוֹן בָּתֵּיכֶם n.m.s. cstr. (944)-n.m.p.-2 m.p. sf. (108) *for the famine of your households*

42:20

וְאֶת־אֲחִיכֶם הַקָּטֹן conj.-dir. obj.-n.m.s.-2 m.p. sf. (26)-def. art.-adj. m.s. (882) *and your youngest brother*

תָּבִיאוּ אֵלַי Hi. impf. 2 m.p. (בּוֹא 97)-prep.-1 c.s. sf. *bring to me*

וְיֵאָמְנוּ conj.-Ni. impf. 3 m.p. (אָמַן 52) *so will be verified*

דִבְרֵיכֶם n.m.p.-2 m.p. sf. (182) *your words*

וְלֹא תָמוּתוּ conj.-neg.-Qal impf. 2 m.p. (מוּת 559) *and you shall not die*

וַיַּעֲשׂוּ־כֵן consec.-Qal impf. 3 m.p. (עָשָׂה I 793)-adv. (485) *and they did so*

42:21

וַיֹּאמְרוּ consec.-Qal impf. 3 m.p. (55) *then they said*

אִישׁ אֶל־אָחִיו n.m.s. (35)-prep.-n.m.s.-3 m.s. sf. (26) *to one another*

אֲבָל adv. (6) *In truth*

אֲשֵׁמִים אֲנַחְנוּ adj. m.p. (79)-pers. pr. 1 c.p. (59) *we are guilty*

עַל־אָחִינוּ prep.-n.m.s.-1 c.p. sf. (26) *concerning our brother*

אֲשֶׁר רָאִינוּ rel.-Qal pf. 1 c.p. (רָאָה 906) *in that we saw*

צָרַת נַפְשׁוֹ n.f.s. cstr. (I 865)-n.f.s.-3 m.s. sf. (659) *the distress of his soul*

בְּהִתְחַנְנוֹ prep.-Hith. inf. cstr. (חָנַן I 335) *when he besought*

אֵלֵינוּ prep.-1 c.p. sf. *us*

וְלֹא שָׁמָעְנוּ conj.-neg.-Qal pf. 1 c.p. paus. (1033) *and we would not listen*

עַל־כֵּן prep.-adv. (485) *therefore*

בָּאָה אֵלֵינוּ Qal pf. 3 f.s. (בּוֹא 97) - prep.-1 c.p. sf. *is come upon us*

הַצָּרָה הַזֹּאת def.art.-n.f.s. (I 865) - def.art.-demons. adj. f.s. (260) *this distress*

42:22

וַיַּעַן consec.-Qal impf. 3 m.s. (עָנָה I 772) *and answered*

רְאוּבֵן pr.n. (910) *Reuben*

אֹתָם dir. obj.-3 m.p. sf. *them*

לֵאמֹר prep.-Qal inf. cstr. (55) *(saying)*

הֲלוֹא אָמַרְתִּי interr.-neg.-Qal pf. 1 c.s. (55) *Did I not tell*

אֲלֵיכֶם prep.-2 m.p. sf. *you*

לֵאמֹר prep.-Qal inf. cstr. (55) *(saying)*

אַל־תֶּחֶטְאוּ neg.-Qal impf. 2 m.p. (306) *not to sin*

בַיֶּלֶד prep.-def. art.-n.m.s. (409) *against the lad*

וְלֹא שְׁמַעְתֶּם conj.-neg.-Qal pf. 2 m.p. (1033) *but you would not listen*

וְגַם־דָּמוֹ conj.-adv. (168)-n.m.s.-3 m.s. sf. (196) *so now his blood*

הִנֵּה נִדְרָשׁ demons. part. (243)-Ni. ptc. (205) *there comes a reckoning*

42:23

וְהֵם לֹא יָדְעוּ conj.-pers. pr. 3 m.p. (241)-neg.-Qal pf. 3 c.p. (393) *they did not know*

כִּי שֹׁמֵעַ יוֹסֵף conj. - Qal act. ptc. (1033) - pr.n. (415) *that Joseph understood*

כִּי הַמֵּלִיץ conj.-def. art.-Hi. ptc. (לִיץ 539) *for there was an interpreter*

בֵּינֹתָם prep.-3 m.p. sf. (107) *between them*

42:24

וַיִּסֹּב consec.-Qal impf. 3 m.s. (סָבַב 685) *then he turned away*

מֵעֲלֵיהֶם prep.-prep.-3 m.p. sf. *from them*

וַיֵּבְךְּ consec.-Qal impf. 3 m.s. (בָּכָה 113) *and wept*

וַיָּשָׁב אֲלֵהֶם consec.-Qal impf. 3 m.s. (שׁוּב 996)-prep.-3 m.p. sf. *and he returned to them*

וַיְדַבֵּר אֲלֵהֶם consec.-Pi. impf. 3 m.s. (180)-prep.-3 m.p. sf. *and spoke to them*

וַיִּקַּח מֵאִתָּם consec.-Qal impf. 3 m.s. (לָקַח 542)-prep.-prep. (II 85)-3 m.p. sf. *and he took from them*

אֶת־שִׁמְעוֹן dir. obj.-pr.n. (1035) *Simeon*

וַיֶּאֱסֹר אֹתוֹ consec.-Qal impf. 3 m.s. (אָסַר 63)-dir. obj.-3 m.s. sf. *and bound him*

לְעֵינֵיהֶם prep.-n.f.du.-3 m.p. sf. (744) *before their eyes*

42:25

וַיְצַו יוֹסֵף consec.-Pi. impf. 3 m.s. (צָוָה 845)-pr.n. (415) *and Joseph gave orders*

וַיְמַלְאוּ consec.-Pi. impf. 3 m.p. (מָלֵא 569) *to fill*

אֶת־כְּלֵיהֶם dir. obj.-n.m.p.-3 m.p. sf. (479) *their bags*

בָּר n.m.s. paus. (III 141) *with grain*

וּלְהָשִׁיב conj.-prep.-Hi. inf. cstr. (שׁוּב 996) *and to replace*

כַּסְפֵּיהֶם n.m.p.-3 m.p. sf. (494) *their money*

אִישׁ אֶל־שַׂקּוֹ n.m.s. (35)-prep.-n.m.s.-3 m.s. sf. (974) *each in his sack*

וְלָתֵת לָהֶם conj.-prep.-Qal inf. cstr. (נָתַן 678)-prep.-3 m.p. sf. *and to give them*

צֵדָה לַדָּרֶךְ n.f.s. (845)-prep.-def. art.-n.m.s. paus. (202) *provisions for the journey*

וַיַּעַשׂ consec.-Qal impf. 3 m.s. (עָשָׂה I 793) *was done*

לָהֶם כֵּן prep.-3 m.p. sf.-adv. (485) *for them thus*

42:26

וַיִּשְׂאוּ consec.-Qal impf. 3 m.p. (נָשָׂא 669) *then they loaded*

אֶת־שִׁבְרָם dir. obj.-n.m.s.-3 m.p. sf. (III 991) *with their grain*

עַל־חֲמֹרֵיהֶם prep.-n.m.p.-3 m.p. sf. (331) *their asses*

וַיֵּלְכוּ מִשָּׁם consec.-Qal impf. 3 m.p. (הָלַךְ 229)-prep.-adv. (1027) *and departed (from there)*

42:27

וַיִּפְתַּח הָאֶחָד consec.-Qal impf. 3 m.s. (I 834)-def. art.-num. adj. (25) *and as one opened*

אֶת־שַׂקּוֹ dir. obj.-n.m.s.-3 m.s. sf. (974) *his sack*

לָתֵת prep.-Qal inf. cstr. (נָתַן 678) *to give*

מִסְפּוֹא n.m.s. (704) *provender*

לַחֲמֹרוֹ prep.-n.m.s.-3 m.s. sf. (331) *to his ass*

בַּמָּלוֹן prep.-def. art.-n.m.s. (533) *at the lodging place*

וַיַּרְא אֶת־כַּסְפּוֹ consec.-Qal impf. 3 m.s. (רָאָה 906)-dir. obj.-n.m.s.-3 m.s. sf. (494) *he saw his money*

וְהִנֵּה־הוּא conj.-demons. part. (243)-pers. pr. 3 m.s. (214) *(and behold it was)*

בְּפִי אַמְתַּחְתּוֹ prep.-n.m.s. cstr. (804)-n.f.s.-3 m.s. sf. (607) *in the mouth of his sack*

42:28

וַיֹּאמֶר consec.-Qal impf. 3 m.s. (55) *and he said*

אֶל־אֶחָיו prep.-n.m.p.-3 m.s. sf. (26) *to his brothers*

הוּשַׁב כַּסְפִּי Ho. pf. 3 m.s. (שׁוּב 996)-n.m.s.-1 c.s. sf. (494) *my money has been put back*

וְגַם הִנֵּה conj.-adv. (168)-demons. part. (243) *here it is*

בְאַמְתַּחְתִּי prep.-n.f.s.-1 c.s. sf. (607) *in my sack*

וַיֵּצֵא לִבָּם consec.-Qal impf. 3 m.s. (יָצָא 422)-n.m.s.-3 m.p. sf. (524) *at this their hearts failed them*

וַיֶּחֶרְדוּ consec.-Qal impf. 3 m.p. (353) *and they turned trembling*

אִישׁ אֶל־אָחִיו n.m.s. (35)-prep.-n.m.s.-3 m.s. sf. (26) *to one another*

לֵאמֹר prep.-Qal inf. cstr. (55) *saying*

מַה־זֹּאת interr. (552) - demons. adj. f.s. (260) *what is this*

עָשָׂה אֱלֹהִים Qal pf. 3 m.s. (I 793)-n.m.p. (43) *that God has done*

לָנוּ prep.-1 c.p. sf. *to us*

42:29

וַיָּבֹאוּ consec.-Qal impf. 3 m.p. (בּוֹא 97) *when they came*

אֶל־יַעֲקֹב prep.-pr.n. (784) *to Jacob*

אֲבִיהֶם n.m.s.-3 m.p. sf. (3) *their father*

אַרְצָה כְּנָעַן n.f.s. cstr.-dir. he (75)-pr.n. paus. (488) *in the land of Canaan*

וַיַּגִּידוּ לוֹ consec.-Hi. impf. 3 m.p. (נָגַד 616)-prep.-3 m.s. sf. *they told him*

אֵת כָּל־הַקֹּרֹת dir. obj.-n.m.s. cstr. (481)-def. art.-Qal act. ptc. f.p. (קָרָה 899) *all that had befallen*

אֹתָם dir. obj.-3 m.p. sf. *them*

לֵאמֹר prep.-Qal inf. cstr. (55) *saying*

42:30

דִּבֶּר Pi. pf. 3 m.s. (180) *spoke*

הָאִישׁ אֲדֹנֵי הָאָרֶץ def. art.-n.m.s. (35)-n.m.p. cstr. (10)-def. art.-n.f.s. (75) *the man, the lord of the land*

אִתָּנוּ prep.-1 c.p. sf. (II 85) *to us*

קָשׁוֹת adj. f.p. (904) *roughly*

וַיִּתֵּן אֹתָנוּ consec.-Qal impf. 3 m.s. (נָתַן 678)-dir. obj.-1 c.p. sf. *and took us to be*

כִּמְרַגְּלִים prep.-Pi. ptc. m.p. (920) *spies*

אֶת־הָאָרֶץ dir. obj.-def. art.-n.f.s. (75) *of the land*

42:31

וַנֹּאמֶר אֵלָיו consec.-Qal impf. 1 c.p. (55)-prep.-3 m.s. sf. *but we said to him*

כֵּנִים אֲנָחְנוּ adj. m.p. (I 467)-pers. pr. 1 c.p. paus. (59) *we are honest men*

לֹא הָיִינוּ מְרַגְּלִים neg.- Qal pf. 1 c. p. (הָיָה 224) - Pi. ptc. m.p. (920) *we are not spies*.

42:32

שְׁנֵים־עָשָׂר num. m.s. (1040)-num. (797) *twelve*

אֲנַחְנוּ אַחִים pers. pr. 1 c.p. (59)-n.m.p. (26) *we are brothers*

בְּנֵי אָבִינוּ n.m.p. cstr. (119)-n.m.s.-1 c.p. sf. (3) *sons of our father*

הָאֶחָד אֵינֶנּוּ def. art.-num. (25)-subst. (II 34)-3 m.s. sf. *one is no more*

וְהַקָּטֹן conj.-def. art.-adj. m.s. (882) *and the youngest*

הַיּוֹם def. art.-n.m.s. (398) *this day*

אֶת־אָבִינוּ prep. (II 85)-n.m.s.-1 c.p. sf. (3) *with our father*

בְּאֶרֶץ כְּנָעַן prep.-n.f.s. cstr. (75)-pr.n. paus. (488) *in the land of Canaan*

42:33

וַיֹּאמֶר consec.-Qal impf. 3 m.s. (55) *then said*

אֵלֵינוּ prep.-1 c.p. sf. *to us*

הָאִישׁ אֲדֹנֵי הָאָרֶץ def. art.-n.m.s. (35)-n.m.p. cstr. (10)-def. art.-n.f.s. (75) *the man, the lord of the land*

בְּזֹאת אֵדַע prep.-demons. adj. f.s. (260)-Qal impf. 1 c.s. (יָדַע 393) *by this I shall know*

כִּי כֵנִים אַתֶּם conj.-adj. m.p. (I 467)-pers. pr. 2 m.p. (61) *that you are honest men*

אֲחִיכֶם הָאֶחָד n.m.s.-2 m.p. sf. (26)-def. art.-num. adj. (25) *one of your brothers*

הַנִּיחוּ אִתִּי Hi. impv. 2 m.p. (נוּחַ 628)-prep.-1 c.s. sf. (II 85) *leave with me*

וְאֶת־רַעֲבוֹן בָּתֵּיכֶם conj.-dir. obj.-n.m.s. cstr. (944)-n.m.p.-2 m.p. sf. (108) *for the famine of your households*

קְחוּ וָלֵכוּ Qal impv. 2 m.p. (לָקַח 542)-conj.-Qal impv. 2 m.p. paus. (הָלַךְ 229) *take and go*

42:34

וְהָבִיאוּ conj.-Hi. impv. 2 m.p. (בּוֹא 97) *and bring*

אֶת־אֲחִיכֶם הַקָּטֹן dir. obj.- n.m.s.-2 m.p. sf. (26)-def. art.-adj. m.s. (882) *your youngest brother*

אֵלַי prep.-1 c.s. sf. *to me*

וְאֵדְעָה conj.-Qal impf. 1 c.s.-coh. he (יָדַע 393) *then I shall know*

כִּי לֹא מְרַגְּלִים conj.-neg.-Pi. ptc. m.p. (920) *that not spies*

אַתֶּם pers. pr. 2 m.p. (61) *you are*

כִּי כֵנִים אַתֶּם conj.-adj. m.p. (I 467)-v. supra *but you are honest men*

אֶת־אֲחִיכֶם dir.obj.-n.m.s.-2 m.p. sf. (26) *your brother*

אֶתֵּן לָכֶם Qal impf. 1 c.s. (נָתַן 678)-prep.-2 m.p. sf. *I will deliver to you*

וְאֶת־הָאָרֶץ conj.-dir.obj.-def.art.-n.f.s. (75) *and in the land*

תִּסְחָרוּ Qal impf. 2 m.p. paus. (695) *you shall trade*

42:35

וַיְהִי consec.-Qal impf. 3 m.s. (הָיָה 224) *(and it was)*

הֵם מְרִיקִים pers. pr. 3 m.p. (241)-Hi. ptc. m.p. (רִיק 937) *as they emptied*

שַׂקֵּיהֶם n.m.p.-3 m.p. sf. (974) *their sacks*

וְהִנֵּה־אִישׁ conj.-demons. part. (243)-n.m.s. (35) *and behold every man*

צְרוֹר־כַּסְפּוֹ n.m.s. cstr. (I 865)-n.m.s.-3 m.s. sf. (494) *the bundle of his money*

בְּשַׂקּוֹ prep.-n.m.s.-3 m.s. sf. (974) *was in his sack*

וַיִּרְאוּ consec.-Qal impf. 3 m.p. (רָאָה 906) *when they saw*

אֶת־צְרֹרוֹת dir. obj.-n.m.p. cstr. (I 865) *bundles of*

כַּסְפֵּיהֶם n.m.p.-3 m.p. sf. (494) *their money*

הֵמָּה וַאֲבִיהֶם pers. pr. 3 m.p. (241)-conj.-n.m.s.-3 m.p. sf. (3) *they and their father*

וַיִּירָאוּ consec.-Qal impf. 3 m.p. paus. (יָרֵא 431) *they were dismayed*

42:36

וַיֹּאמֶר אֲלֵהֶם consec.-Qal impf. 3 m.s. (55)-prep.-3 m.p. sf. *and ... said to them*

יַעֲקֹב pr.n. (784) *Jacob*

אֲבִיהֶם n.m.s.-3 m.p. sf. (3) *their father*

אֹתִי שִׁכַּלְתֶּם dir. obj.-1 c.s. sf.-Pi. pf. 2 m.p. (שָׁכֹל 1013) *you have bereaved me of my children*

יוֹסֵף אֵינֶנּוּ pr.n. (415)-subst.-3 m.s. sf. (II 34) *Joseph is no more*

וְשִׁמְעוֹן אֵינֶנּוּ conj.-pr.n. (1035)-v. supra *and Simeon is no more*

וְאֶת־בִּנְיָמִן conj.-dir. obj.-pr.n. (122) *and now Benjamin*

תִּקָּחוּ Qal impf. 2 m.p. paus. (לָקַח 542) *you would take*

עָלַי הָיוּ prep.-1 c.s. sf.-Qal pf. 3 c.p. (הָיָה 224) *has come upon me*

כֻלָּנָה n.m.s.-3 f.p. sf. (481) *all this*

42:37

וַיֹּאמֶר רְאוּבֵן consec.-Qal impf. 3 m.s. (55)-pr.n. (910) *then Reuben said*

אֶל־אָבִיו prep.-n.m.s.-3 m.s. sf. (3) *to his father*

לֵאמֹר prep.-Qal inf. cstr. (55) *(saying)*

אֶת־שְׁנֵי בָנַי dir.obj.-num. m.p. cstr. (1040)-n.m.p.-1 c.s. sf. (119) *my two sons*

תָּמִית Hi. impf. 2 m.s. (מוּת 559) *Slay*

אִם־לֹא אֲבִיאֶנּוּ hypoth. part. (49)-neg.-Hi. impf. 1 c.s.-3 m.s. sf. (בּוֹא 97) *if I do not bring him back*

אֵלֶיךָ prep.-2 m.s. sf. *to you*

תְּנָה אֹתוֹ Qal impv. 2 m. s. - coh. he (678 נָתַן) - dir.obj.-3 m.s. sf. *put him*

עַל־יָדִי prep.-n.f.s.-1 c.s. sf. (388) *in my hand*

וַאֲנִי אֲשִׁיבֶנּוּ conj.-pers. pr. 1 c.s. (58)-Hi. impf. 1 c.s.-3 m.s. sf. (שׁוּב 996) *and I will bring him back*

אֵלֶיךָ v. supra *to you*

42:38

וַיֹּאמֶר consec.-Qal impf. 3 m.s. (55) *but he said*

לֹא־יֵרֵד בְּנִי neg.-Qal impf. 3 m.s. (יָרַד 432)-n.m.s.-1 c.s. sf. (119) *my son shall not go down*

עִמָּכֶם prep.-2 m.p. sf. *with you*

כִּי־אָחִיו מֵת conj.-n.m.s.-3 m.s. sf. (26)-Qal pf. 3 m.s. (מוּת 559) *for his brother is dead*

וְהוּא לְבַדּוֹ conj.-pers. pr. 3 m.s. (214)-prep.-n.m.s.-3 m.s. sf. (94) *and he only*

נִשְׁאָר Ni. ptc. (שָׁאַר 983) *is left*

וּקְרָאָהוּ אָסוֹן conj.-Qal pf. 3 m.s.-3 m.s. sf. (II 896)-n.m.s. (62) *if harm should befall him*

בַּדֶּרֶךְ prep.-def.art.-n.f.s. (202) *on the journey*

אֲשֶׁר תֵּלְכוּ־בָהּ rel.-Qal impf. 2 m.p. (הָלַךְ 229)-prep.-3 f.s. sf. *that you are to make (*lit. *that you go in it)*

וְהוֹרַדְתֶּם conj.-Hi. pf. 2 m.p. (יָרַד 432) *you would bring down*

אֶת־שֵׂיבָתִי dir.obj.-n.f.s.-1 c.s. sf. (966) *my gray hairs*

בְּיָגוֹן prep.-n.m.s. (387) *with sorrow*

שְׁאוֹלָה n.f.s.-dir. he (982) *to Sheol*

43:1

וְהָרָעָב conj.-def.art.-n.m.s. (944) *now the famine*

כָּבֵד adj. m.s. (458) *was severe*

בָּאָרֶץ prep.-def.art.-n.f.s. (75) *in the land*

43:2

וַיְהִי consec.-Qal impf. 3 m.s. (הָיָה 224) *(and it was)*

כַּאֲשֶׁר כִּלּוּ prep.-rel.-Pi. pf. 3 c.p.

(כָּלָה 477) *when they had completed*

לֶאֱכֹל prep.-Qal inf. cstr. (37) *eating*

אֶת־הַשֶּׁבֶר dir. obj.-def. art.-n.m.s. (III 991) *the grain*

אֲשֶׁר הֵבִיאוּ rel.-Hi. pf. 3 c.p. (בּוֹא 97) *which they had brought*

מִמִּצְרָיִם prep.-pr.n. paus. (595) *from Egypt*

וַיֹּאמֶר consec.-Qal impf. 3 m.s. (55) *said*

אֲלֵיהֶם prep.-3 m.p. sf. *to them*

אֲבִיהֶם n.m.s.-3 m.p. sf. (3) *their father*

שֻׁבוּ Qal impv. 2 m.p. (שׁוּב 996) *Go again*

שִׁבְרוּ־לָנוּ Qal impv. 2 m.p. (991)-1 c.p. sf. *buy us*

מְעַט־אֹכֶל subst. cstr. (589)-n.m.s. (38) *a little food*

43:3

וַיֹּאמֶר consec.-Qal impf. 3 m.s. (55) *but said*

אֵלָיו prep.-3 m.s. sf. *to him*

יְהוּדָה pr.n. (397) *Judah*

לֵאמֹר prep.-Qal inf. cstr. (55) *(saying)*

הָעֵד הֵעִד Hi. inf. abs. (עוּד 729)-Hi. pf. 3 m.s. (עוּד 729) *solemnly warned*

בָּנוּ prep.-1 c.p. sf. *us*

הָאִישׁ def. art.-n.m.s. (35) *The man*

לֵאמֹר prep.-Qal inf. cstr. (55) *saying*

לֹא־תִרְאוּ neg.-Qal impf. 2 m.p. (רָאָה 906) *You shall not see*

פָּנַי n.m.p.-1 c.s. sf. (815) *my face*

בִּלְתִּי אֲחִיכֶם neg. (116)-n.m.s.-2 m.p. sf. (26) *unless your brother*

אִתְּכֶם prep.-2 m.p. sf. (II 85) *with you*

43:4

אִם־יֶשְׁךָ מְשַׁלֵּחַ hypoth.part. (49)-subst.-2 m.s. sf. (441) - Pi. ptc. (1018) *if you will send*

אֶת־אָחִינוּ dir. obj.-n.m.s.-1 c.p. sf. (26) *our brother*

אִתָּנוּ prep.-1 c.p. sf. (II 85) *with us*

נֵרְדָה Qal impf. 1 c.p.-coh. he (יָרַד 432) *we will go down*

וְנִשְׁבְּרָה conj.-Qal impf. 1 c.p.-coh. he (991) *and buy*

לְךָ אֹכֶל prep.-2 m.s. sf.-n.m.s. (38) *for you food*

43:5

וְאִם־אֵינְךָ מְשַׁלֵּחַ conj.-hypoth. part. (49)-subst.-2 m.s. sf. (II 34)-Pi. ptc. (1018) *but if you will not send him*

לֹא נֵרֵד neg.-Qal impf. 1 c.p. (יָרַד 432) *we will not go down*

כִּי־הָאִישׁ conj.-def. art.-n.m.s. (35) *for the man*

אָמַר אֵלֵינוּ Qal pf. 3 m.s. (55)-prep.-1 c.p. sf. *said to us*

לֹא־תִרְאוּ פָנַי neg.-Qal impf. 2 m.p. (רָאָה 906)-n.m.p.-1 c.s. sf. (815) *you shall not see my face*

בִּלְתִּי אֲחִיכֶם אִתְּכֶם neg. (116)-n.m.s.-2 m.p. sf. (26)-prep.-2 m.p. sf. (II 85) *unless your brother with you*

43:6

וַיֹּאמֶר יִשְׂרָאֵל consec.-Qal impf. 3 m.s. (55)-pr.n. (975) *Israel said*

לָמָה הֲרֵעֹתֶם לִי prep.-interr. (552)-Hi. pf. 2 m.s. (רָעַע 949)-prep.-1 c.s. sf. *Why did you treat me so ill*

לְהַגִּיד prep.-Hi. inf. cstr. (נָגַד 616) *to tell*

לָאִישׁ prep.-def. art.-n.m.s. (35) *the man*

הַעוֹד לָכֶם אָח interr. (GK 150e)-adv. (728)-prep.-2 m.p. sf.-n.m.s. (26) *that you had another brother*

43:7

וַיֹּאמְרוּ consec.-Qal impf. 3 m.p. (55) *they replied*

שָׁאוֹל שָׁאַל־ Qal inf. abs. (שָׁאַל 981)-Qal pf. 3 m.s. (981) *questioned carefully*

הָאִישׁ לָנוּ def. art.-n.m.s. (35)-prep.-1 c.p. sf. *the man ... about ourselves*

וּלְמוֹלַדְתֵּנוּ conj.-prep.-n.f.s.-1 c.p. sf. (409) *and our kindred*

לֵאמֹר prep.-Qal inf. cstr. (55) *saying*

הַעוֹד אֲבִיכֶם interr.-adv. (728)-n.m.s.-2 m.p. sf. (3) *Is your father still*

חַי adj. m.s. (311) *alive*

הֲיֵשׁ לָכֶם אָח interr.-subst. (441)-prep.-2 m.p. sf.-n.m.s. (26) *Have you another brother*

וַנַּגֶּד־לוֹ consec.-Hi. impf. 1 c.p. (נָגַד 616)-prep.-3 m.s. sf. *what we told him*

עַל־פִּי הַדְּבָרִים הָאֵלֶּה prep.-n.m.s. cstr. (804)-def. art.-n.m.p. (182)-def. art.-demons. adj. c.p. (41) *upon the mouth of these words*

הֲיָדוֹעַ נֵדַע interr.-Qal inf. abs.-Qal impf. 1 c.p. (יָדַע 393) *could we in any way know*

כִּי יֹאמַר conj.-Qal impf. 3 m.s. (55) *that he would say*

הוֹרִידוּ Hi. impv. 2 m.p. (יָרַד 432) *Bring down*

אֶת־אֲחִיכֶם dir. obj.-n.m.s.-2 m.p. sf. (26) *your brother*

43:8

וַיֹּאמֶר יְהוּדָה consec.-Qal impf. 3 m.s. (55)-pr.n. (397) *and Judah said*

אֶל־יִשְׂרָאֵל prep.-pr.n. (975) *to Israel*

אָבִיו n.m.s.-3 m.s. sf. (3) *his father*

שִׁלְחָה Qal impv. 2 m.s.-coh. he (1018) *Send*

הַנַּעַר def. art.-n.m.s. (654) *the lad*

אִתִּי prep.-1 c.s. (II 85) *with me*

וְנָקוּמָה conj.-Qal impf. 1 c.p.-coh. he (קוּם 877) *and we will arise*

וְנֵלֵכָה conj.-Qal impf. 1 c.p.-coh. he (הָלַךְ 229) *and go*

וְנִחְיֶה conj.-Qal impf. 1 c.p. (חָיָה 310) *that we may live*

וְלֹא נָמוּת conj.-neg.-Qal impf. 1 c.p. (מוּת 559) *and not die*

גַּם־אֲנַחְנוּ גַּם־אַתָּה adv. (168)-pers. pr. 1 c.p. (59)-v. supra-pers. pr. 2 m.s. (61) *both we and you*

גַּם־טַפֵּנוּ v. supra-n.m.s.-1 c.p. sf. (381) *and also our little ones*

43:9

אָנֹכִי אֶעֶרְבֶנּוּ pers. pr. 1 c.s. (59)-Qal impf. 1 c.s.-3 m.s. sf. (II 786) *I will be surety for him*

מִיָּדִי prep.-n.f.s.-1 c.s. sf. (388) *of my hand*

תְּבַקְשֶׁנּוּ Pi. impf. 2 m.s.-3 m.s. sf. (בָּקַשׁ 134) *you shall require him*

אִם־לֹא הֲבִיאֹתִיו hypoth. part. (49)-neg.-Hi. pf. 1 c.s.-3 m.s. sf. (בּוֹא 97) *If I do not bring him back*

אֵלֶיךָ prep.-2 m.s. sf. *to you*

וְהִצַּגְתִּיו conj.-Hi. pf. 1 c.s.-3 m.s. sf. (יָצַג 426) *and set him*

לְפָנֶיךָ prep.-n.m.p.-2 m.s. sf. (815) *before you*

וְחָטָאתִי לְךָ conj.-Qal pf. 1 c.s. (306)-prep.-2 m.s. sf. *then let me bear the blame*

כָּל־הַיָּמִים n.m.s. cstr. (481)-def. art.-n.m.p. (398) *for ever*

43:10

כִּי לוּלֵא conj.-conj. (530) *for if not*

הִתְמַהְמָהְנוּ **Hithpalpel pf. 1 c. p. (מָהַהּ 554) *we had delayed***

כִּי־עַתָּה שַׁבְנוּ conj.-adv. (773)-Qal pf. 1 c.p. (שׁוּב 996) *we would now have returned*

זֶה פַעֲמָיִם demons. adj. m.s. (260)-n.f. du. paus. (821) *twice*

43:11

וַיֹּאמֶר אֲלֵהֶם consec.-Qal impf. 3 m.s. (55)-prep.-3 m.p. sf. *then said to them*

יִשְׂרָאֵל pr.n. (975) *Israel*

אֲבִיהֶם n.m.s.-3 m.p. sf. (3) *their father*

אִם־כֵּן hypoth. part. (49)-adv. (485) *if it must be so*

אֵפוֹא זֹאת עֲשׂוּ enclitic part. (66)-demons. adj. f.s. (260)-Qal impv. 2 m.p. (עָשָׂה I 793) *then do this*

קְחוּ Qal impv. 2 m.p. (לָקַח 542) *take*

מִזִּמְרַת הָאָרֶץ prep.-n.f.s. cstr. (II 275)-def. art.-n.f.s. (75) *some of the choice fruits of the land*

בִּכְלֵיכֶם prep.-n.m.p.-2 m.p. sf. (479) *in your bags*

וְהוֹרִידוּ conj.-Hi. impv. 2 m.p. (יָרַד 432) *and carry down*

לָאִישׁ prep.-def. art.-n.m.s. (35) *to the man*

מִנְחָה n.f.s. (585) *a present*

מְעַט צֳרִי subst. cstr. (589)-n.m.s. (863) *a little balm*

וּמְעַט דְּבַשׁ conj.-v. supra-n.m.s. (185) *and a little honey*

נְכֹאת n.f.s. (644) *gum*

וָלֹט conj. - n.m.s. (538) *myrrh*

בָּטְנִים n.m.p. (106) *pistachio nuts*

וּשְׁקֵדִים conj.-n.m.p. (1052) *and almonds*

43:12

וְכֶסֶף מִשְׁנֶה conj.-n.m.s. (494)-n.m.s. (1041) *and double the money*

קְחוּ Qal impv. 2 m.p. (לָקַח 542) *take*

בְיֶדְכֶם prep.-n.f.s.-2 m.p. sf. (388) *with you (in your hand)*

וְאֶת־הַכֶּסֶף הַמּוּשָׁב conj.-dir. obj.-def. art.-n.m.s. (494)-def. art.-Ho. ptc. (שׁוּב 996) *and the money that was returned*

בְּפִי אַמְתְּחֹתֵיכֶם prep.-n.m.s. cstr. (804)-n.f.p.-2 m.p. sf. (607) *in the mouth of your sacks*

תָּשִׁיבוּ בְיֶדְכֶם Hi. impf. 2 m.p. (שׁוּב 996)-prep.-n.f.s.-2 m.p. sf. (388) *carry back with you (in your hand)*

אוּלַי מִשְׁגֶּה הוּא adv. (II 19) - n.m.s. (993) - pers.pr. 3 m.s. (214) *perhaps it was an oversight*

43:13

וְאֶת־אֲחִיכֶם conj.-dir. obj.-n.m.s.-2 m.p. sf. (26) *and your brother*

קָחוּ Qal impv. 2 m.p. paus. (לָקַח 542) *take*

וְקוּמוּ שׁוּבוּ conj.-Qal impv. 2 m.p. (קוּם 877)-Qal impv. 2 m.p. (שׁוּב 996) *and arise, go again*

אֶל־הָאִישׁ prep.-def. art.-n.m.s. (35) *to the man*

43:14

וְאֵל שַׁדַּי conj.-pr.n. (42 994) *and God Almighty (El Shaddai)*

יִתֵּן לָכֶם Qal impf. 3 m.s. (נָתַן 678)-prep.-2 m.p. sf. *may grant you*

רַחֲמִים n.m.p. (933) *mercy*

לִפְנֵי הָאִישׁ prep.-n.m.p. cstr. (815)-def. art.-n.m.s. (35) *before the man*

וְשִׁלַּח לָכֶם conj.-Pi. pf. 3 m.s. (1018)-prep.-2 m.p. sf. *that he may send back*

אֶת־אֲחִיכֶם אַחֵר dir. obj.-n.m.s.-2 m.p. sf.-adj. m.s. (29) *your other brother*

וְאֶת־בִּנְיָמִין conj.-dir. obj.-pr.n. (122) *and Benjamin*

וַאֲנִי כַּאֲשֶׁר שָׁכֹלְתִּי conj.-pers. pr. 1 c.s. (58)-prep.-rel.-Qal pf. 1 c.s. (שָׁכֹל 1013) *If I am bereaved of my children*

שָׁכָלְתִּי Qal pf. 1 c.s. paus. (שָׁכֹל 1013) *I am bereaved*

43:15

וַיִּקְחוּ consec.-Qal impf. 3 m.p. (לָקַח 542) *so took*

הָאֲנָשִׁים def. art.-n.m.p. (35) *the men*

אֶת־הַמִּנְחָה הַזֹּאת dir.obj.-def.art.-n.f.s. (585)-def.art.-demons. adj. f.s. (260) *the present*

וּמִשְׁנֶה־כֶּסֶף conj.-n.m.s. (1041)-n.m.s. (494) *and double the money*

לָקְחוּ Qal pf. 3 c.p. (542) *they took*

בְיָדָם prep.-n.f.s.-3 m.p. sf. (388) *with them*

וְאֶת־בִּנְיָמִן conj.-dir. obj.-pr.n. (122) *and Benjamin*

וַיָּקֻמוּ consec.-Qal impf. 3 m.p. (קוּם 877) *and they arose*

וַיֵּרְדוּ consec.-Qal impf. 3 m.p. (יָרַד 432) *and went down*

מִצְרַיִם pr.n. (595) *to Egypt*

וַיַּעַמְדוּ consec.-Qal impf. 3 m.p. (763) *and stood*

לִפְנֵי יוֹסֵף prep.-n.m.p. cstr. (815)-pr.n. (415) *before Joseph*

43:16

וַיַּרְא יוֹסֵף consec.-Qal impf. 3 m.s. (רָאָה 906)-pr.n. (415) *when Joseph saw*

אִתָּם prep.-3 m.p. sf. (II 85) *with them*

אֶת־בִּנְיָמִין dir. obj.-pr.n. (122) *Benjamin*

וַיֹּאמֶר consec.-Qal impf. 3 m.s. (55) *he said*

לַאֲשֶׁר עַל־בֵּיתוֹ prep.-rel.-prep.-n.m.s.-3 m.s. sf. (108) *to the one over his house*

הָבֵא אֶת־הָאֲנָשִׁים Hi. impv. 2 m.s. (בּוֹא 97)-dir. obj.-def. art.-n.m.p. (35) *Bring the men*

הַבָּיְתָה def. art.-n.m.s.-dir. he (108) *into the house*

וּטְבֹחַ טֶבַח conj. - Qal impv. 2 m. s. (טָבַח 370) - n.m.s. (I 370) *and slaughter an animal*

וְהָכֵן conj.-Hi. impv. 2 m.s. (כּוּן 465) *and make ready*

כִּי אִתִּי conj.-prep.-1 c.s. sf. (II 85) *for with me*

יֹאכְלוּ הָאֲנָשִׁים Qal impf. 3 m.p. (37)-def. art.-n.m.p. (35) *the men are to dine*

בַּצָּהֳרָיִם prep.-def.art.-n.m.p. paus. (843) *at noon*

43:17

וַיַּעַשׂ הָאִישׁ consec.-Qal impf. 3 m.s. (עָשָׂה I 793)-def. art.-n.m.s. (35) *the man did*

כַּאֲשֶׁר אָמַר יוֹסֵף prep.-rel.-Qal pf. 3 m.s. (55)-pr.n. (415) *as Joseph bade him*

וַיָּבֵא הָאִישׁ consec.-Hi. impf. 3 m.s. (בּוֹא 97)-def. art.-n.m.s. (35) *and the man brought*

אֶת־הָאֲנָשִׁים dir. obj.-def. art.-n.m.p. (35) *the men*

בֵּיתָה יוֹסֵף n.m.s. cstr.-dir. he (108)-pr.n. (415) *to Joseph's house*

43:18

וַיִּירְאוּ הָאֲנָשִׁים consec.-Qal impf. 3 m.p. (יָרֵא 431)-def. art.-n.m.p. (35) *and the men were afraid*

כִּי הוּבְאוּ conj.-Ho. pf. 3 c.p. (בּוֹא 97) *because they were brought*

בֵּית יוֹסֵף n.m.s. cstr. (108)-pr.n. (415) *to Joseph's house*

וַיֹּאמְרוּ consec.-Qal impf. 3 m.p. (55) *and they said*

עַל־דְּבַר הַכֶּסֶף prep.-n.m.s. cstr. (182)-def. art.-n.m.s. (494) *it is because of the money*

הַשָּׁב def. art.-Qal act. ptc. (שׁוּב 996) *which was replaced*

בְּאַמְתְּחֹתֵינוּ prep.-n.f.p.-1 c.p. sf. (607) *in our sacks*

בַּתְּחִלָּה prep.-def. art.-n.f.s. (321) *the first time*

אֲנַחְנוּ מוּבָאִים pers. pr. 1 c.p. (59)-Ho. ptc. m.p. (בּוֹא 97) *that we are brought in*

לְהִתְגֹּלֵל prep.-Hithpoel inf. cstr. (גָּלַל II 164) *so that he may seek occasion* (lit. *roll himself*)

עָלֵינוּ prep.-1 c.p. sf. *against us*

וּלְהִתְנַפֵּל conj.-prep.-Hith. inf. cstr. (נָפַל 656) *and fall*

עָלֵינוּ v. supra *upon us*

וְלָקַחַת conj. - prep. - Qal inf. cstr. (לָקַח 542) *and to take*

אֹתָנוּ dir. obj.-1 c.p. sf. *us*

לַעֲבָדִים prep.-n.m.p. (713) *for slaves*

וְאֶת־חֲמֹרֵינוּ conj.-dir.obj.-n.m.p.-1 c.p. sf. (331) *and our asses*

43:19

וַיִּגְּשׁוּ consec.-Qal impf. 3 m.p. (נָגַשׁ 620) *so they went up*

אֶל־הָאִישׁ prep.-def.art.-n.m.s. (35) *to the man (steward)*

אֲשֶׁר עַל־בֵּית יוֹסֵף rel.-prep.-n.m.s. cstr. (108)-pr.n. (415) *of Joseph's house*

וַיְדַבְּרוּ אֵלָיו consec.-Pi. impf. 3 m.p. (180)-prep.-3 m.s. sf. *and spoke with him*

פֶּתַח הַבָּיִת n.m.s. cstr. (835)-def.art.-n.m.s. paus. (108) *at the door of the house*

43:20

וַיֹּאמְרוּ consec.-Qal impf. 3 m.p. (55) *and said*

בִּי אֲדֹנִי part. of entreaty (106)-n.m.s.-1 c.s. sf. (10) *Oh, my lord*

יָרֹד יָרַדְנוּ Qal inf. abs. (יָרַד 432)-Qal pf. 1 c.p. (432) *we came down*

בַּתְּחִלָּה prep.-def.art.-n.f.s. (321) *the first time*

לִשְׁבָּר־אֹכֶל prep.-Qal inf. cstr. (991)-n.m.s. (38) *to buy food*

43:21

וַיְהִי consec.-Qal impf. 3 m.s. (הָיָה 224) *and (it was)*

כִּי־בָאנוּ conj.-Qal pf. 1 c.p. (בּוֹא 97) *when we came*

אֶל־הַמָּלוֹן prep.-def.art.-n.m.s. (533) *to the lodging place*

וַנִּפְתְּחָה consec.-Qal impf. 1 c.p.-coh. he (פָּתַח I 834) *we opened*

אֶת־אַמְתְּחֹתֵינוּ dir.obj.-n.f.p.-1 c.p. sf. (607) *our sacks*

וְהִנֵּה conj.-demons. part. (243) *and there was*

כֶּסֶף־אִישׁ n.m.s. cstr. (494)-n.m.s. (35) *every man's money*

בְּפִי אַמְתַּחְתּוֹ prep.-n.m.s. cstr. (804)-n.f.s.-3 m.s. sf. (607) *in the mouth of his sack*

כַּסְפֵּנוּ n.m.s.-1 c.p. sf. (494) *our money*

בְּמִשְׁקָלוֹ prep.-n.m.s.-3 m.s. sf. (1054) *in full weight*

וַנָּשֶׁב אֹתוֹ consec.-Hi. impf. 1 c.p. (שׁוּב 996)-dir.obj.-3 m.s. sf. *so we have brought it again*

בְּיָדֵנוּ prep.-n.f.s.-1 c.p. sf. (388) *with us*

43:22

וְכֶסֶף אַחֵר conj.-n.m.s. (494)-adj. m.s. (29) *and other money*

הוֹרַדְנוּ Hi. pf. 1 c.p. (יָרַד 432) *we have brought down*

בְּיָדֵנוּ prep.-n.f.s.-1 c.p. sf. (388) *in our hand*

לִשְׁבָּר־אֹכֶל prep.-Qal inf. cstr. (991)-n.m.s. (38) *to buy food*

לֹא יָדַעְנוּ neg.-Qal pf. 1 c.p. (יָדַע 393) *We do not know*

מִי־שָׂם interr. (566)-Qal pf. 3 m.s. (שִׂים 962) *who put*

כַּסְפֵּנוּ n.m.s.-1 c.p. sf. (494) *our money*

בְּאַמְתְּחֹתֵינוּ prep.-n.f.p.-1 c.p. sf. (607) *in our sacks*

43:23

וַיֹּאמֶר consec.-Qal impf. 3 m.s. (55) *he replied*

שָׁלוֹם לָכֶם n.m.s. (1022)-prep.-2 m.p. sf. *Rest assured (*lit. *peace to you)*

אַל־תִּירָאוּ neg.-Qal impf. 2 m.p. paus. (יָרֵא 431) *do not be afraid*

אֱלֹהֵיכֶם וֵאלֹהֵי n.m.p.-2 m.p. sf. (43)-conj.-n.m.p. cstr. (43) *your God and the God of*

אֲבִיכֶם n.m.s.-2 m.p. sf. (3) *your father*

נָתַן לָכֶם Qal pf. 3 m.s. (678)-prep.-2 m.p. sf. *must have put for you*

מַטְמוֹן n.m.s. (380) *treasure*

בְּאַמְתְּחֹתֵיכֶם prep.-n.f.p.-2 m.p. sf. (607) *in your sacks*

כַּסְפְּכֶם בָּא n.m.s.-2 m.p. sf. (494)-Qal pf. 3 m.s. (97) *your money has come*

אֵלָי prep.-1 c.s. sf. paus. *to me*

וַיּוֹצֵא consec.-Hi. impf. 3 m.s. (יָצָא 422) *then he brought out*

אֲלֵהֶם prep.-3 m.p. sf. *to them*

אֶת־שִׁמְעוֹן dir.obj.-pr.n. (1035) *Simeon*

43:24

וַיָּבֵא הָאִישׁ consec.-Hi. impf. 3 m.s. (בּוֹא 97)-def.art.-n.m.s. (35) *and when the man brought*

אֶת־הָאֲנָשִׁים dir.obj.-def.art.-n.m.p. (35) *the men*

בֵּיתָה יוֹסֵף n.m.s. cstr.-dir. he (108)-pr.n. (415) *into Joseph's house*

וַיִּתֶּן־מַיִם consec.-Qal impf. 3 m.s. (נָתַן 678) - n.m.p. (565) *and had given them water*

וַיִּרְחֲצוּ consec.-Qal impf. 3 m.p. (934) *and they washed*

רַגְלֵיהֶם n.f.p.-3 m.p. sf. (919) *their feet*

וַיִּתֵּן v. supra *and when he had given*

מִסְפּוֹא n.m.s. (704) *provender*

לַחֲמֹרֵיהֶם prep.-n.m.p.-3 m.p. sf. (331) *to their asses*

43:25

וַיָּכִינוּ consec.-Hi. impf. 3 m.p. (כּוּן 465) *they made ready*

אֶת־הַמִּנְחָה dir.obj.-def.art.-n.f.s. (585) *the present*

עַד־בּוֹא יוֹסֵף prep.-Qal inf. cstr. (97)-pr.n. (415) *for Joseph's coming*

בַּצָּהֳרָיִם prep.-def.art.-n.m.p. paus. (843) *at noon*

כִּי שָׁמְעוּ conj.-Qal pf. 3 c.p. (1033) *for they heard*

כִּי־שָׁם יֹאכְלוּ conj.-adv. (1027)-Qal impf. 3 m.p. (37) *that they should eat there*

לָחֶם n.m.s. paus. (536) *bread*

43:26

וַיָּבֹא יוֹסֵף consec.-Qal impf. 3 m.s. (בּוֹא 97)-pr.n. (415) *when Joseph came*

הַבַּיְתָה def.art.-n.m.s.-dir. he (108) *home*

וַיָּבִיאוּ consec.-Hi. impf. 3 m.p. (בּוֹא 97) *they brought*

לוֹ אֶת־הַמִּנְחָה prep.-3 m.s. sf.-dir.obj.-def.art.-n.f.s. (585) *to him the present*

אֲשֶׁר־בְּיָדָם rel.-prep.-n.f.s.-3 m.p. sf. (388) *which they had with them*

הַבָּיְתָה def.art.-n.m.s.-dir. he ((108) *into the house*

וַיִּשְׁתַּחֲווּ־לוֹ consec.-Hithpalel impf. 3 m.p. (שָׁחָה 1005)-prep.-3 m.s. sf. *and bowed down to him*

אָרְצָה n.f.s.-dir. he (75) *to the ground*

43:27

וַיִּשְׁאַל לָהֶם consec.-Qal impf. 3 m.s. (981)-prep.-3 m.p. sf. *and he asked of them*

לְשָׁלוֹם prep.-n.m.s. (1022) *about their welfare*

וַיֹּאמֶר consec.-Qal impf. 3 m.s. (55) *and said*

הֲשָׁלוֹם אֲבִיכֶם interr.-n.m.s. (1022)-n.m.s.-2 m.p. sf. (3) *Is your father well?*

הַזָּקֵן אֲשֶׁר def.art.-adj. m.s. (278) - rel. *the old man of whom*

אֲמַרְתֶּם Qal pf. 2 m.p. (55) *you spoke*

הַעוֹדֶנּוּ חָי interr.-adj.-3 m.s. sf.-adj. m.s. paus. (I 311) *Is he still alive?*

43:28

וַיֹּאמְרוּ consec.-Qal impf. 3 m.p. (55) *they said*

שָׁלוֹם לְעַבְדְּךָ n.m.s. (1022)-prep.-n.m.s.-2 m.s. sf. (713) *Your servant is well*

לְאָבִינוּ prep.-n.m.s.-1 c.p. sf. (3) *our father*

עוֹדֶנּוּ חָי adv.-3 m.s. sf. (728)-adj. m.s. paus. (311) *he is still alive*

וַיִּקְּדוּ consec.-Qal impf. 3 m.p. (קָדַד I 869) *and they bowed their heads*

וַיִּשְׁתַּחֲוֻ consec.-Hithpalel impf. 3 m.p. (שָׁחָה 1005) *and made obeisance*

43:29

וַיִּשָּׂא עֵינָיו consec.-Qal impf. 3 m.s. (נָשָׂא 669)-n.f. du.-3 m.s. sf. (744) *and he lifted his eyes*

וַיַּרְא אֶת־בִּנְיָמִין consec.-Qal impf. 3 m.s. (רָאָה 906)-dir.obj.-pr.n. (122) *and saw Benjamin*

אָחִיו n.m.s.-3 m.s. sf. (26) *his brother*

בֶּן־אִמּוֹ n.m.s. cstr. (119)-n.f.s.-3 m.s. sf. (51) *his mother's son*

וַיֹּאמֶר consec.-Qal impf. 3 m.s. (55) *and said*

הֲזֶה **interr.-demons. adj. m.s. (260)** *Is this?*

אֲחִיכֶם הַקָּטֹן n.m.s.-2 m.p. sf. (26)-def.art.-adj. m.s. (882) *your youngest brother*

אֲשֶׁר אֲמַרְתֶּם rel.-Qal pf. 2 m.p. (55) *of whom you spoke*

אֵלָי prep.-1 c.s. sf. paus. *to me*

וַיֹּאמַר consec.-Qal impf. 3 m.s. (55) *(and he said)*

אֱלֹהִים יָחְנְךָ n.m.p. (43)-Qal impf. 3 m.s.-2 m.s. sf. (חָנַן I 335) *God be gracious to you*

בְּנִי n.m.s.-1 c.s. sf. (119) *my son*

43:30

וַיְמַהֵר יוֹסֵף consec.-Pi. impf. 3 m.s. (I 554)-pr.n. (415) *then Joseph made haste*

כִּי־נִכְמְרוּ רַחֲמָיו conj.-Ni. pf. 3 c.p. (I 485) - n.m.p.-3 m.s. sf. (933) *for his heart yearned (*lit.*-his compassions were warmed)*

אֶל־אָחִיו prep.-n.m.s.-3 m.s. sf. (26) *for his brother*

וַיְבַקֵּשׁ consec.-Pi. impf. 3 m.s. (134) *and he sought*

לִבְכּוֹת prep.-Qal inf. cstr. (בָּכָה 113) *to weep*

וַיָּבֹא consec.-Qal impf. 3 m.s. (בּוֹא 97) *and he entered*

הַחַדְרָה def.art.-n.m.s.-dir. he (293) *his chamber*

וַיֵּבְךְּ שָׁמָּה consec. - Qal impf. 3 m.s. (בָּכָה 113) adv.-dir. he (1027) *and wept there*

43:31

וַיִּרְחַץ פָּנָיו consec.-Qal impf. 3 m.s. (934)-n.m.p.-3 m.s. sf. (815) *then he washed his face*

וַיֵּצֵא consec.-Qal impf. 3 m.s. (יָצָא 422) *and came out*

וַיִּתְאַפַּק consec.-Hith. impf. 3 m.s. (67) *and controlling himself*

וַיֹּאמֶר consec.-Qal impf. 3 m.s. (55) *he said*

שִׂימוּ לָחֶם Qal impv. 2 m.p. (962)-n.m.s. paus. (536) *Let food be served*

43:32

וַיָּשִׂימוּ לוֹ consec.-Qal impf. 3 m.p. (שִׂים 962)-prep.-3 m.s. sf. *they served him*

לְבַדּוֹ prep.-n.m.s.-3 m.s. sf. (94) *by himself*

וְלָהֶם לְבַדָּם conj.-prep.-3 m.p. sf.-prep.-n.m.s.-3 m.p. sf. (94) *and them by themselves*

וְלַמִּצְרִים conj.-prep.-def.art.-pr.n. (595) *and the Egyptians*

הָאֹכְלִים def.art.-Qal act. ptc. m.p. (37) *who ate*

אִתּוֹ prep.-3 m.s. sf. (II 85) *with him*

לְבַדָּם prep.-n.m.s.-3 m.p. sf. (94) *by themselves*

כִּי לֹא יוּכְלוּן conj.-neg.-Qal impf. 3 m.p. (יָכֹל 407) *because might not*

הַמִּצְרִים def.art.-pr.n. (595) *the Egyptians*

לֶאֱכֹל prep.-Qal inf. cstr. (37) *eat*

אֶת־הָעִבְרִים prep. (II 85)-def.art.-adj. gent. m.p. (I 720) *with the Hebrews*

לֶחֶם n.m.s. (536) *bread*

כִּי־תוֹעֵבָה הִוא conj.-n.f.s. (1072)-demons. adj. f.s. (214) *for that is an abomination*

לְמִצְרָיִם prep.-pr.n. paus. (595) *to Egyptians*

43:33

וַיֵּשְׁבוּ consec.-Qal impf. 3 m.p. (יָשַׁב 442) *and they sat*

לְפָנָיו prep.-n.m.p.-3 m.s. sf. (815) *before him*

הַבְּכֹר def.art.-n.m.s. (114) *the first-born*

כִּבְכֹרָתוֹ prep.-n.f.s.-3 m.s. sf. (114) *according to his birthright*

וְהַצָּעִיר conj.-def.art.-adj. m.s. (I 859) *and the youngest*

כִּצְעִרָתוֹ prep.-n.f.s.-3 m.s. sf. (859) *according to his youth*

וַיִּתְמְהוּ consec. - Qal impf. 3 m.p. (תָּמַהּ 1069) *and looked in amazement*

הָאֲנָשִׁים def.art.-n.m.p. (35) *the men*

אִישׁ אֶל־רֵעֵהוּ n.m.s. (35)-prep.-n.m.s.-3 m.s. sf. (945) *each to his companion*

43:34

וַיִּשָּׂא consec.-Qal impf. 3 m.s. (נָשָׂא 669) *and were taken*

מַשְׂאֹת n.f.p. (673) *portions*

מֵאֵת פָּנָיו prep.-prep. (II 85)-n.m.p.-3 m.s. sf. (815) *from before him*

אֲלֵהֶם prp.-3 m.p. sf. *to them*

וַתֵּרֶב consec.-Qal impf. 3 f.s. (רָבָה I 915) *and was great(er)*

מַשְׂאַת בִּנְיָמִן n.f.s. cstr. (673)-pr.n. (122) *Benjamin's portion*

מִמַּשְׂאֹת כֻּלָּם prep.-n.f.p. cstr. (673) - n.m.s.-3 m.p. sf. (481) *than the portion of all of them*

חָמֵשׁ יָדוֹת num. (331)-n.f.p. (388) *five times*

וַיִּשְׁתּוּ consec.-Qal impf. 3 m.p. (שָׁתָה 1059) *so they drank*

וַיִּשְׁכְּרוּ עִמּוֹ consec.-Qal impf. 3 m.p. (שָׁכַר 1016)-prep.-3 m.s. sf. *and were merry with him*

44:1

וַיְצַו consec.-Pi. impf. 3 m.s. (צָוָה 845) *then he commanded*

אֶת־אֲשֶׁר עַל־בֵּיתוֹ dir.obj.-rel.-prep.-n.m.s.-3 m.s. sf. (108) *the steward of his house*

לֵאמֹר prep.-Qal inf. cstr. (55) *(saying)*

מַלֵּא Pi. impv. 2 m.s. (569) *Fill*

אֶת־אַמְתְּחֹת dir.obj.-n.f.p. cstr. (607) *the sacks of*

הָאֲנָשִׁים def.art.-n.m.p. (35) *the men*

אֹכֶל n.m.s. (38) *with food*

כַּאֲשֶׁר יוּכְלוּן שְׂאֵת prep.-rel.-Qal impf. 3 m.p. (יָכֹל 407)-Qal inf. cstr. (נָשָׂא 669) *as much as they can carry*

וְשִׂים conj.-Qal impv. 2 m.s. (שִׂים 962) *and put*

כֶּסֶף־אִישׁ n.m.s. cstr. (49)-n.m.s. (35) *each man's money*

בְּפִי אַמְתַּחְתּוֹ prep.-n.m.s. cstr. (804)-n.f.s.-3 m.s. sf. (607) *in the mouth of his sack* ∘

44:2

וְאֶת־גְּבִיעִי conj.-dir.obj.-n.m.s.-1 c.s. sf. (149) *and my cup*

גְּבִיעַ הַכֶּסֶף n.m.s. cstr. (149)-def.art.-n.m.s. (494) *the silver cup*

תָּשִׂים Qal impf. 2 m.s. (962) *you shall put*

בְּפִי אַמְתַּחַת prep.-n.m.s. cstr. (804)-n.f.s. cstr. (607) *in the mouth of the sack of*

הַקָּטֹן def.art.-adj. m.s. (882) *the youngest*

וְאֵת כֶּסֶף שִׁבְרוֹ conj.-dir.obj.-n.m.s. cstr. (494)-n.m.s.-3 m.s. sf. (991) *with his money for the grain*

וַיַּעַשׂ consec.-Qal impf. 3 m.s. (עָשָׂה I 793) *and he did*

כִּדְבַר יוֹסֵף prep.-n.m.s. cstr. (182)-pr.n. (415) *according to the word of Joseph*

אֲשֶׁר דִּבֵּר rel.-Pi. pf. 3 m.s. (180) *which he spoke*

44:3

הַבֹּקֶר אוֹר def.art.-n.m.s. (133)-n.m.s. (21) *as soon as the morning was light*

וְהָאֲנָשִׁים conj.-def.art.-n.m.p. (35) *the men*

שֻׁלְּחוּ Pu. pf. 3 c.p. (1018) *were sent away*

הֵמָּה וַחֲמֹרֵיהֶם pers. pr. 3 m.p. (241)-conj.-n.m.p.-3 m.p. sf. (331) *they and their asses*

44:4

הֵם יָצְאוּ pers. pr. 3 m.p. (241)-Qal pf. 3 c.p. (יָצָא 422) *when they had gone*

אֶת־הָעִיר dir.obj.-def.art.-n.f.s. (746) *from the city*

לֹא הִרְחִיקוּ neg.-Hi. pf. 3 c.p. (רָחַק 934) *but a short distance (they had not gone far)*

וְיוֹסֵף אָמַר conj.-pr.n. (415)-Qal pf. 3 m.s. (55) *Joseph said*

לַאֲשֶׁר עַל־בֵּיתוֹ prep.-rel.-prep.-n.m.s.-3 m.s. sf. (108) *to his steward*

קוּם Qal impv. 2 m.s. (קוּם 877) *Up*

רְדֹף Qal impv. 2 m.s. (922) *follow*

אַחֲרֵי הָאֲנָשִׁים prep. (29)-def.art.-n.m.p. (35) *after the men*

וְהִשַּׂגְתָּם conj.-Hi. pf. 2 m.s.-3 m.p. sf. (נָשַׂג 673) *and when you overtake them*

וְאָמַרְתָּ conj.-Qal pf. 2 m.s. (55) *say*

אֲלֵהֶם prep.-3 m.p. sf. *to them*

לָמָּה prep.-interr. (552) *why*

שִׁלַּמְתֶּם רָעָה Pi. pf. 2 m.p. (1022) - adj. f.s. (948) *have you returned evil*

תַּחַת טוֹבָה prep. (1065)-adj. f.s. (II 373) *for good*

44:5

הֲלוֹא זֶה interr.-neg.-demons. adj. m.s. (260) *is not this*

אֲשֶׁר יִשְׁתֶּה אֲדֹנִי בּוֹ rel.-Qal impf. 3 m.s. (שָׁתָה 1059)-n.m.s.-1 c.s. sf. (10)-prep.-3 m.s. sf. *which my lord drinks from it*

וְהוּא נַחֵשׁ יְנַחֵשׁ conj.-pers. pr. 3 m.s. (214)-Pi. inf. abs. (II 638)-Pi. impf. 3 m.s. (II 638) *and that he divines*

בּוֹ prep.-3 m.s. sf. *by it*

הֲרֵעֹתֶם Hi. pf. 2 m.p. (רָעַע 949) *you have done wrong*

אֲשֶׁר עֲשִׂיתֶם rel.-Qal pf. 2 m.s. (עָשָׂה I 793) *in so doing*

44:6

וַיַּשִּׂגֵם consec.-Hi. impf. 3 m.p. sf. (נָשַׂג 673) *when he overtook them*

וַיְדַבֵּר אֲלֵהֶם consec.-Pi. impf. 3 m.s. (180)-prep.-3 m.p. sf. *he spoke to them*

אֶת־הַדְּבָרִים הָאֵלֶּה dir.obj.-def.art.-n.m.p. (182)-def.art.-demons. adj. c.p. (41) *these words*

44:7

וַיֹּאמְרוּ אֵלָיו consec.-Qal impf. 3 m.p. (55)-prep.-3 m.s. sf. *they said to him*

לָמָּה יְדַבֵּר prep.-interr. (552)-Pi. impf. 3 m.s. (180) *why ... does speak*

אֲדֹנִי n.m.s.-1 c.s. sf. (10) *my lord*

כַּדְּבָרִים הָאֵלֶּה prep.-def.art.-n.m.p. (180)-def.art.-demons. adj. c.p. (41) *such words as these*

חָלִילָה לַעֲבָדֶיךָ subst. (321)-prep.-n.m.p.-2 m.s. sf. (713) *Far be it from your servants*

מֵעֲשׂוֹת prep.-Qal inf. cstr. (עָשָׂה I 793) *that they should do*

כַּדָּבָר הַזֶּה prep.-def.art.-n.m.s. (182) - def.art.-demons. adj. m.s. (260) *such a thing*

44:8

הֵן כֶּסֶף demons. part. (243)-n.m.s. (494) *Behold, the money*

אֲשֶׁר מָצָאנוּ rel.-Qal pf. 1 c.p. (592) *which we found*

בְּפִי אַמְתְּחֹתֵינוּ prep.-n.m.s. cstr. (804)-n.f.p.-1 c.p. sf. (607) *in the mouth of our sacks*

הֱשִׁיבֹנוּ אֵלֶיךָ Hi. pf. 1 c.p. (שׁוּב 996)-prep.-2 m.s. sf. *we brought back to you*

מֵאֶרֶץ כְּנָעַן prep.-n.f.s. cstr. (75)-pr.n. paus. (488) *from the land of Canaan*

וְאֵיךְ נִגְנֹב conj.-adv. (32)-Qal impf. 1 c.p. (170) *how then should we steal*

מִבֵּית אֲדֹנֶיךָ prep.-n.m.s. cstr. (108)-n.m.p.-2 m.s. sf. (10) *from your lord's house*

כֶּסֶף אוֹ זָהָב n.m.s. (494)-conj. (14)-n.m.s. (262) *silver or gold*

44:9

אֲשֶׁר יִמָּצֵא אִתּוֹ rel.-Ni. impf. 3 m.s. (מָצָא 592)-prep.-3 m.s. sf. (II 85) *with whomsoever it be found*

מֵעֲבָדֶיךָ prep.-n.m.p.-2 m.s. sf. (713) *of your servants*

וָמֵת conj.-Qal pf. 3 m.s. (מוּת 559) *let him die*

וְגַם־אֲנַחְנוּ נִהְיֶה conj.-adv. (168)-pers. pr. 1 c.p. (59)-Qal impf. 1 c.p. (הָיָה 224) *and we also will be*

לַאדֹנִי לַעֲבָדִים prep.-n.m.s.-1 c.s. sf. (10)-prep.-n.m.p. (713) *my lord's slaves*

44:10

וַיֹּאמֶר consec.-Qal impf. 3 m.s. (55) *he said*

גַּם־עַתָּה adv. (168)-adv. (773) *(also now)*

כְדִבְרֵיכֶם prep.-n.m.p.-2 m.p. sf. (182) *as you say*

כֶּן־הוּא adv. (485)-demons. adj. m.s. (214) *thus it shall be*

אֲשֶׁר יִמָּצֵא אִתּוֹ rel.-Ni. impf. 3 m.s. (592)-prep.-3 m.s. sf. (II 85) *he with whom it is found*

יִהְיֶה־לִּי עָבֶד Qal impf. 3 m.s. (224)-prep.-1 c.s. sf.-n.m.s. paus. (713) *shall be my slave*

וְאַתֶּם תִּהְיוּ conj.-pers. pr. 2 m.p. (61)-Qal impf. 2 m.p. (הָיָה 224) *and the rest shall be*

נְקִיִּם adj. m.p. (667) *blameless*

44:11

וַיְמַהֲרוּ consec.-Pi. impf. 3 m.p. (I 554) *then quickly*

וַיּוֹרִדוּ consec.-Hi. impf. 3 m.p. (יָרַד 432) *lowered*

אִישׁ אֶת־אַמְתַּחְתּוֹ n.m.s. (35)-dir.obj.-n.f.s.-3 m.s. sf. (607) *every man his sack*

אָרְצָה n.f.s.-dir. he (75) *to the ground*

וַיִּפְתְּחוּ consec. - Qal impf. 3 m.p. (פָּתַח I 834) *and opened*

אִישׁ אַמְתַּחְתּוֹ v. supra-n.f.s.-3 m.s. sf. (607) *every man his sack*

44:12

וַיְחַפֵּשׂ consec.-Pi. impf. 3 m.s. (חָפַשׂ 344) *and he searched*

בַּגָּדוֹל הֵחֵל prep.-def.art.-adj. m.s. (152)-Hi. pf. 3 m.s. (חָלַל III 320) *with the eldest he began*

וּבַקָּטֹן כִּלָּה conj.-prep.-def.art.-adj. m.s. (882)-Pi. pf. 3 m.s. (כָּלָה 477) *and ended with the youngest*

וַיִּמָּצֵא consec.-Ni. impf. 3 m.s. (592) *and was found*

הַגָּבִיעַ def.art.-n.m.s. (149) *the cup*

בְּאַמְתַּחַת בִּנְיָמִן prep.-n.f.s. cstr. (607)-pr.n. (122) *in Benjamin's sack*

44:13

וַיִּקְרְעוּ consec.-Qal impf. 3 m.p. (קָרַע 902) *then they rent*

שִׂמְלֹתָם n.f.p.-3 m.p. sf. (971) *their clothes*

וַיַּעֲמֹס consec.-Qal impf. 3 m.s. (עָמַס 770) *and loaded*

אִישׁ עַל־חֲמֹרוֹ n.m.s. (35)-prep.-n.m.s.-3 m.s. sf. (331) *every man his ass*

וַיָּשֻׁבוּ הָעִירָה consec.-Qal impf. 3 m.p. (שׁוּב 996) - def.art.-n.f.s.-dir. he (746) *and they returned to the city*

44:14

וַיָּבֹא יְהוּדָה consec.-Qal impf. 3 m.s. (בּוֹא 97)-pr.n. (397) *when Judah came*

וְאֶחָיו conj.-n.m.p.-3 m.s. sf. (26) *and his brothers*

בֵּיתָה יוֹסֵף n.m.s. cstr.-dir. he (108)-pr.n. (415) *to Joseph's house*

וְהוּא עוֹדֶנּוּ שָׁם conj.-pers. pr. 3 m.s. (214)-adv.-3 m.s. sf. (728)-adv. (1027) *he was still there*

וַיִּפְּלוּ consec.-Qal impf. 3 m.p. (נָפַל 656) *and they fell*

לְפָנָיו prep.-n.m.p.-3 m.s. sf. (815) *before him*

אָרְצָה n.f.s.-dir. he (75) *to the ground*

44:15

וַיֹּאמֶר לָהֶם consec.-Qal impf. 3 m.s. (55)-prep.-3 m.p. sf. *said to them*

יוֹסֵף pr.n. (415) *Joseph*

מָה־הַמַּעֲשֶׂה הַזֶּה interr. (552)-def.art.-n.m.s. (795)-def.art.-demons. adj. m.s. (260) *what deed is this*

אֲשֶׁר עֲשִׂיתֶם rel.-Qal pf. 2 m.p. (עָשָׂה I 793) *that you have done*

הֲלוֹא יְדַעְתֶּם interr.-neg.-Qal pf. 2 m.p. (יָדַע 393) *Do you not know*

כִּי־נַחֵשׁ יְנַחֵשׁ conj.-Pi. inf. abs. (II 638) - Pi. impf. 3 m.s. (II 638) *that can indeed divine*

אִישׁ אֲשֶׁר כָּמֹנִי n.m.s. (35) - rel.-prep.-1 c.s. sf. *a man such as I*

44:16

וַיֹּאמֶר יְהוּדָה consec.-Qal impf. 3 m.s. (55)-pr.n. (397) *and Judah said*

מַה־נֹּאמַר interr. (552)-Qal impf. 1 c.p. (55) *What shall we say*

לַאדֹנִי prep.-n.m.s.-1 c.s. sf. (10) *to my lord*

מַה־נְּדַבֵּר interr. (552) - Pi. impf. 1 c.p. (180) *What shall we speak?*

וּמַה־נִּצְטַדָּק conj.-interr. (552) - Hith. impf. 1 c.p. (צָדֵק 842) *or how can we clear ourselves*

הָאֱלֹהִים מָצָא def.art.-n.m.p. (43)-Qal pf. 3 m.s. (592) *God has found out*

אֶת־עֲוֹן עֲבָדֶיךָ dir.obj.-n.m.s. cstr. (730)-n.m.p.-2 m.s. sf. (713) *the guilt of your servants*

הִנֶּנּוּ עֲבָדִים demons. part.-1 c.p. sf. (243)-n.m.p. (713) *Behold, we are slaves*

לַאדֹנִי prep.-n.m.s.-1 c.s. sf. (10) *to my lord*

גַּם־אֲנַחְנוּ adv. (168)-pers. pr. 1 c.p. (59) *both we*

גַּם אֲשֶׁר־נִמְצָא adv. (168)-rel.-Ni. pf. 3 m.s. (592) *and he also ... has been found*

הַגָּבִיעַ def.art.-n.m.s. (149) *the cup*

בְּיָדוֹ prep.-n.f.s.-3 m.s. sf. (388) *in his hand*

44:17

וַיֹּאמֶר consec.-Qal impf. 3 m.s. (55) *but he said*

חָלִילָה subst. (321) *Far be it*

לִּי prep.-1 c.s. sf. *from me*

מֵעֲשׂוֹת זֹאת prep.-Qal inf. cstr. (עָשָׂה I 793)-demons. adj. f.s. (260) *that I should do so*

הָאִישׁ אֲשֶׁר def.art.-n.m.s. (35)-rel. *the man which*

נִמְצָא Ni. pf. 3 m.s. (592) *was found*

הַגָּבִיעַ def.art.-n.m.s. (149) *the cup*

בְּיָדוֹ prep.-n.f.s.-3 m.s. sf. (388) *in his hand*

הוּא יִהְיֶה־לִּי pers. pr. 3 m.s. (214)-Qal impf. 3 m.s. (הָיָה 224)-prep.-1 c.s. sf. *shall be to me*

עָבֶד n.m.s. paus. (713) *a slave*

וְאַתֶּם עֲלוּ conj.-pers. pr. 2 m.p. (61)-Qal impv. 2 m.p. (עָלָה 748) *but as for you, go up*

לְשָׁלוֹם prep.-n.m.s. (1022) *in peace*

אֶל־אֲבִיכֶם prep.-n.m.s.-2 m.p. sf. (3) *to your father*

44:18

וַיִּגַּשׁ אֵלָיו consec.-Qal impf. 3 m.s. (נָגַשׁ 620)-prep.-3 m.s. sf. *then went up to him*

יְהוּדָה pr.n. (397) *Judah*

וַיֹּאמֶר consec.-Qal impf. 3 m.s. (55) *and said*

בִּי אֲדֹנִי part. of entreaty (106)-n.m.s.-1 c.s. sf. (10) *O my lord*

יְדַבֶּר־נָא Pi. impf. 3 m.s. (180)-part. of entreaty (609) *let, I pray you, ... speak*

עַבְדְּךָ n.m.s.-2 m.s. sf. (713) *your servant*

דָבָר n.m.s. (182) *a word*

בְּאָזְנֵי אֲדֹנִי prep.-n.f. du. cstr. (23) - v.supra *in my lord's ears*

וְאַל־יִחַר אַפְּךָ conj.-neg.-Qal impf. 3 m.s. (חָרָה 354)n.m.s.-2 m.s. sf. (I 60) *and let not your anger burn*

בְּעַבְדֶּךָ prep.-n.m.s.-2 m.s. sf. (713) *against your servant*

כִּי כָמוֹךָ כְּפַרְעֹה conj.-prep.-2 m.s. sf.-prep.-pr.n. (829) *for you are like Pharaoh himself*

44:19

אֲדֹנִי שָׁאַל n.m.s.-1 c.s. sf. (10)-Qal pf. 3 m.s. (981) *my lord asked*

אֶת־עֲבָדָיו dir.obj.-n.m.p.-3 m.s. sf. (713) *his servants*

לֵאמֹר prep.-Qal inf. cstr. (55) *saying*

הֲיֵשׁ־לָכֶם interr.-subst. (441)-prep.-2 m.p. sf. *Have you*

אָב n.m.s. (3) *a father*

אוֹ־אָח conj. (14)-n.m.s. (26) *or a brother*

44:20

וַנֹּאמֶר consec.-Qal impf. 1 c.p. (55) *and we said*

אֶל־אֲדֹנִי prep.-n.m.s.-1 c.s. sf. (10) *to my lord*

יֶשׁ־לָנוּ אָב subst. (441)-prep.-1 c.p. sf.-n.m.s. (3) *We have a father*

זָקֵן adj. m.s. (278) *an old man*

וְיֶלֶד זְקֻנִים conj.-n.m.s. cstr. (409)-n.m.p. (279) *and a child of his old age*

קָטָן adj. m.s. (I 881) *young*

וְאָחִיו מֵת conj.-n.m.s.-3 m.s. sf. (26)-Qal pf. 3 m.s. (מוּת 559) *and his brother is dead*

וַיִּוָּתֵר הוּא consec.-Ni. impf. 3 m.s. (יָתַר 451) - pers.pr. 3 m.s. (214) *and he is left*

לְבַדּוֹ prep.-n.m.s.-3 m.s. sf. (94) *alone*

לְאִמּוֹ prep.-n.f.s.-3 m.s. sf. (51) *of his mother's children*

וְאָבִיו אֲהֵבוֹ conj.-n.m.s.-3 m.s. sf. (3)-Qal pf. 3 m.s.-3 m.s. sf. (12) *and his father loves him*

44:21

וַתֹּאמֶר consec.-Qal impf. 2 m.s. (55) *then you said*

אֶל־עֲבָדֶיךָ prep.-n.m.p.-2 m.s. sf. (713) *to your servants*

הוֹרִדֻהוּ אֵלָי Hi. impv. 2 m.p.-3 m.s. sf. (יָרַד 432)-prep.-1 c.s. sf. paus. *Bring him down to me*

וְאָשִׂימָה conj.-Qal impf. 1 c.s.-vol. he (שִׂים 962) *that I may set*

עֵינִי n.f.s.-1 c.s. sf. (744) *my eye*

עָלָיו prep.-3 m.s. sf. *upon him*

44:22

וַנֹּאמֶר consec.-Qal impf. 1 c.p. (55) *we said*

אֶל־אֲדֹנִי prep.-n.m.s.-1 c.s. sf. (10) *to my lord*

לֹא־יוּכַל הַנַּעַר neg.-Qal impf. 3 m.s. (יָכֹל 407)-def.art.-n.m.s. (654) *The lad cannot*

לַעֲזֹב prep.-Qal inf. cstr. (I 736) *leave*

אֶת־אָבִיו dir.obj.-n.m.s.-3 m.s. sf. (3) *his father*

וְעָזַב אֶת־אָבִיו conj.-Qal pf. 3 m.s. (I 736)-dir.obj.-n.m.s.-3 m.s. sf. (3) *for if he should leave his father*

וָמֵת conj.-Qal pf. 3 m.s. (מוּת 559) *he would die*

44:23

וַתֹּאמֶר consec.-Qal impf. 2 m.s. (55) *then you said*

אֶל־עֲבָדֶיךָ prep.-n.m.p.-2 m.s. sf. (713) *to your servants*

אִם־לֹא יֵרֵד hypoth. part. (49)-neg.-Qal impf. 3 m.s. (יָרַד 432) *Unless comes down*

אֲחִיכֶם הַקָּטֹן n.m.s.-2 m.p. sf. (26)-def.art.-adj. m.s. (882) *your youngest brother*

אִתְּכֶם prep.-2 m.p. sf. (II 85) *with you*

לֹא תֹסִפוּן לִרְאוֹת neg.-Hi. impf. 2 m.p. (יָסַף 414)-prep.-Qal inf. cstr. (רָאָה 906) *you shall see no more*

פָּנָי n.m.p.-1 c.s. sf. paus. (815) *my face*

44:24

וַיְהִי consec.-Qal impf. 3 m.s. (הָיָה 224) *(and it was)*

כִּי עָלִינוּ conj.-Qal pf. 1 c.p. (עָלָה 748) *when we went back*

אֶל־עַבְדְּךָ prep.-n.m.s.-2 m.s. sf. (713) *to your servant*

אָבִי n.m.s.-1 c.s. sf. (3) *my father*

וַנַּגֶּד־לוֹ consec.-Hi. impf. 1 c.p. (נָגַד 616)-prep.-3 m.s. sf. *we told him*

אֵת דִּבְרֵי אֲדֹנִי dir.obj.-n.m.p. cstr. (182)-n.m.s.-1 c.s. sf. (10) *the words of my lord*

44:25

וַיֹּאמֶר אָבִינוּ consec.-Qal impf. 3 m.s. (55)-n.m.s.-1 c.p. sf. (3) *and when our father said*

שֻׁבוּ Qal impv. 2 m.p. (שׁוּב 996) *Go again*

שִׁבְרוּ־לָנוּ Qal impv. 2 m.p. (991)-prep.-1 c.p. sf. *buy us*

מְעַט־אֹכֶל subst. cstr. (589)-n.m.s. (38) *a little food*

44:26

וַנֹּאמֶר consec.-Qal impf. 1 c.p. (55) *we said*

לֹא נוּכַל neg.-Qal impf. 1 c.p. (יָכֹל 407) *we cannot*

לָרֶדֶת prep.-Qal inf. cstr. (יָרַד 432) *go down*

אִם־יֵשׁ אָחִינוּ hypoth. part. (49)-subst. (441)-n.m.s.-1 c.p. sf. (26) *if our brother not*

הַקָּטֹן def.art.-adj. m.s. (882) *youngest*

אִתָּנוּ prep.-1 c.p. sf. (II 85) *with us*

וְיָרַדְנוּ conj.-Qal pf. 1 c.p. (יָרַד 432) *then we will go down*

כִּי־לֹא נוּכַל conj.-neg.-Qal impf. 1 c.p. (יָכֹל 407) *for we cannot*

לִרְאוֹת prep.-Qal inf. cstr. (רָאָה 906) *see*

פְּנֵי הָאִישׁ n.m.p. cstr. (815)-def.art.-n.m.s. (35) *the man's face*

וְאָחִינוּ conj.-n.m.s.-1 c.p. sf. (26) *unless our brother*

הַקָּטֹן def.art.-adj. m.s. (882) *youngest*

אֵינֶנּוּ אִתָּנוּ subst.-3 m.s. sf. (II 34)-prep.-1 c.p. sf. (II 85) *(unless) is with us*

44:27

וַיֹּאמֶר עַבְדְּךָ consec.-Qal impf. 3 m.s. (55)-n.m.s.-2 m.s. sf. (713) *then your servant said*

אָבִי n.m.s.-1 c.s. sf. (3) *my father*

אֵלֵינוּ prep.-1 c.p. sf. *to us*

אַתֶּם יְדַעְתֶּם pers. pr. 2 m.p. (61)-Qal pf. 2 m.p. (393) *You know*

כִּי שְׁנַיִם conj.-num. m.s. (1040) *that two sons*

יָלְדָה־לִּי Qal pf. 3 f.s. (408)-prep.-1 c.s. sf. *bore me*

אִשְׁתִּי n.f.s.-1 c.s. sf. (61) *my wife*

44:28

וַיֵּצֵא הָאֶחָד consec.-Qal impf. 3 m.s. (יָצָא 422)-def.art.-num. m.s. (25) *one left*

מֵאִתִּי prep.-prep.-1 c.s. sf. (II 85) *me*

וָאֹמַר consec.-Qal impf. 1 c.s. (אָמַר 55) *and I said*

אַךְ טָרֹף טֹרָף adv. (36)-Qal inf. abs. (382)-Pu. pf. 3 m.s. (382) *Surely he has been torn to pieces*

וְלֹא רְאִיתִיו conj.-neg.-Qal pf. 1 c.s.-3 m.s. sf. (רָאָה 906) *and I have never seen him*

עַד־הֵנָּה prep.-adv.-loc. he (244) *since*

44:29

וּלְקַחְתֶּם גַּם־ conj. - Qal pf. 2 m.p. (לָקַח 542) - adv. (168) *if you take also*

אֶת־זֶה dir.obj.-demons. adj. m.s. (260) *this one*

מֵעִם פָּנַי prep.-prep.-n.m.p.-1 c.s. sf. (815) *from me*

וְקָרָהוּ conj.-Qal pf. 3 m.s.-3 m.s. sf. (קָרָה 899) *and befalls him*

אָסוֹן n.m.s. (62) *harm*

וְהוֹרַדְתֶּם conj.-Hi. pf. 2 m.p. (יָרַד 432) *you will bring down*

אֶת־שֵׂיבָתִי dir.obj.-n.f.s.-1 c.s. sf. (966) *my gray hairs*

בְּרָעָה prep.-n.f.s. (948) *in sorrow*
שְׁאֹלָה n.f.s.-dir. he (982) *to Sheol*

44:30

וְעַתָּה כְּבֹאִי conj.-adv. (773)-prep.-Qal inf. cstr.-1 c.s. sf. (בּוֹא 97) *now therefore, when I come*
אֶל־עַבְדְּךָ prep.-n.m.s.-2 m.s. sf. (713) *to your servant*
אָבִי n.m.s.-1 c.s. sf. (3) *my father*
וְהַנַּעַר אֵינֶנּוּ אִתָּנוּ conj.-def.art.-n.m.s. (654)-subst.-3 m.s. sf. (II 34)-prep.-1 c.p. sf. (II 85) *and the lad is not with us*
וְנַפְשׁוֹ קְשׁוּרָה conj.-n.f.s.-3 m.s. sf. (659)-Qal pass. ptc. f.s. (905) *as his life is bound up*
בְנַפְשׁוֹ prep.-n.f.s.-3 m.s. sf. (659) *in his life*

44:31

וְהָיָה כִּרְאוֹתוֹ conj.-Qal pf. 3 m.s. (224)-prep.-Qal inf. cstr.-3 m.s. sf. (רָאָה 906) *and (it shall be) when he sees*
כִּי־אֵין הַנַּעַר conj.-subst. cstr. (II 34) - def.art.-n.m.s. (654) *that the lad is not*
וָמֵת conj.-Qal pf. 3 m.s. (מוּת 559) *he will die*
וְהוֹרִידוּ עֲבָדֶיךָ conj.-Hi. pf. 3 c.p. (יָרַד 432)-n.m.p.-2 m.s. sf. (713) *and your servants will bring down*
אֶת־שֵׂיבַת עַבְדְּךָ dir.obj.-n.f.s. cstr. (966)-n.m.s.-2 m.s. sf. (713) *the gray hairs of your servant*
אָבִינוּ n.m.s.-1 c.p. sf. (3) *our father*
בְּיָגוֹן prep.-n.m.s. (387) *with sorrow*
שְׁאֹלָה n.f.s.-dir. he (982) *to Sheol*

44:32

כִּי עַבְדְּךָ conj.-n.m.s.-2 m.s. sf. (713) *for your servant*
עָרַב Qal pf. 3 m.s. (II 786) *became surety*
אֶת־הַנַּעַר dir.obj.-def.art.-n.m.s. (654) *for the lad*
מֵעִם אָבִי prep.-prep.-n.m.s.-1 c.s. sf. (3) *to my father*
לֵאמֹר prep.-Qal inf. cstr. (55) *saying*
אִם־לֹא אֲבִיאֶנּוּ hypoth. part. (49)-neg.-Hi. impf. 1 c.s.-3 m.s. sf. (בּוֹא 97) *If I do not bring him back*
אֵלֶיךָ prep.-2 m.s. sf. *to you*
וְחָטָאתִי conj.-Qal pf. 1 c.s. (306) *then I shall bear the blame*
לְאָבִי prep.-n.m.s.-1 c.s. sf. (3) *in the sight of my father*
כָּל־הַיָּמִים n.m.s. cstr. (481)-def.art.-n.m.p. (398) *all my life*

44:33

וְעַתָּה יֵשֶׁב־נָא conj.-adv. (773)-Qal impf. 3 m.s. (יָשַׁב 442)-part. of entreaty (609) *Now therefore, let remain, I pray you*
עַבְדְּךָ n.m.s.-2 m.s. sf. (713) *your servant*
תַּחַת הַנַּעַר prep. (1065)-def.art.-n.m.s. (654) *instead of the lad*
עֶבֶד לַאדֹנִי n.m.s. (713)-prep.-n.m.s.-1 c.s. sf. (10) *as a slave to my lord*
וְהַנַּעַר יַעַל conj.-def.art.-n.m.s. (654)-Qal impf. 3 m.s. apoc. vol. (עָלָה 748) *and let the lad go back*
עִם־אֶחָיו prep.-n.m.p.-3 m.s. sf. (26) *with his brothers*

44:34

כִּי־אֵיךְ אֶעֱלֶה conj.-adv. (32)-Qal impf. 1 c.s. (עָלָה 748) *For how can I go back*
אֶל־אָבִי prep.-n.m.s.-1 c.s. sf. (3) *to my father*
וְהַנַּעַר אֵינֶנּוּ אִתִּי conj.-def.art.-n.m.s. (654)-subst.-3 m.s. sf. (II 34)-prep.-1 c.s. sf. *if the lad is not with me*
פֶּן אֶרְאֶה conj. (814)-Qal impf. 1 c.s. (רָאָה 906) *I fear to see*
בָרָע prep.-def.art.-n.m.s. (948) *the evil*
אֲשֶׁר יִמְצָא rel.-Qal impf. 3 m.s. (592) *that would come upon*
אֶת־אָבִי dir.obj.-n.m.s.-1 c.s. sf. (3) *my father*

45:1

וְלֹא־יָכֹל conj.-neg.-Qal pf. 3 m.s. (יָכֹל 407) *then ... could not*

יוֹסֵף pr.n. (415) *Joseph*

לְהִתְאַפֵּק prep.-Hith. inf. cstr. (אָפַק 67) *control himself*

לְכֹל הַנִּצָּבִים עָלָיו prep.-n.m.s. cstr. (481) - def.art.-Ni. ptc. m.p. (נָצַב 662) - prep.-3 m.s. sf. *before all those who stood by him*

וַיִּקְרָא consec.-Qal impf. 3 m.s. (894) *and he cried*

הוֹצִיאוּ Hi. impv. 2 m.p. (יָצָא 422) *Make ... go out*

כָל־אִישׁ n.m.s. cstr. (481)-n.m.s. (35) *every one*

מֵעָלָי prep.-prep.-1 c.s. sf. paus. *from me*

וְלֹא־עָמַד אִישׁ conj.-neg.-Qal pf. 3 m.s. (763)-n.m.s. (35) *So no one stayed*

אִתּוֹ prep.-3 m.s. sf. (II 85) *with him*

בְּהִתְוַדַּע prep.-Hith. inf. cstr. (יָדַע 393) *when ... made himself known*

יוֹסֵף pr.n. (415) *Joseph*

אֶל־אֶחָיו prep.-n.m.p.-3 m.s. sf. (26) *to his brothers*

45:2

וַיִּתֵּן אֶת־קֹלוֹ consec.-Qal impf. 3 m.s. (נָתַן 678)-dir.obj.-n.m.s.-3 m.s. sf. (876) *and he ... aloud*

בִּבְכִי prep.-n.m.s. (113) *wept*

וַיִּשְׁמְעוּ consec.-Qal impf. 3 m.p. (1033) *so that ... heard*

מִצְרַיִם pr.n. (595) *the Egyptians*

וַיִּשְׁמַע consec.-Qal impf. 3 m.s. (1033) *and ... heard*

בֵּית פַּרְעֹה n.m.s. cstr. (108)-pr.n. (829) *the household of Pharaoh*

45:3

וַיֹּאמֶר יוֹסֵף consec.-Qal impf. 3 m.s. (55)-pr.n. (415) *and Joseph said*

אֶל־אֶחָיו prep.-n.m.p.-3 m.s. sf. (26) *to his brothers*

אֲנִי יוֹסֵף pers. pr. 1 c.s. (58)-pr.n. (415) *I am Joseph*

הַעוֹד אָבִי interr.-adv. (728)-n.m.s.-1 c.s. sf. (3) *is my father still*

חָי adj. m.s. paus. (311) *alive*

וְלֹא־יָכְלוּ conj.-neg.-Qal pf. 3 c.p. (יָכֹל 407) *But ... could not*

אֶחָיו n.m.p.-3 m.s. sf. (26) *his brothers*

לַעֲנוֹת אֹתוֹ prep.-Qal inf. cstr. (עָנָה I 772)-dir.obj.-3 m.s. sf. *answer him*

כִּי נִבְהֲלוּ conj.-Ni. pf. 3 c.p. (בָּהַל 96) *for they were dismayed*

מִפָּנָיו prep.-n.m.p.-3 m.s. sf. (815) *at his presence*

45:4

וַיֹּאמֶר יוֹסֵף consec.-Qal impf. 3 m.s. (55)-pr.n. (415) *so Joseph said*

אֶל־אֶחָיו prep.-n.m.p.-3 m.s. sf. (26) *to his brothers*

גְּשׁוּ־נָא אֵלַי Qal impv. 2 m.p. (נָגַשׁ 620)-part. of entreaty (609)-prep.-1 c.s. sf. *Come near to me, I pray you*

וַיִּגָּשׁוּ consec.-Qal impf. 3 m.p. paus. (נָגַשׁ 620) *and they came near*

וַיֹּאמֶר consec.-Qal impf. 3 m.s. (55) *and he said*

אֲנִי יוֹסֵף pers. pr. 1 c.s. (58)-pr.n. (415) *I am Joseph*

אֲחִיכֶם n.m.s.-2 m.p. sf. (26) *your brother*

אֲשֶׁר־מְכַרְתֶּם אֹתִי rel.-Qal pf. 2 m.p. (569)-dir.obj.-1 c.s. sf. *whom you sold (me)*

מִצְרָיְמָה pr.n.-dir. he (595) *into Egypt*

45:5

וְעַתָּה conj.-adv. (773) *and now*

אַל־תֵּעָצְבוּ neg. - Ni. impf. 2 m.p. (עָצַב I 780) *do not be distressed*

וְאַל־יִחַר בְּעֵינֵיכֶם conj.-neg.-Qal impf. 3 m.s. (חָרָה 354)-prep.-n.f. du.-2 m.p. sf. (744) *or angry with yourselves*

כִּי־מְכַרְתֶּם אֹתִי conj.-Qal pf. 2 m.p. (569)-dir.obj.-1 c.s. sf. *because you sold me*

הֵנָּה adv. (I 244) *here*

כִּי לְמִחְיָה conj.-prep.-n.f.s. (313) *for to preserve life*

שְׁלָחַנִי אֱלֹהִים Qal pf. 3 m.s.-1 c.s. sf. (1018)-n.m.p. (43) *God has sent me*

לִפְנֵיכֶם prep.-n.m.p.-2 m.p. sf. (815) *before you*

45:6

כִּי־זֶה שְׁנָתַיִם conj.-demons. adj. m.s. (260)-n.f. du. (1040) *for these two years*

הָרָעָב def.art.-n.m.s. (944) *the famine*

בְּקֶרֶב הָאָרֶץ prep.-n.m.s. cstr. (899)-def.art.-n.f.s. (75) *in the land*

וְעוֹד conj.-adv. (728) *and there are yet*

חָמֵשׁ שָׁנִים num. (331)-n.f.p. (104) *five years*

אֲשֶׁר אֵין־חָרִישׁ rel.-subst. cstr. (II 34)-n.m.s. (361) *in which there will be neither plowing*

וְקָצִיר conj.-n.m.s. (I 894) *nor harvest*

45:7

וַיִּשְׁלָחֵנִי אֱלֹהִים consec.-Qal impf. 3 m.s.-1 c.s. sf. (שָׁלַח 1018)-n.m.p. (43) *and God sent me*

לִפְנֵיכֶם prep.-n.m.p.-2 m.p. sf. (815) *before you*

לָשׂוּם לָכֶם prep.-Qal inf. cstr. (שׂוּם 962)-prep.-2 m.p. sf. *to preserve for you*

שְׁאֵרִית n.f.s. (984) *a remnant*

בָּאָרֶץ prep.-def.art.-n.f.s. (75) *on earth*

וּלְהַחֲיוֹת לָכֶם conj.-prep.-Hi. inf. cstr. (חָיָה 310)-prep.-2 m.p. sf. *and to keep alive for you*

לִפְלֵיטָה גְּדֹלָה prep.-n.f.s. (812)-adj. f.s. (152) *many survivors*

45:8

וְעַתָּה לֹא־אַתֶּם conj.-adv. (773)-neg.-pers. pr. 2 m.p. (61) *so it was not you*

שְׁלַחְתֶּם אֹתִי Qal pf. 2 m.p. (1018)-dir.obj.-1 c.s. sf. *you who sent me*

הֵנָּה adv. (I 244) *here*

כִּי הָאֱלֹהִים conj.-def.art.-n.m.p. (43) *but God*

וַיְשִׂימֵנִי consec.-Qal impf. 3 m.s.-1 c.s. sf. (שׂוּם 962) *and he has made me*

לְאָב prep.-n.m.s. (3) *a father*

לְפַרְעֹה prep.-pr.n. (829) *to Pharaoh*

וּלְאָדוֹן conj.-prep.-n.m.s. (10) *and lord*

לְכָל־בֵּיתוֹ prep.-n.m.s. cstr. (481)-n.m.s.-3 m.s. sf. (108) *of all his house*

וּמֹשֵׁל conj.-Qal act. ptc. (605) *and ruler*

בְּכָל־אֶרֶץ prep.-n.m.s. cstr. (481)-n.f.s. cstr. (75) *over all the land of*

מִצְרָיִם pr.n. paus. (595) *Egypt*

45:9

מַהֲרוּ Pi. impv. 2 m.p. (I 554) *make haste*

וַעֲלוּ conj.-Qal impv. 2 m.p. (עָלָה 748) *and go up*

אֶל־אָבִי prep.-n.m.s.-1 c.s. sf. (3) *to my father*

וַאֲמַרְתֶּם אֵלָיו conj.-Qal pf. 2 m.p. (55)-prep.-3 m.s. sf. *and say to him*

כֹּה אָמַר adv. (462)-Qal pf. 3 m.s. (55) *thus says*

בִּנְךָ יוֹסֵף n.m.s.-2 m.s. sf. (119)-pr.n. (415) *your son Joseph*

שָׂמַנִי אֱלֹהִים Qal pf. 3 m.s.-1 c.s. sf. (שׂוּם 962)-n.m.p. (43) *God has made me*

לְאָדוֹן prep.-n.m.s. (10) *lord*

לְכָל־מִצְרָיִם prep.-n.m.s. cstr. (481) -pr.n. paus. (595) *of all Egypt*

רְדָה אֵלַי Qal impv. 2 m.s.-coh. he (יָרַד 432)-prep.-1 c.s. sf. *come down to me*

אַל־תַּעֲמֹד neg. - Qal impf. 2 m.s. (עָמַד 763) *do not tarry*

45:10

וְיָשַׁבְתָּ conj.-Qal pf. 2 m.s. (יָשַׁב 442) *you shall dwell*

בְאֶרֶץ־גֹּשֶׁן prep.-n.f.s. cstr. (75)-pr.n. (177) *in the land of Goshen*

וְהָיִיתָ conj.-Qal pf. 2 m.s. (הָיָה 224) *and you shall be*

קָרוֹב אֵלַי adj. (898)-prep.-1 c.s. sf. *near me*

אַתָּה וּבָנֶיךָ pers. pr. 2 m.s. (61)-conj.-n.m.p.-2 m.s. sf. (119) *you and your children*

וּבְנֵי בָנֶיךָ conj.-n.m.p. cstr. (119)-n.m.p.-2 m.s. sf. (119) *and your children's children*

וְצֹאנְךָ conj.-n.f.s.-2 m.s. sf. (838) *and your flocks*

וּבְקָרְךָ conj.-n.m.s.-2 m.s. sf. (133) *your herds*

וְכָל־אֲשֶׁר־לָךְ conj.-n.m.s. (481)-rel.-prep.-2 m.s. sf. paus. *and all that you have*

45:11

וְכִלְכַּלְתִּי אֹתְךָ conj.-Pilpel pf. 1 c.s. (כּוּל 465)-dir.obj.-2 m.s. sf. *and I will provide for you*

שָׁם adv. (1027) *there*

כִּי־עוֹד conj.-adv. (728) *for yet*

חָמֵשׁ שָׁנִים num. (331)-n.f.p. (1040) *five years*

רָעָב n.m.s. paus. (944) *famine*

פֶּן־תִּוָּרֵשׁ conj. (814)-Ni. impf. 2 m.s. (יָרַשׁ 439) *lest you come to poverty*

אַתָּה וּבֵיתְךָ pers. pr. 2 m.s. (61)-conj.-n.m.s.-2 m.s. sf. (108) *you and your household*

וְכָל־אֲשֶׁר־לָךְ conj.-n.m.s. (481)-rel.-prep.-2 m.s. sf. paus. *and all that you have*

45:12

וְהִנֵּה conj.-demons. part. (243) *and now*

עֵינֵיכֶם n.f. du.-2 m.p. sf. (744) *your eyes*

רֹאוֹת Qal act. ptc. f.p. (רָאָה 906) *see*

וְעֵינֵי אָחִי conj.-n.f. du. cstr. (744)-n.m.s.-1 c.s. sf. (26) *and the eyes of my brother*

בִנְיָמִין pr.n. (1220) *Benjamin*

כִּי־פִי conj.-n.m.s.-1 c.s. sf. (804) *for my mouth*

הַמְדַבֵּר def.art.-Pi. ptc. (180) *is speaking*

אֲלֵיכֶם prep.-2 m.p. sf. *to you*

45:13

וְהִגַּדְתֶּם לְאָבִי conj.-Hi. pf. 2 m.p. (נָגַד 616)-prep.-n.m.s.-1 c.s. sf. (3) *you must tell my father*

אֶת־כָּל־כְּבוֹדִי dir.obj.-n.m.s. cstr. (481)-n.m.s.-1 c.s. sf. (II 458) *of all my splendor*

בְּמִצְרַיִם prep.-pr.n. (595) *in Egypt*

וְאֵת כָּל־אֲשֶׁר רְאִיתֶם conj.-dir.obj.-n.m.s. (481)-rel.-Qal pf. 2 m.p. (רָאָה 906) *and of all that you have seen*

וּמִהַרְתֶּם conj.-Pi. pf. 2 m.p. (מָהַר I 554) *make haste*

וְהוֹרַדְתֶּם conj.-Hi. pf. 2 m.p. (יָרַד 432) *and bring down*

אֶת־אָבִי הֵנָּה dir.obj.-n.m.s.-1 c.s. sf. (3)-adv. (I 244) *my father here*

45:14

וַיִּפֹּל consec.-Qal impf. 3 m.s. (נָפַל 656) *then he fell*

עַל־צַוְּארֵי בִנְיָמִן־ prep.-n.m.p. cstr. (848)-pr.n. (122) *upon Benjamin's neck*

אָחִיו n.m.s.-3 m.s. sf. (26) *his brother*

וַיֵּבְךְּ consec.-Qal impf. 3 m.s. (בָּכָה 113) *and wept*

וּבִנְיָמִן בָּכָה conj.-pr.n. (122)-Qal pf. 3 m.s. (113) *and Benjamin wept*

עַל־צַוָּארָיו prep.-n.m.p.-3 m.s. sf. (848) *upon his neck*

45:15

וַיְנַשֵּׁק consec.-Pi. impf. 3 m.s. (נָשַׁק I 676) *and he kissed*

לְכָל־אֶחָיו prep.-n.m.s. cstr. (481)-n.m.p.-3 m.s. sf. (26) *all his brothers*

וַיֵּבְךְּ עֲלֵהֶם consec.-Qal impf. 3 m.s. (בָּכָה 113)-prep.-3 m.p. sf. *and wept upon them*

וְאַחֲרֵי כֵן conj.-prep. cstr. (29)-adv. (485) *and after that*

דִּבְּרוּ אֶחָיו אִתּוֹ Pi. pf. 3 m.p. (180)-n.m.p.-3 m.s. sf. (26)-prep.-3 m.s. sf. (II 85) *his brothers talked with him*

45:16

וְהַקֹּל נִשְׁמַע conj.-def.art.-n.m.s. (876)-Ni. pf. 3 m.s. (1033) *when the report was heard*

בֵּית פַּרְעֹה n.m.s. cstr. (108)-pr.n. (829) *in Pharaoh's house*

לֵאמֹר prep.-Qal inf. cstr. (55) *(saying)*

בָּאוּ אֲחֵי יוֹסֵף Qal pf. 3 c.p. (בּוֹא 97)-n.m.p. cstr. (26)-pr.n. (415) *Joseph's brothers have come*

וַיִּיטַב consec.-Qal impf. 3 m.s. (יָטַב 405) *it was good*

בְּעֵינֵי פַרְעֹה prep.-n.f. du. cstr. (744)-pr.n. (829) *in the eyes of Pharaoh*

וּבְעֵינֵי עֲבָדָיו conj.-prep.-n.f. du. cstr. (744)-n.m.p.-3 m.s. sf. (713) *and his servants*

45:17

וַיֹּאמֶר פַּרְעֹה consec.-Qal impf. 3 m.s. (55)-pr.n. (829) *and Pharaoh said*

אֶל־יוֹסֵף prep.-pr.n. (415) *to Joseph*

אֱמֹר אֶל־אַחֶיךָ Qal impv. 2 m.s. (55)-prep.-n.m.p.-2 m.s. sf. (26) *Say to your brothers*

זֹאת עֲשׂוּ demons. adj. f.s. (260)-Qal impv. 2 m.p. (עָשָׂה I 793) *Do this*

טַעֲנוּ אֶת־בְּעִירְכֶם Qal impv. 2 m.p. (טָעַן I 381)-dir.obj.-n.m.s.-2 m.p. sf. (129) *load your beasts*

וּלְכוּ־בֹאוּ conj.-Qal impv. 2 m.p. (הָלַךְ 229)-Qal impv. 2 m.p. (בּוֹא 97) *and go back*

אַרְצָה כְּנָעַן n.f.s. cstr.-dir. he (75)-pr.n. paus. (488) *to the land of Canaan*

45:18

וּקְחוּ אֶת־אֲבִיכֶם conj.-Qal impv. 2 m.p. (לָקַח 542)-dir.obj.-n.m.s.-2 m.p. sf. (3) *and take your father*

וְאֶת־בָּתֵּיכֶם conj.-dir.obj.-n.m.p.-2 m.p. sf. (108) *and your households*

וּבֹאוּ אֵלָי conj.-Qal impv. 2 m.p. (בּוֹא 97)-prep.-1 c.s. sf. paus. *and come to me*

וְאֶתְּנָה conj.-Qal impf. 1 c.s.-coh. he (נָתַן 678) *and I will give*

לָכֶם prep.-2 m.p. sf. *to you*

אֶת־טוּב אֶרֶץ dir.obj.-n.m.s. cstr. (375)-n.f.s. cstr. (75) *the best of the land of*

מִצְרַיִם pr.n. (595) *Egypt*

וְאִכְלוּ conj.-Qal impv. 2 m.p. (37) *and you shall eat*

אֶת־חֵלֶב הָאָרֶץ dir.obj.-n.m.s. cstr. (316)-def.art.-n.f.s. (75) *the fat of the land*

45:19

וְאַתָּה צֻוֵּיתָה conj.-pers. pr. 2 m.s. (61)-Pu. pf. 2 m.s. (צָוָה 845) *you are commanded*

זֹאת עֲשׂוּ demons. adj. f.s. (260)-Qal impv. 2 m.p. (עָשָׂה I 793) *Do this*

קְחוּ־לָכֶם Qal impv. 2 m.p. (לָקַח 542)-prep.-2 m.p. sf. *take (for yourselves)*

מֵאֶרֶץ מִצְרַיִם prep.-n.f.s. cstr. (75)-pr.n. (595) *from the land of Egypt*

עֲגָלוֹת n.f.p. (722) *wagons*

לְטַפְּכֶם prep.-n.m.s.-2 m.p. sf. (381) *for your little ones*

וְלִנְשֵׁיכֶם conj.-prep.-n.f.p.-2 m.p. sf. (61) *and for your wives*

וּנְשָׂאתֶם conj.-Qal pf. 2 m.p. (נָשָׂא 669) *and bring*

אֶת־אֲבִיכֶם dir.obj.-n.m.s.-2 m.p. sf. (3) *your father*

וּבָאתֶם conj.-Qal pf. 2 m.p. (בּוֹא 97) *and come*

45:20

וְעֵינְכֶם אַל־תָּחֹס conj.-n.f.s.-2 m.p. sf. (744)-neg.-Qal impf. 2 m.s. (חוּס 299) *Give no thought*

עַל־כְּלֵיכֶם prep.-n.m.p.-2 m.p. sf. (479) *to your goods*

כִּי־טוּב כָּל־ conj.-n.m.s. cstr. (375)-n.m.s. cstr. (481) *for the best of all*

אֶרֶץ מִצְרַיִם n.f.s. cstr. (75)-pr.n. (595) *the land of Egypt*

לָכֶם הוּא prep.-2 m.p. sf.-demons. adj. m.s. (214) *it is yours*

45:21

וַיַּעֲשׂוּ־כֵן consec.-Qal impf. 3 m.p. (עָשָׂה I 793)-adv. (485) *and did so*

בְּנֵי יִשְׂרָאֵל n.m.p. cstr. (119)-pr.n. (975) *the sons of Israel*

וַיִּתֵּן לָהֶם consec. - Qal impf. 3 m.s. (נָתַן 678) - prep.-3 m.p. sf. *and gave them*

יוֹסֵף pr.n. (415) *Joseph*

עֲגָלוֹת n.f.p. (722) *wagons*

עַל־פִּי פַרְעֹה prep.-n.m.s. cstr. (804)-pr.n. (829) *according to the command of Pharaoh*

וַיִּתֵּן לָהֶם v. supra-v. supra *and gave them*

צֵדָה לַדָּרֶךְ n.f.s. (845)-prep.-def.art.-n.m.s. paus. (202) *provisions for the journey*

45:22

לְכֻלָּם prep.-n.m.s.-3 m.p. sf. (481) *to all of them*

נָתַן Qal pf. 3 m.s. (678) *he gave*

לָאִישׁ prep.-def.art.-n.m.s. (35) *to each*

חֲלִפוֹת שְׂמָלֹת n.f.p. cstr. (322)-n.f.p. (971) *festal garments*

וּלְבִנְיָמִן conj.-prep.-pr.n. (122) *but to Benjamin*

נָתַן v. supra *he gave*

שְׁלֹשׁ מֵאוֹת num. cstr. (1025)-n.f.p. cstr. (547) *three hundred*

כֶּסֶף n.m.s. (494) *silver*

וְחָמֵשׁ חֲלִפֹת שְׂמָלֹת conj.-num. (331) - v.supra-v.supra *and five festal garments*

45:23

וּלְאָבִיו conj.-prep.-n.m.s.-3 m.s. sf. (3) *to his father*

שָׁלַח Qal pf. 3 m.s. (1018) *he sent*

כְּזֹאת prep.-demons. adj. f.s. (260) *as follows*

עֲשָׂרָה חֲמֹרִים n.f.s. (796)-n.m.p. (331) *ten asses*

נֹשְׂאִים Qal act. ptc. m.p. (נָשָׂא 669) *loaded*

מִטּוּב מִצְרָיִם prep.-n.m.s. cstr. (375)-pr.n. paus. (595) *with the good things of Egypt*

וְעֶשֶׂר אֲתֹנֹת conj.-num. (796)-n.f.p. (87) *and ten she-asses*

נֹשְׂאֹת Qal act. ptc. f.p. (נָשָׂא 669) *loaded*

בַּר וָלֶחֶם n.m.s. (III 141)-conj.-n.m.s. (536) *with grain, bread*

וּמָזוֹן conj.-n.m.s. (266) *and provision*

לְאָבִיו prep.-n.m.s.-3 m.s. sf. (3) *for his father*

לַדָּרֶךְ prep.-def.art.-n.m.s. paus. (202) *on the journey*

45:24

וַיְשַׁלַּח consec.-Pi. impf. 3 m.s. (1018) *then he sent*

אֶת־אֶחָיו dir.obj.-n.m.p.-3 m.s. sf. (26) *his brothers*

וַיֵּלֵכוּ consec.-Qal impf. 3 m.s. paus. (הָלַךְ 229) *and as they departed*

וַיֹּאמֶר אֲלֵהֶם consec.-Qal impf. 3 m.s. (55)-prep.-3 m.p. sf. *he said to them*

אַל־תִּרְגְּזוּ neg.-Qal impf. 2 m.p. (רָגַז 919) *Do not quarrel*

בַּדָּרֶךְ prep.-def.art.-n.m.s. paus. (202) *on the way*

45:25

וַיַּעֲלוּ consec.-Qal impf. 3 m.p. (עָלָה 748) *so they went up*

מִמִּצְרָיִם prep.-pr.n. paus. (595) *out of Egypt*

וַיָּבֹאוּ consec.-Qal impf. 3 m.p. (בּוֹא 97) *and came to*

אֶרֶץ כְּנַעַן n.f.s. cstr. (75)-pr.n. (488) *the land of Canaan*

אֶל־יַעֲקֹב prep.-pr.n. (784) *to Jacob*

אֲבִיהֶם n.m.s.-3 m.p. sf. (3) *their father*

45:26

וַיַּגִּדוּ לוֹ consec.-Hi. impf. 3 m.p. (נָגַד 616)-prep.-3 m.s. sf. *and they told him*

לֵאמֹר prep.-Qal inf. cstr. (55) *(saying)*

עוֹד יוֹסֵף חַי adv. (728)-pr.n. (415)-adj. m.s. (311) *Joseph is still alive*

וְכִי־הוּא מֹשֵׁל conj.-conj.-pers. pr. 3 m.s. (214)-Qal act. ptc. (605) *and he is ruler*

בְּכָל־אֶרֶץ prep.-n.m.s. cstr. (481)-n.f.s. cstr. (75) *over all the land of*

מִצְרָיִם pr.n. paus. (595) *Egypt*

וַיָּפָג לִבּוֹ consec.-Qal impf. 3 m.s. (פּוּג 806)-n.m.s.-3 m.s. sf. (524) *and his heart fainted*

כִּי לֹא־הֶאֱמִין לָהֶם conj.-neg.-Hi. pf. 3 m.s. (אָמַן 52)-prep.-3 m.p. sf. *for he did not believe them*

45:27

וַיְדַבְּרוּ אֵלָיו consec.-Pi. impf. 3 m.p. (180)-prep.-3 m.s. sf. *but when they told him*

אֵת כָּל־דִּבְרֵי dir.obj.-n.m.s. cstr. (481)-n.m.p. cstr. (182) *all the words of*

יוֹסֵף pr.n. (415) *Joseph*

אֲשֶׁר דִּבֶּר אֲלֵהֶם rel.-Pi. pf. 3 m.s. (180)-prep.-3 m.p. sf. *which he had said to them*

וַיַּרְא consec.-Qal impf. 3 m.s. (רָאָה 906) *and when he saw*

אֶת־הָעֲגָלוֹת dir.obj.-def.art.-n.f.p. (722) *the wagons*

אֲשֶׁר־שָׁלַח יוֹסֵף rel.-Qal pf. 3 m.s. (1018)-pr.n. (415) *which Joseph had sent*

לָשֵׂאת אֹתוֹ prep.-Qal inf. cstr. (נָשָׂא 669)-dir.obj.-3 m.. sf. *to carry him*

וַתְּחִי consec.-Qal impf. 3 f.s. (חָיָה 310) *then revived*

רוּחַ יַעֲקֹב n.f.s. cstr. (924)-pr.n. (784) *the spirit of Jacob*

אֲבִיהֶם n.m.s.-3 m.p. sf. (3) *their father*

45:28

וַיֹּאמֶר יִשְׂרָאֵל consec.-Qal impf. 3 m.s. (55)-pr.n. (975) *and Israel said*

רַב adj. m.s. as exclam. (I 912) *It is enough*

עוֹד־יוֹסֵף adv. (728)-pr.n. (415) *Joseph is still*

בְּנִי חָי n.m.s.-1 c.s. sf. (119)-adj. m.s. paus. (311) *my son alive*

אֵלְכָה Qal impf. 1 c.s.-coh. he (הָלַךְ 229) *I will go*

וְאֶרְאֶנּוּ conj.-Qal impf. 1 c.s.-3 m.s. sf. (רָאָה 906) *and see him*

בְּטֶרֶם אָמוּת prep.-adv. (382)-Qal impf. 1 c.s. (מוּת 559) *before I die*

46:1

וַיִּסַּע יִשְׂרָאֵל consec.-Qal impf. 3 m.s. (נָסַע 652)-pr.n. (975) *so Israel took his journey*

וְכָל־אֲשֶׁר־לוֹ conj.-n.m.s. (481)-rel.-prep.-3 m.s. sf. *with all that he had*

וַיָּבֹא consec.-Qal impf. 3 m.s. (בּוֹא 97) *and came*

בְּאֵרָה שָׁבַע pr.n.-dir. he-pr.n. paus. (92) *to Beer-sheba*

וַיִּזְבַּח זְבָחִים consec.-Qal impf. 3 m.s. (256)-n.m.p. (257) *and ... offered sacrifices*

לֵאלֹהֵי אָבִיו prep.-n.m.p. cstr. (43)-n.m.s.-3 m.s. sf. (3) *to the God of his father*

יִצְחָק pr.n. (850) *Isaac*

46:2

וַיֹּאמֶר אֱלֹהִים consec.-Qal impf. 3 m.s. (55) - n.m.p. (43) *and God spoke*

לְיִשְׂרָאֵל prep.-pr.n. (975) *to Israel*

בְּמַרְאֹת הַלַּיְלָה prep.-n.f.p. cstr. (I 909)-def.art.-n.m.s. (538) *in visions of the night*

וַיֹּאמֶר consec.-Qal impf. 3 m.s. (55) *and said*

יַעֲקֹב יַעֲקֹב pr.n. (784)-pr.n. (784) *Jacob, Jacob*

וַיֹּאמֶר consec.-Qal impf. 3 m.s. (55) *and he said*

הִנֵּנִי demons. part.-1 c.s. sf. paus. (243) *Here am I*

46:3

וַיֹּאמֶר consec.-Qal impf. 3 m.s. (55) *then he said*

אָנֹכִי הָאֵל pers. pr. 1 c.s. (59)-def.art.-n.m.s. (42) *I am God*

אֱלֹהֵי אָבִיךָ n.m.p. cstr. (43)-n.m.s.-2 m.s. sf. (3) *the God of your father*

אַל־תִּירָא neg.-Qal impf. 2 m.s. (יָרֵא 431) *do not be afraid*

מֵרְדָה prep.-Qal inf. cstr.-dir. he (יָרַד 432) *to go down to*

מִצְרַיְמָה pr.n.-dir. he (595) *to Egypt*

כִּי־לְגוֹי גָּדוֹל conj.-prep.-n.m.s. (156)-adj. m.s. (152) *for a great nation*

אֲשִׂימְךָ Qal impf. 1 c.s.-2 m.s. sf. (שִׂים 962) *I will make of you*

שָׁם adv. (1027) *there*

46:4

אָנֹכִי אֵרֵד pers. pr. 1 c.s. (59)-Qal impf. 1 c.s. (יָרַד 432) *I will go down*

עִמְּךָ prep.-2 m.s. sf. *with you*

מִצְרַיְמָה pr.n.-dir. he (595) *to Egypt*

וְאָנֹכִי אַעַלְךָ conj.-pers. pr. 1 c.s. (59)-Hi. impf. 1 c.s.-2 m.s. sf. (עָלָה 748) *and I will bring you up*

גַם־עָלֹה adv. (168)-Qal inf. abs. (748) *also again*

וְיוֹסֵף יָשִׁית conj.-pr.n. (415)-Qal impf. 3 m.s. (שִׁית 1011) *and Joseph shall put*

יָדוֹ n.f.s.-3 m.s. sf. (388) *his hand*

עַל־עֵינֶיךָ prep.-n.f. du.-2 m.s. sf. (744) *upon your eyes*

46:5

וַיָּקָם יַעֲקֹב consec.-Qal impf. 3 m.s. (קוּם 877)-pr.n. (784) *then Jacob set out*

מִבְּאֵר שָׁבַע prep.-pr.n. paus. (92) *from Beer-sheba*

וַיִּשְׂאוּ consec.-Qal impf. 3 m.p. (נָשָׂא 669) *and ... carried*

בְנֵי־יִשְׂרָאֵל n.m.p. cstr. (119)-pr.n. (975) *the sons of Israel*

אֶת־יַעֲקֹב dir.obj.-pr.n. (784) *Jacob*

אֲבִיהֶם n.m.s.-3 m.p. sf. (3) *their father*

וְאֶת־טַפָּם conj.-dir.obj.-n.m.s.-3 m.p. sf. (381) *their little ones*

וְאֶת־נְשֵׁיהֶם conj.-dir.obj.-n.f.p.-3 m.p. sf. (61) *and their wives*

בָּעֲגָלוֹת prep.-def.art.-n.f.p. (722) *in the wagons*

אֲשֶׁר־שָׁלַח פַּרְעֹה rel.-Qal pf. 3 m.s. (1018)-pr.n. (829) *which Pharaoh had sent*

לָשֵׂאת אֹתוֹ prep.-Qal inf. cstr. (נָשָׂא 669)-dir.obj.-3 m.s. sf. *to carry him*

46:6

וַיִּקְחוּ consec.-Qal impf. 3 m.p. (לָקַח 542) *they also took*

אֶת־מִקְנֵיהֶם dir.obj.-n.m.p.-3 m.p. sf. (889) *their cattle*

וְאֶת־רְכוּשָׁם conj.-dir.obj.-n.m.s.-3 m.p. sf. (940) *and their goods*

אֲשֶׁר רָכְשׁוּ rel.-Qal pf. 3 c.p. (940) *which they had gained*

בְּאֶרֶץ כְּנַעַן prep.-n.f.s. cstr. (75)-pr.n. (488) *in the land of Canaan*

וַיָּבֹאוּ consec.-Qal impf. 3 m.p. (בּוֹא 97) *and came*

מִצְרָיְמָה pr.n.-dir. he paus. (595) *into Egypt*

יַעֲקֹב pr.n. (784) *Jacob*

וְכָל־זַרְעוֹ אִתּוֹ conj.-n.m.s. cstr. (481) - n.m.s.-3 m.s. sf. (282) - prep.-3 m.s. sf. (II 85) *and all his offspring with him*

46:7

בָּנָיו וּבְנֵי בָנָיו n.m.p.-3 m.s. sf. (119) - conj.-n.m.p. cstr. (119) - n.m.p.-3 m.s. sf. (119) *his sons, and his sons' sons*

אִתּוֹ prep.-3 m.s. sf. (II 85) *with him*

בְּנֹתָיו n.f.p.-3 m.s. sf. (I 123) *his daughters*

וּבְנוֹת בָּנָיו conj.-n.f.p. cstr. (I 123) - n.m.p.-3 m.s. sf. (119) *and his sons' daughters*

וְכָל־זַרְעוֹ conj.-n.m.s. cstr. (481) - n.m.s.-3 m.s. sf. (282) *and all his offspring*

הֵבִיא אִתּוֹ Hi. pf. 3 m.s. (בּוֹא 97) - prep.-3 m.s. sf. (II 85) *he brought with him*

מִצְרָיְמָה pr.n.-dir. he paus. (595) *into Egypt*

46:8

וְאֵלֶּה conj.-demons.adj. c.p. (41) *now these are*

שְׁמוֹת בְּנֵי־יִשְׂרָאֵל n.m.p. cstr. (1027)-n.m.p. cstr. (119)-pr.n. (975) *the names of the descendants of Israel*

הַבָּאִים def.art.-Qal act. ptc. m.p. (בּוֹא 97) *who came*

מִצְרַיְמָה prep.-dir. he (595) *into Egypt*

יַעֲקֹב וּבָנָיו pr.n. (784)-conj.-n.m.p.-3 m.s. sf. (119) *Jacob and his sons*

בְּכֹר יַעֲקֹב n.m.s. cstr. (114)-pr.n. (784) *Jacob's first-born*

רְאוּבֵן pr.n. (910) *Reuben*

46:9

וּבְנֵי רְאוּבֵן conj.-n.m.p. cstr. (119)-pr.n. (910) *and the sons of Reuben*

חֲנוֹךְ pr.n. (335) *Hanoch*

וּפַלּוּא conj.-pr.n. (811) *Pallu*

וְחֶצְרוֹן conj.pr.n. (348) *Hezron*

וְכַרְמִי conj.-pr.n. (I 501) *and Carmi*

46:10

וּבְנֵי שִׁמְעוֹן conj.-n.m.p. cstr. (119)-pr.n. (1035) *the sons of Simeon*

יְמוּאֵל pr.n. (410) *Jemuel*

וְיָמִין conj.-pr.n. (412) *Jamin*

וְאֹהַד conj.-pr.n. (13) *Ohad*

וְיָכִין conj.-pr.n. (467) *Jachin*

וְצֹחַר conj.-pr.n. (850) *Zohar*

וְשָׁאוּל בֶּן־הַכְּנַעֲנִית conj.-pr.n. (982)-n.m.s. cstr. (119)-def.art.-pr.n. gent. f. (I 489) *and Shaul, the son of a Canaanitish woman*

46:11

וּבְנֵי לֵוִי conj.-n.m.p. cstr. (119)-pr.n. (I 532) *the sons of Levi*

גֵּרְשׁוֹן pr.n. (177) *Gershon*

קְהָת pr.n. (875) *Kohath*

וּמְרָרִי conj.-pr.n. (I 601) *and Merari*

46:12

וּבְנֵי יְהוּדָה conj.-n.m.p. cstr. (119)-pr.n. (397) *the sons of Judah*

עֵר pr.n. (735) *Er*

וְאוֹנָן conj.-pr.n. (20) *Onan*

וְשֵׁלָה conj.-pr.n. (1017) *Shelah*

וָפֶרֶץ conj.-pr.n. (II 829) *Perez*

וָזָרַח conj.-pr.n. (II 280) *and Zerah*

וַיָּמָת עֵר וְאוֹנָן consec.-Qal impf. 3 m.s. (מוּת 559)-pr.n. (735)-conj.-pr.n. (20) *but Er and Onan died*

בְּאֶרֶץ כְּנַעַן prep.-n.f.s. cstr. (75)-pr.n. (488) *in the land of Canaan*

וַיִּהְיוּ consec.-Qal impf. 3 m.s. (הָיָה 224) *and ... were*

בְנֵי־פֶרֶץ n.m.p. cstr. (119)-pr.n. (II 829) *the sons of Perez*

חֶצְרוֹן pr.n. (348) *Hezron*

וְחָמוּל conj.pr.n. (328) *and Hamul*

46:13

וּבְנֵי יִשָּׂשכָר conj.-n.m.p. cstr. (119) - pr.n. (441) *the sons of Issachar*

תּוֹלָע pr.n. (II 1069) *Tola*

וּפֻוָּה conj.-pr.n. (806) *Puvah*

וְיוֹב conj.-pr.n. (398) *Job*

וְשִׁמְרוֹן conj.-pr.n. (II 1038) *and Shimron*

46:14

וּבְנֵי זְבוּלֻן conj.-n.m.p. cstr. (119)-pr.n. (259) *the sons of Zebulun*

סֶרֶד pr.n. (710) *Sered*

וְאֵלוֹן conj.-pr.n. (II 19) *Elon*

וְיַחְלְאֵל conj.-pr.n. (404) *and Jahleel*

46:15

אֵלֶּה בְּנֵי demons. adj. c.p. (41)-n.m.p. cstr. (119) *these are the sons of*

לֵאָה pr.n. (521) *Leah*

אֲשֶׁר יָלְדָה rel.-Qal pf. 3 f.s. (יָלַד 408) *whom she bore*

לְיַעֲקֹב prep.-pr.n. (784) *to Jacob*

בְּפַדַּן אֲרָם prep.-pr.n. (804, 74) *in Paddan-aram*

וְאֵת דִּינָה conj.-prep. (II 85)-pr.n. (192) *together with Dinah*

בִתּוֹ n.f.s.-3 m.s. sf. (I 123) *his daughter*

כָּל־נֶפֶשׁ n.m.s. cstr. (481)-n.f.s. cstr. (659) *altogether*

בָּנָיו n.m.p.-3 m.s. sf. (119) *his sons*

וּבְנוֹתָיו conj.-n.f.p.-3 m.s. sf. (I 123) *and his daughters*

שְׁלֹשִׁים וְשָׁלֹשׁ num. p. (1026)-conj.-num. (1025) *thirty-three*

46:16

וּבְנֵי גָד conj.-n.m.p. cstr. (119)-pr.n. (III 151) *the sons of Gad*

צִפְיוֹן pr.n. (859) *Ziphion*

וְחַגִּי conj.-pr.n. (291) *Haggi*

שׁוּנִי pr.n. (1002) *Shuni*

וְאֶצְבֹּן conj.-pr.n. (69) *Ezbon*

עֵרִי pr.n. (I 735) *Eri*

וַאֲרוֹדִי conj.-pr.n. (71) *Arodo*

וְאַרְאֵלִי conj.-pr.n. (72) *and Areli*

46:17

וּבְנֵי אָשֵׁר conj.-n.m.p. cstr. (119)-pr.n. (81) *the sons of Asher*

יִמְנָה pr.n. (412) *Imnah*

וְיִשְׁוָה conj.-pr.n. (1001) *Ishvah*

וְיִשְׁוִי conj.-pr.n. (I 1001) *Ishvi*

וּבְרִיעָה conj.-pr.n. (140) *Beriah*

וְשֶׂרַח conj.-pr.n. (976) *and Serah*

אֲחֹתָם n.f.s.-3 m.p. sf. (27) *their sister*

וּבְנֵי בְרִיעָה conj.-n.m.p. cstr. (119)-pr.n. (140) *and the sons of Beriah*

חֶבֶר pr.n. (II 288) *Heber*

וּמַלְכִּיאֵל conj.-pr.n. (575) *and Malchiel*

46:18

אֵלֶּה בְּנֵי demons. adj. c.p. (41)-n.m.p. cstr. (119) *these are the sons of*

זִלְפָּה pr.n. (273) *Zilpah*

אֲשֶׁר־נָתַן לָבָן rel.-Qal pf. 3 m.s. (678)-pr.n. (II 526) *whom Laban gave*

לְלֵאָה prep.-pr.n. (521) *to Leah*

בִתּוֹ n.f.s.-3 m.s. sf. (I 123) *his daughter*

וַתֵּלֶד consec.-Qal impf. 3 f.s. (יָלַד 408) *and she bore*

אֶת־אֵלֶּה dir.obj.-demons. adj. c.p. (41) *these*

לְיַעֲקֹב prep.-pr.n. (784) *to Jacob*

שֵׁשׁ עֶשְׂרֵה נָפֶשׁ num. (995)-num. (797)-n.f.s. paus. (659) *sixteen persons*

46:19

בְּנֵי רָחֵל n.m.p. cstr. (119)-pr.n. (II 932) *the sons of Rachel*

אֵשֶׁת יַעֲקֹב n.f.s. cstr. (61)-pr.n. (784) *Jacob's wife*

יוֹסֵף וּבִנְיָמִן pr.n. (415)-conj.-pr.n. (122) *Joseph and Benjamin*

46:20

וַיִּוָּלֵד consec.-Ni. impf. 3 m.s. (יָלַד 408) *and were born*

לְיוֹסֵף prep.-pr.n. (415) *to Joseph*

בְּאֶרֶץ מִצְרַיִם prep.-n.f.s. cstr. (75)-pr.n. (595) *in the land of Egypt*

אֲשֶׁר יָלְדָה־לּוֹ rel.-Qal pf. 3 f.s. (יָלַד 408)-prep.-3 m.s. sf. *whom ... bore to him*

אָסְנַת pr.n. (62) *Asenath*

בַּת־פּוֹטִי פֶרַע n.f.s. cstr. (I 123)-pr.n. (806) *the daughter of Potiphera*

כֹּהֵן אֹן n.m.s. cstr. (463)-pr.n. (58) *the priest of On*

אֶת־מְנַשֶּׁה dir.obj.-pr.n. (586) *Manasseh*

וְאֶת־אֶפְרָיִם conj.-dir.obj.-pr.n. paus. (68) *and Ephraim*

46:21

וּבְנֵי בִנְיָמִן conj.-n.m.p. cstr. (119)-pr.n. (122) *and the sons of Benjamin*

בֶּלַע pr.n. (118) *Bela*

וָבֶכֶר conj.-pr.n. (114) *Becher*

וְאַשְׁבֵּל conj.-pr.n. (78) *Ashbel*

גֵּרָא pr.n. (173) *Gera*

וְנַעֲמָן conj.-pr.n. (II 654) *Naaman*

אֵחִי pr.n. (29) *Ehi*

וָרֹאשׁ conj.-pr.n. (III 912) *Rosh*

מֻפִּים pr.n. (592) *Muppim*

וְחֻפִּים conj.-pr.n. (342) *Huppim*

וָאָרְדְּ conj.-pr.n. (71) *and Ard*

46:22

אֵלֶּה בְּנֵי demons. adj. c.p. (41)-n.m.p. cstr. (119) *these are the sons of*

רָחֵל pr.n. (II 932) *Rachel*

אֲשֶׁר יֻלַּד rel.-Pu. pf. 3 m.s. (יָלַד 408) *who were born*

לְיַעֲקֹב prep.-pr.n. (784) *to Jacob*

כָּל־נֶפֶשׁ n.m.s. cstr. (481)-n.f.s. (659) *persons in all*

אַרְבָּעָה עָשָׂר num. f.s. (916)-num. (797) *fourteen*

46:23

וּבְנֵי־דָן conj.-n.m.p. cstr. (119)-pr.n. (192) *the sons of Dan*

חֻשִׁים pr.n. (II 302) *Hushim*

46:24

וּבְנֵי נַפְתָּלִי conj.-n.m.p. cstr. (119)-pr.n. (836) *the sons of Naphtali*

יַחְצְאֵל pr.n. (345) *Jahzeel*

וְגוּנִי conj.-pr.n. (157) *Guni*

וְיֵצֶר conj.-pr.n. (II 428) *Jezer*

וְשִׁלֵּם conj.-pr.n. (II 1024) *and Shillem*

46:25

אֵלֶּה בְּנֵי demons. adj. c.p. (41) - n.m.p. cstr. (119) *these are the sons of*

בִלְהָה pr.n. (I 117) *Bilhah*

אֲשֶׁר־נָתַן לָבָן rel.-Qal pf. 3 m.s. (678)-pr.n. (II 526) *whom Laban gave*

לְרָחֵל prep.-pr.n. (II 932) *to Rachel*

בִּתּוֹ n.f.s.-3 m.s. sf. (I 123) *his daughter*

וַתֵּלֶד consec.-Qal impf. 3 f.s. (יָלַד 408) *and she bore*

אֶת־אֵלֶּה dir.obj.-demons. adj. c.p. (41) *these*

לְיַעֲקֹב prep.-pr.n. (784) *to Jacob*

כָּל־נֶפֶשׁ n.m.s. cstr. (481)-n.f.s. (659) *persons in all*

שִׁבְעָה num. f. (988) *seven*

46:26

כָּל־הַנֶּפֶשׁ n.m.s. cstr. (481)-def.art.-n.f.s. (659) *all the persons*

הַבָּאָה def.art.-Qal act. ptc. f.s. (בּוֹא 97) *who came*

לְיַעֲקֹב prep.-pr.n. (784) *belonging to Jacob*

מִצְרַיְמָה pr.n.-dir. he (595) *into Egypt*

יֹצְאֵי יְרֵכוֹ Qal act. ptc. m.p. cstr. (יָצָא 422)-n.f.s.-3 m.s. sf. (437) *who were his offspring*

מִלְּבַד prep.-prep.-n.m.s. (II 94) *not including*

נְשֵׁי בְנֵי־ n.f.p. cstr. (61)-n.m.p. cstr. (119) *the wives of the sons of*

יַעֲקֹב pr.n. (784) *Jacob*

כָּל־נֶפֶשׁ n.m.s. cstr. (481)-n.f.s. (659) *persons in all*

שִׁשִּׁים וָשֵׁשׁ num. p. (995)-conj.-num. (995) *sixty-six*

46:27

וּבְנֵי יוֹסֵף conj.-n.m.p. cstr. (119)-pr.n. (415) *and the sons of Joseph*

אֲשֶׁר־יֻלַּד־לוֹ rel.-Pu. pf. 3 m.s. (יָלַד 408)-prep.-3 m.s. sf. *who were born to him*

בְמִצְרַיִם prep.-pr.n. (595) *in Egypt*

נֶפֶשׁ שְׁנָיִם n.f.s. (659)-num. paus. (1040) *were two*

כָּל־הַנֶּפֶשׁ n.m.s. cstr. (481)-def.art.-n.f.s. (659) *all the persons*

לְבֵית־יַעֲקֹב prep.-n.m.s. cstr. (108)-pr.n. (784) *of the house of Jacob*

הַבָּאָה def.art.-Qal act. ptc. f.s. (בּוֹא 97) *that came*

מִצְרַיְמָה pr.n.-dir. he (595) *into Egypt*

שִׁבְעִים num. p. (988) *were seventy*

46:28

וְאֶת־יְהוּדָה conj.-dir.obj.-pr.n. (397) *and Judah*

שָׁלַח לְפָנָיו Qal pf. 3 m.s. (1018)-prep.-n.m.p.-3 m.s. sf. (815) *he sent before him*

אֶל־יוֹסֵף prep.-pr.n. (415) *to Joseph*

לְהוֹרֹת prep.-Hi. inf. cstr. (יָרָה 434) *to appear (foll. mss.) (lit. to point out)*

לְפָנָיו prep.-n.m.p.-3 m.s. sf. (815) *before him*

גֹּשְׁנָה pr.n.-dir. he (177) *in Goshen*

וַיָּבֹאוּ consec.-Qal impf. 3 m.p. (בּוֹא 97) *and they came*

אַרְצָה גֹּשֶׁן n.f.s. cstr.-dir. he-pr.n. (177) *into the land of Goshen*

46:29

וַיֶּאְסֹר יוֹסֵף consec.-Qal impf. 3 m.s. (אָסַר 63)-pr.n. (415) *then Joseph made ready*

מֶרְכַּבְתּוֹ n.f.s.-3 m.s. sf. (939) *his chariot*

וַיַּעַל consec.-Qal impf. 3 m.s. (עָלָה 748) *and went up*

לִקְרַאת־ prep.-Qal inf. cstr. (II 896) *to meet*

יִשְׂרָאֵל אָבִיו pr.n. (975)-n.m.s.-3 m.s. sf. (3) *Israel his father*

גֹּשְׁנָה pr.n.-dir. he (177) *in Goshen*

וַיֵּרָא consec.-Ni. impf. 3 m.s. (רָאָה 906) *and he presented himself*

אֵלָיו prep.-3 m.s. sf. *to him*

וַיִּפֹּל consec.-Qal impf. 3 m.s. (נָפַל 656) *and fell*

עַל־צַוָּארָיו prep. - n.m.p. - 3 m.s. sf. (848) *on his neck*

וַיֵּבְךְּ consec.-Qal impf. 3 m.s. (בָּכָה 113) *and wept*

עַל־צַוָּארָיו v.supra-v.supra *on his neck*

עוֹד adv. (728) *a good while*

46:30

וַיֹּאמֶר יִשְׂרָאֵל consec.-Qal impf. 3 m.s. (55) - pr.n. (975) *Israel said*

אֶל־יוֹסֵף prep.-pr.n. (415) *to Joseph*

אָמוּתָה Qal impf. 1 c.s.-coh. he (מוּת 559) *let me die*

הַפָּעַם def.art.-n.f.s. paus. (821) *now*

אַחֲרֵי רְאוֹתִי prep. cstr. (29)-Qal inf. cstr.-1 c.s. sf. (רָאָה 906) *since I have seen*

אֶת־פָּנֶיךָ dir.obj.-n.m.p.-2 m.s. sf. (815) *your face*

כִּי עוֹדְךָ חָי conj.-adv.-2 m.s. sf. (728)-adj. m.s. paus. (311) *that you are still alive*

46:31

וַיֹּאמֶר יוֹסֵף consec.-Qal impf. 3 m.s. (55)-pr.n. (415) *Joseph said*

אֶל־אֶחָיו prep.-n.m.p.-3 m.s. sf. (26) *to his brothers*

וְאֶל־בֵּית אָבִיו conj.-prep.-n.m.s. cstr. (108)-n.m.s.-3 m.s. sf. (3) *and to his father's household*

אֶעֱלֶה Qal impf. 1 c.s. (עָלָה 748 poss. with coh. he) *I will go up*

וְאַגִּידָה conj.-Hi. impf. 1 c.s.-coh. he (נָגַד 616) *and tell*

לְפַרְעֹה prep.-pr.n. (829) *Pharaoh*

וְאֹמְרָה אֵלָיו conj.-Qal impf. 1 c.s.-coh. he (אָמַר 55)-prep.-3 m.s. sf. *and will say to him*

אַחַי n.m.p.-1 c.s. sf. (26) *my brothers*

וּבֵית־אָבִי conj.-n.m.s. cstr. (108)-n.m.s.-1 c.s. sf. (3) *and my father's household*

אֲשֶׁר בְּאֶרֶץ־ rel.-prep.-n.f.s. cstr. (75) *who were in the land of*

כְּנַעַן pr.n. (488) *Canaan*

בָּאוּ אֵלָי Qal pf. 3 c.p. (בּוֹא 97)-prep.-1 c.s.sf. paus. *have come to me*

46:32

וְהָאֲנָשִׁים conj.-def.art.-n.m.p. (35) *and the men*

רֹעֵי צֹאן Qal act. ptc. m.p. cstr. (רָעָה I 944)-n.f.s. (838) *are shepherds*

כִּי־אַנְשֵׁי מִקְנֶה הָיוּ conj.-n.m.p. cstr. (35)-n.m.s. (889)-Qal pf. 3 c.p. (הָיָה 224) *for they have been keepers of cattle*

וְצֹאנָם conj.-n.f.s.-3 m.p. sf. (838) *their flocks*

וּבְקָרָם conj.-n.m.s.-3 m.p. sf. (133) *and their herds*

וְכָל־אֲשֶׁר לָהֶם conj.-n.m.s. (481)-rel.-prep.-3 m.p. sf. *and all that they have*

הֵבִיאוּ Hi. pf. 3 m.p. (בּוֹא 97) *they have brought*

46:33

וְהָיָה conj.-Qal pf. 3 m.s. (224) *and it shall be*

כִּי־יִקְרָא לָכֶם conj.-Qal impf. 3 m.s. (894)-prep.-2 m.p. sf. *when . . . calls you*

פַּרְעֹה pr.n. (829) *Pharaoh*

וְאָמַר conj.-Qal pf. 3 m.s. (55) *and says*

מַה־מַּעֲשֵׂיכֶם interr. (552) - n.m.p.-2 m.p. sf. (795) *What is your occupation?*

46:34

וַאֲמַרְתֶּם conj.-Qal pf. 2 m.p. (55) *you shall say*

אַנְשֵׁי מִקְנֶה n.m.p. cstr. (35)-n.m.s. (889) *keepers of cattle*

הָיוּ עֲבָדֶיךָ Qal pf. 3 c.p. (הָיָה 224)-n.m.p.-2 m.s. sf. (713) *your servants have been*

מִנְּעוּרֵינוּ prep.-n.m.p.-1 c.p. sf. (655) *from our youth*

וְעַד־עַתָּה conj.-prep.-adv. (773) *even until now*

גַּם־אֲנַחְנוּ גַּם־אֲבֹתֵינוּ adv. (168)-pers. pr. 1 c.p. (59)-adv. (168)-n.m.p.-1 c.p. sf. (3) *both we and our fathers*

בַּעֲבוּר תֵּשְׁבוּ prep.-conj. (721)-Qal impf. 2 m.p. (יָשַׁב 442) *in order that you may dwell*

בְּאֶרֶץ גֹּשֶׁן prep.-n.f.s. cstr. (75)-pr.n. (177) *in the land of Goshen*

כִּי־תוֹעֲבַת conj.-n.f.s. cstr. (1072) *for an abomination to*

מִצְרַיִם pr.n. (595) *the Egyptians*

כָּל־רֹעֵה צֹאן n.m.s. cstr. (481)-Qal act. ptc. m.s. cstr. (רָעָה I 944)-n.f.s. (838) *every shepherd*

47:1

וַיָּבֹא יוֹסֵף consec.-Qal impf. 3 m.s. (בּוֹא 97)-pr.n. (415) *so Joseph went in*

וַיַּגֵּד consec.-Hi. impf. 3 m.s. (נָגַד 616) *and told*

לְפַרְעֹה prep.-pr.n. (829) *Pharaoh*

וַיֹּאמֶר consec.-Qal impf. 3 m.s. (55) *(and said)*

אָבִי וְאַחַי n.m.s.-1 c.s. sf. (3)-conj.-n.m.p.-1 c.s. sf. (26) *My father and my brothers*

וְצֹאנָם conj.-n.f.s.-3 m.p. sf. (838) *with their flocks*

וּבְקָרָם conj.-n.m.s.-3 m.p. sf. (133) *and (their) herds*

וְכָל־אֲשֶׁר לָהֶם conj.-n.m.s. (481)-rel.-prep.-3 m.p. sf. *and all that they possess*

בָּאוּ Qal pf. 3 c.p. (בּוֹא 97) *have come*

מֵאֶרֶץ כְּנָעַן prep.-n.f.s. cstr. (75)-pr.n. paus. (489) *from the land of Canaan*

וְהִנָּם בְּאֶרֶץ conj.-demons. part.-3 m.p. sf. (243)-prep.-n.f.s. cstr. (75) *they are now in the land of*

גֹּשֶׁן pr.n. (177) *Goshen*

47:2

וּמִקְצֵה אֶחָיו conj.-prep.-n.m.s. cstr. (892)-n.m.p.-3 m.s. sf. (26) *and from among his brothers*

לָקַח Qal pf. 3 m.s. (542) *he took*

חֲמִשָּׁה אֲנָשִׁים num. f. (331)-n.m.p. (35) *five men*

וַיַּצִּגֵם consec.-Hi. impf. 3 m.s.-3 m.s. sf. (יָצַג 426) *and presented them*

לִפְנֵי פַרְעֹה prep.-n.m.p. cstr. (815)-pr.n. (829) *to Pharaoh*

47:3

וַיֹּאמֶר פַּרְעֹה consec.-Qal impf. 3 m.s. (55)-pr.n. (829) *Pharaoh said*

אֶל־אֶחָיו prep.-n.m.p.-3 m.s. sf. (26) *to his brothers*

מַה־מַּעֲשֵׂיכֶם interr. (552) - n.m.p.-2 m.p. sf. (795) *What is your occupation?*

וַיֹּאמְרוּ consec.-Qal impf. 3 m.p. (55) *and they said*

אֶל־פַּרְעֹה prep.-pr.n. (829) *to Pharaoh*

רֹעֵה צֹאן Qal act. ptc. m.s. cstr. (רָעָה I 944)-n.f.s. (838) *shepherds*

עֲבָדֶיךָ n.m.p.-2 m.s. sf. (713) *your servants*

גַּם־אֲנַחְנוּ גַּם־אֲבוֹתֵינוּ adv. (168)-pers. pr. 1 c.p. (59)-adv. (168)-n.m.p.-1 c.p. sf. (3) *as our fathers were*

47:4

וַיֹּאמְרוּ אֶל־פַּרְעֹה consec.-Qal impf. 3 m.p. (55)-pr.n. (829) *they said to Pharaoh*

לָגוּר prep.-Qal inf. cstr. (גּוּר 157) *to sojourn*

בָּאָרֶץ prep.-def.art.n.f.s. (75) *in the land*

בָּאנוּ Qal pf. 1 c.p. (בּוֹא 97) *we have come*

כִּי־אֵין מִרְעֶה conj.-subst. cstr. (II 34)-n.m.s. (945) *for there is no pasture*

לַצֹּאן prep.-def.art.-n.f.s. (838) *for the flocks*

אֲשֶׁר לַעֲבָדֶיךָ rel.-prep.-n.m.p.-2 m.s. sf. (713) *which belong to your servants*

כִּי־כָבֵד הָרָעָב conj.-Qal pf. 3 m.s. (457)-def.art.n.m.s. (944) *for the famine is severe*

בְּאֶרֶץ כְּנָעַן prep.-n.f.s. cstr. (75)-pr.n. paus. (488) *in the land of Canaan*

וְעַתָּה יֵשְׁבוּ־נָא conj.-adv. (773)-Qal impf. 3 m.p. (יָשַׁב 442)-part. of entreaty (609) *and now, we pray you, let ... dwell*

עֲבָדֶיךָ v.supra *your servants*

בְּאֶרֶץ גֹּשֶׁן prep.-n.f.s. cstr. (75)-pr.n. (177) *in the land of Goshen*

47:5

וַיֹּאמֶר פַּרְעֹה consec.-Qal impf. 3 m.s. (55)-pr.n. (829) *then Pharaoh said*

אֶל־יוֹסֵף prep.-pr.n. (415) *to Joseph*

לֵאמֹר prep.-Qal inf. cstr. (55) *(saying)*

אָבִיךָ וְאַחֶיךָ n.m.s.-2 m.s. sf. (3)-conj.-n.m.p.-2 m.s. sf. (26) *Your father and your brothers*

בָּאוּ אֵלֶיךָ Qal pf. 3 c.p. (בּוֹא 97)-prep.-2 m.s. sf. *have come to you*

47:6

אֶרֶץ מִצְרַיִם n.f.s. cstr. (75)-pr.n. (595) *the land of Egypt*

לְפָנֶיךָ הִוא prep.-n.m.p.-2 m.s. sf. (815)-demons. adj. f.s. (214) *it is before you*

בְּמֵיטַב הָאָרֶץ prep.-n.m.s. cstr. (406)-def.art.-n.f.s. (75) *in the best of the land*

הוֹשֵׁב Hi. impv. 2 m.s. (יָשַׁב 442) *settle*

אֶת־אָבִיךָ וְאֶת־אַחֶיךָ dir.obj.-n.m.s.-2 m.s. sf. (3)-conj.-dir.obj.-n.m.p.-2 m.s. sf. (26) *your father and your brothers*

יֵשְׁבוּ בְּאֶרֶץ Qal impf. 3 m.p. (יָשַׁב 442)-prep.-n.f.s. cstr. (75) *let them dwell in the land of*

גֹּשֶׁן pr.n. (177) *Goshen*

וְאִם־יָדַעְתָּ conj.-hypoth. part. (49) - Qal pf. 2 m.s. (393) *and if you know*

וְיֶשׁ־בָּם conj.-subst. (441)-prep.-3 m.p. sf. *that among them*

אַנְשֵׁי־חַיִל n.m.p. cstr. (35)-n.m.s. (298) *any able men*

וְשַׂמְתָּם conj.-Qal pf. 2 m.s.-3 m.p. sf. (שִׂים 962) *put them*

שָׂרֵי מִקְנֶה n.m.p. cstr. (978)-n.m.s. (889) *princes of cattle*

עַל־אֲשֶׁר־לִי prep.-rel.-prep.-1 c.s. sf. *which belong to me*

47:7

וַיָּבֵא יוֹסֵף consec.-Hi. impf. 3 m.s. (בּוֹא 97)-pr.n. (415) *then Joseph brought in*

אֶת־יַעֲקֹב dir.obj.-pr.n. (784) *Jacob*

אָבִיו n.m.s.-3 m.s. sf. (3) *his father*

וַיַּעֲמִדֵהוּ consec.-Hi. impf. 3 m.s.-3 m.s. sf. (עָמַד 763) *and set him*

לִפְנֵי פַרְעֹה prep.-n.m.p. cstr. (815)-pr.n. (829) *before Pharaoh*

וַיְבָרֶךְ יַעֲקֹב consec.-Pi. impf. 3 m.s. (בָּרַךְ 138)-pr.n. (784) *and Jacob blessed*

אֶת־פַּרְעֹה dir.obj.-pr.n. (829) *Pharaoh*

47:8

וַיֹּאמֶר פַּרְעֹה consec.-Qal impf. 3 m.s. (55)-pr.n. (829) *and Pharaoh said*

אֶל־יַעֲקֹב prep.-pr.n. (784) *to Jacob*

כַּמָּה prep.-def.art.-interr. (552) *how many are*

יְמֵי שְׁנֵי n.m.p. cstr. (398)-n.f.p. cstr. (1040) *the days of the years of*

חַיֶּיךָ adj. m.p.-2 m.s. sf. (311) *your life*

47:9

וַיֹּאמֶר יַעֲקֹב consec.-Qal impf. 3 m.s. (55)-pr.n. (784) *and Jacob said*

אֶל־פַּרְעֹה prep.-pr.n. (829) *to Pharaoh*

יְמֵי שְׁנֵי n.m.p. cstr. (398)-n.f.p. cstr. (1040) *the days of the years of*

מְגוּרַי n.m.p.-1 c.s. sf. (158) *my sojourning*

שְׁלֹשִׁים וּמְאַת שָׁנָה num. p. (1026)-conj.-n.f.s. cstr. (547) - n.f.s. (1040) *a hundred and thirty years*

מְעַט וְרָעִים subst. (589)-conj.-adj. m.p. (I 948) *few and evil*

הָיוּ Qal pf. 3 c.p. (הָיָה 224) *have been*

יְמֵי שְׁנֵי v.supra-v.supra *the days of the years of*

חַיַּי adj. m.p.-1 c.s. sf. (311) *my life*

וְלֹא הִשִּׂיגוּ conj.-neg.-Hi. pf. 3 c.p. (נָשַׂג 673) *and they have not attained*

אֶת־יְמֵי שְׁנֵי dir.obj.-v.supra-v.supra *to the days of the years of*

חַיֵּי אֲבֹתַי adj. m.p. cstr. (311)-n.m.p.-1 c.s. sf. (3) *the life of my fathers*

בִּימֵי מְגוּרֵיהֶם prep.-n.m.p. cstr. (398)-n.m.p.-3 m.p. sf. (158) *in the days of their sojourning*

47:10

וַיְבָרֶךְ יַעֲקֹב consec.-Pi. impf. 3 m.s. (בָּרַךְ 138)-pr.n. (784) *and Jacob blessed*

אֶת־פַּרְעֹה dir.obj.-pr.n. (829) *Pharaoh*

וַיֵּצֵא consec.-Qal impf. 3 m.s. (יָצָא 422) *and went out*

מִלִּפְנֵי פַרְעֹה prep.-prep.-n.m.p. cstr. (815)-pr.n. (829) *from the presence of Pharaoh*

47:11

וַיּוֹשֵׁב יוֹסֵף consec.-Hi. impf. 3 m.s. (יָשַׁב 442)-pr.n. (415) *then Joseph settled*

אֶת־אָבִיו dir.obj.-n.m.s.-3 m.s. sf. (3) *his father*

וְאֶת־אֶחָיו conj.-dir.obj.-n.m.p.-3 m.s. sf. (26) *and his brothers*

וַיִּתֵּן לָהֶם consec. - Qal impf. 3 m.s. (נָתַן 678) - prep.-3 m.p. sf. *and gave them*

אֲחֻזָּה n.f.s. (28) *a possession*

בְּאֶרֶץ מִצְרַיִם prep.-n.f.s. cstr. (75)-pr.n. (595) *in the land of Egypt*

בְּמֵיטַב הָאָרֶץ prep.-n.m.s. cstr. (406)-def.art.-n.f.s. (75) *in the best of the land*

בְּאֶרֶץ רַעְמְסֵס prep.-n.f.s. cstr. (75)-pr.n. (947) *in the land of Rameses*

כַּאֲשֶׁר צִוָּה פַרְעֹה prep.-rel.-Pi. pf. 3 m.s. (צָוָה 845)-pr.n. (829) *as Pharaoh had commanded*

47:12

וַיְכַלְכֵּל יוֹסֵף consec.-Pilpel impf. 3 m.s. (כּוּל 465)-pr.n. (415) *and Joseph provided*

אֶת־אָבִיו dir.obj.-n.m.s.-3 m.s. sf. (3) *his father*

וְאֶת־אֶחָיו conj.-dir.obj.-n.m.p.-3 m.s. sf. (26) *his brothers*

וְאֵת כָּל־בֵּית אָבִיו conj.-dir.obj.-n.m.s. cstr. (481)-n.m.s. cstr. (108)-n.m.s.-3 m.s. sf. (3) *and all his father's household*

לֶחֶם n.m.s. (536) *with food*

לְפִי הַטָּף prep.-n.m.s. cstr. (804)-def.art.-n.m.s. paus. (381) *according to the number of their dependents*

47:13

וְלֶחֶם אֵין conj.-n.m.s. (536)-subst. (II 34) *now there was no food*

בְּכָל־הָאָרֶץ prep.-n.m.s. cstr. (481)-def.art.-n.f.s. (75) *in all the land*

כִּי־כָבֵד הָרָעָב conj.-Qal pf. 3 m.s. (457)-def.art.-n.m.s. (944) *for the famine was severe*

מְאֹד adv. (547) *very*

וַתֵּלַהּ consec.-Qal impf. 3 f.s. (לָהָה 529) *and languished*

אֶרֶץ מִצְרַיִם n.f.s. cstr. (75)-pr.n. (595) *the land of Egypt*

וְאֶרֶץ כְּנַעַן conj.-n.f.s. cstr. (75)-pr.n. (488) *and the land of Canaan*

מִפְּנֵי הָרָעָב prep.-n.m.p. cstr. (815)-def.art.-n.m.s. (944) *by reason of the famine*

47:14

וַיְלַקֵּט יוֹסֵף consec.-Pi. impf. 3 m.s. (544)-pr.n. (415) *and Joseph gathered up*

אֶת־כָּל־הַכֶּסֶף dir.obj.-n.m.s. cstr. (481)-def.art.-n.m.s. (494) *all the money*

הַנִּמְצָא def.art.-Ni. ptc. (מָצָא 592) *that was found*

בְאֶרֶץ־מִצְרַיִם prep.-n.f.s. cstr. (75) - pr.n. (595) *in the land of Egypt*

וּבְאֶרֶץ כְּנַעַן conj.-prep.-n.f.s. cstr. (75)-pr.n. (488) *and in the land of Canaan*

בַּשֶּׁבֶר prep.-def.art.-n.m.s. (III 991) *for the grain*

אֲשֶׁר־הֵם שֹׁבְרִים rel.-pers. pr. 3 m.p. (241)-Qal act. ptc. m.p. (991) *which they bought*

וַיָּבֵא יוֹסֵף consec.-Hi. impf. 3 m.s. (בּוֹא 97)-pr.n. (415) *and Joseph brought*

אֶת־הַכֶּסֶף dir.obj.-def.art.-n.m.s. (494) *the money*

בֵּיתָה פַּרְעֹה n.m.s. cstr.-dir. he (108)-pr.n. (829) *into Pharaoh's house*

47:15

וַיִּתֹּם הַכֶּסֶף consec.-Qal impf. 3 m.s. (תָּמַם 1070)-def.art.-n.m.s. (494) *and when the money was all spent*

מֵאֶרֶץ מִצְרַיִם prep.-n.f.s. cstr. (75)-pr.n. (595) *in the land of Egypt*

וּמֵאֶרֶץ כְּנָעַן conj.-prep.-n.f.s. cstr. (75)-pr.n. (488) *and in the land of Canaan*

וַיָּבֹאוּ consec.-Qal impf. 3 m.p. (בּוֹא 97) *and came*

כָל־מִצְרַיִם n.m.s. cstr. (481)-pr.n. (595) *all the Egyptians*

אֶל־יוֹסֵף prep.-pr.n. (415) *to Joseph*

לֵאמֹר prep.-Qal inf. cstr. (55) *and said*

הָבָה־לָּנוּ Qal impv. 2 m.s.-coh. he (יָהַב 396)-prep.-1 c.p. sf. *Give us*

לֶחֶם n.m.s. (536) *food*

וְלָמָּה נָמוּת conj.-prep.-interr. (552)-Qal impf. 1 c.p. (מוּת 559) *why should we die*

נֶגְדֶּךָ prep.-2 m.s. sf. (616) *before your eyes*

כִּי אָפֵס כָּסֶף conj.-Qal pf. 3 m.s. (67)-n.m.s. paus. (494) *for our money is gone*

47:16

וַיֹּאמֶר יוֹסֵף consec.-Qal impf. 3 m.s. (55)-pr.n. (415) *and Joseph answered*

הָבוּ מִקְנֵיכֶם Qal impv. 2 m.p. (יָהַב 396)-n.m.p.-2 m.p. sf. (889) *Give your cattle*

וְאֶתְּנָה conj.-Qal impf. 1 c.s.-coh. he (נָתַן 678) *and I will give (food)*

לָכֶם prep.-2 m.p. sf. *you*

בְּמִקְנֵיכֶם prep.-n.m.p.-2 m.p. sf. (889) *in exchange for your cattle*

אִם־אָפֵס כָּסֶף hypoth.part. (49) - Qal pf. 3 m.s. (67) - n.m.s. paus. (494) *if your money is gone*

47:17

וַיָּבִיאוּ consec.-Hi. impf. 3 m.p. (בּוֹא 97) *so they brought*

אֶת־מִקְנֵיהֶם dir.obj.-n.m.p.-3 m.p. sf. (889) *their cattle*

אֶל־יוֹסֵף prep.-pr.n. (415) *to Joseph*

וַיִּתֵּן לָהֶם consec. - Qal impf. 3 m.s. (נָתַן 678) - prep.-3 m.p. sf. *and gave them*

יוֹסֵף pr.n. (415) *Joseph*

לֶחֶם n.m.s. (536) *food*

בַּסּוּסִים prep.-def.art.-n.m.p. (692) *in exchange for the horses*

וּבְמִקְנֵה הַצֹּאן conj.-prep.-n.m.s. cstr. (889)-def.art.-n.f.s. (838) *the flocks*

וּבְמִקְנֵה הַבָּקָר v.supra-def.art.-n.m.s. (133) *the herds*

וּבַחֲמֹרִים conj.-prep.-def.art.-n.m.p. (331) *and the asses*

וַיְנַהֲלֵם consec.-Pi. impf. 3 m.s.-3 m.p. sf. (נָהַל 624) *and he supplied them*

בַּלֶּחֶם prep.-def.art.-n.m.s. (536) *with food*

בְּכָל־מִקְנֵהֶם prep.-n.m.s. cstr. (481)-n.m.s.-3 m.p. sf. (889) *in exchange for all their cattle*

בַּשָּׁנָה הַהִוא prep.-def.art.-n.f.s. (1040)-def.art.-demons. adj. f.s. (214) *that year*

47:18

וַתִּתֹּם consec.-Qal impf. 3 f.s. (תָּמַם 1070) *and when was ended*

הַשָּׁנָה הַהִוא def.art.-n.f.s. (1040)-def.art.-demons. adj. f.s. (214) *that year*

וַיָּבֹאוּ אֵלָיו consec.-Qal impf. 3 m.p. (בּוֹא 97)-prep.-3 m.s. sf. *they came to him*

בַּשָּׁנָה הַשֵּׁנִית prep.-def.art.-n.f.s. (1040)-def.art.-num. adj. f.s. (1041) *the following year*

וַיֹּאמְרוּ לוֹ consec.-Qal impf. 3 m.p. (55)-prep.-3 m.s. sf. *and said to him*

לֹא־נְכַחֵד neg.-Pi. impf. 1 c.p. (כָּחַד 470) *We will not hide*

מֵאֲדֹנִי prep.-n.m.s.-1 c.s. sf. (10) *from my lord*

כִּי אִם־תַּם conj.-conj. (49)-Qal pf. 3 m.s. (תָּמַם 1070) *that is all spent*

הַכֶּסֶף def.art.-n.m.s. (494) *our money*

וּמִקְנֵה הַבְּהֵמָה conj.-n.m.s. cstr. (889)-def.art.-n.f.s. (96) *and the herds of cattle*

אֶל־אֲדֹנִי prep.-n.m.s.-1 c.s. sf. (10) *are my lord's*

לֹא נִשְׁאַר neg.-Ni. pf. 3 m.s. (שָׁאַר 983) *there is nothing left*

לִפְנֵי אֲדֹנִי prep.-n.m.p. cstr. (815)-n.m.s.-1 c.s. sf. (10) *in the sight of my lord*

בִּלְתִּי אִם־גְּוִיָּתֵנוּ neg. (116)-conj. (49)-n.f.s.-1 c.p. sf. (156) *but our bodies*

וְאַדְמָתֵנוּ conj.-n.f.s.-1 c.p. sf. (9) *and our lands*

47:19

לָמָּה נָמוּת prep.-interr. (552)-Qal impf. 1 c.p. (מוּת 559) *why should we die*

לְעֵינֶיךָ prep.-n.f. du.-2 m.s. sf. (744) *before your eyes*

גַּם־אֲנַחְנוּ גַּם אַדְמָתֵנוּ adv. (168)-pers. pr. 1 c.p. (59)-adv. (168)-n.f.s.-1 c.p. sf. (9) *both we and our land*

קְנֵה־אֹתָנוּ Qal impv. 2 m.s. (888)-dir.obj.-1 c.p. sf. *Buy us*

וְאֶת־אַדְמָתֵנוּ conj.-dir.obj.-n.f.s.-1 c.p. sf. (9) *and our land*

בַּלָּחֶם prep.-def.art.-n.m.s. paus. (536) *for food*

וְנִהְיֶה אֲנַחְנוּ conj.-Qal impf. 1 c.p. (הָיָה 224)-pers. pr. 1 c.p. (59) *and we will be*

וְאַדְמָתֵנוּ conj.-n.f.s.-1 c.p. sf. (9) *with our land*

עֲבָדִים לְפַרְעֹה n.m.p. (713)-prep.-pr.n. (829) *slaves to Pharaoh*

וְתֶן־זֶרַע conj.-Qal impv. 2 m.s. (נָתַן 678)-n.m.s. (282) *and give us seed*

וְנִחְיֶה conj.-Qal impf. 1 c.p. (חָיָה 310) *that we may live*

וְלֹא נָמוּת conj.-neg.-Qal impf. 1 c.p. (מוּת 559) *and not die*

וְהָאֲדָמָה conj.-def.art.-n.f.s. (9) *and that the land*

לֹא תֵשָׁם neg.-Qal impf. 3 f.s. paus. (יָשַׁם 445) *may not be desolate*

47:20

וַיִּקֶן יוֹסֵף consec.-Qal impf. 3 m.s. (קָנָה 888)-pr.n. (415) *so Joseph bought*

אֶת־כָּל־אַדְמַת dir.obj.-n.m.s. cstr. (481)-n.f.s. cstr. (9) *all the land of*

מִצְרַיִם pr.n. (595) *Egypt*

לְפַרְעֹה prep.-pr.n. (829) *for Pharaoh*

כִּי־מָכְרוּ מִצְרַיִם conj.-Qal pf. 3 c.p. (569)-pr.n. (595) *for the Egyptians sold*

אִישׁ שָׂדֵהוּ n.m.s. (35)-n.m.s.-3 m.s. sf. (961) *each their fields*

כִּי־חָזַק עֲלֵהֶם conj.-Qal pf. 3 m.s. (304)-prep.-3 m.p. sf. *because was severe upon them*

הָרָעָב def.art.-n.m.s. paus. (944) *the famine*

וַתְּהִי הָאָרֶץ consec.-Qal impf. 3 f.s. (הָיָה 224)-def.art.-n.f.s. (75) *the land became*

לְפַרְעֹה prep.-pr.n. (829) *Pharaoh's*

47:21

וְאֶת־הָעָם conj.-dir.obj.-def.art.-n.m.s. (I 766) *and the people*

הֶעֱבִיר Hi. pf. 3 m.s. (עָבַר 716) *he removed* (some rd. הֶעֱבִיד *he made slaves*)

אֹתוֹ dir.obj.-3 m.s. sf. *them*

לֶעָרִים prep.-def.art.-n.f.p. (746) *to the cities* (some rd. לַעֲבָדִים *slaves*)

מִקְצֵה גְבוּל־ prep.-n.m.s. cstr. (892)-n.m.s. cstr. (147) *from one end of*

מִצְרַיִם pr.n. (595) *Egypt*

וְעַד־קָצֵהוּ conj.-prep.-n.m.s.-3 m.s. sf. (892) *to the other*

47:22

רַק אַדְמַת adv. (956)-n.f.s. cstr. (9) *only the land of*

הַכֹּהֲנִים def.art.-n.m.p. (463) *the priests*

לֹא קָנָה neg.-Qal pf. 3 m.s. (888) *he did not buy*

כִּי חֹק conj.-n.m.s. (349) *for a fixed allowance*

לַכֹּהֲנִים prep.-def.art.-n.m.p. (463) *to the priests*

מֵאֵת פַּרְעֹה prep.-prep. (II 85)-pr.n. (829) *from Pharaoh*

וְאָכְלוּ conj.-Qal pf. 3 c.p. (37) *and lived (and ate)*

אֶת־חֻקָּם dir.obj.-n.m.s.-3 m.p. sf. (349) *on the allowance*

אֲשֶׁר נָתַן לָהֶם rel.-Qal pf. 3 m.s. (678)-prep.-3 m.p. sf. *which ... gave them*

פַּרְעֹה pr.n. (829) *Pharaoh*

עַל־כֵּן לֹא מָכְרוּ prep.-adv. (485)-neg.-Qal pf. 3 c.p. (569) *therefore they did not sell*

אֶת־אַדְמָתָם dir.obj.-n.f.s.-3 m.p. sf. (9) *their land*

47:23

וַיֹּאמֶר יוֹסֵף consec.-Qal impf. 3 m.s. (55)-pr.n. (415) *then Joseph said*

אֶל־הָעָם prep.-def.art.-n.m.s. (I 766) *to the people*

הֵן קָנִיתִי demons. part. (243)-Qal pf. 1 c.s. (קָנָה 888) *Behold, I have bought*

אֶתְכֶם dir.obj.-2 m.p. sf. *you*

הַיּוֹם def.art.-n.m.s. (398) *this day*

וְאֶת־אַדְמַתְכֶם conj.-dir.obj.-n.f.s.-2 m.p. sf. (9) *and your land*

לְפַרְעֹה prep.-pr.n. (829) *for Pharaoh*

הֵא־לָכֶם זֶרַע interj. (210)-prep.-2 m.p. sf.-n.m.s. (282) *now here is seed for you*

וּזְרַעְתֶּם conj.-Qal pf. 2 m.p. (281) *and you shall sow*

אֶת־הָאֲדָמָה dir.obj.-def.art.-n.f.s. (9) *the land*

47:24

וְהָיָה conj.-Qal pf. 3 m.s. (224) *and it shall be*

בַּתְּבוּאֹת prep.-def.art.-n.f.p. (100) *at the harvests*

וּנְתַתֶּם conj.-Qal pf. 2 m.p. (נָתַן 678) *you shall give*

חֲמִישִׁית num. adj. f.s. (332) *a fifth*

לְפַרְעֹה prep.-pr.n. (829) *to Pharaoh*

וְאַרְבַּע הַיָּדֹת conj.-num. m. (916)-def.art.-n.f.p. (388) *and four fifths (portions)*

יִהְיֶה לָכֶם Qal impf. 3 m.s. (224)-prep.-2 m.p. sf. *shall be your own*

לְזֶרַע הַשָּׂדֶה prep.-n.m.s. cstr. (282)-def.art.-n.m.s. (961) *as seed for the field*

וּלְאָכְלְכֶם conj.-prep.-n.m.s.-2 m.p. sf. (38) *and as food for yourselves*

וְלַאֲשֶׁר בְּבָתֵּיכֶם conj.-prep.-rel.-prep.-n.m.p.-2 m.p. sf. (108) *and your households*

וְלֶאֱכֹל לְטַפְּכֶם conj.-prep.-Qal inf. cstr. (37)-prep.-n.m.s.-2 m.p. sf. (381) *and as food for your little ones*

47:25

וַיֹּאמְרוּ consec.-Qal impf. 3 m.p. (55) *and they said*

הֶחֱיִתָנוּ Hi. pf. 2 m.s.-1 c.p. sf. (חָיָה 310) *you have saved our lives*

נִמְצָא־חֵן Qal impf. 1 c.p. (מָצָא 592)-n.m.s. (336) *let us find favor*

בְּעֵינֵי אֲדֹנִי prep.-n.f. du. cstr. (744)-n.m.s.-1 c.s. sf. (10) *in the sight of my lord*

וְהָיִינוּ conj.-Qal pf. 1 c.p. (הָיָה 224) *and we will be*

עֲבָדִים n.m.p. (713) *slaves*

לְפַרְעֹה prep.-pr.n. (829) *to Pharaoh*

47:26

וַיָּשֶׂם אֹתָהּ consec.-Qal impf. 3 m.s. (שִׂים 962)-dir.obj.-3 f.s. sf. *so ... made it*

יוֹסֵף pr.n. (415) *Joseph*

לְחֹק prep.-n.m.s. (349) *a statute*

עַד־הַיּוֹם הַזֶּה prep.-def.art.-n.m.s. (398)-def.art.-demons. adj. m.s. (260) *to this day*

עַל־אַדְמַת prep.-n.f.s. cstr. (9) *concerning the land of*

מִצְרַיִם pr.n. (595) *Egypt*

לְפַרְעֹה prep.-pr.n. (829) *to Pharaoh*

לַחֹמֶשׁ prep.-def.art.-n.m.s. (I 332) *should have the fifth*

רַק אַדְמַת adv. (956)-n.f.s. cstr. (9) *only the land of*

הַכֹּהֲנִים def.art.-n.m.p. (463) *the priests*

לְבַדָּם prep.-n.m.s.-3 m.p. sf. (94) *alone*

לֹא הָיְתָה neg.-Qal pf. 3 f.s. (הָיָה 224) *did not become*

לְפַרְעֹה prep.-pr.n. (829) *Pharaoh's*

47:27

וַיֵּשֶׁב יִשְׂרָאֵל consec.-Qal impf. 3 m.s. (יָשַׁב 442)-pr.n. (975) *thus Israel dwelt*

בְּאֶרֶץ מִצְרַיִם prep.-n.f.s. cstr. (75)-pr.n. (595) *in the land of Egypt*

בְּאֶרֶץ גֹּשֶׁן prep.-n.f.s. cstr. (75)-pr.n. (177) *in the land of Goshen*

וַיֵּאָחֲזוּ consec.-Ni. impf. 3 m.p. (אָחַז 28) *and they gained possession*

בָהּ prep.-3 f.s. sf. *in it*

וַיִּפְרוּ consec.-Qal impf. 3 m.p. (פָּרָה 826) *and were fruitful*

וַיִּרְבּוּ consec.-Qal impf. 3 m.p. (רָבָה I 915) *and multiplied*

מְאֹד adv. (547) *exceedingly*

47:28

וַיְחִי יַעֲקֹב consec.-Qal impf. 3 m.s. (חָיָה 310)-pr.n. (784) *and Jacob lived*

בְּאֶרֶץ מִצְרַיִם prep.-n.f.s. cstr. (75)-pr.n. (595) *in the land of Egypt*

שְׁבַע עֶשְׂרֵה שָׁנָה num. (988)-num. (797)-n.f.s. (1040) *seventeen years*

וַיְהִי consec.-Qal impf. 3 m.s. (הָיָה 224) *so ... were*

יְמֵי־יַעֲקֹב n.m.p. cstr. (398)-pr.n. (784) *the days of Jacob*

שְׁנֵי חַיָּיו n.f.p. cstr. (1040)-adj. m.p.-3 m.s. sf. (311) *the years of his life*

שֶׁבַע שָׁנִים num. (988)-n.f.p. (1040) *seven years*

וְאַרְבָּעִים conj.-num. p. (917) *and forty*

וּמְאַת שָׁנָה conj.-n.f.s. cstr. (547)-n.f.s. (1040) *and a hundred years*

47:29

וַיִּקְרְבוּ consec.-Qal impf. 3 m.p. (897) *and when drew near*

יְמֵי־יִשְׂרָאֵל n.m.p. cstr. (398)-pr.n. (975) *the days of Israel*

לָמוּת prep.-Qal inf. cstr. (מוּת 559) *to die*

וַיִּקְרָא consec.-Qal impf. 3 m.s. (894) *he called*

לִבְנוֹ prep.-n.m.s.-3 m.s. sf. (119) *his son*

לְיוֹסֵף prep.-pr.n. (415) *Joseph*

וַיֹּאמֶר consec.-Qal impf. 3 m.s. (55) *and said*

לוֹ prep.-3 m.s. sf. *to him*

אִם־נָא מָצָאתִי hypoth. part. (49)-part. of entreaty (609)-Qal pf. 1 c.s. (מָצָא 592) *If now I have found*

חֵן n.m.s. (336) *favor*

בְּעֵינֶיךָ prep.-n.f. du.-2 m.s. sf. (744) *in your sight*

שִׂים־נָא Qal impv. 2 m.s. (שִׂים 962)-part. of entreaty (609) *put (I pray thee)*

יָדְךָ n.f.s.-2 m.s. sf. (388) *your hand*

תַּחַת יְרֵכִי prep. (1065)-n.f.s.-1 c.s. sf. (437) *under my thigh*

וְעָשִׂיתָ עִמָּדִי conj.-Qal pf. 2 m.s. (עָשָׂה I 793)-prep.-1 c.s. sf. *and do with me*

חֶסֶד וֶאֱמֶת n.m.s. (338)-conj.-n.f.s. (54) *loyally and truly*

אַל־נָא תִקְבְּרֵנִי neg.-part. of entreaty (609)-Qal impf. 2 m.s.-1 c.s. sf. (868) *Do not bury me*

בְּמִצְרָיִם prep.-pr.n. paus. (595) *in Egypt*

47:30

וְשָׁכַבְתִּי conj.-Qal pf. 1 c.s. (1011) *but let me lie*

עִם־אֲבֹתַי prep.-n.m.p.-1 c.s. sf. (3) *with my fathers*

וּנְשָׂאתַנִי conj.-Qal pf. 2 m.s.-1 c.s. sf. (נָשָׂא 669) *carry me*

מִמִּצְרַיִם prep.-pr.n. (595) *out of Egypt*

וּקְבַרְתַּנִי conj.-Qal pf. 2 m.s.-1 c.s. sf. (868) *and bury me*

בִּקְבֻרָתָם prep.-n.f.s.-3 m.p. sf. (869) *in their burying place*

וַיֹּאמַר consec.-Qal impf. 3 m.s. (55) *he answered*

אָנֹכִי אֶעֱשֶׂה pers. pr. 1 c.s. (59)-Qal impf. 1 c.s. (עָשָׂה I 793) *I will do*

כִדְבָרֶךָ prep.-n.m.s.-2 m.s. sf. (182) *as you have said*

47:31

וַיֹּאמֶר consec.-Qal impf. 3 m.s. (55) *and he said*

הִשָּׁבְעָה לִי Ni. impv. 2 m.s.-coh. he (שָׁבַע 989)-prep.-1 c.s. sf. *Swear to me*

וַיִּשָּׁבַע לוֹ consec.-Ni. impf. 3 m.s. (989)-prep.-3 m.s. sf. *and he swore to him*

וַיִּשְׁתַּחוּ consec.-Hithpalel impf. 3 m.s. (שָׁחָה 1005) *then ... bowed himself*

יִשְׂרָאֵל pr.n. (975) *Israel*

עַל־רֹאשׁ הַמִּטָּה prep.-n.m.s. cstr. (910)-def.art.-n.f.s. (641) *upon the head of his bed*

48:1

וַיְהִי consec.-Qal impf. 3 m.s. (הָיָה 224) *and it shall be*

אַחֲרֵי הַדְּבָרִים הָאֵלֶּה prep. cstr. (29)-def.art.-n.m.p. (182)-def.art.-demons. adj. c.p. (41) *after these things*

וַיֹּאמֶר consec.-Qal impf. 3 m.s. (55) *and he said*

לְיוֹסֵף prep.-pr.n. (415) *to Joseph*

הִנֵּה אָבִיךָ demons. part. (243)-n.m.s.-2 m.s. sf. (3) *Behold, your father*

חֹלֶה Qal act. ptc. (חָלָה I 317) *is ill*

וַיִּקַּח consec.-Qal impf. 3 m.s. (לָקַח 542) *so he took*

אֶת־שְׁנֵי בָנָיו dir.obj.-num. cstr. (1040)-n.m.p.-3 m.s. sf. (119) *his two sons*

עִמּוֹ prep.-3 m.s. sf. *with him*

אֶת־מְנַשֶּׁה dir.obj.-pr.n. (586) *Manasseh*

וְאֶת־אֶפְרָיִם conj.-dir.obj.-pr.n. (68) *and Ephraim*

48:2

וַיַּגֵּד לְיַעֲקֹב consec.-Hi. impf. 3 m.s. (נָגַר 616)-prep.-pr.n. (784) *and it was told to Jacob*

וַיֹּאמֶר consec.-Qal impf. 3 m.s. (55) *(and said)*

הִנֵּה בִּנְךָ demons. part. (243)-n.m.s.-2 m.s. sf. (119) *Behold, your son*

יוֹסֵף בָּא pr.n. (415)-Qal pf. 3 m.s. (בּוֹא 97) *Joseph has come*

אֵלֶיךָ prep.-2 m.s. sf. *to you*

וַיִּתְחַזֵּק consec.-Hith. impf. 3 m.s. (חָזַק 304) *then summoned his strength*

יִשְׂרָאֵל pr.n. (975) *Israel*

וַיֵּשֶׁב consec.-Qal impf. 3 m.s. (יָשַׁב 442) *and sat up*

עַל־הַמִּטָּה prep.-def.art.-n.f.s. (641) *in the bed*

48:3

וַיֹּאמֶר יַעֲקֹב consec.-Qal impf. 3 m.s. (55)-pr.n. (784) *and Jacob said*

אֶל־יוֹסֵף prep.-pr.n. (415) *to Joseph*

אֵל שַׁדַּי pr.n.-pr.n. (42 994) *God Almighty (El Shaddai)*

נִרְאָה־אֵלַי Ni. pf. 3 m.s. (רָאָה 906)-prep.-1 c.s. sf. *appeared to me*

בְּלוּז prep.-pr.n. (II 531) *at Luz*

בְּאֶרֶץ כְּנָעַן prep.-n.f.s. cstr. (75)-pr.n. paus. (488) *in the land of Canaan*

וַיְבָרֶךְ אֹתִי consec.-Pi. impf. 3 m.s. (בָּרַךְ 138)-dir.obj.-1 c.s. sf. *and blessed me*

48:4

וַיֹּאמֶר אֵלַי consec.-Qal impf. 3 m.s. (55)-prep.-1 c.s. sf. *and said to me*

הִנְנִי מַפְרְךָ demons. part.-1 c.s. sf. (243)-Hi. ptc.-2 m.s. sf. (פָּרָה 826) *Behold I will make you fruitful*

וְהִרְבִּיתִךָ conj.-Hi. pf. 1 c.s.-2 m.s. sf. (רָבָה I 915) *and multiply you*

וּנְתַתִּיךָ conj.-Qal pf. 1 c.s.-2 m.s. sf. (נָתַן 678) *and I will make of you*

לִקְהַל עַמִּים prep.-n.m.s. cstr. (874)-n.m.p. (I 766) *a company of peoples*

וְנָתַתִּי conj.-Qal pf. 1 c.s. (נָתַן 678) *and will give*

אֶת־הָאָרֶץ הַזֹּאת dir.obj.def.art.-n.f.s. (75)-def.art.-demons. adj. f.s. (260) *this land*

לְזַרְעֲךָ prep.-n.m.s.-2 m.s. sf. (282) *to your descendants*

אַחֲרֶיךָ prep.-2 m.s. sf. (29) *after you*

אֲחֻזַּת עוֹלָם n.f.s. cstr. (28) - n.m.s. (761) *for an everlasting possession*

48:5

וְעַתָּה conj.-adv. (773) *and now*

שְׁנֵי־בָנֶיךָ num. cstr. (1040)-n.m.p.-2 m.s. sf. (119) *your two sons*

הַנּוֹלָדִים def.art.-Ni. ptc. m.p. (יָלַד 408) *who were born*

לְךָ prep.-2 m.s. sf. *to you*

בְּאֶרֶץ מִצְרַיִם prep.-n.f.s. cstr. (75) - pr.n. (595) *in the land of Egypt*

עַד־בֹּאִי prep.-Qal inf. cstr.-1 c.s. sf. (בּוֹא 97) *before I came*

אֵלֶיךָ prep.-2 m.s. sf. *to you*

מִצְרַיְמָה pr.n.-dir. he (595) *in Egypt*

לִי־הֵם prep.-1 c.s. sf.-pers. pr. 3 m.s. (241) *they are mine*

אֶפְרַיִם וּמְנַשֶּׁה pr.n. (68)-conj.-pr.n. (586) *Ephraim and Manasseh*

כִּרְאוּבֵן prep.-pr.n. (910) *as Reuben*

וְשִׁמְעוֹן conj.-pr.n. (1035) *and Simeon*

יִהְיוּ־לִי Qal impf. 3 m.p. (הָיָה 224)-prep.-1 c.s. sf. *are to me*

48:6

וּמוֹלַדְתְּךָ conj.-n.f.s.-2 m.s. sf. (409) *and your offspring*

אֲשֶׁר־הוֹלַדְתָּ rel.-Hi. pf. 2 m.s. (יָלַד 408) *which you shall bear*

אַחֲרֵיהֶם prep.-3 m.p. sf. (29) *after them*

לְךָ יִהְיוּ prep.-2 m.s. sf.-Qal impf. 3 m.p. (הָיָה 224) *shall be yours*

עַל שֵׁם אֲחֵיהֶם prep.-n.m.s. cstr. (1027)-n.m.p.-3 m.p. sf. *by the name of their brothers*

יִקָּרְאוּ Ni. impf. 3 m.p. (894) *they shall be called*

בְּנַחֲלָתָם prep.-n.f.s.-3 m.p. sf. (635) *in their inheritance*

48:7

וַאֲנִי בְּבֹאִי conj.-pers. pr. 1 c.s. (58)-prep.-Qal inf. cstr.-1 c.s. sf. (בּוֹא 97) *for when I came*

מִפַּדָּן prep.-pr.n. (804) *from Paddan*

מֵתָה עָלַי Qal pf. 3 f.s. (מוּת 559)-prep.-1 c.s. sf. *died upon me*

רָחֵל pr.n. (II 932) *Rachel*

בְּאֶרֶץ כְּנַעַן prep.-n.f.s. cstr. (75)-pr.n. (488) *in the land of Canaan*

בַּדֶּרֶךְ prep.-def.art.-n.m.s. (202) *on the way*

בְּעוֹד כִּבְרַת־אֶרֶץ prep.-adv. (728)-n.f.s. cstr. (460)-n.f.s. (75) *when there was still some distance*

לָבֹא אֶפְרָתָה prep.-Qal inf. cstr. (בּוֹא 97)-pr.n.-loc. he (68) *to go to Ephrath*

וָאֶקְבְּרֶהָ consec.-Qal impf. 1 c.s.-3 f.s. sf. (868) *and I buried her*

שָׁם adv. (1027) *there*

בְּדֶרֶךְ אֶפְרָת prep.-n.m.s. cstr. (202)-pr.n. (68) *on the way to Ephrath*

הִוא בֵּית לָחֶם pers. pr. 3 f.s. (214)-pr.n. paus. (111) *that is, Bethlehem*

48:8

וַיַּרְא יִשְׂרָאֵל consec.-Qal impf. 3 m.s. (רָאָה 906)-pr.n. (975) *when Israel saw*

אֶת־בְּנֵי יוֹסֵף dir.obj.-n.m.p. cstr. (119)-pr.n. (415) *Joseph's sons*

וַיֹּאמֶר consec.-Qal impf. 3 m.s. (55) *he said*

מִי־אֵלֶּה interr. (566) - demons. adj. c.p. (41) *Who are these?*

48:9

וַיֹּאמֶר יוֹסֵף consec.-Qal impf. 3 m.s. (55) - pr.n. (415) *Joseph said*

אֶל־אָבִיו prep.-n.m.s.-3 m.s. sf. (3) *to his father*

בָּנַי הֵם n.m.p.-1 c.s. sf. (119)-pers. pr. 3 m.p. (241) *They are my sons*

אֲשֶׁר־נָתַן־לִי rel.-Qal pf. 3 m.s. (678)-prep.-1 c.s. sf. *whom ... has given me*

אֱלֹהִים n.m.p. (43) *God*

בָּזֶה prep.-demons. adj. m.s. (260) *here*

וַיֹּאמַר consec.-Qal impf. 3 m.s. (55) *and he said*

קָחֶם־נָא Qal impv. 2 m.s.-3 m.p. sf. (לָקַח 542)-part. of entreaty (609) *Bring them*

אֵלַי prep.-1 c.s. sf. *to me*

וַאֲבָרְכֵם conj.-Pi. impf. 1 c.s.-3 m.p. sf. (בָּרַךְ 138) *that I may bless them*

48:10

וְעֵינֵי יִשְׂרָאֵל conj.-n.f. du. cstr. (744)-pr.n. (975) *now the eyes of Israel*

כָּבְדוּ Qal pf. 3 c.p. (457) *were dim*

מִזֹּקֶן prep.-n.m.s. (279) *with age*

לֹא יוּכַל לִרְאוֹת neg.-Qal impf. 3 m.s. (יָכֹל 407)-prep.-Qal inf. cstr. (רָאָה 906) *so that he could not see*

וַיַּגֵּשׁ אֹתָם consec.-Hi. impf. 3 m.s. (נָגַשׁ 620)-dir.obj.-3 m.p. sf. *so he brought them near*

אֵלָיו prep.-3 m.s. sf. *him*

וַיִּשַּׁק לָהֶם consec.-Qal impf. 3 m.s. (נָשַׁק I 676)-prep.-3 m.p. sf. *and he kissed them*

וַיְחַבֵּק לָהֶם consec.-Pi. impf. 3 m.s. (287)-prep.-3 m.p. sf. *and embraced them*

48:11

וַיֹּאמֶר יִשְׂרָאֵל consec.-Qal impf. 3 m.s. (55)-pr.n. (975) *and Israel said*

אֶל־יוֹסֵף prep.-pr.n. (415) *to Joseph*

רְאֹה פָנֶיךָ Qal inf. cstr. (רָאָה 906)-n.m.p.-2 m.s. sf. (815) *to see your face*

לֹא פִלָּלְתִּי neg.-Pi. pf. 1 c.s. paus. (פָּלַל 813) *I had not thought*

וְהִנֵּה conj.-demons. part. (243) *and lo*

הֶרְאָה אֹתִי אֱלֹהִים Hi. pf. 3 m.s. (רָאָה 906)-dir.obj.-1 c.s. sf.-n.m.p. (43) *God has let me see*

גַּם אֶת־זַרְעֶךָ adv. (168)-dir.obj.-n.m.s.-2 m.s. sf. *also your children*

48:12

וַיּוֹצֵא יוֹסֵף consec.-Hi. impf. 3 m.s. (יָצָא 422)-pr.n. (415) *then Joseph removed*

אֹתָם dir.obj.-3 m.p. sf. *them*

מֵעִם בִּרְכָּיו prep.-prep.-n.f.p.-3 m.s. sf. (139) *from his knees*

וַיִּשְׁתַּחוּ consec.-Hithpalel impf. 3 m.s. (שָׁחָה 1005) *and he bowed himself*

לְאַפָּיו prep.-n.m. du.-3 m.s. sf. (I 60) *with his face*

אָרְצָה n.f.s.-dir. he (75) *to the earth*

48:13

וַיִּקַּח יוֹסֵף consec.-Qal impf. 3 m.s. (לָקַח 542)-pr.n. (415) *and Joseph took*

אֶת־שְׁנֵיהֶם dir.obj.-num. p.-3 m.p. sf. (1040) *them both*

אֶת־אֶפְרַיִם dir.obj.-pr.n. (68) *Ephraim*

בִּימִינוֹ prep.-n.f.s.-3 m.s. sf. (411) *in his right hand*

מִשְּׂמֹאל יִשְׂרָאֵל prep.-n.m.s. cstr. (969)-pr.n. (975) *toward Israel's left hand*

וְאֶת־מְנַשֶּׁה conj.-dir.obj.-pr.n. (586) *and Manasseh*

בִשְׂמֹאלוֹ prep.-n.m.s.-3 m.s. sf. (969) *in his left hand*

מִימִין יִשְׂרָאֵל prep.-n.f.s. cstr. (411)-pr.n. (975) *toward Israel's right hand*

וַיַּגֵּשׁ אֵלָיו consec.-Hi. impf. 3 m.s. (נָגַשׁ 620)-prep.-3 m.s. sf. *and brought them near him*

48:14

וַיִּשְׁלַח יִשְׂרָאֵל consec.-Qal impf. 3 m.s. (1018)-pr.n. (975) *and Israel stretched out*

אֶת־יְמִינוֹ dir.obj.-n.f.s.-3 m.s. sf. (411) *his right hand*

וַיָּשֶׁת consec.-Qal impf. 3 m.s. (שִׁית 1011) *and laid it*

עַל־רֹאשׁ אֶפְרַיִם prep.-n.m.s. cstr. (910)-pr.n. (68) *upon the head of Ephraim*

וְהוּא הַצָּעִיר conj.-pers.pr. 3 m.s. (214) - def.art.-adj. m.s. (I 859) *who was the younger*

וְאֶת־שְׂמֹאלוֹ conj.-dir.obj.-n.m.s.-3 m.s. sf. (969) *and his left hand*

עַל־רֹאשׁ מְנַשֶּׁה prep.-n.m.s. cstr. (910)-pr.n. (586) *upon the head of Manasseh*

שִׂכֵּל אֶת־יָדָיו Pi. pf. 3 m.s. (II 968)-dir.obj.-n.f. du.-3 m.s. sf. (388) *crossing his hands*

כִּי מְנַשֶּׁה conj.-pr.n. (586) *for Manasseh*

הַבְּכוֹר def.art.-n.m.s. (114) *was the first-born*

48:15

וַיְבָרֶךְ consec.-Pi. impf. 3 m.s. (138) *and he blessed*

אֶת־יוֹסֵף dir.obj.-pr.n. (415) *Joseph*

וַיֹּאמַר consec.-Qal impf. 3 m.s. (55) *and said*

הָאֱלֹהִים def.art.-n.m.p. (43) *The God*

אֲשֶׁר הִתְהַלְּכוּ rel.-Hith. pf. 3 c.p. (הָלַךְ 229) *whom ... walked*

אֲבֹתַי n.m.p.-1 c.s. sf. (3) *my fathers*

לְפָנָיו prep.-n.m.p.-3 m.s. sf. (815) *before him*

אַבְרָהָם pr.n. (4) *Abraham*

וְיִצְחָק conj.-pr.n. (850) *Isaac*

הָאֱלֹהִים def.art.-n.m.p. (43) *The God*

הָרֹעֶה def.art.-Qal act. ptc. (רָעָה I 944) *who has led*

אֹתִי dir.obj.-1 c.s. sf. *me*

מֵעוֹדִי prep.-adv.-1 c.s. sf. (728) *all my life long*

עַד־הַיּוֹם הַזֶּה prep.-def.art.-n.m.s. (398)-def.art.-demons. adj. m.s. (260) *to this day*

48:16

הַמַּלְאָךְ def.art.-n.m.s. (521) *the angel*

הַגֹּאֵל אֹתִי def.art.-Qal act. ptc. (גָּאַל I 145)-dir.obj.-1 c.s. sf. *who has redeemed me*

מִכָּל־רָע prep.-n.m.s. cstr. (481)-n.m.s. paus. (II 948) *from all evil*

יְבָרֵךְ Pi. impf. 3 m.s. (138) *bless*

אֶת־הַנְּעָרִים dir.obj.-def.art.-n.m.p. (654) *the lads*

וְיִקָּרֵא בָהֶם conj.-Ni. impf. 3 m.s. (894)-prep.-3 m.p. sf. *and let be perpetuated in them*

שְׁמִי n.m.s.-1 c.s. sf. (1027) *my name*

וְשֵׁם אֲבֹתַי conj.-n.m.s. cstr. (1027)-n.m.p.-1 c.s. sf. (3) *and the name of my fathers*

אַבְרָהָם וְיִצְחָק pr.n. (4)-conj.-pr.n. (850) *Abraham and Isaac*

וְיִדְגּוּ conj.-Qal impf. 3 m.p. (דָּגָה 185) *and let them grow*

לָרֹב prep.-adj. (913) *into a multitude*

בְּקֶרֶב הָאָרֶץ prep.-n.m.s. cstr. (899)-def.art.-n.f.s. (75) *in the midst of the earth*

48:17

וַיַּרְא consec.-Qal impf. 3 m.s. (רָאָה 906) *when ... saw*

יוֹסֵף pr.n. (415) *Joseph*

כִּי־יָשִׁית אָבִיו conj.-Qal impf. 3 m.s. (שִׁית 1011)-n.m.s.-3 m.s. sf. (3) *that his father laid*

יַד־יְמִינוֹ n.f.s. cstr. (388)-n.f.s.-3 m.s. sf. (411) *his right hand*

עַל־רֹאשׁ אֶפְרַיִם prep.-n.m.s. cstr. (910)-pr.n. (68) *upon the head of Ephraim*

וַיֵּרַע בְּעֵינָיו consec.-Qal impf. 3 m.s. (רָעַע 949)-prep.-n.f. du.-3 m.s. sf. (744) *it displeased him*

וַיִּתְמֹךְ consec.-Qal impf. 3 m.s. (תָּמַךְ 1069) *and he took*

יַד־אָבִיו n.f.s. cstr. (388)-n.m.s.-3 m.s. sf. (3) *his father's hand*

לְהָסִיר אֹתָהּ prep.-Hi. inf. cstr. (סוּר 693)-dir.obj.-3 f.s. sf. *to remove it*

מֵעַל רֹאשׁ־אֶפְרַיִם prep.-prep.-n.m.s. cstr. (910)-pr.n. (68) *from Ephraim's head*

עַל־רֹאשׁ מְנַשֶּׁה prep.-n.m.s. cstr. (910)-pr.n. (586) *to Manasseh's head*

48:18

וַיֹּאמֶר יוֹסֵף consec.-Qal impf. 3 m.s. (55)-pr.n. (415) *and Joseph said*

אֶל־אָבִיו prep.-n.m.s.-3 m.s. sf. (3) *to his father*

לֹא־כֵן אָבִי neg.-adv. (485)-n.m.s.-1 c.s. sf. (3) *Not so, my father*

כִּי־זֶה conj.-demons. adj. m.s. (260) *for this one*

הַבְּכֹר def.art.-n.m.s. (114) *the first-born*

שִׂים יְמִינְךָ Qal impv. 2 m.s. (שִׂים 962) - n.f.s.-2 m.s. sf. (411) *put your right hand*

עַל־רֹאשׁוֹ prep.-n.m.s.-3 m.s. sf. (910) *upon his head*

48:19

וַיְמָאֵן אָבִיו consec.-Pi. impf. 3 m.s. (מָאַן 549)-n.m.s.-3 m.s. sf. (3) *but his father refused*

וַיֹּאמֶר consec.-Qal impf. 3 m.s. (55) *and said*

יָדַעְתִּי Qal pf. 1 c.s. (יָדַע 393) *I know*

בְּנִי n.m.s.-1 c.s. sf. (119) *my son*

יָדַעְתִּי Qal pf. 1 c.s. (יָדַע 393) *I know*

גַּם־הוּא יִהְיֶה־ adv. (168)-pers. pr. 3 m.s. (214)-Qal impf. 3 m.s. (הָיָה 224) *he also shall become*

לְעָם prep.-n.m.s. (I 766) *a people*

וְגַם־הוּא יִגְדָּל conj.-adv. (168)-pers. pr. 3 m.s. (214)-Qal impf. 3 m.s. paus. (152) *and he also shall be great*

וְאוּלָם conj.-adv. (III 19) *nevertheless*

אָחִיו n.m.s.-3 m.s. sf. (26) *his brother*

הַקָּטֹן def.art.-adj. m.s. (882) *the younger*

יִגְדַּל Qal impf. 3 m.s. (152) *shall be greater*

מִמֶּנּוּ prep.-3 m.s. sf. *than he*

וְזַרְעוֹ conj.-n.m.s.-3 m.s. sf. (282) *and his descendants*

יִהְיֶה Qal impf. 3 m.s. (הָיָה 224) *shall become*

מְלֹא־הַגּוֹיִם n.m.s. cstr. (571)-def.art.-n.m.p. (156) *a multitude of nations*

48:20

וַיְבָרְכֵם consec.-Pi. impf. 3 m.s.-3 m.p. sf. (בָּרַךְ 138) *so he blessed them*

בַּיּוֹם הַהוּא prep.-def.art.-n.m.s. (398)-def.art.-demons. adj. m.s. (214) *that day*

לֵאמוֹר prep.-Qal inf. cstr. (55) *saying*

בְּךָ prep.-2 m.s. sf. *By you*

יְבָרֵךְ Pi. impf. 3 m.s. (בָּרַךְ 138) *will pronounce blessings*

יִשְׂרָאֵל pr.n. (975) *Israel*

לֵאמֹר prep.-Qal inf. cstr. (55) *saying*

יְשִׂמְךָ אֱלֹהִים Qal impf. 3 m.s.-2 m.s. sf. (שִׂים 962) - n.m.p. (43) *God make you*

כְּאֶפְרַיִם prep.-pr.n. (68) *as Ephraim*

וְכִמְנַשֶּׁה conj.-prep.-pr.n. (586) *and as Manasseh*

וַיָּשֶׂם consec.-Qal impf. 3 m.s. (שִׂים 962) *and thus he put*

אֶת־אֶפְרַיִם dir.obj.-pr.n. (68) *Ephraim*

לִפְנֵי מְנַשֶּׁה prep.-n.m.p. cstr. (815)-pr.n. (586) *before Manasseh*

48:21

וַיֹּאמֶר יִשְׂרָאֵל consec.-Qal impf. 3 m.s. (55)-pr.n. (975) *then Israel said*

אֶל־יוֹסֵף prep.-pr.n. (415) *to Joseph*

הִנֵּה אָנֹכִי מֵת demons. part. (243)-pers. pr. 1 c.s. (59)-Qal act. ptc. (מוּת 559) *Behold, I am about to die*

וְהָיָה אֱלֹהִים conj.-Qal pf. 3 m.s. (224)-n.m.p. (43) *but God will be*

עִמָּכֶם prep.-2 m.p. sf. *with you*

וְהֵשִׁיב אֶתְכֶם conj.-Hi. pf. 3 m.s. (שׁוּב 996)-dir.obj.-2 m.p. sf. *and will bring you again*

אֶל־אֶרֶץ אֲבֹתֵיכֶם prep.-n.f.s. cstr. (75)-n.m.p.-2 m.p. sf. (3) *to the land of your fathers*

48:22

וַאֲנִי נָתַתִּי לְךָ conj.-pers. pr. 1 c.s. (58)-Qal pf. 1 c.s. (נָתַן 678)-prep.-2 m.s. sf. *moreover I have given to you*

שְׁכֶם אַחַד n.m.s. (I 1014)-num. adj. (25) *one mountain slope* (lit. *one shoulder*)

עַל־אַחֶיךָ prep.-n.m.p.-2 m.s. sf. (26) *rather than to your brothers*

אֲשֶׁר לָקַחְתִּי rel.-Qal pf. 1 c.s. (לָקַח 542) *which I took*

מִיַּד הָאֱמֹרִי prep.-n.f.s. cstr. (388)-def.art.-adj. gent. (57) *from the hand of the Amorites*

בְּחַרְבִּי prep.-n.f.s.-1 c.s. sf. (352) *with my sword*

וּבְקַשְׁתִּי conj.-prep.-n.f.s.-1 c.s. sf. (905) *and with my bow*

49:1

וַיִּקְרָא consec.-Qal impf. 3 m.s. (קָרָא 894) *then ... called*

יַעֲקֹב pr.n. (784) *Jacob*

אֶל־בָּנָיו prep.-n.m.p.-3 m.s. sf. (119) *his sons*

וַיֹּאמֶר consec.-Qal impf. 3 m.s. (55) *and said*

הֵאָסְפוּ Ni. impv. 2 m.p. (אָסַף 62) *Gather yourselves*

וְאַגִּידָה conj.-Hi. impf. 1 c.s.-coh. he (נָגַד 616) *that I may tell*

לָכֶם prep.-3 m.p. sf. *you*

אֵת אֲשֶׁר־ dir.obj.-rel. *what*

יִקְרָא Qal impf. 3 m.s. (קָרָא 894) *shall befall*

אֶתְכֶם dir.obj.-2 m.p. sf. *you*

בְּאַחֲרִית prep.-n.f.s. cstr. (31) *in ... to come*

הַיָּמִים def.art.-n.m.p. (398) *days*

49:2

הִקָּבְצוּ Ni. impv. 2 m.p. (קָבַץ 867) *assemble*

וְשִׁמְעוּ conj.-Qal impv. 2 m.p. (1033) *and hear*

בְּנֵי יַעֲקֹב n.m.p. cstr. (119)-pr.n. (784) *O sons of Jacob*

וְשִׁמְעוּ v.supra *and hearken*

אֶל־יִשְׂרָאֵל prep.-pr.n. (975) *to Israel*

אֲבִיכֶם n.m.s.-2 m.p. sf. (3) *your father*

49:3

רְאוּבֵן pr.n. (910) *Reuben*

בְּכֹרִי n.m.s.-1 c.s. sf. (114) *my first-born*

אַתָּה pers. pr. 2 m.s. (61) *you*

כֹּחִי n.m.s.-1 c.s. sf. (470) *my might*

וְרֵאשִׁית conj.-n.f.s. cstr. (912) *and the first fruits of*

אוֹנִי n.m.s.1 c.s. sf. (20) *my strength*

יֶתֶר n.m.s. cstr. (451) *pre-eminent (of) in*

שְׂאֵת n.f.s. (673) *pride*

וְיֶתֶר conj.-n.m.s. cstr. (451) *and pre-eminent in*

עָז n.m.s. (738) *power*

49:4

פַּחַז n.m.s. (808) *unstable*

כַּמַּיִם prep.-def.art.-n.m.p. (565) *as water*

אַל־תּוֹתַר neg.-Hi. impf. 2 m.s. juss. (יָתַר 451) *you shall not have pre-eminence*

כִּי עָלִיתָ conj.-Qal pf. 2 m.s. (עָלָה 748) *because you went up to*

מִשְׁכְּבֵי n.m.p. cstr. (1012) *to the bed(s) of*

אָבִיךָ n.m.s.-2 m.s. sf. (3) *your father*

אָז חִלַּלְתָּ adv. (23)-Pi. pf. 2 m.s. (חָלַל 320) *then you defiled*

יְצוּעִי n.m.s.-1 c.s. sf. (426) *my couch*

עָלָה Qal pf. 3 m.s. (748) *you went up to*

49:5

שִׁמְעוֹן pr.n. (1035) *Simeon*

וְלֵוִי conj.-pr.n. (532) *and Levi*

אַחִים n.m.p. (26) *brothers*

כְּלֵי n.m.p. cstr. (479) *weapons of*

חָמָס n.m.s. (329) *violence*

מְכֵרֹתֵיהֶם n.f.p.-3 m.p. sf. (468) *their swords*

49:6

בְּסֹדָם prep.-n.m.s.3 m.p. sf. (691) *into their council*

אַל־תָּבֹא neg.-Qal impf. 3 f.s. (בּוֹא 97) *come not*

נַפְשִׁי n.f.s.-1 c.s. sf. (659) *O my soul*

בִּקְהָלָם prep.-n.m.s.-3 m.p. sf. (874) *to their company*

אַל־תֵּחַד neg.-Qal impf. 3 f.s. (יָחַד 402) *be not joined to*

כְּבֹדִי n.f.s.-1 c.s. sf. (458) *O my spirit*

כִּי בְאַפָּם conj.-prep.-n.m.s.-3 m.p. sf. (60) *for in their anger*

הָרְגוּ Qal pf. 3 c.p. (הָרַג 246) *they slay*

אִישׁ n.m.s. (35) *men*

וּבִרְצֹנָם conj-prep.-n.m.s.-3 m.p. sf. (953) *and in their wantonness*

עִקְּרוּ־ Pi. pf. 3 c.p. (עָקַר 785) *they hamstring*

שׁוֹר n.m.s. (1004) *oxen*

49:7

אָרוּר Qal pass. ptc. (אָרַר 76) *cursed be*

אַפָּם n.m.s.-3 m.p. sf. (60) *their anger*

כִּי עָז conj.-n.m.s. (738) *for it is fierce*

וְעֶבְרָתָם conj.-n.f.s.-3 m.p. sf. (720) *and their wrath*

כִּי קָשָׁתָה conj.-Qal pf. 3 f.s. (קָשָׁה 904) *for it is cruel*

אֲחַלְּקֵם Pi. impf. 1 c.s.-3 m.p. sf. (חָלַק 323) *I will divide them*

בְּיַעֲקֹב prep.-pr.n. (784) *in Jacob*

וַאֲפִיצֵם conj.-Hi. impf. 1 c.s.-3 m.p. sf. (פּוּץ 806) *and scatter them*

בְּיִשְׂרָאֵל prep.-pr.n. (975) *in Israel*

49:8

יְהוּדָה pr.n. (397) *Judah*

אַתָּה pers. pr. 2 m.s. (61) *(you are)*

יוֹדוּךָ Hi. impf. 3 m.p.-2 m.s. sf. (יָדָה 392) *shall praise you*

אַחֶיךָ n.m.p.-2 m.s. sf. (26) *your brothers*

יָדְךָ n.f.s.-2 m.s. sf. (388) *your hand*

בְּעֹרֶף prep.-n.m.s. cstr. (793) *on the neck of*

אֹיְבֶיךָ Qal act. ptc. m.p. cstr.-2 m.s. sf. (אָיַב 33) *your enemies*

יִשְׁתַּחֲווּ Hith. impf. 3 m.p. (שָׁחָה 1005) *shall bow down*

לְךָ prep.-2 m.s. sf. *before you*

בְּנֵי אָבִיךָ n.m.p. cstr. (119)-n.m.s.-2 m.s. sf. (3) *your father's sons*

49:9

גּוּר אַרְיֵה n.m.s. cstr. (158)-n.m.s. (71) *a lion's whelp*

יְהוּדָה pr.n. (397) *Judah*

מִטֶּרֶף prep.-n.m.s. (383) *from the prey*

בְּנִי n.m.s.-1 c.s. sf. (119) *my son*

עָלִיתָ Qal pf. 2 m.s. (עָלָה 748) *you have gone up*

כָּרַע Qal pf. 3 m.s. (502) *he stooped down*

רָבַץ Qal pf. 3 m.s. (918) *he couched*

כְּאַרְיֵה prep.-n.m.s. (71) *as a lion*

וּכְלָבִיא conj.-prep.-n.f.s. (522) *and as a lioness*

מִי interr. (566) *who*

יְקִימֶנּוּ Hi. impf. 3 m.s.-3 m.s. sf. (קוּם 877) *dares rouse him up*

49:10

לֹא־יָסוּר neg.-Qal impf. 3 m.s. (סוּר 693) *shall not depart*

שֵׁבֶט n.m.s. (986) *the scepter*

מִיהוּדָה prep.-pr.n. (397) *from Judah*

וּמְחֹקֵק conj.-Po'el ptc. (חָקַק 349) *nor the ruler's staff*

מִבֵּין prep.-prep. (107) *from between*

רַגְלָיו n.f. du.-3 m.s. sf. (919) *his feet*

עַד כִּי־ adv.-conj. *until*

יָבֹא Qal impf. 3 m.s. (בּוֹא 97) *he comes*

שִׁילֹה (?) appar. n. (1010) *to whom it belongs*

וְלוֹ conj.-prep.-3 m.s. sf. *and to him*

יִקְּהַת עַמִּים n.f.s. cstr. (429)-n.m.p. (766) *shall be the obedience of the peoples*

49:11

אֹסְרִי Qal act. ptc. cstr. (אָסַר 63) *binding*

לַגֶּפֶן prep.-def.art.-n.f.s. (172) *to the vine*

עִירֹה n.m.s.-3 m.s. sf. (747) *his foal*

וְלַשֹּׂרֵקָה conj.-prep.-def.art.-n.f.s. (977) *to the choice vine*

בְּנִי אֲתֹנוֹ n.m.s. cstr. (119)-n.f.s.-3 m.s. sf. (87) *his ass's colt*

כִּבֵּס Pi. pf. 3 m.s. (כָּבַס 460) *he washes*

בַּיַּיִן prep.-def.art.-n.m.s. (406) *in wine*

לְבֻשׁוֹ n.m.s.-3 m.s. sf. (528) *his garments*

וּבְדַם־עֲנָבִים conj.-prep.-n.m.s. cstr. (196)-n.m.p. (772) *and in the blood of grapes*

סוּתֹה n.m.s.-3 m.s. sf. (691) *his vesture*

49:12

חַכְלִילִי adj. (314) *shall be red*

עֵינַיִם n.f. du. (744) *his eyes*

מִיָּיִן prep.-n.m.s. paus. (406) *with wine*

וּלְבֶן־ conj.-adj. cstr. (526) *and white*

שִׁנַּיִם n.f. du. (1042) *his teeth*

מֵחָלָב prep.-n.m.s. (316) *with milk*

49:13

זְבוּלֻן pr.n. (259) *Zebulun*

לְחוֹף יַמִּים prep.-n.m.s. cstr. (342)-n.m.p. (410) *at the shore of the sea*

יִשְׁכֹּן Qal impf. 3 m.s. (שָׁכַן 1014) *shall dwell*

וְהוּא conj.-pers. pr. 3 m.s. (214) *and he shall become*

לְחוֹף v. supra *a haven for*

אֳנִיּוֹת n.f.p. (58) *ships*

וְיַרְכָתוֹ conj.-n.f.s.-3 m.s. sf. (438) *and his border shall be*

עַל־צִידֹן prep.-pr.n. (850) *at Sidon*

49:14

יִשָּׂשכָר pr.n. (441) *Issachar*

חֲמֹר גָּרֶם n.m.s. (331)-adj. m.s. (175) *a strong ass*

רֹבֵץ Qal act. ptc. (רָבַץ 918) *couching*

בֵּין הַמִּשְׁפְּתָיִם prep.-def.art.-n.m. du. (1046) *between the sheepfolds (the ash-heaps)*

49:15

וַיַּרְא consec.-Qal impf. 3 m.s. (רָאָה 906) *he saw*

מְנֻחָה n.f.s. (629) *a resting place*

כִּי טוֹב conj.-adj. m.s. (373) *that ... was good*

וְאֶת־הָאָרֶץ conj.-dir.obj.-def.art.-n.f.s. (75) *and the land*

כִּי נָעֵמָה conj.-Qal pf. 3 f.s. (653) *was pleasant*

וַיֵּט consec.-Qal impf. 3 m.s. (נָטָה 639) *so he bowed*

שִׁכְמוֹ n.m.s.-3 m.s. sf. (1014) *his shoulder*

לִסְבֹּל prep.-Qal inf. cstr. (סָבַל 687) *to bear*

וַיְהִי consec.-Qal impf. 3 m.s. (הָיָה 224) *and became*

לְמַס־עֹבֵד prep.-n.m.s. cstr. (586)-Qal act. ptc. (712) *a slave at forced labor*

49:16

דָּן pr.n. (192) *Dan*

יָדִין Qal impf. 3 m.s. (דִּין 192) *shall judge*

עַמּוֹ n.m.s.-3 m.s. sf. (766) *his people*

כְּאַחַד prep.-n.m.s. cstr. (25) *as one of*

שִׁבְטֵי n.m.p. cstr. (986) *the tribes of*

יִשְׂרָאֵל pr.n. (975) *Israel*

49:17

יְהִי־דָן Qal impf. 3 m.s. apoc. (224)-pr.n. (192) *Dan shall be*

נָחָשׁ n.m.s. (638) *a serpent*

עֲלֵי־דֶרֶךְ prep. (752)-n.m.s. (202) *in the way*

שְׁפִיפֹן n.m.s. (1051) *a viper*

עֲלֵי־אֹרַח prep.-n.m.s. (73) *by the path*

הַנֹּשֵׁךְ def.art.-Qal act. ptc. (נָשַׁךְ 675) *that bites*

עִקְּבֵי־סוּס n.m.p. cstr. (784)-n.m.s. (692) *the horse's heels*

וַיִּפֹּל consec.-Qal impf. 3 m.s. (נָפַל 656) *so that ... falls*

רֹכְבוֹ Qal act. ptc.-3 m.s. sf. (רָכַב 938) *his rider*

אָחוֹר adv. (30) *backwards*

49:18

לִישׁוּעָתְךָ prep.-n.f.s.-2 m.s. sf. (447) *for thy salvation*

קִוִּיתִי Pi. pf. 1 c.s. (קָוָה I 875) *I wait for*

יהוה pr.n. (217) *O Yahweh*

49:19

גָּד pr.n. (151) *Gad*

גְּדוּד n.m.s. (151) *Raiders*

יְגוּדֶנּוּ Qal impf. 3 m.s.-3 m.s. sf. (גּוּד 156) *shall raid*

וְהוּא conj.-pers. pr. 3 m.s. (214) *but he*

יָגֻד Qal impf. 3 m.s. (156) *shall raid*

עָקֵב n.m.s. (784) *at their heels*

49:20

מֵאָשֵׁר prep.-pr.n. (81) *Asher's*

שְׁמֵנָה adj. f.s. (1032) *shall be rich*

לַחְמוֹ n.m.s.-3 m.s. sf. (536) *food*

וְהוּא conj.-pers. pr. 3 m.s. (214) *and he*

יִתֵּן Qal impf. 3 m.s. (נָתַן 678) *shall yield*

מַעֲדַנֵּי־ n.m.p. cstr. (726) *dainties (of)*

מֶלֶךְ n.m.s. (572) *royal (a king)*

49:21

נַפְתָּלִי pr.n. (836) *Naphtali*

אַיָּלָה n.f.s. (19) *is a hind*

שְׁלֻחָה Qal pass. ptc. f.s. (שָׁלַח 1018) *let loose*

הַנֹּתֵן def.art.-Qal act. ptc. (נָתַן 678) *that bears*

אִמְרֵי־שָׁפֶר n.m.p. cstr. (56)-n.m.s. paus. (I 1051) *comely fawns (beautiful words)*

49:22

בֵּן פֹּרָת n.m.s. cstr. (119)-Qal act. ptc. f.s. (פָּרָה 826) *a fruitful bough*

יוֹסֵף pr.n. (415) *Joseph*

בֵּן פֹּרָת v. supra *a fruitful bough*

עֲלֵי־עָיִן prep.-n.f.s. (745) *by a spring*

בָּנוֹת n.f.p. (123) *his branches (daughters)*

צָעֲדָה Qal pf. 3 f.s. (צָעַד 857) *run*

עֲלֵי־שׁוּר prep.-n.m.s. (II 1004) *over the wall*

49:23

וַיְמָרֲרֻהוּ consec.-Pi. impf. 3 m.p.-3 m.s. sf. (מָרַר 600) *fiercely attacked him*

וָרֹבּוּ conj.-Qal pf. 3 c.p. (רָבַב II 914) *shot at him*

וַיִּשְׂטְמֻהוּ consec.-Qal impf. 3 m.p.-3 m.s. sf. (שָׂטַם 966) *and harassed him sorely*

בַּעֲלֵי חִצִּים n.m.p. cstr. (127)-n.m.p. (346) *the archers*

49:24

וַתֵּשֶׁב consec.-Qal impf. 3 f.s. (יָשַׁב 442) *yet ... remained*

בְּאֵיתָן prep.-adj. m.s. (I 450) *unmoved*

קַשְׁתּוֹ n.f.s.-3 m.s. sf. (905) *his bow*

וַיָּפֹזּוּ consec.-Qal impf. 3 m.p. (פָּזַז II 808) *were made agile*

זְרֹעֵי יָדָיו n.m.p. cstr. (283)-n.f.p.-3 m.s. sf. (388) *his arms*

מִידֵי prep.-n.f.p. cstr. (388) *by the hands of*

אֲבִיר יַעֲקֹב adj. m.s. cstr. (7)-pr.n. (784) *the Mighty One of Jacob*

מִשָּׁם prep.-adv. (1027) *by the name of (from there)*

רֹעֶה Qal act. ptc. (רָעָה I 944) *the Shepherd*

אֶבֶן יִשְׂרָאֵל n.f.s. cstr. (6)-pr.n. (975) *the Rock of Israel*

49:25

מֵאֵל prep.-n.m.s. cstr. (42) *by the God of*

אָבִיךָ n.m.s.-2 m.s. sf. (3) *your father*

וְיַעְזְרֶךָּ conj.-Qal impf. 3 m.s.-2 m.s. sf. (עָזַר 740) *who will help you*

וְאֵת שַׁדַּי conj.-prep.-pr.n. (994) *by God Almighty*

וִיבָרְכֶךָּ conj.-Pi. impf. 3 m.s.-2 m.s. sf. (בָּרַךְ 138) *who will bless you*

בִּרְכֹת n.f.p. cstr. (139) *with blessings of*

שָׁמַיִם n.m.du. (1029) *heaven*

מֵעָל prep.-prep. *above*

בִּרְכֹת v. supra *blessings of*

תְּהוֹם n.f.s. (1062) *the deep*

רֹבֶצֶת Qal act. ptc. f.s. (רָבַץ 918) *that couches*

תָּחַת adv. paus. (1065) *beneath*

בִּרְכֹת v. supra *blessings of*

שָׁדַיִם n.m. du. (994) *the breasts*

וָרָחַם conj.-n.m.s. paus. (933) *and of the womb*

49:26

בִּרְכֹת v. supra *blessings of*

אָבִיךָ n.m.s.-2 m.s. sf. (3) *your father*

גָּבְרוּ Qal pf. 3 c.p. (גָּבַר 149) *are mighty*

עַל־בִּרְכֹת prep.-v. supra *beyond the blessings of*

הוֹרַי Qal act. ptc. m.p.-1 c.s. sf. (I 247) *the mountains (my progenitors)*

עַד־ prep. *eternal (to)*

תַּאֲוַת n.f.s. cstr. (16) *the bounties of*

גִּבְעֹת n.f.p. cstr. (148) *hills (of)*

עוֹלָם n.m.s. (761) *antiquity (everlasting)*

תִּהְיֶיןָ Qal impf. 3 f.p. (הָיָה 224) *may they be*

לְרֹאשׁ prep.-n.m.s. cstr. (910) *on the head of*

יוֹסֵף pr.n. (415) *Joseph*

וּלְקָדְקֹד conj.-prep.-n.m.s. cstr. (869) *and on the brow of*

נְזִיר n.m.s. cstr. (634) *who was separate from*

אֶחָיו n.m.p.-3 m.s. sf. (26) *his brothers*

49:27

בִּנְיָמִין pr.n. (122) *Benjamin*

זְאֵב n.m.s. (255) *a wolf*

יִטְרָף Qal impf. 3 m.s. (טָרַף 382) *ravenous*

בַּבֹּקֶר prep.-def.art.-n.m.s. (133) *in the morning*

יֹאכַל Qal impf. 3 m.s. (אָכַל 37) *devouring*

עַד n.m.s.(II 723) *the prey*

וְלָעֶרֶב conj.-prep.-def.art.-n.m.s. (787) *and at even*

יְחַלֵּק Pi. impf. 3 m.s. (חָלַק 323) *dividing*

שָׁלָל n.m.s. (1021) *the spoil*

49:28

כָּל־אֵלֶּה n.m.s. cstr. (481)-demons. (41) *all these*

שִׁבְטֵי n.m.p. cstr. (986) *are the tribes of*

יִשְׂרָאֵל pr.n. (975) *Israel*

שְׁנֵים עָשָׂר num. m. (1040)-n.m.s. (797) *twelve*

וְזֹאת conj.-demons. f.s. (260) *and this is*

אֲשֶׁר־דִּבֶּר rel.-Pi. pf. 3 m.s. (180) *what ... said*

לָהֶם prep.-3 m.p. sf. *to them*

אֲבִיהֶם n.m.s.-3 m.p. sf. (3) *their father*

וַיְבָרֶךְ consec.-Pi. impf. 3 m.s. (בָּרַךְ 138) *as he blessed*

אוֹתָם dir.obj.-3 m.p. sf. *them*

אִישׁ n.m.s. (35) *each*

אֲשֶׁר כְּבִרְכָתוֹ rel.-prep.-n.f.s.-3 m.s. sf. (139) *with the blessing*

בֵּרַךְ אֹתָם Pi. pf. 3 m.s. (בָּרַךְ 138)-dir.obj.-3 m.p. sf. *suitable to him*

49:29

וַיְצַו consec.-Pi. impf. 3 m.s. (צָוָה 845) *then he charged*

אוֹתָם dir.obj.-3 m.p. sf. *them*

וַיֹּאמֶר consec.-Qal impf. 3 m.s. (55) *and said*

אֲלֵהֶם prep.-3 m.p. sf. *to them*

אֲנִי pers. pr. 1 c.s. (58) *I am*

נֶאֱסָף Ni. ptc. (אָסַף 62) *to be gathered*

אֶל־עַמִּי prep.-n.m.s.-1 c.s. sf. (766) *to my people*

קִבְרוּ Qal impv. 2 m.p. (קָבַר 868) *bury*

אֹתִי dir.obj.-1 c.s. sf. *me*

אֶל־אֲבֹתָי prep.-n.m.p.-1 c.s. sf. (3) *with my fathers*

אֶל־הַמְּעָרָה prep.-def.art.-n.f.s. (792) *in the cave*

אֲשֶׁר בִּשְׂדֵה rel.-prep.-n.m.s. cstr. (961) *that is in the field of*

עֶפְרוֹן pr.n. (780) *Ephron*

הַחִתִּי def.art.-pr.n. (366) *the Hittite*

49:30

בַּמְּעָרָה prep.-def.art.-n.f.s. (792) *in the cave*

אֲשֶׁר בִּשְׂדֵה rel.-prep.-n.m.s. cstr. (961) *that is in the field at*

הַמַּכְפֵּלָה def.art.-pr.n. (495) *Machpelah*

אֲשֶׁר עַל־פְּנֵי־ rel.-prep.-n.m.p. cstr. (815) *to the east of*

מַמְרֵא pr.n. (577) *Mamre*

בְּאֶרֶץ prep.-n.f.s. cstr. (75) *in the land of*

כְּנָעַן pr.n. paus. (489) *Canaan*

אֲשֶׁר קָנָה rel.-Qal pf. 3 m.s. (888) *which ... bought*

אַבְרָהָם pr.n. (4) *Abraham*

אֶת־הַשָּׂדֶה prep.-def.art.-n.m.s. (961) *with the field*

מֵאֵת עֶפְרֹן prep.-prep.-pr.n. (780) *from Ephron*

הַחִתִּי def.art.-pr.n. (366) *the Hittite*

לַאֲחֻזַּת־ prep.-n.f.s. cstr. (28) *to possess*

קָבֶר n.m.s. (868) *as a burying place*

49:31

שָׁמָּה adv.-dir. he (1027) *there*

קָבְרוּ Qal pf. 3 c.p. (קָבַר 868) *they buried*

אֶת־אַבְרָהָם dir.obj.-pr.n. (4) *Abraham*

וְאֵת שָׂרָה conj.-dir.obj.-pr.n. (979) *and Sarah*

אִשְׁתּוֹ n.f.s.-3 m.s. sf. (61) *his wife*
שָׁמָּה v.supra *there*
קָבְרוּ v.supra *they buried*
אֶת־יִצְחָק dir.obj.-pr.n. (850) *Isaac*
וְאֵת רִבְקָה conj.-dir.obj.-pr.n. (918) *and Rebekah*
אִשְׁתּוֹ v.supra *his wife*
וְשָׁמָּה conj.-v.supra *and there*
קָבַרְתִּי Qal pf. 1 c.s. (868) *I buried*
אֶת־לֵאָה dir.obj.-pr.n. (521) *Leah*

49:32

מִקְנֵה n.m.s. cstr. (889) *were purchased*
הַשָּׂדֶה def.art.-n.m.s. (961) *the field*
וְהַמְּעָרָה conj.-def.art.-n.f.s. (792) *and the cave*
אֲשֶׁר־בּוֹ rel.-prep.-3 m.s. sf. *that is in it*
מֵאֵת בְּנֵי־חֵת prep.-prep.-n.m.p. cstr. (119)-pr.n. (366) *from the Hittites*

49:33

וַיְכַל consec.-Pi. impf. 3 m.s. (כָּלָה 477) *when ... finished*
יַעֲקֹב pr.n. (784) *Jacob*
לְצַוֹּת prep.-Pi. inf. cstr. (צָוָה 845) *charging*
אֶת־בָּנָיו dir.obj.-n.m.p.-3 m.s. sf. (119) *his sons*
וַיֶּאֱסֹף consec.-Qal impf. 3 m.s. (אָסַף 62) *he drew up*
רַגְלָיו n.f.du.-3 m.s. sf. (919) *his feet*
אֶל־הַמִּטָּה prep.-def.art.-n.f.s. (641) *into the bed*
וַיִּגְוַע consec.-Qal impf. 3 m.s. (גָּוַע 157) *and breathed his last*
וַיֵּאָסֶף consec.-Ni. impf. 3 m.s. (62) *and was gathered*
אֶל־עַמָּיו prep.-n.m.p.-3 m.s. sf. (I 766) *to his people*

50:1

וַיִּפֹּל consec.-Qal impf. 3 m.s. (נָפַל 656) *then ... fell*
יוֹסֵף pr.n. (415) *Joseph*
עַל־פְּנֵי אָבִיו prep.-n.m.p. cstr. (815)-n.m.s.-3 m.s. sf. (3) *on his father's face*
וַיֵּבְךְּ consec.-Qal impf. 3 m.s. (בָּכָה 113) *and wept*
עָלָיו prep.-3 m.s. sf. *over him*
וַיִּשַּׁק־לוֹ consec.-Qal impf. 3 m.s. (נָשַׁק I 676)-prep.-3 m.s. sf. *and kissed him*

50:2

וַיְצַו יוֹסֵף consec.-Pi. impf. 3 m.s. (צָוָה 845)-pr.n. (415) *and Joseph commanded*
אֶת־עֲבָדָיו dir.obj.-n.m.p.-3 m.s. sf. (713) *his servants*
אֶת־הָרֹפְאִים dir.obj.-def.art.-Qal act. ptc. m.p. (950) *the physicians*
לַחֲנֹט prep.-Qal inf. cstr. (חָנַט 334) *to embalm*
אֶת־אָבִיו dir.obj.-n.m.s.-3 m.s. sf. (3) *his father*
וַיַּחַנְטוּ consec.-Qal impf. 3 m.p. (334) *so ... embalmed*
הָרֹפְאִים v. supra *the physicians*
אֶת־יִשְׂרָאֵל dir.obj.-pr.n. (975) *Israel*

50:3

וַיִּמְלְאוּ־לוֹ consec.-Qal impf. 3 m.p. (מָלֵא 569)-prep.-3 m.s. sf. *were required for it*
אַרְבָּעִים יוֹם num. p. (917)-n.m.s. (398) *forty days*
כִּי כֵּן יִמְלְאוּ conj.-adv. (485)-v. supra *for so many are required*
יְמֵי הַחֲנֻטִים n.m.p. cstr. (398)-def.art.-n.m.p. (334) *the days for embalming*
וַיִּבְכּוּ consec.-Qal impf. 3 m.p. (בָּכָה 113) *and wept*
אֹתוֹ dir.obj.-3 m.s. sf. *for him*
מִצְרַיִם pr.n. (595) *the Egyptians*
שִׁבְעִים יוֹם num. p. (988)-n.m.s. (398) *seventy days*

50:4

וַיַּעַבְרוּ consec. - Qal impf. 3 m.p. (עָבַר 716) *and when were past*

יְמֵי בְכִיתוֹ n.m.p. cstr. (398)-n.f.s.-3 m.s. sf. (114) *the days of weeping*

וַיְדַבֵּר יוֹסֵף consec.-Pi. impf. 3 m.s. (180)-pr.n. (415) *Joseph spoke*

אֶל־בֵּית פַּרְעֹה prep.-n.m.s. cstr. (108)-pr.n. (829) *to the household of Pharaoh*

לֵאמֹר prep.-Qal inf. cstr. (55) *saying*

אִם־נָא מָצָאתִי hypoth. part. (49)-part. of entreaty (609)-Qal pf. 1 c.s. (מָצָא 592) *If now I have found*

חֵן n.m.s. (336) *favor*

בְּעֵינֵיכֶם prep.-n.f. du.-2 m.p. sf. (744) *in your eyes*

דַּבְּרוּ־נָא Pi. impv. 2 m.p. (180)-part. of entreaty (609) *speak, I pray you,*

בְּאָזְנֵי פַרְעֹה prep.-n.f. du. cstr. (23)-pr.n. (829) *in the ears of Pharaoh*

לֵאמֹר prep.-Qal inf. cstr. (55) *saying*

50:5

אָבִי n.m.s.-1 c.s. sf. (3) *my father*

הִשְׁבִּיעַנִי Hi. pf. 3 m.s.-1 c.s. sf. (שָׁבַע 989) *made me swear*

לֵאמֹר prep.-Qal inf. cstr. (55) *saying*

הִנֵּה אָנֹכִי מֵת demons. part. (243)-pers. pr. 1 c.s. (59)-Qal act. ptc. (מוּת 559) *I am about to die*

בְּקִבְרִי prep.-n.m.s.-1 c.s. sf. (868) *in my tomb*

אֲשֶׁר כָּרִיתִי rel.-Qal pf. 1 c.s. (כָּרָה I 500) *which I hewed out*

לִי prep.-1 c.s. sf. *for myself*

בְּאֶרֶץ כְּנַעַן prep.-n.f.s. cstr. (75)-pr.n. (488) *in the land of Canaan*

שָׁמָּה adv.-dir. he (1027) *there*

תִּקְבְּרֵנִי Qal impf. 2 m.s. - 1 c.s. sf. (קָבַר 868) *shall you bury me*

וְעַתָּה אֶעֱלֶה־נָּא conj.-adv. (773)-Qal impf. 1 c.s. (עָלָה 748)-part. of entreaty (609) *now therefore let me go up, I pray you,*

וְאֶקְבְּרָה conj.-Qal impf. 1 c.s.-coh. he (868) *and bury*

אֶת־אָבִי dir.obj.-n.m.s.-1 c.s. sf. (3) *my father*

וְאָשׁוּבָה conj.-Qal impf. 1 c.s.-coh. he (שׁוּב 996) *then I will return*

50:6

וַיֹּאמֶר פַּרְעֹה consec.-Qal impf. 3 m.s. (55)-pr.n. (829) *and Pharaoh answered*

עֲלֵה וּקְבֹר Qal impv. 2 m.s. (748)-conj.-Qal impv. 2 m.s. (868) *Go up, and bury*

אֶת־אָבִיךָ dir.obj.-n.m.s.-2 m.s. sf. (3) *your father*

כַּאֲשֶׁר הִשְׁבִּיעֶךָ prep.-rel.-Hi. pf. 3 m.s.-2 m.s. sf. (989) *as he made you swear*

50:7

וַיַּעַל יוֹסֵף consec.-Qal impf. 3 m.s. (עָלָה 748)-pr.n. (415) *so Joseph went up*

לִקְבֹּר prep.-Qal inf. cstr. (868) *to bury*

אֶת־אָבִיו dir.obj.-n.m.s.-3 m.s. sf. (3) *his father*

וַיַּעֲלוּ consec.-Qal impf. 3 m.p. (עָלָה 748) *and went up*

אִתּוֹ prep.-3 m.s. sf. (II 85) *with him*

כָּל־עַבְדֵי n.m.s. cstr. (481)-n..p. cstr. (713) *all the servants of*

פַרְעֹה pr.n. (829) *Pharaoh*

זִקְנֵי בֵיתוֹ adj. m.p. cstr. (278)-n.m.s.-3 m.s. sf. (108) *the elders of his household*

וְכֹל זִקְנֵי conj.-n.m.s. cstr. (481)-adj. m.p. cstr. (278) *and all the elders of*

אֶרֶץ־מִצְרָיִם n.f.s. cstr. (75)-pr.n. paus. (595) *the land of Egypt*

50:8

וְכֹל בֵּית יוֹסֵף conj.-n.m.s. cstr. (481)-n.m.s. cstr. (108)-pr.n. (415) *as well as all the household of Joseph*

וְאֶחָיו conj.-n.m.p.-3 m.s. sf. (26) *and his brothers*

וּבֵית אָבִיו conj.-n.m.s. cstr. (108)-n.m.s.-3 m.s. sf. (3) *and his father's household*

רַק טַפָּם adv. (956)-n.m.s.-3 m.p. sf. (381) *only their children*

וְצֹאנָם conj.-n.f.s.-3 m.p. sf. (838) *their flocks*

וּבְקָרָם conj.-n.m.s.-3 m.p. sf. (133) *and their herds*

עָזְבוּ Qal pf. 3 c.p. (I 736) *were left*

בְּאֶרֶץ גֹּשֶׁן prep.-n.f.s. cstr. (75)-pr.n. (177) *in the land of Goshen*

50:9

וַיַּעַל consec.-Qal impf. 3 m.s. (עָלָה 748) *and there went up*

עִמּוֹ prep.-3 m.s. sf. *with him*

גַּם־רֶכֶב adv. (168)-n.m.s. (939) *both chariots*

גַּם־פָּרָשִׁים adv. (168)-n.m.p. (832) *and horsemen*

וַיְהִי consec.-Qal impf. 3 m.s. (הָיָה 224) *it was*

הַמַּחֲנֶה def.art.-n.m.s. (334) *the company*

כָּבֵד מְאֹד adj. m.s. (458)-adv. (547) *very great*

50:10

וַיָּבֹאוּ consec.-Qal impf. 3 m.p. (בּוֹא 97) *when they came*

עַד־גֹּרֶן הָאָטָד prep.-n.m.s. cstr. (175)-def.art.-pr.n. (31) *to the threshing floor of Atad*

אֲשֶׁר בְּעֵבֶר הַיַּרְדֵּן rel.-prep.-n.m.s. cstr. (I 719)-def.art.-pr.n. (434) *which is beyond the Jordan*

וַיִּסְפְּדוּ־שָׁם consec.-Qal impf. 3 m.p. (704)-adv. (1027) *they lamented there*

מִסְפֵּד גָּדוֹל n.m.s. (704)-adj. m.s. (152) *with a great lamentation*

וְכָבֵד מְאֹד conj.-adj. (458)-adv. (547) *and very sorrowful*

וַיַּעַשׂ consec.-Qal impf. 3 m.s. (עָשָׂה I 793) *and he made*

לְאָבִיו prep.-n.m.s.-3 m.s. sf. (3) *for his father*

אֵבֶל n.m.s. (5) *a mourning*

שִׁבְעַת יָמִים num. f.s. cstr. (988)-n.m.p. (398) *seven days*

50:11

וַיַּרְא consec.-Qal impf. 3 m.s. (רָאָה 906) *when ... saw*

יוֹשֵׁב הָאָרֶץ Qal act. ptc. cstr. (442)-def.art.-n.f.s. (75) *the inhabitants of the land*

הַכְּנַעֲנִי def.art.-pr.n. gent. (489) *the Canaanites*

אֶת־הָאֵבֶל dir.obj.-def.art.-n.m.s. (5) *the mourning*

בְּגֹרֶן הָאָטָד prep.-n.m.s. cstr. (175)-def.art.-pr.n. (31) *on the threshing floor of Atad*

וַיֹּאמְרוּ consec.-Qal impf. 3 m.p. (55) *they said*

אֵבֶל־כָּבֵד n.m.s. (5)-adj. m.s. (458) *a grievous mourning*

זֶה demons. adj. m.s. (260) *this is*

לְמִצְרָיִם prep.-pr.n. paus. (595) *to the Egyptians*

עַל־כֵּן prep.-adv. (485) *therefore*

קָרָא שְׁמָהּ Qal pf. 3 m.s. (894)-n.m.s.-3 f.s. sf. (1027) *the place was named*

אָבֵל מִצְרַיִם pr.n. (5) *Abel-mizraim*

אֲשֶׁר בְּעֵבֶר הַיַּרְדֵּן rel.-prep.-n.m.s. cstr. (I 719)-def.art.-pr.n. (434) *it is beyond the Jordan*

50:12

וַיַּעֲשׂוּ בָנָיו consec.-Qal impf. 3 m.p. (עָשָׂה I 793)-n.m.p.-3 m.s. sf. (119) *thus his sons did*

לוֹ prep.-3 m.s. sf. *for him*

כֵּן כַּאֲשֶׁר צִוָּם adv. (485)-prep.-rel.-Pi. pf. 3 m.s.-3 m.p. sf. (צָוָה 845) *as he had commanded them*

50:13

וַיִּשְׂאוּ אֹתוֹ consec.-Qal impf. 3 m.p. (נָשָׂא 669)-dir.obj.-3 m.s. sf. *for ... carried him*

בָנָיו n.m.p.-3 m.s. sf. (119) *his sons*

אַרְצָה כְּנַעַן n.f.s. cstr.-dir. he (75)-pr.n. (488) *to the land of Canaan*

וַיִּקְבְּרוּ אֹתוֹ consec.-Qal impf. 3 m.p. (868)-dir.obj.-3 m.s. sf. *and buried him*

בִּמְעָרַת שְׂדֵה prep.-n.f.s. cstr. (792)-n.m.s. cstr. (961) *in the cave of the field at*

הַמַּכְפֵּלָה def.art.-pr.n. (495) *Machpelah*

אֲשֶׁר קָנָה אַבְרָהָם rel.-Qal pf. 3 m.s. (888)-pr.n. (4) *which Abraham bought*

אֶת־הַשָּׂדֶה prep. (II 85)-def.art.-n.m.s. (961) *with the field*

לַאֲחֻזַּת־קֶבֶר prep.-n.f.s. cstr. (28)-n.m.s. (868) *to possess as a burying place*

מֵאֵת עֶפְרֹן prep.-prep.-pr.n. (780) *from Ephron*

הַחִתִּי def.art.-pr.n. gent. (366) *the Hittite*

עַל־פְּנֵי מַמְרֵא prep.-n.m.p. cstr. (815)-pr.n. (577) *to the east of Mamre*

50:14

וַיָּשָׁב יוֹסֵף consec.-Qal impf. 3 m.s. (שׁוּב 996)-pr.n. (415) *Joseph returned*

מִצְרַיְמָה pr.n.-dir. he (595) *to Egypt*

הוּא וְאֶחָיו pers. pr. 3 m.s. (214)-conj.-n.m.p.-3 m.s. sf. (26) *he and his brothers*

וְכָל־הָעֹלִים conj.-n.m.s. cstr. (481)-def.art.-Qal act. ptc. m.p. (עָלָה 748) *and all who had gone up*

אִתּוֹ prep.-3 m.s. sf. (II 85) *with him*

לִקְבֹּר אֶת־אָבִיו prep.-Qal inf. cstr. (868)-dir.obj.-n.m.s.-3 m.s. sf. (3) *to bury his father*

אַחֲרֵי קָבְרוֹ אֶת־אָבִיו prep. (29)-Qal inf. cstr.-3 m.s. sf. (868)-dir.obj.-n.m.s.-3 m.s. sf. (3) *after he had buried his father*

50:15

וַיִּרְאוּ consec.-Qal impf. 3 m.p. (רָאָה 906) *when ... saw*

אֲחֵי־יוֹסֵף n.m.p. cstr. (26)-pr.n. (415) *Joseph's brothers*

כִּי־מֵת אֲבִיהֶם conj.-Qal pf. 3 m.s. (מוּת 559)-n.m.s.-3 m.p. sf. (3) *that their father was dead*

וַיֹּאמְרוּ consec.-Qal impf. 3 m.p. (55) *they said*

לוּ יִשְׂטְמֵנוּ יוֹסֵף conj. (530)-Qal impf. 3 m.s.-1 c.p. sf. (שָׂטַם 966)-pr.n. (415) *It may be that Joseph will hate us*

וְהָשֵׁב יָשִׁיב לָנוּ conj.-Hi. inf. abs. (שׁוּב 996)-Hi. impf. 3 m.s. (שׁוּב 996)-prep.-1 c.p. sf. *and pay us back*

אֵת כָּל־הָרָעָה dir.obj.-n.m.s. cstr. (481)-def.art.-n.f.s. (948) *for all the evil*

אֲשֶׁר גָּמַלְנוּ אֹתוֹ rel.-Qal pf. 1 c.p. (168)-dir.obj.-3 m.s. sf. *which we did to him*

50:16

וַיְצַוּוּ consec.-Pi. impf. 3 m.p. (צָוָה 845) *so they sent a message*

אֶל־יוֹסֵף prep.-pr.n. (415) *to Joseph*

לֵאמֹר prep.-Qal inf. cstr. (55) *saying*

אָבִיךָ צִוָּה n.m.s.-2 m.s. sf. (3)-Pi. pf. 3 m.s. (צָוָה 845) *Your father gave this command*

לִפְנֵי מוֹתוֹ prep.-n.m.p. cstr. (815)-Qal inf. cstr.-3 m.s. sf. (מוּת 559) *before he died*

לֵאמֹר v. supra *(saying)*

50:17

כֹּה־תֹאמְרוּ adv. (462)-Qal impf. 2 m.p. (55) *Say*

לְיוֹסֵף prep.-pr.n. (415) *to Joseph*

אָנָּא שָׂא נָא interj. (58)-Qal impv. 2 m.s. (נָשָׂא 669)-part. of entreaty (609) *Forgive, I pray you,*

פֶּשַׁע אַחֶיךָ n.m.s. cstr. (833)-n.m.p.-2 m.s. sf. (26) *the transgression of your brothers*

וְחַטָּאתָם conj.-n.f.s.-3 m.p. sf. (308) *and their sin*

כִּי־רָעָה גְמָלוּךָ conj.-n.f.s. (948)-Qal pf. 3 c.p.-2 m.s. sf. (168) *because they did evil to you*

וְעַתָּה שָׂא נָא conj.-adv. (773)-v. supra-v. supra *and now, we pray you, forgive*

לְפֶשַׁע עַבְדֵי prep.-n.m.s. cstr. (833)-n.m.p. cstr. (713) *the transgression of the servants of*

אֱלֹהֵי אָבִיךָ n.m.p. cstr. (43)-n.m.s.-2 m.s. sf. (3) *the God of your father*

וַיֵּבְךְּ יוֹסֵף consec.-Qal impf. 3 m.s. (בָּכָה 113)-pr.n. (415) *Joseph wept*

בְּדַבְּרָם אֵלָיו prep.-Pi. inf. cstr.-3 m.p. sf. (180)-prep.-3 m.s. sf. *when they spoke to him*

50:18

וַיֵּלְכוּ consec.-Qal impf. 3 m.p. (הָלַךְ 229) *came*

גַּם־אֶחָיו adv. (168)-n.m.p.-3 m.s. sf. (26) *his brothers also*

וַיִּפְּלוּ consec.-Qal impf. 3 m.p. (נָפַל 656) *and fell down*

לְפָנָיו prep.-n.m.p.-3 m.s. sf. (815) *before him*

וַיֹּאמְרוּ consec.-Qal impf. 3 m.p. (55) *and said*

הִנֶּנּוּ לְךָ demons. part.-1 c.p. sf. (243)-prep.-2 m.s. sf. *Behold, we are your*

לַעֲבָדִים prep.-n.m.p. (713) *servants*

50:19

וַיֹּאמֶר consec.-Qal impf. 3 m.s. (55) *but said*

אֲלֵהֶם prep.-3 m.p. sf. *to them*

יוֹסֵף pr.n. (415) *Joseph*

אַל־תִּירָאוּ neg.-Qal impf. 2 m.p. paus. (יָרֵא 431) *Fear not*

כִּי הֲתַחַת אֱלֹהִים אָנִי conj.-interr.-prep. (1065)-n.m.p. (43)-pers.pr. 1 c.s. paus. (58) *for am I in the place of God?*

50:20

וְאַתֶּם conj.-pers.pr. 2 m.p. (61) *as for you*

חֲשַׁבְתֶּם עָלַי Qal pf. 2 m.p. (362)-prep.-1 c.s. sf. *you meant against me*

רָעָה n.f.s. (948) *evil*

אֱלֹהִים חֲשָׁבָהּ n.m.p. (43)-Qal pf. 3 m.s.-3 f.s. sf. (362) *but God meant it*

לְטֹבָה prep.-n.f.s. (375) *for good*

לְמַעַן עֲשֹׂה prep. (775)-Qal inf. cstr. (I 793) *to bring it about*

כַּיּוֹם הַזֶּה prep.-def.art.-n.m.s. (398)-def.art.-demons. adj. m.s. (260) *as they are today*

לְהַחֲיֹת prep.-Hi. inf. cstr. (חָיָה 310) *that ... should be kept alive*

עַם־רָב n.m.s. (I 766)-adj. m.s. paus. (I 912) *many people*

50:21

וְעַתָּה אַל־תִּירָאוּ conj.-adv. (773)-neg.-Qal impf. 2 m.p. paus. (יָרֵא 431) *so do not fear*

אָנֹכִי אֲכַלְכֵּל pers. pr. 1 c.s. (59)-Pilpel impf. 1 c.s. (כּוּל 465) *I will provide*

אֶתְכֶם dir.obj.-2 m.p. sf. *for you*

וְאֶת־טַפְּכֶם conj.-dir.obj.-n.m.s.-2 m.p. sf. (381) *and your little ones*

וַיְנַחֵם אוֹתָם consec.-Pi. impf. 3 m.s. (נָחַם 636)-dir.obj.-3 m.p. sf. *thus he reassured them*

וַיְדַבֵּר עַל־לִבָּם consec.-Pi. impf. 3 m.s. (180)-prep.-n.m.s.-3 m.p. sf. (524) *and comforted them*

50:22

וַיֵּשֶׁב יוֹסֵף consec.-Qal impf. 3 m.s. (יָשַׁב 442)-pr.n. (415) *so Joseph dwelt*

בְּמִצְרַיִם prep.-pr.n. (595) *in Egypt*

הוּא וּבֵית אָבִיו pers. pr. 3 m.s. (214)-conj.-n.m.s. cstr. (108)-n.m.s.-3 m.s. sf. (3) *he and his father's house*

וַיְחִי consec.-Qal impf. 3 m.s. (חָיָה 310) *and lived*

יוֹסֵף pr.n. (415) *Joseph*

מֵאָה וָעֶשֶׂר שָׁנִים n.f.s. (547)-conj.-num. (796)-n.f.p. (1040) *a hundred and ten years*

50:23

וַיַּרְא יוֹסֵף consec.-Qal impf. 3 m.s. (רָאָה 906)-pr.n. (415) *and Joseph saw*

לְאֶפְרַיִם prep.-pr.n. (68) *to Ephraim*

בְּנֵי שִׁלֵּשִׁים n.m.p. cstr. (119)-adj. m.p. (II 1026) *children of the third generation*

גַּם בְּנֵי מָכִיר adv. (168)-n.m.p. cstr. (119)-pr.n. (569) *the children also of Machir*

בֶּן־מְנַשֶּׁה n.m.s. cstr. (119)-pr.n. (586) *the son of Manasseh*

יֻלְּדוּ Pu. pf. 3 c.p. (408) *were born*

עַל־בִּרְכֵּי יוֹסֵף prep.-n.f.p. cstr. (139)-pr.n. (415) *upon Joseph's knees*

50:24

וַיֹּאמֶר יוֹסֵף consec.-Qal impf. 3 m.s. (55)-pr.n. (415) *and Joseph said*

אֶל־אֶחָיו prep.-n.m.p.-3 m.s. sf. (26) *to his brothers*

אָנֹכִי מֵת pers. pr. 1 c.s. (59)-Qal act. ptc. (מוּת 559) *I am about to die*

וֵאלֹהִים conj.-n.m.p. (43) *but God*

פָּקֹד יִפְקֹד Qal inf. abs. (823)-Qal impf. 3 m.s. (823) *will visit*

אֶתְכֶם dir.obj.-2 m.p. sf. *you*

וְהֶעֱלָה אֶתְכֶם conj.-Hi. pf. 3 m.s. (748)-dir.obj.-2 m.p. sf. *and bring you up*

מִן־הָאָרֶץ הַזֹּאת prep.-def.art.-n.f.s. (75)-def.art.-demons. adj. f.s. (260) *out of this land*

אֶל־הָאָרֶץ prep.-def.art.-n.f.s. (75) *to the land*

אֲשֶׁר נִשְׁבַּע rel.-Ni. pf. 3 m.s. (שָׁבַע 989) *which he swore*

לְאַבְרָהָם prep.-pr.n. (4) *to Abraham*

לְיִצְחָק prep.-pr.n. (850) *to Isaac*

וּלְיַעֲקֹב conj.-prep.-pr.n. (784) *and to Jacob*

50:25

וַיַּשְׁבַּע יוֹסֵף consec.-Hi. impf. 3 m.s. (שָׁבַע 989)-pr.n. (415) *then Joseph took an oath*

אֶת־בְּנֵי יִשְׂרָאֵל dir.obj.-n.m.p. cstr. (119)-pr.n. (975) *of the sons of Israel*

לֵאמֹר prep.-Qal inf. cstr. (55) *saying*

פָּקֹד יִפְקֹד Qal inf. abs. (823)-Qal impf. 3 m.s. (823) *will visit you*

אֱלֹהִים n.m.p. (43) *God*

אֶתְכֶם dir.obj.-2 m.p. sf. *you*

וְהַעֲלִתֶם conj.-Hi. pf. 2 m.p. (עָלָה 748) *and you shall carry up*

אֶת־עַצְמֹתַי dir.obj.-n.f.p.-1 c.s. sf. (782) *my bones*

מִזֶּה prep.-demons. adj. m.s. (260) *from here*

50:26

וַיָּמָת יוֹסֵף consec.-Qal impf. 3 m.s. (מוּת 559)-pr.n. (415) *so Joseph died*

בֶּן־מֵאָה וָעֶשֶׂר שָׁנִים n.m.s. cstr. (119)-n.f.s. (547)-conj.-num. (796)-n.f.p. (1040) *being a hundred and ten years old*

וַיַּחַנְטוּ אֹתוֹ consec.-Qal impf. 3 m.p. (334)-dir.obj.-3 m.s. sf. *and they embalmed him*

וַיִּישֶׂם consec.-Qal impf. 3 m.s. (יָשַׂם 441) *and he was put*

בָּאָרוֹן prep.-def.art.-n.m.s. (75) *in a coffin*

בְּמִצְרָיִם prep.-pr.n. paus. (595) *in Egypt*

Key to Abbreviations

abs.–absolute
acc.–accusative
act.–active
adj.–adjective
adv.–adverb
advers.–adversative
apoc.–apocopated
art.–article

BDB–Brown, Driver, and Briggs*

c.–common
–with
cf.–compare
coh.–cohortative
coll.–collective
cond.–condition
conj.–conjunction
–conjunctive
consec.–consecutive
crpt.–corrupt
cstr.–construct

def.–definite
defect.–defective
demons.–demonstrative
diff.–difficult
dir.–direct
–directive
dl.–delete
du.–dual
dub.–dubious

ep.–epenthetic
exclam.–exclamation

f.–feminine

gent.–gentilic
GK–Gesenius-Kautzsch†

Heb.–Hebrew
Hi.–Hiph'il
Hith.–Hithpa'el
Ho.–Hoph'al
hypoth.–hypothetical

impf.–imperfect
impv.–imperative
inf.–infinitive
intens.–intensive
interj.–interjection
interr.–interrogative

juss.–jussive

KB–Koehler-Baumgartner††

lit.–literal
loc.–locative
–place
LXX–Septuagint

m.–masculine
mlt.–many
mng.–meaning
Ms.–manuscript

n.–noun
neg.–negative
Ni.–Niph'al
num.–number
–numeral

obj.–object

p.–plural
part.–particle
pass.–passive
paus.–pausal form
pers.–personal
pf.–perfect
Pi.–Pi'el
poss.–possible
–possibly
pr.–proper
–pronoun
prb.–probable
pred.–predicative
prep.–preposition
prp.–proposed
ptc.–participle
Pu.–Pu'al

rd.–read
rel.–relative

s.–singular
S–Syriac
segh.–segholate
sf.–suffix
subst.–substantive
supra–above
synon.–synonymous

T–Targum
txt.–text

v.–see
V–Vulgate
vb.–verb
–verbal
vol.–voluntative

---

* Francis Brown, S. R. Driver, and Charles A. Briggs, *A Hebrew and English Lexicon of the Old Testament* (Oxford: Clarendon Press, 1975).

† E. Kautzsch, ed., *Gesenius' Hebrew Grammar*, 2nd English ed., revised by A. E. Cowley (Oxford: Clarendon Press, 1910).

†† Ludwig Koehler and Walter Baumgartner, eds., *Lexicon in Veteris Testamenti Libros* (Leiden: E. J. Brill, 1958).